Grundlagen des Möbel- und Innenausbaus

Grundlagen des Möbel- und Innenausbaus

Werkstoffe – Konstruktion
Verarbeitung von Vollholz und Platten
Beschichtung
Oberflächenbehandlung
Möbelprüfung

Rüdiger Albin

Friedrich Dusil

Rudolf Feigl

Hans H. Froelich

Hans J. Funke

DRW-Verlag

Inhalt

Vorwort

Dieses Buch ist das Gemeinschaftswerk von fünf Dozenten der Fachhochschule Rosenheim, die dem Fachbereich Holztechnik bzw. dem Institut für Fenstertechnik, ebenfalls in Rosenheim, angehören. Es wendet sich sowohl an den Verantwortlichen in der Holzindustrie als auch an den Handwerksunternehmer. Ziel dieser Gemeinschaftsarbeit ist es, dem Betriebsleiter in der Praxis, aber auch dem Nachwuchs in der Ausbildung ein Werk in die Hand zu geben, in dem die wichtigsten Fertigungsbereiche im Möbel- und Innenausbau abgehandelt sind. Dabei wurde auf eine Darstellungsweise geachtet, die sachlich exakt, dabei aber doch allgemeinverständlich ist.

Die Kernbereiche dieses Werks sind die in der Möbelindustrie und im Innenausbau verwendeten Werkstoffe, wobei der Verarbeitung von Vollholz ein selbständiges Kapitel gewidmet ist, die Konstruktion von Möbeln und Ausbauteilen einschließlich der Verbindungsmittel sowie Betrachtungen über die Festigkeit von Verbindungen, das Beschichten von Flächen und Schmalflächen von Plattenzuschnitten mit festen Materialien sowie die Oberflächenbehandlung mit flüssigen Beschichtungsstoffen. Insbesondere das letztgenannte und sehr umfangreiche Kapitel erforderte sehr viel Arbeit, da sich die Oberflächentechnik zur Zeit in einem raschen Wandel befindet: Neue Umwelt- und Arbeitsschutzvorschriften erzwingen neue Werkstoffe mit geringeren Schadstoffgehalten, und dies wirkt sich bis hinein in den Maschinen- und Anlagenbereich aus. Daher wurde dieses Kapitel kurz vor dem Druck noch einmal auf den neuesten Stand gebracht, außerdem enthält es eine Sammlung aller einschlägigen Vorschriften, Verordnungen und Normen. Des weiteren sind angesprochen das Schleifen von Holz und Plattenwerkstoffen sowie der Schliff im Bereich der Oberflächenbehandlung, und es wird auch auf die Probleme der Gestaltung von Lackierräumen und die Vorschriften für die Lagerung von lösemittelhaltigen Beschichtungsstoffen eingegangen.

Um den Umfang nicht ausufern zu lassen, wurden verschiedene Bereiche vergleichsweise kurz angerissen, so etwa die Statik bei Möbeln und Ausbauteilen, die Gestaltungsmöglichkeiten, das Zuschneiden von Bauteilen oder die Prüfung von Möbeln. Im letztgenannten Kapitel sind allerdings die Prüfgrundlagen nach DIN, Landesgewerbeanstalt Bayern und Gütegemeinschaft Deutsche Möbel kritisch gegenübergestellt, um dem Praktiker Vergleiche zu erleichtern.

Dieses Buch ist von langer Hand vorbereitet worden. Die Koordination zwischen den Autoren einerseits und dem Verlag andererseits erfuhr Beeinträchtigungen durch berufliche Veränderungen und durch einen Todesfall – Georg Joswig, ursprünglich mit dem Kapitel Vollholzverarbeitung betraut, starb den Bergsteigertod. Andere Autoren mußten verpflichtet werden, Konzepte gingen teilweise verloren oder mußten umgearbeitet werden. Es gelang jedoch, dieser Schwierigkeiten Herr zu werden, allerdings nur – um einmal im Branchenjargon zu bleiben – durch das „Bohren dicker Bretter". An dieser Stelle sei auch Herrn Wilfried Hansemann gedankt, der die Vorlagen für die Farbtafeln nach Seite 277 zur Verfügung gestellt hat.

Obwohl das Werk zu einem großen Teil aus Vorlesungsskripten der Autoren hervorgegangen ist, kann man es nicht als reines Lehrbuch bezeichnen. Strikte Beachtung fand der Grundsatz, den Bezug zur Praxis zu wahren. So ist das Buch ein Nachschlagewerk für das Grundsatzwissen des Praktikers. Dem ist auch durch das umfangreiche Stichwortverzeichnis Rechnung getragen worden, das diesen ergiebigen Speicher von Fachwissen ergänzend erschließt.

Für Anregungen und konstruktive Kritik sind Autoren und Verlag jederzeit dankbar.

Im Frühjahr 1991   Der Verlag

1 Werkstoffe

Von Hans H. Froelich

1.1 Einführung

Werkstoffe beeinflussen die Gebrauchs- und Werteigenschaften von Erzeugnissen in entscheidendem Maße. Sie sind im erzeugten Produkt stofflich und wertmäßig enthalten.

Werkstoffe sind Arbeitsgegenstände eines Betriebes oder einer Erzeugergruppe, die mit entsprechenden Arbeitsmitteln und auf der Grundlage bestimmter Technologien mit Hilfe der menschlichen Arbeitskraft zu Produkten verarbeitet werden. Werkstoffe können aus Naturstoffen, aus Naturstoffen hergestellten technischen Stoffen oder aus Sekundärrohstoffen bestehen.

Der technologisch und ökonomisch richtige Einsatz von Werkstoffen erfordert Werkstoffprüfungen auf wissenschaftlicher Grundlage. Die hiermit erworbenen Erkenntnisse und Erfahrungen münden vielfach in technische Kenndaten oder sogar in Werkstoffnormen mit allgemeinverbindlichem Charakter. Werkstoffkombinationen oder gänzlich neue Werkstoffe müssen auf jeden Fall vor ihrer praktischen Verwendung umfassenden Tests unterzogen werden. Mit weiter fortschreitender Automatisierung von Fertigungsabläufen kommt der Werkstoffprüfung eine immer größere Bedeutung zu.

Neben den chemischen und physikalischen Eigenschaften, die sich in der Regel objektiv und wissenschaftlich exakt prüfen lassen, rücken heute vielfach die Auswirkungen auf die Gesundheit in den Mittelpunkt des Interesses. Die Probleme bestehen hierbei nicht nur in der Erfassung möglicher gesundheitsschädigender Wirkungen, sondern vor allem auch in der Festlegung akzeptabler Grenzwerte.

1.2 Holz und Holzwerkstoffe

1.2.1 Allgemeines

Im Gegensatz zu fossilen und mineralischen Rohstoffen wird Holz ständig reproduziert. Der mengenmäßige Verbrauch des Rohstoffs Holz steht im Weltmaßstab hinter Kohle und Erdöl an dritter Stelle. Von der Landfläche der Erde ist etwa ein Drittel bewaldet. Etwa die Hälfte der Waldfläche besteht aus unzugänglichen und ungenutzten Urwäldern.

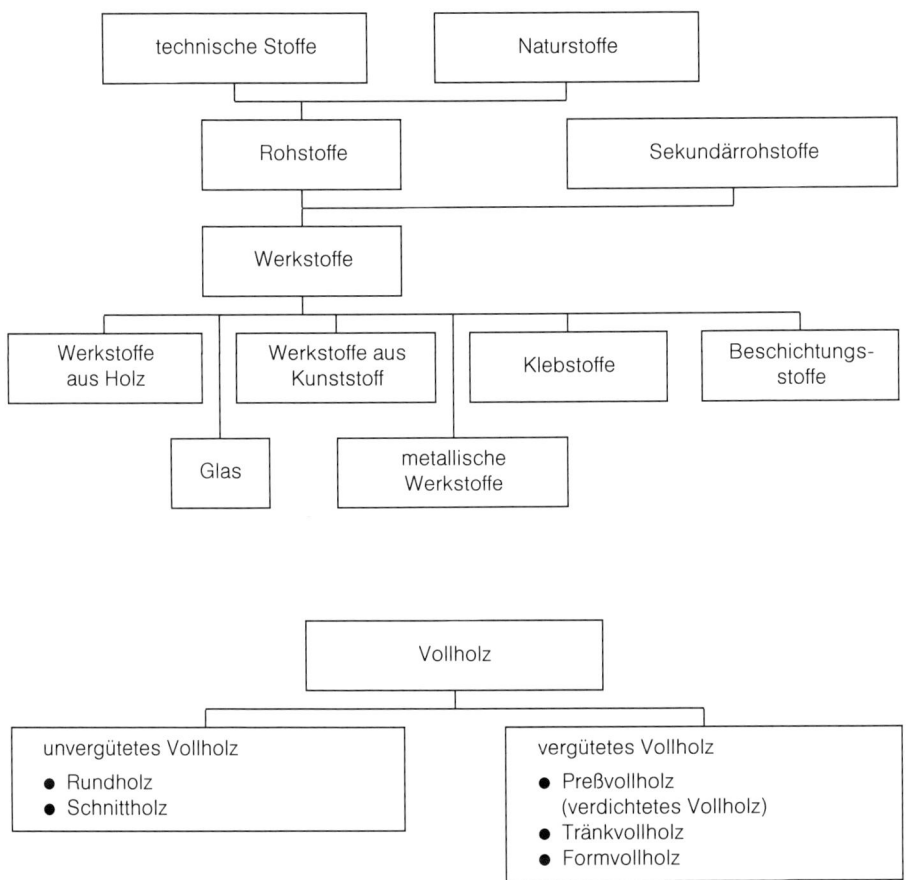

In der Holzverwendung werden vier Hauptgruppen unterschieden:
1. Verwendung von Holz in natürlichem Zustand (Vollholz);
2. Verwendung von Holz in vergütetem Zustand unter Beibehaltung des natürlichen Gefüges (Furnierplatten, Preßholz);
3. Verwendung von Holz unter Auflösung des natürlichen Gefüges in Späne oder Fasern (Span- und Faserplatten);
4. Verwendung von Holz unter Auflösung der stofflichen Zusammensetzung (Chemieholz, Brennholz).

1.2.2 Vollholz

Vollholz, oft auch als Massivholz bezeichnet, ist der Werkstoff, bei dem das natürliche Holz mit seinen Eigenschaften und seinem Aussehen weitgehend erhalten bleibt.

1.2.2.1 Rundholz

Rundholz ist unvergütetes Vollholz, das durch Querschnitte aus Rohholz gewonnen wird (z. B. Stämme, Masten, Pfähle). Zum Rohholz gehören auch die Stämme und Abschnitte, die für den Einschnitt zu Schnittholz bestimmt sind.

Folgende Rundholz-Einschnittarten werden unterschieden (siehe Abb. 1.1).

Für die Vermessung, Einteilung in Stärke- und Güteklassen von Rundholz sind mehrere sich ergänzende Vorschriften von Bedeutung:
1. Richtlinie 68/69 EWG des Rates der Europäischen Gemeinschaften vom 23. 1. 1968 („EWG-Richtlinie").
2. Gesetz über gesetzliche Handelsklassen für Rohholz (HKlG) vom 25. 1. 1969 (Bundesgesetzblatt I S. 149).

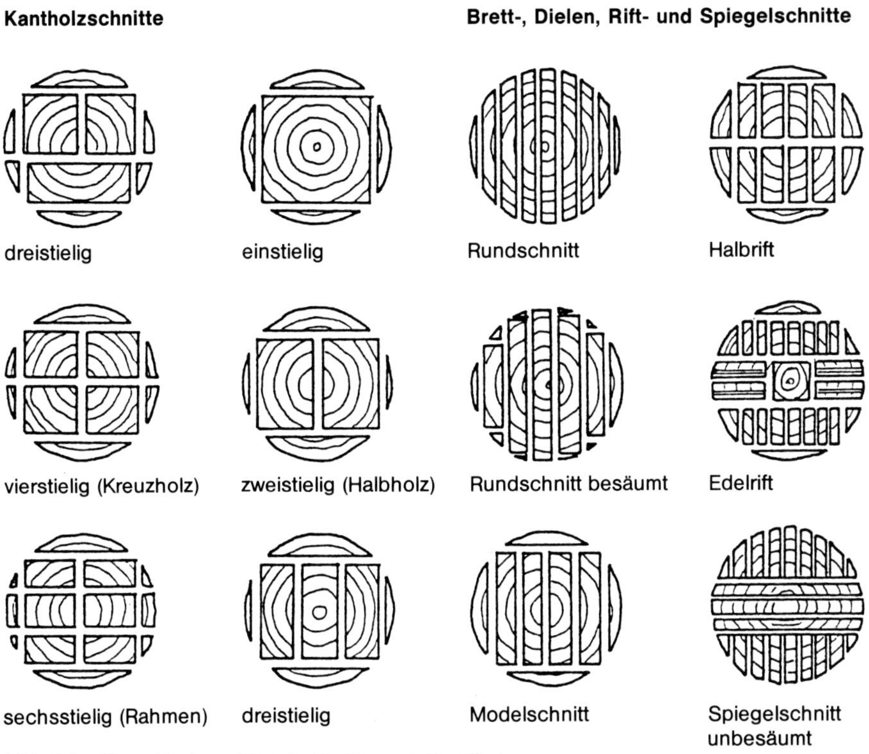

Kantholzschnitte

dreistielig   einstielig

vierstielig (Kreuzholz)   zweistielig (Halbholz)

sechsstielig (Rahmen)   dreistielig

Brett-, Dielen, Rift- und Spiegelschnitte

Rundschnitt   Halbrift

Rundschnitt besäumt   Edelrift

Modelschnitt   Spiegelschnitt unbesäumt

Abb. 1.1 Verschiedene Einschnittarten von Rundholz

große Querschnittseite ist höchstens dreimal so groß wie die kleine.
Balken sind Kanthölzer, deren größere Querschnittseite mindestens 200 mm breit ist.

Abmessungen von Brettern und Bohlen
Die Abmessungen von Brettern und Bohlen aus Nadelholz sind in DIN 4071 Teil 1 enthalten und entsprechen auch ISO 3179 (DIN 4071 Teil 1 „Ungehobelte Bretter und Bohlen aus Nadelholz", Maße).
Für die Laubholzdicken gilt DIN 68372 (DIN 68372 „Nenndicken von ungehobeltem Laubschnittholz").
Die Messung von Nadelschnittholz erfolgt nach DIN 68250, Laubschnittholz wird nach DIN 68371 (Vornorm) gemessen.
Die angegebenen Maße gelten bei einer Meßbezugsfeuchte von 14 ... 20 %, vorzugsweise 16 ... 18 %. Die zulässigen Abweichungen umfassen ausschließlich die unvermeidbaren Bearbeitungsungenauigkeiten und die durch Feuchtigkeitsschwankungen innerhalb des Meßbezugsfeuchtebereichs bedingten Meßunterschiede.

Dickenmaße
Bretter 16 18 22 24 28 38 mm
zulässige Abweichungen ±1 mm
Bohlen 44 48 50 mm
zulässige Abweichung ±1,5 mm
Bohlen 63 70 75 mm
zulässige Abweichung ±2 mm.

Spezielle Dicken (Nenndicken) für Laubschnittholz nach DIN 68372:
Nenndicken in mm 18 20 26 30 35 40 45 50 55 60 65 70 75 80 90 100.

Breitenmaße von Nadelholz
Bretter und Bohlen parallel besäumt zulässige Abweichung ±2 mm bis 80 mm Breite, ±3 mm ab 100 mm Breite 75 80 100 115 120 125 140 150 160 175 180 200 220 225 240 250 260 275 280 300 mm.

Längenmaße von Nadelholz
Längenmaße dürfen eine zulässige Abweichung von ±50 mm und −25 mm aufweisen. Sie werden von 1 500 ... 6 000 mm in Stufen von 250 oder 500 mm gemessen.
Stamm- und Blockware wird von 100 zu 100 mm gestuft. Dimensionsware wird nach vollen Zentimetern gemessen.

3. Verordnung über gesetzliche Handelsklassen für Rohholz (HKIV) vom 31. 7. 1969 (Bundesgesetzblatt I S. 1075).
4. Anlage zu § 1 der HKIV (HKS).
5. Ergänzende oder abweichende Bestimmungen der einzelnen Bundesländer.

1.2.2.2 Schnittholz
Die Begriffe für Schnittholz sind in DIN 68252 geregelt. Es ergibt sich eine sachliche Übereinstimmung mit ISO/R 1032-1969.
Die Begriffe für die Gütemerkmale von Schnittholz enthält DIN 68256.
Gütemerkmale für Holz, das für Zimmerarbeiten verwendet wird (Bretter, Bohlen, Latten, Leisten, Rauhspund, gehobeltes Bauholz und Kantholz), sind in DIN 68365 geregelt.

Die Gütebedingungen für Tischlerholz bei Innenanwendung sind aus DIN 68360 Teil 2 zu entnehmen.
Die Schnittware wird eingeteilt in
● Werkholz (Bretter und Bohlen),
● Bauholz (Kanthölzer und Balken).
Bretter haben Dicken von mindestens 8 mm und weniger als 40 mm.
Bohlen haben Dicken von mindestens 40 mm.
Rohhobler und Hobeldielen sind ein- und zweiseitig gehobelte, mit Nut und Feder versehene oder glattkantig verarbeitete Bretter.
Wenn sie ein Profil (Fase oder Stab) erhalten, so spricht man von Fase- oder Stabbrettern.
Kanthölzer haben einen quadratischen oder rechteckigen Querschnitt mit einer Seitenlänge von mindestens 60 mm. Die

1.2.2.3 Eigenschaften des Holzes
Die Eigenschaften des Holzes ergeben sich aus den Wechselbeziehungen der chemischen Zusammensetzung und den physikalischen Kräften der Faserstruktur. Da die Zusammensetzung auch inner-

halb eines Stammes und innerhalb eines Brettes unterschiedlich ist, ergeben sich Abweichungen in den Eigenschaften innerhalb der gleichen Holzart.

Dichte und Holzfeuchte

Die Rohdichte ist für die Beurteilung von Holzeigenschaften entscheidend. Sie ist von Holzart zu Holzart verschieden und schwankt auch innerhalb einer Holzart. Rohdichten und andere Eigenschaften von Hölzern siehe Literatur (DIN 68364 „Kennwerte von Holzarten", Holz-Handbuch von Ulf Lohmann u. a.).

Zur genauen Definition der Rohdichte bei verschiedenen Feuchtigkeitszuständen benützt man Indizes, z. B.

r_o Rohdichte bei 0% Feuchte (= Darrzustand),

r_u Rohdichte bei u % Feuchte,

r_{12} Rohdichte bei Normklima (12% Feuchte).

Die Rohdichte für Holz liegt zwischen 0,1 g/cm³ (Balsa) und 1,3 g/cm³ (Pockholz).

Die Reindichte ist die Dichte der reinen Holzsubstanz ohne Poren im Darrzustand. Die Reindichte ist eine konstante Größe und beträgt für alle Hölzer 1,5 g/cm³.

Die Feuchte des Holzes wird als Feuchtesatz u in % bestimmt.

u = 0% Darrzustand
Zustand, der sich bei Entzug der Feuchte mit technischen Mitteln bis zur Massekonstanz einstellt

u bei Baumfällung
schwankt stark je nach Baumart, Alter, Größe, Jahreszeit, Standort usw.
Schwankung bei Nadelholz: 40 ... 170%
Schwankung bei Laubholz: 35 ... 130%

u_{max} maximale Feuchte, bei der die Zellwände und sämtliche Zellhohlräume mit Wasser gefüllt sind.

u_{gl} Gleichgewichtsfeuchte, die sich im Holz unter der Wirkung eines Klimas bis zur Massekonstanz einstellt
u_{gl} bei Möbeln und im Innenausbau in geheizten Räumen 6 ... 8%

u_F Fasersättigungsfeuchte, bei der die Zellwände mit Wasser gesättigt sind, die Zellhohlräume aber kein tropfbar flüssiges Wasser enthalten. Die Fasersättigungsgrenze ist der Bereich des Höchstgehaltes an gebundenem Wasser. Sie liegt bei den verschiedenen Holzarten zwischen u = 28 ... 33%.
Bei Erreichen des Fasersättigungsbereiches findet keine weitere Quellung von Bedeutung mehr statt.

Quellen und Schwinden

Quellen und Schwinden sind Folgeerscheinungen der Veränderung des Holzfeuchtesatzes im Bereich des gebundenen Wassers. Aus den zu erwartenden Feuchtigkeitsdifferenzen und den Verformungen je 1% Holzfeuchtigkeitsänderung können die erforderlichen Maßab- oder Maßzuschläge ermittelt werden.

Die Quell- und Schwindverformungen sind in Längsrichtung, radialer und tangentialer Richtung unterschiedlich groß. In Abbildung 1.2 sind Durchschnittswerte für die Schwindung zwischen etwa u = 30% und u = 0% angegeben.

Genauere Berechnungen der Maßänderungen durch Quellen und Schwinden können nach DIN 68100 vorgenommen werden.

Härte

Härte ist der Widerstand eines Körpers, den er einem unter äußerer Krafteinwirkung eindringenden härteren Körper entgegensetzt.

Die Bestimmung der Härte erfolgt vorrangig nach dem Kugeldruck-Meßverfahren nach Brinell (HB) bei einem Feuchtegehalt u = 12%.

Von Einfluß bei der Ermittlung der Härte sind:
- die Rohdichte,
- die Faserrichtung (Härte in Faserrichtung etwa doppelt so hoch wie senkrecht zur Faserrichtung),
- der Anteil Früh-/Spätholz,
- die Feuchte.

Die Härte (HB) schwankt zwischen <3,5 (sehr weich) und >7 (sehr hart).

Der HB-Wert von Fichte beträgt etwa 1,2 ⊥ bzw. 3,2 ∥. Rotbuche hat dagegen einen HB-Wert von 3,4 ⊥ bzw. 7,2 ∥.

Elastizität

Die Elastizität ist die Eigenschaft fester Körper, eine durch eine äußere Kraft bewirkte Formänderung nach Entspannung (teilweise) wieder rückgängig zu machen. Das elastische Verhalten ist durch den Elastizitätsmodul (E-Modul) gekennzeichnet.

Gemäß DIN 1052 „Holzbauwerke, Berechnung und Ausführung" werden folgende Elastizitätsmodul angesetzt:

E-Modul MN /m²	europ. Nadelhölzer	Buche und Eiche
parallel zur Faser	10 000	12 500
senkrecht zur Faser	300	600

Die Elastizitätsmodul verschiedener Holzarten können außerdem entsprechenden Tabellen entnommen werden (z. B. DIN 68364 „Kennwerte von Holzarten").

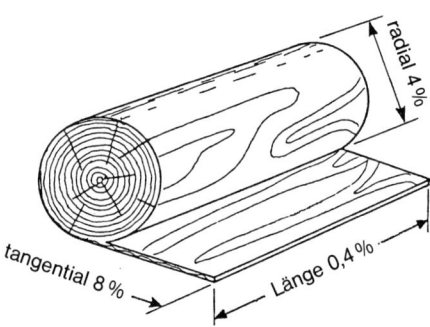

Abb. 1.2 Holz schwindet in den drei anatomischen Hauptrichtungen unterschiedlich stark

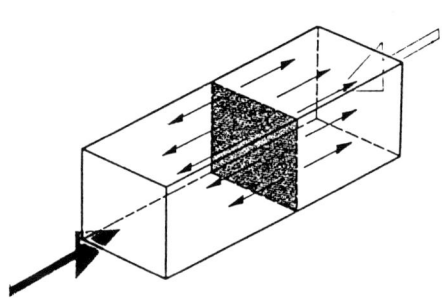

Abb. 1.3 Durch äußere Belastungskräfte entstehende innere Spannungen

Festigkeit und Spannung

Festigkeit ist die Widerstandsfähigkeit eines festen Körpers gegenüber äußeren mechanischen Beanspruchungen, die zu Verformungen oder Zerstörungen des Stoffgefüges führen können. Die äußeren Belastungskräfte erzeugen im Stoffinneren gleich große, jedoch entgegengerichtete Reaktionskräfte. Diese werden, auf die Querschnittfläche des Kraftangriffs bezogen, als Spannungen bezeichnet (Abb. 1.3).

Die in Tabellen (z. B. DIN 68364 „Kennwerte von Holzarten") angegebenen Festigkeiten sind stets Mittelwerte von Bruchfestigkeiten. Sie werden beeinflußt durch:
- die Darrdichte,
- die Struktur,
- die Holzfeuchte,
- die Krafteinwirkungsrichtung, bezogen auf den Faserverlauf.

Nach DIN 1052 „Holzbauwerke, Berechnung und Ausführung" werden für die gebräuchlichen Bauhölzer folgende zulässige Spannungen angesetzt (siehe nebenstehende Tabelle).

Thermische und
akustische Eigenschaften
Holz hat gute Wärmedämmeigenschaften, leitet dementsprechend die Wärme schlecht.
Die Wärmeleitfähigkeit λ beträgt nach DIN 4108 Teil 4:
• bei Fichte, Kiefer, Tanne = 0,13 W/mK
• bei Buche und Eiche = 0,20 W/mK
Die Schallgeschwindigkeit c ist abhängig vom E-Modul und von der Rohdichte.
c II $\simeq$ 3500 ... 5300 m/s
c $\perp$ $\simeq$ 2300 ... 3200 m/s.

1.2.2.4 Vergütetes Vollholz
Zu den vergüteten Vollhölzern gehören
• Preßvollhölzer,
• Tränkvollhölzer,
• Formvollhölzer.
Preßvollhölzer bestehen aus unter Druck- und Wärmeeinwirkung verdichtetem Vollholz. Es kommen vorwiegend zerstreutporige Laubhölzer zum Einsatz. Die Rohdichte wird auf 1,0 ... 1,4 g/cm³ erhöht.
Die rohdichteabhängigen Festigkeiten erhöhen sich dadurch auf das 1,5 ... 3fache. Preßvollholz wird hauptsächlich im Maschinenbau (Lagerschalen, Gleitführungen) verwendet.
Tränkvollhölzer entstehen durch Einlagern flüssiger Mittel in das Holzgefüge. Als Tränkmittel kommen Metalle bzw. Metallegierungen, mineralische Öle, Wachse und niedermolekulare Polymerisations- oder Polykondensationsharze zum Einsatz. Es entstehen dann Metall-, Öl- und Polymerhölzer. Metall- und Ölhölzer werden vorrangig für Lagerschalen, Polymerhölzer für Parkett, Besteckgriffe u. a. eingesetzt.
Formvollholz wird zunächst in Heißdampf oder Heißwasser plastifiziert und anschließend durch Stauchen in Faserrichtung geformt. Die Teile müssen in der Form getrocknet werden. Anwendungsbereiche gibt es bei der Sitzmöbelfertigung, im Bootsbau und bei der Spielzeugherstellung.

Zulässige Spannungen nach DIN 1052

Art der Beanspruchung	zulässige Spannungen MN/m² Nadelhölzer (europäisch) Güteklassen			Eiche, Buche Teak, Keruing mittlere Güte
	I	II	III	
Biegung (zul. σ_B)	13	10	7	11
Zug II (zul. σ_ZII)	10,5	8,5	0	10
Druck II (zul. σ_DII)	11	8,5	6	10
Druck $\perp$ (zul. $\sigma_D\perp$)	2	2	2	3
Abscheren II (zul. τ II)	0,9	0,9	0,9	1

1.2.2.5 Wichtige Normen für Vollholz

DIN	Titel
	1 Holzarten und Begriffe
4076 T 1	Benennungen und Kurzzeichen auf dem Holzgebiet; Holzarten
68 252 T 1	Begriffe für Schnittholz; Form und Maße
68 256	Gütemerkmale von Schnittholz; Begriffe
	Gütebedingungen und zulässige Spannungen
4074 T 1	Bauholz für Holzbauteile; Gütebedingungen für Bauschnittholz (Nadelholz)
4074 T 2	Bauholz für Holzbauteile; Gütebedingungen für Baurundholz (Nadelholz)
68 126 T 3	Profilbretter mit Schattennut; Sortierung für Fichte, Tanne, Kiefer
68 283	Parkett-Rohfriesen aus Eiche und Rotbuche
68 360 T 2	Holz für Tischlerarbeiten; Gütebedingungen bei Innenanwendung
68 364	Kennwerte von Holzarten; Festigkeit, Elastizität, Resistenz
68 365	Bauholz für Zimmerarbeiten; Gütebedingungen
68 368	Laubschnittholz für Treppenbau; Gütebedingungen
68 369	Rotbuche-Blockware; Gütebedingungen
68 370	Eichen-Schnittholz; Gütebedingungen
	Prüfung
52 180 T 1	Prüfung von Holz; Probenahme; Grundlagen
52 181	Bestimmung der Wuchseigenschaften von Nadelschnittholz
52 182	Prüfung von Holz; Bestimmung der Rohdichte
52 183	Prüfung von Holz; Bestimmung des Feuchtigkeitsgehaltes
52 184	Prüfung von Holz; Bestimmung der Quellung und Schwindung
52 185	Prüfung von Holz; Bestimmung der Druckfestigkeit parallel zur Faser
52 186	Prüfung von Holz; Biegeversuch
52 187	Prüfung von Holz; Bestimmung der Scherfestigkeit in Faserrichtung
52 188	Prüfung von Holz; Bestimmung der Zugfestigkeit parallel zur Faser
52 189 T 1	Prüfung von Holz; Schlagbiegeversuch; Bestimmung der Bruchschlagarbeit
52 192	Prüfung von Holz; Druckversuch von Holz; Druckversuch quer zur Faserrichtung
68 367	Bestimmung der Gütemerkmale von Laubschnittholz
	Maße und Profile
4070 T 1	Nadelholz; Querschnittsmaße und statische Werte für Schnittholz; Vorratskantholz und Dachlatten
4070 T 2	Nadelholz; Querschnittsmaße und statische Werte; Dimensions- und Listenware
4071 T 1	Ungehobelte Bretter und Bohlen aus Nadelholz; Maße
4072	Gespundete Bretter aus Nadelholz
4073 T 1	Gehobelte Bretter und Bohlen aus Nadelholz; Maße
68 100	Toleranzsystem für Holzbe- und -verarbeitung; Begriffe, Toleranzreihen, Schwind- und Quellmaße
68 100 Bbl 1	Toleranzen für Längen- und Winkelmaße in der Holzbe- und -verarbeitung; Maßänderung durch Feuchtigkeitseinfluß längs zur Faser bei Vollholz, radial und tangential bei Fichte, Tanne, Lärche, Kiefer und Douglasie
68 100 Bbl 2	Toleranzen für Längen- und Winkelmaße in der Holzbe- und -verarbeitung; Maßänderung durch Feuchtigkeitseinfluß bei Afrormosia, Afzelia, Bongossi (Azobe), Buche, Eiche, Esche, Iroko, Khaya, Makore und Meranti-gelb jeweils in radialer und tangentialer Richtung
68 100 Bbl 3	Toleranzen für Längen- und Winkelmaße in der Holzbe- und -verarbeitung; Maßänderung durch Feuchtigkeitseinfluß bei Meranti-rot, Muhuhu, Niangon, Nußbaum, Pappel, Sapeli, Sipo, Teak, Ulme und Wenge jeweils in radialer und tangentialer Richtung

Weiter auf der nächsten Seite

DIN	Titel
	Maße und Profile
68 120	Holzprofile; Grundformen
68 122	Fasebretter aus Nadelholz
68 123	Stülpschalungsbretter aus Nadelholz
68 125 T 1	Fußleisten aus europäischen (außer nordischen) Hölzern
68 125 T 2	Fußleisten aus nordischem Nadelholz
68 126 T 1	Profilbretter mit Schattennut; Maße
68 127	Akustikbretter
68 250	Messen von Nadelschnittholz
V 68 371	Messen von Laubschnittholz
68 372	Nenndicken von ungehobeltem Laubschnittholz
	Holzverbindung
68 140	Keilzinkenverbindung von Holz
68 141	Holzverbindungen; Prüfung von Leimen und Leimverbindungen für tragende Holzbauteile; Gütebedingungen
68 602	Beurteilung von Klebstoffen zur Verbindung von Holz und Holzwerkstoffen; Beanspruchungsgruppen, Klebfestigkeit

Abb. 1.4   Dreilagiges Furniersperrholz

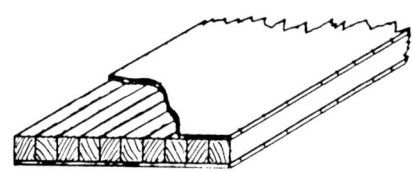

Abb. 1.5   Stabsperrholz

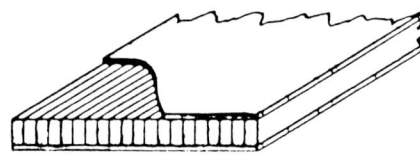

Abb. 1.6   Stäbchensperrholz

1.2.3 Holzwerkstoffe

1.2.3.1 Einteilung

Unter dem Oberbegriff „Holzwerkstoffe" werden plattenförmige Elemente (Sperrholz, Spanplatten, Faserplatten) zusammengefaßt. Auch verschiedene Formteile sowie beschichtete und beplankte Verbundplatten auf der Basis von Faser-, Span- und Sperrholz lassen sich den Holzwerkstoffen zuordnen.

Hauptmerkmal der Holzwerkstoffe ist, daß sie zu mehr als 80 % aus stark zerkleinertem Vollholz bestehen, das nach Zugabe entsprechend geeigneter Klebstoffe unter Druck und Wärme zu Platten verpreßt wird.

Die Eigenschaften der Holzwerkstoffplatten sind in Plattenebene im Vergleich zu denen von Vollholz weitgehend isotrop. Für Span- und Faserplatten gilt dies in noch stärkerem Maße als für Sperrholz.

Plattenförmige Holzwerkstoffe lassen sich nach DIN 4076 Teil 2 in 3 große Gruppen einteilen:
- Sperrholz,
- Holzspanplatten,
- Holzfaserplatten.

Diese Gruppen werden wiederum in mehrere Untergruppen gegliedert, auf die in den folgenden Abschnitten eingegangen wird, sofern sie im Möbel- oder Innenausbau von Bedeutung sind.

1.2.3.2 Sperrholz

1. Begriffe, Aufbau und Typen von Sperrhölzern

Unter dem Sammelbegriff Sperrholz versteht man alle Platten aus mindestens 3 Schichten, die aufeinander geleimt werden und deren Faserrichtungen gegeneinander versetzt sind.

Die wichtigsten Begriffe, die bei der Verwendung und beim Umgang mit Sperrholz vorkommen, enthält DIN 68 708. Diese Norm ist sachlich mit ISO 2074 übereinstimmend.

Eine Unterteilung von Sperrholz in bestimmte Typen erfolgt entweder nach dem Verwendungszweck oder nach den Eigenschaften (siehe auch DIN 68 709).

Aufbau

Bei Sperrholz können die einzelnen Lagen bestehen aus:
- Furnieren,
- Stäben,
- Stäbchen,
- Span- oder Faserplatten.

Folgende Gruppen von Sperrhölzern sind zu unterscheiden: Furniersperrholz, Stab- bzw. Stäbchensperrholz, zusammengesetztes Sperrholz (Abb. 1.4).

Furniersperrholz

Alle Lagen bestehen aus Furnieren, die parallel zur Plattenebene liegen. Die üblichen Furniersperrhölzer sind symmetrisch aufgebaut und haben eine ungerade Anzahl von kreuzweise miteinander verleimten Lagen. Eine Lage kann auch aus faserparallel miteinander verleimten Furnieren bestehen. Die elastischen und mechanischen Eigenschaften lassen sich durch Änderung von Zahl und Anordnung der Einzelfurniere vielfältig beeinflussen.

Die Furniere werden in der Regel durch Schälen von Rundholz erzeugt. Es kommen jedoch bei hochwertigen Oberflächen auch Messer- oder Sägefurniere (selten) zum Einsatz. Die Eigenschaften des Sperrholzes werden von den Furnierholzarten wesentlich beeinflußt. Es ist sowohl eine Schichtung aus Furnieren einer Holzart wie auch aus mehreren Holzarten möglich.

Stab- bzw. Stäbchensperrholz

(früher Tischlerplatte) (Abb. 1.5 u. 1.6).
Die Mittellage besteht aus etwa 24 mm breiten, gesägten Vollholzleisten („Stäbe") oder aus 5...8 mm dicken, hochkant gestellten Schälfurnierstreifen („Stäbchen"). Die Mittellage wird beidseitig mit einem Deckfurnier (3lagige Platte) oder einem Absperr- und Deckfurnier (5lagige Platte) versehen. Die Faserrichtung der aufeinander folgenden Lagen wird jeweils um 90° versetzt.

Zusammengesetztes Sperrholz

Bei diesem Typ besteht mindestens eine Lage nicht aus den Stäben, Stäbchen oder Furnieren.

Die beiden Außenlagen bestehen aus Furnieren, die einen Absperreffekt bewirken. Für die Innenlagen können andere Holzwerkstoffe (z. B. Spanplatten) oder auch Kunststoffschichten verwendet werden.

Auch Metalle oder Kunststoffplatten werden auf die Sperrholzplatten aufgebracht (z. B. zur Verbesserung der Steifigkeit).

Bestandteile von Sperrhölzern
Folgende Bestandteile können in Sperrholz enthalten sein:
- Furniere, Stäbe oder Stäbchen verschiedener Holzarten,
- Klebstoffe,
- Schutzmittel gegen Schädlinge oder Feuer,
- andere Materialien.

Oberfläche von Sperrhölzern
Bearbeitung der Oberfläche durch
- Glätten (Schleifen oder Abziehen),
- Strukturieren (Bürsten, Sandstrahlen),
- Farbbrennen.

Behandeln der Oberfläche durch
- Grundieren (für nachfolgende Anstriche),
- Tränken der Deckfurniere mit Kunstharz,
- Ölen (Vorbehandlung für Schalungstafeln),
- Beizen, Lasieren.

Beschichten der Oberfläche
- mit flüssigen Harzen oder Lacken durch Gießen, Walzen, Spritzen,
- mit dekorativen Furnieren (Messerfurniere),
- mit harzimprägnierten Papieren (Dekorpapiere),
- mit Filmen (z. B. auf Phenol-Formaldehyd-Basis) für Schalungsplatten,
- mit Schichtpreßstoffen.

Beplanken
- mit glasfaserverstärkten Kunstharzen,
- mit Metallblechen.

Normtypen/Plattentypen nach DIN 68 705

1. Sperrholz für allgemeine Zwecke (DIN 68 705 Teil 2)
- Einteilung nach Verleimung (Klebung)

Typ IF Verleimung beständig in Räumen mit im allgemeinen niedriger Luftfeuchte (nicht wetterbeständig)

Typ AW Verleimung beständig auch bei erhöhter Feuchtigkeitsbelastung (bedingt wetterbeständig); hier sind Melamin-, Phenol- oder Resorcinharze notwendig

- Einteilung nach Güte der Deckfurniere (s. Tabelle 1.1). Es wird die Güte des Furniers der Vorderseite und der Rückseite nacheinander genannt, z. B. 2 – 3. Es gibt nach DIN 68 705 Teil 2 folgende Kombinationen:

Furniersperrholz mit Deckfurnieren aus tropischen Laubhölzern:
1 – 2, 1 – 3, 2 – 3

Furniersperrholz mit Deckfurnieren aus europäischen Hölzern und überseeischen Nadelhölzern:
1 – 3, 2 – 2, 2 – 3, 3 – 3

Stab- und Stäbchensperrholz:
1 – 2, 2 – 2, 2 – 3

Bestandteile von Sperrhölzern

Holzarten von Furnieren	vorwiegend einheimische (in Deutschland Buche und Fichte) sowie importierte Hölzer
Holzarten von Mittellagen	vorwiegend Fichte
Klebstoffe	Harnstoff-, Melamin-, Phenol- und Resorcin-Formaldehydharze (einzeln oder Gemische); die Beständigkeit der Verleimung ist ein wichtiges Kriterium für die Einteilung der Sperrhölzer
Schutzmittel	Schutzmittel gegen Schädlingsbefall, Feuerschutzsalze; entweder werden die Furniere getränkt, oder das Schutzmittel wird in die Leimflotte eingearbeitet

2. Sperrholz für Bauzwecke (DIN 68 705 Teil 3/4/5)
Es werden hier folgende Typen und Anwendungsbereiche unterschieden:
- Bau- und Furniersperrholz nach DIN 68 705 Teil 3

BFU 20 nicht wetterbeständig verleimtes Bau-Furniersperrholz für den Anwendungsbereich der Holzwerkstoffklasse 20

BFU 100 wetterbeständig verleimtes Bau-Furniersperrholz für den Anwendungsbereich der Holzwerkstoffklasse 100

BFU 100G wie BFU 100, jedoch zusätzlich Verwendung von Holzarten mit hoher Resistenz oder durch Behandlung mit Holzschutzmitteln für Holzwerkstoffklasse 100G

- Bau-Stabsperrholz und Bau-Stäbchensperrholz nach DIN 68 705 Teil 4

BST 20 bzw. BSTAE 20 nicht wetterbeständig verleimtes Bau-Stabsperrholz bzw. Bau-Stäbchensperrholz (früher Verleimungsart F 20) für den Anwendungsbereich der Holzwerkstoffklasse 20

BST 100 bzw. BSTAE 100 wetterbeständig verleimtes Bau-Stabsperrholz bzw. Bau-Stäbchensperrholz (früher Verleimungsart AW 100) für den Anwendungsbereich der Holzwerkstoffklasse 100

BST 100G bzw. BSTAE 100G wie BST 100 bzw. BSTAE 100, jedoch zusätzlich Verwendung von Holzarten mit hoher Resistenz oder durch Behandlung mit Holzschutzmitteln der Holzwerkstoffklasse 100G

Anmerkung: Holzwerkstoffklasse 20, 100 und 100G nach DIN 68 800 Teil 2
- Bau-Furniersperrholz aus Buche nach DIN 68 705 Teil 5

BFU-BU 100 wetterbeständig verleimtes, ungeschliffenes Buchen-Bau-Furniersperrholz für den Anwendungsbereich der Holzwerkstoffklasse 100

BFU-BU 100G wie BFU-BU 100, jedoch mit Holzschutzmitteln behandeltes Buchen-Furniersperrholz für den Anwendungsbereich der Holzwerkstoffklasse 100G

3. Spezialplatten
Folgende Spezialsperrholzplatten sind entsprechend den verschiedenen speziellen Anwendungsbereichen entwickelt worden und auf dem Markt:
- Bootsbausperrholz,
- schwerentflammbares Sperrholz (B1 nach DIN 4102),
- Wand- und Deckenpaneele auf Sperrholzträgerplatten,
- Fertig-Parkettelemente,
- gleitsichere Fußbodenplatten für Fahrzeuge und Container,
- beplankte Sperrhölzer für Fassadenbekleidungen, Garagentore usw.,
- Sperrholzplatten mit erhöhter Wärmedämmung, Schalldämmung und mit erhöhtem Strahlenschutz,
- Flugzeugsperrholz,
- beschichtete Containerplatten,
- Sperrholzformteile für Sitze, Rückenlehnen usw.,
- Kunstharz-Preßhölzer für Beschußhemmung,
- Großflächen-Schalungsplatten.

2. Eigenschaften, Rechenwerte und Abmessungen von Sperrhölzern
Folgende Anforderungen sind genormt:
1. bei Sperrholz für allgemeine Zwecke
- die Maße und Abweichungen,
- die Güte der Deckfurniere und der Innenlagen,

Tabelle 1.1 Kriterien der Güteklassen 1 bis 3 für die Deckfurniere von Sperrholz für allgemeine Zwecke nach DIN 68705 Teil 2 (Ausgabe Juli 1981)

Güteklasse	Lfd. Nr.	Laubhölzer		Nadelhölzer	
		der Tropen	der gemäßigten Zonen	Fichte, Tanne und ähnliche	Kiefer, Lärche
Güteklasse 1 Holzfarbe und Maserung zueinander passend. Von den nebenstehend genannten Merkmalen dürfen höchstens 2 nebeneinander vorkommen	1	leichte Holzverfärbung bis ⅛ der Fläche			
	2	drei gesunde Wirbel oder Aststellen bis 10 mm Durchmesser je m²	drei gesunde Äste oder Aststellen bis 15 mm Durchmesser je m²	drei einwandfrei ausgebesserte Äste je m²	
	3	– – –	vereinzelt vorkommende einwandfrei ausgekittete Randrisse bis ⅒ der Plattenlänge und 3 mm Breite	– – –	
Güteklasse 2 Von den nebenstehend genannten Merkmalen dürfen höchstens 3 nebeneinander vorkommen	1	Fugen mit gelegentlich geringen Undichten; vereinzelt vorkommende beschichtungsfähig ausgekittete Fugen bis 2 mm Breite			
	2	leichte Holzverfärbung und bis ¼ der Fläche leichte Farbfehler			leichte Holzverfärbung und bis ⅛ der Fläche leichte Farbfehler
	3	Punktäste sowie vereinzelt vorkommende Wirbel, Hirnholzstellen und Gallen, letztere auch ausgekittet			
	4	vereinzelt vorkommende verwachsene Äste und Aststellen bis 15 mm Durchmesser	vier verwachsene Äste und Aststellen bis 25 mm Durchmesser je m²		
	5	beschichtungsfähig ausgebesserte Äste			
	6	vereinzelt vorkommende beschichtungsfähig ausgekittete Risse bis ⅕ der Plattenlänge und 3 mm Breite			
	7	vereinzelt vorkommende kleine Insektenfraßlöcher			
	8	geringfügiger Leimdurchschlag			
Güteklasse 3 Von den nebenstehend genannten Merkmalen dürfen höchstens 4 nebeneinander vorkommen	1	vereinzelt vorkommende fehlerhafte Fugen			
	2	Farbfehler			
	3	vier verwachsene Äste und Aststellen je m², bei Platten aus drei Furnierlagen Durchmesser der Äste 25 mm, bei Platten aus fünf und mehr Lagen Durchmesser der Äste 60 mm			
	4	Punktäste, Wirbel, Hirnholzstellen und Gallen, letztere auch ausgekittet			
	5	ausgebesserte Stellen			
	6	Risse bis ⅓ der Plattenlänge und 5 mm Breite			
	7	Insektenfraßlöcher			
	8	Leimdurchschlag			
	9	rauhe Stellen mit Faserausriß			
	10	Durchzeichnung von Überleimern der Mittellagenfugen			

- die Bindefestigkeit der Verleimung,
- der Feuchtegehalt;
2. bei Sperrholz für Bauzwecke zusätzliche Anforderungen an
- Plattenaufbau,
- Biegefestigkeiten,
- ggfs. Druckfestigkeit,
- ggfs. Widerstand gegen holzzerstörende Pilze.

Physikalische Eigenschaften

Rohdichte
Rohdichten von Laubhölzern siehe DIN 68364 und Literatur
Rohdichten von Nadelhölzern rund $0,4 \ldots 0,6$ g/cm³
Rohdichte des fertigen Sperrholzes liegt etwas höher als die der eingesetzten Holzart

Kunstharzpreßholz aus Buche kann Rohdichten bis 1,4 g/cm³ erreichen.

Feuchtegehalt
Der Feuchtegehalt ab Herstellwerk darf 12% bei Sperrholz für allgemeine Zwecke nicht überschreiten; Bausperrholz hat Feuchtigkeiten ab Herstellwerk zwischen 5 und 15%.

Flächen- und Dickenänderungen
Bei 1% Feuchteänderung treten Abmessungsänderungen in der Länge und Breite von $0,01\% \ldots 0,02\%$, in der Dicke von $0,25\% \ldots 0,35\%$ auf. Diese Werte gelten bei Feuchtegehalten zwischen 5 und 20%.

Wärmeleitfähigkeit
Nach DIN 4108 Teil 4: Rechenwert 0,15 W/mK

Ermittlung der Wärmeleitfähigkeiten bei Spezialsperrhölzern nach DIN 52612.

Elastomechanische Eigenschaften
Die Werte der Festigkeitseigenschaften und der elastischen Eigenschaften enthält Tabelle 1.2.
Härte und Ausziehwiderstände für Schrauben und Nägel hängen hauptsächlich von der Rohdichte ab.

Chemische Eigenschaften
Der pH-Wert von Holz liegt zwischen 6 und 3,5 (saurer Bereich). Durch Verleimung mit alkalisch härtendem Harz wird der pH-Wert von Sperrholz neutral (pH = 7).
Belästigungen durch Formaldehyd sind bei Sperrholz nicht bekannt und nicht zu erwarten.

16

Tabelle 1.2 Elastische Eigenschaften und Festigkeiten in N/mm² von Furniersperrholz für Bauzwecke (nach Gressel 1988, Möhler 1978)

Lagenzahl		3	5	≧ 7
Plattendicke		bis 8 mm	über 8 bis 15 mm	über 15 bis 29 mm
Elastizitätsmodul bei				
Biegung rechtwinklig zur Plattenebene	$E_{B/fl}$ II	7 000–14 000	6 000–12 000	5 000–10 000
	$E_{B/fl} \perp$	300– 1 500	2 000– 5 000	2 500– 7 000
Biegung in Plattenebene	$E_{B/hk}$ II	5 000–10 000	4 500– 8 500	4 000– 7 000
	$E_{B/hk} \perp$	2 500– 5 000	3 000– 5 500	3 500– 6 000
Zug oder Druck in Plattenebene	EZ II; ED II	5 000–10 000	4 500– 8 500	4 000– 7 000
	EZ $\perp$; ED $\perp$	2 500– 5 000	3 000– 5 500	3 500– 6 000
Schubmodul bei				
Biegung rechtwinklig zur Plattenebene	(G)	≧ 600	≧ 600	≧ 600
Biegung in Plattenebene	(G)	500–1 000	500–1 000	500–1 000
Festigkeit bei				
Biegung rechtwinklig zur Plattenebene	$\beta_{B/fl}$ II	65–130	58–110	50–75
	$\beta_{B/fl} \perp$	7,5–19	25–70	30–60
Biegung in Plattenebene	$\beta_{B/hk}$ II	≧ 27	≧ 27	≧ 27
	$\beta_{B/hk} \perp$	≧ 18	≧ 18	≧ 18
Zug in Plattenebene	β_Z II	45–80	40–75	35–70
	$\beta_Z \perp$	20–45	25–53	30–60
Druck in Plattenebene	β_D II	25–50	22–45	20–40
	$\beta_D \perp$	10–25	14–30	17–35
Scherung in Plattenebene	(τ)	3–5	3–5	3–5
Scherung rechtwinklig zur Plattenebene	(τ)	10–18	10–18	10–18

Tabelle 1.3 Vorzugsmaße nach DIN 4078 für Furniersperrholz sowie für Stab- und Stäbchensperrholz (alle Angaben in mm)

Furniersperrholz	Dicke	4, 5, 6, 8, 10, 12, 15, 18, 20, 22, 25, 30, 35, 40, 50
	Länge	1 220, 1 250, 1 500, 1 530, 1 830, 2 050, 2 200, 2 440, 2 500, 3 050
	Breite	1 220, 1 250, 1 500, 1 530, 1 700, 1 830, 2 050, 2 440, 2 500, 3 050
Stab- und Stäbchensperrholz	Dicke	13, 16, 19, 22, 25, 28, 30, 38
	Länge	1 220, 1 530, 1 830, 2 050, 2 500, 4 100
	Breite	2 440, 2 500, 3 500, 5 100, 5 200, 5 400

Tabelle 1.4 Zulässige Abweichungen von den Nennmaßen ab Herstellwerk

	Sperrholz nach DIN 68 705			
	Teil 2	Teil 3	Teil 4	Teil 5
Dicke ungeschliffen		± 6%	+12% − 0	± 6%
Dicke geschliffen	+ 0,2 mm[1] − 0,5 mm	+ 0,2 mm − 0,5 mm	+ 0,2 mm − 0,5 mm	
Länge und Breite	± 3 mm	± 3 mm	± 3 mm	± 2 mm
Rechtwinkligkeit (gemessen auf 1 000 mm Schenkellänge)	2 mm	1 mm	1 mm	1 mm
Geradheit der Kanten (gemessen auf jeweils 1 000 mm Kantenlänge)	1,5 mm	1,5 mm	1,5 mm	1,5 mm

[1] Bei Plattentyp AW (nach Teil 2) und bei den geschliffenen Plattentypen BFU 100 und BFU 100 G (nach Teil 3) sind zusätzliche Dickenabweichungen von ±3% zulässig

Der Widerstand gegen verdünnte Säuren ist hoch. Bei Einwirkung von Laugen können Schäden entstehen. Nadelhölzer sind wegen ihres höheren Ligningehalts beständiger als Laubhölzer.

Bei Einwirken von Ölen, Lösemitteln und Wasser ist das Quellverhalten zu berücksichtigen.

Brandverhalten

Sperrholz entspricht der Baustoffklasse B 2 (normal entflammbar). Näheres zu Rohdichten und Dicken in DIN 4102 Teil 4. Durch Einarbeitung von Feuerschutzsalzen oder durch nachträgliche Behandlung kann die Baustoffklasse B 1 erreicht werden (schwer entflammbar).

Dauerhaftigkeit

Sperrholz ist ohne zusätzlichen Schutz für die direkte Bewitterung nicht geeignet. UV-Strahlung führt zu Farbänderungen.

Die erwartete Feuchtebeanspruchung ist das entscheidende Kriterium für die Wahl der Verleimung. Hier sind DIN 68 800 Teil 2 und die Zuordnung der Holzwerkstoffklassen zu beachten.

Abmessungen (Vorzugsmaße)

Die Vorzugsmaße der Standardabmessungen enthält Tabelle 1.3. Der größte Teil der Platten wird als Fixmaße geliefert. Die Plattenlänge läuft jeweils parallel zur Faser der Deckfurniere.

Zulässige Abweichungen s. Tabelle 1.4.

3. Einsatzmöglichkeiten von Sperrhölzern

Einen Überblick gibt Tabelle 1.5.

4. Normen und Richtlinien für Sperrhölzer

Siehe Zusammenfassung unter Abschnitt 1.2.3.7.

1.2.3.3 Holzspanplatten

1. Begriffe, Aufbau und Typen von Holzspanplatten

Holzspanplatten sind plattenförmige Werkstoffe, die durch Verpressen von im wesentlichen kleinen Teilen aus Holz und/oder anderen holzartigen Faserstoffen mit Bindemitteln hergestellt werden. Nach dem Aufbau unterscheidet man

- einschichtige Flachpreßplatten,
- mehrschichtige Flachpreßplatten,
- Flachpreßplatten mit stetigem Übergang in der Struktur,
- einschichtige Strangpreßplatten.

Einschichtige Flachpreßplatten werden nur noch in geringem Umfang für untergeordnete Zwecke erzeugt. Das Spanmaterial ist einheitlich beleimt und unsepariert gestreut.

Mehrschichtige Spanplatten bestehen

Tabelle 1.5 Verwendungsübersicht für Sperrholz im Möbel- und Innenausbau

Zeile	Bereich	Plattentypen		Eigenschaftsnormen
1	*1. Möbelbau*			
2	Wohnmöbel	FU	IF	68 705 T 2
		ST	IF	68 705 T 2
		STAE	IF	68 705 T 2
3	Möbel für	FU	AW	68 705 T 2
	Feuchträume	ST	AW	68 705 T 2
		STAE	AW	68 705 T 2
4	Sitzmöbel	Sperrholzformteile		68 707
5	Werkstatt-, Labor-	Spezialplatten,		68 705 mitgeltend
	und Schultische	Kunstharz-Preßholz		7707
6	Tonmöbel	FU	IF	68 705 T 2
		Sperrholzformteile		68 707 mitgeltend
7	*2. Ausbau*			
8	Trennwände	BFU 20		68 705 T 3
		BFU-BU		68 705 T 5
		BST 20		68 705 T 4
		BSTAE 20		68 705 T 4
		Spezialplatten, z. B. schalldämmend		68 705 mitgeltend
9	Türen	Sperrtüren		68 706
10	Treppen	Spezialplatten		68 705 mitgeltend
11	Wand- und	Paneele		68 740 E
	Deckenbekleidung	FU	IF	68 705 T 2
12	Fußböden	Fertigparkett, z. B. abgesperrt		280
13	Dachausbauten	BFU 20, 100, 100 G		68 705 T 3
		BFU-BU 100, 100 G		68 705 T 5
		BST 20, 100, 100 G		68 705 T 4
		BSTAE 20, 100, 100 G		68 705 T 4
		Spezialplatten, z. B. wärmedämmend		68 705 mitgeltend
14	Einbauschränke	FU	IF	68 705 T 2
		ST	IF	68 705 T 2
		STAE	IF	68 705 T 2
15	Regale	STAE	IF	68 705 T 2
		ST	IF	68 705 T 2
		FU	IF	68 705 T 2
		BFU-BU		68 705 T 2
16	*3. Sonstige Anwendungsbereiche*			
17	Laden-, Messe- und	Sperrholzplatten,		68 705
	Gaststättenbau	Sperrholzformteile,		68 707 mitgeltend
		Spezialplatten, z. B. schwerentflammbar		68 705 mitgeltend
18	Geldinstitute	Spezialplatten, z. B. beschußsicher		68 705 mitgeltend
19	Kühlraumbau	Spezialplatten, z. B. wärmedämmend		68 705 mitgeltend
20	Formen, Schablonen, Gleitbahnen usw.	Kunstharz-Preßholz		7707
21	Industrieregale	BFU-BU, ST, STAE		68 705

meistens aus 3 oder 5 Schichten. Die gröberen Späne kommen in die Mittelschicht, die feineren in die Deckschichten. Bei 5schichtigen Platten werden zwischen Mittelschicht und Deckschichten noch Ausgleichsschichten gestreut.

Bei Platten mit stetigem Übergang in der Spanstruktur erfolgt eine separierende Spanstreuung. Die gröberen Späne gelangen dabei in die Mitte, die feineren Späne in die äußeren Schichten des Plattenquerschnitts. Das Spanmaterial wird nach außen zu stetig feiner.

Strangpreßplatten sind generell einschichtig.

Bei Mehrschichtplatten muß die Mittelschicht aus herstellungs- und verarbeitungstechnischen Gründen (u. a. wegen leichterer Entdampfung beim Verpressen) aus gröberem Spanmaterial bestehen. Die geforderte Feinheit der Deckschicht richtet sich nach dem Verwendungszweck.

Zu den erwähnten Plattentypen kommen noch zwei neuere Typen hinzu:
- Die MDF-Platten (Medium Density Fibreboard), bei denen statt der Späne Holzfasern gestreut werden. Die Struktur ist über dem gesamten Querschnitt so gleichmäßig, fein und dicht, daß diese Platten wie Vollholz bearbeitet und beschichtet werden können. Näheres hierzu siehe Abschnitt 1.2.3.5
- Die OSB-Platten (Oriented Structural Board) mit gerichteten Spänen. Die Späne sind relativ lang, sie werden längs und quer zur Plattenherstellrichtung orientiert. Im allgemeinen werden die Mittelschichtspäne quer und die Deckschichtspäne längs zur Herstellrichtung orientiert.

OSB-Platten sind Bauspanplatten mit hohen Festigkeitswerten parallel zur vorwiegenden Spänerichtung.

Die Abbildungen 1.7 bis 1.12 geben einen Überblick über Aufbau und Einsatzbereiche verschiedener Plattentypen.

Bestandteile

Spanplatten können folgende Bestandteile enthalten:
- Holzspäne; diese werden hauptsächlich aus Kiefer, Fichte, Buche, Erle, Esche, Eiche, Pappel und Kastanie erzeugt;
- holzartige Faserstoffe; diese stammen von Einjahrespflanzen, wie Flachsschäben, Hanfschäben und Getreidestroh;
- Bindemittel; eingesetzt werden Harnstoff-, Melamin- und Phenol-Formaldehyd-Harze sowie Isocyanat, Portland- und Magnesiazement.

Spanplatten für allgemeine Zwecke, Möbel- und Bauspanplatten des Normtyps V20 werden hauptsächlich mit Harnstoff-Formaldehyd-Harz gebunden. Mit Harnstoff-Melamin-Formaldehyd-Harz und unter Zusatz von Phenolharz können auch Platten des Normtyps V100 und feuchtebeständige Platten hergestellt werden.

Phenol-Formaldehyd-Harz wird bevorzugt für die Erzielung begrenzt wetterbeständiger Verleimungen (V100) eingesetzt. Die Platten erhalten dadurch eine charakteristische Braunfärbung.

Mit dem seit einigen Jahren eingesetzten Isocyanat (genauer: Diphenylmethan-Diisocyanat – auch MDI genannt) wird eine Feuchtebeständigkeit wie mit Phenolharz erreicht. Herstellbar sind die Normtypen V20, V100 und V100G. MDI-gebundene Platten sind frei von Alkali und Formaldehyd.

Portlandzement wird als Bindemittel für wetterfeste Platten eingesetzt, die hinsichtlich der Brennbarkeit die Baustoffklasse B1 bzw. A2 erreichen. In geringerem Umfang wird für Platten der Baustoffklassen A2 und B1 auch Magnesiazement eingesetzt.
- Härter; bei Verwendung von HF-Harzen oder MF-Harzen müssen Härter aus Ammoniumchlorid, Ammoniumsulfat oder Ammoniumpersulfat zugesetzt werden. Ihr Anteil, bezogen auf das Leimharz, beträgt zwischen 0,5 und 4 %.
- Hydrophobierungsmittel; für die Gewährleistung eines normgerechten Quellverhaltens wird als Hydrophobierungsmittel Paraffin in Anteilen von 0,3 . . . 2 %, bezogen auf das Trockengewicht der Platten, beigegeben.

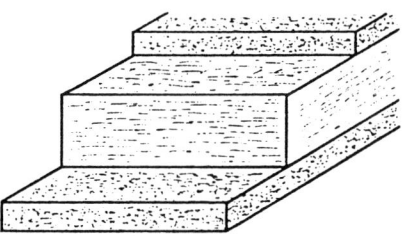

Abb. 1.7 Flachpreßplatte FPY, dreischichtig aufgebaut, für allgemeine Zwecke nach DIN 68761, für das Bauwesen nach DIN 69762/63 und für Kunststoffbeschichtung nach DIN 68765. Die Spanform und die horizontale Spanorientierung sind nicht definiert. Die Deckschichten (DS) sind deutlich, feiner als die Mittelschicht (MS)

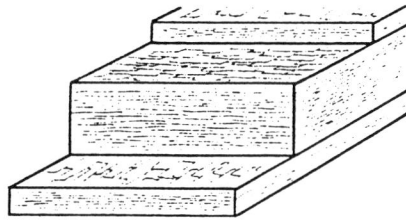

Abb. 1.10 OSB-Platten (Oriented Structural Boards), wegen ihrer schmalen, langen Späne auch Strandboards genannt, wurden in den USA für das Bauwesen entwickelt

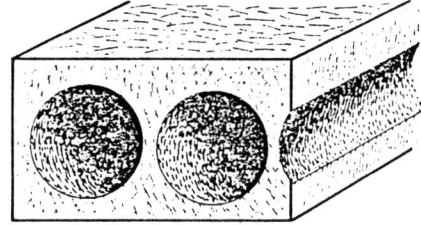

Abb. 1.8 Strangpreßplatten (DIN 68762/64) haben nur noch für die Türenindustrie in Form von Röhrenplatten Bedeutung. In Querstreifen aufgetrennt dienen sie als Kernmaterial für Türblätter

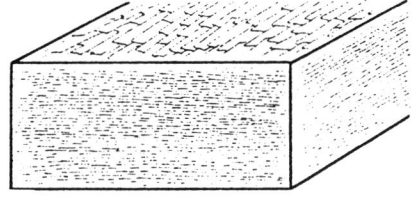

Abb. 1.11 OSB-Platten einschichtig, mit nur längsorientiertem Spangut aufgebaut, haben statisch die Charakteristik von Brettern

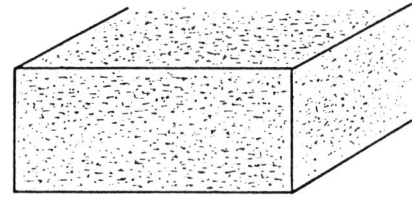

Abb. 1.9 MDF-Platten (Medium Density Fiberboard oder Mitteldichte Faserplatten) haben homogene, sehr feine Querschnittstruktur und sind deshalb besonders geeignet für Möbelbauteile, die mit sehr dünnen (Polyesterfolien, Dünnschliff-Furnieren, Finishfilmen) oder flüssigen Werkstoffen beschichtet werden sollen. Profilierte Kanten (Schmalflächen) sind, nach Aufbringen eines Isoliergrundes, direkt lackierbar

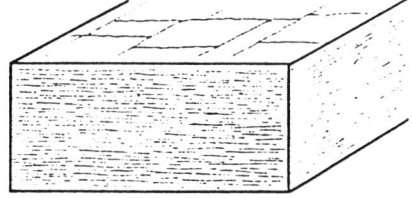

Abb. 1.12 Waferboard soll mit ihren flachen, quadratischen und horizontal orientierten Spänen die Statik von Furniersperrholz erreichen

• Pilzschutzmittel; Bauspanplatten des Typs V100G enthalten bei der Herstellung beigemischte Pilzschutzmittel, die eine Zulassung haben müssen.

• Feuerschutzmittel; als Feuerschutzmittel sind Bor-, Phosphor- und Halogenverbindungen üblich. Damit kann die Baustoffklasse B1 (schwerentflammbar) oder A2 (nicht brennbar) erreicht werden.

• Farbstoffe; zur Kennzeichnung und Vermeidung von Verwechslungen werden die unterschiedlichen Normtypen gelegentlich mit Farbstoffen gefärbt (z. B. grün oder rot für V100-Platten).

Oberfläche

Hinsichtlich der Oberflächen werden Rohspanplatten (geschliffen und ungeschliffen) und oberflächenveredelte Spanplatten unterschieden.

Folgende Oberflächenveredelungsarten kommen zur Anwendung:

• Furnierung; die Furniere haben Dicken zwischen 0,5 und 2,0 mm.

• Kunststoffbeschichtung; im Sinne von DIN 68765 versteht man unter Kunststoffbeschichtung das Verpressen der Platten mit Trägerbahnen aus Papier, die mit härtbaren Kondensationsharzen getränkt sind.

• Folienbeschichtung; dekoratives Beschichten der Platten mit PVC-Folien oder kunstharzimprägnierten Papieren.

• Flüssigkeitsbeschichtung mit Lacken.

• Durchbrochene Oberflächen; es handelt sich dabei um geschlitzte Röhren-Strangpreßplatten oder um leichte Spanplatten, deren Oberfläche mit einer Deckschicht ausgesuchter Späne, einem Glasvlies oder einem Rupfengewebe abgedeckt sein kann.

Normtypen

Folgende Normtypen werden unterschieden:

FPY: Flachpreßplatten für allgemeine Zwecke gemäß DIN 68761 Teil 1, z. B. für Möbel-, Tonmöbel-, Geräte- und Behälterbau.

FPO: Flachpreßplatten für allgemeine Zwecke und den Möbelbau mit bestimmter Feinspanigkeit in der Oberfläche (DIN 68761 Teil 4).

Für den Innenausbau, insbesondere für Wand- und Deckenbekleidungen sind noch folgende Normtypen von Bedeutung:

LF: Leichte Flachpreßplatten, mit höherer Schallabsorption (Akustikplatten) gemäß DIN 68762 mit und ohne Beschichtung oder Beplankung für akustisch wirksame dekorative Wand- und Deckenbekleidungen.

LRD: Strangpreß-Röhrenplatten, beidseitig beschichtet oder beplankt mit durchbrochener Oberfläche und höherer Schallabsorption gemäß

19

DIN 68762 für akustisch wirksame Wand- und Deckenbekleidungen.

LMD: Strangpreß-Vollplatten, beidseitig beschichtet oder beplankt mit durchbrochener Oberfläche und höherer Schallabsorption (Akustikplatte) gemäß DIN 68762 für akustisch wirksame Wand- und Deckenbekleidungen.

LR: Strangpreß-Röhrenplatten, beidseitig beschichtet oder beplankt mit geschlossener Oberfläche für dekorative Wand- und Deckenbekleidung gemäß DIN 68767.

Sowohl für den Möbelbau wie auch für den Innenausbau hat noch die KF-Platte besondere Bedeutung:

KF: Kunststoffbeschichtete dekorative Flachpreßplatten für allgemeine Zwecke gemäß DIN 68765. Die Norm gilt für Platten bis 50 mm Dicke, beidseitig mit Trägerbahnen beschichtet, die mit härtbaren Kondensationsharzen (überwiegend Melamin-Formaldehyd-Harz) imprägniert sind. Man unterscheidet:
- nach Widerstand gegen Abrieb die Klassen N, M, H und S
- nach Dicke der Kunststoffschicht die Klassen 1 und 2.

Weitere Typen sind noch die
B1: schwerentflammbare Spanplatten,
A2: nichtbrennbare Spanplatten
sowie noch nicht genormte, jedoch nach entsprechender Prüfung vom Institut für Bautechnik Berlin zugelassene Bauspanplatten.

Für spezielle Anwendungen wurden Spezialplatten entwickelt. Für einige dieser Platten existieren auch bereits Normen. Hierzu gehören z. B.
- Fußboden-Verlegeplatten nach DIN 68771,
- Paneele und Kassetten nach DIN 68740,
- Bekleidungsplatten.

Eine Übersicht über Verwendung von Spanplatten im Möbel- und Innenausbau sowie über Normtypen enthält Tabelle 1.6.

2. Eigenschaften und Rechenwerte von Holzspanplatten

Die Normen enthalten für die verschiedenen Plattentypen Rechenwerte für Elastizitätsmoduln, Biege-, Druck- und Scherspannungen. Soweit Platten im Anwendungsbereich von DIN 1052 eingesetzt werden, müssen die dort genannten Anforderungen und Mindestwerte eingehalten werden.

Physikalische Eigenschaften

Eine Übersicht der physikalischen Eigenschaften enthält Tabelle 1.7.

Tabelle 1.6 Verwendungsübersicht für Spanplatten im Möbel- und Innenausbau mit Angabe von Normtypen

Zeile	Bereich	Normtypen	Eigenschaftsnormen
1	*1. Möbelbau*		
2	Wohnmöbel	FPY, FPO, KF	68761
			68765
3	Küchenmöbel	FPY, FPO, KF	68761
			68765
4	Labormöbel	V100, FPY, FPO, KF	68761
			68763
			68765
5	Büromöbel	FPY, FPO, KF	68761
			68765
6	Tonmöbel	FPY, FPO, KF	68761
			68765
7	*2. Ausbau*		
8	Trennwände	V20	68763
9	Türen	V20, SV, SR, FPY	68763
		FPO	68764
			68706 T 1
			68763
10	Treppen	V20, Spezialplatten	68763
11	Innenbekleidungen und Deckenbekleidungen	Paneele, LF, LRD, LMD, V20, FPY, FPO	68740
			68761
			68762
			68763
12	Fußböden/Unterböden	V20, V100, V100 G	68763
13	Dachausbauten	V20, V100, V100G	68763
14	Einbauschränke	V20, FPY, FPO, KF	68761
			68763
			68765
15	Regale	V20, FPY, FPO, KF, Spezialplatten	68763
			68761
			68765

Tabelle 1.7 Physikalische Eigenschaften von Flachpreßplatten der Normtypen V100, V20, FPY, FPO

| Zeile | Eigenschaften | Plattendicke (mm) | | | | |
		bis 13	> 13–20	> 20–25	> 25–32	> 32–40
1	Rohdichte (kg/m³)	750–680	720–620	700–600	680–580	650–550
2	Feuchte (%)	5–10	6–11	6–11	7–12	7–12
3	Wasserdampfdiffusions-widerstandsfaktor μ	50* 100**	50* 100**	50* 100**	50* 100**	50* 100**
4	Rechenwert der Wärmeleitfähigkeit (W/mK)	0,13	0,13	0,13	0,13	0,13
5	Lineardehnung (%) im Wechselklima (20°/30% 20°/90%)	0,3–0,4	0,3–0,4	0,3–0,4	0,3–0,4	0,3–0,4
6	Temperaturbeständigkeit Langzeit (°C)	50–60	50–60	50–60	50–60	50–60
7	Temperaturbeständigkeit Kurzzeit (°C)	100–120	100–120	100–120	100–120	100–120

* innen, ** außen

Rohdichte
Bei den im Möbel- und Innenausbau vorzugsweise eingesetzten Platten handelt es sich um mittelschwere Platten mit einer Rohdichte zwischen 550 und 750 kg/m³.
Akustikplatten der Normtypen LF und LRD haben eine Rohdichte zwischen 250 und 600 kg/m³.
Schwere Spanplatten mit Rohdichten von 750 bis 850 kg/m³ werden für einige Spezialanwendungen (Treppenstufen, Container usw.) eingesetzt.
Zementgebundene Spanplatten haben eine sehr hohe Rohdichte von rd. 1 200 kg/m³.

Feuchtegehalt
Die Ausgleichsfeuchte im Normklima (20 °C/65 % r.F.) beträgt 9 ... 11 %. Die Auslieferung erfolgt in der Regel mit Feuchten zwischen 6 und 9 %. Beim Einsatz der Platten in beheizten Wohnräumen stellen sich auch Ausgleichsfeuchten in diesem Bereich ein.

Flächen- und Dickenänderungen
Starke Klimaschwankungen (20 °C/30 % r.F. bis 20 °C/90 % r.F.) führen bei den Normtypen FPY, FPO, V20 und V100 zu Änderungen in der Breite und Länge von 0,3 ... 0,4 %. Die Dickenänderungen sind dagegen größer und betragen 2 ... 3 %.

Temperaturbeständigkeit
Man unterscheidet langdauernde und kurzzeitige Einwirkungen.
Die Normtypen FPO, FPY und V20 sind bei dauernder Wärmeeinwirkung bis 50 °C, bei kurzfristiger Wärmeeinwirkung (ca. 1 h) bis 100 °C beständig. Der Normtyp V100 ist bei Phenolharzverleimung bis 60 °C bzw. 120 °C (kurzfristig) beständig.

Elastomechanische Eigenschaften
Für einige elastomechanische Eigenschaften sind Mindestanforderungen in den Normen festgelegt.
In Tabelle 1.8 sind diese Werte für FPY-, FPO- und KF-Platten zusammengefaßt. Es handelt sich um die Normanforderungen gemäß DIN 68 761 Teil 1 und Teil 4 sowie DIN 68 765.
Für Bauspanplatten sind entsprechende Werte in DIN 68 763 (Tabelle 1.9). Zu beachten sind im Bauwesen die Anforderungen (zulässige Spannungen) gemäß DIN 1052. In den Tabellen sind auch Rechenwerte für den E-Modul enthalten.
Für die im Bauwesen vorzugsweise eingesetzten Normtypen V20 und V100 werden in der Literatur unterschiedliche Werte bei den verschiedenen elastomechanischen Eigenschaften genannt. Eine Zusammenstellung mit den Bereichsangaben enthält Tabelle 1.10.

Chemische Eigenschaften
Die chemischen Eigenschaften werden in der Hauptsache von dem eingesetzten Bindemittel bestimmt.
Aminoplast- und isocyanatgebundene Platten haben einen etwa neutralen pH-Wert von 6 bis 8. Bei Phenolharzverleimungen gilt dieser Wert ebenfalls, wobei hier allerdings das Alkali zu Störungen führen kann.

Zementgebundene Spanplatten sind stark alkalisch (pH-Wert 9 ... 11).

Verleimbarkeit
Aminoplast- und isocyanatverleimte Platten sind mit üblichen Holzleimen gut verleimbar.
Bei phenolharzverleimten Platten kann es wegen des Alkaligehaltes zu Störungen kommen. Am besten ist es, Resorcin- oder Phenol-Resorcin-Harzleime einzusetzen. In noch stärkerem Maße gilt dies für portlandzement-gebundene Spanplatten.
Für schwerentflammbare B1-Platten sind Harnstoffharzleime am besten geeignet.

Lackierbarkeit
Der Verbund zwischen kunstharzgebundener Platte und Lack ist im allgemeinen gut. Infolge „Ausblutens" von Phenolharzen kann es jedoch zu Verfärbungen kommen. Als Vorbeugung sind spezielle Sperrgründe einzusetzen.

Chemikalienbeständigkeit
Gegen konzentrierte und verdünnte Säuren und Laugen sind die Normtypen FPY, FPO und V20 sowie aminoplastverleimte V100-Platten nicht beständig. Organische Lösemittel verursachen dagegen bei geringer Einwirkung keine Schädigungen.
Eine gewisse Beständigkeit gegen Säure- und Laugendämpfe wird mit phenolharz- und isocyanatgebundenen Platten erreicht.
Bei Einwirkung wäßriger oder alkoholischer Medien kommt es zwangsläufig zu

Tabelle 1.8 FPY und FPO. Flachpreßplatten für allgemeine Zwecke. Normanforderungen DIN 68 761 Teil 1 und Teil 4. Mindestwerte für Biegefestigkeit und Grenzwerte für Feuchtigkeitsgehalt sowie Maßtoleranzen

Zeile		Dickenbereiche	Biegefestigkeit				Feuchtegehalt
			FPY	FPO	KF		
					Schichtdicke bis 0,14	über 0,14	
		mm	N/mm²	N/mm²	N/mm²	N/mm²	u %
1		bis 13	18	16	17	18	5 bis 11
2		über 13 bis 20	16	15	16	17	
3		über 20 bis 25	14	14	15	16	
4		über 25 bis 32	12	12	13	14	
5		über 32 bis 40	10	10	11	12	
6		über 40 bis 50	8	8	9	10	
7	FPY	Dicke bei geschliffenen Platten innerhalb einer Platte und zwischen den Platten					±0,3 mm
8	FPO	Dicke bei geschliffenen Platten innerhalb einer Platte					±0,2 mm
9	FPO	Dicke bei geschliffenen Platten von Platte zu Platte					±0,3 mm
10	KF	Dicke bis 20 mm: Toleranz innerhalb einer Platte und zwischen den Platten					+0,5 mm −0,3 mm
		Dicke über 20 mm: Toleranz innerhalb einer Platte und zwischen den Platten					±0,5 mm ±0,5 mm
		Für handelsübliche Plattengröße gilt:					
11	FPY/FPO	Länge einschließlich Abweichung von der Rechtwinkligkeit					±5,0 mm
12	FPY/FPO	Breite einschließlich Abweichung von der Rechtwinkligkeit					±5,0 mm
13	FPY/FPO	Abweichungen von der Rechtwinkligkeit bezogen auf 1 000 mm Schenkellänge					2,0 mm
		Für Zuschnitte gilt:					
14	FPO	Abweichungen von der Länge und Breite bis 2 m Kantenlänge					±2,5 mm
15	FPO	Abweichungen von der Länge und Breite über 2 m sowie bei Trennschnitten					±5,0 mm

erheblichen Quellerscheinungen. Die Dickenquellung beträgt bei mehrtägiger Einwirkung etwa 20%. Bei langdauernder Wassereinwirkung kommt es bei aminoplastverleimten Platten zu Festigkeitsverlusten bis zum Zerfall. Phenolharz- und isocyanatgebundene Platten quellen ebenfalls, die Verleimung bleibt jedoch beständig.

Formaldehydemission
Formaldehyd ist eine chemisch sehr einfach gebaute Verbindung, bestehend aus Kohlenstoff, Wasserstoff und Sauerstoff (HCHO). Bei üblichen Temperaturbedingungen ist Formaldehyd ein farbloses Gas. Es wird bei −21 °C flüssig und bei −92 °C fest. Es ist sehr leicht wasserlöslich und wird meistens als wäßrige Lösung mit 35...40% Formaldehydgehalt gehandhabt.
Technisch wird Formaldehyd durch Oxidation von Methan (Erdgas) oder Methanol hergestellt. Es ist sehr reaktionsfähig, so daß es sich in der Natur nicht anreichert. Unter Einwirkung von Licht und Sauerstoff entsteht aus Formaldehyd Kohlendioxid.
Formaldehyd als Gas entwickelt einen scharfen Geruch, der bei zunehmender Konzentration zu einer Reizung der Augen und Schleimhäute führt. Die Wahrnehmbarkeitsgrenze ist sehr gering und liegt bei 0,1...0,2 ppm (1 ppm entspricht 1,2 mg Formaldehyd pro m^3 Raumluft). Die Belästigung durch Reizung der Augen und Schleimhäute beginnt bei etwa 0,3...0,4 ppm. Bei über 1 ppm treten stärkere Belästigungen auf. Zur Frage der Gesundheitsgefährdung ist die Meinung von Medizinern und Naturwissenschaftlern derzeit uneinheitlich.
Formaldehyd und ein weiterer Stoff (Harnstoff, Melamin oder Phenol) werden zu einem Rohleimharz vorkondensiert. Die Aushärtung der Rohleime erfolgt dann bei der Spanplattenherstellung. In der Platte befinden sich jedoch stets, allerdings in geringen Mengen, noch nicht kondensierte Leimharz-Grundstoffe, auch Formaldehyd. Außerdem werden bei Harnstoff- und Melaminharzen durch Hydrolyse geringe Mengen an Formaldehyd freigesetzt. Phenolharze zeigen diese Reaktion nicht.
Für die Verwendung von Spanplatten im Bauwesen einschließlich Innenausbau wurde 1980 eine Richtlinie mit dem Titel „Richtlinie über die Verwendung von Spanplatten hinsichtlich der Vermeidung unzumutbarer Formaldehydkonzentrationen in der Raumluft" verabschiedet. Der Ausschuß für Einheitliche Technische Baubestimmungen (ETB) hat die Richtlinie auch den Obersten Bauaufsichtsbehörden der Länder zur Einführung empfohlen. Nach der Richtlinie werden Roh-

Tabelle 1.9 Flachpreßplatten für das Bauwesen, Normanforderungen DIN 68763. Mindestwerte für Biegefestigkeit und Grenzwerte für Feuchtigkeitsgehalt sowie Maßtoleranzen

Zeile	Eigenschaften	Biegefestigkeit		Feuchtigkeitsbereich
		(N/mm²)	(N/mm²)	%
	Dickenbereich (mm)	Normtypen		
		V20	V100 V100 G	V 20 V100 V100 G
1	bis 13	18	19	
2	über 13 bis 20	16	18	
3	über 20 bis 25	14	15	
4	über 25 bis 32	12	12	9 ± 4
5	über 32 bis 40	10	10	
6	über 40 bis 50	8	8	
7	Dicke bei geschliffenen Platten innerhalb einer Platte und zwischen den Platten			± 0,3mm
8	Dicke bei ungeschliffenen Platten innerhalb einer Platte und zwischen den Platten			+ 2,0/ − 0 mm
9	Länge und Breite einschließlich Abweichung von der Rechtwinkligkeit			± 5,0 mm
10	Abweichungen von der Rechtwinkligkeit bezogen auf 1 000 mm Schenkellänge			2,0 mm

Tabelle 1.10 Elastomechanische Eigenschaften von Holzspanplatten der Normtypen V20 und V100. Festigkeiten und Spannungen in N/mm² (Zusammenstellung verschiedener Quellen)

Zeile	Eigenschaften	Plattendicke (mm)				
		bis 13	> 13–20	> 20–25	> 25–32	> 32–40
	Rohdichte (kg/m³)	750–680	720–620	700–600	680–580	650–550
1	Biegefestigkeit flach	25–18	22–16	20–15	18–13	15–12
2	Biege-E-Modul flach	4500–3200	4000–2800	3500–2500	3000–2000	2500–1600
3	Biege-E-Modul hochkant	2200	1900	1600	1300	1000
4	Biegefestigkeit hochkant	18–13	15–12	13–11	12–10	11–9
5	Zugfestigkeit in Plattenebene	10–8	10–8	9–7	9–7	8–6
6	Zug-E-Modul in Plattenebene	3000–2500	2800–2300	2700–2200	2600–2100	2500–1900
7	Druckfestigkeit in Plattenebene	15–13	15–13	14–12	14–12	13–11
8	Druck-E-Modul in Plattenebene	3000–2500	2800–2300	2700–2200	2600–2100	2500–1900
9	Querzugfestigkeit trocken	1,0–0,5	0,8–0,4	0,7–0,35	0,6–0,3	0,5–0,25
10	Blockscherfestigkeit	2,8–1,4	2,2–1,1	2,0–1,0	1,0–0,9	1,4–0,7
11	Scherfestigkeit senkrecht zur Plattenebene	10–7	9–6	9–6	8–5	8–5
12	Abhebefestigkeit	1,6–0,8	1,6–0,8	1,6–0,8	1,6–0,8	1,6–0,8
13	Brinellhärte	50–40	45–35	45–35	40–30	40–30
14	Lochleibungsfestigkeit					
	d = 6 mm	40–35	40–35	40–35	45–40	45–40
	d = 8 mm	35–30	35–30	35–30	40–35	40–35
15	Schraubenhaltevermögen Einschraubtiefe					
	– parallel	30–75	30–75	30–75	30–75	30–75
	– senkrecht	55–80	55–80	55–80	55–80	55–80
16	Nagelhaltevermögen Mantelfläche					
	– parallel	0,8–2,6	0,8–2,6	0,8–2,6	0,8–2,6	0,8–2,6
	– senkrecht	1,2–3,4	1,2–3,4	1,2–3,4	1,2–3,4	1,2–3,4

spanplatten in drei Emissionsklassen E1, E2 und E3 unterteilt:

E1: Rohspanplatten der Emissionsklasse E1 dürfen unbeschichtet und unbekleidet verwendet werden.
Maximal zulässiger Emissionswert: ≤ 0,1 ppm HCHO.

E2: Rohspanplatten der Emissionsklasse E2 müssen zur Minderung der Formaldehydabgabe an beiden Oberflächen mit hinreichend formaldehyddichten Beschichtungen oder Bekleidungen versehen werden (gilt für Plattenabmessungen ≥ 0,8 m² mit Mindestkantenlängen ≥ 40 cm). Bei geringeren Abmessungen müssen auch die Schmalflächen beschichtet werden.
Zulässige Emissionswerte:
> 0,1 ... 1,0 ppm HCHO.

E3: Rohspanplatten der Emissionsklasse E3 müssen zur Minderung der Formaldehydabgabe an beiden Oberflächen und an den Schmalflächen mit hinreichend formaldehyddichten Beschichtungen oder Bekleidungen versehen werden.
Zulässige Emissionswerte:
> 1,0 ... 2,3 ppm HCHO.

Für die Wirksamkeit der Beschichtungen und Bekleidungen ist ein Eignungsnachweis zu führen. Ein Verzeichnis der anerkannten Systeme kann beim Wilhelm-Klauditz-Institut in Braunschweig angefordert werden.

Werden die Platten bereits bei der Herstellung entsprechend diesen Anforderungen der Richtlinie fertig beschichtet, so tragen sie je nach verwendeter Rohspanplatte die Bezeichnung E2-1 oder E3-1, wobei die erste Ziffer die verwendete Rohspanplatte kennzeichnet.

Bei Einhaltung der Richtlinie wird unter den Bedingungen des in der Richtlinie beschriebenen Prüfraums (23 °C, 45 % r.F., 1 Luftwechsel pro Stunde und 1 m² Spanplatte pro m³ Raumluft) die vom BGA (Bundesgesundheitsamt) empfohlene Raumluftgrenzkonzentration von 0,1 ppm Formaldehyd nicht überschritten. Die Wahrnehmbarkeitsgrenze für den Menschen, die bei etwa 0,1 ... 0,2 ppm liegt, wird somit auch unter etwas ungünstigeren Bedingungen nicht erreicht bzw. überschritten.

Am 1. Oktober 1986 trat die Gefahrstoff-Verordnung in Kraft. Folgende Anforderungen an plattenförmige Holzwerkstoffe werden gestellt:

● die generelle Grenze der Formaldehydkonzentration in der Innenluft liegt bei 0,1 ppm;
● nach dem 1. 10. 1986 hergestellte Spanplatten, die mehr als 0,1 ppm emittieren, dürfen ab diesem Zeitpunkt nicht mehr in Verkehr gebracht werden;

● andere Holzwerkstoffe, die nach dem 1. 1. 1988 hergestellt werden, dürfen nicht mehr in Verkehr gebracht werden, wenn die Emissionsgrenze überschritten wird;
● Möbel, die Holzwerkstoffe mit höheren Emissionen als 0,1 ppm enthalten, dürfen ab 1. 1. 1988 nicht mehr in Verkehr gebracht werden, wenn sie nach diesem Zeitpunkt hergestellt worden sind.

Da jedoch bisher (Anfang 1989) kein Prüfverfahren existiert, mit dem die Einhaltung des Emissionsgrenzwertes überwacht werden kann, ist diese Verordnung in bezug auf Formaldehyd nicht vollziehbar.

Das Prüfkammerverfahren ist für eine Produktionskontrolle zu aufwendig und zeitraubend.

Für Bauspanplatten wird die Perforatormethode nach DIN EN 120 oder das Gasanalyseverfahren nach DIN 52368 verwendet. Es sind jedoch auch für Spanplatten noch Abstimmungen der Testmethoden innerhalb der EG erforderlich.

Brandverhalten

Baustoffklassen
Spanplatten gelten im allgemeinen als normalentflammbar und entsprechen der Baustoffklasse B2 nach DIN 4102 Teil 4. Die Baustoffklasse B1 (schwerentflammbar) ist durch Zusätze von 12 ... 16 % Feuerschutzmittel bei der Herstellung oder auch durch nachträgliches Aufbringen geprüfter Schutzanstriche erreichbar. Zementgebundene Spanplatten gehören ebenfalls zur Baustoffklasse B1 (Prüfnachweis!).
Nichtbrennbare Spanplatten der Baustoffklasse A2 gibt es als

● Spanplatten mit Deckschichten aus Vermiculite,
● Spezialtypen mit Bindemitteln aus Zement oder Magnesiazement.
(Siehe auch Abschnitt 1.2.3.7.)

Feuerwiderstandsklassen
Feuerwiderstandsklassen von Bauteilen werden mit F und der Mindestdauer in Minuten angegeben, während der das Bauteil bei Prüfung nach DIN 4102 Teil 2 bestimmte Anforderungen erfüllt. Folgende Klassen gibt es:
F 30 / F 60 / F 90 / F 120 / F 180.
Nach DIN 4102 Teil 4 gibt es klassifizierte Konstruktionen, die ohne weiteren Einzelnachweis einer bestimmten Feuerwiderstandsklasse zugeordnet werden können. Soweit hierfür Spanplatten verwendet werden, handelt es sich allgemein um Platten nach DIN 68763 mit Rohdichten ≥ 600 kg/m³.

Im Einzelnachweis können Bauteile aus Holz und Spanplatten in bestimmten Feuerwiderstandsklassen zugelassen werden.

Dauerhaftigkeit
Spanplatten sind gegen Feuchteeinwirkung empfindlich. Der feuchtebeständigste Typ V100 gilt als begrenzt wetterbeständig. Eine direkte Wettereinwirkung muß durch einen dauerhaften Schutz verhindert werden.
Durch Zusatz von Pilzschutz kann ein Befall durch holzzerstörende Pilze (Basidiomyceten) verhindert werden. Es handelt sich hierbei um den Typ V100G.

Abmessungen (Vorzugsmaße)
Spanplatten sind in weiten Abmessungsbereichen herstellbar. Die Plattendicken reichen von 2,2 ... 80 mm. Plattenbreiten sind von 125 ... 260 cm und Plattenlängen von 350 ... 2000 cm herstellbar.
Folgende Vorzugsmaße gibt es:
● Nenndicken für Rohspanplatten
6, 8, 10, 13, 16, 19, 22, 25, 28, 32, 36, 40, 45, 50, 60, 70 mm
● Standard-Flächenmaße
Die Pressenformate reichen in der Breite von 170 ... 260 cm und in der Länge von 360 ... 2000 cm.
Zulässige Abweichungen s. Tabelle 1.8 und 1.9.

3. Einsatzmöglichkeiten von Holzspanplatten
Einen Überblick gibt Tabelle 1.6.

4. Normen und Richtlinien für Holzspanplatten
Zusammenfassung im Abschnitt 1.2.3.7.

1.2.3.4 Holzfaserplatten

1. Begriffe, Aufbau und Typen von Holzfaserplatten
Die Holzfaserplatte ist ein Holzwerkstoff, der aus verholzten Fasern mit oder ohne Bindemittel-Zusatz hergestellt wird. Es werden drei Gruppen bzw. Typen von Platten unterschieden:

● Harte Holzfaserplatten
für Fahrzeugbau, Türen und Möbelindustrie. Die Platten sind meist einseitig glatt. Die Rückseiten haben eine Siebstruktur. Es gibt auch beidseitig glatte Platten.
● Mittelharte Holzfaserplatten
für Möbelindustrie (Leisten, Möbelfronten). Die Oberfläche ist meist auf beiden Seiten glatt, allerdings etwas porös.
● Poröse Holzfaserplatten
für Isolierzwecke im Bauwesen. Die Oberflächen lassen sich leicht eindrücken.

Die Platten bestehen aus Holzfasern oder -faserbündeln, die zu ebenmäßigen Matten geformt werden. Der Zusammenhalt wird durch Verfilzung des Faserstoffes sowie durch adhäsive Wirkung holzeigener Bindekräfte sowie zugesetzter Klebstoffe erreicht.

Die Platten haben meist ein einheitliches Gefüge. Durch Aufbringen feinerer oder andersgearteter Faserstoffe lassen sich besonders dichte Oberflächen erzielen.

Bestandteile
- Holzarten: Fichte, Tanne, Kiefer, Buche, Birke, Pappel u. ä. Einjahrespflanzen (Raps, Reisstroh, Bagasse).
- Bindemittel: Phenol- (Kresol-) und Harnstoff-Formaldehyd-Harzleime für harte und mittelharte Platten, Naturharzleime (Kolophonium, Cumaronharz) für poröse Platten.
- Härter: Schwefelsäure, Eisen- und Aluminiumsulfat für Naßverfahren; Ammoniumchlorid unter Zusatz von Puffersubstanzen für Harnstoffharz im Trockenverfahren.
- Hydrophobierungsmittel: Paraffin und Wachse; Leinöl, Tallöl und andere trocknende Öle zur Nachbehandlung von Extrahartplatten.
- Schutzmittel: Hexachlorocyclohexan gegen tierische Schädlinge; Steinkohlenteeröl, Fluorsalze gegen Pilzbefall; Ammoniumphosphat bzw. -sulfat und Borsalze gegen Entflammung.

Oberflächen
Holzfaserplatten lassen sich in der Oberfläche vielfältig gestalten:
- Strukturierung von Hartplatten in Holzmaser, Ledernarbe u. ä. durch Beilegen entsprechender Matrizenbleche.
- Fugenimitation auf sog. Kachelplatten durch Schleifen und Fräsen.
- Perforierung von Dekorations- und Schallschluckplatten durch stanzen, bohren und fräsen von Löchern und Schlitzen.
- Beschichtung mit flüssigen Materialien.
- Beschichtung mit vorbereitenden Bahnen aus Papier, Gewebe u. ä.
- Rollenheißkaschierung mit spaltfesten und schutzlackierten Papierbahnen (Dünnpapiere) oder mit thermoplastischen Folien; Kaschierung mit Textil-Grobgewebe.

Normtypen
HFH: Harte Holzfaserplatten – auch Hartplatten genannt – DIN 68750 und DIN 68754 Teil 1, Rohdichtebereich über 800 kg/m³.
HFE: Exrahartplatten
Hartplatten, die nach besonderem Härtungsverfahren behandelt sind.
HFM: Mittelharte Holzfaserplatten DIN 68754 Teil 1, Rohdichtebereich 300 ... 800 kg/m³
HFD: Poröse Holzfaserplatten DIN 68750, Rohdichtebereich 230 ... 350 kg/m³
KH: Kunststoffbeschichtete dekorative Holzfaserplatten DIN 68751. Es handelt sich um harte Holzfaserplatten, die mit Trägerbahnen beschichtet sind. Die Trägerbahnen sind mit härtbaren Kunstharzen imprägniert und unter Wärmeeinwirkung ein- oder zweiseitig aufgepreßt.
BPH1/2: Bitumen-Holzfaserplatten (normal) (extra)
DIN 68752. Es handelt sich um poröse Holzfaserplatten mit einem Bitumengehalt von 10 ... 15/> 15 Gewichtsprozent.
MHF: Verbundplatten mit Mittellagen aus Holzfaserplatten DIN 68753.

Anwendungsorientierte Spezialplatten
- Schallschluck-Akustikplatten
poröse Platten mit gelochten oder geschlitzten Oberflächen, meist weiß oder getönt gestrichen.
- Hartplatten mit imitierten Kacheloberflächen.
Harte Holzfaserplatten mit vertiefter Fugenteilung und mehrschichtiger Lakkierung.
- Deckplatten für Sperrtüren
Harte Holzfaserplatten, ganzseitig angerauht, rückseitig kalibriert, Dicke mind. 3,2 mm.
- Lackierte und bedruckte Hartplatten.

2. Eigenschaften und Rechenwerte von Holzfaserplatten
Die Normen für Faserplatten enthalten Rechenwerte für die elastomechanischen Eigenschaften. Soweit die Platten im Bauwesen eingesetzt werden, ist auch die Gültigkeit von DIN 1052 zu beachten.

Physikalische Eigenschaften

Rohdichte
Die Rohdichtebereiche der verschiedenen Holzfaserplattentypen nach DIN 68753 enthält Tabelle 1.11.

Tabelle 1.11 Rohdichtebereiche verschiedener Holzfaserplattentypen nach DIN 68753

Holzfaserplattentyp	Rohdichtebereich
Harte Holzfaserplatten	über 800 kg/m³
Mittelharte Holzfaserplatten	350–800 kg/m³
Poröse Holzfaserplatten	230–350 kg/m³
Bitumen-Holzfaserplatten nach DIN 68752	230–400 kg/m³

Feuchtegehalt
Gemäß DIN 68754 Teil 1 müssen die Feuchtegehalte harter und mittelharter Holzfaserplatten, bezogen auf das Darrgewicht, ab Werk bei u = 5 ± 3 % liegen.

Flächen- und Dickenänderungen
In DIN 1052 Teil 3 sind für die mittleren Ausdehnungskoeffizienten harter und mittelharter Holzfaserplatten in Plattenebene Rechenwerte genannt (siehe Tabelle 1.12).

Tabelle 1.12 Mittlere Ausdehnungskoeffizienten harter und mittelharter Holzfaserplatten in Plattenebene (Rechenwerte)

Schwind- und Quellmaß für Änderung	
des Feuchtegehaltes um 1 Gew.-%	0,04 %
der relativen Luftfeuchte um 30 %	0,15 %
Temperaturdehnzahl	15 ($10^{-6}K^{-1}$)

Die Längenänderungen von KH-Platten nach DIN 68751 längs und quer zur Herstellrichtung dürfen im Klimawechsel bei 20 °C (von 32 % auf 90 % r. F.) höchstens 0,25 % und im Klima bei erhöhter Temperatur höchstens 0,40 % betragen.

Wärmeleitfähigkeit (nach DIN 4108 Teil 4)
harte Holzfaserplatten $\lambda_R = 0,17$ W/mK
(Rohdichte 1 000 kg/m³)
poröse Holzfaserplatten
$$\lambda_R = 0,056 \text{ W/mK}$$
(Rohdichte $\leq$ 300 kg/m³)
(Rohdichte $\leq$ 200 kg/m³)
$$\lambda_R = 0,045 \text{ W/mK}$$

Elastomechanische Eigenschaften
Die zulässigen Spannungen, E-Moduln und G-Moduln für harte und mittelharte Holzfaserplatten enthält Tabelle 1.13. Mindestanforderungen an Holzfaserplatten hinsichtlich Biegefestigkeit nach DIN 68754 Teil 1 und DIN 68750 enthält Tabelle 1.14.
Für Nagel- und Schraubverbindungen zwischen Vollholz und Holzfaserplatten gelten, soweit es sich um Anwendungen im bauaufsichtlich relevanten Bereich handelt, die Anforderungen und Angaben in DIN 1052.

Tabelle 1.13 Zulässige Spannungen im Lastfall H sowie Elastizitätsmodul E und Schubmodul G – nach DIN 1052 Teil 3 – für harte und mittelharte Holzfaserplatten*

Beanspruchung		Harte			Mittelharte
Beschreibung		Holzfaserplatten nach DIN 68 754 Teil 1**			
	Formelzeichen	Plattendicke (mm)			
		bis 4	über 4	5 bis 16	
Biegung rechtwinklig zur Plattenebene	zul. σ_{Bxy}	8,0	6,0	2,5	
Biegung in Plattenebene	zul. $\sigma_{Bx,z}$	5,5	4,0	2,0	
Zug in Plattenebene	zul. σ_{Zx}	4,0	4,0	2,0	
Druck in Plattenebene	zul. σ_{Dx}	4,0	4,0	2,0	
Druck rechtwinklig in Plattenebene	zul. σ_{Dz}	3,0	3,0	2,0	
Abscheren in Plattenebene [1]	zul. τ_{zx}	0,4	0,4	0,3	
Abscheren rechtwinklig zur Plattenebene	zul. τ_{yx}	1,5	1,5	0,8	
Lochleibungsdruck [2]	zul. σ_e	6,0	6,0	3,0	
Biegung rechtwinklig zur Plattenebene	E_{Bxy}	4 000	3 500	1 500	
Biegung in Plattenebene	$E_{Bx,z}$	2 500	2 000	1 000	
Druck, Zug in Plattenebene	E_{Dx}, E_{Zx}	2 500	2 000	1 000	
Biegung rechtwinklig zur Plattenebene	G_{zx}	200	200	100	
Biegung in Plattenebene	G_{yx}	1 250	1 000	500	

Alle Angaben in N/mm²
[1] Werte gelten auch für Abscheren in der Leimfuge zwischen Rippe und Beplankungen
[2] Für Bolzen und Stabdübel
** mittelharte Holzfaserplatten, wenn Rohdichte > 600 kg/m³

Tabelle 1.14 Mindestanforderungen an Holzfaserplatten nach DIN 68 754 Teil 1 und DIN 68 750

Plattentyp	Dicke (mm)	Biegefestigkeit (N/mm²)
nach DIN 68 754 Teil 1		
Harte Holzfaserplatten	≦ 4	40
	> 4	35
Mittelharte Holzfaserplatten	5–16	12
nach DIN 68 750		
Harte Holzfaserplatten	–	40
Poröse Holzfaserplatten	≦ 10	2,0
	10–15	1,8
	> 15	1,5

Chemische Eigenschaften

Verleimbarkeit
Die Platten können mit üblichen Klebstoffsystemen verleimt werden. Die glatte Oberfläche wird zweckmäßigerweise vorher durch Schleifen aufgerauht.

Lackierfähigkeit
Beschichtungen sind möglich, wobei in Abhängigkeit von der Porosität und des gewünschten Oberflächeneffektes entsprechende Vorbehandlungen notwendig sind.
Für poröse Holzfaserplatten sind nur hochviskose, wäßrige Binderfarben – auch mit Flammschutzzusätzen – einsetzbar.

Chemikalienbeständigkeit
Harnstoff-formaldehydverleimte Faserplatten sind unbeständig gegen verdünnte und konzentrierte Säuren und Laugen. Gegen geringe Einwirkung organischer Lösungsmittel sind sie beständig.
Phenolverleimte Faserplatten sind auch gegen geringe Einwirkungen von Säure- und Laugendämpfen beständig.
Bei Einwirkung von wäßrigen oder alkoholischen Medien kommt es zu Quellerscheinungen.

Formaldehydemission
Bei harten und mittelharten Holzfaserplatten, die im Trockenverfahren hergestellt werden, kann es zu Formaldehydemissionen kommen.

pH-Wert
harte Holzfaserplatten; Herstellverfahren
naß   pH 3 ... 4
halbtrocken   pH 8
trocken   pH 4 ... 5
mittelharte Holzfaserplatten
Trockenverfahren pH 4 ... 5
poröse Holzfaserplatten
Naßverfahren   pH 5 ... 7

Brandverhalten
Baustoffklasse B2:
Platten mit Rohdichte ≥ 400 kg/m³
          und Dicke   ≥ 2 mm
od. Platten mit Rohdichte ≥ 230 kg/m³
          und Dicke   ≥ 5 mm
Baustoffklasse B1 (schwerentflammbar):
Zusatz von flammhemmenden Chemikalien oder nachträgliches Aufbringen geprüfter Schutzanstriche bzw. Beschichtungen. Nachweis über Prüfzeugnis!

Dauerhaftigkeit
Bei fehlendem zusätzlichem Schutz kann es (wie beim Vollholz) durch UV-Licht zu einer Depolymerisation der Zellulose kommen.
Die Pilzbeständigkeit kann durch Zusätze bei der Herstellung wirksam erhöht werden. Gefahr durch Insektenbefall besteht im allgemeinen nicht.

Abmessungen (Vorzugsmaße)
● harte Holzfaserplatten
Dicke   1,2 ... 6 mm
Länge   bis 5,5 m
Breite   bis 2,1 m
● poröse Holzfaserplatten
Dicke   5 ... 30 mm
Länge   bis 6 m
Breite   bis 3 m

3. Einsatzmöglichkeiten von Holzfaserplatten
Einen Überblick gibt Tabelle 1.15.

4. Normen und Richtlinien für Holzfaserplatten
Siehe Zusammenfassung unter Abschnitt 1.2.3.7.

1.2.3.5 MDF-Platten
Mitteldichte Faserplatten

1. Begriffe und Aufbau von MDF-Platten
MDF-Platten werden in der Bundesrepublik Deutschland erst seit relativ kurzer Zeit produziert.
Im Gegensatz zur Spanplatte wird bei der Herstellung von MDF-Platten das Holz bis zur Holzfaser zerlegt. Die Fasern werden regellos orientiert, wodurch die Eigenschaften der Platten in allen Richtungen gleich sind. Die Dichte ist allerdings in Plattenmitte geringer als an der Oberfläche, so daß das Plattengewicht trotz hoher Oberflächenqualität relativ gering ist.
Rohmaterial ist Faserholz, d. h. Nadelholz, das vollständig entrindet wird. Anschließend wird das Holz in Hackschnitzel (Chips) zerhackt. Die Chips werden in einen Kocher gepreßt und erweicht. Der Dampfdruck beträgt 7 ... 8 bar bei einer Temperatur von 140 ... 160 °C. Anschließend werden die Hackschnitzel in einem Refiner zermahlen. Die Fasern werden beleimt, getrocknet und gebunkert. Von dort gelangen sie dann zur Mattenstreuanlage, zur Vorpreßstation und zur kontinuierlich arbeitenden Hauptpresse.
Nach der Reifezeit wird die MDF-Platte kalibriert, geschliffen, auf Format gebracht und bei Bedarf auch mit Laminaten, Folien oder Lack weiterbehandelt.

Tabelle 1.15 Verwendungsübersicht für Holzfaserplatten im Möbel- und Innenausbau

Zeile	Bereich	Normtype	Kurzzeichen nach DIN 68 753	Eigenschaftsnorm
1	*1. Möbelbau*			
2	Wohnmöbel	mittelhart	HFM	68 753
		hart (lackiert oder bedruckt)	– – –	(Lackplatte; Maserdruckplatte)
3	Polstermöbel	hart	HFH	68 750
4	Küchenmöbel	hart (lackiert)	– – –	(Lackplatte)
		hart, kunststoffbeschichtet	KH	68 751
5	Labormöbel	hart (lackiert)	– – –	(Lackplatte)
		hart (lackiert und gefugt)	– – –	(Kachelplatte)
		hart, kunststoffbeschichtet	KH	68 751
6	Büromöbel	hart (lackiert oder bedruckt)	– – –	(Lackplatte; Maserdruckplatte)
		hart, kunststoffbeschichtet	KH	68 751
7	Tonmöbel	mittelhart	HFM	68 753
		hart	HFH	68 750
		hart (gelocht)	– – –	(Lochplatte)
8	*2. Ausbau*			
9	Trennwände	porös	HFD	68 750
		mittelhart	HFM	68 754
		hart	HFH	68 750/68 754
10	Türen	hart	HFH	68 750
11	Wandbekleidungen	hart, kunststoffbeschichtet	KH	68 751
		hart (lackiert und gefugt)	– – –	(Kachelplatte)
		hart (lackiert oder bedruckt)	– – –	(Lackplatte; Maserdruckplatte)
		hart (strukturiert)	– – –	(Prägeplatte)
12	Deckenbekleidungen	porös (behandelt)	– – –	(Akustik-Platte)
		hart (gelocht)	– – –	(Lochplatte)
13	Dachausbauten	porös	HFD	68 750
		mittelhart	HFM	68 754
		hart	HFH	68 750/68 754
14	Einbauschränke	mittelhart	HFM	68 754
		hart (lackiert oder bedruckt)	– – –	(Lackplatte; Maserdruckplatte)
		hart, kunststoffbeschichtet	KH	68 751
15	*3. Sonstige Anwendungsbereiche*			
16	Ladenbau/Messebau	hart (lackiert oder bedruckt)	– – –	(Lochplatte)
		hart (gelocht)	– – –	(Lochplatte)
		porös (behandelt)	– – –	(Akustik-Platte)

2. Eigenschaften und Rechenwerte von MDF-Platten

Im Gegensatz zu anderen Holzwerkstoffen (Sperrholz, Spanplatten, Faserplatten) existieren für MDF-Platten noch keine DIN-Normen. Zur Orientierung können jedoch Entwürfe von Normen verwendet werden, die auf europäischer Ebene erstellt wurden (EMB-Normentwurf, CEN N 592; EMB heißt Euro MDF Board und ist die europäische Vereinigung der Hersteller mitteldichter Faserplatten mit Sitz in Gießen).

Physikalische Eigenschaften

Die in Tabelle 1.16 angegebenen Werte können für verschiedene Dickenbereiche angesetzt werden. (Quelle: Technische Empfehlungen zur Be- und Verarbeitung von MDF am Beispiel von Topan. Herausgeber: Arbeitskreis MDF, Meppen.)

Formaldehydemission

Grenzwerte wurden für MDF-Platten noch nicht festgelegt. Man orientiert sich zur Zeit an den Festlegungen für Spanplatten gemäß der ETB-Richtlinie.
Die Firmen, die sich der europäischen Vereinigung der Hersteller mitteldichter

Tabelle 1.16 Eigenschaften von MDF-Platten

Eigenschaft	Einheit	Dickenbereiche 8 ... 12 mm	12 ... 19 mm	19 ... 32 mm
Biegefestigkeit	N/mm²	30	30	28
E-Modul	N/mm²	2 500	2 500	2 000
Querzugfestigkeit	N/mm²	0,65	0,60	0,60
Schraubenhaltefestigkeit – Fläche	N	nicht anwendbar	1 050	950
Schraubenhaltefestigkeit – Kante	N	nicht anwendbar	850	650
Dimensionsstabilität (Luftfeuchtebereich 35 ... 85 %)				
Länge/Breite	%	0,40	0,40	0,35
Dicke	%	6	6	5
Feuchte ab Werk	%	8 ± 3	8 ± 3	8 ± 3
Dickenquellung nach 24 h Wasserlagerung	%	8	6	6
Wasseraufnahme nach 24 h Wasserlagerung	%	20	18	16

Die Dichte der in Europa hergestellten MDF-Platten beträgt 600 ... 900 kg/m³

Faserplatten, dem Euro MDF Board, angeschlossen haben, bieten formaldehydarme MDF-Platten mit Perforatorwert < 10 mg/100 g, gemessen nach der Perforatormethode nach DIN EN 120 an. Dieser Wert entspricht dem Perforatorwert von E1-Spanplatten gemäß der Klassifikation nach der ETB-Richtlinie. Am 1. 10. 1986 trat die Gefahrstoff-VO in Kraft, gemäß der die Formaldehydkonzentration in der Innenraumluft auf 0,1 ppm begrenzt wird.

Holzwerkstoffe dürfen nicht mehr als 0,1 ppm emittieren. Bisher wurde jedoch noch kein Prüfverfahren eingeführt, mit dem die Produktion ständig überwacht werden kann. Die Ausführungsbestimmungen zur Gefahrstoff-VO sind also noch nicht mit der EG-Kommission im Hinblick auf den EG-Binnenmarkt abgestimmt, so daß derzeit (Stand Anfang 1989) lediglich auf formaldehydarme MDF-Platten in Anlehnung an die ETB-Richtlinie zurückgegriffen werden kann.

3. Abmessungen und Toleranzen von MDF-Platten

Dicken: 8 . . . 32 mm
Breiten: min. 1 830 mm
              max. 2 070 mm
Längen: 2 620, 3 660, 4 100, 5 240 mm
Toleranzen: nach EMB-Normentwurf,
              CEN N 592
Dicken: ± 0,2 mm bei Plattendicken
              von 8 . . . 19 mm
              ± 0,3 mm bei Plattendicken
              von 19 . . . 32 mm
Länge und   ± 2 mm/m
Breite: max. ± 10 mm für Platten
              4 000 mm
Rechtwinklig-
keit: ± 1,5 mm/m

4. Be- und Verarbeitung von MDF-Platten

Der „Arbeitskreis MDF", im März 1987 gegründet, hat eine Broschüre mit Technischen Empfehlungen zur Be- und Verarbeitung von MDF-Platten herausgegeben (Bezug über Topan GmbH, Postfach 17 23, 4470 Meppen).

1.2.3.6 Sonderausführungen von Holzwerkstoffen

Aus der Vielzahl möglicher Sonderausführungen von Holzwerkstoffen werden nachfolgend nur einige Systeme oder Produkte genannt, die für die Möbelherstellung und den Innenausbau eine gewisse Bedeutung haben. Soweit es sich um übliche Weiterverarbeitungen oder Oberflächenvergütungen normaler Holzwerkstoffe durch Furnierung oder Beschichtung handelt, werden sie nicht besonders erwähnt. Furniere und Beschichtungsstoffe werden noch in eigenen Abschnitten behandelt, so daß jeweils ein Bezug zwischen Holzwerkstoff und Fur-

1. Sperrholz

Produkt bzw. System	Eigenschaften	Verwendung
Furnierplatten mit Kunstharzpreßholzauflage Kernschicht besteht aus Buchenfurnierplatte (Multiplexpl.) – A 100 – Deckschichten bestehen aus dünneren ausgesuchten Buchenfurnieren mit Kunstharztränkung; Verdichtung unter hohem Druck und Melaminharzbeschichtung der Oberfläche	harte, geschlossene, blanke Oberfläche unempfindlich gegen Feuchtigkeit, Alkohol, Tinte, Fette, Öle usw. Nachbehandlung nicht erforderlich	Tischplatten in Schulen, Kantinen, Büros, Werkstätten, Regale und Ladenbau usw.
Furnierplatten mit „Supra-Holz"-Auflage Furniere (Mahagoni o. ä.) mit AW100-Verleimung, Einbettung in Kunststoff	blanke harte Oberfläche mit hoher Abriebfestigkeit und Dauerhaftigkeit	verschleißfeste Tischplatten; Schaltertheken, Wanddekorationen auch für Außeneinsatz (Haustüren, Tore usw.)
Furnierplatten mit Metallbewehrung Trägermaterial sind Furnierplatten mit AW100-Verleimung beidseitige Bewehrung mit Metallblechen (Stahl, Alu, Kupfer)	hohe Festigkeit und Eigensteifigkeit unempfindlich gegen Verbeulen je nach Bewehrungsmaterial beständig gegen Witterungsbeanspruchung	statisch beanspruchte Konstruktionen im Außenbereich und Innenausbau (Wand-, Deckenbekleidungen, Türen, Küchen usw.)
Paneele dickere Schälfurniermittellage und dünnere Außenfurniere, meist Messerfurniere Längsrillen in unregelmäßigen Abständen zur Imitation einer Verbretterung fertig oberflächenbehandelt	einfach zu montieren und zu bearbeiten unempfindlich gegen übliche Innenraumklimabelastungen	Wand- und Deckenvertäfelungen, Dachausbauten
Decken- und Wandvertäfelungsplatten Grundplatte ist eine mehrschichtige Furnierplatte mit Holz-Deckfurnier oder Holzimitationen versehen Kanten mit Nuten und Federn	einfach zu montieren bei besonderer Ausführung auch höhere Schallschluckfähigkeit	Wand- und vorwiegend Deckenbekleidungen
Lagenholzformteile Zuschnitt von Furnieren und Verpressung bzw. Verleimung in Formpresse man unterscheidet Schichtholz- und Sperrholzformteile Furniere (meist Buche) können auch mit Folien belegt werden Sperrholzformteile für Sitzmöbel (s. DIN 68 707)	formstabil, hohe Festigkeit, gut zu bearbeiten; Sperrholzformteile sind dimensionsstabil und formstabil	Stuhlgestelle, Tisch- und Stuhlzargen, Spiegelrahmen, Stuhlsitze, Rückenlehnen, Formstühle, Radio- und Fernsehgehäuse, Koffer, Möbelkorpusse
Kunstharzpreßholz (s. auch DIN 7707) beschußfest Furniere mit härtbaren Kunstharzen getränkt Verpressung unter großem Druck und hoher Temperatur	ab 30 mm Dicke beschußsicher im Sinne der Unfallverhütungsvorschriften der Verwaltungs-BG und anderer Verbände mit dickeren Platten stärkere Panzerungen erreichbar sehr hohe Festigkeitseigenschaften; mit Ho-Be-Maschinen und Hartmetallwerkzeugen bearbeitbar; gute Schalldämmung wegen hoher Masse	Türen, Trennwände, Schalteranlagen beschußhemmend
Spantischlerplatten Stab- oder stäbchenverleimte Mittellagenplatten, abgesperrt mit dünnen bis 4 mm dicken Spanplattendecks auch mit Melaminharz-Beschichtung	gutes Stehvermögen, richtungslose Oberfläche	Möbel- und Innenausbau

Weiter auf der nächsten Seite

2. Spanplatten

Produkt bzw. System	Eigenschaften	Verwendung
Spanplatten mit Holzfaserplatten-decks die Platte besteht aus einer Span-mittelschicht und den beiden Deck-schichten aus mehrschichtigen harten Holzfaserplatten Beschichtung mit Melaminharz-lacken	hohe Biegefestigkeit beanspruchbare Oberfläche, je nach Beschichtung	Möbel, insbesondere Fach-böden
Spanplatten mit Preßlagenholz-decks Plattenkern besteht aus Flachpreß-platte, die Oberflächen aus kunst-harzimprägnierten Buchenfurnieren und einer Melaminharzschicht	hohe Biegefestigkeit beanspruchbare, wider-standsfähige Oberfläche	Tisch- und Arbeitsplatten
Wandplatten und Bekleidungsplat-ten Flächen beschichtet und Kanten mit Nut und Feder versehen	schnelle Montage und gut bearbeitbar	Trennwände
Deckenplatten Flächen beschichtet und furniert; mit Kantenprofil zur Befestigung versehen	einfache Montage mit un-sichtbarer Befestigung	Deckenbekleidung mit Kassettenaufteilung
Paneele rd. 12 mm dicke Dreischichtplatte Sichtseite furniert, Rückseite fur-niert oder mit Kraftpapier beschich-tet Flächen fertig oberflächenbehan-delt Kanten mit Nut und Feder	einfache Montage, gutes Stehvermögen	Wand- und Deckenvertäfe-lungen
dünne Spanplatten Flachpreßplatten mit hoher Dichte und geschlossener Oberfläche Herstellung im Endlos-(Kalander) Verfahren auch Beschichtung mit Folien	Einsatz für Absperrzwecke und als Hartfaserplatten-ersatz	Decklagen für Türblätter, Ab-sperrung von Vollholzmittel-lagen, Rückwände, Schub-kastenböden usw.
Holzspanformteile besondere Aufbereitung des Span-guts mit Zugabe des Bindemittels je nach Verwendungszweck (Harnstoff-Melamin-Phenol-Formal-dehydharz) Verpressung bei hohen Drucken und Temperaturen in Formen gleichzeitige oder spätere Furnie-rung oder Beschichtung	homogen mit gleichmäßigen Festigkeitseigenschaften je nach Verleimung und Be-schichtung gute Beständig-keit und Formstabilität	Tischplatten mit hochgezo-genen Rändern, Hockersit-ze, Campingtische Frontrahmen für Radio- und Fernsehgehäuse, ge-schweifte Möbelteile Bekleidungen usw.

3. Faserplatten

Produkt bzw. System	Eigenschaften	Verwendung
dekorative und oberflächenveredel-te harte Holzfaserplatten zu unterscheiden sind: kunstharz-lackierte, bedruckte, geprägte, ge-lochte, kaschierte, gemusterte und beschichtete Platten hierauf wurde bereits in Abschnitt 1.2.3.4 eingegangen	die genannten Maßnahmen dienen der optischen und technischen Verbesserung, um die Platten möglichst vielseitig einsetzen zu kön-nen	Möbelbau Rückwände, Schubkasten-böden, Wandbekleidungen, Deckenbekleidungen
Verbundplatten harte und poröse Holzfaserplatten, evtl. auch in Verbindung mit Nicht-holzwerkstoffen, werden in Kombi-nation hergestellt	die Verbundelemente haben schall- und wärmedämmen-de Eigenschaften bei relativ geringem Gewicht	Innen- und Trennwände Wand- und Deckenbeklei-dungen

nier bzw. Beschichtung hergestellt wer-den kann.

1.2.3.7 Materialkennwerte verschiede-ner Plattenwerkstoffe und Übersicht über Normen und Richtlinien

1. Materialkennwerte
Tabelle 1.17 gibt einen Überblick über Material- und Verarbeitungseigenschaf-ten verschiedener Plattenwerkstoffe.

2. Normen und Richtlinien für Anwen-dung und Prüfung von Holzwerkstoffen (national und international)
Die nachfolgende Aufstellung auf S. 30 f entspricht dem Stand von 1988.
Da sich auf dem Gebiet von Normen und Richtlinien immer wieder Änderungen er-geben, ist stets zu prüfen, ob die ge-nannte Ausgabe noch den aktuellen Sachstand darstellt.
Auskünfte sind zu erhalten bei:
Beuth Verlag GmbH
Postfach 11 45
1000 Berlin 30
Tel. 0 30/26 01-6 00
Normen sind ebenfalls über diese An-schrift bzw. Telefon 0 30/26 01-2 40, zu beziehen.

Tabelle 1.17 Material- und Verarbeitungseigenschaften von Plattenwerkstoffen*

Materialeigenschaften		Span-platten (FPY) 10 mm	Mitteldichte Faserplatte (MFD) 10 mm	Hartfaser-platte (HFH) 3,2 mm	Tischler-platte (STA) (STAE) 13–16 mm	Sperrholz Buche (FU) 8–10 mm	Zementge-bundene Holzspan-platte (HZ) 10 mm	Gipsfaser-platte (GFP) 10 mm	Gips-karton-platte (GKP) 12,5 mm	Gips-span-platte (GSP) 10 mm
Raumgewicht	t/m³	0,7	0,78	0,8–1,05	0,5–0,65	0,71–0,77	1,25	1,12	0,8	1,15
Biegezugfestigkeit quer zur Produktions-richtung	N/mm²	18,0	30	43	40	18	10,0	7,0	8,3	10,0
Biegezugfestigkeit längs zur Produktions-richtung	N/mm²	18,0	30	43	35	27	9,5	6,0	2,7	9,5
E-Modul quer zur Produktions-richtung	N/mm²	3 000	2 500	4 000	4 500	4 500–8 500	3 750	3 000	3 500	3 750
E-Modul längs der Produktions-richtung	N/mm²	3 000	2 500	4 000	4 000	3 000–3 500	3 500	2 900	3 200	3 500
Querzugfestigkeit	N/mm²	0,4	0,60–0,70	0,70	–	–	0,4	0,4	0,2	0,4
Oberflächenhärte	N/mm²	18,0	50–60	100–110	–	34	–	22,0	16,0	–
Schlagfestigkeit	N/mm²	300	–	–	–	–	–	120	60	–
Schraubenauszugskraft	N	700	1 000–1 200[1] 850–1 000[2]	–	–	–	700	350	70	350
Wärmeleitfähigkeit	W/m² K	0,2	0,07/,08	0,09–0,16	0,9–1,1	0,15	0,2	0,3	0,2	0,2
Längenänderung zwischen 20 °C/30 % rel. Luftfeuchte und 20 °C/85 % rel. Luftfeuchte %		0,35	0,35–0,40	0,15	–	–	0,35	0,05	0,03	0,08
Schalldämmaß Rw	dB	26	29	24	25	24	33	33	31	33
Brandschutzklasse nach DIN 4102		B2	B2/B1[3]	B2	B2	B2	A2/B1	A2	A2	A2/B1
Verarbeitungs-eigenschaften										
Ritzen, Brechen		–	–	(+)	–	–	–	(+)	+	–
Schleifen, Fräsen		+	+	+	+	+	+	+	–	+
Schrauben, Köpfe versenken		(–)	+	+	+	+	+	(+)	+	+
Kleben		+	+	+	+	+	+	+	(+)	+
Klammern		(+)	(+)	+	+	(–)	+	+	(–)	+
Handling		+	+	+	+	+	+	+	(–)	+
Fugenloses Verlegen		–	+	(+)	+	–	–	+	+	+
Ausbessern		(–)	+	–	+	(–)	(–)	+	(–)	+
Furnieren		+	+	(–)	+	(–)	(+)	(+)	–	(+)
Anwendungs-möglichkeiten										
Innenverkleidung Häuser		(–)	+	+	+	+	(–)	+	+	+
Feuchträume		–	+	+	–	+	+	(–)	(–)	(–)
Leichte Trennwände		(–)	–	+	+	+	+	+	+	+
Brandschutzwände		(–)	(–)	–	–	–	+	+	+	+
Schallschutzwände		(–)	–	–	(–)	(–)	+	+	(+)	+
Fußbodenplatten		+	+	–	–	+	(+)	(+)	(–)	(+)
Akustikdecken		–	–	–	–	(–)	–	(+)	+	(+)
Verbunddämmplatten		(–)	–	–	–	(–)	(+)	+	(+)	+
Möbel		+	+	+	+	(+)	–	(+)	–	(+)
Schrankwände (feuer-sicher)		–	+	–	–	+	–	+	–	+
Fachwerkaussteifung		+	+	–	+	+	+	(+)	(–)	(+)

+ = sehr gut; (+) = noch gut; (–) = mit Einschränkungen; – = schlecht/unbrauchbar; [1] Fläche; [2] Kante (d = 12–22 mm); [3] Spezialplatten

* Bei den Materialkennwerten ist zu berücksichtigen, daß sich z. B. das Schalldämmaß mit der Plattendicke und der Plattengröße verändert. Nicht berücksichtigt in der Tabelle sind Spezialplatten, die in einzelnen Eigenschaften noch sehr viel bessere Werte bringen. Dies bezieht sich u. a. auf die Verwendung spezieller Leimharze für z. B. wasserfeste Platten

Normen und Richtlinien für Anwendung und Prüfung von Holzwerkstoffen (national und international)

DIN	Titel
	Sperrholz
4078	Sperrholz; Vorzugsmaße
52371	Prüfung von Sperrholz; Biegeversuch
52372	Prüfung von Sperrholz; Bestimmung der Plattenmaße
52373	Prüfung von Sperrholz; Bestimmung der Probenmaße
52374	Prüfung von Sperrholz; Bestimmung der Rohdichte
52375	Prüfung von Sperrholz; Bestimmung des Feuchtigkeitsgehaltes
52376	Prüfung von Sperrholz; Bestimmung der Druckfestigkeit parallel zur Plattenebene
52377	Prüfung von Sperrholz; Bestimmung des Zug-Elastizitätsmoduls und der Zugfestigkeit
68705 T 2	Sperrholz; Sperrholz für allgemeine Zwecke
68705 T 3	Sperrholz; Bau-Furniersperrholz
68705 T 4	Sperrholz; Bau-Stabsperrholz, Bau-Stäbchensperrholz
68705 T 5	Sperrholz; Bau-Furniersperrholz aus Buche
68705 T 5 Bbl 1	Bau-Furniersperrholz aus Buche; Zusammenhänge zwischen Plattenaufbau, elastischen Eigenschaften und Festigkeiten
68707	Sperrholzformteile für Sitzmöbel
68708	Sperrholz; Begriffe
68709	Sperrholz; Klassifikation
68791	Großflächen-Schalungsplatten aus Stab- oder Stäbchensperrholz für Beton und Stahlbeton
68792	Großflächen-Schalungsplatten aus Furniersperrholz für Beton und Stahlbeton
	Spanplatten
52360	Prüfung von Holzspanplatten; Allgemeines, Probenahme, Auswertung
52361	Prüfung von Holzspanplatten; Bestimmung der Abmessungen, der Rohdichte und des Feuchtigkeitsgehaltes
52362 T 1	Prüfung von Holzspanplatten; Biegeversuch, Bestimmung der Biegefestigkeit
52364	Prüfung von Holzspanplatten; Bestimmung der Dickenquellung
52365	Prüfung von Holzspanplatten; Bestimmung der Zugfestigkeit senkrecht zur Plattenebene
52366	Prüfung von Spanplatten; Bestimmung der Abhebefestigkeit und der Schichtfestigkeit
52367 T 1	Prüfung von Spanplatten; Bestimmung der Scherfestigkeit parallel zur Plattenebene
68761 T 1	Spanplatten; Flachpreßplatten für allgemeine Zwecke; FPY-Platte
68761 T 4	Spanplatten; Flachpreßplatten für allgemeine Zwecke; FPO-Platte
68762	Spanplatten für Sonderzwecke im Bauwesen; Begriffe, Anforderungen, Prüfung
68763	Spanplatten; Flachpreßplatten für das Bauwesen; Begriffe, Eigenschaften, Prüfung, Überwachung
68764 T 1	Spanplatten; Strangpreßplatten für das Bauwesen; Begriffe, Eigenschaften, Prüfung, Überwachung
68764 T 2	Spanplatten; Strangpreßplatten für das Bauwesen; Beplankte Strangpreßplatten für die Tafelbauart
68765	Spanplatten; Kunststoffbeschichtete dekorative Flachpreßplatten; Begriff, Anforderungen
68771	Unterböden aus Holzspanplatten
	Holzfaserplatten
52350	Prüfung von Holzfaserplatten; Probenahme, Dickenmessung, Bestimmung des Flächengewichtes und der Rohwichte
52351	Prüfung von Holzfaserplatten; Bestimmung des Feuchtigkeitsgehaltes, der Wasseraufnahme und der Dickenquellung
52352	Prüfung von Holzfaserplatten; Biegeversuch
68750	Holzfaserplatten; Poröse und harte Holzfaserplatten; Gütebedingungen
68751	Kunststoffbeschichtete dekorative Holzfaserplatten; Begriff, Anforderungen
68752	Bitumen-Holzfaserplatten; Gütebedingungen
68753	Begriffe für Holzfaserplatten
68754 T 1	Harte und mittelharte Holzfaserplatten für das Bauwesen; Holzwerkstoffklasse 20

DIN	Titel
	Kunststoffbeschichtete Platten
53 799	Platten mit dekorativer Oberfläche auf Aminoplastharzbasis; Prüfung
68 751	Kunststoffbeschichtete dekorative Holzfaserplatten; Begriff, Anforderungen
68 765	Spanplatten; Kunststoffbeschichtete dekorative Flachpreßplatten; Begriff, Anforderungen
	Kurzzeichen, Paneele, Sperrtüren
4076 T 5	Benennungen und Kurzzeichen auf dem Holzgebiet; Übersicht über die genormten Kurzzeichen
E 68 706 T 1	Innentüren aus Holz und Holzwerkstoffen; Sperrtürblätter; Begriffe, Vorzugsmaße, Konstruktionsmerkmale
68 740 T 1	Paneele; Begriffe, Bezeichnungen
68 740 T 2	Paneele; Furnier-Decklagen auf Spanplatten
	Formaldehydbestimmung
52 368	Prüfung von Spanplatten; Bestimmung der Formaldehydabgabe durch Gasanalyse
EN 120	Spanplatten; Bestimmung des Formaldehydgehalts; Extraktionsverfahren genannt Perforatormethode

Richtlinie über die Verwendung von Spanplatten hinsichtlich der Vermeidung unzumutbarer Formaldehydkonzentrationen in der Raumluft; Fassung April 1980

Verzeichnis von Internationalen Normen der ISO und ISO-Norm-Entwürfen

ISO	Titel
	Holzwerkstoffe allgemein
DIS 8992	Plywood; Determination of physical and mechanical properties for structural purposes
	Bausperrholz; Bestimmung der physikalischen und mechanischen Eigenschaften
DIS 9424	Wood-based panels; Determination of dimensions of test pieces
	Holzwerkstoffe; Bestimmung der Probenabmessungen
DIS 9425	Wood-based panels; Determination of moisture content
	Holzwerkstoffe; Bestimmung des Feuchtegehaltes
DIS 9426	Wood-based panels; Determination of length, width and thickness
	Holzwerkstoffe; Bestimmung der Länge, Breite und Dicke
DIN 9427	Wood-based panels; Determination of density
	Holzwerkstoffe; Bestimmung der Rohdichte
DIS 9429	Wood-based panels; Determination of apparent modulus of elasticity in bending and of flat bending strength
	Holzwerkstoffe; Bestimmung des Elastizitätsmoduls und der Biegefestigkeit
	Sperrholz
1096	Plywood; Classification
	Sperrholz; Klassifikation
1954	Plywood; Veneer plywood; Dimensions and tolerances
	Sperrholz; Furnierplatten; Maße und Toleranzen
2074	Plywood; Vocabulary
	Sperrholz; Terminology
2426	Plywood; Veneer plywood with rotary cut veneer for general use; General rules for classification by appearance
	Sperrholz; Furnierplatten mit Schälfurnieren für allgemeine Zwecke; Allgemeine Regeln für die Sortierung nach Aussehen
2427	Plywood; Veneer plywood with rotary cut veneer for general use; Classification by appearance of panels with outer veneers of beech
	Sperrholz; Furnierplatten mit Schälfurnieren für allgemeine Zwecke; Sortierung nach Aussehen der Platten mit Außenfurnieren aus Buche

Weiter auf der nächsten Seite

Verzeichnis von Internationalen Normen der ISO und ISO-Norm-Entwürfen (Fortsetzung)

ISO	Titel
	Sperrholz
2428	Plywood; Veneer plywood with rotary cut veneer for general use; Classification by appearance of panels with outer veneers of birch Sperrholz; Furnierplatten mit Schälfurnieren für allgemeine Zwecke; Sortierung nach Aussehen der Platten mit Außenfurnieren aus Birke
2429	Plywood; Veneer plywood with rotary cut veneer for general use; Classification by appearance of panels with outer veneers of broadleaved species of tropical Africa Sperrholz; Furnierplatten mit Schälfurnieren für allgemeine Zwecke; Sortierung nach Aussehen der Platten mit Außenfurnieren aus Laubholzarten Tropisch-Afrikas
2430	Plywood; Veneer plywood with rotary cut veneer for general use; Classification by appearance of panels with outer veneers of poplar Sperrholz; Furnierplatten mit Schälfurnieren für allgemeine Zwecke; Sortierung nach Aussehen der Platten mit Außenfurnieren aus Pappel
DIS 4842	Plywood; Determination of compression strength parallel to the surface Sperrholz; Bestimmung der Druckfestigkeit parallel zu den Oberflächen
DIS 4843	Plywood; Determination of modulus of elasticity in tension and of tensile strength Sperrholz; Bestimmung des Zug-Elastizitätsmoduls und der Zugfestigkeit
	Spanplatten
820	Particle boards; Definition and classification Spanplatten; Definition und Klassifikation
DIS 5606	Particle boards; Thicknesses Spanplatten; Dicken
	Faserplatten
769	Fibre building boards; Hard and medium boards; Determination of water absorption and of swelling in thickness after immersion in water Holzfaserplatten; Harte und halbharte Platten; Bestimmung der Wasseraufnahme und Dickenquellung nach Lagerung in Wasser
818	Fibre building boards; Definition, Classification Holzfaserplatten; Definition, Klassifikation
2695	Fibre building boards; Hard and medium boards for general purposes; Quality specifications; Appearance, shape and dimensional tolerances Holzfaserplatten; Harte und halbharte Platten für allgemeine Zwecke; Gütebedingungen; Beschaffenheit, Form- und Maßtoleranzen
2696	Fibre buildung boards. Hard and medium boards for general purposes; Quality specifications; Water absorption and swelling in thickness Holzfaserplatten; Harte und halbharte Platten für allgemeine Zwecke; Gütebedingungen; Wasseraufnahme und Dickenquellung
3340	Fibre building boards; Determination of sand content Faserplatten; Bestimmung des Sandgehaltes
DIS 3373	Fibre building boards; Determination of paint absorption Holzfaserplatten; Bestimmung der Farbabsorption
3546	Fibre building boards; Determination of surface finish (roughness) Holzfaserplatten; Bestimmung der Oberflächenbeschaffenheit (Rauheit)
DIS 3712	Fibre building boards; Sanded hard and medium boards, Determination of fibre raise after painting Holzfaserplatten; Geschliffene harte und halbharte Platten; Bestimmung der Faseraufrichtung nach dem Streichen
3729	Fibre building boards; Determination of surface stability Holzfaserplatten; Bestimmung der Oberflächenstabilität
DIS 3931	Fibre building boards; Determination of transversal internal bond Holzfaserplatten; Bestimmung der Querzugfestigkeit
TR 7469	Dimension stability of hardboards (formerly ISO/DATA 3) Dimensionsstabilität von Hartfaserplatten (früher ISO/DATA 3)

Hierin bedeuten
ISO   ISO-Norm
ISO/DIS   ISO-Norm-Entwurf
ISO/TR   ISO-Technischer Bericht

1.3 Furniere

1. Begriffe und Arten von Furnieren

Furniere sind dünne Blätter aus Holz, die durch Messern, Schälen oder Sägen vom Stamm oder Abschnitt abgetrennt werden. Furnierarten werden entweder nach Einsatz- und Verwendungszweck oder nach Herstellungsverfahren unterschieden.

2. Furnierarten nach Einsatz- und Verwendungszweck

Furnierart	Zweck	Einsatz
Absperrfurnier	Erhöhung der Festigkeit und zur Reduzierung des Quellens und Schwindens zusammengesetzter Platten	Außenlagen von Sperrholzplatten mit um 90° versetztem Faserverlauf zum Blindholz Einzellagen für Furniersperrholz
Unterfurnier (Blindfurnier)	Verhinderung von Rissen in Deckfurnieren	45° . . . 90° zum Deckfurnier versetzt
Gegenfurnier	Verhinderung des Verziehens einseitig deckfurnierter Werkteile ohne dekorativen Anspruch	Gegenseite in gleicher Faserrichtung wie Deckfurnier
Deckfurnier	Erzielen eines dekorativen Aussehens mit Hilfe der Farbe, Struktur und Textur des Furniers	dekorative Furnierlage bildet Ansichtsseite von Werkteilen

3. Furnierarten nach Herstellungsverfahren

Furnierart	Vorteile	Nachteile
Rundschälfurnier	große Furnierblattbreiten herstellbar; rationell in großen Mengen herstellbar	großer Breitenschwund nicht wiederkehrende, breitfladerige, wenig markante Texturen rechte Seite rissig
Exzenterschälfurnier	rationell herstellbar Textur ähnelt der des Messerfurniers einsetzbar wie Messerfurnier	großer Breitenschwund Furnierblätter nur mit begrenzter Breite herstellbar rechte Seite rissig
Messerfurnier	große Furnierlängen herstellbar glatte Oberfläche Texturen je nach Schnittrichtung schlicht (Radialschnitt) oder mit Fladern (Tangentialschnitt)	rechte Furnierseite weist Haarrisse auf Verfärbungen durch Dämpfen sind möglich Furnierblätter können innerhalb eines Blocks unterschiedlich breit sein
Sägefurnier	keine Vorbehandlung erforderlich natürliche Holzfarbe bleibt erhalten keine Risse und Spannungen	hohe Verluste durch Sägespanabfall Oberfläche sägerauh und oft uneben

4. Deckfurniere

Begriffe und zulässige Maßabweichungen

Deckfurniere bilden die Sichtfläche, umfassen (z. B. bei Möbeln) Außen- und Innenfurniere und sind entweder (nach DIN 4079) Langfurniere (L), parallel zur Stammachse erzeugt, oder Maserfurniere (M) aus Wurzelknollen oder Stammstücken sehr unregelmäßigen Wuchses.

Die Maße, mindestens 25 mm von der Furnierkante entfernt, auf 0,01 mm genau gemessen, gelten bei 11 . . . 13 % Feuchte des Furniers. Die zulässige Abweichung von der Nenndicke beträgt ±0,03 mm; sie darf bei keiner Einzelmessung über- oder unterschritten werden und umfaßt nur unvermeidbare Ungenauigkeiten beim Herstellen und Unterschiede der Dicke, verursacht durch schwankenden Feuchtegehalt zwischen 11 und 13 %.

Handelsübliche Dicken

Nenn-dicke (mm)	Holzart
0,5	Mahagoni, Afrikanisch (Khaya, Kosipo, Sapelli, Sipo, Tiama); Makore; Nußbaum (L und M); Palisander (Ostindisch und Rio P.)
0,55	Ahorn (M); Afrormosia; Aningeria; Birke; Birnbaum; Bubinga; Buche; Dibetou; Kirschbaum; Louro Preto; Mahagoni, Afrikanisch (Arten wie oben), Mahagoni, Echtes; Mansonia; Mutenye; Ovengkol; Paldao; Palisander (Ostind.); Pao Ferro; Satinholz (Ostind.); Sen*; Sweetgum; Tchitola; Teak*; Whitewood; Zingana
0,60	Ahorn (Berg- und Zuckera.); Antiaris; Ebenholz; Eiche; Erle; Esche (L und M); Koto; Limba; Okoumé; Pappel; Rüster (L und M); Sen; Teak
0,65	Edelkastanie; Eiche; Lati; Linde; Pappel (M)
0,70	Abachi
0,75	Wenge
0,85	Douglasie (Oregon pine); Redpine (Carolina pine)
0,90/1,00	Kiefer; Lärche; Fichte; Tanne

* Spiegel- (Quartier-)schnitt

1.4 Klebstoffe

Hinweis: Anwendung und Einsatz der Klebstoffe werden im Kapitel „3. Fertigung" ausführlich behandelt.

1.4.1 Begriffe

Ein Klebstoff ist ein Werkstoff in flüssiger bis pastöser oder fester Form, der Körper durch Haftung seiner Moleküle an den zu verklebenden Oberflächen (Adhäsion) und seine innere Festigkeit (Kohäsion) verbindet.

Der Oberbegriff Klebstoff beinhaltet andere gebräuchliche Begriffe wie Leime, Kleister usw.

Ein Klebstoff setzt sich aus folgenden Bestandteilen zusammen:
- Klebgrundstoff (Bindemittel),
- Lösemittel bzw. Verflüssigungsmittel,

hinzu kommen unter Umständen noch
- Verschnittmittel,
- Füllstoffe und Streckmittel,
- Härter,
- Weichmacher,
- Beschleuniger,
- Netzmittel,
- Stabilisatoren.

1.4.1.1 Anwendungstechnische Begriffe

Begriff	Erläuterung
Ablüften	vollständiges oder teilweises Entfernen von Löse- oder Dispersionsmitteln aus dem aufgetragenen Klebstofffilm während der offenen Wartezeit
Einkomponenten-Klebstoff	Klebstoff, der alle für die Abbindung bzw. Härtung benötigten Stoffe bereits im Lieferzustand enthält
Fügeteil	fester Körper, der durch Kleben mit einem anderen verbunden wird
Klebdispersion	feinverteilte und wasserunlösliche organische Klebgrundstoffe in einem Dispersionsmittel, meist Wasser; Teilchengröße etwa $0{,}2 \ldots 2{:}10^{-4}$ cm
Klebekitt	bei Raumtemp. plastisch verformbarer Klebstoff; enthält nur geringe Anteile flüchtiger Lösemittel und in der Regel eingearbeitete Füllstoffe
Klebfilm	klebbereite Klebstoffschicht auf dem Fügeteil
Klebfläche	für Klebung vorgesehene Oberfläche der Fügeteile
Klebfolie	Klebstoff in Folienform, ohne oder mit Trägerwerkstoff
Kleblack	streich- oder spritzfähige Lösungen organischer Klebgrundstoffe in flüchtigen organischen Lösemitteln oder Lösemittelgemischen
Klebstoff	nichtmetallischer Werkstoff, der durch Adhäsion oder Kohäsion Körper verbinden kann, ohne das Gefüge der Körper wesentlich zu ändern; Klebstoff ist Oberbegriff
Klebstoffansatz	verarbeitungsfertig angesetzte Mischung oder Lösung von Klebstoffbestandteilen, -komponenten oder -zusätzen, die im Lieferzustand nicht verarbeitet werden können
Kontaktklebstoff	Klebstoff, der nach dem Verdunsten der Hauptmenge des Lösemittels aus den Klebstoffschichten nach kurzem Aneinanderpressen der Fügeteile sofort eine feste Verbindung ergibt
Lagerfähigkeit	Zeitspanne, während der ein Klebstoff unter den vom Hersteller vorgeschriebenen Bedingungen brauchbar bleibt; die Zeit rechnet vom Herstelldatum an, nicht vom Zeitpunkt des Verkaufs an den Verbraucher
Leim	in Wasser lösliche oder gelöste und feinverteilte Klebstoff-Kolloide auf natürlicher oder synthetischer Basis; Teilchengröße beträgt $10^{-7} \ldots 10^{-5}$ cm
Mehrkomponenten-Klebstoff	Klebstoff, der aus mehreren getrennt gelieferten und getrennt aufzubewahrenden Komponenten besteht, die für die Härtung insgesamt reagieren müssen; die Komponenten können im Untermisch- oder Verstreichverfahren verarbeitet werden
Reaktionsklebstoff	Klebstoff, der durch chemische Reaktion härtet und aus mehreren Komponenten bestehen kann
Reaktivieren	Wiedergewinnen der Klebfähigkeit eines aufgetragenen Urklebstoffs, der erstarrt oder aus dem vorher enthaltenes Lösemittel verdunstet ist, durch Bestreichen mit einem Lösemittel oder durch Wärmeeinwirkung
Schmelzklebstoff	bei Raumtemperatur fester Klebstoff, der für den Auftrag und das Abbinden kurzzeitig durch Erwärmung verflüssigt wird

1.4.1.2 Zeitbegriffe der Klebetechnik

Begriff	Beginn	Ende
Lagerfähigkeit	Beendigung der Herstellung des Klebstoffes	Unbrauchbarwerden des Klebstoffes trotz Einhaltung der Lagerungsbedingungen
Reifezeit	Aufquellen bzw. Auflösen des Klebstoffes oder Herstellen des Klebstoffansatzes	Erreichen des verarbeitungsfähigen Zustandes
Gebrauchsdauer (Topfzeit)	Erreichen des verarbeitungsfähigen Zustandes des Klebstoffansatzes	Unbrauchbarwerden des Klebstoffansatzes bei Auftragtemperatur
offene Wartezeit	Auftragen des Klebstoffs bzw. Klebstoffansatzes	Zusammenlegen der Fügeteile

Begriff	Beginn	Ende
geschlossene Wartezeit	Zusammenlegen der Klebflächen	Erreichen aller für das Verfestigen erforderlichen Bedingungen (Preßbedingungen)
Anpreßzeit	Beginn der Druckeinwirkung bei Kontaktklebstoffen	Aufheben der Druckeinwirkung
Abbinde- bzw. Härtezeit	Erreichen aller für das Abbinden/ Härten notwendigen Bedingungen wie Preßdruck und -temperatur	Aufheben aller für das Abbinden/ Härten notwendigen Bedingungen; Erreichen der technologisch bedingten Festigkeit
Preßzeit	Beginn der Preßdruckeinwirkung	Aufheben des Preßdrucks
Preßzyklus	Beschicken der Presse oder Vorrichtung mit den zusammengelegten Fügeteilen	vollständige Entnahme der geklebten Werkstücke aus der Presse oder Vorrichtung

1.4.1.3 Begriffe für Klebstoffbestandteile und -zusätze

Bestandteil bzw. Zusatzstoff	Erläuterung
Klebgrundstoff	hauptsächlicher Bestandteil der Klebstoffe; Hauptträger der Klebeigenschaften; kann in Lösemittel gelöst oder in Dispersion fein verteilt sein
Verdünnungsmittel	Löse- oder Dispersionsmittel zur Veränderung der Viskosität und Konzentration eines Klebstoffs; verwendet werden Wasser, organische Lösemittel wie Aceton, Benzol usw.
Härter	bewirkt die Verfestigung des Klebgrundstoffs durch chemische Reaktion, z. B. Polykondensation; zum Einsatz kommen Säuren, säurebildende Salze, Hydroxide als Lösung oder Pulver
Beschleuniger	erhöhen beim Härten von Klebstoffen die Reaktionsgeschwindigkeit; in der Regel dienen Härter gleichzeitig als Beschleuniger
Streckmittel	nichtflüchtige, selbstklebende Stoffe zur Verringerung des Klebstoffverbrauchs; verwendet werden stärkehaltige Produkte wie Roggen-, Kartoffel- oder Sojamehl
Füllstoffe	feste, selbst nicht klebende, nicht flüchtige und im Klebstoff unlösliche Stoffe; sie vermindern den Verbrauch von Klebgrundstoff und werden dem Verwendungszweck entsprechend ausgewählt (z. B. Verhindern von Klebstoffdurchschlag, Füllen dicker Fugen); sie bauen durch Schrumpfung entstehende Spannungen ab; verwendet werden als neutrale Füllstoffe Holzmehl, Gesteinsmehl, Schalenmehle und Mineralweiß, sowie als alkalische Füllstoffe Gesteinsmehle von Erdalkalikarbonaten (z. B. Magnesiumkarbonat)
Elastifizierungsmittel (Weichmacher)	organische Stoffe oder Stoffgemische, die den verfestigten Klebstoff in der Fuge elastischer machen
Modifizierungsmittel	Stoffe oder Stoffgemische, die als Zusätze zum Klebgrundstoff an der Härterreaktion teilnehmen und bestimmte Eigenschaften wie Elastizität und Beständigkeit verändern; verwendet werden vorwiegend Zusätze artverwandter Kunstharze
Farbstoffe	verändern die Farbe des Klebstoffansatzes bzw. der Klebefuge; verwendet werden Anilin- und Pigmentfarben
Hydrophobierungsmittel	verzögern die Wasseraufnahme durch die Holzpartikel bei der Herstellung von Span- und Faserplatten; verwendet werden Paraffin-Emulsionen und Siliconerzeugnisse
Schaummittel	ermöglichen das Aufschäumen von Klebstoffansätzen zur Verringerung des Klebgrundstoffverbrauchs durch Vergrößern des Volumens; verwendet werden spezielle chemische Erzeugnisse
Haftvermittler	Stoffe oder Stoffgemische zum Erzeugen großer Haftkräfte zwischen Klebstoff und Fügeteiloberfläche; verwendet werden z. B. lacklösende Mittel für oberflächenbehandelte Flächen

1.4.2 Einteilung und Übersicht

Folgende drei Einteilungsmöglichkeiten für Klebstoffe gibt es:

1. Nach dem Klebgrundstoff; dies ist die wichtigste Einteilungsmöglichkeit, da der Klebgrundstoff die Gebrauchswerteigenschaften und den Verwendungszweck wesentlich bestimmt.
2. Nach der notwendigen Abbinde- bzw. Härtetemperatur.

Heißklebstoff
Warmklebstoff
Kaltklebstoff
0 20 40 60 80 100 120 140 160 180 200 °C

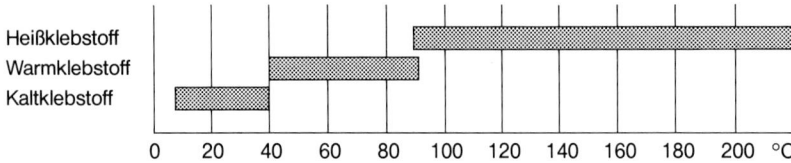

Klebstoffe werden in der Regel bei Raumtemperatur aufgetragen. Die Klebeflächen werden zum Teil vorgewärmt. Wärmeenergie wird zugeführt durch

- Anwärmung der Kontaktflächen vor dem Preßvorgang,
- direkte Erwärmung der Kontaktflächen durch Dampf, Heißwasser oder organische Wärmeträger,
- elektrische Widerstandserwärmung,
- Adsorption von elektromagnetischen Schwingungen durch Infrarot-Strahlung oder Hochfrequenzenergie.

3. Nach dem Verwendungszweck; folgende Einsatzgebiete können unterschieden werden:

- Montageklebungen (Holzleimbau, Fenster und Türen, Gestellmöbel- und Innenausbau),
- Lagenholzklebungen (Furnier- und Sperrholz),
- Klebungen zur Herstellung von Span- und Faserplatten,
- Breitflächenklebungen (Tische und Behältnismöbel, Türen und Inneneinbau),
- Schmalflächenklebungen (Kanten und schmale Flächen an Möbeln, Türen usw.),
- Klebungen zwischen verschiedenen Werkstoffen (Holz-Textil, Holz-Leder, Holz-Kunststoff, Holz-Metall usw.).

Übersicht über die in der Holzverarbeitung verwendeten Klebstoffe

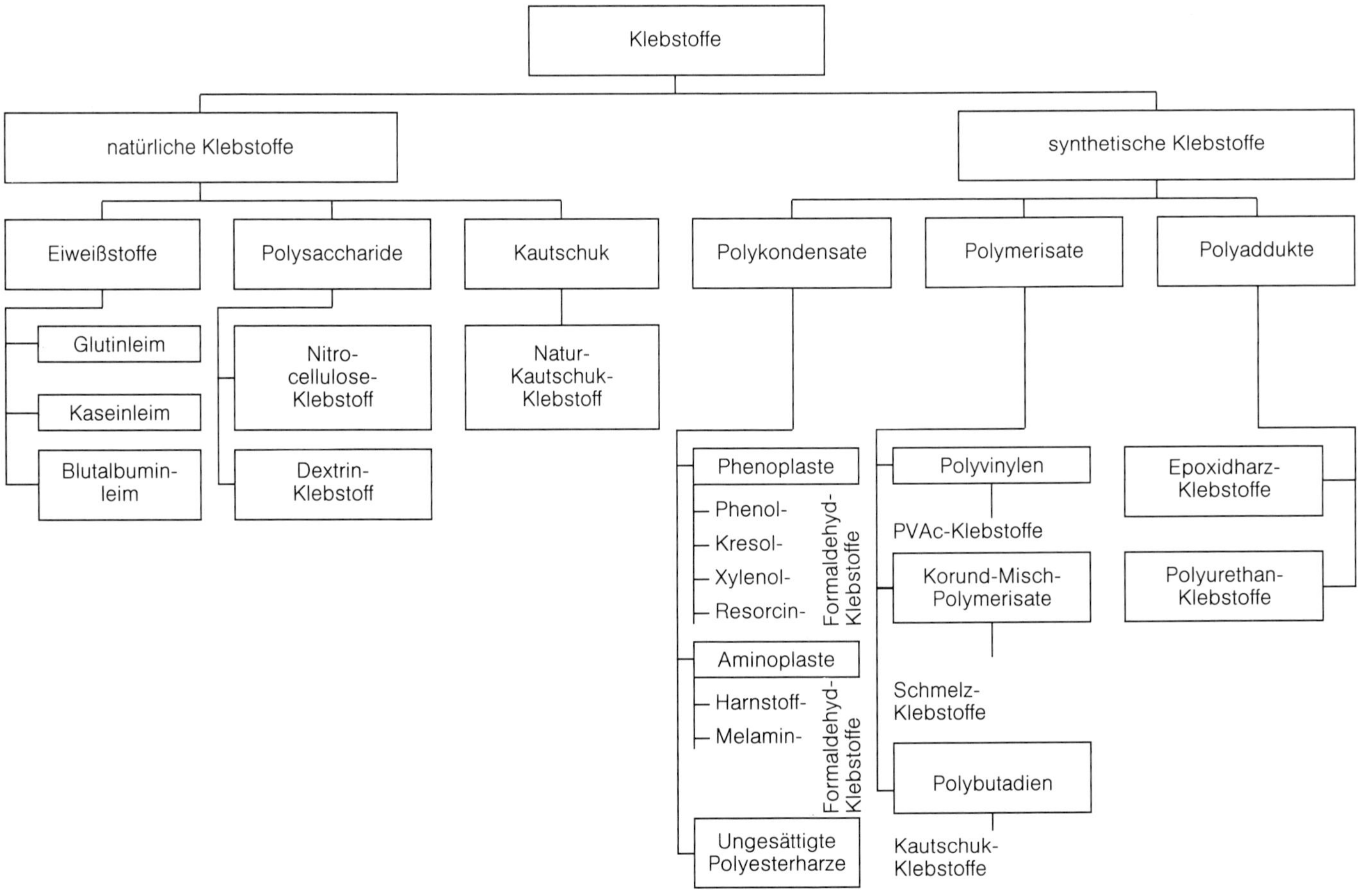

Klebstoffe
natürliche Klebstoffe
synthetische Klebstoffe
Eiweißstoffe
Polysaccharide
Kautschuk
Polykondensate
Polymerisate
Polyaddukte
Glutinleim
Kaseinleim
Blutalbuminleim
Nitrocellulose-Klebstoff
Dextrin-Klebstoff
Natur-Kautschuk-Klebstoff
Phenoplaste
Phenol-
Kresol-
Xylenol-
Resorcin-
Formaldehyd-Klebstoffe
Aminoplaste
Harnstoff-
Melamin-
Formaldehyd-Klebstoffe
Ungesättigte Polyesterharze
Polyvinylen
PVAc-Klebstoffe
Korund-Misch-Polymerisate
Schmelz-Klebstoffe
Polybutadien
Kautschuk-Klebstoffe
Epoxidharz-Klebstoffe
Polyurethan-Klebstoffe

Klebstoffgruppen	Basis	Anwendung	Wirksamkeit
Haftkleber	Kautschuk, Polyvinyläther, Polyisobutylen		kleben sofort, mechanisch leicht zu lösen
Schmelzkleber	Äthylenvinylacetat oder andere Äthylencopolymeren, Polyester, Polyamide, plastomere Kautschuke, Polyurethan	Aufkleben von Kanten	für die Haftung ist die exakte Verarbeitung wesentlich
Kleber, die durch Lösemittelabwanderung kleben	Protein, Polyvinylacetat	Holzverleimung, Papier- und Kartonagenverklebung	Kleber härten aus durch Verdunsten von Lösemittel oder Dispergiermittel
Kontaktkleber		Verkleben von Kunststoffen und Metallen; Aufkleben von Kunststoffplatten	nach Verdampfen des Lösemittels und kurzem kräftigem Andrücken entsteht sofortige Verklebung
chemisch abbindende Klebstoffe	Harnstoffharze, Phenolharze, Melaminharze, Epoxide, Polyurethane, ungesättigte Polyester, PVAc-Kleber mit Härter	Verklebung von Holz, Kunststoff, Metall	flüssiger Klebefilm geht z. T. ohne Angabe von Lösemittel in einen Stoff mit hoher Festigkeit über. Verklebung benötigt Abbindezeit. Abbindung ist mit chemischer Reaktion verbunden. Es entsteht Vernetzung, die hohe chemische und mechanische Beständigkeit bewirkt

1.4.3 Beanspruchungsgruppen bei Holzverleimungen

Nach DIN 68 602 werden vier Beanspruchungsgruppen unterschieden, und zwar B1, B2, B3 und B4.

Beanspruchungsgruppe	Anforderungen an die Klebung [1]	Beispiele für den Anwendungsbereich
B1	beständig in geschlossenen Räumen mit im allgemeinen niedriger Luftfeuchte, soweit das Freiluftklima auch hinsichtlich Temperatur und Luftfeuchte nicht einwirken kann	in trockenen Innenräumen (z. B. Türen, Möbel, Bekleidungen)
B2	beständig in geschlossenen Räumen mit kurzzeitig hoher und wechselnder Luftfeuchte und gelegentlich kurzer Wassereinwirkung	in Innenräumen mit erhöhter Luftfeuchte (z. B. Küchen, Badezimmer)
B3	beständig gegen Klimaeinflüsse in einem Klimagebiet mit gemäßigtem Klima (Klimagebiet T nach DIN 50 019 Teil 1)	in Innenräumen mit kurzzeitig hoher Luftfeuchte und kurzzeitiger Wassereinwirkung, sowie bei Außenverwendung (z. B. Türen, Fenster und Treppen)
B4	beständig gegen Klimaeinflüsse in einem Klimagebiet mit gemäßigtem Klima (Klimagebiet T nach DIN 50 019 Teil 1) unter besonders ungünstigen Bedingungen	in Innenräumen mit extremen Klimaschwankungen und Wassereinwirkung (z. B. Hallenbäder, Duschkabinen), sowie bei Außenverwendung mit starken klimatischen Einflüssen (z. B. Fenster und Außentüren mit Lasur oder dunklem Anstrich, Leitern, Treppen)

[1] Sind höhere oder andere als in der Tabelle 1 angegebenen Anforderungen an die Klebungen zu erwarten, z. B. bei Anwendungen in anderen Klimazonen, dann sind besondere, den praktischen Bedingungen entsprechende Vereinbarungen auch über die Holzarten zu treffen und erforderlichenfalls weitere Prüfungen nach DIN 53 254 durchzuführen.

Weitere Normen:

DIN 68 601 Holz-Leimverbindungen; Begriffe

DIN 50 014 Klimate und ihre technische Anwendung; Normalklima

DIN 53 254 Prüfung von Holzklebstoffen; Bestimmung der Klebfestigkeit von Längsklebungen im Scherversuch

DIN 4076 Benennungen und Kurzzeichen auf dem Holzgebiet;

Teil 3 Klebstoffe, Verleimungsarten, Beanspruchungsgruppen für Holz-Leimverbindungen

1.5 Beschichtungsstoffe

Hinweis: Flüssige Stoffe zur Oberflächenbehandlung und Beschichtung wie Lakke, Beizen usw. werden im Kapitel „5. Oberflächenbehandlung mit flüssigen Materialien" behandelt.

1.5.1 Folien

1.5.1.1 Begriffe und Aufbau
Folien sind sehr dünne und flexible Bahnen aus Kunststoff oder aus mit Kunstharzen getränkten Papier- oder Textilbahnen als Trägermaterial.

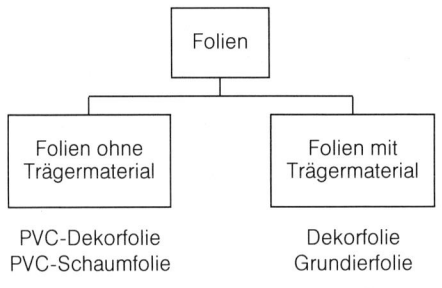

PVC-Dekorfolie
PVC-Schaumfolie

Dekorfolie
Grundierfolie

1.5.1.2 Folientypen

Folien ohne Trägermaterial
Diese Folien werden vorzugsweise in Kalanderanlagen hergestellt. Aussehen und Eigenschaften sind je nach Rohstoffen und Herstellungsverfahren breit variierbar.
PVC-Dekorfolien werden in Dicken von 0,1 . . . 0,6 mm hergestellt. Sie sind einfarbig durchgefärbt oder mit Dekoren (auch Holztexturen) bedruckt. Es gibt unterschiedliche Glanzgrade von seidenmatt bis glänzend, glatt oder geprägt.
Man unterscheidet:
- Hart-PVC-Folien für Oberflächen,
- halbharte PVC-Folien für Innenflächen.
Bei der Herstellung von Hart-PVC-Folien verzichtet man auf Weichmacherzugabe, während bei Weich-PVC mit Weichmachern gearbeitet wird.
Die im Verband der deutschen Bodenbelags-, Kunststoff-, Folien- und Beschichtungs-Industrie e.V. (VBK) zusammengeschlossenen Hersteller von Folien zur Oberflächenbeschichtung von Holz und Holzwerkstoffen haben Güterichtlinien zur Unterscheidung verschiedener Typen sowie über die Anforderungen, welche an PVC-Folien zu stellen sind, herausgegeben. Man unterscheidet:
Typ I – harte Einstellung,
Typ II – halbharte Einstellung.
Beide Typen werden unterteilt in
a) einschichtige Folien,
b) mehrschichtige Folien.
Beide Typen können glatt oder geprägt bedruckt oder unbedruckt sein.
Folgende Dicken (mm) werden hergestellt:

a) Typ I 0,20 . . . 0,60
   Typ II 0,10 . . . 0,40
b) Typ I 0,25 . . . 0,60
   Typ II 0,20 . . . 0,60
PVC-Folien sind, wenn sie den Güterichtlinien entsprechen,
- lichtecht nach DIN 53389 bei Typ I: Stufe 6–7
  lichtecht nach DIN 53389 bei Typ II: Stufe 5–6
- fleckenunempfindlich gegenüber den im Haushalt üblicherweise vorkommenden Beanspruchungen,
- porenfrei,
- rißfrei,
- abwaschbar,
- sie können antistatisch ausgerüstet sein; diese Ausrüstung baut sich jedoch im Lauf der Zeit ab.
Anwendungsbereiche sind
- Breitflächenbeschichtungen an Möbeln, für Jugendzimmer, Gastzimmer in Hotels und Pensionen,
- Sockelbeklebungen an Möbeln,
- Schubkasten- und Profilummantelungen,
- Falzbeschichtung von Türen.
PVC-Schaumfolien in Dicken von 1,2 . . . 1,6 mm sind meist einfarbig durchgefärbt und haben oft textil- oder lederähnliche Prägung als „Kunstleder".

Folien mit Trägermaterial
Speziell eingefärbte Dekorpapiere werden im Tiefdruckverfahren bedruckt und mit duroplastisch aushärtenden Harzlösungen getränkt. Prägung kann mit speziellen Walzen erreicht werden.
Dekorfolien gibt es in einer Vielzahl von Ausführungsvarianten. Das Papiergewicht beträgt etwa 80 . . . 100 g/m².
Als Harze werden Harnstoff-, Melamin- und Polyesterharze verwendet.
Für Grundierfolien werden einfarbige, schwerere Papiere (Papiergewicht etwa 175 g/m²) eingesetzt.
Anwendungsbereiche sind
- bei Dekorfolien die dekorative Oberflächenbeschichtung von Möbeln, Türen und Inneneinbauten,
- bei Grundierfolien der Ersatz einer Grundierung bei Oberflächenbeschichtungen mit pigmentierten Anstrichstoffen. Außerdem wird die Grundierfolie auch zum Ausgleich von Unebenheiten auf Werkstückoberflächen sowie zum Verdecken dunklerer Untergründe für nachfolgende hellere Beschichtungen verwendet.

1.5.2 Laminate
Laminate sind kunstharzgetränkte Papier- oder Textilbahnen. Das Harz befindet sich in einem nichtausgehärteten, wasserunlöslichen, aber unter Druck- und Wärmeeinwirkung chemisch noch reaktionsfähigen, schmelzbaren Zustand.

Bei der Verarbeitung der Laminate bewirken Druck und Wärme, daß das Harz plastisch fließt und durch die anschließende Aushärtung in einen unlöslichen und unschmelzbaren Zustand übergeht.
Als Kunstharze werden ungesättigte Polyesterharze sowie Melaminharz verwendet. Die Trägerpapiere haben ein Gewicht von 80 . . . 150 g/m².
Laminate sind Zwischenprodukte und nur begrenzt lagerfähig. Sie werden weiterverwendet als
- Dekorlaminate für die Oberflächenbeschichtung (-vergütung) von Span- und Faserplatten,
- als Vorprodukte für Schichtpreßstoffplatten.

1.5.3 Schichtpreßstoffplatten

1.5.3.1 Begriffe und Aufbau
Gemäß DIN 16926 sind dekorative Hochdruck-Schichtpreßstoffplatten (HPL = High Pressure Laminates) folgendermaßen definiert:
Dekorative Schichtpreßstoffplatten (HPL) sind Platten, die aus mit Reaktionsharzen imprägnierten und in der Wärme unter einem Druck von ≥ 7 N/mm² (70 bar) verpreßten faserstoffhaltigen Bahnen (z. B. Papier) bestehen und mindestens eine dekorative Oberfläche aufweisen.
Dekorative HPL-Platten bestehen aus Kernschichten auf Phenoplastharz-Basis und Deckschichten auf Aminoplastharz-Basis, wobei die Aminoplastharze im wesentlichen aus Melamin-Formaldehyd-Harzen bestehen.
HPL-Platten sind wie folgt aufgebaut:
Overlay:
Alpha-Zellulose, ein seidenpapierähnlicher Stoff, wird mit Melaminharz getränkt, im Warmluftstrom getrocknet und zu Bogen geschnitten.
Anwendung nur bei Druckdekors zur Erhöhung der Dekor-Abriebfestigkeit.
Flächengewicht: 25 . . . 50 g/m².
Dekor-Papiere:
Gefülltes Basispapier, weiß oder buntfarbig in der Masse gefärbt, ggfs. zusätzlich mit Dekor bedruckt, wird mit Melaminharz getränkt, im Warmluftstrom getrocknet und zu Bogen geschnitten.
Flächengewicht: 80 . . . 250 g/m².
Underlay:
Auch Sperrbogen genannt; weißes oder hellfarbiges Papier, wird mit Melaminharz getränkt.
Anwendung nur bei hellen Dekors, um das Durchscheinen des dunklen Kerns zu verhindern.
Kernpapiere:
Natronzellulose-Papier; wird mit Phenolharz getränkt, im Warmluftstrom getrocknet, und zu Bogen geschnitten. Anzahl der Bogen je nach gewünschter Plattendicke.

Der zusammengesetzte Bogensatz wird mit einem Druck von 100 bar bei einer Temperatur von etwa 130 °C etwa 60 min lang gepreßt. Dadurch verschmelzen die Schichten untrennbar miteinander, die Harze härten irreversibel aus.

Dekorative Hochdruck-Schichtstoffplatten sind ein Duroplast, d. h. durch Wärmeinwirkung nicht mehr erweichbar.

Die Sonderqualität AP läßt sich unter Wärme allerdings in begrenztem Maße verformen.

1.5.3.2 Typen und Anwendungsklassen

HPL werden in folgende Typen eingeteilt:

Typ N für allgemeine Verwendung,

Typ P unter Einwirkung von Temperaturen nachformbar,

Typ F mit erhöhter Widerstandsfähigkeit gegen Flammeneinwirkung,

Typ C Kompaktschichtpreßstoff in Plattendicken ab 2 mm, über 5 mm uneingeschränkt selbsttragend; Dekor ein- oder beidseitig je nach Verwendungszweck,

Typ CF Kompaktschichtpreßstoff mit erhöhter Widerstandsfähigkeit gegen Flammeneinwirkung.

Neben der Einteilung in Typen nach dem Anwendungszweck wird auch eine Gliederung nach mechanischer Beanspruchbarkeit bezüglich des Verhaltens gegen Abrieb-, Stoß- und Kratzbeanspruchung vorgenommen.

Diesen Eigenschaften werden Prüfverfahren und Kennziffern von 1 bis 4 (geringe bis hohe Beanspruchbarkeit) zugeordnet. Die Kennziffern für die drei genannten Eigenschaften werden hintereinander angeordnet, z. B. 333 für Küchenarbeitsplatten).

Die Kratz- und Abriebfestigkeit von HPL-Platten resultiert aus der großen Härte der mit Melaminharz getränkten Papiere. Die mit Phenolharz getränkten Kernpapiere bewirken dagegen die hohe Schlagzähigkeit des Materials. HPL-Platten nach DIN 16926 in Normalqualität AN gehören der Brandklasse B2 „normalentflammbar" gemäß DIN 4102 an.

HPL-Platten in feuerhemmender Qualität AF entsprechen der Brandklasse B1 „schwer entflammbar".

1.5.3.3 Anwendungs- und Verarbeitungsempfehlungen

Die Fachgruppe Dekorative Schichtstoffplatten im Fachverband Halbzeug des GKV (Am Hauptbahnhof 12, 6000 Frankfurt) hat mehrere Merkblätter herausgegeben, die spezielle Empfehlungen für bestimmte Anwendungsgebiete enthalten.

Blatt 1: Anwendung von dKs-Platten in Feucht- und Naßräumen

Blatt 2: Anwendung von dKs-Platten in Bereichen mit besonderen chemischen Beanspruchungen und hohen hygienischen Anforderungen

Blatt 3: Verarbeitung von dKs-Kantenmaterial

Blatt 4: Verarbeitung von dKs-Platten mit mineralischen Trägermaterialien

Blatt 5: Verarbeitung von nachformbaren dKs-Platten

Blatt 6: Verarbeitung von dKs-Kompaktplatten

Blatt 7: Anwendungsmöglichkeiten für HPL

Blatt 8: Reinigung von HPL-Oberflächen

Blatt 9: Die Verarbeitung von Schichtstoffen (HPL) mit metallischen Trägermaterialien

Blatt 10: Tabelle für die Klebung von dekorativen Hochdruck-Schichtpreßstoffplatten (HPL).

Der aktuelle Stand dieser Merkblätter ist über die Fachgruppe Dekorative Schichtstoffplatten zu erfragen.

1.6 Dämm- und Schaumstoffe

1.6.1 Dämmstoffe

1. Begriffe, Aufbau, Typen

Dämmstoffe sollen gegen Wärmeverluste oder Wärmeeinwirkung, Schall, Feuchtigkeit und Schwingung dämmend wirken. Es handelt sich dabei um anorganische oder organische Stoffe mit niedrigen Wärmeleitzahlen und meist geringer Dichte.

Folgende Dämmstoffe sind im Möbel- und Innenausbau von Bedeutung:

2. Dämmstoffe mit Unterscheidung nach Dämmwirkung

Wärmedämmstoffe

Hauptkennwert ist die Wärmeleitfähigkeit in W/mK. Einfluß auf die Wärmeleitfähigkeit haben

- die Rohdichte,
- der Feuchtegehalt,
- die Art, Größe, Anordnung der Poren,
- die Art und der Druck des Gases in den Poren,
- die chemische Zusammensetzung der festen Bestandteile,
- der molekulare Aufbau der festen Bestandteile,
- die Art der Verkittung der festen Bestandteile,
- die Strahlungskonstante der Porenbegrenzungsflächen.

Rechenwerte für Wärmeleitfähigkeiten von Dämmstoffen sind DIN 4108 Teil 4 sowie den Prüfbescheiden zu entnehmen.

Bei faserigen, lose geschnittenen Dämmstoffen ist zu beachten, daß eine gleichmäßige Raumausfüllung und Dämmwirkung zustande kommt. Bei eingestopften Dämmstoffen kann sich der Druck deformierend auf die Begrenzungsflächen auswirken.

Je nach Einsatzbereich ist zusätzlich zu der Wärmedämmung auch noch der Transport von Wasserdampf zu beachten. Die Dämmstoffe müssen dann entweder selbst einen hohen Wasserdampfdiffusionswiderstand haben und geschlossenzellig sein oder mit Wasserdampfsperren belegt bzw. umhüllt werden.

Schalldämmstoffe oder Schallschluckstoffe

Hiermit wird bewirkt, daß ein im Raum erzeugter Schall weitgehend geschluckt (absorbiert) wird. Faserige Dämmstoffe und offenzellige Schaumstoffe sind hierfür durch ihren meist hohen Schallabsorptionsgrad besonders geeignet. Der Schallschluckgrad α_s gibt das Verhältnis der von der absorbierenden Fläche nicht reflektierten Schallenergie zur auffallenden Schallenergie an:

$\alpha_s = 0,0$ keine Schluckung

$\alpha_s = 0,8$ 80 %ige Schluckung

$\alpha_s = 1,0$ 100 %ige Schluckung

Die Messung von α_s erfolgt nach DIN 52212.

Schallabsorptionsgrade α_s verschiedener Materialien und Konstruktionen sind bauphysikalischen Fachbüchern, Tabellenwerken und den Unterlagen von Herstellern zu entnehmen.

Bei Körperschall-Dämmstoffen kommt es besonders auf die dynamische Steifigkeit s′ des Dämmstoffs an. Die Wirkung ist um so besser, je kleiner s′ ist.

3. Dämmstoffe mit Unterscheidung nach den Anwendungsformen

Form	Material
in loser, schüttfähiger Form	Plastschaumstoff-Flocken, Schaumschlacken, Kork
in Form von Fasern, Wollen, Gespinsten, Matten	Glas, Schlacken, Gestein, Baumwolle
in Form von Platten, Formkörpern	Schaumstoffe, Kork, Verbundplatten, Holzwolle-Leichtbauplatten
in Form von Schäumen	PUR, UF (Harnstoffharzschaum)

1.6.2 Schaumstoffe

Begriffe, Aufbau, Typen
Schaumstoffe sind künstlich hergestellte, spezifisch leichte Werkstoffe mit zelliger Struktur. Die Zellen können unterschiedlich groß, geschlossen oder offen sein. Bei der Herstellung offenzelliger Schaumstoffe entsteht jedoch eine Außenhaut, die den Schaumstoffkörper allseitig abschließt.

Die Schaumstoffe werden gebildet
1. durch Gase, die durch chemische Reaktion bei der Makromolekülbildung entstehen und frei werden,
2. durch Zumischung von Treibmitteln.

Weitere Zusätze wie Aktivatoren, Emulgatoren, Stabilisatoren und Flammschutzmittel beeinflussen außerdem die Verarbeitbarkeit, die Eigenschaften und Einsatzbereiche.

Schaumstoffe können unterteilt werden in PUR-Schaumstoffe und sonstige Plast-Schaumstoffe.

Bei PUR-Schaumstoffen gibt es wiederum mehrere Arten mit unterschiedlichen Einsatzbereichen und Eigenschaften:

PUR-Hartschaumstoffe haben eine geschlossene und feinzellige Struktur. Die elastische Verformbarkeit ist gering.

Füllschaumstoffe werden ebenfalls zu den Hartschaumstoffen gezählt, sind jedoch im Gegensatz zu diesen offenzellig.

PUR-Strukturschaumstoffe haben einen klein- und geschlossenzelligen Schaumkern und eine steife dichte Außenzone mit glatter, auch strukturierter Oberfläche. Die Festigkeitseigenschaften sind bei geringer Masse gut. Sie haben keine Richtungsorientierung und keine inneren Spannungen.

PUR-Integral-Schaumstoffe sind bis zu 80 % offenzellige, elastische und dichte Schaumstoffe mit verdickter, witterungsfester, dehnbarer und reißfester Außenhaut. Die Elastizität ist gering. Die Oberfläche ist lederartig.

PUR-Weich-Schaumstoffe sind offenzellig.

Für spezielle Anwendungsgebiete bzw. aus ökonomischen oder funktionellen Gründen werden Schaumstoffe auf anderer chemischer Basis eingesetzt:

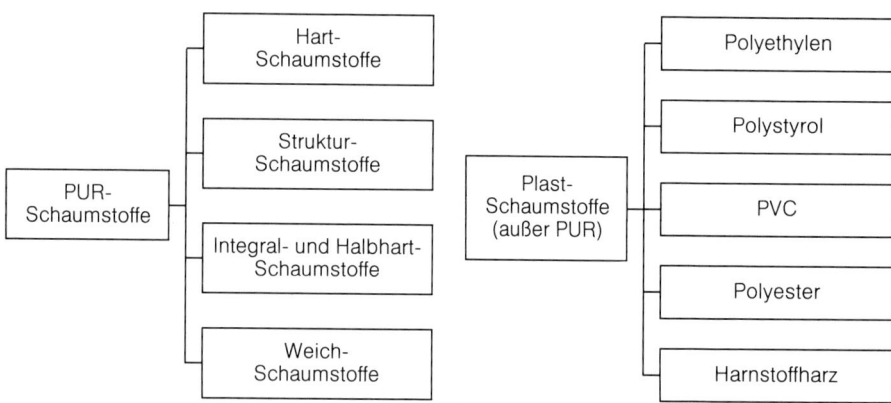

Schrifttum

Arbeitskreis MDF: Technische Empfehlungen zur Be- und Verarbeitung von Mitteldichten Faserplatten MDF; Meppen 1988

Autorenkollektiv: Wissensspeicher Holztechnik, Grundlagen; Fachbuchverlag, Leipzig 1984

Informationsdienst Holz/EGH: Holzwerkstoffe im Bauwesen, Teil 1 Materialkunde, Düsseldorf 1981

Lohmann, U.: Holz-Handbuch; DRW-Verlag, Stuttgart 1990

Roto-Fachschriften: Holzwerkstoffe; Roto-Fachschriftenreihe, Bd. 4 und 5; Wegra Verlagsgesellschaft, Stuttgart 1986

Schmidt, H.F.W.: Werkstoffe in der Holzindustrie; Fachbuchverlag, Leipzig 1986

Soiné, H.: Plattenarten, Rohstoffe, Teil 4 Spanplatten; Bau- und Möbelschreiner, Heft 4/1987

2 Konstruktion

Von Rüdiger Albin

2.1 Einführung

Die Herstellung von Möbeln und Einbauelementen aus Holz und Holzwerkstoffen basiert auf alten Traditionen des Handwerks. Der Kunde vertraut in seinem Bestreben, ein nach seinen Wünschen gefertigtes Produkt zu erhalten, dem Können des Handwerkers. Dieser muß über eingehende Materialkenntnisse, Erfahrungen und ästhetisches Empfinden verfügen, die zusammen die Grundlage für die Herstellung eines hochwertigen Produkts in handwerklicher Einzelanfertigung sind.

Die industrielle Serienfertigung erfordert arbeitsteilige Produktionsmethoden, bei denen der Ausführende nur noch Teilarbeitsgänge verrichtet. Der Einsatz von modernen Holzwerkstoffen, von Zulieferteilen aus Holz und anderem Material, die Anforderungen an die Gebrauchseigenschaften des Erzeugnisses und die Umgebungseinflüsse auf Möbel in modernen, zentralgeheizten Wohnungen, erfordern vielfältige technische Kenntnisse, die in die Entwicklung des Produktes einfließen müssen. In der Konstruktion werden diese Kenntnisse zur Vorbereitung der Fertigung eingesetzt.

Das methodische Vorgehen bei den vorbereitenden Arbeiten zur eigentlichen Herstellung eines Erzeugnisses ist in Handwerk und Industrie die Voraussetzung für eine rationale Fertigung. Der Zeitaufwand für diese vorbereitenden Arbeiten kann im Verhältnis zur Herstellungszeit erheblich sein, insbesondere bei einer Einzelanfertigung. Dennoch ist er gerechtfertigt, um Fehler auszuschalten, klare Arbeitsanweisungen zu ermöglichen und die Fertigungszeit zu minimieren, und damit zur Rationalisierung der Produktion beizutragen.

Es ist damit zu rechnen, daß zukünftig die Hilfsmittel der elektronischen Datenverarbeitung auch in diesem Bereich Zeiteinsparungen ermöglichen und Fehler ausschalten helfen. Arbeitstechniken wie CAD (Computer Aided Design = computerunterstütztes Konstruieren) und CAM (Computer Aided Manufacturing = computerunterstützte Fertigung) halten in raschem Tempo auch Einzug in die Holzindustrie. Die Verbilligung der Geräte und Anwenderprogramme, bei gleichzeitiger Erhöhung der Leistungsfähigkeit einerseits, und das Interesse der Anwender an rationeller Durchführung von Routinearbeiten andererseits, leisten dieser Entwicklung Vorschub.

Trotzdem sollte nicht übersehen werden, daß Computer nur Arbeitshilfsmittel sind. Sie erfordern die Bereitstellung von Daten, die oft mühsam erfaßt und aufbereitet werden müssen. Für die Konstruktion von Möbeln und Innenausbauelementen fehlen noch weitgehend Bemessungsregeln für Einzelteile und Baugruppen. Der Konstrukteur ist auf seine Erfahrungen und auf versuchsweises Vorgehen beim Dimensionieren angewiesen, solange Belastungsmöglichkeiten und Belastungsrichtwerte nicht festgelegt und allgemein bekannt sind.

In zunehmendem Maße beschäftigt sich die Normung mit der Erfassung und Verbreitung der vorhandenen Kenntnisse über Anforderungen und Prüfung der Eigenschaften von Möbeln. Aber noch immer sind erhebliche Wissenslücken vorhanden über die Festigkeit von einzelnen Verbindungen sowie von ganzen Korpus- oder Gestellmöbeln. An der Vermehrung des Wissens wird intensiv gearbeitet. Forschungsinstitute, Prüfinstitute und Ausbildungsstätten bemühen sich in verstärktem Maße, Kenndaten für die Möbelkonstruktion zu erarbeiten.

Alle Bestrebungen, den Computereinsatz im Möbel- und Innenausbau zu verstärken, sollten uns aber nicht davon abbringen, den Möbelbau als ein Grenzgebiet zwischen Kunst und Technik zu verstehen. Für den Möbelkonstrukteur sind ein sicheres Formempfinden, die Kenntnis der Holzeigenschaften und -eigenarten, sowie das Wissen um das Zusammenwirken verschiedenen Materials ebenso wichtig wie das Beherrschen der modernen Fertigungsverfahren und ihrer Hilfsmittel. Als Grundlage dient das Beherrschen der traditionellen Holzverbindungen ebenso wie der sichere Umgang mit neuen Plattenwerkstoffen, Verbindungsmitteln und Beschlägen.

Handwerkliche wie industrielle Konstruktionen sind daher in diesem Kapitel gleichermaßen behandelt worden. Allerdings kann im Rahmen dieses Beitrags nicht die Ausführlichkeit erwartet werden wie sie in einem speziellen Konstruktionshandbuch zu finden ist.

2.2 Konstruktion als Teil der Produktentwicklung

Die Konstruktion ist ein Teil der Produktentwicklung. Sie umfaßt den Gesamtbereich von der Entwicklung einer Produktidee bis zur Herstellung der Nullserie eines industriell gefertigten Erzeugnisses. Im Handwerksbetrieb ist praktisch jede

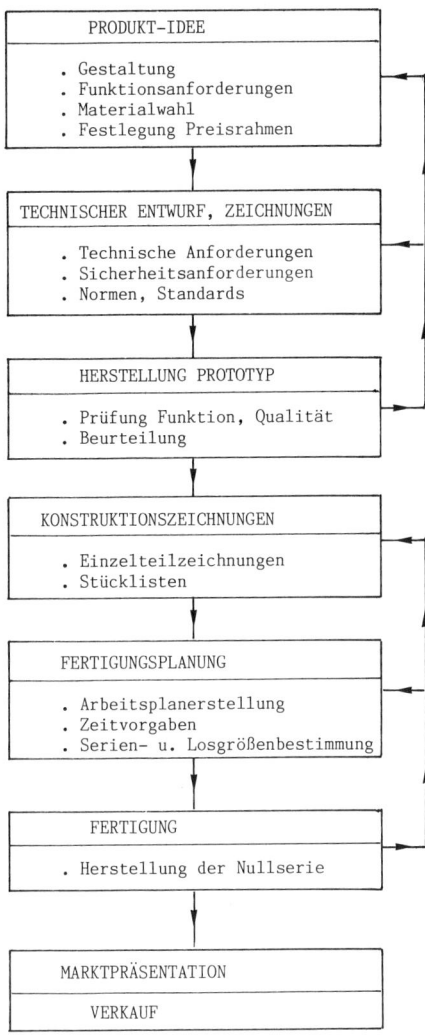

Abb. 2.1 Ablaufschema der Produktentwicklung im industriellen Möbelbau

Einzelanfertigung eine Produktentwicklung in abgekürzter Weise. Die einzelnen Phasen einer Produktentwicklung im Möbelbau sind in Abb. 2.1 dargestellt.

Dem Konstrukteur stellt sich die Aufgabe, Funktion, Qualität und Wirtschaftlichkeit bei der Entwicklung eines Möbels oder einer Innenausbauarbeit miteinander zu kombinieren (Abb. 2.2). Er muß neben sicheren Materialkenntnissen über Erfahrungen in der Fertigung verfügen, um die Möglichkeiten und Grenzen des Einsatzes von Maschinen und bestimmten Werkzeugen richtig beurteilen zu können. Aus diesen Anforderungen ergibt sich als Definition:

Konstruktion ist das Auswählen, Dimensionieren und Zusammenfügen von Werkstoffen und Teilen zu einem Erzeugnis, dem eine bestimmte Funktion zugeordnet ist, die es dauerhaft und sicher erfüllen soll und dessen Herstellung wirtschaftlich sein muß.

Bei Vorliegen einer Produktidee in Form eines Entwurfs, einer Abbildung oder sonstigen Vorgabe, lautet die Aufgabe für den Konstrukteur im engeren Sinne:

Umsetzen eines gegebenen Entwurfs in eine fertigungsreife Konstruktion unter Berücksichtigung der gegebenen Fertigungsmittel eines Betriebes.

Für die Umsetzung eines Entwurfs in ein Produkt gibt es mehrere Möglichkeiten. Der Konstrukteur soll den besten Lösungsweg finden. Bei einfachen Erzeugnissen helfen ihm seine Erfahrungen. Bei komplizierteren Produkten können Methoden auf wissenschaftlicher Grundlage, beispielsweise die Wertanalyse, hilfreich sein, um die optimale Lösung zu finden. Gebrauchsanforderungen, Fertigungsanforderungen und Kostenminimierung ergeben eine Vielzahl von Einzelanforderungen, die in der Konstruktion berücksichtigt werden müssen (Abb. 2.3). Gestalt und Funktion beeinflussen sich gegenseitig und haben Einfluß auf die Materialauswahl. Fertigungsbezogene Forderungen betreffen die verfügbaren Maschinen und Maschinenwerkzeuge. Die Beachtung von Normen oder firmeninternen Standards soll rationelle Fertigung und Austauschbarkeit von Teilen ermöglichen. Die Forderung nach Wirtschaftlichkeit verlangt, daß die Herstellkosten so niedrig wie möglich gehalten werden. Da die Erlöse für die Erzeugnisse weitgehend von Marktpreisen abhängig sind, ist ein vorgegebener Preisrahmen für die Produktentwicklung oftmals ein entscheidendes Kriterium.

Die Aufstellung (in Abb. 2.3) kann wie eine Prüfliste der Punkte angesehen werden, die zunächst zu klären sind, bevor mit dem Zeichnen und Erstellen der Stücklisten begonnen werden kann.

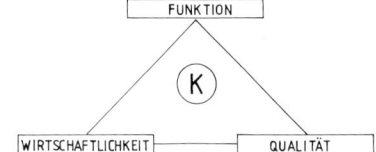

Abb. 2.2   Konstruktion im Bezugsdreieck zwischen Funktion, Qualität und Wirtschaftlichkeit

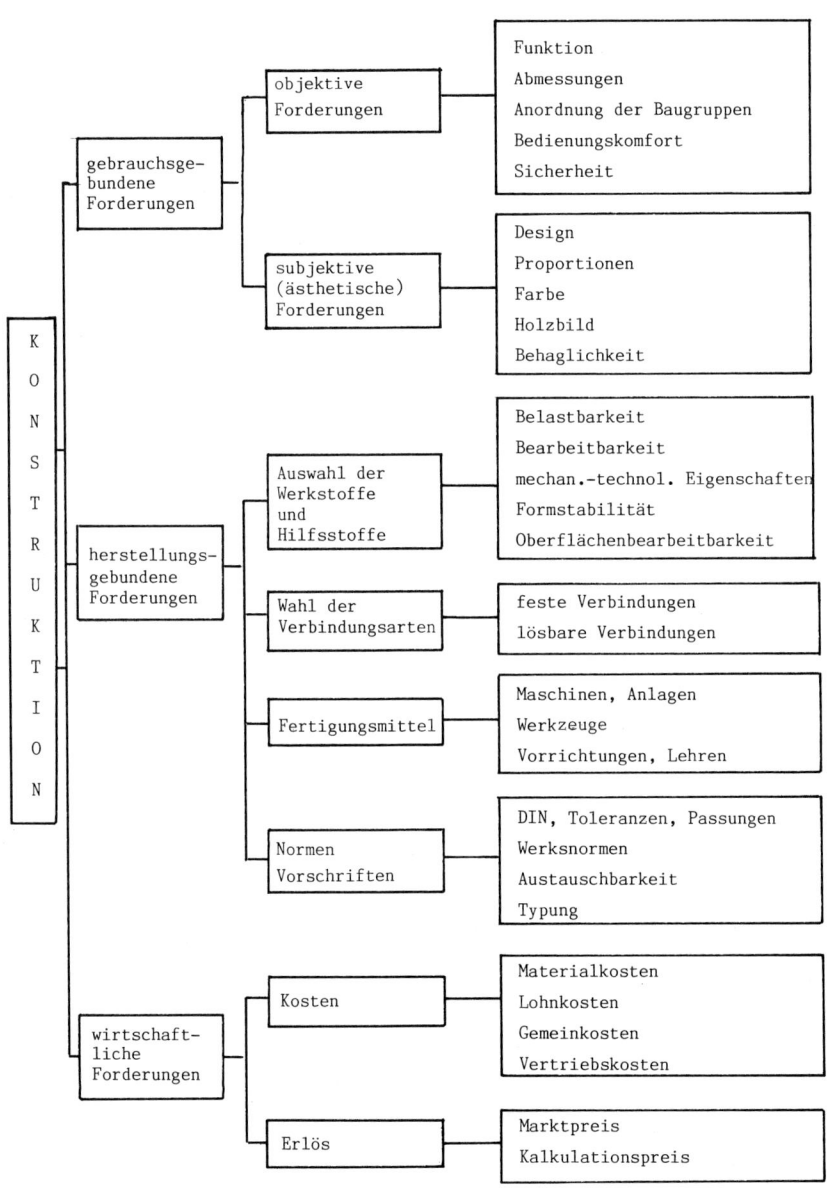

Abb. 2.3   Forderungen an die Konstruktion

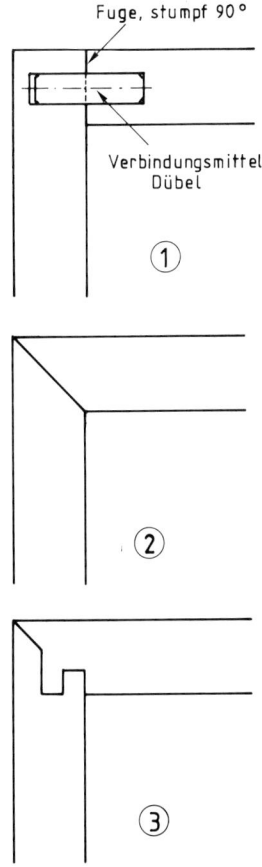

Fuge, stumpf 90°

Verbindungsmittel
Dübel

①

②

③

Fuge, Gehrung 45°

Verbindungsmittel
Winkeldübel

④

Abb. 2.4 Fugengestaltung und Verbindungsmittel. (1) 90°-Fuge mit Dübel. (2) 45°-Fuge stumpf. (3) 45°-Fuge mit Verleimprofil. (4) 45°-Fuge mit Winkeldübel

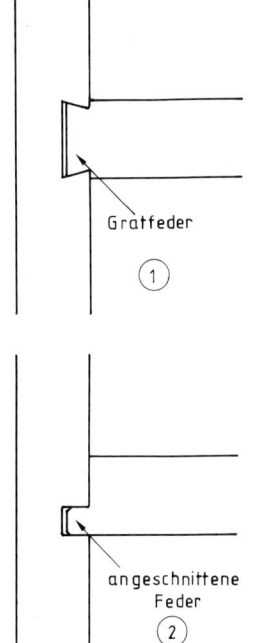

Gratfeder

①

angeschnittene
Feder

②

Abb. 2.5 Form- und Kraftschluß einer Verbindung. 1 guter Form- und Kraftschluß. 2 geringer Form- und Kraftschluß

2.2.1 Konstruktionsvarianten

Im Möbelbau und für Innenausbauarbeiten ergeben sich Aufgabenstellungen, die unterschiedliche Lösungen in der Wahl der Materialien und der Verbindungen von Bauteilen zulassen. Die Wahl des Materials hängt neben seiner ästhetischen Wirkung von technischen und handelsüblichen Eigenschaften ab, die in Kapitel 1 ausführlich behandelt wurden. Für die Verbindungsarten lassen sich folgende Auswahlkriterien nennen:

- Dimensionen des fertigen Möbels (Transportfähigkeit),
- Verwendungszweck (fester Einbau oder bewegliche Aufstellung),
- Art des Werkstoffs (Vollholz, Holzwerkstoffplatte, Kunststoff),
- Belastung der Einzelteile und ihrer Verbindungen (klimatische, statische, dynamische Belastungen),
- Stückzahl (Einzelanfertigung, Serienfertigung),
- Fertigungsmittel (verfügbare Maschinen und Werkzeuge),
- Gebrauchsdauer und Einsatzbereich (Gebrauchsanforderungen),
- Kosten (voraussichtlicher Aufwand an Material und Fertigungszeit).

Eine Verbindung ist die Kombination von Fugengestaltung und Verbindungsmittel. Unter Fugengestaltung ist die Geometrie der Berührungsflächen zweier oder mehrerer Teile zu verstehen (Abb. 2.4). Die Wahl des Verbindungsmittels hängt davon ab, ob die Verbindung fest oder lösbar sein soll. Für unlösbare Verbindungen werden in der Holzverarbeitung verschiedene Kleber (Leime) oder flüssig eingebrachte Kunststoffe verwendet, oftmals in Kombination mit Dübeln, Federn, Zapfen oder mechanischen Hilfsmitteln wie Klammern, Stiften und Schrauben. Für lösbare Verbindungen steht eine Vielzahl von Verbindungsbeschlägen aus der Zulieferindustrie zur Verfügung.

Anzustreben sind form- und kraftschlüssige Verbindungen (Abb. 2.5). Formschluß ergibt sich primär aus der Fugengestalt, der Kraftschluß aus der Art des Verbindungsmittels. Guter Formschluß führt bereits zu einem gewissen Kraftschluß, der durch geeignete Verbindungsmittel noch gesteigert werden kann, wie beispielsweise bei einer gezinkten und verleimten Schubkasten-Eckverbindung. Auch Verkeilungen, wie sie bei Tischgestellen (Steg) oder bewußt rustikal gestalteten Gestellmöbeln, beispielsweise Sesseln anzutreffen sind, ergeben form- und kraftschlüssige Verbindungen und gestatten ein Nachziehen des Kraftschlusses bei Lockerung der Verbindung.

Der Markttrend zum zerlegbaren Mitnahmemöbel hat zu einer Vielzahl von neuen Verbindungsmitteln geführt, die über das Prinzip eines Gewindes oder Exzenters das Festziehen und Nachziehen von gelockerten Verbindungen ermöglichen. Weitere Einzelheiten sind im Abschnitt 2.4.3.2. zu finden.

2.2.2 Zeichnungserstellung

Das Zeichnungswesen ist in der Technik generell genormt. Normen dienen der Vereinheitlichung von Vorgehensweisen bei der Herstellung von industriellen Erzeugnissen. Sie dienen zur eindeutigen Verständigung zwischen Fachleuten. Normen entstehen in freiwilliger Übereinkunft aller Beteiligten. Ihre Anwendung ist nicht allgemein bindend, kann aber durch vertragliche Vereinbarung zur Verpflichtung werden.

Im Zeichnungswesen ist die Normung der Grundregeln weit fortgeschritten und branchenübergreifend. In der industriellen Holzverarbeitung ist das normgerechte Konstruieren, einschließlich der Erstellung der Zeichnungen, weitgehend üblich. Anders in Handwerksbetrieben, wo die Einhaltung von Normen nicht selten als praxisfremd und überflüssig empfunden wird, obgleich viele Grundregeln, die auf Normung beruhen, unbewußt beachtet werden.

2.2.2.1 DIN-Norm für Zeichnungen in der Holztechnik

Die spezifischen Anforderungen der Holztechnik sind in der Norm DIN 919 „Technische Zeichnungen für Holzverarbeitung" festgelegt. Die neueste Fassung dieser Norm aus dem Jahr 1986 wurde vollständig überarbeitet und an die nationalen und internationalen Zeichnungsgrundnormen angepaßt. Sie enthält zahlreiche Hinweise auf mitgeltende Normen, beispielsweise zur Ausführung von Zeichnungen, zur Anwendung von Kurzbezeichnungen auf dem Holzgebiet, zu Verbindungsmitteln und Beschlägen. Die früher übliche Unterteilung der Norm in einen Teil für Grundlagen und einen für Serienfertigung ist entfallen.

Eine technische Zeichnung ist Informationsträger zur Verständigung zwischen planenden und ausführenden Personen. Sie gibt Auskunft über die Dimensionen des Werkstückes, das Material und seine Bearbeitung, über die Konstruktionsverbindungen und ihre Paßgenauigkeit sowie das Zusammenfügen mehrerer Teile zu größeren Einheiten.

Die Zeichnung dient zur Erstellung der Stückliste und damit zur Materialermittlung. Alle Maße müssen aus der Zeichnung ablesbar oder errechenbar sein. Sie muß kopierfähig hergestellt werden. Die farbige Anlage von Schnitten bleibt auf Sonderfälle, beispielsweise den Fertigungsriß im Innenausbau, beschränkt. Je nach Verwendungszweck sind Zeichnungen mit unterschiedlichem Informationsgehalt zu unterscheiden, die im folgenden näher erklärt sind.

2.2.2.2 Zeichnungsarten

Die Benennung der Zeichnungsarten ist in der allgemeinen Norm DIN 199 festgelegt. Nach den Bedürfnissen der Praxis werden im Möbel- und Innenausbau Zeichnungen für den *Entwurf* und das *Angebotswesen* sowie für die *Fertigung* unterschieden. Nach DIN 919 sollen für die Holzverarbeitung bevorzugt folgende Begriffe verwendet werden:

1. Entwurfszeichnung

Sie dient zur Formgebung und Gestaltung des Erzeugnisses und läßt seine endgültige Ausführung noch offen. Sie wird meist als Freihandzeichnung etwa im Maßstab 1:10 oder bei größeren Erzeugnissen 1:20 angefertigt und mit Skizzen zu Ausführungsdetails, die als Ansichten oder Schnitte im Maßstab 1:1 dargestellt sein können, näher erläutert.

2. Maßbild

Ein Maßbild ist eine Zeichnung, in der für ein bestimmtes Teil nur die wesentlichen Maße und Informationen angegeben sind. Es dient beispielsweise zur Festlegung der Anordnung von Beschlägen, von Einbaumaßen oder Details von Anschlußstellen. Maßbilder können ein Angebot in wichtigen Details genauer erläutern.

3. Hauptzeichnung

Die Hauptzeichnung ist die Darstellung eines Möbels oder Erzeugnisses im zusammengebauten Zustand. Sie zeigt das gesamte Erzeugnis, vorzugsweise im Maßstab 1:10, auch 1:20, in den notwendigen Ansichten. Üblicherweise werden mindestens die Vorderansicht und eine Seitenansicht benötigt. Nach DIN 6 wird die Seitenansicht von links auf die rechte Seite neben der Vorderansicht gezeichnet und umgekehrt. Weitere Ansichten wie Draufsicht, Rückansicht oder Untersicht können von Fall zu Fall notwendig sein. Es werden nur die wichtigsten Maße eingetragen. Die Ansichten zeigen den Schnittverlauf durch eingezeichnete Schnittebenen und Angabe der Blickrichtung.

Die Hauptzeichnung ist ein Hilfsmittel zur schnellen Erfassung der Darstellung in der Teilschnitt-Zeichnung und wird vorzugsweise in Verbindung mit dieser benutzt. Sie wird auf dem ersten Blatt eines Satzes von Teilschnitt-Zeichnungen eines Erzeugnisses oberhalb des Schriftfeldes so angeordnet, daß sie bei normgerechter Faltung des Blattes auf DIN-A4-Format lesbar ist und das Erkennen des Zeichnungsinhalts ermöglicht, ohne daß das gesamte Blatt entfaltet werden muß.

4. Teilschnittzeichnung

Sie ist die Darstellung eines oder mehrerer Teilschnitte eines Erzeugnisses. Der Schnittverlauf entspricht der Angabe der Schnittebenen in der Hauptzeichnung. Je nach Richtung des Schnittverlaufs unterscheidet man Horizontalschnitt-, Vertikalschnitt- und Frontalschnitt-Darstellungen. Ihre Anlage erfolgt üblicherweise im Maßstab 1:1. Dadurch ergeben sich relativ großflächige Zeichnungen, deren Anordnung oft auf mehrere Zeichenblätter verteilt werden muß. Die Schnitte dürfen unterbrochen werden, die Auslassungen dürfen jedoch die Verständlichkeit der Darstellung nicht behindern. Die Maße werden über die Unterbrechungen hinweg mit Maßlinien angegeben.

Das Schriftfeld ist nach DIN 6771 genormt und soll Angaben über das dargestellte Erzeugnis, seine Einordnung in das Gesamtprodukt, seine Ausführung hinsichtlich Materialart und Oberflächen-

behandlung, Maßstab der Darstellung, Bearbeitungsdatum, Bearbeiter und Freifelder für eventuelle Änderungs- und Kontrollvermerke enthalten. Jedes Zeichnungsblatt ist mit seiner individuellen Nummer und der Angabe über die Gesamtzahl der Blätter des Zeichnungssatzes zu versehen. Hilfreich ist für das rasche Auffinden abgelegter Zeichnungen die Verwendung eines fortlaufenden Identnummernschlüssels.

Die Regeln für die Anlage von Teilschnitt-Zeichnungen hinsichtlich Blattaufteilung, Linienarten, Schrift- und Zahlengrößen, Maßeintragungen, Materialkennzeichnung, Darstellung von Schnittflächen und Schraffuren sind als Grundlagen in DIN 919 und dort erwähnten Zeichnungs-Grundformen festgelegt. In der betrieblichen Praxis kann durch firmeninterne Standards von den Normen abgewichen werden, ohne daß dadurch die generelle Verständlichkeit der Zeichnungen gefährdet sein darf.

Teilschnitt-Zeichnungen sind in Kleinbetrieben mit Einzelanfertigung die wichtigste Fertigungsunterlage. Sie müssen daher mit allen für die Fertigung wichtigen Angaben versehen sein. Aus ihnen werden die Stücklisten erstellt. Für die industrielle Serienfertigung wird jedes Teil des Produkts auf einer eigenen Zeichnung dargestellt.

5. Einzelteilzeichnung

Eine Einzelteilzeichnung ist die Darstellung eines Teils ohne räumliche Zuordnung zum Gesamterzeugnis. Ein Einzelteil ist streng genommen ein Teil, das nicht weiter zerlegt werden kann ohne es zu zerstören. Der Begriff ist für Vollholzteile eindeutig. Furnierte Teile können noch weiter in Trägerplatte und Furniere gegliedert werden. Daher ist in diesem Falle nach DIN 199 besser von einer Teil-Zeichnung zu sprechen.

Das Teil ist vollständig darzustellen, nach DIN ISO 5455 in den für notwendig gehaltenen Ansichten und Schnitten. Bei flächigen Teilen genügen meist eine Ansicht und ein Schnitt. In der Praxis werden Einzelteilzeichnungen auf Papier im Format DIN A4 oder DIN A3 dargestellt, um sie in üblichen Ordnern abzuheften und beim Rüsten an der betreffenden Maschine verfügbar zu haben. Verkleinerte Darstellungen in beliebigem Maßstab sind daher üblicherweise notwendig. Unterbrechungen sollten in den Ansichten vermieden werden, wenn dadurch Informationen verlorengehen könnten, z. B. bei Bohrbildern. Zur genauen Darstellung von Einzelheiten kann jedoch die Darstellung von Schnitten notwendig erscheinen, die im Maßstab 1:1 gezeichnet werden und unterbrochen sein dürfen.

Übersicht 2.1 Zeichnungserstellung (Holzverarbeitung); Grundlagen und Zeichnungsarten

Normen

ISO	(international)
EN	(europäisch)
DIN	(national, Deutsches Institut für Normung e.V.)
FHM	(Fachausschuß Holzwirtschaft und Möbel im DIN)

Grundnormen Zeichnungen (Auswahl)

DIN 6	Technische Zeichnungen, Darstellungen, Ansichten, Schnitte
DIN 15/1	Technische Zeichnungen, Linien, Grundlagen
DIN 15/2	Technische Zeichnungen, Linien, Allgemeine Anwendung
DIN 199/1	Begriffe im Zeichnungs- und Stücklistenwesen
DIN 406/1	Maßeintragung in Zeichnungen, Arten
DIN 406/2	Maßeintragung in Zeichnungen, Regeln
DIN 823	Technische Zeichnungen, Blattgrößen
DIN 824	Technische Zeichnungen, Faltung auf Ablageformat
DIN 6774/1	Technische Zeichnungen, Ausführungsregeln
DIN 6776/1	Technische Zeichnungen, Beschriftung, Schriftzeichen
DIN ISO 1302	Technische Zeichnungen, Angabe der Oberflächenbeschaffenheit
DIN ISO 5455	Technische Zeichnungen, Maßstäbe

Fachnormen (Beispiele)

DIN 919	Technische Zeichnungen für Holzverarbeitung
DIN 1356	Bauzeichnungen
DIN 4076/5	Benennungen und Kurzzeichen auf dem Holzgebiet
DIN 68100	Toleranzen für Holzbe- und -verarbeitung
DIN 68101	Grundabmaße und Toleranzfelder für Holzbe- und -verarbeitung

Zeichnungsarten (nach DIN 919)

Entwurf und Angebot	Fertigung
• Entwurfszeichnung (Skizze)	• Hauptzeichnung
• Maßbild	• Teilschnittzeichnung
	• Einzelteilzeichnung

Übersicht 2.2 Einordnung der Konstruktion in den Betriebsablauf

Arbeitsstufe	Hilfsmittel	Zweck
Idee Entwurf	1. Anforderungsliste 2. Skizze, Bild, Foto 3. Entwurfszeichnung (Gestaltungszeichnung) M. 1:10, 1:20 Details 1:1 zur Erläuterung	firmeninterne Entschei- dungen Verhandlungen mit dem Kunden Angebotsabgabe
Produktentwicklung Konstruktion	4. Fertigungszeichnungen nach DIN 919, Teil 1 4.1 Hauptzeichnung (früher: Gesamtzeichnung) M. 1:10 oder 1:20 mit den notwendigen Ansichten und Angabe des Schnittver- laufs 4.2 Teilschnittzeichnung 1:1 4.3 Einzelteilzeichnung 5. Erzeugnisgliederung mit Nummernschlüssel 6. Stücklisten 6.1 für Holz und Holzwerkst. 6.2 für Hilfsstoffe und Beschläge	Grundlage für die Erstel- lung der Stücklisten Vorkalkulation Information am Arbeits- platz Erfassung und Aufli- stung der Einzelteile Materialbeschaffung Vor- und Nachkalkula- tion
Arbeitsvorbereitung	7. Arbeitsablaufpläne 7.1 Arbeitsfolgeplan 7.2 Arbeitspläne 7.3 Arbeitsflußbild (Materialfluß- plan) 7.4 Betriebsmittelplanung 8. Zeitplanung 9. Personalplanung 10. Arbeitssteuerung	Festlegung der logi- schen Aufeinanderfolge der Arbeitsgänge
Fertigung	11. Fertigungsbelege	Steuerung und Kontrolle

Einzelteilzeichnungen begleiten die Arbeit an der Maschine und müssen daher alle fertigungsbezogenen Informationen enthalten. Dazu gehören die Form und die genauen Dimensionen des Werkstücks, die Flächen- und Kantenbearbeitung, Bohrungen, Fräsungen sowie andere Bearbeitungsvorgänge.

Einzelteile müssen untereinander austauschbar sein. Die Genauigkeit der Verbindungen muß durch Toleranzangaben definiert werden. Die Dimensionen können nach DIN 68100, die Passungen nach DIN 68101 toleriert werden. In der Praxis werden auch firmeninterne, meist pauschal und nicht auf die einzelnen Nennmaße bezogene Toleranzen der Fertigung vorgegeben.

Bei Verwendung verschiedenen Materials wie Holz, Metall und Kunststoff im gleichen Produkt wird auch DIN 7168, Allgemeintoleranzen, angewendet, die mit vier Genauigkeitsgraden die Toleranz bestimmt: fein, mittel, grob, sehr grob.

2.2.3 Konstruktion und Fertigungsvorbereitung

Die Konstruktion ist im betrieblichen Arbeitsablauf zwischen dem Festlegen des Entwurfs und der Arbeitsvorbereitung einzuordnen. Die wichtigsten Arbeitsstufen und die dabei eingesetzten Hilfsmittel zeigt Übersicht 2.2.

In der *Möbelindustrie* ist davon auszugehen, daß ein Entwurf oder eine andere Vorlage besteht, nach der fertigungsreife Zeichnungen zu erstellen sind. Für Serienteile werden hauptsächlich Einzelteilzeichnungen angefertigt. Ein komplettes Produkt erfordert einen Satz von vielen Einzelteilzeichnungen. Das Zeichnen und Erstellen von Stücklisten und anderen die Fertigung vorbereitenden Unterlagen kann arbeitsteilig von verschiedenen Personen durchgeführt werden.

Im *Handwerk* erfolgt diese Arbeitsvorbereitung im Prinzip ähnlich, doch in verkürzter Form. Die Erstellung der Zeichnungen, Stücklisten und anderen Unterlagen erfolgt meist durch ein und dieselbe Person. Hier ist die Teilschnittzeichnung üblich, aus der die Stückliste ermittelt wird.

2.2.3.1 Erzeugnisgliederung

Die Erzeugnisgliederung ist ein organisatorisches Hilfsmittel, um ein Produkt in logischer Folge in seine Bestandteile zu zerlegen. Sie veranschaulicht die Zusammensetzung eines Erzeugnisses aus Gruppen, Teilen und den Rohstoffen bzw. Materialien (Abb. 2.6). Sie dient zur Erstellung der Stücklisten, in denen die Benennung und Reihung der Teile gleich ist. Durch Zuordnung von Nummern zu den einzelnen Gruppen und Teilen entsteht der Erzeugnisgliederungsschlüssel, der jedem Teil eine logisch aufgebaute Nummer zuweist und die elektronische Datenverarbeitung erleichtert.

Nach REFA, Methodenlehre der Planung und Steuerung, wird eine Erzeugnisgliederung für Industrieprodukte wie folgt aufgebaut:

Ebene 0 (Erzeugnis)
Ebene 1 (Gruppen)
Ebene 2 (Gruppen)
Ebene 3 (Gruppen)
Ebene 4 (Gruppen)
Ebene 5 (Teile)
Ebene 6 (Rohstoffe)

Die Anzahl der Ebenen ist beliebig. In der Holzindustrie werden selten mehr als vier Ebenen benötigt. Hier hat sich in der Praxis folgende Gliederung durchgesetzt:

1. Erzeugnis: gesamtes Produkt
2. Baugruppen: In sich geschlossene, aus mehreren Teilen zusammengesetzte Bestandteile des Erzeugnisses, wie beispielsweise Korpus, Fußgestell, Front.
3. Teilerzeugnisse: Bestehend aus mindestens zwei Einzelteilen, die fest miteinander verbunden sind, beispielsweise Schrankseite aus Spanplatte und Furnieren.
4. Einzelteile: Nicht weiter zerlegbare Bestandteile des Erzeugnisses. In der Holzverarbeitung werden die Teilerzeugnisse, abweichend von DIN 6789, oft fälschlicherweise als Einzelteile bezeichnet, besonders, wenn es sich um furnierte Teilerzeugnisse handelt. Bei Vollholz sind Teilerzeugnis und Einzelteil oft identisch, da weitere Aufgliederung nicht mehr möglich ist.
5. Material: Bezeichnet die Art des Holzes, der Platten, Furniere oder sonstige Werkstoffe.

2.2.3.2 Stückliste

Die Stückliste, auch Holzliste oder Materialliste genannt, ist die Auflistung aller Teile eines Erzeugnisses, geordnet nach den Regeln der Erzeugnisgliederung. Sie wird in der Holzverarbeitung üblicherweise getrennt aufgestellt für

● Holz und Holzwerkstoffe,
● Beschläge und Hilfsstoffe.

Die Bezeichnung der Teile kann im Klartext oder als Identnummer bei der Erstel-

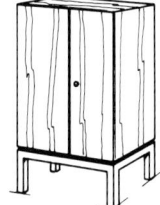

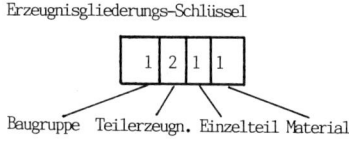

Erzeugnisgliederungs-Schlüssel

| 1 | 2 | 1 | 1 |

Baugruppe Teilerzeugn. Einzelteil Material

Erzeugnis	Baugruppen (1. Ebene)		Teilerzeugnisse (2. Ebene)		Einzelteile (3. Ebene)		Material (4.Ebene)
		Nr.		Nr.		Nr.	
Geschirrschr.	1 Korpus	1	Seite links	1	Trägerplatte	1	Span, FPO
				2	Furnier außen	2	KB
				3	Furnier innen	3	AH
				4	Furnier Kanten	2	KB
		2	Seite rechts	1	Trägerplatte	1	Span, FPO
				2	Furnier außen	2	KB
				3	Furnier innen	3	AH
				4	Furnier Kanten	2	KB
		3	Oberboden	1	Trägerplatte	1	Span, FPO
				2	Furnier außen	2	KB
				3	Furnier innen	3	AH
				4	Furnier Kante	2	KB
		4	Unterboden	1	Trägerplatte	1	Span, FPO
				2	Furnier innen	3	AH
				3	Furnier außen	4	MAC
				4	Furnier Kante	2	KB
		5	Rückwand	1	Trägerplatte	1	Span, FPO
				2	Furnier innen	2	KB
				3	Furnier außen	4	MAC
	2 Front	1	Tür links	1	Trägerplatte	1	Span, FPO
				2	Furnier außen	2	KB
				3	Furnier innen	3	AH
				4	Furnier Kanten	2	KB
		2	Tür rechts	1	Trägerplatte	1	Span, FPO
				2	Furnier außen	2	KB
				3	Furnier innen	3	AH
				4	Furnier Kanten	2	KB
	3 Fußgestell			1	Zargen längs	2	KB
				2	Zargen quer	2	KB
				3	Füße	2	KB

Beispiele für die sich ergebenden Erzeugnisnummern:

| 1 2 1 1 | = Trägerplatte der Korpusseite rechts, Spanplatte

| 3   3 2 | = Füße des Fußgestells in Kirschbaum

Abb. 2.6 Erzeugnisgliederung und Erzeugnisgliederungsschlüssel am Beispiel eines Geschirrschranks in Kirschbaum, furniert

STÜCKLISTE

Modellnummer		Erzeugnis		Baugruppe		Zeichnungsnummer		Blattnummer	Datum

Nr Pos. 1	Teil-Bezeichnung Schl.-Nr 2	Bezeichnung 3	Material 4	Menge 5	Fertigmaße L mm 6	B mm 7	D mm 8	Rohmaße L mm 9	B mm 10	D mm 11	RM m², m³ 12	ZS % 13	EM m², m³ 14	VRP DM/ m², m³ 15	Ges. Preis DM 16	Bemerkungen 17

Abb. 2.7 Beispiel einer Stückliste für Holz und Holzwerkstoffe; (RM) Rohmenge, (EM) Einsatzmenge, (ZS) Zuschlagssatz, (VRP) Verrechnungspreis für eingesetzte Materialien

ROHMENGENGE UND FERTIGMENGE

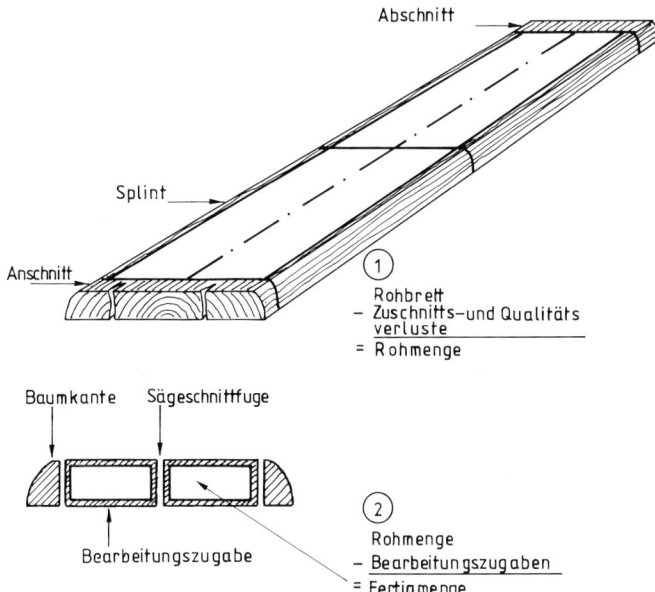

Abb. 2.8 Rohmenge und Fertigmenge als Begriffe der Stückliste

lung durch EDV-Anlagen erfolgen. Für den Aufbau der Stücklisten gibt es keine verbindliche Vorschrift. Er muß logisch und allgemeinverständlich sein. Grundlagen zum Stücklistenaufbau sind bei REFA zu finden (Methodenlehre der Planung und Steuerung, Teil 1).

Die Grundlage zur Stücklistenerstellung bilden die Zeichnungssätze für die Fertigung (Teilschnittzeichnungen, Einzelteilzeichnungen), aus denen die Maße der Teile abgelesen oder errechnet werden. Die Stückliste ist in Zeilen und Spalten aufgeteilt. Jede Zeile enthält ein Einzelteil, für das die folgenden Informationen in den Spalten angegeben sind (Abb. 2.7):

- Teil-Bezeichnung, in Klartext oder EDV-Schlüssel-Nummer,
- Materialart, in abgekürzter Bezeichnung, z. B. nach DIN 4076,
- Menge der Einzelteile pro Stück Erzeugnis oder Losgröße,
- Fertigmaße des Einzelteils in Millimetern der Länge, Breite und Dicke aus den Nennmaßen der Zeichnung.

Dieser erste Teil der Stückliste (Spalten 1 bis 8) kann bei einer Arbeitsorganisation für industrielle Fertigung getrennt als Konstruktionsstückliste geführt werden.

Die Rohmaße ergeben sich aus den Fertigmaßen plus Bearbeitungszugaben zum Ausformen der roh zugeschnittenen Teile. Die Bearbeitungszugaben sind abhängig von

- der Art des Werkstoffs und seiner Bearbeitung (Vollholz, Platten, Furnier usw.),
- den Dimensionen des Teils,
- der Anzahl der Bearbeitungsgänge und Art der Bearbeitungsmaschine.

Die Bearbeitungszugaben sind nach Erfahrung und Kenntnis der Betriebsmittel einzusetzen. Üblich sind Längenzugaben von 20 ... 30 mm und Breiten- sowie Dickenzugaben von etwa 5 mm bei Vollholz. Bei Platten und Furnieren sind die Zugaben sinngemäß zu verringern oder zu vergrößern.

2.2.3.3 Materialbedarfsermittlung

Durch Multiplikation der in der Stückliste ausgewiesenen Rohmaße erhält man die Rohmenge als Volumen oder Fläche für ein zugeschnittenes Teil (Spalten 9 bis 12 der Stückliste). Den Unterschied zwischen Fertigmenge und Rohmenge verdeutlicht Abb. 2.8.

Um den Verschnitt zu berechnen, das heißt den Verlust zwischen Rohbrett und zugeschnittenem Teil vor dem endgültigen Ausformen (Rohmenge), bedient man sich des Zuschlagsatzes. Der Zuschlagsatz ist ein Multiplikationsfaktor für die Rohmenge zur Berücksichtigung des materialspezifischen Verlustes. Dieser ergibt sich aus Zuschnitts- und Qualitätsverlusten wie: Schnittfugen, Anschnitte, Abschnitte, Risse, Äste, Einläufe, Splint, Herz u. a. Bei dieser Zuschlagsrechnung nach DIN 68 201 ist die Rohmenge 100 %, die gesuchte Einsatzmenge an Material ergibt sich durch Multiplikation der Rohmenge mit dem Zuschlagfaktor:

$$\text{Zuschlagsatz (ZS)} = \frac{\text{Verlustsatz} \cdot 100}{100 - \text{Verlustsatz}} \, (\%)$$

Beispiel
Beim Verarbeiten von Eichen-Vollholz sei der Verlustsatz (Verschnitt) = 45 %

$$\text{ZS} = \frac{45 \cdot 100}{100 - 45} = 82 \%$$

Einsatzmenge (EM) = Rohmenge (RM) · 1,82

Die *Einsatzmenge* ist diejenige Materialmenge, die zur Verfügung gestellt und berechnet werden muß, um ein Teil herzustellen. Die Stückliste ist somit ein Hilfsmittel zur mengen- und kostenmäßigen Erfassung des Materials für die Vor- und Nachkalkulation.

Der hier dargestellte Begriff der Stückliste ist vereinfacht und beschränkt sich auf ihre wichtigsten Funktionen. In der industriellen Serienfertigung kann die Stückliste weiter differenziert werden in Konstruktions-, Fertigungs-, Zukaufteil-, Montage-, Beschlags- und Hilfsstoff-Stückliste.

Zur genaueren kostenmäßigen Erfassung des Materialeinsatzes ist außer der Einsatzmenge (das Material, das an der ersten Bearbeitungsmaschine bereitgestellt werden muß) auch der Verlust zu berücksichtigen, der sich zwischen Einkauf, Übernahme und durch Lagerung und Trocknung ergibt. Man kann ihn pauschal in der sogenannten Verlustgruppe I zusammenfassen (Abb. 2.9), während die Zuschnitts- und Bearbeitungsverluste in der Verlustgruppe II zusammengefaßt werden. Die Verluste der Gruppe I werden über den Verrechnungspreis abgegolten, der in der Stückliste statt des Einkaufspreises eingesetzt wird.

2.3 Grundkonstruktionen

Die Grundkonstruktionen im Möbel- und Innenausbau werden von den folgenden Faktoren beeinflußt:
• Art des Werkstoffs (Vollholz, Plattenwerkstoff, Kunststoff),
• Werkzeug- und Maschinentechnik (Handwerkzeug, Maschinenwerkzeug),
• Verbindungstechnik (mechanische Verbindungsmittel, Kleber, Beschläge).
Die Grundkonstruktionen sind auf traditionelle Verbindungstechniken zurückzuführen, die den natürlichen Eigenschaften des Holzes als Werkstoff Rechnung tragen, dessen Schwindung und Quel-

lung beim Zusammenfügen in Breite, Länge und Dicke zu flächigen und rahmenförmigen Gebilden zu berücksichtigen ist. Die weiterentwickelten Techniken der maschinellen Bearbeitung von Vollholz und Plattenwerkstoffen mit modernsten Maschinenwerkzeugen ermöglichen zwar interessante Varianten der traditionellen Holzverbindungen, ohne diese aber generell verdrängen zu können.

2.3.1 Grundkonstruktionen für Vollholz
Sie haben die Eigenschaften des Holzes als natürlichen, inhomogenen und anisotropen Werkstoff zu berücksichtigen. Das bedeutet für die Verarbeitung und das Konstruieren:
1. Jede Holzart weist ein spezifisches, natürliches Erscheinungsbild auf. Jedes Stück Holz weist unterschiedliche, artspezifische physikalisch-mechanische Eigenschaften auf. Die Kennwerte für die Konstruktion sind jeweils Mittelwerte mit großen Schwankungsbreiten.
2. Die Rohdichte jeder Holzart wird individuell vom Jahrringaufbau, Zellartenanteil, Porenvolumen und Zellwandvolumen sowie von Einlagerungen bestimmt. Die Rohdichte beeinflußt viele Gebrauchseigenschaften des Holzes und ist ein wichtiger Kennwert für die Festigkeitseigenschaften.
3. In den drei anatomischen Hauptwuchsrichtungen longitudinal, radial und tangential sind die Dimensionsänderungen durch Schwindung oder Quellung unterschiedlich.
Der physikalische Vorgang des Schwindens und Quellens von Holz aufgrund

von Feuchteänderungen kann nicht verhindert werden, aber nachteilige Folgen für die Funktionsfähigkeit des Erzeugnisses können durch konstruktive Maßnahmen vermieden werden. Bei fachgerechter Verarbeitung wird das Arbeiten des Holzes nicht verhindert, aber konstruktiv beherrscht.

Für die Praxis ist die schnelle Berechnung des Schwind- und Quellverhaltens bei Änderung der umgebenden relativen Luftfeuchtigkeit von Bedeutung. Für den Bereich zwischen 5 % und 20 % Holzfeuchte gilt für die Dimensionsänderung mit hinreichender Genauigkeit

$$\Delta b = b \cdot V_m \cdot \Delta u \cdot 0,01$$

Darin sind

Δb = Breitenänderung
b = Breite in mm
V_m = mittlerer Verformungskoeffizient, d. h. Mittelwert aus radialer und tangentialer Verformung in % je % Holzfeuchteänderung. Die Werte für die wichtigsten Holzarten sind in DIN 68 100 aufgelistet (siehe Tabelle 2.1)
Δu = Holzfeuchteänderung

Beispiel (Abb. 2.10)
Berechnung der Breitenänderung eines 120 mm breiten Fichtenbrettes aufgrund der Quellung.
Einbaufeuchte:
u_a = 15 %

Endfeuchte nach Verarbeitung:
u_e = 8 %

Feuchtedifferenz:
$\Delta u = u_a - u_e = 7 \%$

Tabelle 2.1 Verformungen je 1 % Holzfeuchtigkeitsänderung (differentielles Schwind-/Quellmaß) verschiedener Hölzer nach DIN 68 100

Holzart	Kurzzeichen nach DIN 4076 Teil 1	Gleichgewichts- Holzfeuchte u_{gl} in % bei relativer Luftfeuchte		differentielles Schwindmaß V in % je % Holzfeuchte- änderung	
		$\varphi = 37\%$	$\varphi = 83\%$	radial	tangential
Nadelhölzer					
Fichte	FI	7,0	16,4	0,19	0,39
Kiefer	KI	7,0	15,3	0,19	0,36
Lärche	LA	8,4	17,1	0,14	0,30
Tanne	TA	7,1	16,9	0,14	0,28
Laubhölzer					
Afrormosia	AFR	7,0	12,7	0,18	0,32
Afzelia	AFZ	7,3	13,7	0,11	0,22
Birke	BI	6,9	16,1	0,29	0,41
Buche	BU	7,3	15,7	0,20	0,41
Eiche	EI	8,9	17,2	0,16	0,36
Esche	ES	7,3	16,5	0,21	0,38
Meranti-rot	MER	8,3	18,0	0,11	0,25
Nußbaum	NB	6,7	14,8	0,18	0,29
Sapelli	MAS	7,9	15,8	0,24	0,32
Sipo	MAU	8,4	17,0	0,20	0,25
Teak	TEK	7,2	13,4	0,16	0,26
Ulme (Rüster)	RU	7,9	16,1	0,20	0,23
Wenge	WEN	7,1	12,3	0,22	0,34

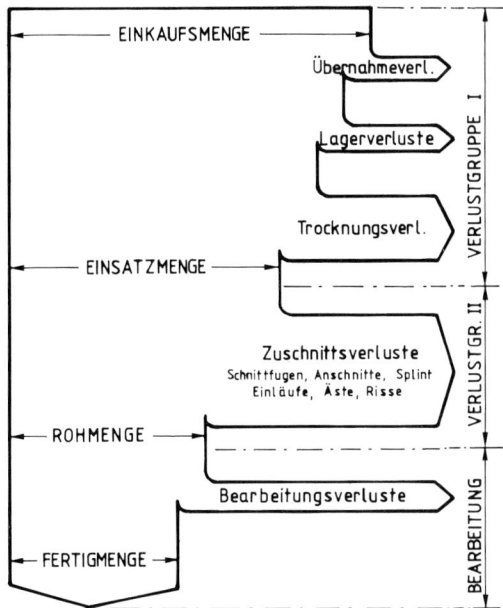

Abb. 2.9 Schaubild zur Verdeutlichung der Material-verluste zwischen Einkaufs- und Fertigmenge

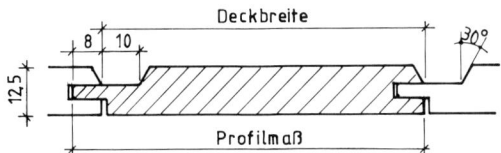

Abb. 2.10 Profilbrett nach DIN 68126

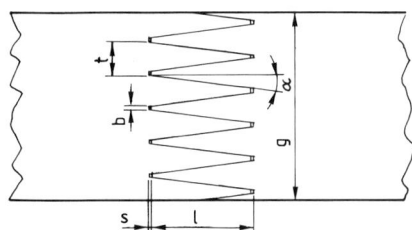

l = Zinkenlänge
g = Gesamtbreite der Zinkenverbindung
f = Zinkenteilung
b = Breite des Zinkengrunds
s = Zinkenspiel
α = Flankenwinkel
$e = \frac{s}{l}$ = relatives Zinkenspiel

$v = \frac{b}{f}$ = Verschwächungsgrad

Abb. 2.11 Keilzinkenprofil nach DIN 68140

Dimensionsänderung:
$\Delta b = 120\,mm \cdot 0,29 \cdot 7 \cdot 0,01 = 2,44\,mm$

Die typischen Vollholzkonstruktionen für Längen- und Breitenverbindungen, für Rahmeneck- und Flächeneckverbindungen könnten in Vergessenheit geraten, wenn nicht durch handwerkliche Pflege individueller Möbelbaukunst bei der Einzelanfertigung, aber auch bei maschineller Herstellung hochwertiger Serienmöbel aus Vollholz in neuerer Zeit, immer wieder Impulse gegeben würden. Die Vollholzbauweise für Möbel ist heute auf relativ wenige Holzarten beschränkt, die nach Qualität und Preis ausreichend verfügbar sind. Dazu gehören Kiefer und Fichte, Eiche und Buche. Vollholzmöbel werden von vielen Käufern als besonders wertvoll eingestuft und müssen in Konstruktion und Verarbeitung diese Qualitätserwartungen erfüllen.

2.3.1.1 Längenverbindungen

Längenverbindungen sind Verbindungen zweier Hölzer in Faserrichtung. Das Hirnholz kann mit einem Röhrenbündel verglichen werden. Verleimte Stoßfugen mit großem Hirnholzanteil ergeben keine ausreichende Festigkeit. Durch die Fugengestaltung muß erreicht werden, daß der Anteil an Überlappungsfuge faserparalleler Flächen so groß wie möglich wird. Die traditionellen, meist handwerklichen Verbindungsarten wie Schäftung, Überblattung und Hakenblatt sind maschinell schwer herstellbar und wurden im Zuge der Entwicklung von Maschinen- und Werkzeugtechnik durch die Keilzinkung verdrängt. Längenverbindungen sind im Möbelbau relativ selten (Stuhlbau), im Innenausbau und bei Bauteilen häufiger (Fenster- und Türbogen, Treppenhandläufe), im Holzbau (Brettschichtholz) üblicherweise anzutreffen.

Keilzinkung
Die Stoßfuge zwischen zwei Hirnenden wird durch zickzackförmige Ausfräsung so geformt, daß die einzelnen Keilflächen an die faserparallele Verbindung des Holzgefüges angenähert werden. Es entsteht eine erheblich vergrößerte Leimfläche. Durch Preßdruck in Faserrichtung werden eine mechanische Blockierung mit Selbsthemmung der Zinken sowie Form- und Kraftschluß erreicht. Keilzinken können im Durchlaufverfahren auf Spezialmaschinen hergestellt werden.
Anwendungsgebiete, Zinkenform und Anforderungen an die Herstellung sind in DIN 68140 festgelegt. Danach werden Bauteile der Beanspruchungsgruppen I und II unterschieden, die wiederum bestimmte Anforderungen an die Keilzinkung stellen. Bauteile der Beanspruchungsgruppe I sind solche, die nach

DIN 1052 berechnet werden müssen oder hohen mechanischen Beanspruchungen ausgesetzt sind. Die Beanspruchungsgruppe II umfaßt Fenster, Fußböden, Sitzmöbel usw.

Das Zinkenprofil ist genormt (Abb. 2.11). Der Verschwächungsgrad, der Flankenwinkel und die Länge der Zinken hängen voneinander ab. Der Verschwächungsgrad $v = \frac{b}{t}$ ist für die Beurteilung der Beanspruchungsfähigkeit einer Keilzinkenverbindung wichtig. Je kleiner v, desto höheren Belastungen kann die Verbindung ausgesetzt werden.

Für die Beanspruchungsgruppe I muß v $\leq$ 0,18 sein, für die Beanspruchungsgruppe II gilt v $\leq$ 0,25.

Beispiel:

1. $v = \frac{b}{t} = \frac{0,6 \text{ mm}}{3,7 \text{ mm}} = 0,16$

    (Beanspruchungsgruppe I)

2. $v = \frac{0,4 \text{ mm}}{1,6 \text{ mm}} = 0,25$

    (Beanspruchungsgruppe II)

Nach der Länge der Zinken werden unterschieden:
- Makrozinken   l 10 $\geq$ 60 mm
- Minizinken   l 4 $\geq$ 10 mm
- Mikrozinken   l $\leq$ 4 mm

Die Beleimung muß für die Beanspruchungsgruppe I beidseitig erfolgen, für II ist einseitiger Leimauftrag zulässig. Der spezifische Preßdruck für Makrozinken an Nadelholz muß mindestens 2 N/mm², für Minizinken 12 N/mm² betragen. Für Laubholz gelten 30 % höhere Werte.

Die Festigkeit keilgezinkter Hölzer ist relativ groß. Im Vergleich zu ungezinkten Holzproben wurden 82 % der Biegefestigkeit bei Fichte und 77 % bei Buche gemessen (vgl. Abschnitt 2.6.2).

Im Möbelbau werden nur Mini- und Mikrozinken angewandt, aber nicht ausschließlich als Längenverbindung, sondern auch als Rahmeneck- und Gestellverbindungen.

Tabelle 2.2 Zinkenprofile (Vorzugsprofile) nach DIN 68140

Beanspruchungs-gruppe	l	t	b	v
I und II	7,5	2,5	0,2	0,08
	10	3,7	0,6	0,16
	20	6,2	1	0,16
	50	12	2	0,17
	60	15	2,7	0,18
II	4	1,6	0,4	0,25
	15	7	1,7	0,24
	30	10	2	0,2

2.3.1.2 Breitenverbindungen

Breitenverbindungen sind Verbindungen zweier Hölzer parallel zur Faserrichtung. Die Verbindung kann verleimt mit geschlossenen Fugen, oder unverleimt mit offenen Fugen hergestellt werden. Durch Verleimung entstehen aus schmalen, einzelnen Brettern breite Vollholzflächen. Hierbei müssen die Verleimregeln für Vollholz beachtet werden: Splintholz mit Splintholz und Kernholz mit Kernholz verleimen; bei Sichtflächen sind die rechten Brettseiten nach außen zu richten, bei Nicht-Sichtflächen sollen die rechte und linke Seite abgewechselt werden, um die einseitige Schüsselung der Fläche durch das Arbeiten des Holzes zu vermeiden.

1. Verleimte Verbindungen

Die üblichste Verbindungsart ist die stumpfe Leimfuge, also die 90°-Fuge ohne ein Verbindungsmittel außer Leim (Abb. 2.12). Ihre Festigkeit erreicht bei ordnungsgemäßer Ausführung, das heißt bei gutem Fugenschluß, beidseitigem Leimauftrag und Verleimung unmittelbar nach dem Fügen, in etwa die Spaltfestigkeit des Holzes. Eine richtig ausgeführte Leimfuge bricht in der Regel nicht. Bei schwer zu verleimenden Hölzern (wie einigen Tropenholzarten) und bei erwarteter hoher mechanischer und klimatischer Belastung der Fuge, können Dübel oder Federn als zusätzliche Verbindungsmittel in die stumpfe Fuge eingebracht werden. Mit speziellen Fräswerkzeugen können Fugen mit Verleimprofilen erzeugt werden. Dadurch werden Formschluß der Fuge, Vergrößerung der Leimfläche und sicheres Positionieren der Teile beim Verleimen erreicht. Letzteres ist besonders bei spannungsreichen Laubhölzern von Vorteil. Allerdings ist diese Fugengestaltung mit Materialverlust durch das Fräsen verbunden.

Breite Vollholzflächen neigen zum Verziehen oder Werfen. In die Flächen eingezogene stehende oder liegende Gratleisten verhindern das Werfen, ohne das Schwinden und Quellen der Vollholzfläche zu behindern. Brettstuhlsitze, Fensterläden und Tischplatten sind typische Beispiele für die Anwendung von Gratleisten, die quer zur Faserrichtung der Vollholzflächen eingebracht werden. Auch Hirnleisten, die in die Stirnkanten von Vollholzflächen eingelassen werden, dienen zum Geradehalten der Teile. Sie wurden früher an Backbrettern und massiven Bettseiten angebracht, heute sind sie selten zu finden.

2. Unverleimte Verbindungen

Unverleimte Breitenverbindungen (Abb. 2.13) sind üblich bei Wandverkleidungen, Decken, Fußböden und Verpackungskisten. Schmale Bretter werden auf einer Unterkonstruktion durch Nägel, Klammern, Schrauben oder mit speziellen Sonderbefestigungsmitteln gehalten. Die Fugen können durch Überfälzung, Spundung, eingesetzte Federn oder überschobene Bretter so gestaltet sein, daß beim eventuellen Schwinden des Holzes stets eine Überlappung des Fugenspaltes gegeben ist. Durch Profilierung der Kanten mit Fase, angeschnittenem Stab, Platte und Hohlkehle kann eine optisch betonte Fuge mit Zierwirkung erreicht werden.

Für einige häufig verwendete profilierte Vollhölzer, wie sie im Bauwesen und Innenausbau verwendet werden, sind Maße und Formen in Normen festgelegt. Die wichtigsten sind:

DIN 4072   Gespundete Bretter aus Nadelholz
DIN 68122   Fasebretter aus Nadelholz
DIN 68123   Stülpschalungsbretter aus Nadelholz
DIN 68126   Profilbretter mit Schattennut.

2.3.1.3 Flächeneckverbindungen

Eine Flächeneckverbindung ist die Verbindung zweier Flächen im Winkel, also in zwei Ebenen. Im Möbelbau werden so durch Verbindung von Seiten, Böden und Rückwänden die Korpusse erzeugt. Auch die Verbindung von Schubkastenteilen erfolgt nach den Regeln der Flächeneckverbindungen. Grundsätzlich kann zwischen Flächeneckverbindungen für Vollholz und für Holzwerkstoffe unterschieden werden. Letztere werden im Abschnitt 2.4.3.2 behandelt. Flächeneckverbindungen für Massivholz müssen so gestaltet sein, daß sie das Arbeiten des Holzes nicht behindern.

Als Grundregel ist zu beachten, daß nur Hölzer mit etwa gleichen Schwind- und Quellmaßen (DIN 68100) und daß nur Flächen mit gleicher Schwundrichtung verbunden werden dürfen. Üblicherweise werden in der Brettbauweise feste, kraft- und formschlüssige Verbindungen angewandt. Zerlegbare Verbindungen, wie sie bei Verwendung von Holzwerkstoffen im Plattenbau üblich sind, können allerdings ebenfalls verwendet werden, wenn man die Grundregeln der Brettbauweise beachtet.

Eine materialgerechte traditionelle Flächeneckverbindung für Vollholz ist die Zinkung. Sie kann als „Schwalbenschwanzzinkung" offen, halbverdeckt oder verdeckt auf Gehrung ausgeführt werden. Letztere ist allerdings nur handwerklich anwendbar. Die etwa 8° schrägen Flanken der Schwalbenschwänze greifen formschlüssig in die Zinken ein und ergeben eine kraftschlüssige Verbindung, die durch Verleimung noch verbessert wird. Etwas weniger belastungsfähig, aber maschinell sehr rationell her-

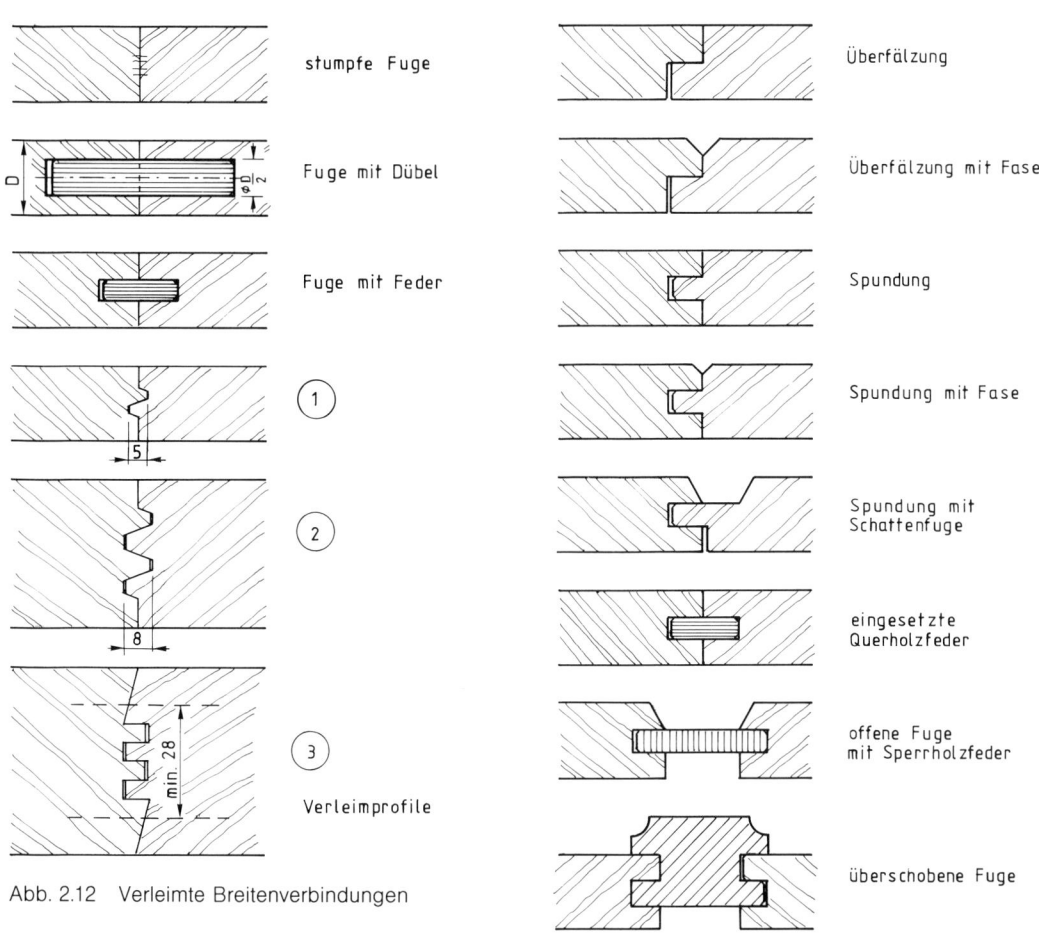

stumpfe Fuge

Fuge mit Dübel

Fuge mit Feder

① 5

② 8

③ min. 28

Verleimprofile

Abb. 2.12   Verleimte Breitenverbindungen

Überfälzung

Überfälzung mit Fase

Spundung

Spundung mit Fase

Spundung mit Schattenfuge

eingesetzte Querholzfeder

offene Fuge mit Sperrholzfeder

überschobene Fuge

Abb. 2.13   Unverleimte Breitenverbindungen

stellbar ist die rechtwinklige Fingerzinkung (Flankenwinkel = 0°). Bei den Zinkungen wird durch das Abwechseln von Lang- und Hirnholz eine ästhetisch schöne Verbindung geschaffen, die als Schmuckelement bei sichtbaren Ecken wirken kann.

Mit speziellen Fräsern können Verleimprofile als Gehrungsecken mit Nut und angeschnittener Feder als Korpusecken hergestellt werden. Auf die richtige Abstimmung des Fräsers mit der Holzdicke ist zu achten, um ein optimales Maßverhältnis zwischen Feder, Nut und Gehrung zu erreichen. Weitere maschinell herstellbare Flächeneckverbindungen für Massivholz sind: angeschnittene Feder, stumpfe oder Gehrungsfuge mit eingesetzten Querholzfedern (gleiche Schwind- und Quellrichtung wie die Vollholzflächen), stumpfe Fuge mit Dübel

oder Gehrungsfuge mit Winkeldübel. Auch Formfedern (Lamello) sind bei nicht zu breiten Vollholzflächen einsetzbar.

Auch die Gratverbindung ist eine materialgerechte alte Verbindungsart für Vollholzteile. Sie wird im Korpusbau nur bei handwerklicher Fertigung angewandt. Die Gratverbindung beruht auf dem gleichen Grundprinzip wie die Zinkung: Die etwa 15° schrägen Flanken der Gratfeder „verkeilen" sich in der Gratnute und ergeben so eine form- und kraftschlüssige Verbindung, deren Festigkeit durch fachgerechte Verleimung im vorderen Drittel der Gratfeder erhöht wird. Die Gratfeder erzeugt durch Preßpassung erhebliche Druckspannungen an den Flanken, die durch ausreichendes Vorholz zwischen Gratnut und Flächenende aufgenommen werden müssen. Die Gratverbindung ist daher nicht bei bündiger Lage von Seiten

und Böden anzuwenden. Abb. 2.14 zeigt verschiedene Flächeneckverbindungen für Vollholz.

2.3.1.4 Rahmeneckverbindungen

Rahmenecken sind Verbindungen von relativ schmalen Rahmenhölzern (Friesen), die meist rechtwinklig zusammenstoßen. Im modernen Möbelstil sind häufig Rahmenteile mit beliebigem Eckwinkel, teilweise auch dreidimensional ausgeformt, zu finden. Die Rahmeneckverbindung muß Forderungen nach Winkelsteifigkeit und Verwindungssteifigkeit erfüllen. Eingesetzte Füllungen steifen den Rahmen aus. Durch die Verwendung von Rahmen und Füllungen ergeben sich, auch bei Verwendung von Vollholz, dimensionsstabile Möbelteile.

Bei Vollholzfriesen ist auf gutes Stehvermögen und geringes Arbeiten des Hol-

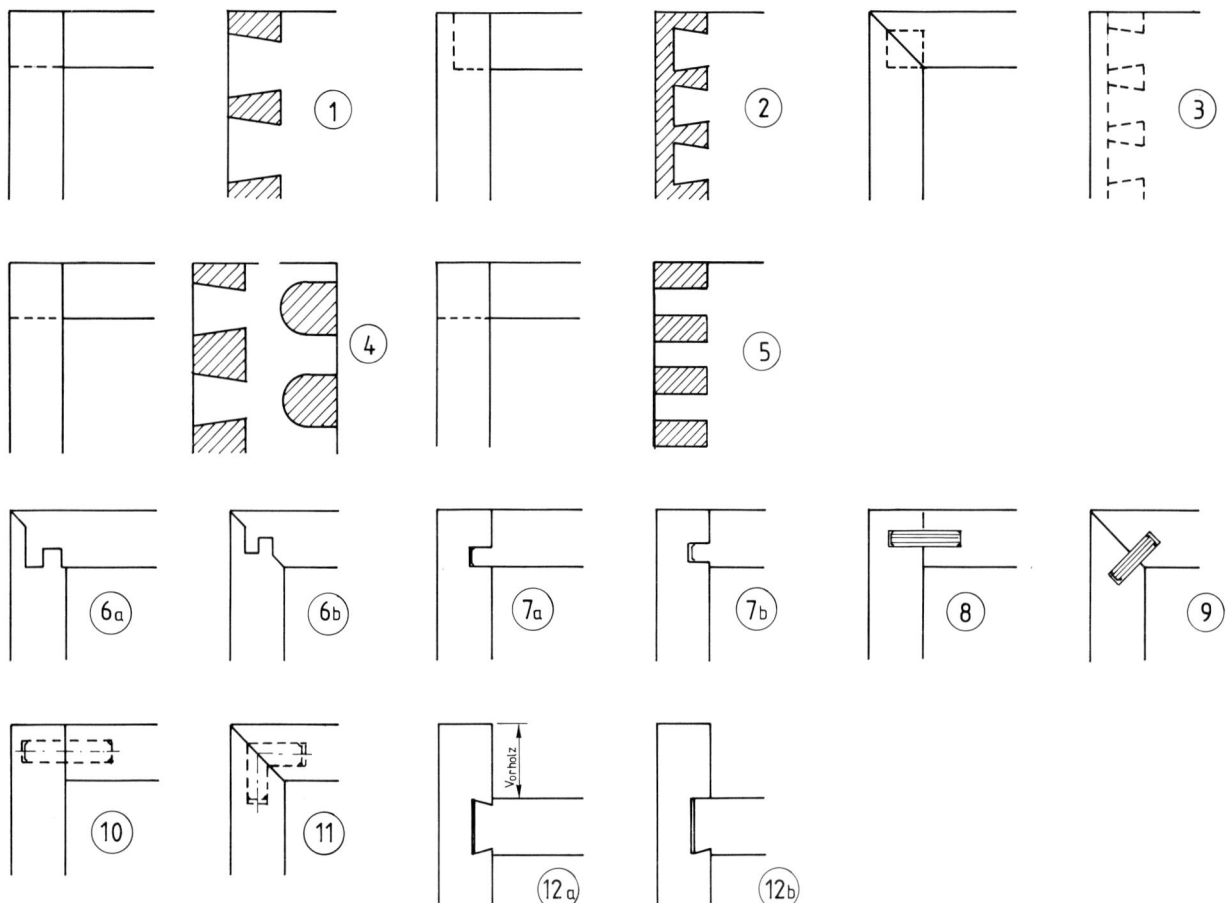

Abb. 2.14 Flächeneckverbindungen für Vollholzteile (Brettbauweise). 1 offene Zinkung. 2 halb verdeckte Zinkung. 3 verdeckte Zinkung auf Gehrung. 4 offene Maschinenzinkung. 5 Fingerzinkung. 6a und 6b Verleimprofile. 7a und 7b angeschnittene Feder. 8 eingesetzte Querholzfeder in rechtwinkliger Fuge. 9 eingesetzte Querholzfeder in Gehrungsfuge. 10 Dübel. 11 Winkeldübel. 12a Gratfeder beidseitig. 12b Gratfeder einseitig

zes zu achten, weshalb bei der Holzauswahl stehende Jahrringe zu wählen sind. Im modernen Möbelbau werden auch furnierummantelte Span- oder Faserplattenfriese für Rahmen verwendet. Bei dekkend lackierten Frontteilen, wie beispielsweise im Küchenmöbelbau, werden Rahmen aus HFM (MDF)-Platte hergestellt, um das Abzeichnen von Verbindungsfugen weitgehend auszuschalten. Als Grundkonstruktionen können Rahmenecken für den

- Möbelbau,
- Fensterbau und
- Türenbau unterschieden werden.

1. Möbelbau
Die Auswahl der Eckverbindung ist abhängig von den Rahmendimensionen sowie von der Gebrauchsbelastung des Rahmens. So sind beispielsweise flach

aufliegende Bett-Einlegerahmen oder eingespannte Rahmen zwischen Stollen (Seitenteile im Stollenbau) geringeren Belastungen bezüglich der Verwindung ausgesetzt als frei bewegliche, einseitig befestigte Türenrahmen. Das Bestreben, die Friesbreiten für Frontteile so weit wie möglich zu reduzieren, wird begrenzt durch Faktoren wie

- die Einbringung von Beschlägen, z. B. Topfbändern,
- die Festigkeit der möglichen Verbindung,
- die Verwindungssteifigkeit in Abhängigkeit von der Art der Füllung.

Rahmenecken werden teilweise mit betonten „offenen" Fugen (V-Fugen) gefertigt, um Rundungen der Fries-Innenkanten durchlaufen lassen zu können und eventuelles Öffnen der Fugen durch Schwindbewegungen „vorwegzunehmen". Auch die Zerlegbarkeit von Rahmen, wie sie bei einigen Mitnahmemöbeln praktiziert wird, ist so möglich.

Neben den traditionellen Rahmeneckverbindungen im Möbelbau wie Überplattung, Schlitz und Zapfen, Dübelverbindung oder Federverbindung mit angeschnittener oder eingesetzter Feder (Lamello) sind durch die Entwicklung moderner Fräswerkzeuge rationell herstellbare Eckverbindungen, vorzugsweise für den industriellen Möbelbau, wie

- Konterprofil (bei profilierten Fries-Innenkanten),
- Keilnutzapfen,
- Keilzinkung (Mikrozinken bis 4 mm Länge)

möglich geworden. Die Fugen können, mit Ausnahme von Konterprofil und Keilnutzapfen, unter 90° oder 45° zusammenstoßen. Die Keilzinkung ist normalerweise nur mit 45°-Fugen anzuwenden. Der Fugenverlauf von 90° oder 45° beeinflußt das Aussehen des Möbels und sollte daher nicht nur unter fertigungstechnischen Gesichtspunkten ausgewählt werden. Die Festigkeit der Rahmeneckverbindungen wird von der Art des Verbindungsmittels und der Fugengestaltung beeinflußt, bei der insbesondere der Anteil von Stoßfuge und Überlappungsfuge an der gesamten Leimfläche von Bedeutung ist (vgl. Abschnitt 2.6).

2. Fensterbau

Im Fensterbau, bei dem die Friesquerschnitte bis zu 92 mm Dicke (Normprofil) und höher ansteigen können, wird überwiegend die Schlitz-Zapfen-Verbindung angewendet. Da der Einzelzapfen nicht dicker als 15 mm sein soll, werden Doppel- und Dreifachzapfen angeschnitten. Moderne Fräserkombinationen für die Schlitz- und Zapfenseiten erlauben sehr rationelle Fertigung. Die Fensterprofile und dazugehörige Werkzeugsätze sind weitgehend standardisiert.

Eine weitere Möglichkeit im Fensterbau ist die Keilzinkung (Minizinken von 7,5 oder 10 mm Länge. Diese setzt Gehrungsfugen voraus, die bei Schwind-Quell-Bewegungen der Rahmenfriese zu Verformungen der Friese (Ausbiegen nach außen oder innen) führen können, da die Keilzinkung eine hochfeste Verbindung ist, deren Brüstungsfuge sich nicht öffnet. Die Keilzinkung hat sich daher, trotz anfänglicher Erfolge, im Fensterbau nicht allgemein durchgesetzt.

Die Dübelverbindung hat nach bisherigen Erkenntnissen im Fensterbau, mit Ausnahme von Sprossenverbindungen keine befriedigenden Ergebnisse erbracht, da der Stoßfugenanteil im Brüstungsbereich zu groß ist.

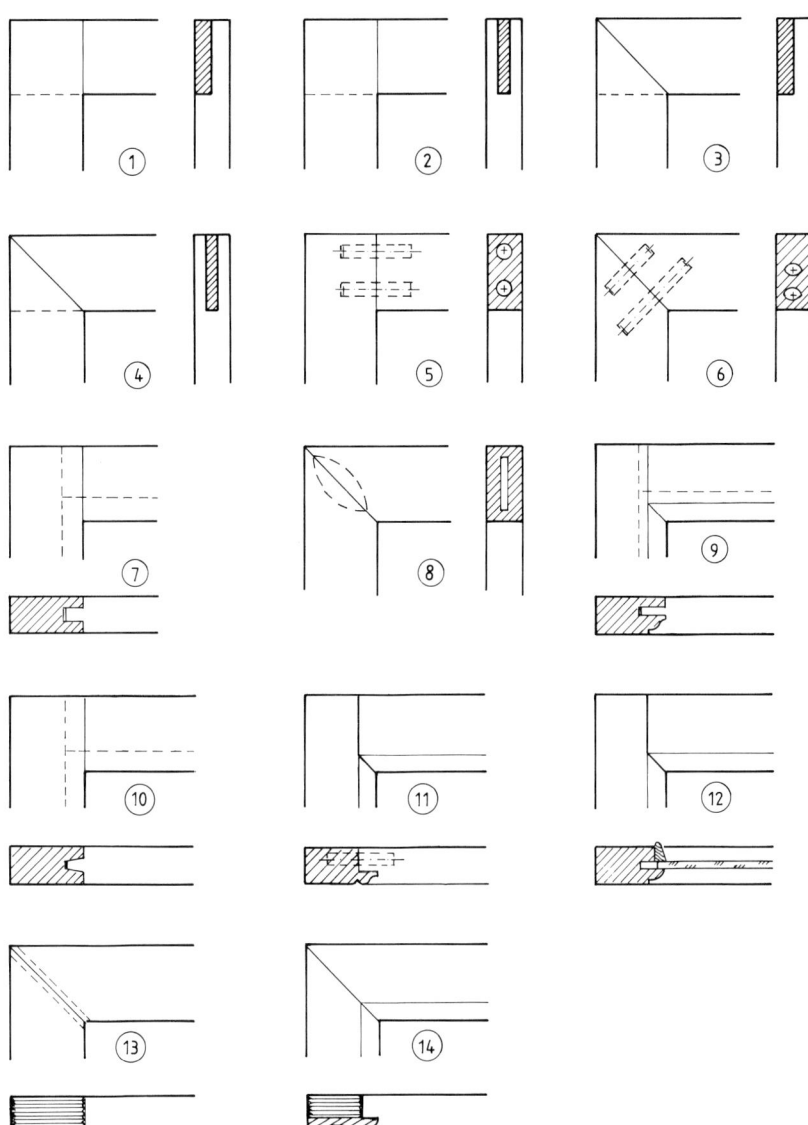

Abb. 2.15 Rahmeneckverbindungen im Möbelbau. 1 Überplattung. 2 Schlitz und Zapfen. 3 Überplattung auf Gehrung. 4 Schlitz und Zapfen auf Gehrung. 5 Dübel in stumpfer Fuge. 6 Dübel in Gehrungsfuge. 7 angeschnittener Nutzapfen. 8 Formfeder (Lamello) in Gehrungsfuge. 9 Konterprofil, mit angeschnittenem Nutzapfen. 10 Keilnutzapfen. 11 angeschnittener Kehlstoß, wegen hinterschnittenem Profil. 12 Konterprofil, mit Falz und Nutzapfen (Glasfüllung herausnehmbar). 13 Keilzinkung (Mikrozinkung) vollfugig. 14 Keilzinkung (Mikrozinkung) teilfugig

3. Türenbau

Im Türenbau ist mit relativ breiten und dicken Querschnitten der Rahmenfriese zu rechnen, die große Schwind- und Quellbewegungen aufweisen können. Die Konstruktion der Rahmenecke muß dieses Arbeiten des Holzes berücksichtigen, soweit es sich um Vollholzrahmen handelt, wie sie bei Haustüren und Innentüren zu finden sind. Nur Holz mit gutem Stehvermögen, aus Kern- oder Mittelbrettern mit stehenden Jahrringen, ist zu verwenden. Türen müssen genormten Belastungsanforderungen entsprechen, z. B. bei diagonalem Kraftangriff (DIN EN 108) oder gegenüber Verwindung (DIN EN 129 und 130).

Die altbewährte Eckverbindung für schwere Rahmentüren ist der gestemmte Zapfen, mit Nutzapfen und Verkeilung. Um die Schwind- und Quellbewegungen der Friese nicht zu behindern, sind hinsichtlich der Anordnung der Zapfen, der Dimensionen der Zapfen und der Verleimung der Verbindung Regeln zu beachten. Die Zapfenbreite soll 60 mm, die Zapfendicke 15 mm nicht überschreiten. Bei größeren Friesdicken sind Doppelzapfen zu verwenden. Die Stoßfuge ist durch einen etwa 15 mm langen Nutzapfen zu sichern, dessen Länge in der Regel der Nuttiefe zur Aufnahme der Füllung entspricht. Die Verkeilung der verleimten Zapfenverbindung kann mit anliegenden oder eingeschnittenen Keilen erfolgen, wobei der Keildruck nur im Spitzenbereich wirken darf, um die Schwind- und Quellbewegungen der Friese nicht zu behindern.

Im industriellen Türenbau hat sich die gedübelte Rahmenecke durchgesetzt. Da hierbei der Stoßfugenanteil besonders groß ist, muß zusätzlich zur Dübelung ein Nutzapfen angeschnitten werden oder eine Feder eingesetzt sein. Als Richtmaß für die Dübeldimensionen gelten: Länge = 2 · ⅔ Friesbreite, Dicke = ⅖ Friesdicke. Übliche Dübelmaße sind: Ø 16 × 160 mm. Bis zu 150 mm Friesbreite werden 2 Dübel, darüber 3 Dübel über den Querschnitt so verteilt, daß die Rahmenfriese von außen nach innen schwinden können. Beim Verleimen der Rahmenecken ist darauf zu achten, daß die breiten Rahmenfriese nicht abgesperrt werden. Deshalb werden Zapfen- und Dübelverbindungen zu etwa ⅔ zusammengesteckt und nur im letzten Drittel verleimt.

Der Fenster- und Türenbau sind Spezialgebiete der Konstruktionslehre und erfordern die Berücksichtigung bauphysikalischer und mechanisch-statischer Kenntnisse, die im Möbelbau eine vergleichsweise geringe Rolle spielen. Daher sollte für weitere Informationen die spezielle Fachliteratur herangezogen werden.

2.3.1.5 Füllungen

Füllungen steifen den Rahmen aus und ergeben mit diesem zusammen dimensionsstabile Flächen. Sie können aus Vollholz oder Plattenwerkstoff bestehen. Bei Vollholz wird gerne eine fladrige Holzstruktur, wie sie im Tangentialschnitt entsteht, gewünscht, um die Flächen zu beleben. Relativ große Schwind- und Quellbewegungen sind daher zu berücksichtigen und beeinflussen die Tiefe des Falz- oder Nutmaßes im Rahmen. Die Füllungen werden in der Regel dünner als die Rahmenfriese gefertigt und an den Rändern auf bis zu 5 mm Dicke abgeplattet. Diese Abplattung kann einseitig oder beidseitig erfolgen. Moderne Abplatt-Fräsköpfe ermöglichen vielfältige Profile mit großer Genauigkeit (Abb. 2.16).

Füllungen werden in den Rahmen eingebracht durch folgende Techniken:
- Einfälzen = nachträgliches Einlegen in einen Falz mit Befestigung durch Füllungsstäbe nach Zusammenbau des Rahmens. Die Füllung kann nachträglich herausgenommen werden oder ausgewechselt werden (Glasscheiben bei Bruch).
- Einnuten = Einschieben der Füllung beim Zusammenbau des Rahmens. Häufig in Verbindung mit Konterprofil als Rahmeneckverbindung im industriellen Möbelbau (Vollholz-Fronten bei Küchenmöbeln). Die Nut dient gleichzeitig zur Aufnahme des Nutzapfens am Konterprofil des Querfrieses.
- Überschieben = Einsetzen der Füllung über angefräste Nut-Feder-Verbindung beim Zusammenbau des Rahmens als typische Vollholzkonstruktion.
- Kehlstoß = Befestigung der Füllung durch gefälzte Profilstäbe, die in die glatte Rahmeninnenkante eingelegt werden. Die Füllungsstäbe werden gestiftet, geschraubt (Bögen) oder geleimt, im industriellen Möbelbau werden sie auch geklammert. Sie sollen nicht bündig mit der Rahmenfriesfläche eingebracht werden, da hierdurch unsaubere Fugen entstehen, sondern vorstehen (Möbelbau) oder mit einer Schattennut versehen sein (Fensterbau). Füllungen dürfen im eingebauten Zustand nicht klappern. Sie müssen mit leichter Preßpassung eingebaut werden, die allerdings das Arbeiten des Holzes nicht behindern darf. Im Bereich des Eingriffs der Abplattung in Falz oder Nut soll die Abplattung dickenparallel und nicht konisch sein, um Lockerungen bei Schwindung des Holzes zu vermeiden (Abb. 2.17).

Im industriellen Möbelbau werden Füllungen häufig aus furnierter Spanplatte oder MDF-Platte hergestellt. Diese können auch profiliert und abgeplattet sein, wozu Verfahren der Furnierummantelung

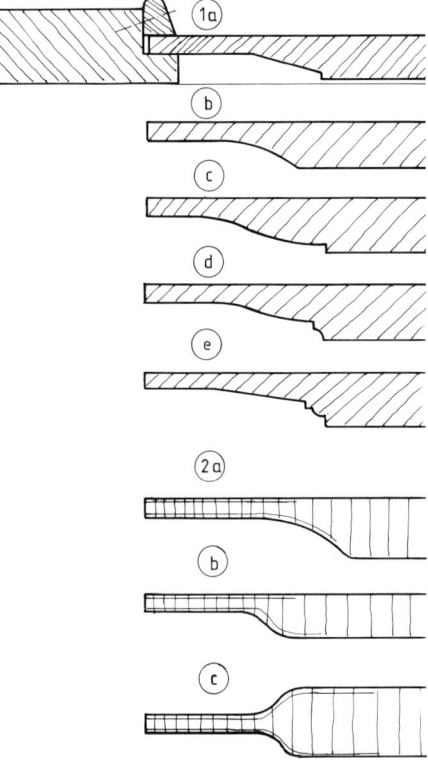

Abb. 2.16 Abplattungen von Füllungen. 1a bis 1e Abplattungen von Massivholzfüllungen mit modernen Fräswerkzeugen (Wendeschneiden). 2a bis 2c furnierummantelte Füllungen, Trägerplatte aus Spanplatte oder HFM (MDF)-Platte

eines ausgeformten Rohlings oder Hochdruckpressung mit Prägung der Profilkontur angewandt werden. Diese Teile weisen durch die Furnierung eine gleichmäßige Holzstruktur auf und werden von spezialisierten Zulieferfirmen angeboten.

2.3.1.6 Profile an Vollholzteilen

Die Kanten und Flächen von Vollholzteilen können in Faserrichtung und quer dazu profiliert werden. Der wieder zu beobachtende Trend zur Verwendung von Vollholz im Möbelbau gestattet das Ausformen von Kanten, Ecken und Flächen von Teilen. So werden berührungsangenehme und schön aussehende Formen erzielt, die sowohl den Sicherheitsanforderungen im Gebrauch des Möbels als auch den ästhetischen Ansprüchen ent-

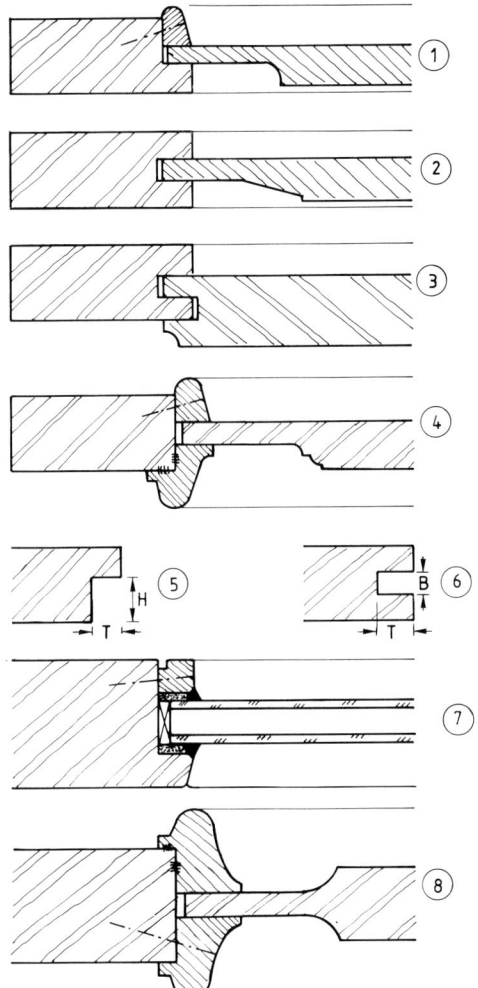

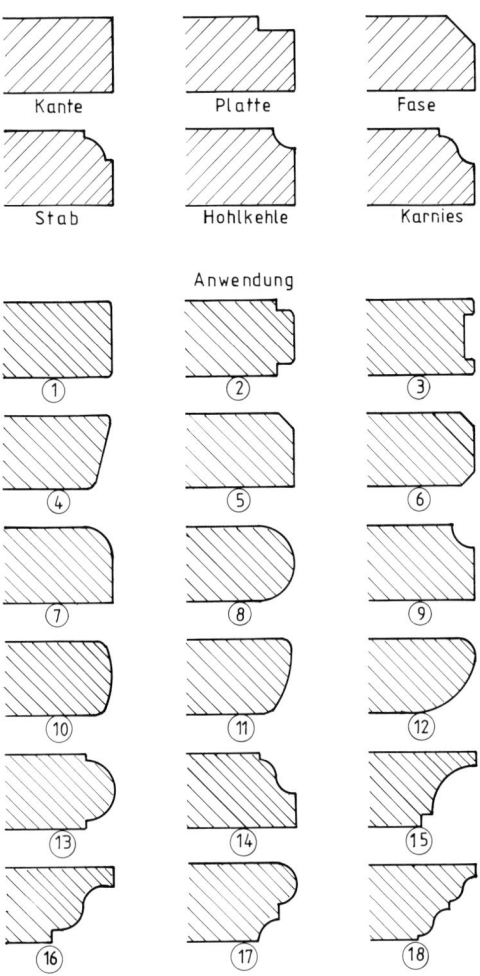

Abb. 2.17 Einbau der Füllung in den Rahmen.
1 eingefälzt, mit Füllungsstab, herausnehmbar.
2 eingenutet, nicht herausnehmbar. 3 überschobene Füllung. 4 eingelegter Profilstab (Kehlstoß)
und Füllungsstab. 5 Falz, Bezeichnung der Falztiefe und -höhe. 6 Nut, Bezeichnung der Nuttiefe
und -breite. 7 Fensterbau, Isolierglasscheibe in
Falz, Vorlegeband, Dichtungsmasse, Glasleiste.
8 Türenfüllung, beidseitig abgeplattet, mit eingelegten Profilstäben

Abb. 2.18 Vollholz-Profile. 1 Kante mit gerundeten
Ecken, Radius bei Möbeln etwa 0,5...1,5 mm.
2 Kombination Platte und Rundung, beidseitig.
3 zurückspringende Platte. 4 Kombination Schräge
und Rundungen. 5 Fase einseitig. 6 Fase beidseitig. 7 Viertel-Rundung. 8 Halb-Rundung. 9 Hohlkehle. 10 Kombination von Kreis- und Ellipsenbogen im gedrückten Stab. 11 schräger gedrückter
Stab mit Rundungen. 12 Rundung und gestreckter
Stab. 13 Kombination Platte und Halb-Rundstab.
14 Kombination Platte und Karnies. 15 gedrückte
Hohlkehle mit Platte. 16 Kombination Karnies und
Platte. 17 Kombination Halb-Rundstab, Platte und
Hohlkehle. 18 Kombination aus zwei Karniesen und
Platten

gegenkommen. Profile können Gestaltungselemente sein, zum Beispiel an überstehenden Platten und Böden, Türenkanten, Rahmeninnen- und -außenkanten, aufgesetzte Stäbe auf Flächenteilen. Sie können auch Konstruktionselemente sein, z. B. bei Abplattungen von Füllungen, Schattennut bei Profilbrettern, Schattenfuge beim Übergang zweier flächiger Teile auf gleicher Ebene.

Die Bezeichnungen der Profilarten gehen auf alte architektonische und handwerkliche Stilelemente zurück (Abb. 2.18).

Namen wie „Französischer Stab" oder „Deutscher Stab" weisen auf regionale Herkunft ihrer Entstehung hin. Begriff wie: „auf Hobel gestoßenes Profil" oder „Kehlstoß" bezeichnen handwerkliche Herstellungs- und Anwendungstechniken.

Die moderne Profiltechnik wird auf Kehlmaschinen, Tischfräsen und Oberfräsen durchgeführt, wobei einteilige Fräsköpfe, zusammengesetzte Profilfräser oder Werkzeuge mit Wendeplatten-Schneiden eingesetzt werden. Aus der Vielzahl der möglichen Profilformen werden einige als Standard-Profile von den Werkzeugherstellern auf Lager gefertigt. Sonderprofile werden nach Kundenwünschen hergestellt.

Vollholzprofile sind in DIN 68 120 in ihren Grundformen festgelegt. Sie gehen auf einfache geometrische Grundmuster wie
- Gerade: Fase, Platte,
- Kreis: Stab, Viertelstab, Hohlkehle, Halbhohlkehle, Karnies,
- Ellipse: gedrückter Stab, gedrückte Hohlkehle
und deren Kombinationen zurück.

2.3.2 Grundkonstruktionen für Holzwerkstoffe

Im industriellen Möbelbau werden vorwiegend Holzwerkstoffe verwendet. Für Korpusse kommen hauptsächlich Spanplatten (FPY, FPO und KF) zum Einsatz, für hochbelastete Böden auch Stabsperrholz (ST, früher Tischlerplatte genannt) oder kombinierte Span- und Stabsperrholzplatten, für Rückwände und Schubkastenböden harte Holzfaserplatten (HFH, KH), Sperrholz (FU). Für Frontteile wie profilierte Türen, Schubkasten-Vorderstücke, Rahmen und Füllungen und für profilierte Korpusteile wird in zunehmendem Maße die mittelharte Faserplatte (HFM, engl. MDF) eingesetzt.

Wegen des homogenen Gefüges der Holzwerkstoffe sind ihre Dimensionsänderungen aufgrund von Feuchteschwankungen geringer als die von Vollholz. Sie gestatten deshalb andere Konstruktionen und Verbindungen, die im Vergleich zu handwerklichen Vollholzkonstruktionen einfacher und oftmals maschinell besser herstellbar sind. Wichtig ist aber

in erster Linie die werkstoffgerechte Konstruktion und nicht allein die rationelle Herstellbarkeit einer Verbindung.

2.3.2.1 Prinzipien des Konstruierens mit Spanplatten

Der wichtigste Holzwerkstoff im Möbelbau ist die Flachpreß-Spanplatte für allgemeine Zwecke (FPY), mit feinspaniger Oberfläche (FPO) oder mit Kunststoffbeschichtung (KF) geworden. Die Besonderheiten ihrer Anwendung sind sinngemäß auch auf andere Holzwerkstoffe zu übertragen.

Eine wichtige Kenngröße für die mechanisch-technologischen Eigenschaften der Platte, und damit für die Festigkeit von Verbindungen, ist die mittlere Rohdichte (ρ). Sie sollte bei Platten für den Möbelbau nicht unter 600 kg/m³, Rechenwert 650 kg/m³, liegen. Weitere wichtige Kennwerte (DIN 68 761) sind die Querzugfestigkeit und die Abhebefestigkeit, die, je nach Plattendicke zwischen 0,2 und 0,4 N/mm² bzw. 1,0 N/mm² betragen sollen. Beide Kennwerte zusammen ergeben die Kantenfestigkeit, die ihrerseits die Haltbarkeit von Verbindungen und die Festigkeit von Konstruktionen mit Dübeln, Federn, Lamellos, Beschlägen, Schrauben, Klammern usw. beeinflussen. Die Kantenfestigkeit hat auch großen Einfluß auf die Qualität einer fest verleimten Verbindung aus Spanplatte.

Flächeneckverbindungen mit Gehrungsfuge sind durch den schrägen Anschnitt der verpreßten Späne wesentlich fester als rechtwinklige Verbindungen, bei denen wegen der Röhrenstruktur des Holzes (und auch der Späne) Hirnholz auf Langholz stößt. Stumpf verleimte Gehrungsfugen erreichen bei Spanplatten etwa gleiche Festigkeiten wie gedübelte rechtwinklige Fugen. Daher hat sich das Kerbschnitt-Faltverfahren (Folding) als Flächeneckverbindung für Radio- und Lautsprechergehäuse, Kleinmöbel und Schubkasten im industriellen Möbelbau überzeugend durchgesetzt.

Nicht geeignet für Spanplatten ist die Flächeneckverbindung mit angeschnittener Feder und durchlaufender Nut, da die Nutwange sehr leicht abbrechen kann. Aus dem gleichen Grund ist das sogenannte Verleimprofil bei Spanplatten schlecht anzuwenden (Abb. 2.19). Geeignete Flächeneckverbindungen für Spanplattenteile werden im Abschnitt 2.4.3.2 behandelt.

2.3.2.2 Kantenausbildung an Plattenwerkstoffen

Die Kanten oder Schmalflächen von Möbelteilen aus Spanplatten werden abgedeckt. Die Trägerplatte soll unsichtbar bleiben, die Schmalflächen sollen mechanischen Beanspruchungen wie Stoß

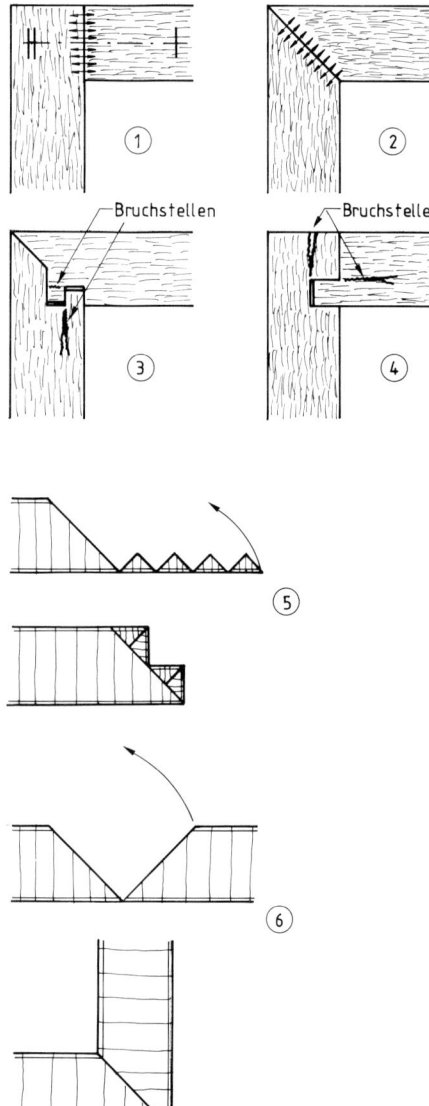

Abb. 2.19 Prinzipien des Konstruierens mit Spanplatten. 1 rechtwinklige, gedübelte Flächeneckverbindung mit hohem Anteil an reiner Stoßfuge, relativ geringe Eigenfestigkeit der Fuge, durch Dübel ausreichend erhöht. 2 Gehrungsfuge, ohne zusätzliche Verbindungsmittel verleimt, relativ hohe Eigenfestigkeit durch Schrägschnitt der Einzelspäne und Gesamtfuge. 3 Verleimprofil, bei Spanplatten wenig geeignet, Festigkeit durch Gehrungsanteil an der Gesamtfuge. 4 angeschnittene Feder und durchlaufende Nut, bei Spanplatten ungeeignet. 5 Faltverfahren, zum Herstellen einer beschichteten Ausfälzung (Gehäusebau). 6 Kerbschnitt-Faltverfahren (Folding) als Flächeneckverbindung

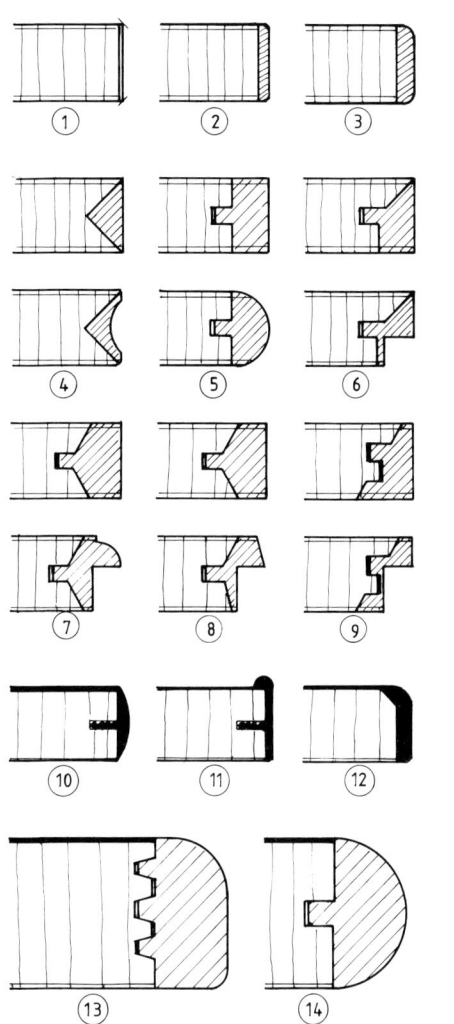

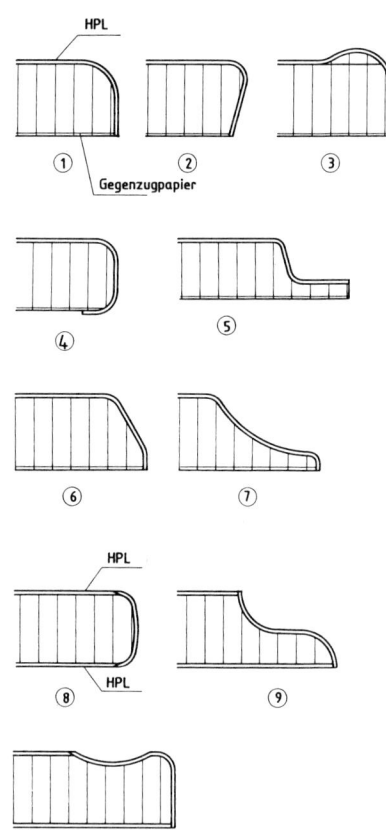

Abb. 2.21 Kantenausbildung im Postforming- und Softformingverfahren. 1 bis 7 Postforming von HPL-Beschichtungen mit Gegenzugfolie. 8 bis 10 Softforming, mit beidseitiger HPL-Beschichtung

Abb. 2.20 Kantenausbildung an Plattenwerkstoffen (Anleimer, Einleimer). (a) nach dem Furnieren angeleimte Kanten: 1 dünner Furnier- oder Kunststoffanleimer, Kanten gebrochen. 2 Anleimer aus Holz oder Kunststoff, für Kantenradien bis R 3. 3 Anleimer aus Holz, für Kantenradien bis R 5. (b) vor dem Furnieren angeleimte Kanten: 4 Dreieckskante, geringer Vollholzanteil unter dem Furnier. 5 Nut und angeschnittene Feder, unsaubere Leimfuge im Profil sichtbar, Profil besser mit Platte beginnen lassen (vgl. 7). 6, 7, 8 und 9 Einleimer mit Spezialfräsern für gefälzte Türenkanten. (c) aufgesteckte und angegossene Kanten: 10 Kunststoffkante, mit Harpunensteg in Nute eingepreßt. 11 Kunststoff- oder Metallkante, über die Fläche greifend. 12 angegossene Kunststoffkante (PUR), Kantenradius ab R 6, Eckenradius ab R 13, hochfester Kantenschutz. (d) Kanten an Arbeitsplatten: 13 Vollholzkante mit Verleimfräser-Fuge. 14 Vollholzkante mit angeschnittener Feder

oder der Befestigung von Beschlägen besser standhalten können, oder die Kanten sollen profiliert werden. Bei mittelharten Faserplatten können die Kanten direkt, ohne Anleimer, profiliert und endbehandelt werden, was diesem Holzwerkstoff besondere Einsatzgebiete erschließt.

Die Kantenabdeckungen unterscheiden sich je nach geforderter Funktion und Beanspruchung im Material: Vollholzanleimer, -umleimer, -einleimer, Furnier- oder Kunststoffkanten, flüssig angegossener Kunststoff oder aufgesteckte Metallprofile (Abb. 2.20). Für die Dicke ist das gewünschte Profil, der gewünschte Rundungsradius oder der gewünschte Schutz entscheidend. Das Kantenprofil ist oft den Vollholzprofilen nachgebildet. Es soll aber materialsparend und im Durchlaufverfahren maschinell herstellbar sein. So werden im industriellen Möbelbau Vollholzanleimer weitgehend durch direkt an die Flächenkante angefräste und beschichtete Profile ersetzt.

Dafür gibt es zwei Methoden, das Softforming- und das Postforming-Verfahren (Abb. 2.21). Während beim Postforming-Verfahren das Flächenbeschichtungsmaterial ohne Fuge um die profilierte Kante herumgezogen wird, ist das Kantenbeschichtungsmaterial beim Softforming an die profilierte Kante angefügt, wodurch Fugen entstehen, die aber weitgehend unsichtbar bleiben. Die Profilformen unterliegen den technischen Möglichkeiten der Maschinen und des Beschichtungsmaterials. Sehr kleine Rundungsradien sind problematisch.

Die konventionelle Kantengestaltung kann je nach Möbelteil und gewünschter Form durch

● Brechen,
● Abrunden,
● Anfasen,
● Ausfälzen,
● Abplatten oder
● Profilieren

hergestellt werden. Vollholzanleimer werden nach handwerklicher Art meist auf Gehrung um ein Flächenteil geleimt, damit an den Enden kein Hirnholz sichtbar wird. Im industriellen Möbelbau werden Anleimer meist stumpf verleimt, um das vorherige Formaten des Teiles zu vermeiden und die Anleimer im Durchlauf anbringen zu können. Spezialmaschinen ermöglichen auch das Anleimen von Vollholzkanten auf Gehrung im Durchlauf-Taktverfahren.

Für einige Möbelarten sind Mindestradien der Rundungen von Kanten und Ecken aus sicherheitstechnischen Gründen vorgeschrieben. Diese bedingen eine entsprechende Mindestdicke des aufzubringenden Kantenmaterials. Die Tab. 2.3 nennt einige Anwendungsfälle.

Tabelle 2.3 Rundungsradien einiger Möbelteile

Möbelart	R (mm)	Anforderung nach
Büromöbel		
Tischplattenoberseite	≥ 3	DIN 4554
Kanten und Ecken		DIN 4545
		DIN 4549
andere Kanten und Ecken	≥ 2	Sicherheitsregeln
		ZH 1/153, 1/618, 1/428
Küchenmöbel		
Arbeitsplatten	≥ 1	LGA, Nürnberg*
Kanten und Ecken am Möbel je nach	≥ 0,4	
Einstufung in Typ A, B, C	oder Fase	
	mit KL = 0,4	
Kinder-, Jugendmöbel, Klappbetten		
Kanten und Ecken	≥ 2	DIN 66 076 Laufstall,
Typ A	oder großflächig	Türgitter
	gerundet, Grund-	DIN 66 078 Kinderbetten
	form	DIN 68 879 Etagenbetten
	R ≥ 50 mm	DIN 68 873 Klappbetten
	Querkante	
	≥ 0,4	
Typ B	≥ 0,4	
	oder Fase	
	KL ≥ 0,4	
Typ C	≥ 0,4	
	oder Fase	
	KL ≥ 0,4	
Typ D	≥ 0,4	
	oder Fase	
	KL ≥ 0,4	

* die Prüfvorschriften der LGA sind als Mindestanforderungen zu sehen; größere Radien im Bereich Küchenmöbel sind aus Sicherheitsgründen wünschenswert

2.3.3 Verbindungsmittel

Verbindungsmittel ist der Sammelbegriff für Hilfsstoffe zum Verbinden von Fugen und Teilen. Eine Verbindung ist die Kombination von Fugengestaltung und Verbindungsmittel. Während die Fugengestalt möglichst formschlüssig sein soll, muß das Verbindungsmittel den Kraftschluß zwischen den Teilen herstellen. Der beste Kraftschluß, das heißt die beste Festigkeit, wird mit festen, nicht lösbaren Verbindungen erreicht. Aber auch lösbare Verbindungen müssen ausreichende Festigkeit für die üblichen Gebrauchsbelastungen aufweisen. Die Verbindungsmittel sind von den Verbindungsbeschlägen zu unterscheiden, die im Abschnitt 2.4.3.2 unter Korpuseckverbindungen behandelt werden.

Der Leim (wasserverdünnbarer Kleber) ist das wichtigste Verbindungsmittel für nicht lösbare Verbindungen. Im industriellen Möbelbau haben auch Kunststoffe (PUR und PA) eine gewisse Bedeutung erlangt, die flüssig unter Anwendung von Druck und Temperatur in Fließkanäle injiziert werden und schnell erstarren. Sie ergeben hochfeste Verbindungen, die vorzugsweise bei Spanplatten angewendet werden.

Altbewährte mechanische Verbindungsmittel sind Dübel (Stab- oder Winkeldübel), Federn (Streifen oder Winkelfedern), Formfedern (Lamello). Sie werden üblicherweise aus gesundem Buchenholz, Schichtsperrholz, Preßholz, aber auch aus Kunststoff (Polyamid) hergestellt und von der Zulieferindustrie in großer Vielfalt angeboten.

Holzdübel sind nach DIN 68 150 genormt. Es werden unterschieden:

- Riffeldübel = gefräste, längsgerillte Dübel,
- Glattdübel = glatte Dübel ohne Profilierung,
- Quelldübel = Dübel mit spiralförmig eingepreßten Rillen.

Normmaße für die Durchmesser sind: 5, 6, 8, 10, 12, 14, 16, 18, 20 mm, die Längen betragen je nach Durchmesserklasse 25 bis 160 mm.

Formfedern (Lamello) sind nicht genormt, werden aber vom Hersteller in Standardabmessungen angeboten. Sie haben eine einheitliche Dicke von 4 mm und variieren in Länge und Breite und Form. Die einzelnen Größen sind mit Nummern gekennzeichnet.

Weitere Standard-Verbindungsmittel sind

- Schrauben,
- Klammern,
- Nägel (Drahtstifte).

Die Standard-Holzschrauben sind genormt (DIN 95, 96, 97 für Längsschlitzschrauben, DIN 7995, 7996, 7997 für Kreuzschlitzschrauben).

Daneben gibt es eine Vielzahl von Sonderschrauben. Sie unterscheiden sich von Normschrauben durch die Kopf-, Gewinde- und Spitzenform und die Ausbildung des Eingriffs für die Schrauberklinge. Die Formen werden durch die modernen Werkstoffe (Spanplatte) und durch den Einsatz von Druckluft- und Elektroschraubern beeinflußt. Die Spanplattenschrauben sind unter ihren Handelsnamen bekannt.

Holzschraubenmaße werden in mm für den Schaftdurchmesser und für die Länge angegeben.

Andere Sonderschrauben sind: Nagelschrauben, Vierkant- und Sechskant-Holzschrauben, Stockschrauben (Kombination von Holz- und Metallgewinde), Einleimmuffen, Einschraubmuttern, Schraubenbolzen und Flachrundschrauben mit Sechskant- oder Vierkantmuttern.

Klammern sind im industriellen Möbel- und Innenausbau zur Befestigung von Rückwänden, dünnen Platten, Profilbrettern und Vertäfelungen zu einem viel angewendeten Verbindungsmittel geworden. Sie lassen sich mit mechanischen Eintreibgeräten rationell verarbeiten. Klammern sind nicht genormt. Sie werden nach den Kriterien: Rückenbreite (Kronenbreite), Schenkellänge, Spitzenform, Beschichtung und Drahtquerschnitt unterschieden. Die Klammernmaße werden in mm angegeben.

Nägel (Normbezeichnung Drahtstifte) sind in ihren Grundformen genormt (z. B. DIN 1151, 1152, 1153, 1155, 1157) und werden nach Kopf-, Schaft- und Spitzenform sowie nach Materialart unterschieden. Nagelmaße werden im Durchmesser in 1/10 mm und die Länge in mm angegeben. Auch Nägel können mit mechanischen Nagelgeräten verarbeitet werden, die Streifen- oder Rollenmagazine aufweisen.

Des weiteren gibt es eine Vielzahl von modernen Korpus-, Gestell-, Paneeloder sonstigen Verbindern, wie sie die Möbelzubehörindustrie als Beschläge liefert. Sie werden bei den spezifischen Möbelverbindungen beschrieben.

2.4 Möbelbau

2.4.1 Begriffe und Bezeichnungen

Der Begriff Möbel leitet sich von „mobil" ab und bezeichnet im engeren Sinne bewegliche Einrichtungs- oder Gebrauchsgegenstände zum Aufnehmen von Gütern, zum Verrichten von Tätigkeiten, zum Sitzen oder Liegen. Im weiteren Sinne

werden als Möbel auch zusammengesetzte Einzelelemente (An- und Aufbau-
möbel) sowie mit Gebäudeteilen fest verbundene Einrichtungsgegenstände wie
Küchen und Schränke (Einbaumöbel) bezeichnet. In Anlehnung an die Normen
DIN 68871 und DIN 68880 lassen sich
folgende Einteilungen vornehmen:

1. Einsatzbereich
• Haus und Wohnung: Küche, Speise-
  zimmer, Wohnzimmer, Schlafzimmer,
  Kinder- und Jugendzimmer, Badezimmer, Flur, Diele, Garderobe
• Beherbergungs- und Versammlungs-
  stätten: Hotel, Gaststätte, Heim, Schu-
  lungsstätte
• Bildungs- und Erziehungsstätte: Kin-
  dergarten, Schule, Hochschule
• Verwaltung: Büro
• Handel und Gewerbe: Laden, Werk-
  statt, Labor
• Freizeit: Garten, Camping
• Sonderbereiche: Banken, Versicherun-
  gen, Krankenhäuser, Sanatorien, Al-
  ten- und Pflegeheime

2. Stil
• antike Möbel = mindestens 100 Jahre
  alt und nicht wesentlich verändert
• Reproduktionen = originalgetreuer
  Nachbau eines antiken Möbels
• Stilmöbel = neuzeitlich gebautes Möbel, das in Form und Ornamenten einer bestimmten Stilepoche zugeordnet
  werden kann

3. Verwendetes Material
• Massivholz (Vollholz)-Möbel = alle
  Teile, außer Rückwand und Schubkastenboden, müssen durchgehend aus
  der bezeichneten Holzart bestehen
  und dürfen nicht furniert sein (DIN
  68871)
• furniertes Möbel = sichtbare Flächen
  sind furniert, die Furnierart oder mehrere Furnierarten sind anzugeben
• kunststoffbeschichtetes Möbel = Art
  der Platten oder Folien sichtbarer Flächen sind zu bezeichnen, die Kunst-
  stoffarten sind anzugeben
• Begriff „echt": das Wort darf nur dann
  verwendet werden, wenn Massivholzteile und Furnier der sichtbaren Flächen aus derselben Holzart bestehen

2.4.1.1 Möbelmaße
Möbel sollen als Gebrauchsgegenstände funktionsgerecht sein. Darüber hinaus
sollen ihr Aussehen und ihre Form ästhetisch ausgewogen und ansprechend
sein. Die Hauptabmessungen der Möbel
ergeben sich durch
• die Körpermaße des Menschen (an-
  thropometrische und ergonomische
  Gestaltung),
• die Raummaße in Wohnungen und Gebäuden,

• die Bedarfsmaße für die in den Möbeln
  unterzubringenden Gegenstände.

Körpermaße des Menschen werden
durch Reihenmessungen ermittelt. DIN
33402 (Körpermaße von Erwachsenen)
nennt Begriffe, Methoden und Werte für
Körpermaße. Genannt werden das 5.
Perzentil, es repräsentiert die Körpergrö-
ße „klein", das heißt, nur 5% der Werte
liegen unter diesem Grenzwert. Das
95. Perzentil repräsentiert die Körpergrö-
ße „groß", d. h. nur 5% der Werte liegen
über diesem oberen Grenzwert. Das
50. Perzentil repräsentiert die Körpergrö-
ße „mittelgroß" d. h. 50% der Werte liegen über oder unter diesem Mittelwert.
Die Maße für Männer und Frauen werden
getrennt ausgewiesen.

Raummaße werden durch bauliche Normen und Standards vorgegeben. Sie
stellen meist Mindestanforderungen dar.
DIN 18011 nennt solche Mindestanforderungen für Wohnzimmer, Eßplätze,
Schlafzimmer, Kinderzimmer, Abstellräu-
me und Flure. Für die Planung, Ausstattung und Einrichtung von Küche, Bad,
WC und Hausarbeitsraum gilt DIN 18022.

Bedarfsmaße ergeben sich aus wesentlichen Gegenständen, die in Möbeln oder
auf Stellflächen unterzubringen sind. Sie
ergeben sich aus den Maßen von Män-
teln, Kleidern, Anzügen, Wäsche, Geschirr, Besteck, Büchern, Zeitschriften,
Büromaterial und Papierformaten, Ordnern, Schallplatten, Geräten der Heimelektronik, Geräten der Bürokommunika-
tion usw. Für die Bedarfsmaße gibt es
bisher keine Norm.

Möbelmaße werden üblicherweise mit einer Skizze angegeben. Fehlt eine solche,
so sind die Maße wie folgt zu bezeichnen:
1. Korpusmöbel: Breite × Tiefe × Höhe,
z. B. Schrank 1200 × 600 × 1850
2. Gestelle: Breite × Länge × Höhe
z. B. Bett 1100 × 2050 × 400
aber Tisch: Länge × Breite × Höhe,
z. B. 1600 × 800 × 750
Alle Maßangaben erfolgen üblicherweise
in mm.

2.4.1.2 Proportionen von Maßpaaren
Die Außenmaße eines Möbels können im
allgemeinen nicht willkürlich gewählt
werden. Ein oder zwei Maße sind oft
durch Funktions- oder Bedarfsmaße
oder die Körpermaße vorgegeben, z. B.
die Tiefe eines Kleiderschranks durch
Kleidungsstücke, die Breite eines Bettes
durch Matratzenmaße, die Höhe eines
Schreibtischs durch Normmaße, die sich
von den Körpermaßen ableiten. Während
die Tiefe eines Möbels meist durch Funk-

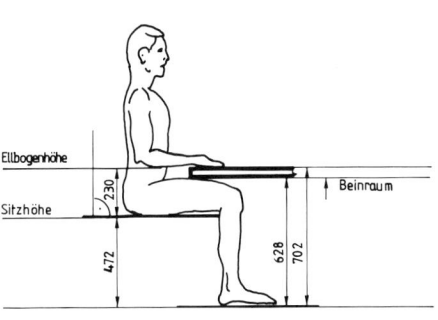

Abb. 2.22 Sitzhaltung des Mannes nach
Normmaßen

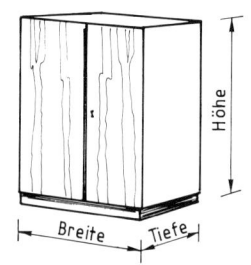

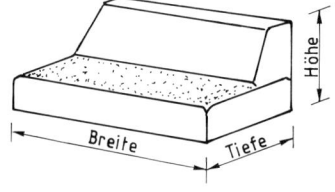

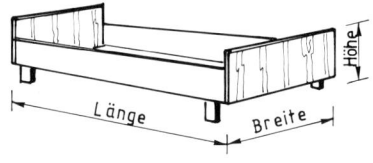

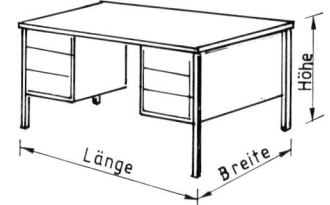

Abb. 2.23 Bemaßung von Möbeln

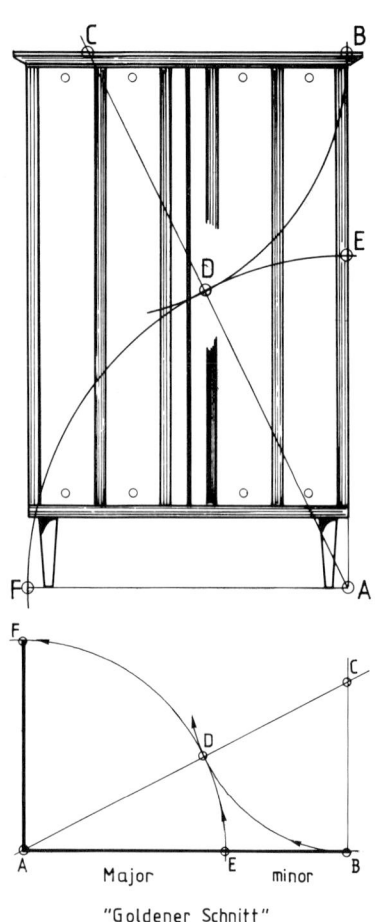

Abb. 2.24 Maßproportionen im „Goldenen Schnitt". Konstruktion des Goldenen Schnitts: Im Endpunkt von AB wird die Senkrechte errichtet, auf der man von B aus die Hälfte von AB abträgt. Der Schnittpunkt mit der Senkrechten ist Punkt C. Um C schläft man mit Radius CB einen Kreisbogen. Dieser schneidet die Strecke AC in D. Schlägt man jetzt um A einen Kreisbogen mit Radius AD, so schneidet dieser die Strecke AB in E. Die Teilstrecken AE und EB verhalten sich zueinander wie die gesamte Strecke AB zur Teilstrecke AE

tions- oder Bedarfsmaße festgelegt ist oder nur noch in engem Rahmen frei wählbar ist, kann eines der Hauptmaße Breite oder Höhe oft frei gewählt werden. Bei Möbeln, insbesondere wenn sie eine relativ große, flächige Front aufweisen, sollte auf harmonische Proportionen zwischen Breite und Höhe geachtet werden. Ein Hilfsmittel dafür ist die Teilung im *Goldenen Schnitt,* eines schon im Altertum bekannten harmonischen Verhältnisses der Größe eines Maßpaares, z. B. der Länge und Breite eines Rechtecks oder das Verhältnis von menschlichem Ober- zu Unterkörper. Im Goldenen Schnitt geteilte Proportionen zweier Maße verhalten sich mathematisch konstant, sie werden Major und Minor genannt. Major : Minor = 1 : 0,61803, in gerundeten Zahlen 1:0,62 oder 1,62:1. Auf diese

Weise ist bei Kenntnis eines Maßes jenes zweite einfach zu errechnen, das sich nach dem Goldenen Schnitt in harmonischer Teilung zu dem ersten befindet.

2.4.1.3 Abstimmung von Sitz- und Arbeitshöhe
Wegen des hohen Anteils sitzender Tätigkeiten im modernen Arbeitsleben, insbesondere im Zusammenhang mit elektronischen Kommunikationsmitteln, kommt der ergonomischen Gestaltung von Arbeitsplätzen besondere Bedeutung zu. Nach neueren Erkenntnissen geht man bei der Bestimmung von Schreibtischhöhen von der Ellenbogenhöhe über der Sitzfläche aus. Der Unterarm soll bei Schreibarbeiten nicht über 90° angewinkelt sein. Tastaturen von Geräten sind bei der Festlegung der Tisch-

Übersicht 2.3   Wichtige Normen und Funktionsmaße für den Möbelbau

Normen im Zusammenhang mit Möbelmaßen	
DIN 33042	Körpermaße von Erwachsenen
DIN 18011	Stellflächen, Abstände und Bewegungsflächen im Wohnungsbau
DIN 18022	Küche, Bad, WC, Hausarbeitsraum, Planungsgrundlagen
DIN 4545	Büromöbel, Kartei- und Registraturschränke, Außenmaße
DIN 4549	Büromöbel, Schreibtische, Schreibmaschinentische, Außenmaße
DIN 4551	Büromöbel, Bürodrehstuhl höhenverstellbar
DIN 68885	Tische für den Wohnbereich, Anforderungen mit Funktionsmaßen
DIN 68890	Kleiderschränke im Wohnbereich, Funktionsmaße, Anforderungen
DIN 68901	Kücheneinrichtungen, Koordinierungsmaße Möbel und Elektrogeräte
DIN 68970	Stühle und Tische für den allgemeinen Unterricht, Grundmaße

Funktionsmaße von Möbeln nach Normen (mm)

Wohnbereich

Kleiderschränke:	*Höhe* bis OK Kleiderstange oder Kleiderträger
	– für kurze Kleidung mindestens 900
	– für lange Kleidung mindestens 1 500 (Norm), Praxis 1 650
	lichte *Tiefe* mindestens 540 (Norm), Praxis 560
Tische:	*Höhe* für Tätigkeiten im Sitzen: Schreiben 720; Essen 750
	Couchtisch 450 bis 600
	freier Beinraum mindestens 620
	Platz (Kantenlänge) je Person mindestens 600
	Breite für Eßtisch mindestens 800
	Mindestgröße Eßtisch für 4 Personen 1 200 × 800
Stühle:	Sitzhöhen 380–480 (höhenverstellbar), 420 . . . 450 (fest)
	Sitztiefe mindestens 360
	Sitzbreite mindestens 360
	Rückenlehnenhöhe mindestens 300, Rückenlehnenneigung bis 105°
	lichter Abstand zwischen Armstützen mindestens 460
Küchenmöbel:	*Höhen:* Arbeitsplatte 860 oder 910
	Sockelhöhe mindestens 100
	lichter Abstand Arbeitspl. zu UK Oberschrank mind. 500
	über Kochstelle, Spüle mind. 650
	Tiefen: Arbeitsplatten mindestens 600
	Unterschränke gesamt maximal 600, Praxis 520 bis 540
	Oberschränke gesamt maximal 350, lichtes Innenmaß mind. 280
	Sockel Rücksprung gegenüber VK Arbeitsplatte mindestens 50
	Breiten: Unter- und Oberschränke in Stufen von 100 = 1 M

Bürobereich

Schreibtische:	*Höhe:* nach CEN/TK 43 (Euronorm) = 720
	in BRD üblich und zulässig bis 1987 = 750
	Beinraumhöhe mindestens 620 in 200 mm Tiefe von VK Tischplatte
	Breite der Platte 800
	Länge der Platte 1 200 und 1 600

Schreibmaschinentisch: Höhe 650, höhenverstellbar 600 bis 680
Bildschirmarbeitstische: Höhenverstellbereich 680 bis 760

Tabelle 2.4 Verhältnis von Sitzhöhe zu Arbeitshöhe (in mm)

Arbeitshöhe	Frau (50. Perzentil)	Mann (50. Perzentil)
Kniekehlenhöhe	395	442
+ Schuhe	50	30
= Sitzhöhe	445	472
+ Oberschenkelhöhe	144	136
+ Kleidung	20	20
= Beinraum	609	628
+ Tischplatte	30	30
= untere ergonomische Arbeitshöhe	639	658
Sitzhöhe	445	472
+ Abstand Ellbogenhöhe über Sitzhöhe	223	230
= obere ergonomische Arbeitshöhe	668	702

platten- oder Arbeitsflächenhöhen zu berücksichtigen.
Schreibtischhöhen sind heute einheitlich auf 720 mm (Euronorm) festgelegt. Die Anpassung für die ergonomisch optimale Arbeitshaltung erfolgt über höhenverstellbare Stühle. Der Verstellbereich beträgt üblicherweise zwischen 410 und 510 mm. Auch die Schreibtische können höhenverstellbar sein.

2.4.2 Möbelbauarten

Möbelbauarten lassen sich einteilen nach der Stilepoche, in der sie entstanden sind, dem Material, aus dem sie überwiegend hergestellt sind, und nach den Konstruktionsprinzipien, die bei ihrer Fertigung angewandt wurden.

2.4.2.1 Stilepochen

Sie lassen sich in Europa im Möbelbau seit der *Romanik* verfolgen. Die Möbel bestanden aus grob bearbeiteten Brettern, die zu Truhen, Tischen und Schränken in Brettbauweise verarbeitet wurden.
In der *Gotik* wurde die Sägetechnik entwickelt. Die Bauweise mit Rahmen und Füllungen entstand, die Möbel wurden leichter und feiner in der Ausführung. Der Beruf des Tischlers oder Schreiners bildete sich heraus.
In der *Renaissance* erlebte der Möbelbau einen ersten Höhepunkt. Formen und Ornamente aus der Antike wurden übernommen, erste Intarsienarbeiten entstanden. Die Kunsttischler, in Zünften zusammengeschlossen, genossen hohes Ansehen.
Im *Barock* und später im *Rokoko* wurde mit den Formen und Ornamenten gespielt. Runde, weiche, geschwungene und reich verzierte Möbel aus edlen Hölzern zeugen noch heute vom Überschwang der Empfindungen in dieser Zeit. Mit der Erfindung des Furnierens, zunächst als Marketerie, d. h. aufgeleimte Furnierteilchen auf Kernholz, begann eine neue Herstellungstechnik.
Zu höchster Kunst entwickelte sich der Möbelbau in den *französischen Stilen*: Louis Quatorze, Régence, Louis Quinze, Louis Seize, Directoire, Empire. Die Beherrschung des Furnierens ließ neuartige Möbelformen und Schmuckflächen entstehen. Französische und deutsche Kunsttischler bringen Werke hervor, die noch heute Bewunderung auslösen: Riesener, Oeben, Cuvilliés, Abraham und David Roentgen.
In England entstehen Möbel hoher Handwerkskunst, zunächst aus Nußbaumholz, später unter Verwendung von Mahagoniholz aus den von Spanien eroberten Gebieten Lateinamerikas. Noch heute werden die Schöpfer dieser Möbel genannt, z. B. Chippendale, Adam, Hepplewhite, Sheraton, Hope.
Über den *Klassizismus,* der noch stark vom französischen Stil geprägt war, entwickelte sich im deutschen Sprachraum eine eigene Stilrichtung, das *Biedermeier.* Die Möbel werden funktioneller, auf die Bedürfnisse des Bürgers sind sie besser abgestimmt. Einheimische Laubhölzer werden besonders gerne verwendet (Kirschbaum).
Im *Historismus* wird auf vergangene Epochen zurückgegriffen. Von der beginnenden Industrialisierung wird auch der Möbelbau beeinflußt. Die Bugholzstühle von Michael Thonet, der bekannteste ist der „Wiener Kaffeehausstuhl", sind das eindrucksvollste Beispiel für den Aufbruch in die Massenfertigung von Möbeln.
Im anschließenden *Jugendstil* wird versucht, der Einförmigkeit in der industriellen Massenfertigung durch Phantasieformen entgegenzuwirken. Architekten entwerfen zusammen mit den Bauwerken auch die Möbel. Namen wie Mackintosh, Riemerschmid, Behrens, Loos, Hoffmann, Pankok, Olbrich, van de Velde, Tiffany sind Repräsentanten dieser Stilrichtung.
Mit der Gründung des *Bauhauses* in Dessau und dem Wirken namhafter Architekten und Designer wie Ruhlmann, Gropius, Mies van der Rohe, Le Corbusier, Breuer, Rietveld wird die Funktion des Möbels als Gebrauchsgegenstand in den Vordergrund gestellt. Funktionalität und materialgerechte, maschinelle Verarbeitung sind wichtiger als Repräsentation und Dekor. Der Übergang zum *zeitgenössischen, industriell hergestellten* Möbel mit hohem Gebrauchswert und Integrationsfähigkeit in die nach den Kriegen kleiner gewordenen Häuser und Wohnungen wird so ermöglicht. Die Form und Dekoration wird der industriellen Fertigungstechnik untergeordnet.
Die Wiederbelebung alter Formen in der heutigen Zeit, wie sie im *Stilmöbel* oder in *rustikalen* Ausführungen (Bauernmöbel) zu finden sind, spricht bestimmte Käufer an. Neben der glattflächigen Verarbeitung von Plattenmaterial (Spanplatte) wird im modernen Möbelbau auch die materialgerechte Verarbeitung von Nadel- und Laubhölzern in Massivholzmöbeln praktiziert. In Deutschland, Italien und Skandinavien entstehen moderne Möbelformen, die einen *zeitgenössischen Stil* verkörpern und europäische Möbeltechnik in den Exportmärkten der ganzen Welt verbreiten.

2.4.2.2 Material im Möbelbau

Möbel früherer Stilepochen wurden zunächst ausschließlich aus Vollholz hergestellt, wie es in den einzelnen Ländern vorhanden war: Eiche in England, Deutschland und Frankreich, Nußbaum in England und den Mittelmeerländern, Kirschbaum und Ahorn, sowie Nadelhölzer wurden verwendet. Nach der Eroberung Lateinamerikas war Mahagoni das edelste Möbelholz. Später kamen Furnierhölzer aus einheimischen und tropischen Wäldern hinzu. Furniere wurden zunächst auf gut getrocknetes, spannungsfreies Nadelholz, dann auf selbstgefertigtes Stabsperrholz, seit den fünfziger Jahren auf Spanplatten als Trägerplatten aufgebracht. Neue Plattenarten wie harte und mittelharte Faserplatten, kunststoffbeschichtete Span- und Faserplatten, fertig furnierte Spanplatten und eine Vielzahl von Verbundplatten werden im modernen Möbelbau eingesetzt. Sie werden den hohen bauphysikalischen Anforderungen für den Wohnungs- und Objektbereich sowie im Innenausbau besser gerecht als Massivholz.
Durch öffentliche Diskussionen über Schadstoffe in Spanplatten und anderen, im Möbel- und Ausbaubereich verwendete Materialien, wurde neuerdings die Verwendung von Massivholz neu belebt. Das Holz wird teilweise in Form von Leimholzplatten oder 3-Schicht-Massivplatten von Vorfertigern bezogen.
Als Ersatz knapper werdender tropischer Holzarten und zur Einsparung von Massivholz werden bei Profilen und geformten Teilen in zunehmendem Maße Faserplatten- und Spanplattenteile mit Furnier- oder Folienummantelung eingesetzt. Schichtholz aus Furnieren (meist Buche)

ist für moderne Möbel- und Formteile zu finden.

Generell kann eine Unterscheidung getroffen werden zwischen:

- Massivholz- (Vollholz-)möbeln,
- furnierten Möbeln,
- folierten oder anderweitig kunststoffbeschichteten Möbeln.

Weitere Materialien, die im Möbelbau zum Einsatz kommen, sind z. B. Rattan (tropische Schlingpflanze), Bambus, Stahl, Vollkunststoff. An der Gesamtproduktion von Möbeln und Innenausbauten sind in Deutschland aber Holz und Holzwerkstoffe mit über 90 % beteiligt.

2.4.2.3 Konstruktionsprinzipien

1. Brettbau

Die Einzelteile bestehen aus Brettern, die über passende Fugen verleimt oder unverleimt zu Flächen zusammengesetzt werden. Beim Zusammenbau derartiger Flächen zu Korpussen müssen Verbindungen gewählt werden, die das Arbeiten des Massivholzes nicht behindern (Gratleiste, Zinkung).

Beispiele: Rustikaler Tisch mit Gratleiste, Brettstuhl (Bauernstuhl). Die Möbel wirken schwer, solide und erfordern großzügige Dimensionierung (Abb.2.25).

2. Rahmenbau

Die Möbelteile bestehen aus Rahmen und Füllungen. Sie bilden zusammen dimensionsstabile Flächen, deren Außenmaße durch das Arbeiten des Massivholzes nicht verändert werden. Verschiedene Rahmeneckverbindungen (Abschnitt 2.3.1.4) können angewandt werden, um die Rahmenfriese und Füllungen am Arbeiten nicht zu behindern.

Der Rahmenbau bietet gegenüber der groberen Brettbauweise einige Vorteile:

- Das natürliche Arbeiten des Holzes erzeugt kein nachteiliges Verwerfen, Reißen, Verziehen oder Änderungen der Außenmaße des Teils.
- Durch die dünnere Füllung Holz und Gewicht gespart.
- Die Gestaltungsmöglichkeiten sind groß durch Profilierungen der Fries-Innenkanten und der Füllungsabplattungen.

Im modernen Möbelbau werden die Prinzipien des Rahmenbaus auch mit Holzwerkstoffen nachvollzogen. Furnier- und folienummantelte Span- und Faserplattenteile werden für Rahmenfriese und Füllungen verwendet. In MDF-Platten werden Konturen gefräst, die eine Füllung imitieren.

3. Stollenbau

Durchgehende, vertikale „Eckpfosten" bilden die Korpusecken und tragen dazwischengespannte Rahmen oder Flä-

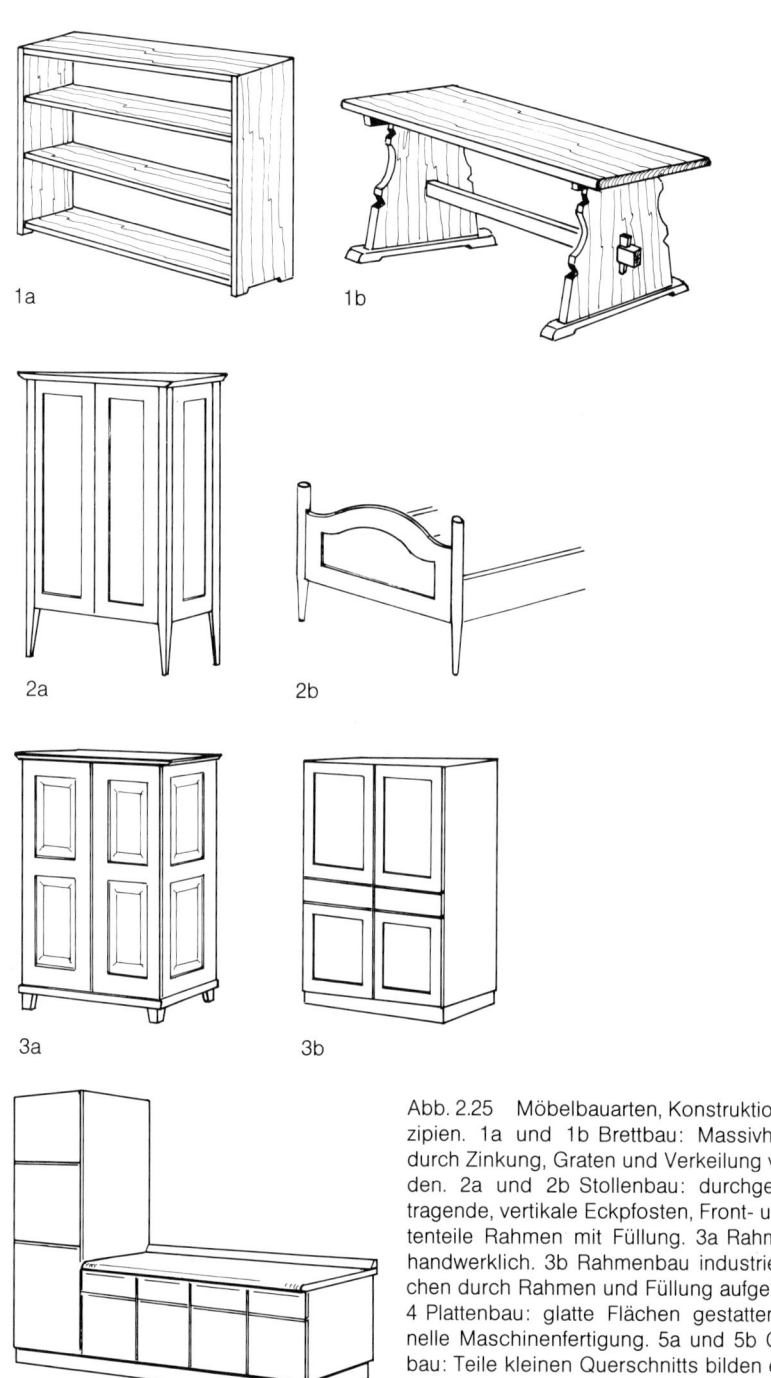

1a   1b

2a   2b

3a   3b

4

5a   5b

Abb. 2.25   Möbelbauarten, Konstruktionsprinzipien. 1a und 1b Brettbau: Massivholzteile durch Zinkung, Graten und Verkeilung verbunden. 2a und 2b Stollenbau: durchgehende, tragende, vertikale Eckpfosten, Front- und Seitenteile Rahmen mit Füllung. 3a Rahmenbau handwerklich. 3b Rahmenbau industriell; Flächen durch Rahmen und Füllung aufgelockert. 4 Plattenbau: glatte Flächen gestatten rationelle Maschinenfertigung. 5a und 5b Gestellbau: Teile kleinen Querschnitts bilden ein Gerüst, Verbindungen durch Zapfen oder Dübel

chenteile aus Platten oder Zargen und Traversen für Fronten mit Türen und Schubkasten. Stollen sind auch die Eckpfosten von Betthaupt- und Fußteilen. Im übertragenen Sinn wird der Begriff Stollen auch im Zusammenhang mit Regalwänden im Wohnbereich, sogenannten Stollenwänden, verwendet. Hier sind tragende, vom Boden bis zur Decke durchgehende, relativ dicke Seitenteile, deren Vorderkanten gut sichtbar sind, begriffsbestimmend.

4. Plattenbau

Flächige, meist glatte Möbelteile aus Vollholz oder, häufiger, beschichteter Holzwerkstoffplatte, werden fest verbunden oder durch Beschläge zerlegbar zu Korpussen verarbeitet. Im industriellen Plattenbau wird Vollholz nur noch an wenigen Teilen (Anleimer, Laufleisten, Zierprofile, Fußgestelle) verwendet. An manchen Produkten ist überhaupt kein Vollholz mehr beteiligt.

Nachdem im Plattenbau lange Zeit kantige, eckige Formen vorherrschten, die zwar sehr maschinengerecht aber wenig gebrauchsgerecht waren, ist heute die weiche, runde Kante und Ecke im sogenannten „Softforming-Stil" vorherrschend.

Weitere Merkmale sind Sockelrahmen oder Sockelblenden vor Einzelfüßen oder durchgehende Seiten (Wangen) als Standbasis für das Plattenmöbel.

5. Gestellbau

Vollholzteile kleinen Querschnitts bilden ein skelettartiges Gerüst, dessen tragende Hauptelemente Beine, Stollen, Zargen oder Traversen sind. Die Aussteifung erfolgt durch Sprossen, Stege, Knaggen, Verkeilung. Holzwerkstoffe können als Platten, Sitze oder als schichtverleimte tragende Elemente auftreten.

Aus den beschriebenen Konstruktionsarten ist ersichtlich, daß es verschiedene Möglichkeiten gibt, einen Korpus herzustellen, und zwar in Brettbau-, Rahmenbau-, Stollenbau- oder Plattenbauweise. Im Gestellbau sind solche Varianten kaum möglich. Somit lassen sich zwei hauptsächliche Möbelbauarten unterscheiden: der *Korpus-* (oder Behältnis-) *möbelbau* und der *Gestellmöbelbau*.

2.4.3 Korpusmöbel

Korpusmöbel dienen zum Aufnehmen und Verschließen von Gegenständen. Es sind im Prinzip kastenförmige Behältnisse mit einer Standbasis in Form von Sockel, Füßen oder Fußgestell und Verschlüssen in Form von Drehtüren, Schiebetüren, Rolladen oder Klappen. Auch offene Korpusse können Teile von Möbelsystemen sein. Schubkasten oder Front-

auszüge können als Funktionselemente Bestandteile der Vorderfront bilden.

2.4.3.1 Konstruktionsteile des Korpusmöbels

Korpusmöbel bestehen aus
● Konstruktionsteilen = tragenden, versteifenden Teilen und
● Funktionsteilen = beweglichen, verstellbaren Teilen (Abb. 2.26).

Die Konstruktionsteile bilden den eigentlichen Korpus. Sie sind durch besondere Verbindungen fest oder lösbar miteinander verbunden. Der Korpus muß stabil und möglichst verwindungssteif sein und die Kräfte aus Lasten durch die aufgenommenen Gegenstände sicher verteilen und ableiten können. Da die Funktionsteile beweglich sind und üblicherweise erst nach dem Zusammenbau des Korpusses ein- oder angebaut werden, tragen sie zu seiner Stabilisierung nicht bei. Vielmehr entstehen durch ihren Einbau Belastungen der Korpusteile, die durch konstruktive Maßnahmen abgefangen werden müssen, so daß keine unzulässigen Spannungen und Verformungen auftreten.

Die einzelnen Bauteile des Korpusmöbels sind:
● Korpus
  = Seiten + Böden ⎤
● Rückwand   ⎬ Konstruktions-
● Fußgestell   ⎟ teile
  oder Sockel   ⎦
● Front = Türen, ⎤
  Rolläden, Klappen, ⎟
  Schubkasten-Vor- ⎟
  derstücke, Blenden ⎬ Funktions-
● Einbauteile =   ⎟ teile
  Schubkasten, Aus- ⎟
  züge, Fachböden   ⎦

Die einzelnen Bauteile können sehr unterschiedlich gestaltet und konstruiert sein, je nachdem, ob es sich um ein Möbel aus Massivholz in den typischen Vollholzbauarten, oder um ein Plattenmöbel handelt.

1. Korpusseiten

Seiten sind die vertikalen Flächen aus Vollholztafeln, Rahmen und Füllung oder Holzwerkstoffen, manchmal auch Außenwände genannt. Bei zwei- und mehrtürigen Schränken werden Mittelseiten oder Mittelwände benötigt. Ihre Dimensionen in Länge (Höhe des Möbels) und Breite (Tiefe des Möbels) werden von den Außenmaßen des Gesamterzeugnisses bestimmt. Die Dicke hängt ab
● von der Steifigkeit des Materials gegen Ausknicken bei Belastung,
● von der Aussteifung durch die Rückwand oder eventuell vorhandene feste Zwischenböden (Konstruktionsböden),
● von der Befestigung der Verbindungsbeschläge,

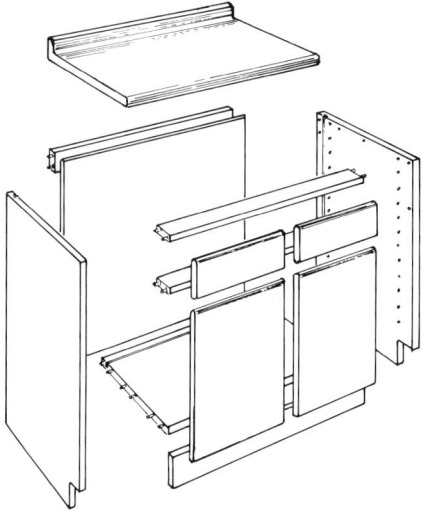

Abb. 2.26 Korpus eines Küchen-Unterschranks; Konstruktionsteile: Seiten, Boden, Platte, Traversen, Zarge, Rückwand, Sockel; Funktionsteile: Türen, Schubkasten-Blenden

● von der ästhetischen Wirkung.
  Aufdoppelungen im Bereich der Vorderkante erhöhen die Steifigkeit und erzeugen ein solideres Aussehen.
Für fest verbundene Möbelkorpusse werden Trägerplattendicken von 16, 19 und bei Kleinmöbeln von 13 mm eingesetzt. Zerlegbare Möbelkorpusse werden vorzugsweise aus 19 und 22 mm, ausnahmsweise auch 16 mm dicken Trägerplatten hergestellt. Die meisten flächenbündig eingelassenen Verbindungsbeschläge erfordern eine Plattenmindestdicke von 16 mm.
Die Verbindung mit den Böden kann so erfolgen, daß
a) die Seiten aufrecht durchlaufen und die Böden dazwischengesetzt sind oder
b) die Seiten unter den vorspringenden Oberboden gesetzt sind oder
c) Ober- und Unterboden vorspringen und die Seiten dazwischengesetzt sind.
Der Fall a) wird bei großen, über Augenhöhe (etwa 1 800 mm) liegenden Bauhöhen des Möbels angewandt (Kleiderschränke, Hochschränke), Fall b) bei Möbeln, deren Oberboden größeren Biegebelastungen ausgesetzt ist (Anrichte) und deren Bauhöhe gering ist, Fall c) bei vorspringenden Kranz- oder Sockelprofilen, wie es bei rustikalen oder Stilmöbeln der Fall sein kann (Abb. 2.27).

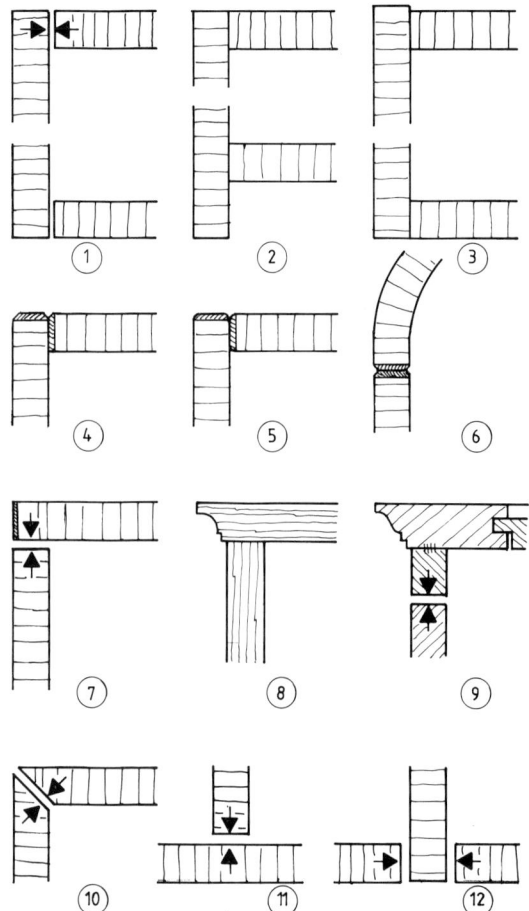

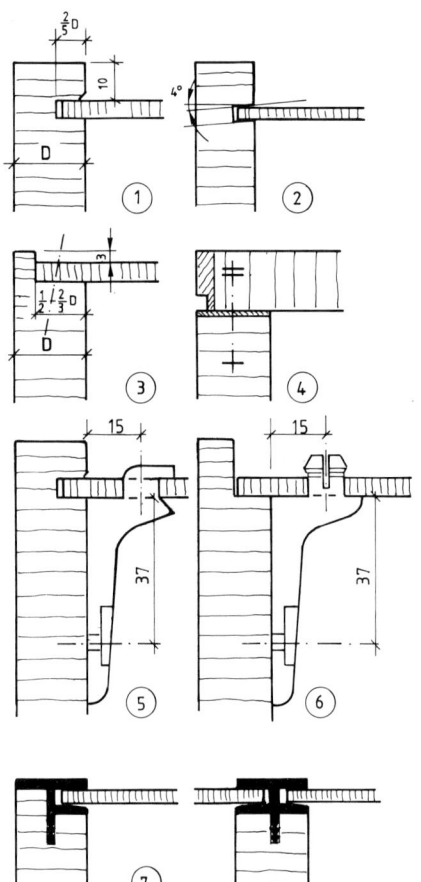

Abb. 2.27 Prinzipien des Zusammenbaus von Korpussen. 1 Seiten durchgehend, Böden dazwischen, typischer Plattenbau; Anwendung bei Serienmöbeln, Küchenmöbeln; obere Kante nicht abgedeckt bei Höhen über 1 800 mm; Vorteile: rationelle Fertigung; Nachteile: bündiger Übergang der Teile ungenau, Bodenbelastung wirkt auf Scherung der Fuge. 2 Seiten durchgehend, Unterboden erhöht, Seite als Wange bis auf den Boden gehend, erspart seitlichen Sockel. 3 Seite und Oberboden nicht bündig, Übergangstoleranzen fallen nicht auf. 4 Variante von 1 mit 45° gefaster Fuge, Übergangstoleranzen fallen nicht auf. 5 Variante von 1 mit gerundeter Fuge, Übergangstoleranzen fallen nicht auf, für zerlegbare Korpusse geeignet. 6 Korpus mit Rundbogen als Oberboden, Fugenübergang gefast. 7 Oberboden durchgehend, Seite unterstützt Boden, bessere Lastabtragung, Bodenkante ist abzudecken. 8 Zierprofil am Oberboden, typische Massivholzkonstruktion auch für Plattenbauweise, z. B. mit MDF geeignet. 9 Oberboden als Kranz mit Zarge ausgebildet, Massivholzkonstruktion, Bauernschränke. 10 Seiten und Böden auf Gehrung geschnitten. 11 Mittelwand auf Unterboden aufstehend. 12 Mittelwand durchgehend, Unterboden zwischen Seite und Mittelwand

Abb. 2.28 Rückwandbefestigungen. 1 eingenutete Rückwand, hintere Nutflanke gefast zum leichteren Einführen, geeignet für feste und zerlegbare Korpusse. 2 Nute leicht gewinkelt, Dickentoleranzen der Rückwand werden ausgeglichen durch leichte Spielpassung. 3 eingefälzte Rückwand, Falztiefe etwa 3 mm größer als Rückwanddicke, Vorsprung dient als Anschlagkante für Klammergerät, Befestigung mit Schrauben (zerlegbarer Korpus) oder Klammern (fest verleimt). 4 lösbare Rückwandverbindung durch Verbindungsbeschlag, Schattenfuge. 5 und 6 Beispiele für Rückwandhalter aus dem Beschlägeangebot, für 32-mm-Rasterbohrungen geeignet, verhindern seitliches Ausbeulen der Korpusseiten. 7 Kunststoff-Profile zur Rückwandbefestigung bei einfachen Industriemöbeln

2. Korpusböden

Die Böden sind horizontal angeordnete Korpusteile, die Gewichtsbelastungen ausgesetzt sind und gegen unzulässige Durchbiegungen durch Materialauswahl und Konstruktion gesichert sein müssen. Für die Dimensionierung gelten die gleichen Abhängigkeiten wie für die Korpusseiten. Die Materialdicke ist nach Berechnungen oder Abschätzung der zu erwartenden Durchbiegung zu wählen. Böden können durch konstruktive Maßnahmen unterstützt werden (Sockel, Zargen, Aufdoppelungen).

3. Rückwände

Rückwände bilden den hinteren Abschluß des Möbelkorpusses. Sie bestehen üblicherweise aus dünnen Holzwerkstoffplatten. Rückwände können auch aus Vollholz als Rahmen und Füllung hergestellt sein (alte Möbel). Der Fertigungsaufwand hierfür ist jedoch relativ hoch, weshalb nach DIN 68871 auch bei Möbeln aus Massivholz die Rückwände (und Schubkastenböden) aus Holzwerkstoffplatten sein dürfen (Abb. 2.28).

Die Rückwand hält den Korpus im rechten Winkel. Die störungsfreie Funktion von Türen und Klappen ist von der stabilisierenden Wirkung der Rückwand abhängig. Ihre Versteifungsfunktion wird beeinflußt von

• der Befestigungsart,
• den Einbautoleranzen,
• dem Ausbeulverhalten.

Die Befestigungsart hängt davon ab, ob der Korpus zerlegbar oder fest verbunden ist. Auch die zu erwartenden Belastungen des Möbels durch eventuelles seitliches Verschieben haben Einfluß. Bei fest verbundenen Kleinmöbeln, bei An- und Aufbaumöbeln und bei Einbaumöbeln wird die Rückwand häufig eingenutet und beim Zusammenbau des Korpus' eingesetzt. Das nachträgliche Befestigen entfällt. Bei Einbaumöbeln ist auch stumpfes Nageln oder Klammern möglich.

Zerlegbare Möbel werden mit genuteten oder gefälzten und geschraubten Rückwänden versehen. Auch spezielle Rückwandbefestigungsbeschläge sind üblich, insbesondere bei Hochschränken ("Endlosschränken"). Sie gestatten die Rückwandbefestigung durch Zugang von der Frontseite aus und erübrigen dadurch Montageraum und Zurückrücken der Schränke nach dem Aufstellen.

Je geringer die Toleranzen beim Einpassen der Rückwände in Nuten oder Fälze sind, desto größer ist die winkelversteifende Wirkung. Eingenutete Rückwände erfordern allgemein größere Einbautoleranzen als eingefälzte und ergeben geringere versteifende Wirkung.

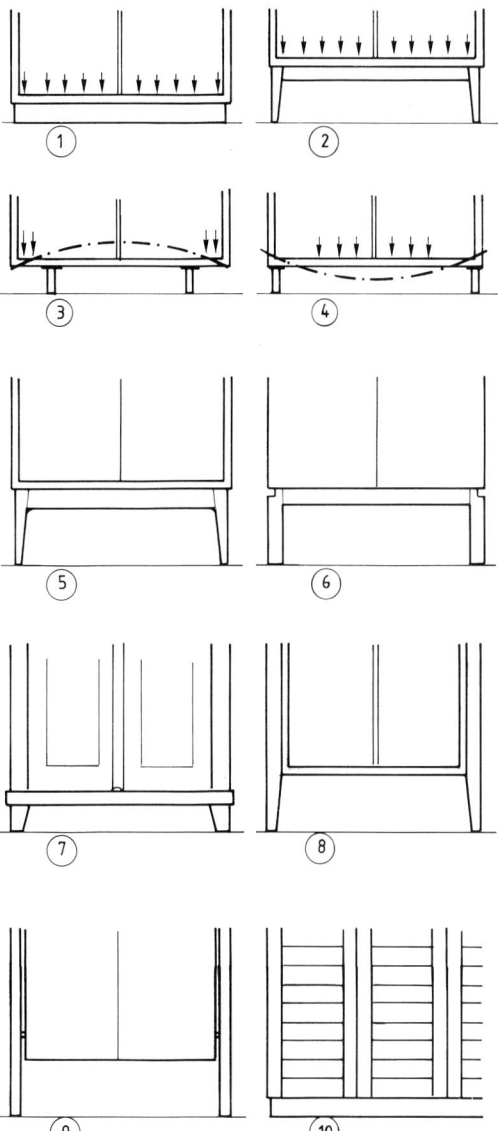

Abb. 2.29 Bauprinzipien von Sockeln und Fußgestellen. 1 durchgehender Sockelrahmen, gleichmäßige Lastabtragung. 2 Fußgestell, gleichmäßige Lastabtragung über Zarge. 3 Einzelfüße, zu weit nach innen gesetzt, Lastabtragung verursacht Verformungen. 4 Einzelfüße, zu weit nach außen gesetzt, Lastabtragung verursacht Verformungen. 5 Zargengestell, Korpusseite ruht noch auf dem Gestell, gute Lastabtragung. 6 Bockgestell, strenge Form durch optische Verlängerung der Korpusseiten, Schattenfuge zur Abhebung vom Korpus. 7 Einzelfüße, kräftig, unter durchgehendem Bodenrahmen, Bauernmöbelstil. 8 Stollen als durchgehende Füße, Korpus zwischen den Stollen. 9 Fußgestell, Korpus über Abstandshalter dazwischengehängt. 10 Sockelblende über mehrere Korpuselemente reichend (Küche), hinter der Sockelblende Einzelfüße höhenverstellbar, oder einzelne Teilsockel

Das Ausbeulverhalten ist von den Dimensionen und der Materialdicke abhängig. Befestigung an Mittelseiten und Konstruktionsböden ist vorteilhaft. Übliche Dicken sind bei Furnierplatten (FU) 4 ... 6 mm, bei furnierten Spanplatten (FPY) 6 ... 10 mm (auch dünnere Spanplatten nach dem Kalanderverfahren sind möglich), bei kunststoffbeschichteten harten Faserplatten (KH) 3,2 ... 6 mm. Von hinten sichtbare Möbel und Raumteiler können dickere Rückwände (bis 16 mm) aufweisen.

4. Sockel und Fußgestelle

Die Funktion der Baugruppe Sockel und Fußgestelle ist die Aufnahme, Verteilung und Ableitung der Belastungskräfte, die sich aus dem Eigengewicht des Korpusses und dem Gewicht der Gebrauchsgegenstände ergibt.

Nach Art und Anwendung können unterschieden werden (Abb. 2.29):

- Sockel-Zargenrahmen (voller Sockel),. bei breiten, meist wenigstens zweitürigen Möbeln, solide und schwer wirkend, hohe Belastbarkeit.
- Sockelblende, vor Einzelfüßen (auch höhenverstellbar) oder vor durchgehenden Seiten (Wangen), Blende meist abnehmbar für Zugang zum Raum unter dem Korpus. Anwendung vorwiegend bei Einbaumöbeln (Küchen, Schränken) und Systemmöbeln (Anbaumöbel).
- Einzelfüße, unter den Unterboden oder den Sockelrahmen (bei alten Vollholzmöbeln) fest verleimt oder geschraubt. Wirkung ästhetisch leichter als voller Sockel, Belastungsfähigkeit geringer, oft durch dickeren Boden oder Rahmen ausgeglichen. Höhenverstellbare Einzelfüße aus Kunststoff oder Leichtmetall (mit Abdeckblende) bei Möbeln im Arbeitsbereich sehr häufig.
- Fußgestelle, als Zargengestell gegenüber dem Korpus zurückspringend, als Bockgestell mit dem Korpus bündig und durch Schattenfuge getrennt. Fußgestelle sind höher als Sockel und geben dem Möbel ein leichteres Aussehen.
- Sonderfälle der tragenden Bauteile sind Stollen und Wangen, die die Funktion von Sockeln oder Fußgestellen ausüben, konstruktiv aber Teile des Korpus sind. Bei Möbeln im Arbeitsbereich (Küchen) wird der Sockelraum auch als Stauraum ausgenutzt und mit Schubkasten versehen.

Die Konstruktionsdetails für Sockel und Fußgestelle müssen einerseits die hohen statischen Beanspruchungen dieser Baugruppe berücksichtigen, andererseits sollen sie die ästhetische Wirkung des gesamten Möbels zur Geltung bringen. Als Material kommt möglichst Hart-

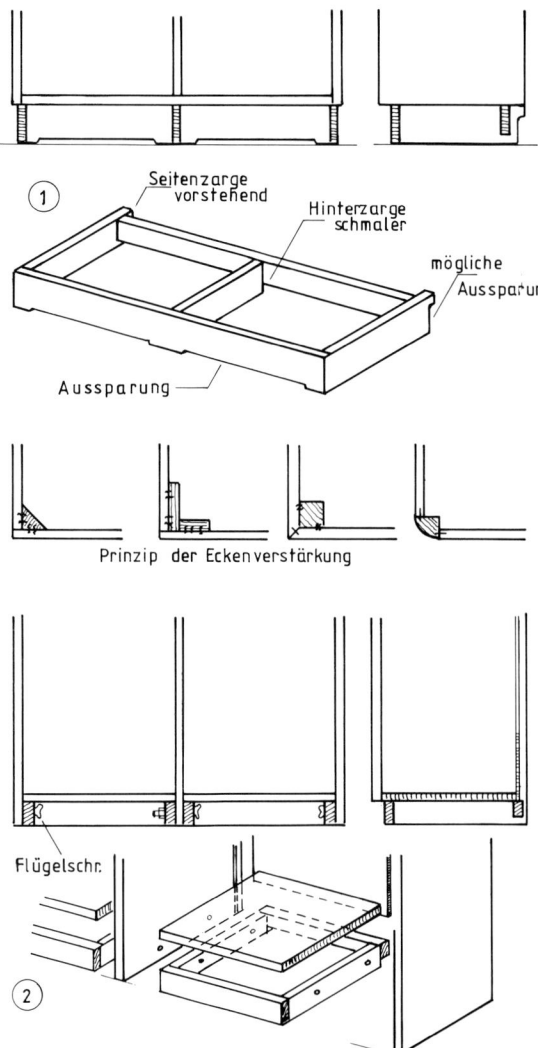

Abb. 2.30 Prinzip der Sockelkonstruktion. 1 Sockelrahmen, unter dem Korpus stehend. 2 Sockelrahmen zwischen die Seiten geschraubt, Unterboden lose aufliegend, gestattet das Ausrichten beim Aufbau von „Endlos-Schränken"

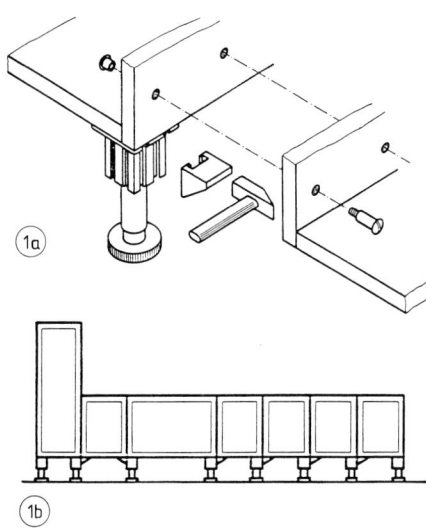

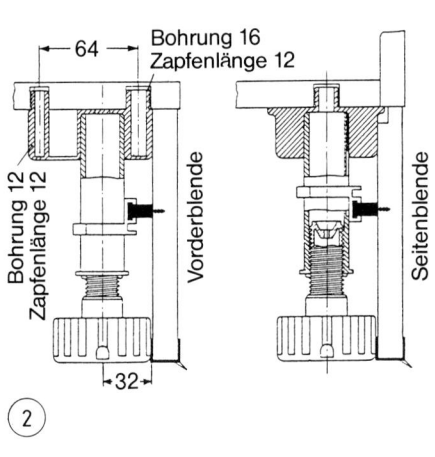

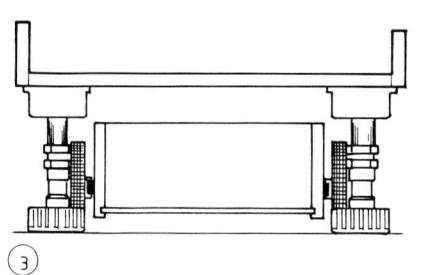

Abb. 2.31 Varianten der Sockelausbildung mit höhenverstellbaren Füßen. 1a Sockelfuß Variant (Fa. Heinze) mit Stützteilen als Auflage für anschließenden Korpus. 1b Einsparung je eines Fußpaares bei Unterschränken von 200 bis 600 mm Breite. 2 Prinzip des höhenverstellbaren Fußes der Fa. Nehl, Montageplatte muß Korpusseite abstützen, Seitenblende ist ausgefälzt (rechtes Bild), aufgesteckte Vorderblenden (linkes Bild) oder Seitenblenden liegen an den Fußteilen an. 3 Prinzip des höhenverstellbaren Fußes mit aufgesteckter Halterung für Sockelschublade

holz bei Fußgestellen, Nadelholz, Tischlerplatte aber auch Spanplatte bei Sockeln und Sockelblenden zum Einsatz. Bei Verwendung von Spanplatte muß die Standkante in nässegefährdeten Räumen (Küche, Badezimmer) abgedeckt sein. Sockelhöhen betragen im Möbelbau für den Wohnbereich 80 ... 100 mm, im Küchenbereich 100 ... 200 mm. Fußgestellhöhen richten sich nach der Art des Möbels und sind im allgemeinen größer als 200 mm.

Die Verbindungen der Teile sind bei Sockeln als Flächeneckverbindungen, bei Gestellen als Rahmeneckverbindungen sorgfältig auszuführen, da beim Verschieben des Möbels, insbesondere im belasteten Zustand, hohe Kräfte auf die Fugen einwirken. Klammerverbindungen sollten bei freibeweglichen Möbeln möglichst vermieden werden. Eckaussteifungen bei Sockelrahmen sind nützlich. Anpassungsmöglichkeiten an unebene Fußböden sind durch Aussparungen und schmalere (nicht direkt mittragende) hintere Sockelzarge vorzusehen (Abb. 2.30). Sockel und Fußgestelle werden meist als separate Baugruppe gefertigt und mit dem Korpus durch Verleimung oder Verschraubung verbunden. Bei Stollenwänden und Endlosschränken (Hochschränken), ist meistens die durchgehende Seite auch tragendes Element. Der Unterboden oder ein blind eingeschraubter Sockelrahmen bildet die Basis und ist nach vorn durch eine Blende abgedeckt.

Bei Küchenmöbeln haben höhenverstellbare Füße große Bedeutung erlangt, da sie das schnelle Ausrichten der nebeneinanderstehenden Unterschränke ermöglichen. Außerdem lassen sich Sockelblenden über Steckprofil-Schienen leicht anbringen. Auch Sockelschubladen können zwischen den höhenverstellbaren Füßen eingebaut werden (Abb. 2.31).

2.4.3.2 Korpuseckverbindungen
Der Zusammenbau von Möbelkorpussen kann durch feste oder zerlegbare Verbindungen erfolgen. Die Entscheidung hängt von der Art und Größe sowie der Vertriebsart ab. Mitnahmemöbel werden überwiegend zerlegt und kartonverpackt angeboten, unabhängig von ihrer Größe. Auch großflächige Möbel, wie Schlaf und Wohnzimmermöbel, werden zerlegt angeliefert und beim Kunden zusammengebaut. Dagegen werden Einbauküchen aus einzelnen, fest verleimten Korpussen zusammengestellt, da man so bereits im Werk alle Funktionsteile genau und passend einbauen kann.

Die Vielfalt der verfügbaren Beschläge erfordert eine gewisse Systematisierung. Als grobe Unterteilung lassen sich Konstruktionsbeschläge, Funktionsbeschlä-

ge und Zierbeschläge unterscheiden. Zur ersten Gruppe gehören die Verbindungsbeschläge, die in DIN 68 856 Teil 1 in eine Ordnung gebracht sind. Die Differenzierung hängt eng mit der Normung der Plattendicken zusammen, in die Beschläge einzubauen sind. Weitere Forderungen an moderne Verbindungsbeschläge sind rationelle Montage, möglichst maschinell, hohe Festigkeit und Funktionssicherheit, sowie gutes, möglichst unauffälliges Aussehen.

In den letzten Jahren wurde ein Trend zur Miniaturisierung der Beschläge erkennbar. Moderne Beschläge sollen möglichst zierlich sein und werden ohne Abdeckungen sichtbar montiert. In Abstimmung zwischen Maschinenherstellern, Beschlägeanbietern und der Möbelindustrie entstand das „System 32 mm", das für eine Vielzahl von Konstruktions- und Funktionsbeschlägen die Befestigung in Lochreihen von 32 mm Lochabständen in vertikaler Richtung und einem Vielfachen von 32 mm Reihenabstand in horizontaler Richtung ermöglicht. In der Büromöbelindustrie wird teilweise auch ein System mit 25 mm Bohrlochabstand angewandt.

1. Lösbare Korpuseckverbindungen
Lösbare Flächeneckverbindungen sind aus Transportgründen bei großen Möbeln üblich und haben durch den Trend zur Selbstmontage durch den Käufer auch bei Kleinmöbeln besondere Bedeutung erlangt. Lösbare Verbindungen wurden schon früher durch Holzkonstruktionen hergestellt. Heute bietet die Beschlägeindustrie zahlreiche Verbindungsbeschläge an, wobei Systemlösungen für funktionelle und fertigungstechnische Probleme angestrebt werden. Nach DIN 68 856 Teil 1 „Begriffe für Möbelbeschläge, Verbindungsbeschläge" lassen sich unterscheiden:
- Keilverbinder,
- Exzenterverbinder
  Exzenter im Gehäuse
  Exzenter ohne Gehäuse,
- Schraubverbinder aufliegend (Trapezverbinder),
- Verbindungswinkel aufliegend,
- Schraubverbinder mit Kreuzlochschraube
  einlaßbar,
  aufschraubbar,
- Verbindungsschrauben mit Querbolzen,
- Verbindungsschrauben einteilig, direkt verschraubbar.

Die Entwicklung neuer Verbindungssysteme geht weiter. Anforderungen an moderne Verbinder sind:
- ausreichende Festigkeit für die üblichen Gebrauchsbelastungen des Möbels,

Abb. 2.32 Grundformen lösbarer Korpuseckverbindungen (Auswahl). 1 Exzenterverbinder
im Gehäuse, zum Einpressen, mit Positionie-
rungszapfen. 2 Exzenterverbinder ohne Gehäuse, zum direkten Einsetzen in eine Bohrung, mit Abdeckkappe aus Kunststoff. 3 Exzenterverbinder zum Einpressen, mit Spreiz-
dübel und Stahl-Stift. 4 Trapezverbinder mit
Einpreßzapfen und Verbindungsschraube
(auch mit doppelten Zapfen verfügbar). 5 Ein-
teilverbinder, von außen sichtbar, Zwei-Stufen-
Bohrung. 6 Verbindungsschraube mit Querbolzen, von außen sichtbar. 7a Exzenterverbinder mit Kugelpfanne und kugelförmigem
Bolzenkopf, Anzugskraft wirkt zentrisch, dadurch Gefahr des Verschiebens der Teile
nicht gegeben. 7b Anwendung des Beschlages bei rechtwinkligen Korpusecken. 7c Anwendung des Beschlages mit Gelenkbolzen
für beliebige Gehrungsfugen. 8 Beispiel für einen Verbindungsbeschlag, der aus einem höhenverstellbaren Fachboden einen fest eingespannten Konstruktionsboden macht (Quellen: 1 bis 6 Fa. Hettich, 7a bis 7c Fa. Häfele,
8 Fa. Grass)

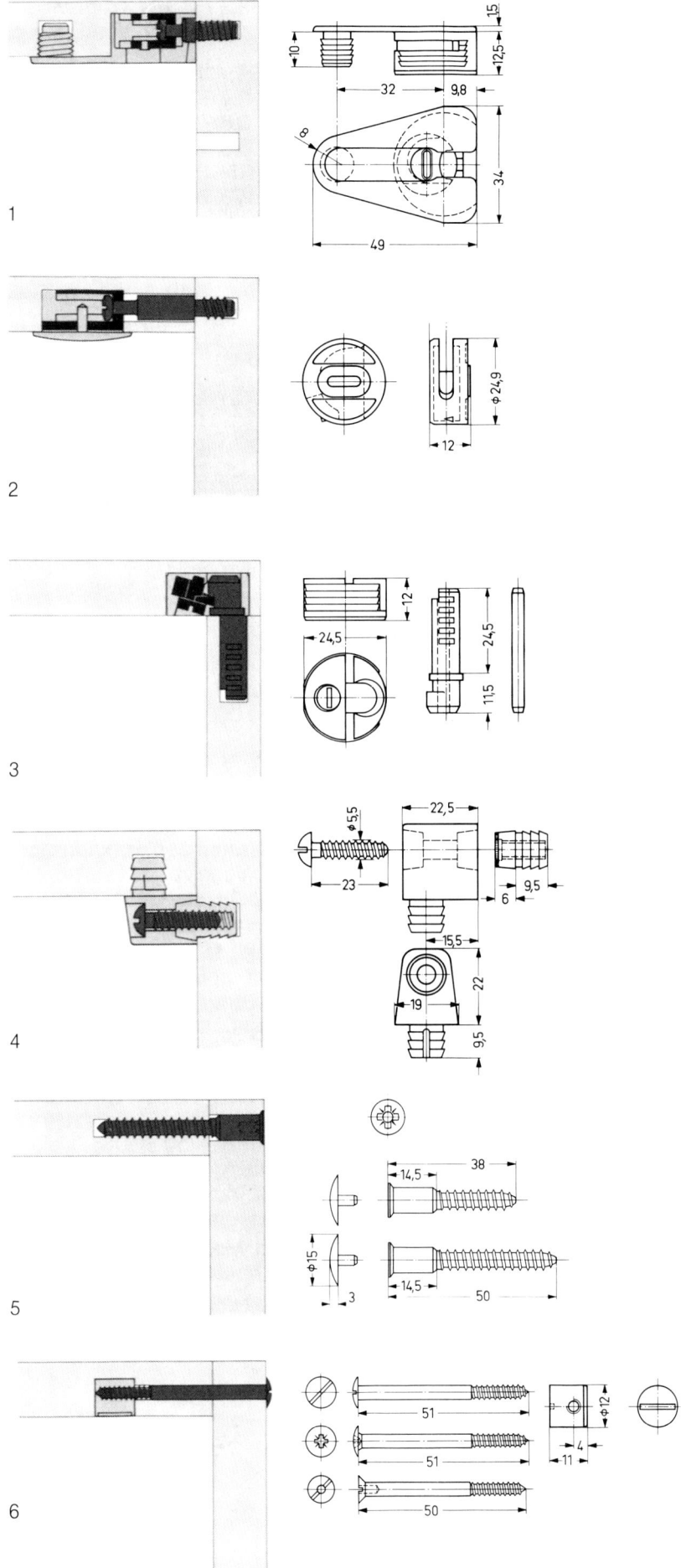

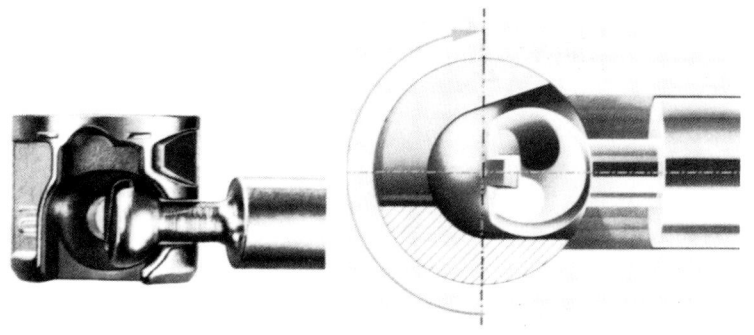

7a

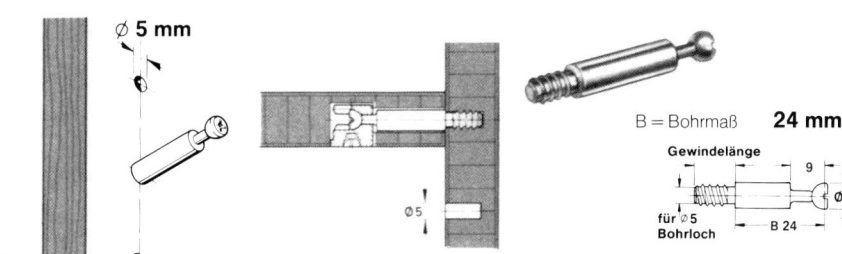

⌀ 5 mm

B = Bohrmaß **24 mm**

Gewindelänge

für ⌀5
Bohrloch

7b

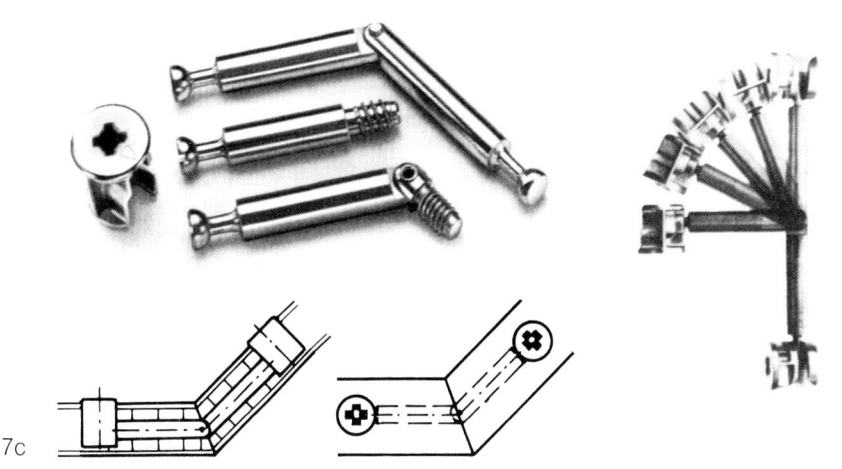

7c

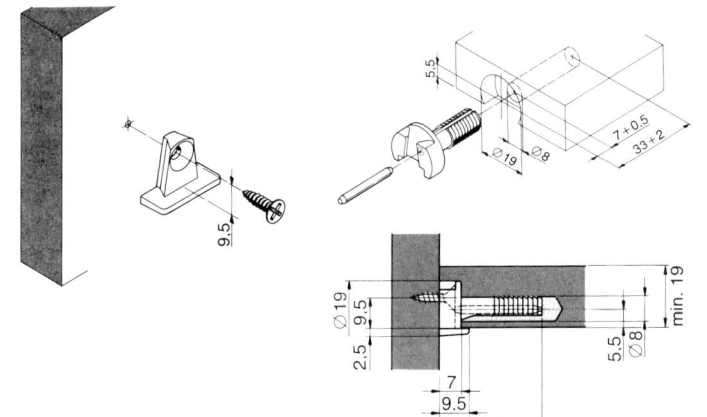

8

- maschinelles Einbohren und Einsetzen,
- flächenbündiges Einlassen,
- zierliche Abmessungen für direkt sichtbare Montage oder unauffällige Abdeckung,
- Verwendung von Systembohrungen im 32-mm- oder 25-mm-Raster,
- einfache Montage beim Aufstellen des Möbels mit haushaltsüblichen Werkzeugen.

Abb. 2.32 zeigt in einer Übersicht verschiedene Verbindungsbeschläge für Flächenecken.

2. Nicht lösbare Korpuseckverbindungen
Kleine Korpusse, beispielsweise von Küchen-, Badezimmer- oder Dielenmöbeln sowie Schubkasten, Sockelrahmen, Gehäuse und andere flächige Möbelteile kleiner Produkte werden fest verbunden. Die üblichsten fest verbundenen Flächeneckverbindungen sind:
- gedübelte rechtwinklige oder Gehrungsfuge (90°- oder 45°-Fuge),
- gefederte rechtwinklige oder Gehrungsfuge (90°- oder 45°-Fuge) mit Lamello-Feder, gerader Sperrholzfeder, Winkel-Sperrholzfeder (selten), gerader oder Winkel-Kunststoffeder,
- gefaltete Fuge (Faltsystem oder Folding-System) als 45° scharfkantige Gehrungsecke oder angerundete Segmentecke,
- rechtwinklige oder Gehrungsfuge mit Fließkanal für flüssig eingespritzten Kunststoff (Injektionsverfahren).

Die gedübelten und gefederten Verbindungen (Lamello) sind auch in Klein- und Mittelbetrieben üblich, da sie keine aufwendigen Maschinen erfordern. Lamelloverbindungen sind durchgehenden Federn vorzuziehen, da die Lamellonut nur abschnittsweise die Fläche durchtrennt und damit die Festigkeit der Spanplattenfläche weitgehend erhalten bleibt.

Das Faltsystem erfordert Spezialmaschinen, kann aber vielfältig für Gehäuse-, Korpus-, Schubkasten-, Sockelverbindungen und für Faltkanten im Möbel- und Türenbau eingesetzt werden. Man unterscheidet das „direkte Verfahren" für faltbare Flächenbeschichtungen, z. B. mit plastomeren Folien, und das „indirekte Verfahren" mit Klebstreifen im Faltbereich für duromere Beschichtungen und Furniere (Abb. 2.33).

Eckverbindungen mit flüssig eingespritztem Kunststoff wurden unter den Bezeichnungen „Moltinject" (flüssiges Polyamid) und „PUR-verleimt" (flüssiges Polyurethan) bekannt. Der Kunststoff wird unter hohem Druck (200 bar) und hoher Temperatur (280 °C) in Fugen-Fließkanäle eingepreßt. Vorteile sind eine kurze Taktzeit und schnelle Weiterbearbeitungsmöglichkeit des verklebten Korpus-

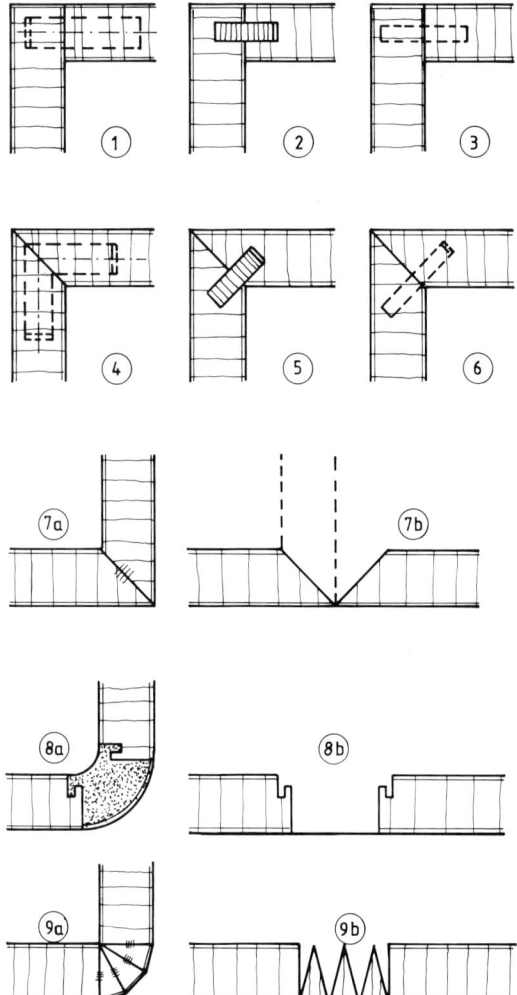

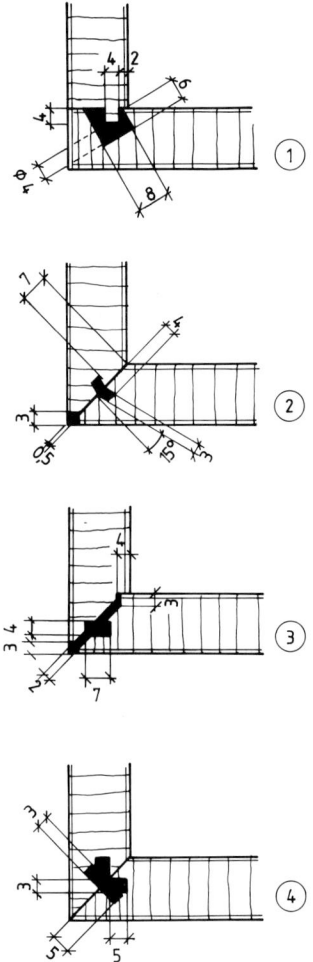

Abb. 2.33 Grundformen nicht lösbarer Korpuseckverbindungen. 1 gedübelte Verbindung, Ø Dübel ½ bis ⅗
Plattendicke. 2 eingesetzte, durchgehende Feder, Fe-
derdicke etwa 5 mm. 3 eingesetzte Formfeder (Lamello). 4 eingesetzter Winkeldübel, auch Winkelfedern
möglich. 5 eingesetzte, durchgehende Feder in Gehrungsfuge. 6 eingesetzte Formfeder (Lamello) in Gehrungsfuge. 7a Gehrungsfuge im Faltverfahren hergestellt (Folding). 7b Kerbnute bis zur verformbaren Flächenbeschichtung (PVC) durchgefräst = direktes Falten, bei nicht verformbarem Material (Furnier) durch
Klebstreifen Zusammenhalt der Teile = indirektes Falten. 8a gerundete Korpusecke mit eingesetztem Kunst-
stoffprofil, z. B. im Gehäusebau. 8b Ausfräsung zum
Einsetzen des Eckprofils. 9a Facettenrundung durch
Faltung. 9b Kerbschnitte der Facettenrundung

Abb. 2.34 Korpuseckverbindungen mit flüssig eingespritztem Kunststoff (Darstellung im
Frontalschnitt). 1 stumpfe Nut-Feder-Verbindung, von Kunststoff umgeben, bei ausgesetz-
ter Nute ist senkrecht verlaufendes Angußloch
vorzusehen. 2 Gehrungsfuge, Anwendung bei
kunststoffbeschichteten Spanplatten; austre-
tender Kunststoff ermöglicht Kantenschutz.
3 wie 2, Gehrungsfuge mit rechtwinkligem Ansatz zum besseren Positionieren der Teile.
4 Gehrungsfuge, Fließkanal nach hinten offen,
kein Kantenschutz (Quellen: Fa. Held „Moltinject"; Fa. Hennecke „PUR-verleimt")

ses. Einer allgemeinen Verbreitung des Verfahrens stehen gegenwärtig noch hohe Investitionskosten entgegen (Abb. 2.34).

2.4.3.3 Funktionsteile des Korpusmöbels

Funktionsteile sind bewegliche Teile des Möbels, die bestimmten Funktionen dienen, wie beispielsweise Verschließen (Türen, Klappen, Rolläden), bequeme Handhabung (Schubkästen, Ausziehböden), oder der variablen Einteilung des Innenraumes (höhenverstellbare Fachböden). Sie sind am oder im Korpus befestigt, tragen aber zu seiner Stabilisierung nicht bei.

1. Türen

Türen verschließen den Korpus und bilden die sichtbare Möbelfront. Ihre ästhetische Wirkung beeinflußt das Aussehen des gesamten Möbels in entscheidender Weise. Sorgfältige Zusammenstellung der Materialien und ihre Abstimmung in Maserung und Farbe sind erforderlich. Deshalb werden selbst bei Serienfertigung die Frontteile meist auftragsbezogen zusammengestellt.

Türen sind flächige, frei bewegliche Teile, an deren Bauweise bezüglich Stehvermögen und Planheit hohe Anforderungen gestellt werden. Glatte Türen aus hochwertigen Holzwerkstoffen oder Rahmentüren mit Füllungen aus Vollholz oder die Kombination beider Materialien sind üblich. Zu unterscheiden sind Drehtüren und Schiebetüren.

2. Drehtüren – Anschlagarten

Drehtüren sind an einer vertikalen Kante oder an den Ecken angeschlagen. In Anlehnung an DIN 107 werden Links- und Rechtstüren unterschieden, ferner die Bandsitz- oder Anschlagkante und die Schloßsitz- oder Aufschlagkante. In bezug auf die Korpuskante wird die Anschlagart der Türen unterschieden nach
- bündig einliegend,
- zurückspringend,
- vorspringend,
- stumpf vorschlagend,
- überfälzt.

Für jede Anschlagart stehen unterschiedliche Scharniere zur Verfügung. DIN 68856 Teil 2 „Begriffe für Möbelbeschläge, Scharniere und Bänder" systematisiert die üblichsten Bandarten. Aus der Dicke der Tür und der Anbringung am Korpus ergibt sich die Anschlaggeometrie, die meist im Horizontalschnitt zeichnerisch festgelegt wird. Türdicke und -höhe und das daraus resultierende Eigengewicht ergibt die Anzahl der Scharniere.

Der Öffnungswinkel ist für manche Bandarten begrenzt, muß aber für bestimmte

Übersicht 2.4 Anschlagarten für Türen

Zuordnung Korpus-Tür	geeignete Scharnierarten (Grundtypen)

1. Bündig liegende Tür
- Klavierband oder Stangenscharnier
- Zylinderbänder mit geraden Lappen = Lappenbänder
- Bänder mit Einbohrstiften = Einbohrbänder (hier Sonderfall, da Korpus- und Türenkante abzuschrägen sind)
- Ei-Band (Ei-förmiger Zylinder) mit Einlaßlappen
- Einlaßbänder wie z. B. Zysa, Vici, Sepa, Soss
- Topfbänder

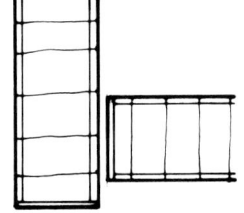

2. Zurückspringende Tür
- Klavierband oder Stangenscharnier, Kröpfung B
- Zylinderbänder, Kröpfung B
- Zapfenbänder
- Topfbänder

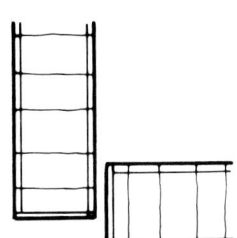

3. Vorspringende Tür
- Klavierband oder Stangenscharnier, Kröpfung C
- Zylinderbänder, Kröpfung C
- Topfbänder
- Einbohrbänder (Sonderfall, Korpus-Zapfen ist schräg zu bohren)

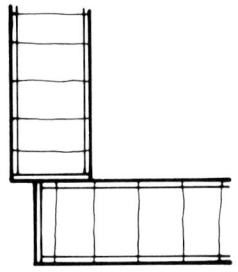

4. Stumpf aufschlagende Tür
- Klavierband oder Stangenscharnier
- Zylinderbänder mit geraden Lappen
- Zylinderbänder, Kröpfung L
- Winkelscharniere z. B. Neuform-Winkelscharnier
- Halbrollenbänder mit Einbohrzapfen (Teilaufschlag der Tür ist Voraussetzung)
- Einbohrbänder (Sonderfall, Korpus- und Türenkante sind abzuschrägen)
- Eck-Zapfenbänder
- Spezialbänder, z. B. Haarfugenbänder, Schlitzbänder
Beachte: Türenöffnungswinkel über 180° sind nur mit stumpf aufschlagenden Türen zu erreichen. Geeignete Bandarten: Eck-Zapfenband, Neuform-Winkelscharnier, Zylinderband Kröpfung L, spezielle Topfbänder

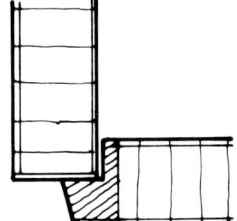

5. Überfälzte Tür
- Zylinderbänder, Kröpfung D
- Fitschenbänder
- Einbohrbänder
- Topfbänder in Sonderformen (Ausnahme)
- Spezialscharniere

Funktionen der Tür z. B. bei Fernseh-schränken über 100° liegen. Bei einge-bauten Schubkasten oder Auszieböden hinter den Türen ist für ihre ungehinderte Funktion zu beachten, daß einige Band-arten einen Einsprung der geöffneten Tür in das Korpuslichtmaß verursachen. Auch die ästhetische Wirkung des Scharniers als sichtbares Zierelement oder sein unsichtbarer Anschlag kann für die Auswahl eines Bandtyps entschei-dend sein.

Die industrielle Fertigung verlangt die rationelle maschinelle Einbringung der Scharniere. Dafür wird meist die stumpf auf die Korpuskanten aufschlagende Tür bevorzugt. Die Möglichkeit zur Nachju-stierung der angeschlagenen Türen im Bedarfsfalle, z. B. beim Ausfluchten von mehreren nebeneinanderliegenden Tü-ren von Einbaumöbeln, ist eine weitere Forderung an moderne Möbelscharniere. Zusammenfassend lassen sich folgende Punkte für die Auswahl eines Scharnier-systems nennen:

• Anschlagart der Türen,
• Bauart des Möbels (Flächenmöbel, Stollenmöbel, Stilmöbel),
• sichtbar- oder unsichtbar angeschla-gene Scharniere,
• gewünschter oder benötigter Öff-nungswinkel der Türen,
• maschinelle oder manuelle Anbrin-gung der Scharniere,
• Justiermöglichkeit der angeschlage-nen Türen,
• Belastungsfähigkeit der Scharniere.

Die Übersicht 2.4 nennt Bandarten für verschiedene Anschlagarten von Möbel-drehtüren.

3. Topfbänder
Topfbänder sind die am häufigsten indu-striell eingesetzten Türscharniere. Viele der wichtigsten Forderungen an moder-ne Scharniere wie von außen unsichtba-rer Anschlag, maschinelles Einlassen, nachträgliche Feineinstellung der Türen, verschiedene Öffnungswinkel, integrierte Zuhaltung der Tür, werden von Topfbän-dern erfüllt. DIN 68857 (Entwurf) be-schreibt ihre Anforderungen und Prüfung. Topfbänder sind geeignet für die folgen-den Anschlagarten Abb. 2.35.
• aufschlagende Tür im Eckanschlag,
• aufschlagende Türen im Mittelwandan-schlag,
• zurückspringende Tür (einschlagend).

Topfbänder sind vielseitig verwendbar für Türen aus Holzwerkstoff oder aus Glas. Die Vielfalt der Varianten erfordert ge-naue Kenntnisse. Spezialbänder mit sichtbarer Zierrolle ermöglichen auch den Anschlag überfälzter Türen.
Im folgenden sind die wichtigsten Begrif-fe und Ausgangsdaten für die Auswahl

eines Topfbandes für eine Anschlagart aufgeführt:

Öffnungswinkel, normal etwa 92°, auch 110°, 120°, bis 170°, 180°; Scharniere mit Öffnungswinkel über 120° werden als Weitwinkelscharniere gehandelt.

Türendicke (Td), sie beeinflußt bei ne-beneinander liegenden Türen die einzu-haltende Mindestfuge oder den Türaus-schlag. Aufdoppelungen müssen in die Türendicke mit einbezogen werden. Die Einbohrtiefe des Topfes von 11,5 und 12,9 mm erfordert eine Türenmindestdik-ke von 16 mm. Spezialbänder mit extra flachem Topf von 11,1 mm ermöglichen den Einsatz bei 14 mm dicken Türen (Abb. 2.35.f).

Topfdurchmesser, normal 35 mm Ø, zier-lich 26 mm Ø, spezial 40 mm Ø. Bei Rah-mentüren (Vitrinen) mit geringen Fries-breiten ist der Einsatz von zierlichen Topfbändern oft unumgänglich.

Fugenbreite (F), von der Türendicke ab-hängig, für jede Bandart, als Mindestwert aus Tabellen im Katalog zu entnehmen. Die Fugenbreite ist durch den Türaus-schlag vorgegeben. Sie kann in einem kleinen Bereich durch den Topfabstand (Tab), d. h. den Abstand zwischen Türen-kante und Bohrungsrand beeinflußt wer-den. Tab ist normalerweise zwischen 3 und 6 mm wählbar. Je größer Tab, desto kleiner F (Abb. 2.35.f).

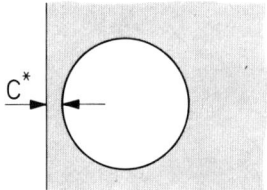

In manchen Katalogen Tab = C*

Bandarmbefestigung auf der Montage-platte; zu unterscheiden sind:
1. Einhängen = Schlüsselloch-Ausneh-mung + Befestigungsschraube,
2. Aufschieben auf Montageplatte + Fi-xierung mit Befestigungsschraube, oder Kipphebel = Clipbefestigung.

Verstellschraube im Bandarm, dient zur Feinjustierung der Distanz, Verstellbe-reich max. 3 mm (Abb. 2.35.g).

Scharnierkonstante (X), ein vom Bandtyp abhängiges, nicht beeinflußbares Maß, meist 13 mm, aber auch andere Maße üblich (siehe Katalogangabe). Dient als Grundlage für die Ermittlung der Dicke der Montageplatte.

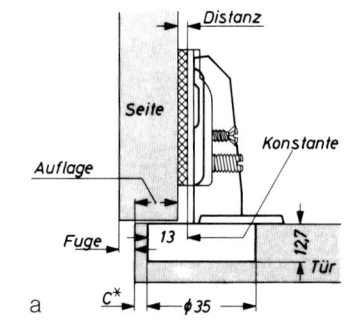

a

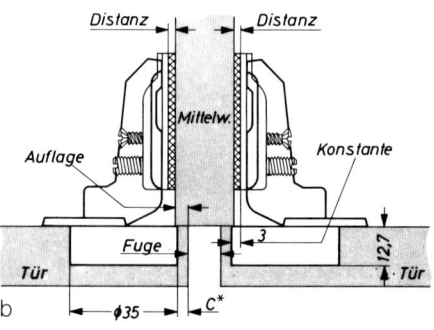

b

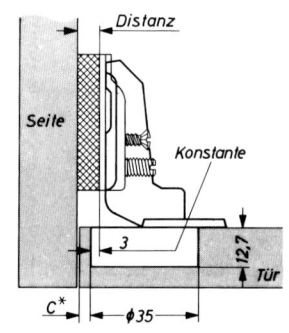

c

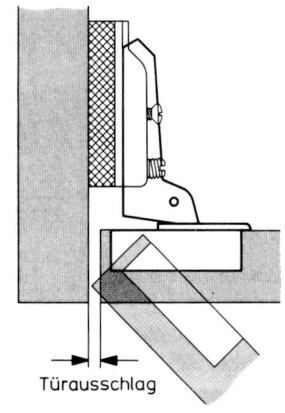

d

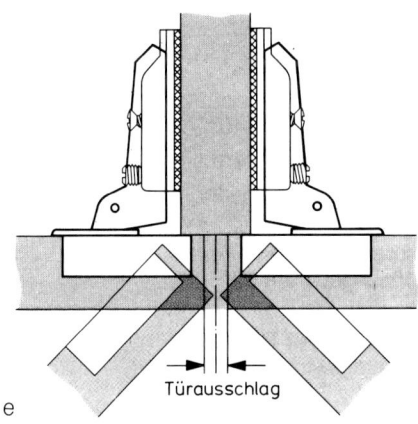

e

Türausschlag

Türstärken		16	19	21	23	25	28
Türausschlag je Tür (Mindestfuge) bei Distanzberechnung berücksichtigen	C* {3	0,4	1,1	2,1	3,5	5,2	7,8
	4,5	0,4	1,0	1,9	3,1	4,7	7,0
	6	0,3	0,9	1,6	2,6	3,8	6,3

f

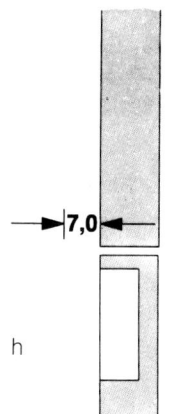

7,0

h

g

Tür   Seite

① ② ③

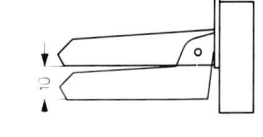

i

Kröpfung (K), durch Abwinkeln des Bandarmes wird der Drehpunkt verlagert. Kröpfungen von 8, 10, 16, 18 mm sind üblich, auch andere Maße möglich (Katalogangabe). Aufschlagende Türen im Mittelwandanschlag und einschlagende Türen benötigen gekröpfte Bänder für den Anschlag (Abb. 2.35.i).

Distanzberechnung = Berechnung der Montageplattendicke. Als Distanz wird der Abstand zwischen Auflagefläche der Montageplatte und dem Auflagerand für den Bandarm bezeichnet. Die Rechnung erfolgt nach folgenden Formeln:

a) vorschlagende Tür, Eckanschlag

$$D = X + Tab - A$$
$$A = Swd - F$$

Swd = Seitenwanddicke
A = Auflagenbreite (Tür auf Korpuskante)

b) vorschlagende Türen, Mittelwandanschlag

$$D = X + Tab - A$$
$$A = \frac{Mw - F}{2}$$

Mw = Mittelwanddicke

c) innenliegende Tür (zurückspringend)

$$D = X + Tab + F$$

Scharnieranzahl je Tür
Türgewicht, Türbreite, Materialqualität, Scharniertopf-Befestigung und Montageplatten-Befestigung sind entscheidende Faktoren für die Anzahl der Scharniere je Tür. Die in Abb. 2.36 angegebenen Werte in Abhängigkeit von der Türengröße sind Empfehlungen der Beschlägehersteller.

Abb. 2.35 Einzelheiten des Topfbandanschlags. (a) aufschlagende Tür im Eckanschlag. (b) aufschlagende Türen im Mittelwandanschlag. (c) einschlagende Tür im Eckanschlag, die absoluten Maße in den Skizzen beziehen sich auf einen bestimmten Bandtyp. (d) Türausschlag bei einschlagender Tür, entscheidend für Mindestfuge. (e) Türausschlag bei aufliegenden Türen im Mittelwandanschlag. Die Mindestfuge ergibt sich aus dem doppelten Türausschlag je Tür. (f) Beispiel für eine Tabelle der Mindestfugen je Tür in Abhängigkeit von der Türendicke und dem Topfabstand C*. (g) Prinzip des dreidimensional verstellbaren Topfbandes: 1 Stellschraube. 2 Befestigungsschraube. 3 Höhenverstellung in Verbindung mit spezieller Montageplatte. (h) Türeneinsprung bei 0 mm Distanz und 0 mm Kröpfung, das angegebene Maß (Katalogwert je Bandart) erhöht sich um den Wert einer höheren Distanz oder einer höheren Kröpfung. (i) Scharnierarm-Kröpfung (alle Darstellungen mit freundlicher Genehmigung der Fa. Hettich)

4. Schiebetüren

Schiebetüren werden bei Korpusmöbeln dort angewendet, wo Drehtüren im geöffneten Zustand im Wege stehen würden oder wo großflächige Schränke zu verschließen sind. Diesen Vorteilen stehen die Nachteile gegenüber, daß jeweils nur ein Teil des Schrankraumes zugänglich ist und die Bautiefe des Korpus größer sein muß als bei Drehtüren, wenn der gleiche nutzbare Innenraum verlangt ist. Je nach Gesamtgröße des Schrankes können zwei oder drei Schiebetürflügel horizontal voreinander bewegt werden. Nach der Anschlagsart lassen sich unterscheiden:

- stehend geführte Schiebetüren,
- hängend geführte Schiebetüren,
- im Korpus laufende Schiebetüren,
- vor dem Korpus laufende Schiebetüren,
- Kombination von Führung im und vor dem Korpus (Abb. 2.37).

DIN 68856 Teil 3 legt die Begriffe im Zusammenhang mit Schiebetürbeschlägen fest.

Schiebetüren sollten im Prinzip breiter als hoch sein, um gute Laufeigenschaften zu haben. Hängend geführte Türen weisen auch bei ungünstigem Verhältnis von Breite zu Höhe ein gutes Laufvermögen auf. Das Führungssystem und die Belastungsfähigkeit der Beschläge hängen von der Größe und damit vom Gewicht der Türflügel ab. Türgewichte von 2,5 kg (Anrichte) bis zu 70 kg (Schlafzimmerschrank mit Spiegelfront) können auftreten (Tab. 2.5). Leichte Türen bis etwa 5 kg können mit Gleitführungen, bestehend aus Kunststoffschienen und Gleitern, z. B. aus Nylon, geführt werden. Bei Gewichten bis etwa 10 kg werden Kunststoffrollen auf Stahlachsen mit Schienen aus Metall oder Kunststoff verwendet, bei Gewichten über 10 kg sind Kunststoffrollen auf Kugellagern mit Schienen aus Metall üblich. Hochwertige Laufsysteme für schwere Türen vermitteln den Eindruck des Schwebens beim Bewegen der Türen; in der Praxis hat sich der Begriff „Schwebetüren" durchgesetzt.

Bei der Korpuskonstruktion ist zu beachten, welcher Boden durch die Gewichtskraft der Schiebetüren belastet wird. Die Tür kann mit dem Oberboden oder Unterboden als tragendem Teil verbunden sein. Dieses muß gegen Durchbiegung besonders gesichert sein. Schwere Türen müssen gegen das ungebremste Aufschlagen auf die Korpusseite gesichert sein. Rollenbeschläge weisen in den Schienen integrierte Bremsen und Rücklaufsicherungen auf. Bei einfachen Beschlägen ist eine solche Bremsung nicht vorhanden, weshalb die Verbindung von Korpusseite und Boden ausreichende Festigkeit aufweisen muß, um die

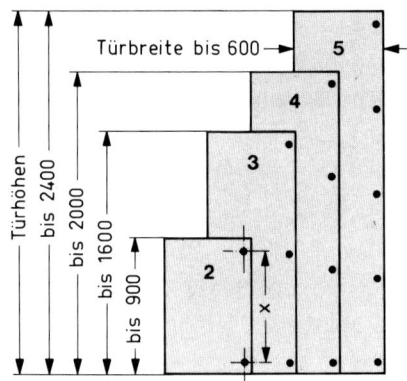

Abb. 2.36   Anzahl Scharniere je Tür

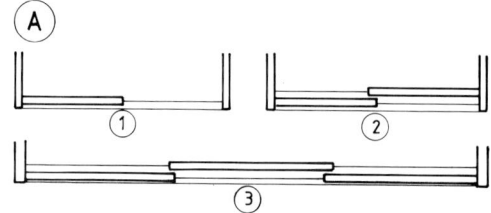

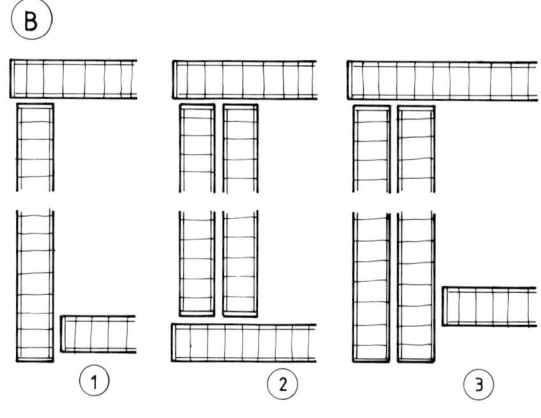

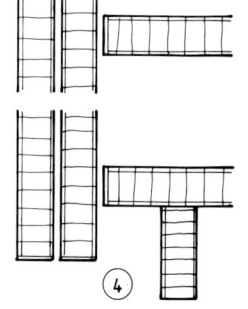

Abb. 2.37 Möbel-Schiebetüren, Schema der Anordnung. (A) 1 einteilige Schiebetür, z. B. vor Fernsehfach. 2 zweiteilige Schiebetüren, z. B. Wohnmöbel. 3 dreiteilige Schiebetren, z. B. Schlafzimmerschrank. (B) 1 oben einliegend, unten vorlaufend. 2 oben und unten einliegend. 3 oben einliegend, unten vorlaufend. 4 oben und unten vorlaufend

Übersicht 2.5 Möglichkeiten der Führungen für Möbel-Schiebetüren

Flügel-gewicht	Konstruktions-prinzip	Lauf-system	Ausführung
ca. 2 bis 5 kg	stehend, auf dem Unterboden befestigt	Gleitführung	– direkt in Hartholznute – indirekt in Kunststoff-U-Profil – Kunststoff-Gleiter aus Nylon auf erhabener Kunststoffschiene gleitend
		Roll-Gleit-führung	– kombinierter Nylon-Gleiter mit eingebauter Rolle aus Messing, auf erhabener Schiene laufend
		Rollführung	– Laufrolle aus Nylon oder Polyamid, gleitgelagert, in versenkter U-Schiene laufend
ca. 5 bis 12 kg	hängend, unter dem Oberboden befestigt	Gleit-Hänge-führung	– spezielle Gleiter aus Nylon, in einer Kunststoff-Profilschiene hängend, untere Führung mit Nocken
		Rollführung	– Rolle aus Nylon oder Polyamid, gleit- oder kugelgelagert, in Kunststoff-Profilschiene oder Metallschiene laufend, untere Führung mit Nocken
ca. 12 bis 25 kg	hängend, unter oder auf dem Oberboden befestigt, untere Führung auf oder unter dem Unterboden befestigt	Rollführung	oben: Laufwerke mit bis zu 4 Rollen aus Nylon, kugelgelagert, in Metall-Profilschienen laufend unten: Führungssysteme mit Gleit- oder Rollführungen
über 25 kg			Laufwerke mit Stahlrollen, poliert, kugelgelagert, auf Metallschienen laufend

Tabelle 2.5 Türengewichte, bei mittlerer Rohdichte des Plattenmaterials von 650 kg/m³

Möbelart	Maße (mm)			Gewicht (kg)	
	Breite	Höhe	Dicke		
Kleinmöbel	400	500	17	2,2	2...5
	500	600	17	3,3	
Wohnmöbel	600	800	17	5,3	5...20
	600	1 000	20	7,8	
	600	1 500	20	11,7	
	700	1 800	20	16,4	
Schlafzimmer-Hochschrank	700	2 000	23	20,9	20...80
	800	2 200	23	26,3	
	1 000	2 400	26	40,6	
	1 200	2 400	26	48,7	
	1 500	2 400	26	60,8	

Stoßbelastung durch die Tür aufnehmen zu können.

Schiebetüren müssen nach dem Zusammenbau des Korpus einsetzbar und herausnehmbar sein. Die geometrischen Verhältnisse werden in der Vertikalschnittzeichnung festgelegt, insbesondere bei direkt in den Boden eingenuteten Führungen (Abb. 2.38). Für Rollenbeschläge sind die konstruktiv notwendigen Distanzen zum Einsetzen der Türen und die Abstände zwischen Türen und Böden den Beschlägekatalogen zu entnehmen. Durch Blenden werden diese Distanzen verdeckt.

Zwischen voreinander laufenden Türen muß genügend Distanz vorhanden sein, um das berührungslose Verschieben der Flügel auch bei eventuellen Ausbeulungen oder vorstehenden Griffmuscheln zu ermöglichen. Dieser Zwischenraum kann durch Weich-PVC-Lippen oder Bürstenschienen verdeckt werden. Dem Ausbeulen großer Schiebetüren kann durch kraftschlüssig mit der Türfläche verbundenen Griffleisten aus Holz oder Metall entgegengewirkt werden. Neue Beschläge, die in die Rückfläche der Türen eingelassen werden, gestatten durch Gewindestäbe das nachträgliche Ausrichten verzogener Schiebetüren.

Technische Anforderungen an Schiebetür-Rollenbeschläge sind in der DIN 68 859 festgelegt. Funktionsprüfungen werden nach dieser Norm durchgeführt.

5. Dreh-Schiebetüren

Für besondere Konstruktionsanforderungen, z. B. bei Türen von Fernsehschränken, aber auch bei Kleiderschränken für beengte Platzverhältnisse, haben sich Dreh-Schiebetürbeschläge bewährt. Die Türen werden zunächst wie Drehtüren geöffnet und mit der Drehbewegung parallel zur Korpusseite zurückgeschoben. Einfache Beschlagsysteme erlauben Türgewichte bis etwa 7 kg, Spezialbeschläge können Türen bis zu 30 kg bewegen.

6. Falt-Schiebetüren

Falt-Schiebetüren werden sowohl für Einbau-Kleiderschränke als auch für Raumtrennungen eingesetzt. Flügelgewichte bis zu 30 kg und 600 mm Breite können bewegt werden. Spezialkataloge beschreiben die Konstruktionsdetails und technischen Anforderungen.

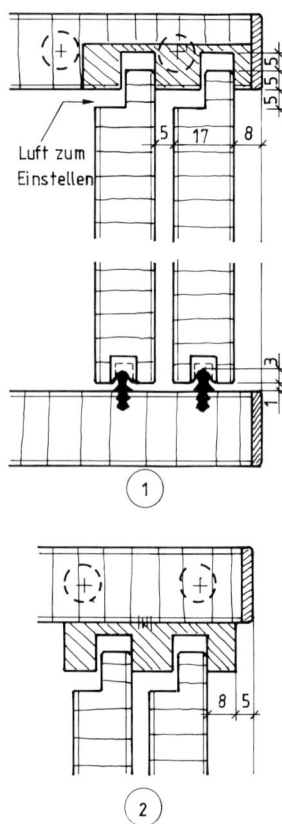

Luft zum
Einstellen

5 5.5

5 17 8

3

1

1

8 5

2

Abb. 2.38 Konstruktionsdetail Schiebetüren,
eingenutet und abgefälzt. 1 direkt in den
Oberboden, in Hartholz eingenutete Schiebetüren, Halt des Dübels durch Nute gefährdet,
Konstruktion nicht zu empfehlen. 2 indirekt, in
Hartholz-Aufdoppelungen eingenutete Schiebetüren, Dübel der Korpusverbindung nicht
gefährdet

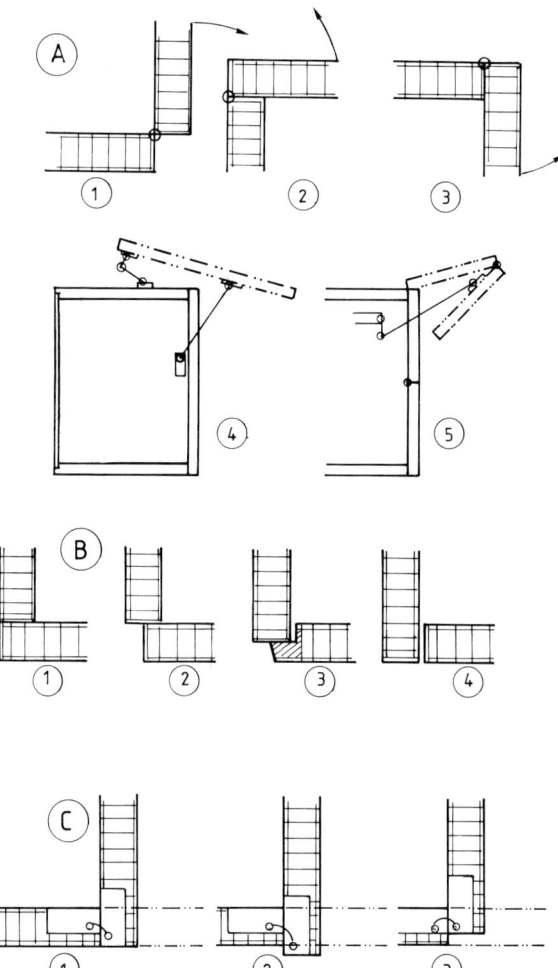

Abb. 2.39 Konstruktionsprinzipien für Möbelklappen.
(A) Anschlagsarten: 1 stehend, nach unten öffnend. 2 liegend, nach oben öffnend. 3 hängend, nach oben öffnend.
4 schwenkbare Klappe für Küchenoberschrank. 5 faltbare
Klappe für Küchenoberschrank. (B) Aufschlag auf die Korpuskante (Korpusseite): 1 aufschlagend, ganz verdeckt.
2 aufschlagend, halb verdeckt. 3 aufschlagend überfälzt.
4 einschlagend. (C) Anschlagsprinzip mit modernen Klap-
penscharnieren: 1 vorschlagend, bündig mit Unterboden.
2 vorschlagend, gegenüber Unterboden leicht vorstehend.
3 vorschlagend, gegenüber Unterboden leicht zurückste-
hend; die geöffnete Klappe liegt jeweils bündig mit der Bo-
denfläche

7. Klappen

Klappen sind Funktionselemente der
Front, die zugleich Abschluß und Arbeits-
oder Ablagefläche (Schreibschrank, Barfach) sein können. Bei Frisiertischen können geöffnete Klappen als Spiegelfläche
dienen. Die Funktion bestimmt die Öffnungsrichtung:

- stehend, nach unten öffnend
  (z. B. Sekretär),
- liegend, nach oben öffnend
  wie ein Deckel (z. B. Frisiertisch),
- hängend, nach oben öffnend
  (z. B. Küchen-Oberschrank),

- gefaltet, nach oben öffnend (z. B. Küchen-Oberschrank) (Abb. 2.39.A)

Die Anschlagart wird vom gewünschten Aussehen des Möbels bestimmt:
- vor die Korpuskante schlagend, wobei die Korpuskante ganz verdeckt oder teilweise verdeckt (überfälzt) sein kann,
- zwischen die Korpuskante schlagend, Korpuskanten sichtbar (Abb. 2.39.B).

Aus Öffnungsrichtung, Anschlagsart und Größe (Gewicht) der Klappe ergeben sich Art und Anzahl der Klappenscharniere. Bei ihrer Auswahl ist darauf zu achten, welche Position die Klappe in geöffnetem Zustand gegenüber dem Zwischenboden einnehmen soll. Die Klappe kann bündig in diesen übergehen oder gegenüber der Bodenkante vor- oder zurückspringen (Abb. 2.39.C).

Die Klappenscharniere können von außen sichtbare Zierelemente sein (Zylinderbänder), von außen unsichtbare Einbohrbänder sein (flächenbündig) oder an den seitlichen Kanten eingelassene, weitgehend unsichtbare Zapfenbänder sein.

Geeignete Bandarten sind:
- Zapfenbänder (handwerklich) mit begrenztem Öffnungswinkel oder ohne begrenzten Öffnungswinkel,
- Klavierband oder Stangenscharnier,
- Zylinderbänder,
- Einbohrbänder (eingebohrtes Gehäuseteil in Klappenfläche, Einbohrzapfen in Bodenkante),
- Einbohrbänder (zwei Gehäuseteile zum maschinellen Einlassen in Fläche und Kante),
- Klappenscharniere, zum flächenseitigen Einbohren in Klappe und Boden (industriell besonders geeignet).

Abwärts öffnende Klappen sind gegen Herunterfallen zu sichern. Das kann durch konstruktive Maßnahmen erfolgen oder durch geeignete Beschläge. Konstruktive Lösungen lassen die Klappe unter den Boden schlagen, oder Ausziehkonsolen oder ein vorspringendes Unterteil bilden die unterstützende Auflagefläche. Geeignete Beschläge für die Arretierung der Klappe sind Zapfenbänder mit Anschlag (nur für kleine Klappen geeignet), Klappenscheren, Klappenbremsen mit Gleitschienen und Gelenkarm, Klappenbremsen mit Feder- oder Luftdruckzylindern.

Die abstützenden Beschläge müssen in ihrer Tragfähigkeit und Anbringung dem Klappengewicht und der Hebelwirkung der geöffneten Klappe entsprechen. Neigungswinkel des geöffneten Haltebeschlags über 30° sind notwendig, um ausreichende Gegenkraft zum Belastungsmoment entwickeln zu können. Aufwärts öffnende Klappen sind durch Stangenstützen oder Zylinderstützen (Fe-

der- oder Luftdruck) gegen Zufallen zu sichern.

Begriffe für Klappenhalter sind in DIN 68856 Teil 4 festgelegt. Anforderungen an Klappenhalter und ihre Prüfung sind in DIN 68841 zu finden.

Der Verschluß von Klappen kann durch Einsteck- oder Einlaßschlösser erfolgen, wobei die Anschlagsart für die Auswahl der Schloßart entscheidend ist. Auf gute Anfaßmöglichkeit der Klappe beim Öffnen und Schließen ist zu achten. Klappen sollten möglichst mit Griffmuscheln oder Griffleisten versehen werden. Wenn der Schlüssel die Funktion eines Griffs übernehmen muß, ist mit einer baldigen Beschädigung des Schlosses und der Schlüsselbuchse zu rechnen.

8. Rolläden

Rolläden sind ein beliebter Frontabschluß bei funktionellen Behältnismöbeln wie Fernsehschränken, Büroschränken, Küchen-Oberschränken sowie Jugendmöbeln. Sie bieten im geöffneten Zustand den Vorteil des Zugangs zum gesamten Schrankraum und sind somit eine Alternative zu Drehtüren. Der Innenraum des Möbels muß jedoch den zurückgeschobenen Rolladen aufnehmen, wodurch Nutzraum verlorengeht.

Die Öffnungsrichtung kann nach oben, nach unten oder zu den Seiten hin gewählt werden. Der geöffnete vertikal verlaufende Rolladen kann
- als Schnecke über dem Oberboden oder
- unter dem Unterboden oder
- hinter der Rückwand,

der horizontal laufende Rolladen
- hinter doppelten Seiten (Innenseiten) und Rückwand geführt werden. So ergeben sich ¼, ⅔ oder ¾ Wendungen.

Das Material für Rolläden können Leisten aus Sperrholz oder Vollholz oder Kunststoffprofile sein. Je breiter die einzelnen Leisten sind, desto größer muß der Radius der Umlenkungskurve der Laufnut sein. Die Leisten können aus gesägten und zusammengelegten Einzelleisten oder aus einer in Streifen gestanzten Furnierdicktenfläche bestehen. Sie werden mit Drillich flächig oder in Streifen fugendicht hinterklebt. Kunststoffrolladen sind aus beweglich zusammengesteckten Profilleisten gebildet.

Die Laufnuten werden in die Seiten- oder Bodenflächen der Korpusteile eingefräst. Spanplatten sollten dafür mit Vollholzeinleimern versehen sein. Gute Laufeigenschaften ergeben Kunststoff-Profilschienen in U-Form, die nach Schablone gebogen in die Laufnuten flächenbündig eingesetzt werden. Die Leisten können in voller Dicke (7 ... 10 mm), je nach Rolladenfläche) oder abgefälzt in der Nut laufen.

Rolläden sind mit Griffleisten zu versehen, die bei Bedarf auch Hakenriegel-Einsteckschlösser aufnehmen können. Die Umlenkungskurve ist mit horizontal laufenden Blenden (je nach Laufrichtung des Rolladens am Ober- oder Unterboden angebracht) oder durch seitliche Lisenen abgedeckt. Dadurch erscheinen die Böden oder Seiten optisch betont breit. Vertikal nach unten laufende Rolläden müssen in der Laufnute abgestoppt sein bevor das Schloßstück (Griffleiste) auf die Bodenblende aufschlagen kann. Mittelanschlüsse horizontal verlaufender Rolläden sind ähnlich denen von Drehtüren gestaltet. Schattenfuge, Falz oder Schlagleiste verdecken die Stoßfuge.

9. Schubladen und Auszüge

Schubladen und Auszüge sind Funktionsteile des Möbels. Sie können
- von außen sichtbar in die Front als Gestaltungselemente integriert sein oder
- hinter Türen oder Rolladen angeordnet sein.

Der Begriff „Auszug" wird häufig für jede Art von ausziehbarem Funktionsteil eines Möbels verwendet. Tablettauszüge werden in Fernseh- und Phonomöbeln, Küchenmöbeln und Geschirrschränken angetroffen.

Als Bauformen können unterschieden werden (Abb. 2.40.A):
- geschlossene Schublade = Vorderstück, Seiten und Hinterstück etwa gleich hoch
- Englischer Zug = Vorderstück schmaler als Seiten
- Tablettauszug = selbsttragender Boden mit Griffleiste.

Im handwerklichen Möbelbau werden Schubladen einzeln gefertigt und individuell in das Möbel eingepaßt. Hierbei wird hauptsächlich Massivholz wie Buche, Ahorn, Eiche, Kirschbaum, Fichte, Kiefer sowie tropisches Importholz verwendet. Die Eckverbindungen sind gezinkt, der Boden ist eingenutet und wird nach dem Zusammenbau des Kastens unter dem schmaleren Hinterstück eingeschoben und verschraubt.

Im industriellen Möbelbau ist die Schublade in zunehmendem Maße ein Zulieferteil, das von spezialisierten Herstellern in großen Stückzahlen gefertigt wird. Als solche ist die Schublade eine austauschbare Baugruppe, die mit entsprechenden Toleranzen und Verstellmöglichkeiten im Laufsystem versehen sein muß, um in vorgefertigte Korpusse eingebaut werden zu können. Als Material werden Vollholz (z. B. Buche), Sperrholz, Spanplattenkern mit PVC- oder Furnierummantelung, Kunststoff-Hohlprofil oder Kunststoff-Preßteile verwendet. Nach dem Werkstoff richtet sich die Eckverbindung:

- Zinkung (maschinelle Schwalben-schwanz- oder Fingerzinkung),
- Dübelverbindung, Dübel eingesetzt oder angefräst,
- Federverbindung, angeschnitten oder eingesetzt (z. B. Lamello),
- Faltung, Faltzargen aus ummantelten Spanplatten-Profilen,
- Steckverbindungen bei Kunststoff-Hohlprofilen (Abb. 2.40.B).

Die Böden bestehen aus harten Holzfa-serplatten, einseitig beschichtet, furnier-ten oder kaschierten Dünnspanplatten oder Furnierplatten. Sie sind üblicherwei-se rundum eingenutet und werden beim Verleimen des Kastens eingesetzt. Die Toleranzen zwischen Bodendicke und Nute werden durch besondere Nutge-staltung oder durch Einbringen von Schmelzkleber in die untere Fuge ausge-glichen. Ummantelte Faltzargen können Weich-PVC-Lippen in den Nuten aufwei-sen, die den Boden dichtklemmen. Kunststoff-Hohlprofile haben keilförmige Nuten, in die der Boden eingeklemmt wird (Abb. 2.41).

10. Schubladen-Führungssysteme

Im handwerklichen Möbelbau wird die Schublade auf einem Laufrahmen, einem Zwischenboden oder auf Laufleisten ge-führt. Streif- und Kippleisten oder ein Kipprahmen begrenzen die Gehäuseöff-nung und stellen die guten Gleiteigen-schaften her.

Im industriellen Möbelbau ist das Laufsy-stem in die Schubladenseiten integriert. Die einfachste Führung besteht aus Nut-leisten aus Hartholz oder Kunststoff, die in einer Seitennut laufen. Größeren Kom-fort bieten Auszugführungen aus Metall oder Kunststoff, die in großer Vielfalt als Zulieferteile angeboten werden für übli-che Gebrauchsbelastungen von 120 bis 400 N, bei Spezialführungen bis zu 800 N. Sie werden nach DIN 68 856 Teil 3 in folgende Arten in bezug auf die End-stellung unterteilt (Abb. 2.42):

- Teilauszug, mit etwa ⅓ Auszugverlust,
- Vollauszug, ohne Auszugverlust,
- Überauszug, Schubladenende steht gegenüber der Möbelfront vor.

Nach dem Laufmechanismus können un-terschieden werden (Abb. 2.43):

- Gleitführungen (Kunststoffschienen),
- Roll-Gleitführungen (Kombination von Schiene und einer Rolle),
- Rollführungen (Rolle freiliegend oder im Laufwagen),
- Kugelführungen (Kugeln in Käfigschie-ne laufend).

Die Montage der Führung am Schubka-sten kann erfolgen (Abb. 2.44):

- im Seitenteil laufend, eingenutet,
- auf der Seite befestigt,
- unter der Seite befestigt,
- unter dem Boden befestigt.

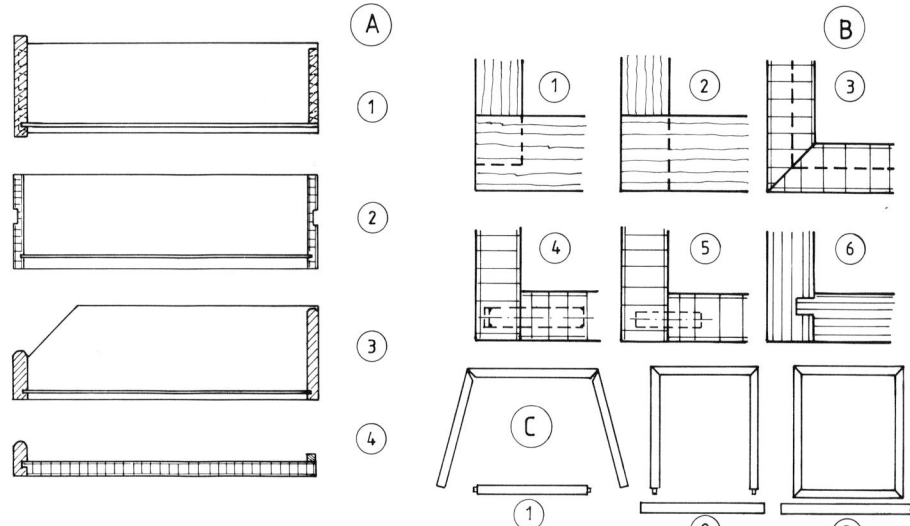

Abb. 2.40 Schubkasten, Konstruktionsdetails. (A) Grundformen: 1 handwerklicher Schubka-sten, Vorderstück breiter und dicker, Hinterstück schmaler als Seiten. 2 industriell gefertigter Schubkasten, Vorderstück, Hinterstück und Seiten gleich breit. 3 Englischer Zug, Vorderstück schmaler als Seiten. 4 Tablettauszug. (B) Eckverbindungen: 1 verdeckte Zinkung. 2 durchge-hende Zinkung. 3 gefaltete Eckverbindung. 4 gedübelte Eckverbindung. 5 gefederte Eckverbin-dung. 6 angeschnittene Feder. Bei den Eckverbindungen außer 1 und 3 ist ein aufgedoppeltes Vorderstück (Blende) notwendig, um das Hirnholz der durchgehenden Seiten abzudecken; die Verbindungsmittel Dübel und Feder sollen quer zur Auszugsrichtung der Schublade angeordnet sein; 4, 5, 6. (C) Faltzargen: 1 dreiteilige Faltzarge, Vorderstück zwischen die Seiten gedübelt, doppeltes Vorderstück als Blende notwendig. 2 dreiteilige Faltzarge, Vorderstück vor die Seiten gedübelt, einfachere, weniger haltbare Konstruktion. 3 vierteilige Faltzarge, wegen rundum lau-fender Führungsnute doppeltes Vorderstück als Blende erforderlich

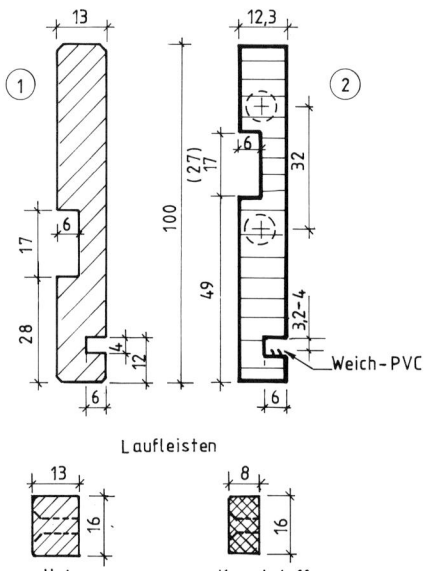

Abb. 2.41 Schubkasten-Standardprofile.
1 Vollholzprofil mit 17 mm Laufnut. 2 PVC-um-manteltes Spanplattenprofil, 17 oder 27 mm Laufnut, als Stangenware im Extrusionsverfah-ren ummantelt; auch dünne Beschichtung mit PVC-Folie im Kaschierverfahren möglich

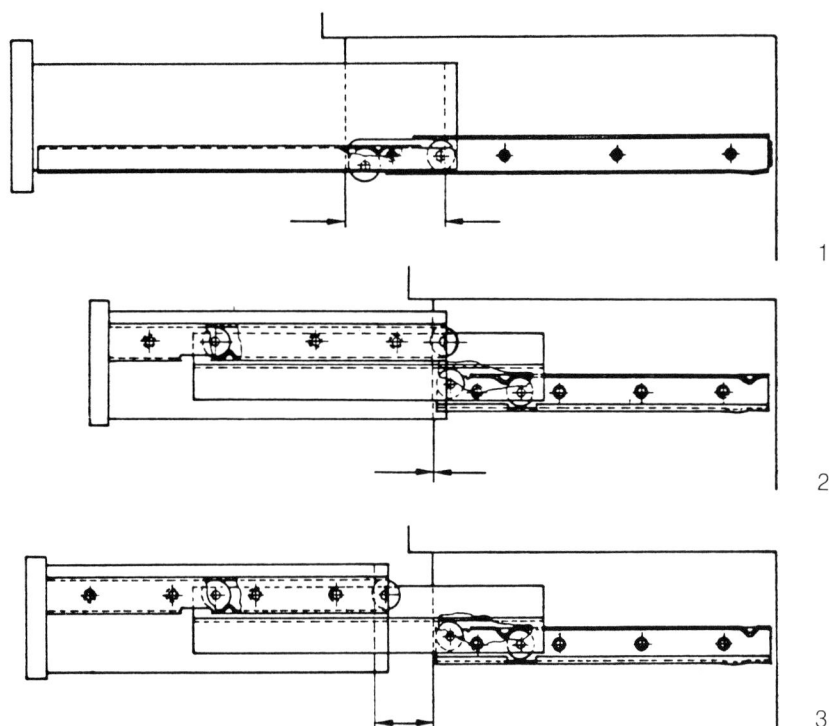

Abb. 2.42 Endstellung von Schubkastenauszugführungen. 1 Teilauszug. 2 Vollauszug. 3 Überauszug

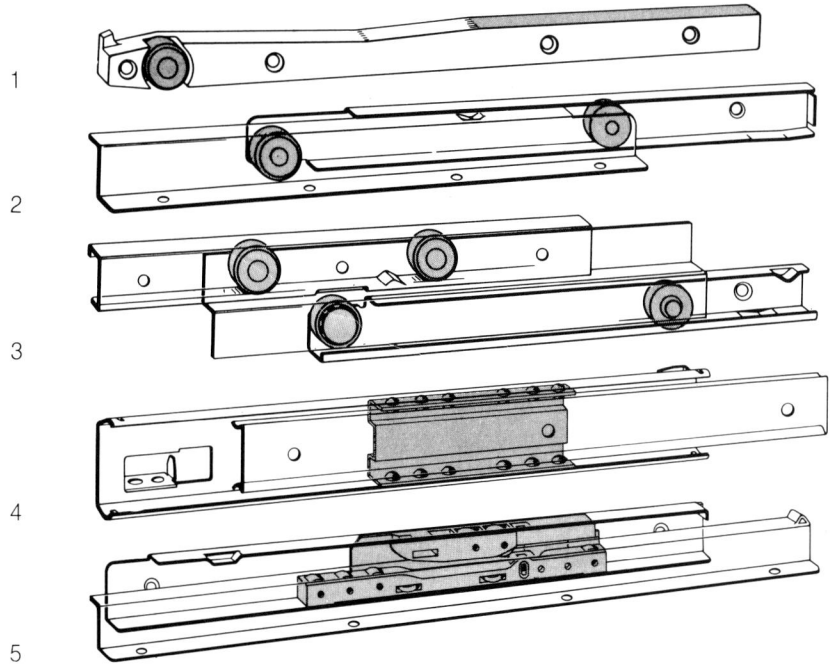

Abb. 2.43 Schubladen-Führungssysteme. 1 Roll-Gleitführung. 2 Rollführung Teilauszug. 3 Rollführung Vollauszug. 4 Kugelführung. 5 Laufwagenführung

Schubkästen sollen aus Sicherheitsgründen gegen Herausfallen gesichert sein; für Küchenmöbel ist das nach DIN 68930 vorgeschrieben. Eine Rücklaufsperre verhindert bei leichtgängigen Auszugführungen das ungewollte Öffnen.

Die Vielfalt des Angebots an Schubkastenführungen ist sehr groß. Einige Kriterien sollen die Auswahl eines Führungssystems erleichtern:

- Gebrauchszweck (Wohnbereich, Arbeitsbereich, Küche, Büro),
- Belastungsanforderungen,
- Befestigungsmöglichkeit des Beschlags, ästhetische Anforderungen,
- Möglichkeit der Verdeckung der Auszugführung durch aufgesetztes Schubkastenvorderstück als Blende

Bei der Wahl einer Auszugführung sind zu beachten:

- Schubkastenlänge (Auszugtiefe), bestimmt durch Korpusschienenlänge (KS), Schubkastenschienenlänge (SS), Auszugverlust (AV);
- Nutbreite erforderlich für eingelassene SS 17 oder 27 mm;
- Platzverlust zwischen Nutgrund oder Schubkasten-Seitenfläche und Innenfläche Korpus;
- Distanz zwischen Oberkante Schubkastenseite und Unterseite Boden oder Traverse des Korpus zum Einsetzen der Schublade (erforderliche Distanz zwischen 2 und 20 mm, je nach System).

Anforderungen an Auszugführungen sind in DIN 68858 festgelegt. Für Schubkasten als Baugruppe eines Gesamtmöbels sind Anforderungen und ihre Prüfung in DIN 68889 beschrieben.

11. Fachböden

Fachböden, auch Möbel-Einlegeböden oder kurz Einlegeböden genannt, unterteilen den Schrankraum in Fächer. Im Gegensatz zu den Korpusböden und eventuell vorhandenen festen Zwischenböden (= Konstruktionsböden), sind Fachböden höhenverstellbar. Als Auflage dienen moderne Fachbodenträger, die in großer Vielfalt von der Beschlägeindustrie angeboten werden und meistens in Reihenbohrungen von 32 mm (Büromöbel 25 mm) Abstand und 2,2 ... 5 mm Durchmesser in die Korpusseiten eingesteckt werden. Auch bündig in die Korpusseite eingenutete Schienen anstelle von Reihenbohrungen können zur Verstellung der Fachbodenträger dienen. Bodenträger können auch als Bügel geformt sein und erfordern das Aufstecken des Fachbodens von vorn. Auch andere Bodenträger können so geformt sein, daß sie das Herabfallen des Bodens beim Verrutschen nach vorne verhindern.

Übersicht 2.6 Standardmaße für Schubkastenteile als Zulieferprodukt

Zargenbreiten (Seitenhöhen) in mm

Spanplatte ummantelt:	56	60	80	85	100	120	140	160	200 270
Massivholz:		60	80		100	120	140		

Zargenlängen, als Stangenware zur Selbstherstellung der Schubkasten im Faltverfahren, Maximallänge: 4100 mm

Zargendicken (mm)

Spanplatte ummantelt:	12,3	14,3	14,8
Massivholz:	13	14	

Laufnut (mm)

Breite:	4	17	27
Tiefe:	6	6+7	7

Laufleisten (mm)

Holz:	512 × 16 × 13	(17 mm Laufnut)
Kunststoff:	290 × 16 × 8	
	352 × 16 × 8	
	512 × 16 × 8	
	276 × 25 × 3,3	(4 mm Laufnut)

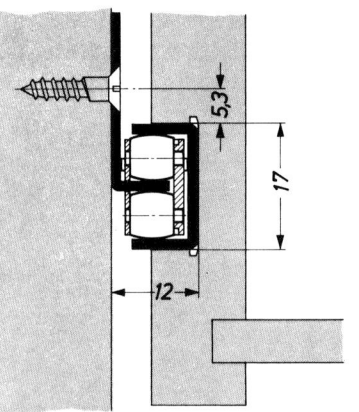

1

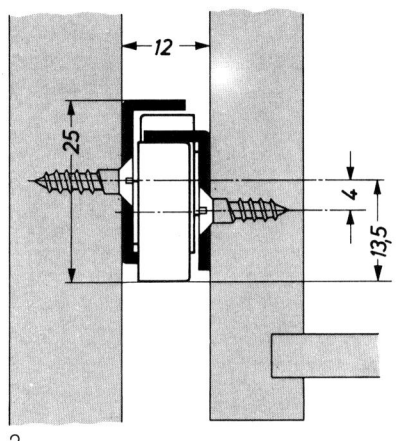

2

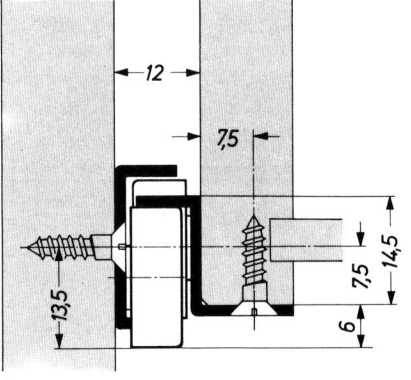

3

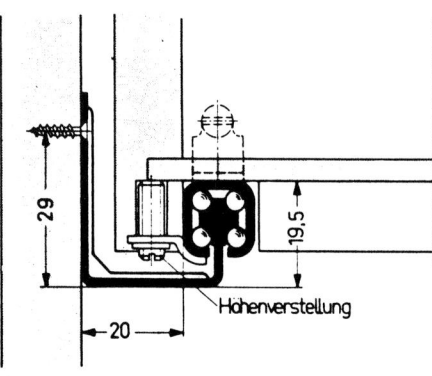

4

Abb. 2.44 Prinzipien der Montage von Auszugführungen. 1 in die Schubkastenseite eingenutet. 2 auf der Schubkastenseite befestigt. 3 unter der Schubkastenseite befestigt. 4 unter dem Schubkastenboden befestigt

Weiterentwickelte Fachbodenträger ermöglichen ein festes Einspannen des Bodens durch kraftschlüssigen Steckverschluß, der bei Bedarf wieder gelöst und höhenverstellt werden kann. So ergibt sich eine Kombination von verstellbarem Fachboden und festem Konstruktionsboden.

Fachböden werden je nach Verwendungszweck großen Belastungen ausgesetzt, die zum Durchbiegen führen können. Besonders bei Langzeitbelastung kann eine ursprünglich kaum wahrnehmbare Durchbiegung zu einer unzulässig großen Verformung führen. Lasten können als Flächenlasten relativ gleichmäßig verteilt sein (Bücher, Geschirr, Wäsche) oder als Einzellasten in der Mitte des Fachbodens auftreten (Marmorbüste, Fernsehapparat). In Extremfällen können Flächenlasten Beträge von 200 kg/m² erreichen. Die Durchbiegung der Fachböden soll in offenen Fächern 3 mm/m (etwa Länge/300), bei Fachböden hinter Türen 5 mm/m (Länge/200) nicht überschreiten.

Nach DIN 68 874 Teil 1 „Möbel-Einlegeböden und -Bodenträger" ist der Nachweis des Durchbiegeverhaltens von Fachböden in vier Belastungsgruppen zu erbringen: 250, 500, 750, 1250 N/m². Die Durchbiegung von belasteten Fachböden hängt ab von

- der Stützweite,
- der Biegesteifigkeit und der Dicke des Materials (E-Modul),
- der seitlichen Auflage oder Einspannung.

Die Einflüsse der Materialart und der Stützweite auf die Durchbiegung sind groß. Zwischen Vollholz, Tischlerplatten und Spanplatte bestehen erhebliche Unterschiede in der Biegefestigkeit unter Dauerlast. Bei gleicher Belastung und gleicher zulässiger Durchbiegung müssen Spanplattenböden dicker gewählt werden als Vollholzböden. (Weitere Einzelheiten zur Bestimmung der Dicke bzw. der Durchbiegung von Böden siehe in Abschnitt 2.6.8).

Fachböden werden etwa 20 mm schmaler als die lichte Korpustiefe gehalten. Die Länge soll eine Toleranz berücksichtigen (Spielpassung), die ein problemloses Höhenverstellen und Einlegen erlaubt. Bei sichtbaren Vorderkanten können diese mit typischen Zierprofilen versehen sein.

2.4.4 Gestellmöbel

Gestellmöbel weisen eine skelettartige Konstruktion auf. Die einzelnen tragenden Teile wie Pfosten, Stollen und Zargen sind durch aussteifende Teile wie Sprossen, Stege und Knaggen zu einem Gerüst verbunden. Im Gegensatz zu den relativ großflächigen Teilen eines Korpusmöbels sind die Einzelteile des Gestellmöbels aus meist schlanken Massivholzteilen mit relativ kleinen Querschnitten hergestellt. Auch gebogene Vollholzteile oder schichtverleimte Holzteile können verwendet werden.

Die Grenze zwischen Gestellmöbel und Korpusmöbel ist nicht immer eindeutig. Gestelle können selbst ein komplettes Möbel bilden, wie beispielsweise Stühle, Sessel, Polstergestelle, Tische, oder sie können eine Baugruppe eines Möbels sein, wie Zargengestelle von Tischen, Fußgestelle von Korpusmöbeln, Sockelgestelle von Einbaumöbeln, Traggestelle von Regalen.

Auch Betten gehören im weiteren Sinne zu den Gestellmöbeln. Der Zusammenbau von Betthäuptern (Pfosten) und Bettseiten (Zargen) ergibt das tragende Gestell zur Aufnahme des Bettrahmens und der Matratzen.

Als Baugruppe eines Korpusmöbels tritt das Gestell beispielsweise bei Anrichten oder Schränken als Zargen-Fußgestell auf.

2.4.4.1 Konstruktionsprinzipien

Die tragenden und aussteifenden Teile eines Gestellmöbels müssen trotz ihres kleinen Querschnitts erhebliche Kräfte ableiten und übertragen können. Daraus ergeben sich Anforderungen an

- das Stehvermögen des Materials (hoher Widerstand gegen Verwindung, Biegung, Ausknicken),
- die Festigkeit von Verbindungen (form- und kraftschlüssige Verbindungen der Einzelteile in den Knoten des Gestells).

Die im Gebrauch auftretenden Kräfte lassen sich ihrer Art nach in Biegekräfte, Zug- und Druckkräfte, Spalt- und Scherkräfte sowie Torsionskräfte zerlegen. Bei Gebrauch wirken einige dieser Kräfte gleichzeitig auf das dreidimensionale Gebilde Gestell und überlagern sich dabei. Deshalb sind rechnerisch-theoretische Bestimmungen der Kräfte und die sich daraus ergebenden Dimensionen der Teile, sowie der Belastungsfähigkeit der Verbindungen, äußerst schwierig. In der Praxis werden deshalb Möbelgestelle nach Erfahrungswerten konstruiert. Ihre Belastungsfähigkeit wird in dynamischen Dauerprüfungen an Prototypen ermittelt, und notfalls wird die Konstruktion verändert.

In neuerer Zeit hat die Forderung nach zerlegbar gebauten Möbeln zugenommen. Auch Gestellmöbel werden zerlegbar konstruiert. Sichtbare Beschläge werden nicht mehr in jedem Fall als störend empfunden. So haben eine Reihe von Metallbeschlägen, insbesondere Schrauben mit Querbolzen, Eingang in Gestellkonstruktionen gefunden. Sie bieten den Vorteil der Zerlegbarkeit von Bauteilen, hohe Festigkeit der verschraubten Verbindung und die Möglichkeit des Nachziehens bei eventuell gelockerter Fuge.

Die Gestaltung der Fugen und das Einbringen von Verbindungsmitteln für zweidimensionale L- oder T-förmige Verbindungen, oder für dreidimensionale Eckknoten, wie beim Zusammentreffen von Längs- und Querzargen und Fuß, erfordern Sorgfalt und Erfahrung. Man ist bestrebt, die relativ geringe Leimfläche optimal auszunutzen und darüber hinaus durch die Gestaltung der Verbindung den höchstmöglichen Form- und Kraftschluß zu erzielen.

2.4.4.2 Stühle und ihre Grundformen

Die große Vielfalt von unterschiedlichen Entwürfen und Formen von Stühlen läßt doch gemeinsame Bauprinzipien erkennen, die sich in fünf Grundformen beschreiben lassen (Abb. 2.45):

1. Brettstuhl

Die wohl älteste Stuhlform, hervorgegangen aus dem Schemel, ist der Brettstuhl. Ein Massivholzsitz mit eingezapfter Rückenlehne, ebenfalls aus Massivholz, nimmt die schräg gestellten Füße auf. Diese sind entweder rund gedrechselt oder konisch gehobelt und mit dem Sitz über eine Gratleiste verbunden oder direkt in den Sitz eingebohrt und verkeilt. Die allseitig schräg gestellten Füße ergeben unter Belastung einen stets guten Stand des Stuhles, der robuster Belastung ausgesetzt werden kann, z. B. in Gaststätten und Kantinen.

2. Drechsel- oder Sprossenstuhl

Rund gedrechselte Teile wie Füße, Zargen und Sprossen werden mit Rund- oder Flachzapfen verbunden. Die Umlaufzargen im Sitzbereich sind oft mit Pflanzenfaser überspannt. Unter Belastung zieht das Geflecht die Konstruktion zusammen. Das Prinzip einer selbstschließenden Verbindung ist verwirklicht. Typischer Stuhl des ländlichen und rustikalen Bereichs.

3. Zargenstuhl

Typische Stuhlformen für rationelle industrielle Fertigung. Viereckige, runde oder ovale Füße (Stollen) werden mit rechteckigen Zargen durch Zapfen oder Dübel verbunden. Parallel zu den Seitenzargen können Stege verlaufen. Aus ästhetischen und praktischen Gründen (Stapelbarkeit) werden diese oft weggelassen. Die Verbindung zwischen Zarge und Fuß muß dann allein die Kräfte aus der Belastung des Stuhles übertragen. Diese Grundform bietet viele Gestaltungsmöglichkeiten und ist im Wohn- und Objektbereich verbreitet.

4. Bugholzstuhl

Gebogene und rund gefräste Teile, meist aus Buchenholz, werden mit Schloßschrauben oder Sechskant-Holzschrauben verbunden. Die Vorderfüße sind in den Sitzrahmen über Holz- oder Metallgewinde eingeschraubt.

Michael Thonet (1791–1871) entwickelte das Biegen von Massivholzstäben, die mit Hilfe von Wasserdampf und einem Stahlband auf der Zugseite des Biegeteils zur Vermeidung von Faserrissen, zu höchster Perfektion. Es entstanden sehr flexible, haltbare und formschöne Konstruktionen. Als „Wiener Kaffeehausstuhl" fanden Bugholzstühle Verbreitung in der ganzen Welt, weil man von Anfang an das Prinzip der Zerlegbarkeit für den besseren Transport konsequent verfolgte.

5. Schichtholzstuhl

Er wird aus Schichtholz-Formteilen gefertigt. Furnierlagen werden faserparallel in Formen verleimt und verpreßt. So entstehen Teile mit hoher Elastizität und Festigkeit. Diese werden mit den üblichen Holzverbindungen zu Gestellen zusammengebaut. Als Sitze und Rückenlehnen können Formteile aus Sperrholz, also aus rechtwinklig oder sternförmig zusammengelegten Furnierlagen, verwendet werden. Schichtholzteile und Formlagenholzteile, meistens aus Buchenholz hergestellt, ergeben Stühle von hoher Elastizität und Formschönheit, die als typisches Industrieprodukt den modernen Möbelbau repräsentieren.

2.4.4.3 Besonderheiten des Stuhlbaus, Holzarten

Stühle werden im allgemeinen fest verleimt konstruiert. Für Mitnahmezwecke und für den Export werden auch zerlegbare Stühle gefordert. Für Massenbestuhlungen im Objektbereich werden Stuhlmodelle benötigt, die gestapelt und seitlich zu Reihen verbunden werden können. Diese Sonderanforderungen müssen sich der Hauptforderung nach stabiler, dauerhafter Konstruktion unterordnen.

Sie beginnt mit der sorgfältigen Materialauswahl. Bevorzugt werden feinporige, möglichst zerstreutporige Holzarten mit hoher Scher- und Biegefestigkeit. Buche ist die wichtigste Holzart für moderne, industriell gefertigte Stühle geworden. Hochwertige Stuhlbauhölzer sind Kirschbaum, Nußbaum und Birke, die vor allem bei alten und nachgebauten Stilmöbeln zu finden sind. Aus Kostengründen müssen heute einfachere Hölzer verwendet werden. Rustikale Modelle werden aus Eiche, Esche oder Nadelhölzern hergestellt.

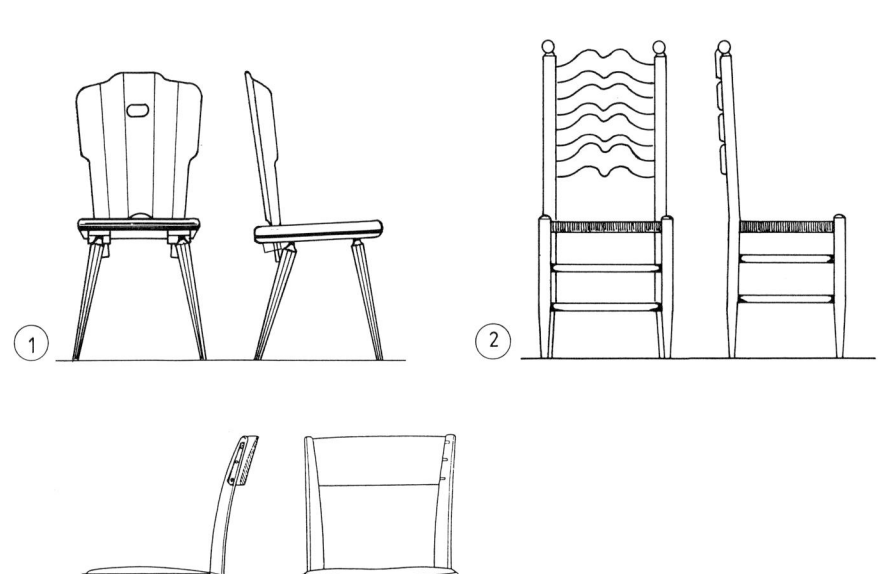

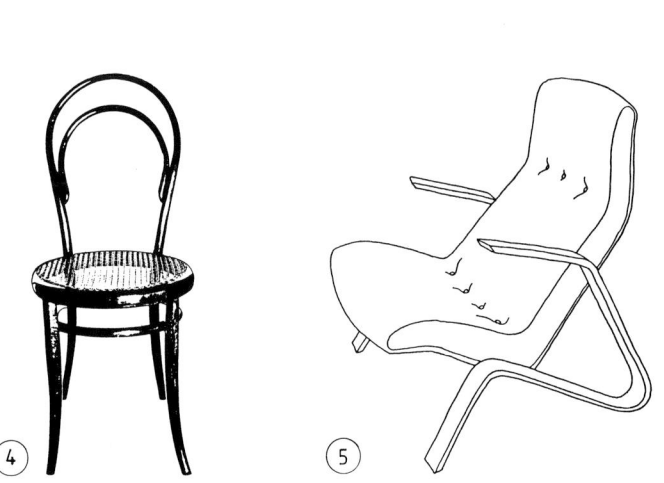

Abb. 2.45 Grundformen des Stuhlbaus. 1 Brettstuhl. 2 Drechsel- oder Sprossenstuhl. 3 Zargenstuhl. 4 Bugholzstuhl. 5 Schichtholzstuhl

Bei gekrümmten Stuhlteilen ist das Biegen des Holzes dem Ausschneiden vorzuziehen, da der natürliche Faserverlauf des Holzes beim Biegen nicht unterbrochen wird. Wenn Formteile aus Vollholz zugeschnitten werden, so sind große Erfahrung und Sorgfalt notwendig, um den Faserverlauf und die Lage der Jahrringe so zu wählen, daß die höchste Belastungsfähigkeit der Teile erreicht wird.

2.4.4.4 Teile des Stuhls

Die wichtigsten Teile des industriell gefertigten Zargenstuhls sind
- Füße (Stollen, Pfosten),
- Zargen (Seiten-, Vorder-, Hinterzarge),
- Sitz (Platte oder Rahmen),
- Rückenlehne (Rahmen, Sprossen oder Platte),
- Stege (Verbindungsteile zwischen den Füßen),
- Ecklötze, auch Knaggen genannt (zur Aussteifung des Zargenrahmens).

Die Einzelteile können rechteckigen, runden oder ovalen Querschnitt aufweisen. Bei rechteckigen Querschnitten ergeben sich flächenplane Stoßfugen. Bei runden oder ovalen Querschnitten sind die Stoßfugen über das Hirnholz entsprechend zu kontern. Auf Spezialmaschinen können solche Konterungen, zusammen mit dem Anschneiden von Zapfen oder Einbohren von Dübellöchern, hergestellt werden.

2.4.4.5 Stuhlverbindungen

Die Auswahl der Verbindungsart hängt einerseits von den Querschnittmaßen der zu verbindenden Teile ab und andererseits von den verfügbaren Maschinen für die Fertigung. Altbewährte Verbindungen sind Zapfen und Dübel, deren Anwendungsart noch variiert werden kann, um höhere Festigkeiten zu erzielen. Außerdem wird die Festigkeit beeinflußt von
- der Einhaltung genauer Passungen,
- Leimart, Leimmenge und Verteilung des Leims in der Verbindung,
- Faserverlauf des Holzes in den einzelnen Teilen der Verbindung (Anteil an Überlappungsfuge gegenüber Stoßfuge),
- Holzfeuchte bei Herstellung der Verbindung.

1. Zapfenverbindung

Diese Verbindung kann als Einfachzapfen, Doppelzapfen oder in der Variante des Fingerzapfens angewendet werden. Aus bestimmten Stuhlformen ergibt sich, daß die Zargen nicht rechtwinklig an die Füße anschließen und dann die Zapfenachse nicht parallel zur Zargenachse liegt. Die Brüstungsfuge muß dann schräg abgesetzt werden.

Die Zapfen werden in Dicke und Breite vom Zargenquerschnitt zurückgesetzt, um saubere, tiefenbegrenzte Stoßfugen

zu ermöglichen. Die Zapfenabmessungen werden noch weitgehend nach Erfahrungen und im Verhältnis zu den Dimensionen von Zargen und Füßen bestimmt. Die Dicke des Zapfens soll 8 mm nicht überschreiten. Doppelzapfen werden bis zu 5 mm Dicke angeschnitten. Die Länge ist durch den Querschnitt des Gegenstückes (Fuß) gegeben und soll optimal ausgenutzt werden. Bei rechtwinkligem Aufeinanderstoßen zweier Zapfen von Längs- und Querzarge können
- die Zapfen auf Gehrung geschnitten und gleich lang sein,
- ungleich lang sein, der Zapfen der Querzarge ist durchlaufend, die Längszarge hat einen kürzeren Zapfen,
- die Zapfenenden sich mit Fingerzinken gegenseitig durchdringen,
- kann eine Kombination von Zapfen (Querzarge) und Dübeln (Längszarge) angewandt werden, die Dübel werden in die verleimte Zapfenverbindung eingebohrt.

Für Zapfen hat sich eine Übergangspassung bis leichte Preßpassung als günstig erwiesen, mit einem Übermaß von 0,08 ... ≤0,18 mm (entsprechend einer K/n oder K/p-Passung nach DIN 68101).

Die Holzfeuchte soll beim Verleimen nicht über 8 % betragen, bei höheren Holzfeuchten ist mit späteren Festigkeitsverlusten zu rechnen.

Der verwendete Leim soll nach dem Abbinden zäh-elastische Eigenschaften behalten und nicht spröde durchhärten. Bewährt haben sich speziell für Gestellverbindungen eingestellte PVAc-Leime. Durch Verdichten der Zapfen auf speziellen Maschinen wird ein Quellen nach der Verleimung erreicht. Dabei dürfen aber die Fasern nicht abgequetscht werden. Dauerhafter sind eingeschnittene Keile, die beim Zusammenpressen eingetrieben werden.

2. Dübelverbindung

Das Dübeln ist im industriellen Stuhlbau sehr verbreitet, da es eine rationale Fertigung und Holzeinsparung gegenüber der Zapfenverbindung ermöglicht. Das Bohren mit Mehrspindel-Bohrköpfen und maschinelle Einleimen der Dübel hat dieser Verbindungart zu weiter Verbreitung verholfen. Ein wesentlicher Festigkeitsunterschied zwischen Einfachzapfen- und sorgfältig ausgeführter Dübelverbindung kann nicht nachgewiesen werden. Zu beachten ist, daß die Dübel aus gesundem Holz (meist Buche) herzustellen sind. Gefräste Riffeldübel oder Quelldübel werden eingesetzt. Bei Quelldübeln darf die Oberfläche beim Einprägen der Rillen nicht so stark gequetscht sein, daß sich die Fasern nach dem Verleimen ablösen und zu Festigkeitsverlu-

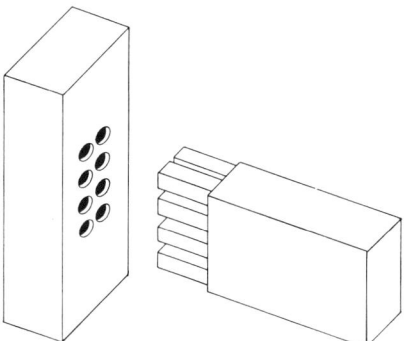

Abb. 2.46 Prinzip der Zabo®-Verbindung, Kombination von Fingerzapfen und Dübelbohrung

sten der Verbindung führen. Der Dübeldurchmesser muß auf die Dicke des Teils abgestimmt sein, in das er faserparallel eingeleimt wird (Zarge). Nach Erfahrung sollten ⅗ der Zargendicke als Dübeldurchmesser nicht überschritten werden, um das Aufplatzen des Dübellochs zu vermeiden. Neuerdings sind auch Maschinen im Einsatz, mit denen Dübel direkt an die Hirnenden eines Teils angefräst werden können. So entfallen das Bohren und Eintreiben des Dübels und damit die Gefahr des Aufplatzens der Wandung. Das Verfahren hat sich bei kurzen Dübeln bewährt.

Da Stuhlverbindungen hohen Biege-, Scher- und Torsionskräften ausgesetzt sind, besteht bei Dübeldurchmessern unter 10 mm die Gefahr des Abscherens im Zugbereich der Spannungen. Die Einleimlänge je Teil soll mindestens dem doppelten, besser 2,5fachen Durchmesser entsprechen, also bei 10 mm Ø : 2,5 · 10 · 2 = 50 mm Gesamtlänge des Dübels. Die Passung zwischen Dübel und Bohrung kann bei gut gefrästen Riffeldübeln eine leichte Pressung mit einem Übermaß von 0,2 ... 0,5 mm sein. Die Leimart sollte, wie bei der Zapfenverbindung, zäh-elastisch abbinden.

3. Zabo®-Verbindung

Eine Alternative zur Zapfen- oder Dübelverbindung bietet die patentierte Zabo®-Verbindung. Hier werden die Hirnenden der Zargen anstelle von eingeleimten Dübeln mit einer Doppelreihe angeschnittener quadratischer Fingerzapfen versehen (Abb. 2.46). Im Gegenstück (Fuß) werden sie in übliche Dübelbohrungen eingebracht und mit Leim verpreßt. Die Diagonale des Querschnitts der einzelnen Fingerzapfen weist dabei ein Übermaß zum Bohrloch auf und wird mit starker Preßpassung verleimt. Nach den vorliegenden Erfahrungen ist die Festigkeit der Verbindung mit der von Doppelzapfen vergleichbar und erheblich höher als die von Einfachzapfen- oder Dübelverbindungen (vgl. Abschnitt 2.6.6).

4. Keilzinkung
Die Hirnenden der Zargen können mit Keilzinkung oder einem Verleimprofil versehen sein. Aus der Stoßfuge (Hirnholz) wird so zum Teil eine Überlappungsfuge mit höherer Verleimfestigkeit. Form- und Kraftschluß der Fuge werden verbessert.

5. Eckklötze
Zur Verstärkung des Zargenrahmens können Eckklötze oder Knaggen eingesetzt werden. Im einfachsten Fall sind diese stumpf eingeleimt und verschraubt. Durch Verzahnung der Fugen mit geraden Nut-Feder-Fräsern oder Keilzinken wird die Festigkeit erhöht. Eckklötze sind insbesondere bei Einlegesitzen zu verwenden, die ausgefälzte und damit im Querschnitt geschwächte Zargen aufweisen.

2.4.5 Tische
Tische sind Gestellmöbel. Die Normung beschreibt sie als Möbel mit waagrecht angeordneter, auf einem Gestell ruhenden Platte (DIN 68880). Sie dienen verschiedenen Verwendungszwecken für stehende oder sitzende Tätigkeiten und weisen entsprechend unterschiedliche Bauhöhen auf. Maßgebend ist die ergonomisch richtige Körperhaltung. Tischarten können nach dem Gebrauchszweck, der Konstruktion und nach Funktionsprinzipien unterteilt werden.

2.4.5.1 Gebrauchszweck
Nach dem Gebrauchszweck können Tische wie folgt unterschieden werden:

Verwendung	empfohlene Bauhöhe (mm)
Wohnbereich:	
Küchenarbeitstisch für stehende Tätigkeit	850 oder 900 (DIN 68901)
Küchenarbeitstisch, ausziehbar für sitzende Tätigkeit	650
Eßtisch	750
Couchtisch, nicht höhenverstellbar	450 ... 500
Arbeitsbereich:	
Büro-Schreibtisch	720 (DIN 4549) 750 (früher)
Schreibmaschinen- oder Büromaschinentisch	650 (DIN 4549)

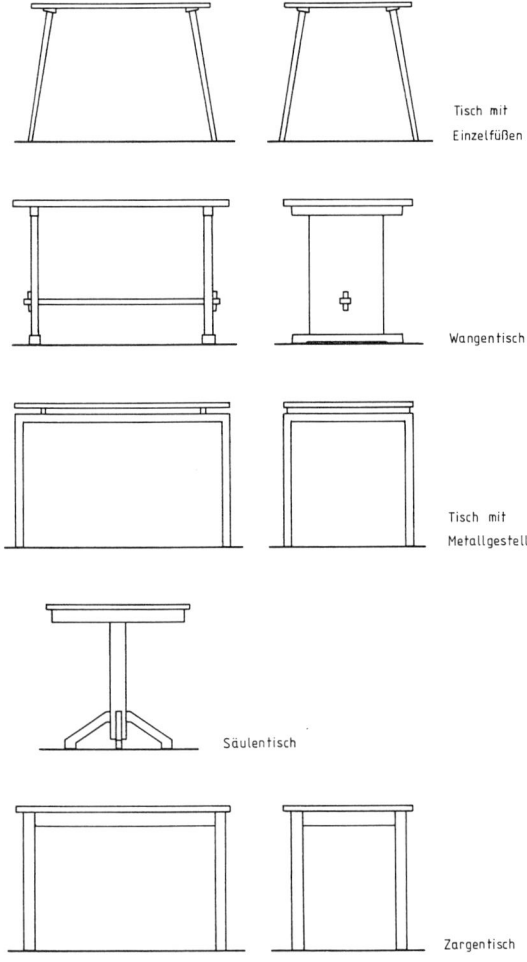

Abb. 2.47 Grundformen für Tischkonstruktionen

Tisch mit Einzelfüßen

Wangentisch

Tisch mit Metallgestell

Säulentisch

Zargentisch

Bei Tischen kommt der Abstimmung der Maße von Plattenhöhe, Beinraumhöhe und Sitzflächenhöhe große Bedeutung zu. Für die Beinraumhöhe gelten bei Eßtischen 650 mm an der Tischplattenvorderkante als Mindestmaß, bei Büromaschinentischen 620 mm in 200 mm Tiefe von der Vorderkante Tischplatte. Für Schreibtische, Schultische und Eßtische gelten auch für die Plattenfläche und sonstigen Funktionsmaße Normwerte, die nach ergonomischen Richtlinien festgelegt wurden. Für Tische für den Wohnbereich gilt DIN 68885, für den Schulbereich DIN 5970, für den Bürobereich DIN 4549.

2.4.5.2 Konstruktion
Die Konstruktionsprinzipien aus dem Gestellbau, wie sie für Stühle bereits eingehend beschrieben wurden, gelten auch für Tische. Die Vielfalt der Tischbauarten umfaßt aber auch Konstruktionsprinzipien des Brettbaus und des Stollenbaus. Wichtige Bauteile sind die tragenden Füße oder Stollen, die durch Zargen verbunden sind, aber auch durchgehende Wangen mit Zargen- und Stegverbindungen können als Grundbauarten unterschieden werden.
Die Verbindung von Füßen und Zargen muß sehr belastungsfähig sein, da durch die Länge der Füße eine erhebliche Hebelwirkung auf die Verbindung ausgeübt

werden kann. Schlitz-Zapfen und Dübelverbindungen für nicht zerlegbare Konstruktionen, aber auch Schraubverbindungen für zerlegbare Tische sind üblich. Nach der Konstruktion lasen sich unterscheiden (Abb. 2.47):

- Tisch mit Einzelfüßen (einfach, wenig belastbar),
- Tisch mit Zargengestell (häufigste Bauweise),
- Tisch mit Wangen und Steg (rustikaler Stil),
- Säulentisch (meist mit runder Platte, Kaffeehaus-Tisch),
- Tisch mit Metallgestell (Büro, Schreibmaschinentisch, Bildschirmarbeitstisch mit Verkabelung im Gestell),
- Tisch als Kombination aus Korpusmöbel und Gestell (Büro).

Tischplatten können aus Vollholz hergestellt sein, wobei für Eßtische vorzugsweise Ahorn, aber auch Buche, Eiche und neuerdings Kiefer und Fichte verwendet werden. Massivholzplatten erfordern eine Befestigung auf dem Gestell, die das Quellen und Schwinden der Fläche nicht behindert, wie beispielsweise Gratleisten, Schraubleisten mit Langlöchern, Nutklötze, Winkelklammern aus Metall oder andere, werkstoffgerechte Befestigungsarten.

Auch furnierte Tischplatten sind häufig anzutreffen, wobei für hochbeanspruchte Platten Furnierdickten verwendet werden. Arbeitstische sind oft mit Kunststoff-Schichtstoffplatten belegt.

Die Kanten und Ecken von Arbeitstischen sind ausreichend abzurunden. Für Schreibtische sind Normvorschriften mit R3 als Mindestrundungsradius zu beachten.

2.4.5.3 Funktionsprinzipien

Nach der Funktion lassen sich unterscheiden:

- Tische mit fester Platte,
- Tische mit klappbarer Platte und schwenkbarer oder ausziehbarer Unterstützung,
- Tische mit Kombination aus Umschlag- und Drehplatte, sogenannte Dreh-Klapptische (z. B. Spieltische),
- Ausziehtische, sogenannte Zweizugtische mit Ausziehplatte auf Leisten,
- Kulissentische, auseinanderziehbar mit Holz- oder Metallkulissen, Einlegeplatten. Verlängerung bis zum Doppelten der ursprünglichen Länge möglich.

2.5 Zusammenbau von Möbeln

2.5.1 Zusammenpaßbau, Austauschbau

Möbel und Bauelemente setzen sich aus einer Vielzahl von Teilen zusammen, die fest oder zerlegbar miteinander verbunden werden. In der handwerklichen Einzelanfertigung werden die Teile einzeln zugeschnitten und individuell zusammengepaßt. Man spricht in diesem Falle vom *Zusammenpaßbau.*

Bei der industriellen Serienfertigung müssen die Teile austauschbar sein und deshalb mit einer vorgegebenen Genauigkeit gefertigt werden. Man spricht hier vom *Austauschbau.* Er gestattet es, die Teile vieler Erzeugnisse zeitlich und örtlich getrennt zu fertigen. Sie werden in einem Teilelager gesammelt und für den Zusammenbau bereitgestellt. In zunehmendem Maße werden in der Möbelindustrie Teile von Zulieferbetrieben bezogen und müssen in die eigenen Produkte paßgenau eingebaut werden. Das muß ohne Nacharbeit möglich sein, denn die Paßgenauigkeit der Einzelteile bestimmt die Funktionsfähigkeit des gesamten Möbels.

Die Teile müssen in ihren Dimensionen (Länge, Breite, Dicke) und ihren Passungen, zum Beispiel Feder-Nut, Zapfen-Schlitz, Dübel-Loch, der vorbestimmten Genauigkeit entsprechen. Diese kann als genormte Toleranz oder als Firmenstandard festgelegt sein. Sie wird auf den Zeichnungen für die Herstellung der Teile angegeben und ist für die Fertigung im eigenen Betrieb oder für Zulieferteile verbindlich.

Zwischen den Teilen ergeben sich Fugen, die mit einer bestimmten Genauigkeit passen sollen. Je nachdem, ob eine Fuge dicht und flächenbündig und damit fast unsichtbar gearbeitet wird oder bewußt offen gestaltet ist, unterscheidet man

- Haarfuge,
- V-Fuge,
- Schattenfuge (Abb. 2.48).

2.5.1.1 Toleranzen

Toleranzen geben den zulässigen Spielraum an, in dem die tatsächlichen Maße eines Werkstückes liegen müssen. Anders ausgedrückt geben Toleranzen die geduldete Ungenauigkeit eines definierten Fertigmaßes an. Das Bestreben des Konstrukteurs ist es, möglichst große Toleranzen anwenden zu können, da kleine Toleranzen genaueres Arbeiten verlangen und damit höhere Fertigungskosten verursachen.

Die Anwendung eines strengen Toleranzsystems stößt in der Praxis der Holzverarbeitung noch oft auf Widerstand, der

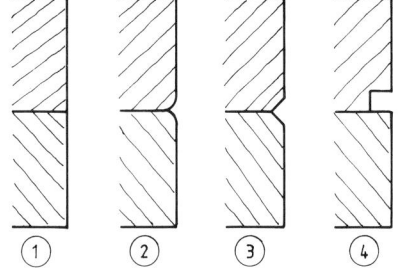

Abb. 2.48 Fugengestaltung.
1 Haarfuge. 2 V-Fuge gerundet.
3 V-Fuge gefast. 4 Schattenfuge

einerseits mit dem Mangel an Erfahrungen im Umgang mit modernen Meßmethoden und Meßwerkzeugen zusammenhängt, andererseits aus Unkenntnis der Ursachen für Maßabweichungen stammt. Als die vier wichtigsten Ursachen lassen sich nennen:

1. Dimensionsschwankungen des Werkstoffs durch klimatische Einflüsse (Schwinden und Quellen von Holz und Holzwerkstoffen).
2. Ungenauigkeiten der Fertigungsmittel, insbesondere von hochtourig laufenden Schneidwerkzeugen und von Einspannvorrichtungen.
3. Meßungenauigkeiten, bedingt durch die Art der Meßinstrumente und ihrer Handhabung.
4. Arbeitsungenauigkeiten, die durch den Menschen verursacht werden.

Die Norm DIN 68 100 „Toleranzsystem für die Holzbe- und -verarbeitung, Begriffe, Toleranzreihen, Schwind- und Quellmaße" macht ausführliche Angaben zu den zu erwartenden Dimensionsschwankungen der verschiedenen Holzarten in Abhängigkeit von der Holzfeuchteänderung und der anatomischen Hauptrichtung des Jahrringverlaufs (radial, tangential). So wird es möglich, die Maßänderung eines Teiles in Abhängigkeit von der Feuchteänderung im Anwendungsbereich zwischen 5 und 20 % mit ausreichender Genauigkeit rechnerisch zu bestimmen (vergl. Abschnitt 2.3.1 und Tab. 2.1).

In der Norm sind Grundtoleranzen für Nennmaßbereiche festgelegt. Nennmaße sind die in der Zeichnung angegebenen Fertigmaße eines Werkstücks. Je größer der Nennmaßbereich, desto größer ist der zugestandene Spielraum für die Maßabweichung (Tab. 2.6).

Innerhalb eines Nennmaßbereichs kann der zugestandene Spielraum unterschiedlich sein, je nachdem, für welchen Anwendungsbereich das Teil gefertigt wird. Zum Beispiel wird die Länge eines Korpus-Zwischenbodens (Konstruktionsboden) mit größerer Genauigkeit zu fertigen sein als eine Tischplatte mit dem gleichen Nennmaß, da letztere mit anderen Teilen nicht zur Passung gebracht zu werden braucht.

Das Toleranzsystem sieht daher Genauigkeitsabstufungen in den Holz-Toleranzreihen (HT) vor. Sie reichen von HT 6 bis HT 60, d. h. vom Bereich der feinsten Holzbearbeitung wie Werkzeugbau oder Armaturenbau, über den Möbelbau bis hin zum Holzbau. Um den Bereich der gesamten Holztechnik einzubeziehen, wurden die HT-Reihen bis auf 630 erweitert. In der Praxis wird man sich im Möbel- und Innenausbau auf die Toleranzreihen-Genauigkeit von HT 15, HT 25 und HT 40 beschränken können. Die Norm schreibt nicht vor, welche HT-Reihe anzuwenden ist. In der Praxis darf aber von folgender Einteilung ausgegangen werden:

HT 6 ⎫ für hochpräzise Teile wie
HT 10 ⎬ Werkzeuge, Maschinenteile,
       ⎭ Armaturenbretter, Gehäuse
          für Radio und Fernseher,
HT 15   für Möbelteile im strengen
          Austauschbau,
HT 25   für Möbelteile im weniger
          strengen Austauschbau,
HT 40   für die Fertigung von Teilen,
          deren Dimensionen für das
          Zusammenpassen mit anderen Bauteilen ohne Belang
          sind, z. B. Breite und Länge
          einer Tischplatte, Breite eines
          Fachbodens,
HT 60 und größer: für Teile grober Holzbearbeitung und Holzbau.

Beispiel (a)
Ein Konstruktionsboden, der zwischen die Seiten eines Korpusses gedübelt wird, soll als Teil für strengen Austauschbau hergestellt werden.

Länge	980 mm
Breite	570 mm
Toleranzreihe	HT 15
Nennmaßbereich	500 ... 1000 (Tabelle 2.6)
Grundtoleranz	0,42 (Tabelle 2.6)

Bei symmetrischer Verteilung der Toleranz in bezug auf die Nullinie (Nennmaß):

Länge	980 ± 0,21
Breite	570 ± 0,21

bildlich:

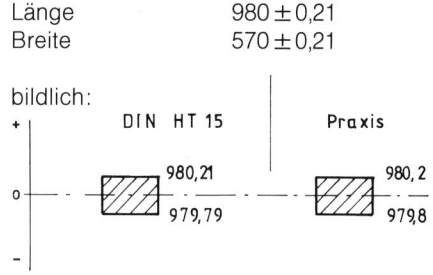

Beispiel (b)
Eine Tischplatte der gleichen Dimensionen in Länge und Breite wie im Beispiel (a):

Länge	980 mm
Breite	570 mm
Toleranzreihe	HT 40
Grundtoleranz	1,15 (Tabelle 2.6)

Bei symmetrischer Verteilung der Toleranz in bezug auf die Nullinie (Nennmaß):

Länge	980 ± 0,575, Praxis: 980 ± 0,6
Breite	570 ± 0,575

bildlich:

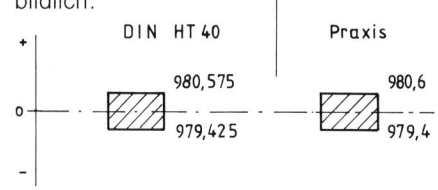

Die Angabe der Grundtoleranz wie auch die Lage des Toleranzfeldes, die für Passungen wichtig ist, gilt für einen bestimmten, gewählten Feuchtegehalt von Holz und Holzwerkstoffen. Für unsere Klimaschwankungen in Mitteleuropa ist dies die Holzfeuchte, die sich bei relativer Luftfeuchte zwischen 30 % und 85 % bei Lufttemperaturen unter 25 °C einstellt. Bei unterschiedlichem Feuchtegehalt des Holzes zwischen Herstellung und Verwendung sind die Schwindung und Quellung durch entsprechende Maßzuschläge oder -abschläge zu berücksichtigen.

2.5.1.2 Passungen
Passung bezeichnet die Genauigkeit, mit der zwei Teile ineinandergreifen. Die Metallverarbeitung verwendet die Grundbegriffe Welle (W) für Innenteile und Bohrung (B) für Außenteile, in der Holzverarbeitung sind die entsprechenden Teile Feder und Nut. Die Norm DIN 68101 „Grundabmaße und Toleranzfelder für Holzbe- und -verarbeitung" erläutert die Grundbegriffe. Man unterscheidet die drei Passungsarten:
- Spielpassung: Außenteil und Innenteil lassen sich mit freiem Spiel gegeneinander verschieben. Beispiel: Schubkastenführung mit Nut und Laufleiste.
- Übergangspassung: Außenteil und Innenteil lassen sich mit Berührung noch verschieben. Beispiel: Schlitz und Zapfen.
- Preßpassung: Außenteil und Innenteil sind nur mit Pressung zusammenzufügen. Beispiel: Verkeilung, Gratleiste.

Der genaue Betrag des Spiels, des Übergangs oder der Pressung, der sich aus der Differenz der Maße von Innen- und Außenteil ergibt, wird durch die Größe und die Lage der Toleranzfelder zur Nulllinie, d. h. zum Nennmaß, bestimmt (Abb. 2.49).

Die Grundabmaße für Außen- und Innenteile, die der Größe der Toleranzfelder

Tabelle 2.6 Grundtoleranzen Holz

Nennmaßbereiche in mm über	bis	Grundtoleranzen in mm bei Holz-Toleranzreihen (HT)										
		HT 6	HT 10	HT 15	HT 25	HT 40	HT 60	HT 100	HT 160	HT 250	HT 400	HT 630
1	3	0,06	0,10	0,15	0,25	0,40	0,60	—	—	—	—	—
3	10	0,07	0,12	0,18	0,30	0,50	0,70	1,4	2,2	3,5	—	—
10	30	0,08	0,14	0,21	0,35	0,55	0,85	1,4	2,2	3,5	—	—
30	100	0,10	0,17	0,26	0,45	0,70	1,05	2,0	3,1	5,0	8	—
100	250	0,12	0,20	0,31	0,50	0,80	1,25	2,0	3,1	5,0	8	—
250	500	0,14	0,24	0,36	0,60	0,95	1,45	2,4	3,8	6,0	10	15
500	1 000	—	0,28	0,42	0,70	1,15	1,70	2,8	4,5	7,0	11	18
1 000	2 500	—	0,36	0,54	0,90	1,45	2,15	3,6	5,7	9,0	14	23
2 500	5 000	—	0,46	0,70	1,15	1,85	2,80	4,6	7,4	11,5	19	29
5 000	10 000	—	—	—	—	2,45	3,65	6,1	9,8	15,5	24	39
10 000	25 000	—	—	—	—	—	—	9,2	14,7	23,0	37	58

Anmerkung: Eingerahmter Bereich für Möbel- und Innenausbau verwendbar

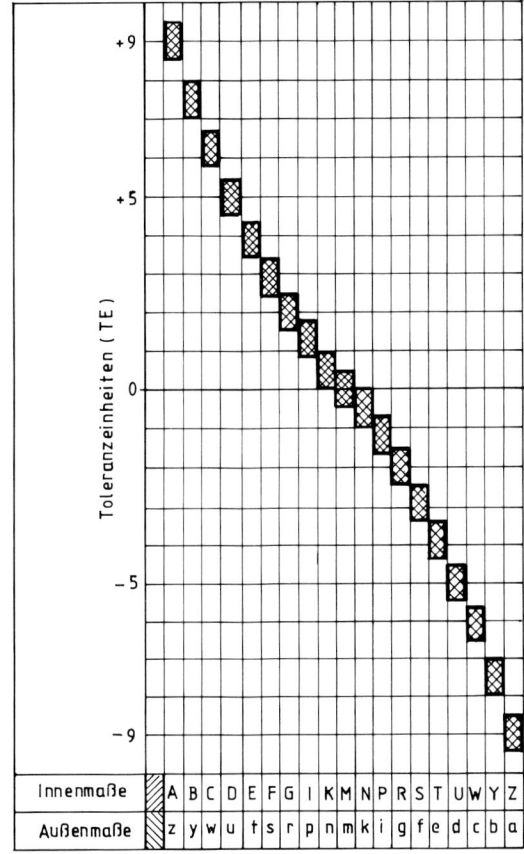

Abb. 2.49 Schematische Darstellung der Lage der Toleranzfelder

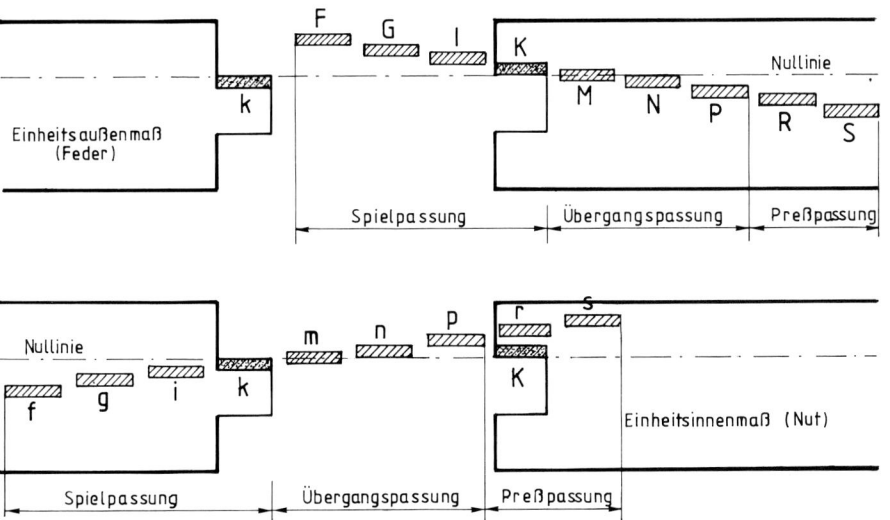

Abb. 2.50 Schematische Darstellung der Systeme Einheitsaußenmaß und Einheitsinnenmaß am Beispiel Nut und Feder

entsprechen, sind in Tabellen der Norm festgelegt. Die Größe der Toleranzfelder steigt mit zunehmendem Nennmaßbereich.

Die Lage der Toleranzfelder zur Nullinie wird durch Vielfaches der Grundtoleranzen nach DIN 68100 angegeben, wobei die Toleranzfeldlagen der Außenteile durch Kleinbuchstaben und die der Innenteile durch Großbuchstaben gekennzeichnet werden.

System Einheitsaußenmaß bedeutet Paßsystem, bei dem die Toleranzfelder der Außenmaße (Feder, Zapfen, Dübel) mit der oberen Grenze einheitlich an der Nullinie liegen; das obere Abmaß $A_o = 0$.
System Einheitsinnenmaß bedeutet Paßsystem, bei dem die Toleranzfelder der Innenmaße (Nut, Schlitz, Bohrung) mit der unteren Grenze einheitlich an der Nullinie liegen; das untere Abmaß $A_u = 0$.

Lautet die Anweisung: Einheitsfeder, so kann das Abmaß nur im unteren Bereich liegen, die Feder wird kleiner.
Lautet die Anweisung: Einheitsnut, so kann das Abmaß nur im oberen Bereich liegen, die Nut wird größer (Abb. 2.50).
Der Konstrukteur bestimmt die Art der Passung durch Wahl der Toleranzfeldlage in bezug auf die Nullinie. Den Betrag der Toleranz (Größe des Toleranzfeldes) kann er nicht frei bestimmen, er ergibt sich aus der Wahl der HT-Reihe (Genauigkeitsanspruch) und dem Nennmaßbereich, in dem das Fertigmaß (Nennmaß) liegt.

Beispiel
Eine Schranktür von 600 mm Breite soll mit der Genauigkeit einer Spielpassung nach HT 25 in einen Möbelkorpus eingesetzt werden.

Ausgedrückt in Zahlen: (Fall A)

Korpusinnenmaß $600 {}^{+8,7}_{0}$

Türaußenmaß $600 {}^{-1,7}_{-2,4}$

	Korpus	Tür
Nennmaß (N)	600	600
oberes Abmaß (A_o)	0	−1,7
unteres Abmaß (A_u)	−0,7	−2,4
Toleranz (T)	0,7	0,7
Größtmaß (G)	600,0	598,3
Kleinstmaß (K)	599,3	597,6
Größtspiel (S_g)		2,4
Kleinstspiel (S_k)		1,0
Paßtoleranz (T_p)		1,4

Die Abb. 2.51 A zeigt einen Korpus, dessen lichtes Maß eine Toleranz von 0,7 mm aufweist und deren Lage zwischen 0 (genaues Nennmaß) und −0,7 angeordnet ist. Die dazugehörige Tür weist ein Außenmaß mit einer Toleranz von ebenfalls 0,7 mm auf, deren Lage aber zwischen −1,7 und −2,4 von der Nullinie angeordnet ist. Es handelt sich um eine N/f – Passung = Spielpassung.

Die Abb. 2.51 B zeigt einen Korpus mit der gleichen Toleranz wie (A), ebenso weist die Tür die gleiche Toleranz wie (A) auf, die Lage der Toleranzfelder ist jedoch unterschiedlich. Das Korpusinnenmaß hat eine Toleranz, die von 0 (genaues Nennmaß) bis +0,7 reicht, d. h. der Korpus kann etwas größer als das Nennmaß sein. Das Toleranzfeld der Tür rückt entsprechend näher an die Nullinie heran. Es handelt sich wie im Beispiel (A) um eine Spielpassung der Bezeichnung K/g.

Ausgedrückt in Zahlen: (Fall B)

Korpusinnenmaß $600^{+0,7}_{0}$

Türaußenmaß $600^{-1,05}_{-1,75}$

	Korpus	Tür
Nennmaß	600	600
oberes Abmaß (A$_o$)	+0,70	−1,05
unteres Abmaß (A$_u$)	0	−1,75
Toleranz (T)	0,70	0,70
Größtmaß (G)	600,70	598,95
Kleinstmaß (K)	600,00	598,25
Größtspiel (S$_g$)		2,45
Kleinstspiel (S$_k$)		1,05
Paßtoleranz (T$_p$)		1,40

Wie aus beiden Rechnungen ersichtlich ist, beträgt die Paßtoleranz jeweils 1,4 mm; ihre Lage kann vom Konstrukteur festgelegt werden, ihr Betrag bleibt gleich.

2.6 Überprüfung der Festigkeit

Fragen nach der Festigkeit von Möbelkonstruktionen werden in der Praxis häufig gestellt. Während früher ausschließlich nach Erfahrungen konstruiert wurde, werden heute Nachweise für die Festigkeit und Belastungsfähigkeit von Verbindungen und von Bauteilen gefordert.
Für den Möbelbau existieren bisher nur wenige verbindliche Belastungsrichtwerte, wie sie beispielsweise für den Holzbau in der DIN 1052 bestehen. Wenn auch im Möbelbau die dauerhafte Funktionsfähigkeit und die Ästhetik im Vordergrund stehen, sollte auch die Sicherheit

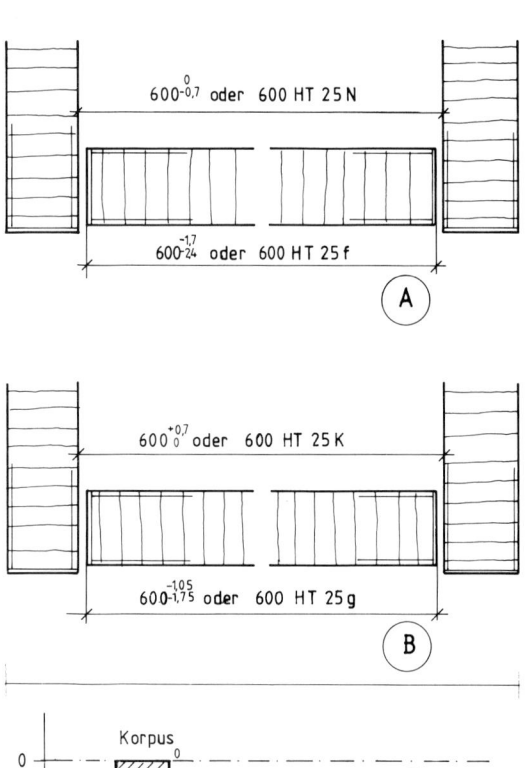

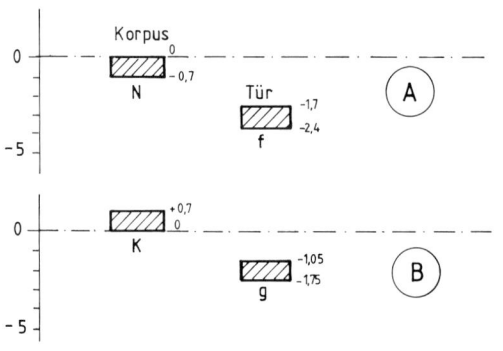

Abb. 2.51 Beispiel des Einbaus einer Schranktür mit Spielpassung nach HT 25. (A) Spielpassung der Toleranzfeldlagen N/f (oberes Abmaß Korpus = 0). (B) Spielpassung der Toleranzfeldlagen K/g (unteres Abmaß Korpus = 0)

nicht unbeachtet bleiben. Sie wird für eine Reihe von Möbeln, z. B. Kindermöbel und Möbel für den Arbeitsbereich, vorgeschrieben und muß vom Hersteller im Rahmen bestehender Richtlinien erfüllt werden. Dazu sind Belastungsrichtwerte erforderlich.

Abgesehen vom Sicherheitsrisiko sind an Möbeln klemmende Funktionsteile wie Türen, Klappen, Schubkasten, oder wegen Überlastung stark durchgebogene Fachböden nicht hinnehmbar. Gelockerte Verbindungen, wie sie im Gestellbau an Stühlen und Tischen, aber auch an Korpusmöbeln leider noch oft zu finden sind, können und müssen vermieden werden.

Die Ursachen für Konstruktionen mit ungenügender Festigkeit sind häufig wirtschaftlicher Art. Es werden ungeeignete, aber preisgünstige Verbindungsmittel verwendet. Die Fugengestaltung wird aus Kostengründen vereinfacht. Die Leimangabe wird ungenau und ungenügend durchgeführt.

Das muß nicht so sein. Dem Konstrukteur stehen heute hochwertige Werkstoffe zur Verfügung, für die Fugengestaltung gibt es moderne, rationell einsetzbare Maschinenwerkzeuge, die Leime sind in ihrer Anfangs- und Dauerfestigkeit wesentlich verbessert worden. Es gibt eine Vielzahl von Verbindungsbeschlägen für die ausgefallensten Konstruktionsaufgaben, die den Möbelbau gegenüber früher technisch vielseitiger gemacht und die Funktionsfähigkeit wesentlich verbessert haben. Um diese Möglichkeiten zur Herstellung hochwertiger Möbel umzusetzen, sind Kenntnisse über Festigkeiten und Belastungsfähigkeiten einzelner Verbindungen, von Bauteilen und des ganzen Möbels erforderlich.

2.6.1 Festigkeit von Breitenverbindungen

Holzverbindungen werden durch Verleimung (Verklebung) oder mechanische Verbindungsmittel hergestellt. Voraussetzung für eine gute Verleimung ist die richtige, gleichmäßige Holzfeuchtigkeit entsprechend dem Verwendungszweck. Die Klebfestigkeit τ_K ist abhängig von
- der Faserrichtung des Holzes,
- der Passung der Fuge,
- der Art des Leims.

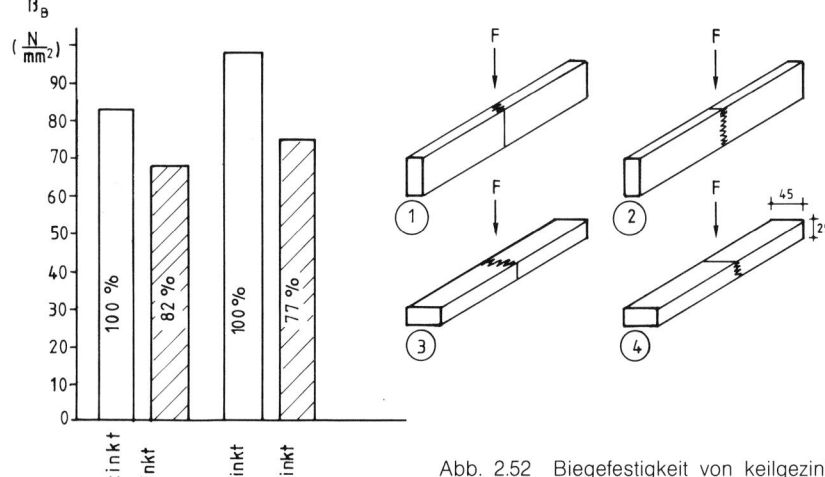

Abb. 2.52 Biegefestigkeit von keilgezinkten Längenverbindungen im Vergleich zu ungezinktem Holz, Durchschnittswerte aus Probenarten 1 bis 4; Probenlängen nach DIN 52 186

Die Klebfestigkeit errechnet sich aus der aufzuwendenden Kraft zum Aufbrechen der Fuge, bezogen auf die Klebfläche

$$\tau_K = \frac{F}{A} \, (\text{N/mm}^2)$$

Aus der Praxis ist bekannt, daß gut verleimte Verbindungen nicht in der Fuge, sondern im Holz brechen. Als Richtwerte für Massivholzverleimungen mit üblichen Montageklebern (KPVAc) können gelten:
- bei faserparalleler Verleimung $\tau_K = 10 \text{ N/mm}^2$ (Beispiel: Fugen bei Breitenverbindung)
- bei rechtwinkligem Faserverlauf $\tau_K = 5 \text{ N/mm}^2$ (Beispiel: Schlitz-Zapfen-Verbindung)

Diese Werte gelten für Nadelholz. Sie können für Laubholz etwas höher angenommen werden. Genauere Festigkeitswerte sind durch Versuche nach DIN 53254 zu ermitteln. Die Scherfestigkeit liegt im gleichen Bereich, wie die Beispiele der Tab. 2.7 zeigen.

2.6.2 Festigkeit der Keilzinkung als Längenverbindung

Bei Längenverbindungen interessiert die Frage, wie fest die Verbindung im Vergleich zu nicht gestoßenem Holz ist. Die Festigkeit wird üblicherweise im Biegeversuch nach DIN 52 186 ermittelt.

Bei der Keilzinkung, als heute häufig angewendeter Verbindungsart für Längsstöße, hängt die Festigkeit im wesentlichen ab von
- der Holzart und ihrer Rohdichte,
- der Art der Keilzinkung (Zinkenlänge, Zinkenteilung),
- Leimauftrag einseitig oder beidseitig,
- Belastungsrichtung der Fuge.

Untersuchungen an der Fachhochschule Rosenheim (Ernst, 1982) an Fichten- und Buchenholzproben mit Dimensionen wie in Abb. 2.52 dargestellt, die mit 10 mm langen Keilzinken versehen waren und gemäß der Schemata (1) bis (4) belastet wurden, brachten folgende Ergebnisse:

1. Die durchschnittliche Biegebruchfestigkeit ungezinkter Proben betrug für Fichte 83 N/mm², für Buche 98 N/mm².

2. Die durchschnittliche Biegebruchfestigkeit gezinkter Proben betrug für Fichte 68 N/mm² = 82 % der Festigkeit von ungezinkten Fichtenproben, für Buche 75 N/mm² = 77 % der Festigkeit von ungezinkten Buchenholzproben.

3. Bei Buche ergaben sich bei beidseitigem Leimauftrag rund 10 % höhere Festigkeiten gegenüber einseitigem Leim-

Tabelle 2.7 Scherfestigkeit einiger Holzarten

Holzart	Scherfestigkeit β_S N/mm²		
	unterer Wert	Rechenwert	oberer Wert
Fichte	4,0	6,7	12,0
Kiefer	6,0	10,0	15,0
Buche	6,5	10,0	19,0
Eiche	6,0	11,0	13,0

auftrag. Die Norm DIN 68140 verlangt beidseitigen Leimauftrag für hochbelastete Beanspruchungen.

4. Die Leimart hatte bei Fichte keinen wesentlichen Einfluß auf die Festigkeit. Bei Buche ergaben sich leicht erhöhte Festigkeiten bei Verwendung von Resorcinharz (KRF) im Vergleich zu normalem Montageleim (KPVAc).

5. Bei flach liegenden Rechteckquerschnitten (3) sollten die Zinken parallel zur Lastrichtung liegen.

6. Bei hochkant stehenden Rechteckquerschnitten (1) und (2) konnte kein eindeutiger Zusammenhang zwischen Festigkeitsänderung und Zinkenrichtung in bezug zur Lastrichtung festgestellt werden.

2.6.3 Festigkeit von Dübelverbindungen

Sowohl Massivholz als auch Plattenwerkstoffe werden mit Dübeln und Leim rationell und fest verbunden. Die Festigkeit einer Dübelverbindung wird einerseits von der Auswahl der auf den Werkstoff abgestimmten Dübelart und Dübeldimension beeinflußt, darüber hinaus aber von

- der Passung,
- der Leimart,
- dem Leimauftrag,
- der Einbohrrichtung des Dübels in bezug auf die Plattenflächen oder Faserrichtung von Massivholz.

Voraussetzung ist eine genaue Abstimmung des Feuchtegehalts von Werkstoff und Dübel. Auch für Dübelverbindungen gilt, daß die Klebfestigkeit des Leimes größer als die Scher- oder Zugfestigkeit des Werkstoffs sein muß. Bei Ausziehversuchen wird Holzbruch erwartet. Die Dübelmaße müssen auf die Werkstoffdimensionen sorgfältig abgestimmt sein. Untersuchungen zur Auszugfestigkeit, die an der Fachhochschule Rosenheim durchgeführt wurden (Wehner 1983, Brändle 1983) erbrachten die folgenden Ergebnisse (Abb. 2.53; 2.54):

FPY-Platten, 19 mm Dicke
1. Bei stirnseitiger Dübelung ergaben Dübel mit Ø = 8 und 10 mm die höchste Festigkeit im Vergleich zu Ø = 6 und 12 mm. Der günstigste Dübeldurchmesser ergab sich zu 2/5 bis 1/2 Plattendicke, d. h. bei 19 mm Spanplatte = 8 bis 10 mm Ø.
2. Bei flächenseitiger Dübelung war die Auszugsfestigkeit für den 10-mm-Dübel am größten. Die Auszugfestigkeit ist in der Regel größer als die Querzugfestigkeit der Platte, deren Mindestwert nach DIN 68761 für Spanplatten, wie sie im Möbelbau verwendet werden, $\beta_{Z,\perp} = 0,35$ N/mm² betragen soll. Bei guter Verleimung reißt daher eher das Material um

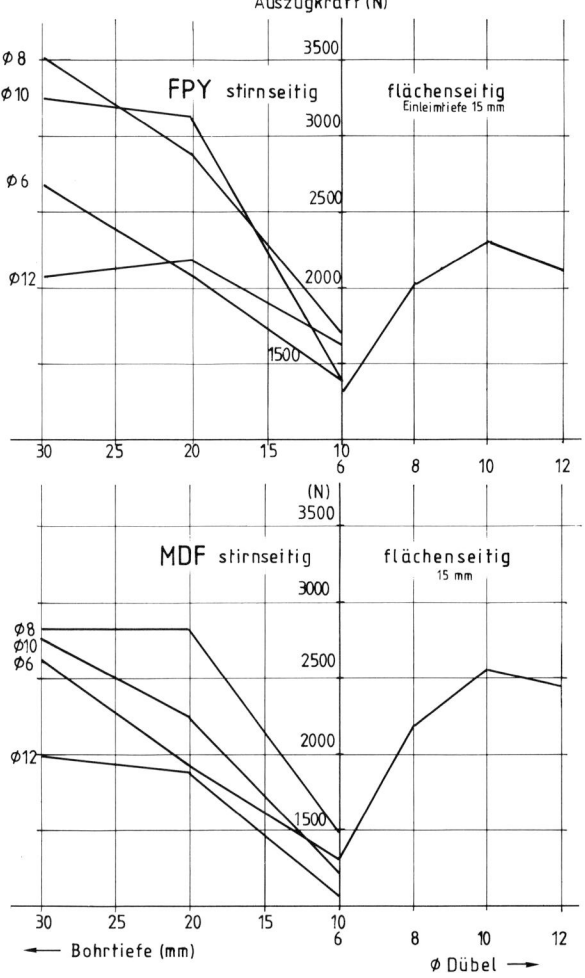

Abb. 2.53 Auszugfestigkeit von Dübeln (gefräste Riffeldübel) in Plattenmaterial von 19 mm Dicke

das Dübelloch herum aus als der Dübel aus der Bohrung.
3. Bei gleicher Einbohrtiefe weist die flächenseitige Dübelung für Ø = 10 mm etwa gleich große Auszugfestigkeit wie für die stirnseitige Dübelung auf.

MDF-Platten, 19 mm Dicke
1. Bei stirnseitiger Dübelung ergab sich, wie bei der FPY-Platte, für Dübel mit Ø = 8 und 10 mm die höchste Auszugfestigkeit. Der günstigste Dübeldurchmesser ergab sich zu 2/5 der Plattendicke, d. h. bei 19 mm MDF-Platte = 8 mm Ø.
2. Bei flächenseitiger Dübelung ergaben Dübel mit Ø = 10 mm, ebenfalls wie bei der FPY-Platte, die höchste Auszugfestigkeit.
3. Bei gleicher Einbohrtiefe weist die flä-

Tabelle 2.8 Spezifische Auszugfestigkeit von eingeleimten Holzdübeln in verschiedenen Werkstoffen (Abb. 2.55)

Werkstoff	Durchschnittswerte für Dübel mit 6, 8, 10, 12 mm Ø (N/mm²)
FPY	
Fläche	4,6
Kante	4,0
MDF	
Fläche	5,0
Kante	3,2
Fichte	
faserparallel	6,7
senkrecht	6,1
Buche	
faserparallel	8,5
senkrecht	7,9

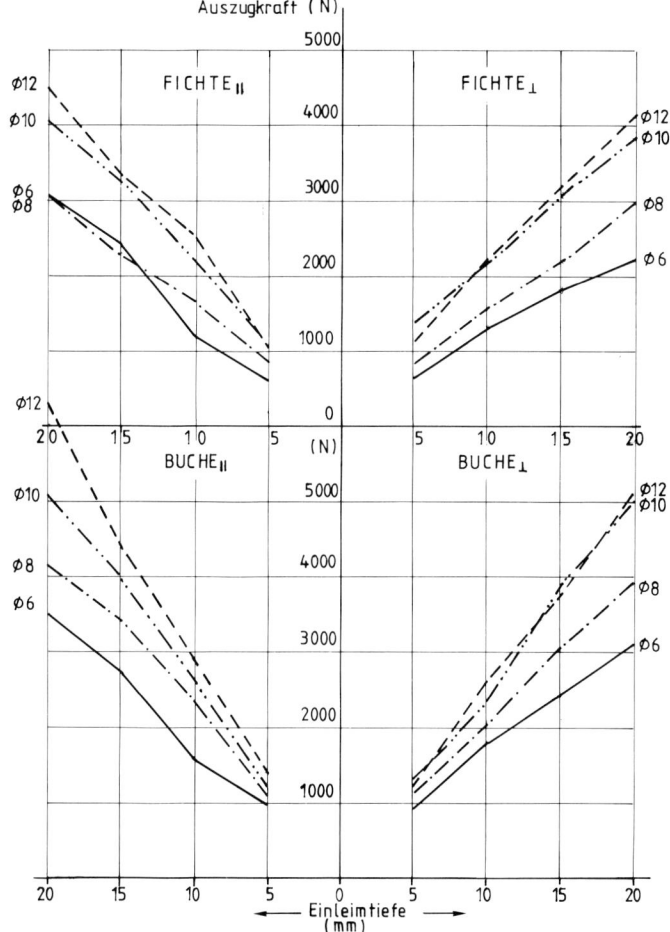

Abb. 2.54 Auszugfestigkeit von Dübeln (gefräste Riffeldübel) in Massivholz

chenseitige Dübelung für Ø = 8, 10 und 12 mm größere Auszugwerte als die stirnseitige Dübelung auf (Abb. 2.53).

Massivholz
1. Die Auszugfestigkeit aus Massivholz ergibt etwas höhere Werte als für Plattenwerkstoffe. Im Vergleich untereinander ergibt Buchenholz gegenüber Fichte erwartungsgemäß höhere Auszugwerte.
2. Die Auszugwerte steigen, anders als bei Plattenmaterial, nahezu geradlinig und mit steigenden Durchmessern an (Abb. 2.54).

2.6.4 Festigkeit von Verbindungen mit Holzschrauben

Verbindungen mit Holzschrauben lassen sich wieder lösen und werden daher in Massivholz und Plattenwerkstoffen häufig angewendet. Die Festigkeit hängt im wesentlichen ab
● von der Schraubenart und ihrem Gewinde,
● von der Einschraubrichtung in bezug auf die Faserrichtung des Massivholzes oder zu den Plattenflächen,
● vom Feuchtegehalt des Holzes.
Holzschrauben sollten vorgebohrt werden, um höchste Auszugsfestigkeit zu erreichen. Der Bohrlochdurchmesser soll etwa 0,7 des Schraubenschaftdurchmessers, die Vorbohrtiefe etwa ⅔ der Einschraubtiefe betragen. Spax-Schrauben oder ähnliche spezielle Spanplattenschrauben sind auch zum Einschrauben ohne Vorbohrung geeignet.

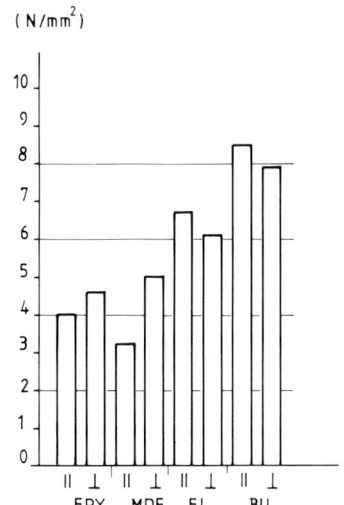

Abb. 2.55 Spezifische Auszugfestigkeit von Dübeln, eingeleimt in verschiedene Werkstoffe (Durchschnittswerte für Ø 6, 8, 10, 12 mm)

Man unterscheidet die Begriffe
- absolute Auszugfestigkeit (N) bei definierter Einschraubtiefe,
- relative Auszugfestigkeit (N/mm Einschraubtiefe),
- spezifische Auszugfestigkeit (N/mm² Schraubenhaftfläche).

Die spezifische Auszugfestigkeit berechnet sich zu:

$$P_S = \frac{F_S}{A_H} \left(\frac{\text{Schraubenausziehkraft}}{\text{Schraubenhaftfläche}}\right)$$
$$A_H = d_m \cdot 3,14 \cdot H_G$$
d_m = mittl. Gewindedurchmesser
H_G = Gewindehöhe (Einschraubtiefe)

Über die Festigkeit von Schrauben wurden bei Untersuchungen an der Fachhochschule Rosenheim (Franz, 1983) folgende Ergebnisse erzielt:

1. Die Spax-Schrauben wiesen bei den Holzwerkstoffen senkrecht und parallel zur Fläche durchschnittlich eine um 10 ... 15 % höhere Auszugkraft und beim Hirnholz 15 ... 35 % gegenüber der DIN-Schraube auf.

2. Die DIN-Schraube erreicht bei Vollholz quer zur Faser teilweise vergleichbare spezifische Auszugfestigkeiten zur Spax-Schraube.

3. Eine Vorbohrung steigert das Haltevermögen durchschnittlich um 5 ... 10 %.

4. Die Rohdichte der Werkstoffe hat großen Einfluß auf die Auszugfestigkeit der Schrauben. Bei Buche ist die Auszugkraft quer zur Faser teilweise höher als die Eigen-Zugfestigkeit der Schraube (DIN-Schraube), was zum Abriß der Schraube führte.

Die Abbildungen 2.55 bis 2.57 sowie die Tab. 2.9 geben die wichtigsten Ergebnisse zur Festigkeit von Schrauben in Holz und Holzwerkstoffen wider.

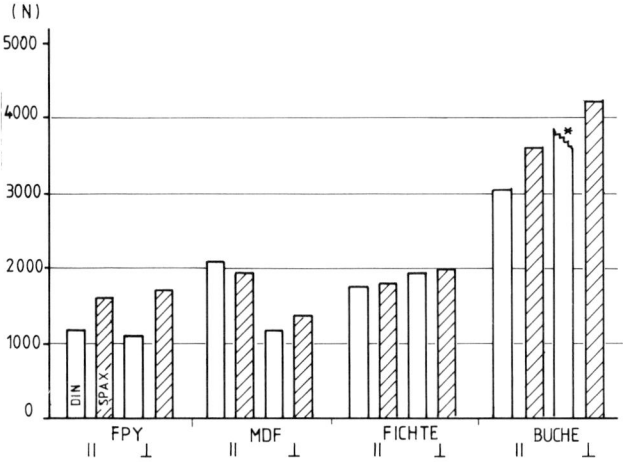

Abb. 2.56 Absolute Auszugkraft von Holzschrauben 4,0 × 40 mm bei 19 mm Einschraubtiefe, mit Vorbohrung; * überwiegend Abriß der Schrauben

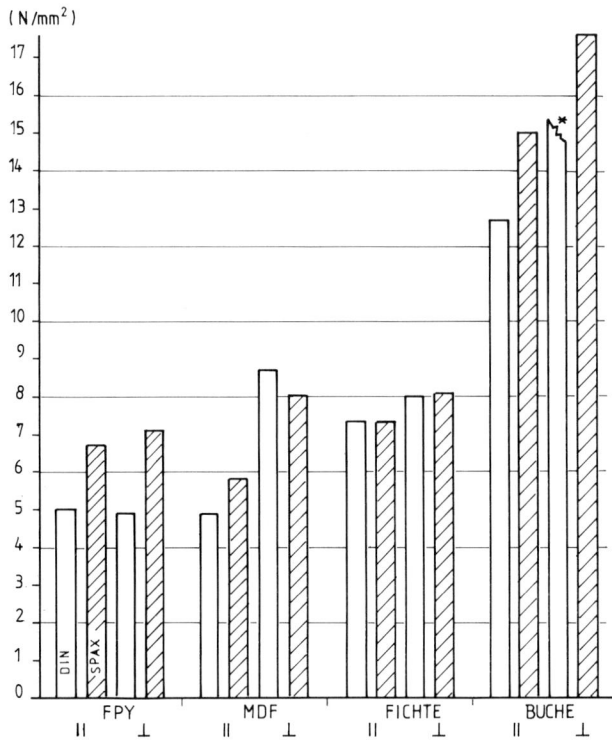

Abb. 2.57 Spezifische Auszugkraft von Holzschrauben 4,0 × 40 mm bei 19 mm Einschraubtiefe, mit Vorbohrung; * überwiegend Abriß der Schrauben

Tabelle 2.9 Spezifische Auszugfestigkeit von Holzschrauben in verschiedenen Werkstoffen bei 19 mm Einschraubtiefe, mit Vorbohrung

Werkstoff	Durchschnittswerte für Schrauben mit 3,5, 4,0, 5,0 mm ∅ (N/mm²)	
	DIN-Schraube	Spax-Schraube
FPY		
Fläche	5,4	6,9
Kante	4,7	6,2
MDF		
Fläche	7,8	7,7
Kante	4,9	5,7
Fichte		
faserparallel	7,1	7,7
senkrecht	8,2	7,7
Buche		
faserparallel	11,6	14,4
senkrecht	16,7	16,3

2.6.5 Festigkeit von Flächeneck-verbindungen

Flächenecken im Korpusmöbelbau werden fest verleimt oder zerlegbar hergestellt. Um die Belastungsfähigkeit von Korpusmöbeln beurteilen zu können, interessiert die Festigkeit der verschiedenen Verbindungsarten. Üblicherweise wird die Kraft gemessen, die notwendig ist, um eine Flächenecke bis zum Bruch aufzubiegen oder zusammenzudrücken. Man spricht von der Bruchkraft. Wird diese mit der Hebellänge des Kraftangriffspunktes bis zur Fuge multipliziert, so ergibt sich das Biegebruchmoment (Nm) als Einheit für die Vergleichbarkeit der Festigkeit verschiedener Verbindungsarten.

Die Belastungen der Flächenecken entstehen bei der Durchbiegung belasteter Böden durch senkrecht wirkende Gewichtskräfte oder beim Verschieben des Möbels durch horizontal angreifende Kräfte (Abb. 2.58).

Die Messung der Festigkeit erfolgt an Winkelproben, die so belastet werden, daß sowohl die Innenkanten als auch die Außenkanten auf Druck und auf Zug belastet werden. Dazu werden die Proben in eine Universal-Materialprüfmaschine so eingespannt, daß entweder die Schenkel (Abb. 2.59,1,2,4) oder der Scheitel (Abb. 2.59,3) belastet wird.

Derartige Untersuchungen sind relativ aufwendig, da die Proben unter praxisnahen Bedingungen hergestellt werden müssen. Für eine Verbindungsart sind mindestens 10 Einzelproben notwendig. Die Ergebnisse aus verschiedenen Untersuchungen sind in der Fachliteratur beschrieben. Leider fehlt oftmals die Vergleichsmöglichkeit, da unterschiedliche Belastungsschemata und Probengrößen angewandt wurden. Ein einheitliches

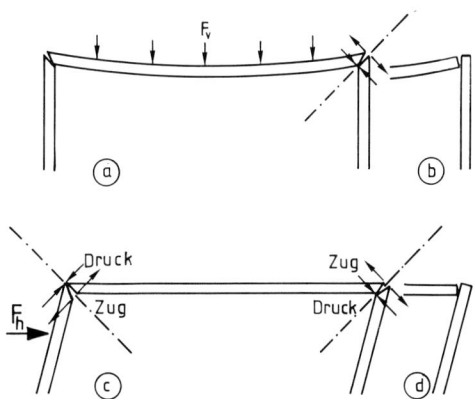

Abb. 2.58 Belastungsprinzip von Korpusmöbeln. (a) Durchbiegung durch vertikale Last, Gehrungsfuge. (b) rechtwinklige Fuge. (c) Parallelverschiebung durch horizontale Kraft, Gehrungsfuge. (d) rechtwinklige Fuge

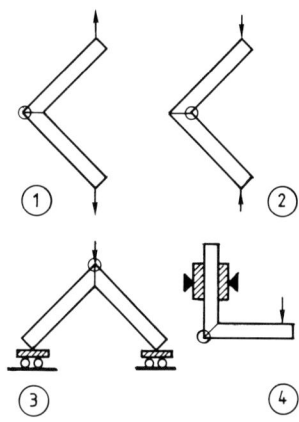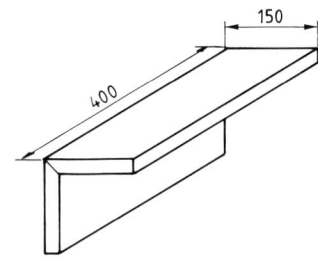

Abb. 2.59 Belastungsprinzip bei der Prüfung von Flächeneck-Proben. 1 Schenkelbelastung auf Zug. 2 Schenkelbelastung auf Druck. 3 Scheitelbelastung. 4 Schenkelbelastung

Prüfverfahren hat sich bisher nicht durchgesetzt. In einer umfangreichen Untersuchung wurden an der Fachhochschule Rosenheim und dem Deutschen Institut für Möbeltechnik über 2000 Einzelproben von Flächenecken mit je 400 mm Fugenlänge geprüft. Es wurden 13 verschiedene Ausführungen von festen und zerlegbaren Ecken aus 16 und 19 mm dicker Spanplatte, jeweils mit Furnier- oder Kunststoffbeschichtung, gemessen (Tab. 2.10). Die Ergebnisse lassen sich wie folgt zusammenfassen und werden in der Tendenz durch andere Veröffentlichungen bestätigt:

1. Die Festigkeit von Flächeneckverbindungen wird von der Art der Fugengestaltung, vom Verbindungsmittel, von der Art der Plattenbeschichtung und von der Belastungsart beeinflußt.

Tabelle 2.10 Übersicht der 13 verschiedenen Flächeneckverbindungen des Versuchs

Proben Nr.	Fugengestalt	Verbindungsart und Verbindungsmittel
		a) feste Verbindungen
1.1	90°	verleimt, Holzdübel
1.2	90°	verleimt, Lamello-Formfeder
1.3	90°	verleimt, angeschnittene Feder
2.1	45°	verleimt, stumpf, Typ Faltverfahren
2.2	45°	verleimt, angefrästes Verleimprofil
2.3	45°	verleimt, gerade Feder eingesetzt
2.4	45°	verleimt, Lamello Formfeder
2.5	45°	verleimt, Winkelfeder durchgehend
		b) zerlegbare Verbindungen
3.1	90°	Exzenter-Verbindungsbeschlag VB 40*
3.2	90°	Exzenter-Verbindungsbeschlag „Elite 25/15"
3.3	90°	Trapez-Verbindungsbeschlag TZ 10 S
3.4	90°	Einteilverbinder „Direkta 1"
3.5	90°	Exzenter-Verbindungsbeschlag VB 18/20 D

* Typenbezeichnung der verwendeten Beschläge

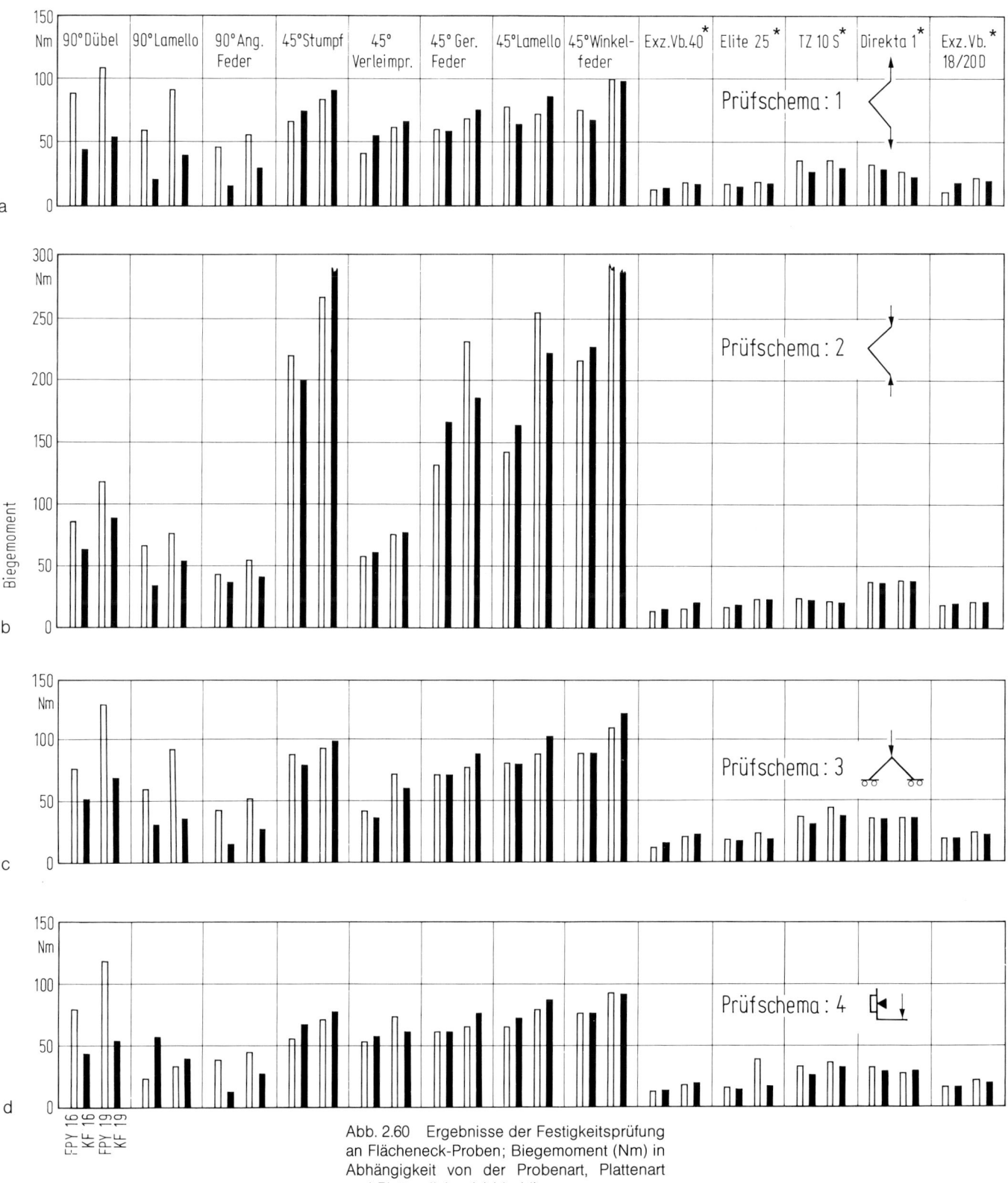

Abb. 2.60 Ergebnisse der Festigkeitsprüfung
an Flächeneck-Proben; Biegemoment (Nm) in
Abhängigkeit von der Probenart, Plattenart
und Plattendicke; (a) bis (d)
*Beschlägebezeichnung nach Fa. Hettich

2. Die Festigkeit von verleimten Gehrungsfugen ist durchschnittlich höher als die von verleimten rechtwinkligen Fugen. Besonders stark wirkt sich dieser Unterschied zwischen furnierten und kunststoffbeschichteten Platten aus. Die lösbaren Verbindungsarten erreichen nur etwa 30 % der Festigkeit von nicht lösbaren Verbindungen.

3. Innerhalb der Gruppen: feste Gehrungsverbindungen, feste rechtwinklige Verbindungen, zerlegbare Verbindungen, ergeben sich deutliche Unterschiede. Innerhalb der verleimten 90°-Verbindungen ist die Dübelverbindung am festesten. Innerhalb der festen Gehrungsverbindungen ist die Winkelfeder am festesten. Bei den Verbindern für lösbare Fugen erwies sich der Trapezbeschlag mit Einpreßzapfen als festester. Weitere Ergebnisse sind der Abb. 2.60 zu entnehmen.

4. Die Beschichtung der Platten hat großen Einfluß auf die Festigkeit. Verbindungen mit rechtwinkligen Fugen aus furnierter Platte ergeben bis zu doppelter Festigkeit im Vergleich zu melaminbeschichteter Platte, trotz Verwendung sogenannten Lackleims. Die Materialdicke 16 oder 19 mm ergibt Festigkeitsunterschiede, die dem Verhältnis der Dicken zueinander entsprechen.

5. Die Belastungsart hat bei Gehrungsfugen großen Einfluß auf das Festigkeitsergebnis. Beim Zusammendrücken durch Schenkelbelastung (Schema 2) werden besonders hohe Werte erzielt. Das Aufdrücken der Fuge erfolgt über die Innenkante. Da eine Verbindung am Möbel immer auf Druck und auf Zug belastet wird, darf der hohe Wert aus dem Druckversuch nicht als Maßstab für die Festigkeit gelten.

Mit den Prüfschemata 1, 3 und 4 werden annähernd gleiche Festigkeitswerte für die verschiedenen Verbindungsarten erzielt. Es ist also unerheblich, welches Schema bei Prüfungen angewandt wird.

2.6.6 Festigkeit von Gestellverbindungen

Im Gestellbau von Stühlen und Tischen ist die übliche Konstruktion eine verleimte Dübel- oder Zapfenverbindung. Auch die Kombination beider Grundkonstruktionen im gleichen Gestellknoten ist möglich, wobei sich Zapfen und Dübel gegenseitig durchdringen. Andere Varianten sind durch Doppelzapfen, doppelte Dübelreihen oder die neuartige Zabo®-Verbindung möglich. Bei zerlegbaren Konstruktionen werden Gewindebolzen mit Quermuttern verwendet.

In der Praxis interessiert die Beantwortung der Frage, welche der beiden Grundverbindungen, Zapfen oder Dübel, die haltbarere ist. Eine generelle Antwort ist nicht möglich, da die Anwendung der einen oder der anderen Verbindung oftmals von der Querschnittsform der Teile abhängt. Es sollte dann gefragt werden, ob die jeweilige Verbindung den auftretenden Belastungskräften noch standhalten kann. Bei Experimenten mit Stuhlkonstruktionen wurden Belastungsmomente durch die Benutzung von bis zu 250 Nm in den Eckverbindungen gemessen (Auer, 1981).

Gestellecken können die Form sogenannter T-Proben oder L-Proben aufweisen (Abb. 2.61). Bei Festigkeitsprüfungen werden Proben mit etwa 250 mm Schenkellänge auf Biegung durch Aufdrücken oder auf Torsion durch Verdrehen eines Schenkels beansprucht (Abb. 2.62). Aus der Kraft, die zum Bruch der Fuge führt, und der Hebellänge des Kraftangriffspunktes ergibt sich das Biege-Bruchmoment (Nm). Derartige Prüfungen eignen sich zum Vergleich verschiedener Eckverbindungen.

Bei vergleichenden Festigkeitsuntersuchungen an Stuhlverbindungen, die an der Fachhochschule Rosenheim durchgeführt wurden, erzielte man folgende Ergebnisse (Hünker, 1985) an Buchenholzgestellen (Abb. 2.63):

1. Die Belastungsfähigkeit einer Verbindung ist bei Torsion nur etwa halb so groß wie bei Biegung (Abb. 2.64).

2. Unter acht verschiedenen Verbindungsarten (Abb. 2.63a + b) erwiesen sich Doppelzapfen und Zabo® als festeste Konstruktionen. Ihr Biege-Bruchmomnent ist etwa gleich groß und übertrifft das von Dübeln um etwa 70 %, das von Einfachzapfen um etwa 60 %.

3. Einfachzapfen und einreihige Dübel erreichen nur Festigkeitswerte, die im Grenzbereich der höchsten Gebrauchsbelastung (etwa 250 Nm) liegen. Sie erfordern daher bei ihrer Anwendung zusätzliche Versteifungen der Verbindungen.

4. Die Festigkeit wird von sorgfältiger Leimangabe beeinflußt. Die Leimangabe sollte beidseitig, im Schlitz und am Zapfen erfolgen, um auf beiden Flächen vor dem Zusammenstecken der Teile gute Haftung des Leims an der Holzoberfläche zu erreichen. Sonst wird beim Zusammenstecken der Leim abgestreift, insbesondere dann, wenn eine leichte Preßpassung vorliegt.

5. Die Festigkeit wird von genauen Toleranzen beeinflußt. Leichte Preßpassung mit einem Übermaß von 0,2 mm bei 12 mm Zapfendicke, entsprechend einer K/n-Passung nach HT 15, DIN 68 101, erbringt die höchste Festigkeit. Bei Dübelverbindungen darf der Dübeldurchmesser bis zu maximal 0,5 mm größer als das Bohrloch sein.

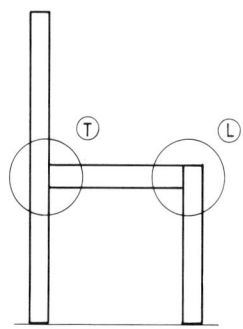

Abb. 2.61 T-Probe und L-Probe an Stuhlgestellen

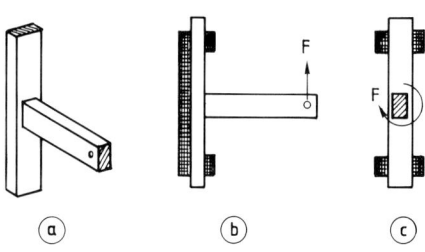

Abb. 2.62 Gestellprüfung. (a) T-Probe. (b) Biegeprüfung. (c) Torsionsprüfung

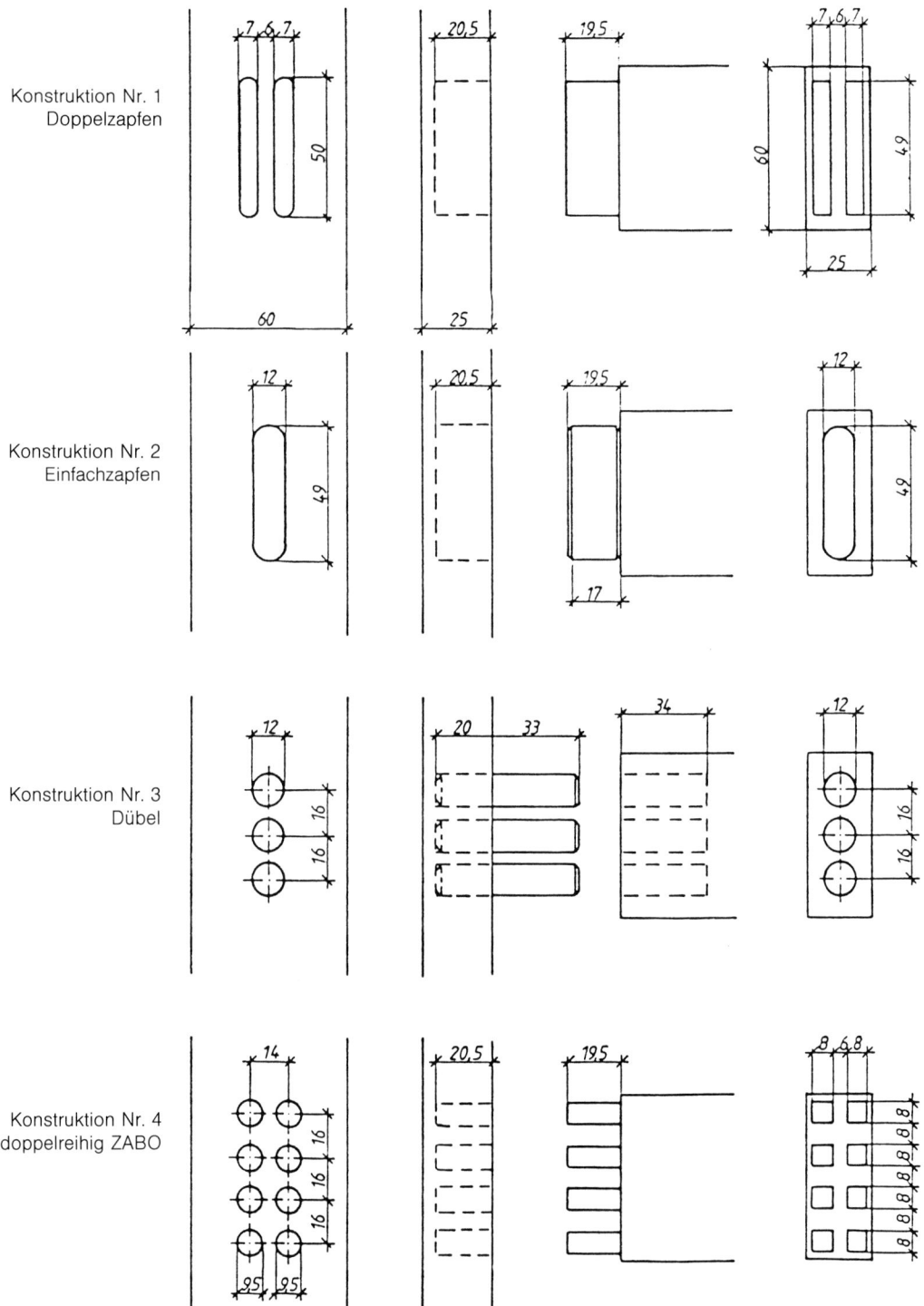

Konstruktion Nr. 1
Doppelzapfen

Konstruktion Nr. 2
Einfachzapfen

Konstruktion Nr. 3
Dübel

Konstruktion Nr. 4
doppelreihig ZABO

Abb. 2.63a   Anordnung der Verbindungsmittel bei Proben 60 mm × 25 mm

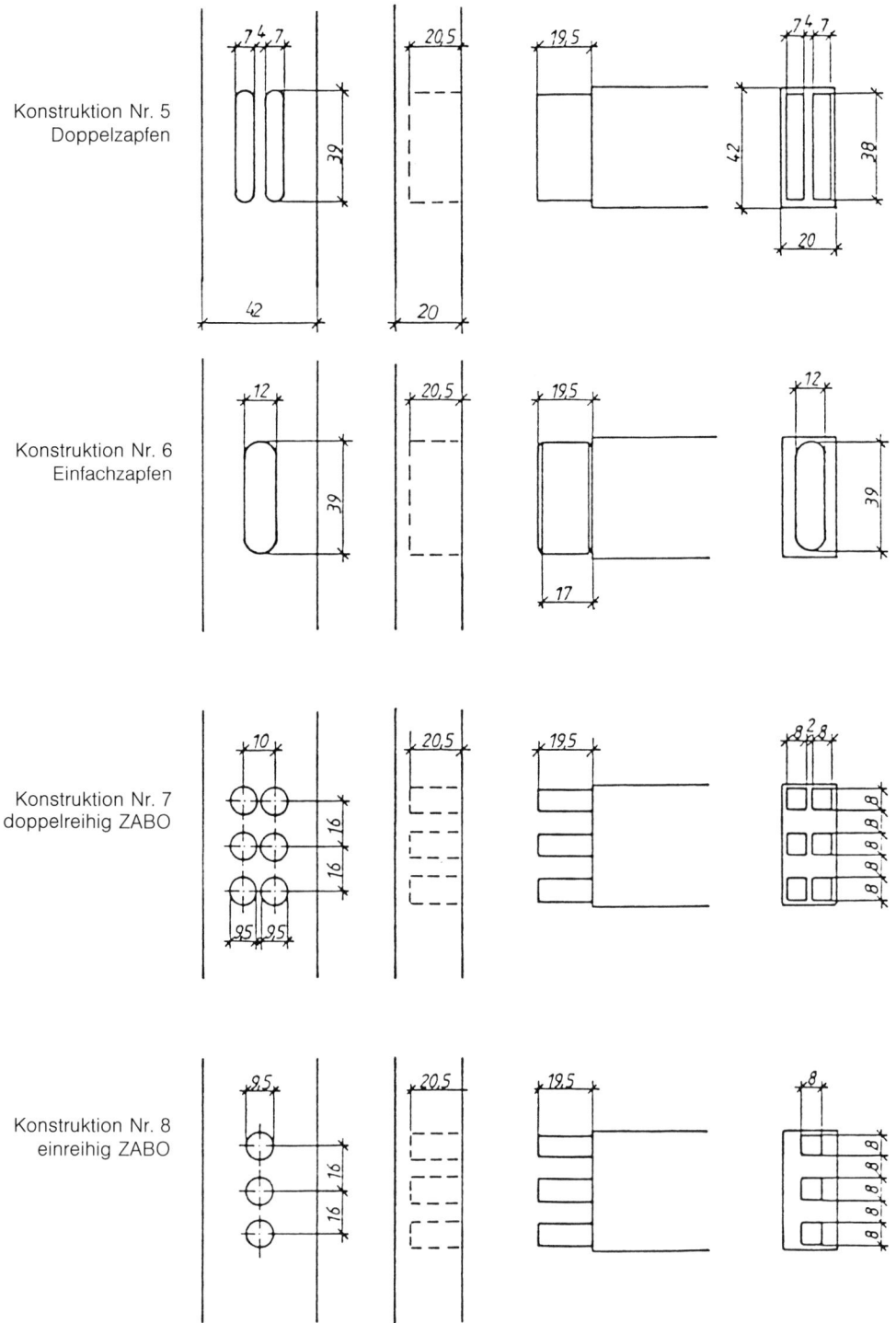

Konstruktion Nr. 5
Doppelzapfen

Konstruktion Nr. 6
Einfachzapfen

Konstruktion Nr. 7
doppelreihig ZABO

Konstruktion Nr. 8
einreihig ZABO

Abb. 2.63b   Anordnung der Verbindungsmittel bei Proben 42 mm × 20 mm

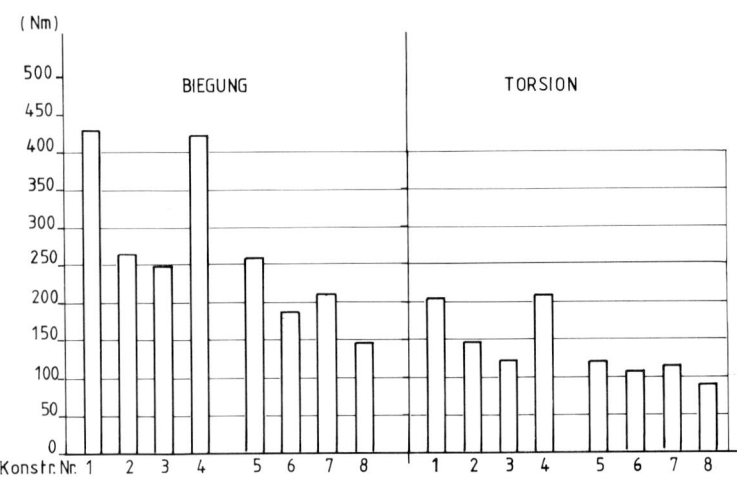

Abb. 2.64 Bruchmomente von T-Proben bei Biege- und Torsionsbelastung

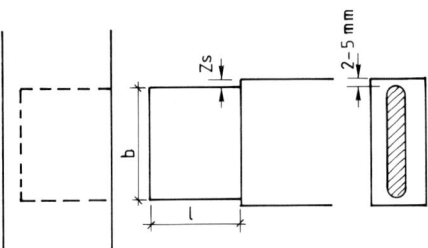

Abb. 2.65 Rundzapfen und kleine Zapfenschulter bei T-Proben

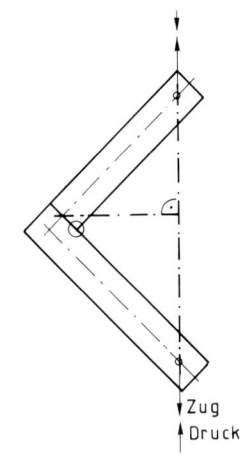

Abb. 2.66 Belastungsschema für Rahmenecken

In weiteren Untersuchungen (Egger, 1985) an Schlitz-Zapfen-Verbindungen wurde der Einfluß einer Zapfenschulter auf die Festigkeit untersucht. Zapfenschultern entstehen bei Rundzapfen. Sie sollen mögliche Toleranzen der Schlitzbreite gegenüber der Zapfenbreite verdecken. Die Zapfenschulter soll so klein wie möglich gehalten werden (Abb. 2.65) um die Zapfenbreite nicht unnötig zu verringern. Denn obgleich die Zapfenschulter einen Anteil von 7...10% zur Biegefestigkeit beiträgt, ist der Beitrag zusätzlicher Leimfläche durch mehr Zapfenbreite wesentlich größer.

Die Festigkeit steigt mit Zunahme der Leimfläche nahezu linear an. Bei Zapfenlängen von 45 mm und Zapfenbreiten von ebenfalls 45 mm ergab eine Verdoppelung der Zapfenbreite eine um etwa das 2,5fache größere Biege-Bruchfestigkeit.

2.6.7 Festigkeit von Rahmeneck-verbindungen

Rahmeneckverbindungen sollen winkelsteif und verwindungsstabil sein. Während im Türen- und Fensterbau überwiegend die Schlitz-und-Zapfen-Verbindung angewendet wird und sich in Sonderfällen die Dübelverbindung anwenden läßt, gibt es für die kleineren und leichteren Möbeltüren eine Vielzahl von Konstruktionen, die sich mit modernen Maschinenwerkzeugen rationell herstellen lassen. Da die Rahmenfriese im Möbelbau

oft profiliert werden, sind spezielle Konterungen oder Gehrungsfugen anzuwenden.

Neben der kostengünstigen Fertigung kann auch die Festigkeit einer Verbindungsart die Entscheidung für eine bestimmte Konstruktion beeinflussen. Wichtigste Kriterien für die Festigkeit von Rahmenecken sind:

• Fugengestaltung, Verhältnis von Stoßfugenanteil zu Überlappungsfugenanteil,
• Leimfläche, Faserverlauf in der Leimfläche,
• Verbindungsmittel, Art und Anordnung,
• Leimart, spröde oder elastisch abbindend.

Für vergleichende Festigkeitsuntersuchungen eignen sich Proben, die so belastet werden, daß die Schenkel der Rahmenecken zusammengedrückt oder aufgezogen werden. Die Innenkante der Fuge wird dabei auf Druck oder Zug belastet (Abb. 2.66). Die Belastungsart beeinflußt das Festigkeitsergebnis, insbesondere dann, wenn die Innenkante auf Gehrung geschnitten ist, wie beispielsweise beim angeschnittenen Kehlstoß.

Die Festigkeit ergibt sich aus der Kraft, die benötigt wird, um die Fuge bis zum Bruch zu belasten. Der Abstand des Kraftangriffspunktes bis zur Fugenmitte ergibt die Hebellänge. Aus Kraft und Hebellänge ergibt sich das Biege-Bruchmoment (Nm), mit dem Festigkeitsangaben

verglichen werden können. Weniger geeignet für Vergleichszwecke ist die Angabe der spezifischen Festigkeit, d. h. der Kraft bezogen auf die Leimfläche (N/mm²), da die Leimfläche bei Rahmenekken, z. B. mit Konterprofil, schwer zu messen ist und die Klebfestigkeit im Stoßfugen- und Überlappungsfugenbereich sehr unterschiedlich ist.

In der Praxis interessiert die Frage, welche der verschiedenen Rahmeneckverbindungen für industriell gefertigte Möbeltüren die größere Festigkeit aufweisen. In einer Untersuchung an der Fachhochschule Rosenheim wurde die Biegefestigkeit verschiedener Rahmeneckkonstruktionen aus der Serienfertigung geprüft (Burckhart, 1982). Die verschiedenen Verbindungsarten zeigen Tab. 2.11 und die Abb. 2.67.1 bis 2.67.10. Die Verleimung erfolgte mit PVAc-Leim (Weißleim). Die Ergebnisse in Abb. 2.68 zeigen Festigkeitswerte, die im Extremfall zwischen 25 Nm bei Zugbelastung und 540 Nm bei Druckbelastung liegen. Generell sind die Festigkeiten bei Zugbela-

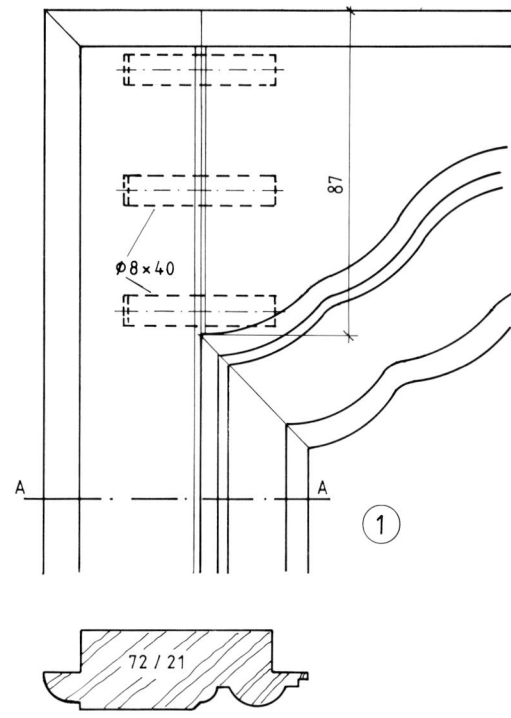

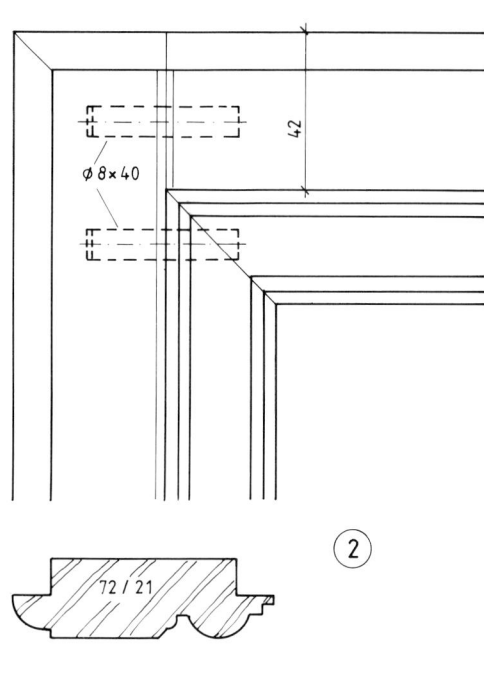

Abb. 2.67 Verschiedene Rahmeneck-Konstruktionen aus industrieller Fertigung; 1 bis 10 (weiter auf der nächsten Seite)

stung geringer als bei Druck. Je größer der Anteil an Überlappungsfuge an der Gesamtleimfläche ist, um so fester ist die Verbindung (Beispiel Nr. 9, Konstruktion mit Nutzapfen und Konterprofil). Bei Konstruktion Nr. 3 wird die relativ hohe Festigkeit durch die 3 Dübel erreicht, bei Konstruktion Nr. 7 durch die Keilzinkung, die zu den festesten Rahmeneckverbindungen zählt.

Tabelle 2.11 Untersuchung an Rahmenkonstruktionen von Möbeltüren

Nr.	Art der Verbindung	Dimensionen der Rahmenfriese (mm)
1	Dübel, 3 Stück ∅ 8 × 40 angeschnittener Kehlstoß 90° Stoßfuge	72 × 21/115 × 21
2	Dübel, 2 Stück ∅ 8 × 40 angeschnittener Kehlstoß 90° Stoßfuge	72 × 21
3	Dübel, 3 Stück ∅ 10 × 50 90° Stoßfuge	70 × 20/90 × 20
4	Dübel, 2 Stück ∅ 10 × 50 90° Stoßfuge	70 × 20
5	Dübel, 2 Stück ∅ 8 × 40 90° Stoßfuge mit Überfälzung	64 × 21
6	angeschnittene Feder und 1 Dübel ∅ 8 × 40	60 × 21
7	Mikro-Keilzinken 4 mm auf Teilfugenfläche, Gehrung	54 × 21
8	angeschnittener Keilnutzapfen	55 × 21
9	Konterprofil mit angeschnittenem Nutzapfen	60 × 20/85 × 20
10	Konterprofil mit angeschnittenem Nutzapfen	60 × 20

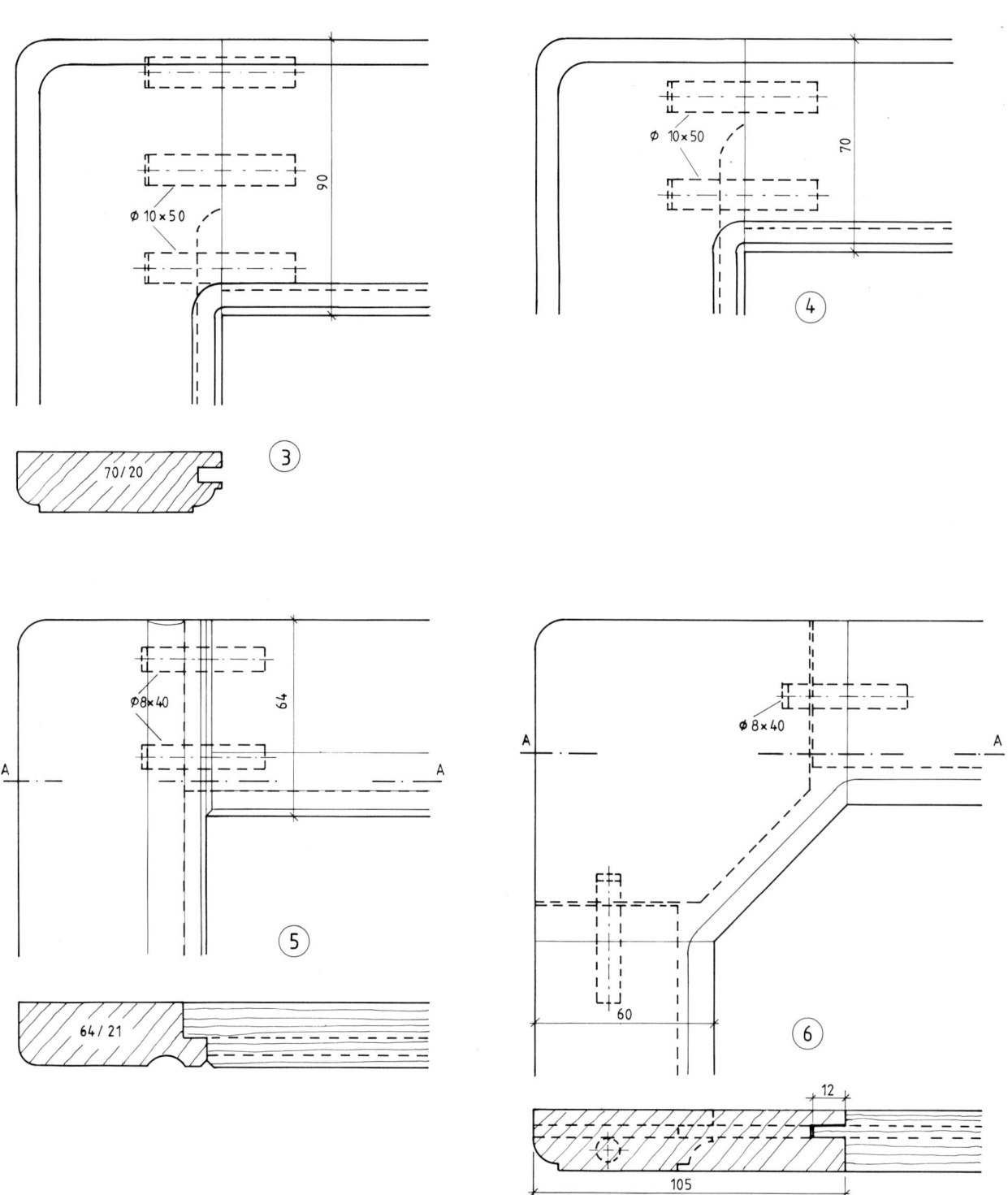

Fortsetzung Abb. 2.67   Verschiedene Rahmeneck-Konstruktionen aus industrieller Fertigung

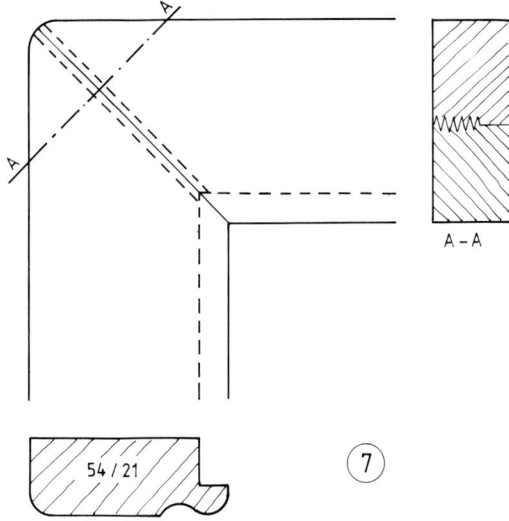

A – A

54 / 21   ⑦

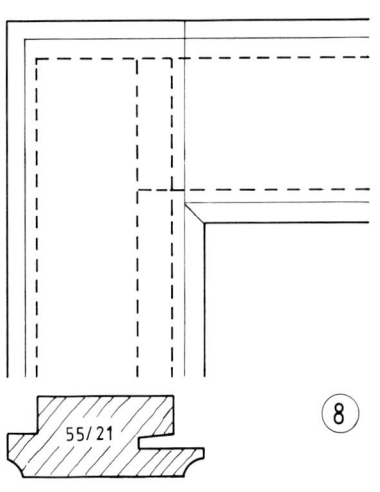

55/21   ⑧

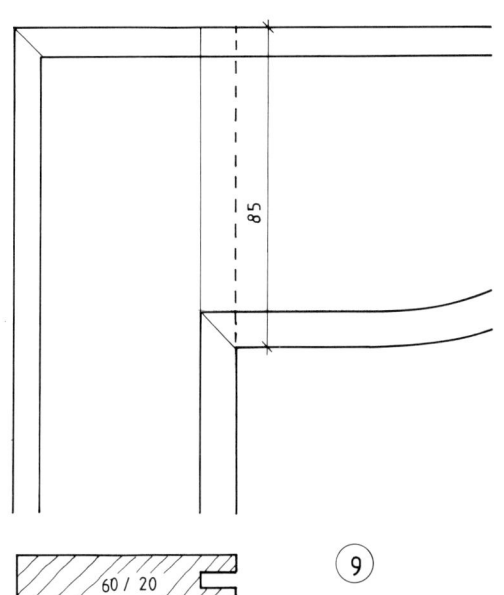

85

60 / 20   ⑨

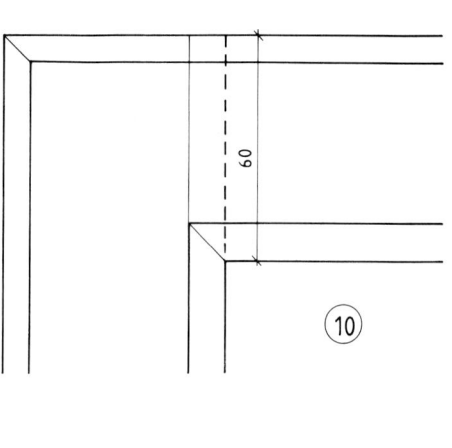

60

⑩

2.6.8 Durchbiegung von Böden

Korpusböden, Konstruktionsböden und Fachböden werden beim Gebrauch des Möbels durch die auf ihnen lagernden Gegenstände statisch belastet. Lasten rufen Durchbiegungen hervor. Die Last kann über die ganze Fläche relativ gleichmäßig verteilt sein, man spricht dann von Flächenlast, oder sie kann mehr oder weniger in der Mitte der Fläche konzentriert sein, man spricht dann von Einzellast. Diese wirken sich unterschiedlich auf die Durchbiegung der Böden aus. Bei gleich großer Gewichtskraft rufen Einzellasten größere Durchbiegungen hervor als Flächenlasten.

Von großem Einfluß ist außerdem die Art der Auflage oder der Einspannung der Böden. Je kraftschlüssiger die Befestigung der Bodenenden mit den Korpusseiten konstruiert ist, desto biegesteifer ist der Boden. Lose aufliegende Fachböden biegen sich daher mehr durch als eingespannte Konstruktionsböden und Korpusböden. Verleimte Verbindungen sind biegesteifer als lösbare Verbindungen.

Neben der Belastungsart und der Einspannung wirken sich die freie Länge des Bodens, seine Dicke und das Material, aus dem er besteht, auf das Biegeverhalten aus. Die Materialeigenschaften werden durch den Elastizitätsmodul (kurz: E-Modul) ausgedrückt, der für jede Materialart einen spezifischen Wert aufweist.

Die Spanplatte, als häufig eingesetztes Material, weist die Besonderheit auf, daß ihre Durchbiegung unter statischer Last mit der Zeitdauer zunimmt. Diese Zunahme ist innerhalb der ersten Tage nach der Lastaufbringung sehr ausgeprägt, sie nimmt im Laufe der Zeit ab und ist später kaum noch wahrnehmbar. Theoretisch kommt sie aber nicht zum Stillstand. Man bezeichnet dieses Verhalten der Spanplatte mit „Kriechen". Es hängt mit dem Gefüge der Platte aus Spänen, Leim und Zugabestoffen zusammen. Viele organische Werkstoffe zeigen diese technologische Eigenschaft des Fließens im Feingefüge. Es muß konstruktiv beachtet werden.

Aus Versuchen weiß man, daß das Kriechen von Spanplatten nach etwa 20 Tagen Belastung unmerkbar klein wird. Nach etwa 7 Tagen sind bereits etwa 80 % der Enddurchbiegung erreicht (Abb. 2.69,b). Für den genormten Versuch zur Feststellung der Durchbiegung von Fachböden sind daher 28 Tage Belastung vorgeschrieben (DIN 68874). Die Gesamtdurchbiegung setzt sich aus einem elastischen und einem plastischen Anteil zusammen. Die Durchbiegung aus dem elastischen Anteil bildet sich nach der Entlastung wieder zurück. Die Durch-

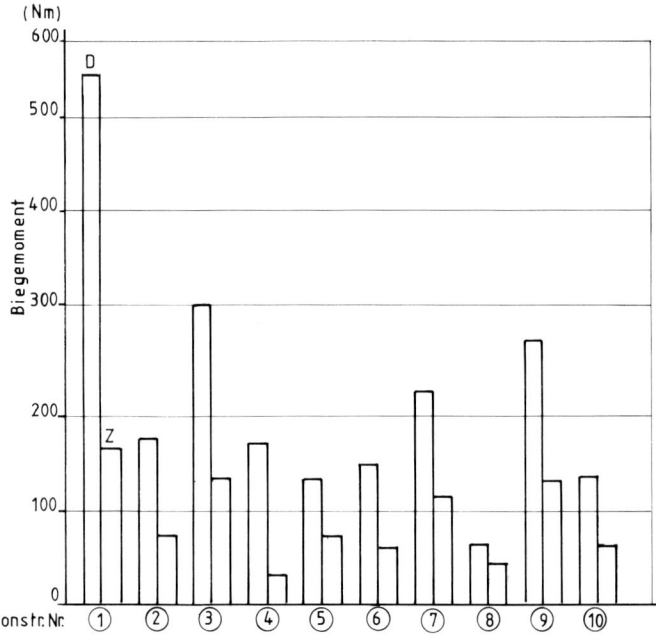

Abb. 2.68   Biege-Bruchmomente verschiedener Rahmenecken bei Belastung auf Druck oder Zug

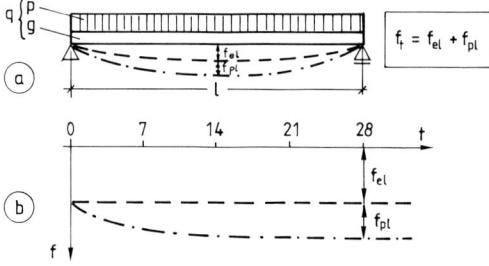

Abb. 2.69   Schematische Darstellung der Durchbiegung eines Fachbodens. (a) lose aufliegender Boden mit Flächenlast, Gesamtdurchbiegung (f_t) ist die Summe aus elastischer und plastischer Verformung. (b) zeitlicher Verlauf der Durchbiegung, nach etwa 7 Tagen sind bereits rund 80 % der Enddurchbiegung erreicht

biegung aus dem plastischen Anteil bleibt dauerhaft vorhanden, sie ist irreversibel.

Die verbleibende Durchbiegung ist die Grundlage zur Bestimmung des sogenannten Langzeit-E-Moduls (E_t), der sich vom Kurzzeit-E-Modul (E_o) als üblicher Werkstoffkennzahl unterscheidet. E_t-Moduln haben eine Größe von etwa 65 % der E_o-Moduln. Langzeit-E-Moduln sind als Richtwerte zu verstehen, deren Genauigkeit vom Herstellungsverfahren der Spanplatten beeinflußt wird und daher großen Schwankungen unterliegen. Die Tab. 2.12 nennt einige E-Moduln für übliche Werkstoffe des Möbelbaus als Richtwerte. Für ganz genaue Bestimmungen sind die zum Einsatz kommenden Werkstoffe speziell zu prüfen.

Zur Berechnung der Durchbiegung von Böden gelten die aus der allgemeinen Statik bekannten Formeln für Flächenlasten (Streckenlasten) und Einzellasten (Abb. 2.70).

Die einzelnen Faktoren zur Berechnung sind:

q = Gesamtlast, sie setzt sich zusammen aus
    p = Flächenlast aus der Gewichtskraft der Gegenstände
    g = Eigenlast aus der Gewichtskraft des Bodens
    also
q = p + g
l = freie Länge des Bodens; sie geht mit der 4. oder 3. Potenz in die Berechnung ein und übt daher bei Verlängerung oder Verkürzung der Länge großen Einfluß aus;
E_t = Langzeit-E-Modul oder E-Modul nach „Ablauf der Kriechzeit";
I = Trägheitsmoment; es berechnet sich aus den Querschnittdimensionen Breite und Dicke des Bodens (Abb. 2.71).

Die Konstanten werden Auflagerungs- und Einspannungsfaktoren genannt.

Mit Hilfe der Formeln und der bekannten Materialkennwerte läßt sich die Durchbiegung im voraus berechnen. Genauso kann die notwendige Dicke der Böden bestimmt werden, wenn die Gebrauchslasten und die maximal zulässige Durchbiegung bekannt sind.

Nach DIN 68874, „Möbel-Einlegeböden und Bodenträger", ist die zugelassene Durchbiegung von Möbel-Fachböden auf ⅟₂₀₀ der Länge beschränkt. Die Norm unterscheidet 4 Beanspruchungsgruppen für Fachböden wie folgt:

Beanspruchungs-gruppe	Nutzlast kg/m²	N/m²
L 25	25	250
L 50	50	500
L 75	75	750
L 125	125	1 250

Gebrauchsgegenstände können folgende Flächenlasten auf Fachböden erreichen:

Gegenstände	Lasten (N/m², als Richtwerte)
dekorative Gegenstände (Weingläser)	150
Geschirr, je nach Stapelhöhe	300 ... 900
Wäsche, je nach Stapelhöhe	350 ... 700
Bücher, Zeitschriften	850 ... 1 100
Schallplatten	1 000 ... 1 500

Der Nachweis der Belastungsfähigkeit für eine bestimmte Beanspruchungsgruppe kann gefordert werden und Gegenstand des Vertrags zwischen Käufer und Verkäufer von Möbeln sein.

Die Tabellen 2.13 und 2.14 geben Richtwerte für die erforderlichen Bodendicken für bestimmte Belastungsfälle an, in Abhängigkeit von der Materialart, Belastungsart und Stützweite.

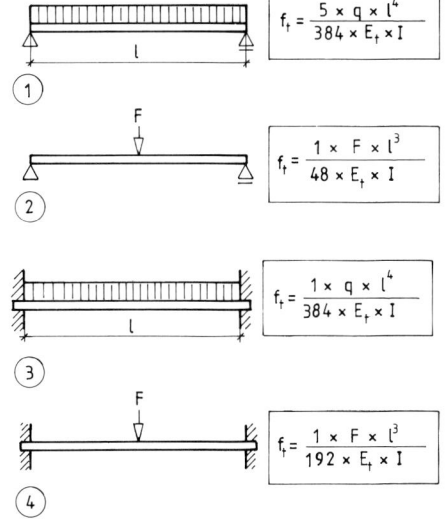

Abb. 2.70 Berechnung der Durchbiegung bei unterschiedlichen Belastungsarten
1 lose aufliegender Boden mit Flächenlast
2 lose aufliegender Boden mit Einzellast
3 eingespannter Boden mit Flächenlast
4 eingespannter Boden mit Einzellast

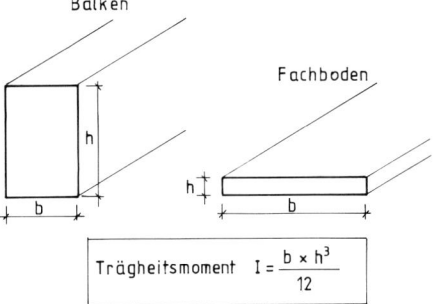

Abb. 2.71 Geometrische Verhältnisse zur Berechnung des Trägheitsmoments

Tabelle 2.12 Richtwerte der E-Moduln einiger Werkstoffe für den Möbelbau

Werkstoff	E_o Elastizitätsmodul am Belastungsbeginn (N/mm²)	φ Kriechzahl $\varphi = \dfrac{E_o}{E_t} - 1$	E_t Elastizitätsmodul nach Ablauf der Kriechzeit (N/mm²)
Spanplatte roh (FPO)	3 900	0,54	2 500
Spanplatte furniert 0,6 mm	4 500–5 400	0,53–0,43	2 900–3 800
Spanplatte, melaminbeschichtet	4 200	0,45	2 900
Spanplatte mit orientierten Spänen (OSB)	6 500	0,14	5 700
Tischlerplatte, furniert	5 000	0,50	3 300
Nadel-Vollholz	9 500	0,45	6 550

Quellen: Langendorf, 1970; Kellberger, 1983; Franz, 1981

Tabelle 2.13 Erforderliche Bodendicke bei lose aufliegenden Fachböden mit Flächenlast

Material:	Spanplatte, furniert								
E_t-Modul:	2 900 N/mm²								
Rohdichte FPY:	650 kg/m³								
Bodenbreite:	300 mm								

$$f_t, \text{zul.} = \frac{\text{Länge}}{200}$$

Flächen-belastung (N/m²)	Stützweite (mm)									
	300	400	500	600	700	800	900	1 000	1 100	1 200
200	13	13	13	13	13	13	13	16	16	16
400	13	13	13	13	13	16	16	19	19	22
600	13	13	13	13	16	16	19	19	22	25
800	13	13	13	13	16	19	19	22	25	25
1 000	13	13	13	16	19	19	22	25	25	–
1 200	13	13	13	16	19	19	22	25	–	–
1 400	13	13	13	16	19	22	25	25	–	–
1 600	13	13	13	16	19	22	25	–	–	–
1 800	13	13	16	19	19	22	25	–	–	–
2 000	13	13	16	19	22	25	–	–	–	–
2 500	13	13	16	19	22	25	–	–	–	–
3 000	13	13	16	22	25	–	–	–	–	–

Tabelle 2.14 Erforderliche Bodendicke bei lose aufliegenden Fachböden mit Einzellast

Material:	Spanplatte, furniert								
E_t-Modul:	2 900 N/mm²								
Rohdichte:	650 kg/m³								

$$f_t, \text{zul.} = \frac{\text{Länge}}{200}$$

	Einzellast (N)	Stützweite (mm)								
		300	400	500	600	700	800	900	1 000	1 100	1 200
b = 400 mm	110	13	13	13	13	16	16	16	19	19	19
	220	13	13	16	16	19	19	22	22	25	25
	350	13	16	16	19	22	22	25	25	–	–
b = 500 mm	110	13	13	13	13	13	16	16	16	19	19
	220	13	13	13	16	16	19	19	22	22	25
	350	13	13	16	19	19	22	22	25	25	–

Schrifttum

Albin, R.; Müller, M.; Scholze, H.: Festigkeitsuntersuchungen an Flächeneckverbindungen im Korpusmöbelbau, Holz als Roh- u. Werkstoff 45 (1987): 171–178

Anonymus: Verleimung hochbeanspruchter Dübelverbindungen im Gestellbau, Bau- u. Möbelschreiner, 2/1980: 97–98

Anonymus: Richtig dübeln – aber wie? der deutsche schreiner, 3/1970: 296–300

Auer, E.: Vergleichende Untersuchungen von Stuhlprüfungen nach DIN 68878 und ISO/ITC 136/SCI, Diplomarbeit, Fachbereich Holztechnik, FH Rosenheim, 1981

Autorenkollektiv: Holzbearbeitung, VEB Fachbuchverlag, Leipzig 1977

Bockelmann v., W.: Dübel und Zapfen in der Möbelfertigung, Vor- und Nachteile, Verleimung, Holz, Mering bei Augsburg, 14 (1960), 1: 8–9

DIN Taschenbuch 209, Holzverarbeitung, Beuth Verlag, Berlin u. Köln, 1987

DIN Taschenbuch 66, Möbel, Beuth Verlag, Berlin u. Köln, 1986

Eckelman, C. A.: Withdrawal Strength of Dowel Joints: Effect of Shear Strength, Forest Products Journal, Madison, 29 (1979), 1: 48–52

Eckelman, C. A.: Out-of-Plane Strength and Stiffness of Dowel Joints, Forest Products Journal, Madison, 29 (1979), 8: 32–38

Eckelman, C. A.: The Fatigue Strength of Two-Pin Moment-Resisting Dowel Joints, Forest Products Journal, Madison, 20 (1970), 5: 42–45

Eckelman, C. A.: Engineering Concepts of Single-Pin Dowel Joint Design, Forest Products Journal, Madison, 19 (1969), 12: 52–60

Ernst, W.: Untersuchungen zur Biegefestigkeit von Keilzinkenverbindungen in Abhängigkeit verschiedener Parameter, Diplomarbeit, Fachbereich Holztechnik, FH Rosenheim, 1982

Europa-Lehrmittel: Fachkunde für Schreiner, Verlag Europa-Lehrmittel, Wuppertal, neueste Auflage

Flocken, J.; Walkling, H.; Burmester, E.: Lehrbuch für Tischler, Teil 1–3, Schroedel Verlag Hannover, neueste Auflage

Franz, A.: Untersuchungen des Biegeverhaltens von OSB-Platten unter Dauerbelastung, Diplomarbeit, Fachbereich Holztechnik, FH Rosenheim, 1981

Franz, B.: Auszugfestigkeit von verschiedenen Schrauben in Abhängigkeit vom Material, Einschraubrichtung, Vorbohrtoleranz, Diplomarbeit, Fachbereich Holztechnik, FH Rosenheim, 1983

Griffioen, K.: Vergleichende Untersuchungen über die Festigkeit von Dübelverbindungen mit Schlitz- und Zapfenverbindungen, Houtinstituut, T.N.O., Delft, Ber. Nr. H 62-110, 1962

Hünker, H.: Vergleichende Festigkeitsuntersuchungen an Gestellverbindungen aus Buchenholz, Diplomarbeit, Fachbereich Holztechnik, FH Rosenheim, 1985

Kellberger, N.: Durchbiegung horizontaler Möbelteile in Abhängigkeit von der Materialdicke, Verstärkungen und Art der Einspannung, Diplomarbeit, Fachbereich Holztechnik, FH Rosenheim, 1983

Kühne, G.; und Kröppelin, U.: Untersuchungen zum Beanspruchungsverhalten von Eckverbindungen durch Dübel, Holztechnologie, Leipzig, 19 (1978), 2: 95–99

Landesgewerbeanstalt (LGA) Bayern (Hrsg.): Möbelprüfung: Methoden, Kenndaten, Qualitätsmerkmale, LGA Möbelprüfinstitut, Nürnberg, 1986

Langendorf, G.: Zu aktuellen Problemen der Möbelstatik, Holztechnologie, 11 (1970), 4

Langendorf, G.: Beiträge zur Statik von Möbelkonstruktionen, Holztechnologie, 18 (1977), 2

Nothelfer, K.: Das Sitzmöbel, Otto Maier Verlag, Ravensburg 1941

Nutsch, W.: Handbuch der Konstruktion, Möbel und Einbauschränke, Deutsche Verlagsanstalt Stuttgart, neueste Auflage

Nutsch, W.: Handbuch der Konstruktion, Innenausbau, Deutsche Verlagsanstalt, Stuttgart, neueste Auflage

Nutsch, W.: Handbuch Technisches Zeichnen und Entwurfszeichnen Holz, Deutsche Verlagsanstalt, Stuttgart, neueste Auflage

Pfingsten, H. O.: Technisches Zeichnen für Holzberufe, Schroedel Verlag, Hannover, 1985

Pfingsten, H. O. u. a.: Technologie für Tischler, Fachstufe, Schroedel Verlag, Hannover, 1981

Pracht, K.: Möbel und Innenausbau, Handbuch der Holzkonstruktionen, Verlagsanstalt Alexander Koch, Stuttgart, 1987

REFA: Methodenlehre der Planung und Steuerung, Carl Hanser Verlag, München, neueste Auflage

Roland, K.; Dietze, L.: Bauelemente und Möbel, Konstruktion und Gestaltung, VEB Fachbuchverlag, Leipzig, 1985

Schuster, K.: Verbindungskombination und Maschinentechnik in der Holzverarbeitung, Marketing für Holzbe- u. -verarbeitung, Philippsburg, 12 (1980), 1: 27–30

Sparkes, A. J.: Dowel and Tenon Joints for Furniture, FIRA Stevenage, Technical Report, o. J.

Wehner, V.: Auszugfestigkeit von Dübeln in verschiedenen Plattenwerkstoffen in Abhängigkeit von der Dübelart, Einbohrtiefe, Einbohrrichtung, Bohrtoleranz, Diplomarbeit, Fachbereich Holztechnik, FH Rosenheim, 1983

3 Die maschinelle Verarbeitung von Vollholz

Von Friedrich Dusil

Die Verarbeitung von Vollholz zu Möbelteilen oder Möbeln dürfte in ihrer Vielseitigkeit von keinem anderen Bereich der Holzbe- und -verarbeitung erreicht oder gar übertroffen werden. Die Palette reicht von Leisten aller Art über Rahmenteile, flächige Teile, wie Tischplatten oder Füllungen, gedrehte Teile, mehrdimensional formgefräste Teile, Biegeteile usw. bis hin zu kopierten Reliefs und Skulpturen. Praktisch jede der genannten Produktgruppen könnte ohne weiteres in mehrere Untergruppen aufgegliedert werden. Die Eigenschaften des Werkstoffs Vollholz schwanken bekanntlich bei verschiedenen Umgebungsklimata, in verschiedenen Richtungen, zwischen den und innerhalb der Holzarten, sogar innerhalb eines Brettes. Gerade deshalb erfordert die Vollholzverarbeitung solide Grundkenntnisse über die Werkstoffe und deren Eigenschaften, sowie ein gewisses Fingerspitzengefühl, das in der Regel durch eine längere Praxis erworben wird.

Wie in jedem anderen Industriebereich gilt auch für die Holzverarbeitung, daß die technischen Möglichkeiten sinnvoll einzusetzen sind, um ein Höchstmaß an Wirtschaftlichkeit und Qualität zu erzielen. Angesichts der wachsenden Weltbevölkerung bei gleichzeitig schrumpfendem Waldanteil wird jedoch die Frage der Ausbeutesteigerung zukünftig sicher noch schneller an Bedeutung gewinnen als mögliche Kosteneinsparungen durch bessere oder schnellere Verarbeitungsverfahren.

3.1 Arbeitsflußbilder

Sicher ist es nicht möglich, in einem Arbeitsflußbild alle gängigen Fertigungsabläufe in der Vollholzverarbeitung aufzuführen. Die Voraussetzungen vom Material, vom Produkt und von den maschinellen Möglichkeiten sind dazu zu unterschiedlich. Während beispielsweise in der Mehrzahl der Betriebe die Bretter oder Bohlen zuerst technisch getrocknet und anschließend zugeschnitten werden, verfährt eine ganze Anzahl genau umgekehrt. Beim Herstellen von Teilen auf Längskopierfräsmaschinen wird einerseits von vierseitig gehobelten und formatierten Teilen, andererseits z. B. von roh zugeschnittenen, vielleicht einseitig abgerichteten Teilen ausgegangen.

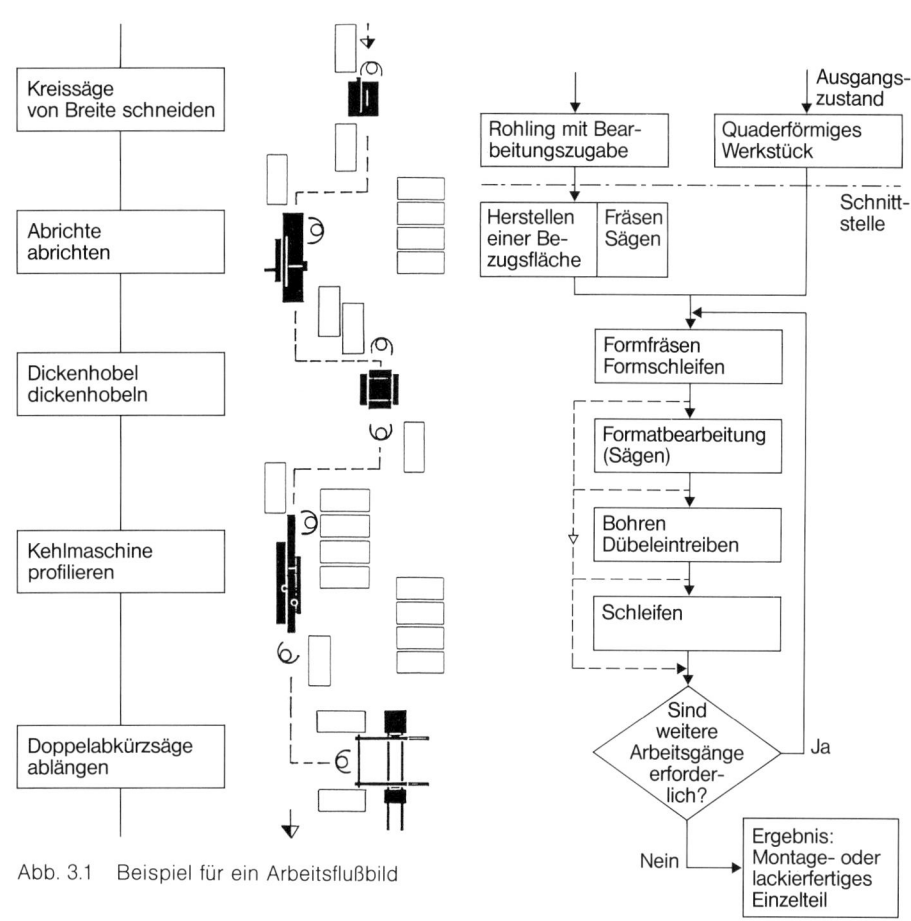

Abb. 3.1 Beispiel für ein Arbeitsflußbild

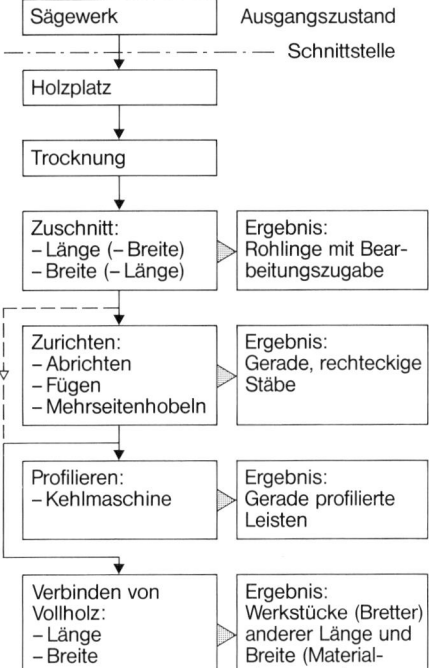

Abb. 3.2 Fertigungsablauf bei der Verarbeitung von Vollholz (nach Hoffmann)

Abb. 3.3 Fertigungsablauf für die Herstellung von formgefrästen Werkstücken (nach Hoffmann)

In einem Flußbild werden Arbeitsvorgänge für die Bearbeitung eines Werkstücks, die zusammenhängend auf einer Maschine oder einem Handarbeitsplatz durchgeführt werden, grafisch dargestellt. Die Aussagefähigkeit des strukturierten Fertigungsablaufs kann durch die Angabe der fortlaufenden Arbeitsgangnummer, des Arbeitsvorgangs und der eingesetzten Maschine verbessert werden.

In Abb. 3.5 ist ein Arbeitsfluß für die Herstellung einer Rahmen-Füllungstür aus Massivholz dargestellt. Der Aufbau dieser Front ist aus Abb. 3.4 ersichtlich.

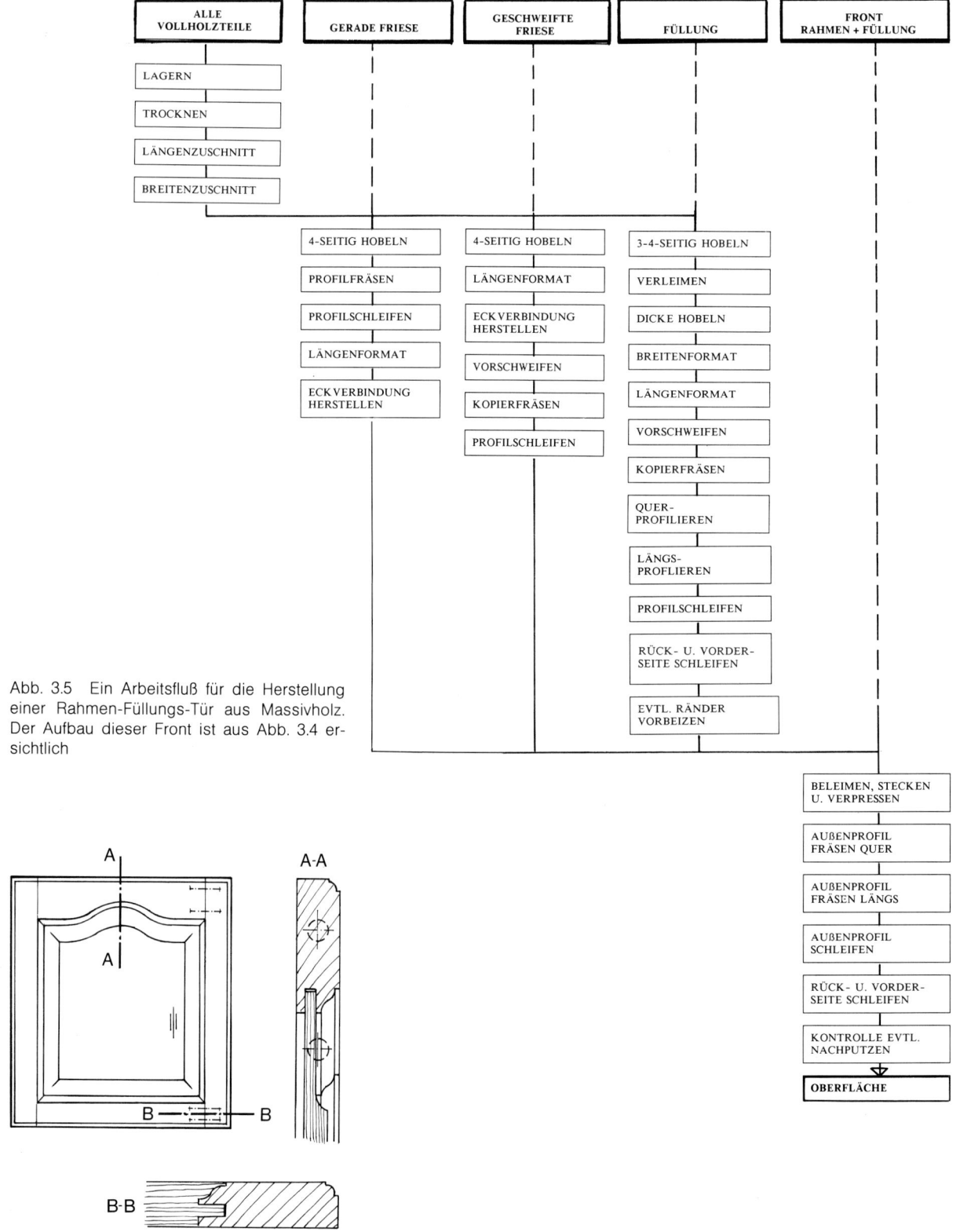

ALLE VOLLHOLZTEILE	GERADE FRIESE	GESCHWEIFTE FRIESE	FÜLLUNG	FRONT RAHMEN + FÜLLUNG
LAGERN				
TROCKNEN				
LÄNGENZUSCHNITT				
BREITENZUSCHNITT				
	4-SEITIG HOBELN	4-SEITIG HOBELN	3-4-SEITIG HOBELN	
	PROFILFRÄSEN	LÄNGENFORMAT	VERLEIMEN	
	PROFILSCHLEIFEN	ECKVERBINDUNG HERSTELLEN	DICKE HOBELN	
	LÄNGENFORMAT	VORSCHWEIFEN	BREITENFORMAT	
	ECKVERBINDUNG HERSTELLEN	KOPIERFRÄSEN	LÄNGENFORMAT	
		PROFILSCHLEIFEN	VORSCHWEIFEN	
			KOPIERFRÄSEN	
			QUER-PROFILIEREN	
			LÄNGS-PROFLIEREN	
			PROFILSCHLEIFEN	
			RÜCK- U. VORDER-SEITE SCHLEIFEN	
			EVTL. RÄNDER VORBEIZEN	
				BELEIMEN, STECKEN U. VERPRESSEN
				AUSSENPROFIL FRÄSEN QUER
				AUSSENPROFIL FRÄSEN LÄNGS
				AUSSENPROFIL SCHLEIFEN
				RÜCK- U. VORDER-SEITE SCHLEIFEN
				KONTROLLE EVTL. NACHPUTZEN
				OBERFLÄCHE

Abb. 3.5 Ein Arbeitsfluß für die Herstellung einer Rahmen-Füllungs-Tür aus Massivholz. Der Aufbau dieser Front ist aus Abb. 3.4 ersichtlich

Abb. 3.4 Rahmen-Füllungs-Tür
(Vollholzfront) Ansicht und Schnitte A–A, B–B

3.2 Lagerung und Trocknung von Schnittholz

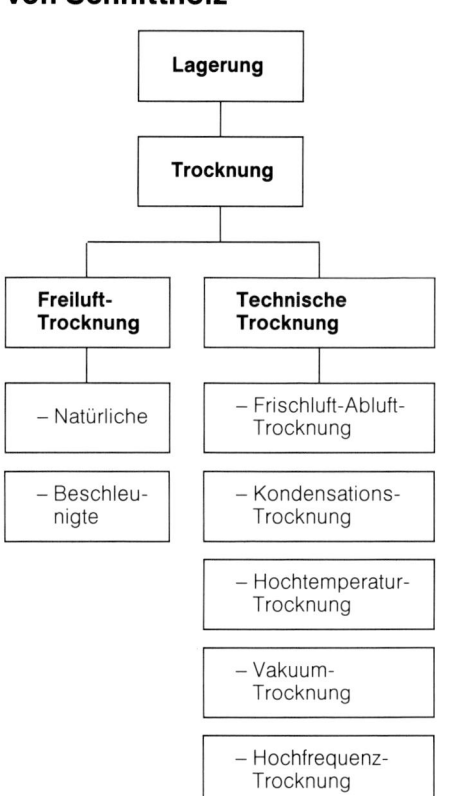

- Lagerung
- Trocknung
  - Freiluft-Trocknung
    - – Natürliche
    - – Beschleunigte
  - Technische Trocknung
    - – Frischluft-Abluft-Trocknung
    - – Kondensations-Trocknung
    - – Hochtemperatur-Trocknung
    - – Vakuum-Trocknung
    - – Hochfrequenz-Trocknung

3.2.1 Lagerung von Schnittholz

Um gute Ergebnisse bei der Freilufttrocknung zu erzielen, sind die Lage und die Organisation des Stapelplatzes sehr wichtig. Die Einteilung der Lagerplätze und Transportwege ist abhängig von der Staplerbauart, Frontstapler oder Seitenstapler. Die Stapel werden je nach Empfindlichkeit der Holzart quer oder längs zur Hauptwindrichtung gesetzt, sehr oft in Nord-Süd-Richtung, so daß der vorwiegend westlich ausgerichtete Wind nicht durch Stapelleisten am Durchströmen gehindert wird. Vorteilhaft sind offene Schuppen (Lagerhallen), die vor direkter Sonneneinstrahlung und Befeuchtung durch Regen schützen.

Die Größe des Lagerplatzes ist abhängig von der Holzmenge, die für die Fertigung bereitgestellt werden muß. Die Bevorratungshöhe wird auch durch saisonale Angebote bestimmt und dient auch als Kapitalanlage. Zur Organisation eines Schnittholzplatzes gehört auch die Sortierung:

● getrennt nach Holzarten (bei vielen Arten und geringen Mengen gegebenenfalls in Regalen)
● innerhalb einer Holzart möglichst getrennt nach
– Dicke, Breite und Länge des Schnittguts,
– Feuchtegehalt,
– Qualität (Verwendungszweck).

Es empfiehlt sich, neu ankommende Ware mit Kennzeichnungen (Etiketten, Schilder o. ä.) zu versehen. Darauf sollten die wichtigsten Informationen, wie Lieferant, Einlagerungsdatum, Anfangsfeuchtigkeit, Dimensionen, Menge usw. erfaßt werden.

Stapelung
Die Ware sollte so aufgestapelt werden, daß für die spätere technische Trocknung kein Umstapeln mehr erforderlich ist. Massensortimente werden aus Platzgründen in Kastenstapeln, Einzelblöcke meist in Blockstapeln untergebracht. Bei Anlage von Blockstapeln ist die Sicherheit besonders zu beachten, längere Stapelleisten verbinden die Blöcke standsicherer (Abb. 3.6, 3.7, 3.8).
Sonderstapel für bestimmte Sortimente sind:
● Kreuzlagen- oder Fischgrätstapel für Kanteln
● Scheren- oder Senkrechtstapel zur Vortrocknung wertvoller Laubhölzer in Vorrichtungen (wie Böcke oder Rechenregale).

Stapelregeln
● Mindestabstand der ersten Holzlage 40 cm vom Boden;
● Abmessungen der Stapel in Breite und Höhe: abhängig von der Staplerart (Gabellänge und max. Tragkraft) von den UVV (Unfall-Verhütungs-Vorschriften), Breite zu Höhe etwa 1 zu 3 und von den Raummaßen der Trockenkammer;
● möglichst gleich lange Bretter in einem Stapel lagern (überstehende Enden verziehen sich, große Risse entstehen);
● unterschiedlich lange Bretter werden nach Länge sortiert, die kürzeren Stücke nach oben (Treppenstapel);
● rechte Seite (Kernseite) des Brettes nach oben legen;
● Schnittflächen von anhaftenden Sägespänen reinigen (Pilz- und Insektenbefall!);
● Schutz der Hirnenden gegen zu schnelles Austrocknen (Farb- oder Wachsanstrich, Leisten annageln, überstehende Stapelleisten);
● Sicherung der oberen Lagen durch Spannklammern;
● Abdeckung des Stapels, als Regen- und Sonnenschutz, mit Gefälle;
● Stapelleisten
mit gleicher Dicke verwenden, höchstens zwei Leistendicken, z. B. 18 mm oder 25 mm einsetzen (geringe Verwechslungsgefahr), die dickeren Leisten sind für Nadelhölzer bzw. dickere Bretter, die dünneren Leisten eher für Laubhölzer bzw. dünnere Bretter geeignet,
keine nassen Leisten einsetzen,
Leisten müssen genau übereinander liegen,

Abb. 3.6 Blockware-Einzelstapelung mit längeren Stapelleisten, Kernseite nach oben

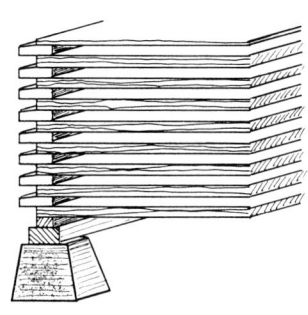

Abb. 3.7 Die Hirnenden sind durch breite, überstehende Stapelleisten geschützt

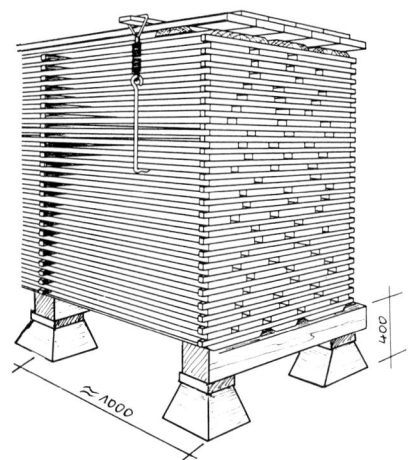

Abb. 3.8 Kastenstapel für besäumte und unbesäumte Ware für unterschiedliche Breiten. Federspannung für die Abdeckung

bei Brettdicken bis rd. 35 mm sollten die Stapelleistenabstände 500 ... 900 mm betragen,
bei Bohlen bis etwa 60 mm können die Abstände bis 1 200 mm betragen,
aus Fichte/Tanne mit rechteckigem Querschnitt (Holzverfärbungen und Druckstellen sind seltener).

3.2.2 Holztrocknung

Allgemeines

Aufgrund seiner hygroskopischen Eigenschaften stellen sich beim Holz bei unterschiedlichen Umgebungsklimata (Temperatur, relative Luftfeuchte) unterschiedliche Holzfeuchtigkeiten ein. Nach längerer Lagerung ergibt sich ein Gleichgewichtszustand zwischen dem Umgebungsklima und der Holzfeuchte, der als Holzfeuchtegleichgewicht bezeichnet wird, jedoch von Holzart zu Holzart sehr unterschiedlich sein kann. Einige dieser Werte sind in DIN 68100, Tabelle 5 aufgeführt (Auszug) (Abb. 3.9, 3.10).
Eine weitere wichtige Größe bei der Holztrocknung stellt der Fasersättigungsbereich dar. Hiermit wird der Feuchtigkeitsgehalt bezeichnet, der sich im Holz theoretisch bei einem Umgebungsklima mit einer relativen Luftfeuchte von 100% einstellt. Je nach Holzart, Dichte, Wuchsgebiet bewegt sich dieser Wert in Größenordnungen zwischen etwa 20% und 40% Holzfeuchte, im Mittel können etwa 25 ... 30% angenommen werden.
Unterhalb dieses Fasersättigungsbereichs verändert das Holz bei unterschiedlicher Feuchtigkeit seine Form; es schwindet bei abnehmender Holzfeuchte und quillt bei zunehmender Holzfeuchte. Diese Dimensionsveränderungen sind in tangentialer Richtung (parallel zu den Jahrringen) größer als in radialer Richtung (parallel zu den Holzstrahlen), während sie in Längsrichtung in der Regel vernachlässigt werden können, da sie nur etwa 5% des tangentialen Wertes betragen.

Richtwerte für Maßänderungen von Holz in
tangentialer Richtung 10%
radialer Richtung 5%
Längsrichtung 0,1 ... 0,3%
Im Bereich zwischen etwa 7% und 20% Holzfeuchte, der für die Holzverarbeitung interessant ist, besteht ein linearer Zusammenhang zwischen der Änderung der Feuchte und der Dimensionsänderung. Dabei können je Prozent Holzfeuchteänderung folgende Dimensionsänderungen in % angenommen werden (Werte nach Noack, Schwab u. Bartz 1973). (Siehe Tabelle auf gegenüberliegender Seite unten.)

Gleichgewichts-Holzfeuchte, Schwind- und Quellmaße verschiedener Holzarten					
1	2	3	4	5	6
Holzart	Kurzzeichen nach DIN 4076 Teil 1	Gleichgewichts-Holzfeuchte u_{gl} in % bei relativer Luftfeuchte		differentielles Schwindmaß v in % je % Holzfeuchteänderung	
		$\psi = 37\%$	$\psi = 83\%$	radial	tangential
Nadelhölzer					
Fichte	FI	7,0	16,4	0,19	0,39
Kiefer	KI	7,0	15,3	0,19	0,36
Lärche	LÄ	8,4	17,1	0,14	0,30
Douglasie (Oregon pine)	DGA	8,3	16,1	0,15	0,27
Tanne	TA	7,1	16,9	0,14	0,28
Laubhölzer					
Afrormosia	AFR	7,0	12,7	0,18	0,32
Afzelia	AFZ	7,3	13,7	0,11	0,22
Birke	BI	6,9	16,1	0,29	0,41
Bongossi (Azobe)	AZO	8,3	16,3	0,31	0,40

Abb. 3.9 DIN 68100 Tabelle 5, Auszug

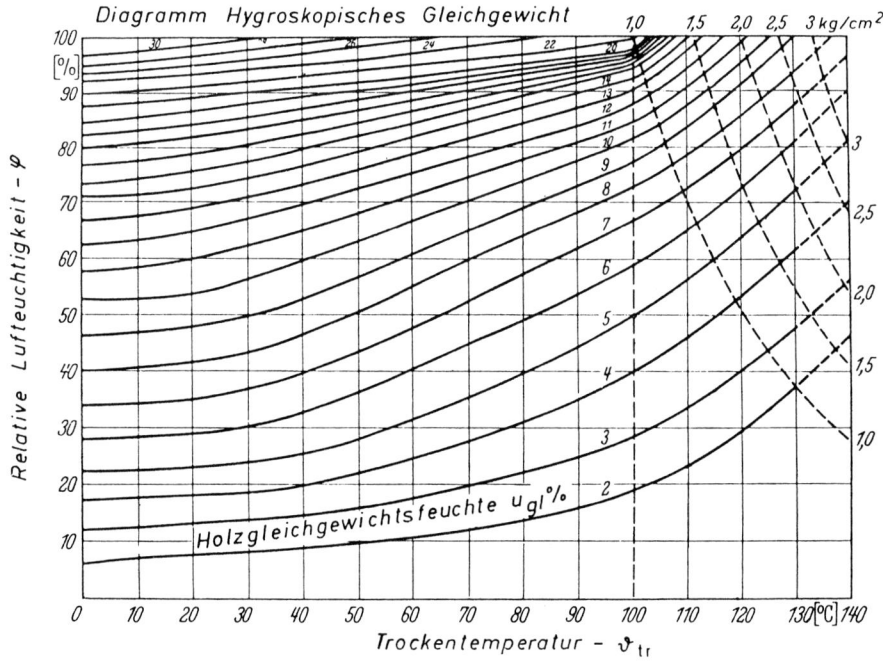

Abb. 3.10 Zusammenhang zwischen Holzfeuchte und Umgebungsklima (nach Keylwerth und U.S. Forest Products Laboratory, Diagramm Bollmann).
Ablesebeispiel:
Lufttemperatur +15 °C, rel. Luftfeuchte 75% u = 15%,
entspricht: Holzlagerung im Freien;
Lufttemperatur +22 °C, rel. Luftfeuchte 48% u = 9%,
entspricht: Raumheizung, Innenausbau

Beispiel: Füllung aus Eiche, 500 mm breit, u = 8 % Holzfeuchte. Mit welcher Maßänderung ist zu rechnen, wenn die Holzfeuchte am Einbauort auf u = 13 % ansteigt?
1. wenn die Füllung stehende Jahresringe aufweist (radial)
Maßzunahme:
5 · 0,16/100 · 500 = 4 mm
2. wenn die Füllung liegende Jahrringe aufweist (tangential)
Maßzunahme:
5 · 0,36/100 · 500 = 9 mm

Für das Stehvermögen von Holz ist nicht so sehr der Maximalwert der Quellung oder Schwindung entscheidend, sondern das Verhältnis der Werte von der tangentialen zur radialen Richtung. So weist z. B. Sapelli *(Entandrophragma cylindricum)* im Vergleich zu Brasilkiefer *(Araucaria angustifolia,* im Handel fälschlicherweise als „Brasilkiefer" bezeichnet) viel höhere Quellungs- bzw. Schwindungswerte auf. Trotzdem gilt Sapelli als eines der Hölzer mit ausgezeichnetem Stehvermögen, während die Araukarie als Paradebeispiel für ein Holz mit ausgesprochen schlechtem Stehvermögen herangezogen wird. Dies ist auf das sehr ungünstige Verhältnis zwischen tangentialer und radialer Dimensionsveränderung von 3,3 bei der Araukarie zurückzuführen.
Wenn also eine Holzart auf ihre Eignung für das Verarbeiten in großen Querschnitten, z. B. im Fensterbau, beurteilt werden soll, muß das Verhältnis von tangentialer zu radialer Schwindung möglichst klein sein, am besten unter 2.

Trocknungsverfahren
Nach DIN 18355 VOB „Tischlerarbeiten" muß der Feuchtegehalt fertig zusammengebauter Holzteile, wenn diese den Herstellungsbetrieb verlassen,
für Innenausbauteile   8 . . . 12 %
für Bauteile, die ständig mit der Außenluft in Verbindung stehen   10 . . . 15 %
bezogen auf das Darrgewicht betragen.

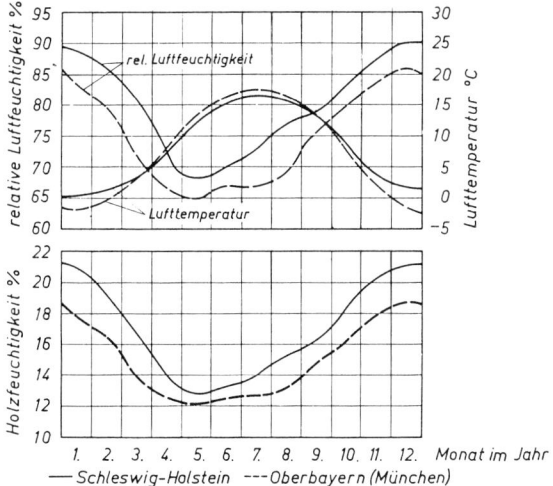

Abb. 3.11 Klimakurven und Feuchtegleichgewicht von Holz im Freien für Schleswig-Holstein und Oberbayern

Allgemein gilt die Regel, daß Teile aus Holz in ihrem Feuchtigkeitsgehalt möglichst gut an die am Verwendungsort vorherrschende Gleichgewichtsfeuchte angepaßt werden sollten.

3.2.2.1 Freilufttrocknung

Natürliche Freilufttrocknung
Mit der Freilufttrocknung lassen sich unter mitteleuropäischen Klimabedingungen im Jahresmittel Holzfeuchten von etwa 15 % erreichen. Der jahreszeitliche Verlauf des Klimas und der daraus resultierenden Gleichgewichtsfeuchte ist in Abb. 3.11 dargestellt.

Diese relativ hohe Endfeuchte schließt die Verwendung von derartigem Holz im Innenausbau praktisch aus. Ein weiterer Nachteil der Freilufttrocknung ist die lange Trocknungsdauer von mehreren Monaten bis Jahren, ehe die mögliche Endfeuchte erreicht wird. Dies bedeutet einen hohen Kapitalaufwand für Lager und Zinsen.

Beschleunigte Freilufttrocknung (Vortrocknung)
Die Trocknungszeit läßt sich durch technische Belüftung des Holzes (Ventilatoren) bei gleichzeitigem Schutz gegen Wettereinwirkung verkürzen (Lagerhalle). Bei gewissen Klimakonstellationen (hohe Temperatur, geringe Luftfeuchte) besteht allerdings die Gefahr von Trockenschäden, wenn dann nicht mindestens die Belüftung unterbrochen wird. Im Vergleich zur normalen Freilufttrocknung kann hierbei die Trocknungszeit auf etwa die Hälfte bis zu einem Drittel verkürzt werden. Eine Vortrocknung ist nur bis zum Fasersättigungsbereich sinnvoll und wirtschaftlich.

3.2.2.2 Technische Trocknung
Hierunter fallen alle Trocknungsverfahren, bei denen die Trocknung durch Zuführung von Wärmeenergie, meist mit gleichzeitiger Zwangsbelüftung, be-

Dimensionsänderung je Prozent Holzfeuchteänderung

| Holzart | Dimensionsveränderung V in %/% | | Verhältnis |
	tangential	radial	tang. : rad.
Rotbuche	0,41	0,20	2,1
Eiche	0,36	0,16	2,2
Fichte	0,39	0,19	2,1
Kiefer	0,36	0,19	1,9
Nußbaum	0,29	0,18	1,6
Iroko/Kambala	0,28	0,19	1,4
Sapelli	0,32	0,24	1,3
Brasilkiefer Araucaria angustifolia	0,23	0,07	3,3

schleunigt wird. Für die Praxis haben jene Verfahren größere Bedeutung, die mit Luft als Medium zur Übertragung der Wärmeenergie arbeiten. In besonderen Fällen wird die Wärme mit Heißdampf, Hochfrequenz oder Heizplatten übertragen. Die Trocknung in heißen Ölen, Lösungsmitteln, organischen Dämpfen oder anderen Chemikalien, sowie die Trocknung mit Infrarot-Strahlen oder die Gefriertrocknung erfolgte bis jetzt nur im Labormaßstab und findet daher im folgenden keine Berücksichtigung.

Der technische Vorgang bei den üblichen Trocknungsverfahren ist folgender:
1. In der Trockenkammer wird die Luft erwärmt.
2. Die Luft überträgt die Wärme auf das Holz.
3. Das Wasser im Holz tritt an die Oberfläche; über die Temperatur wird die Intensität der Verdunstung beeinflußt.
4. Von der Holzoberfläche wird die Feuchtigkeit durch die Umluft mitgenommen. Wieviel Feuchtigkeit mitgenommen wird, hängt von der Luftfeuchte und der Luftgeschwindigkeit in der Kammer ab.
5. Die feuchte Luft wird entweder ausgetauscht oder in einem Kondensationssystem getrocknet.

Die Trocknung wird von drei physikalischen Größen bestimmt: Temperatur, Luftgeschwindigkeit und Luftfeuchte.

1. Frischluft-Abluft-Trocknung (Verdunstungs- oder Konvektionstrocknung)

Die meisten Trockenanlagen arbeiten nach diesem Prinzip, wobei die Trocknung mit Temperaturen zwischen 30 und 100 °C und Luftumwälzung erfolgt. Zu Beginn der Trocknung wird das Holz auf eine gleichmäßige Soll-Temperatur aufgeheizt, deren Höhe von Faktoren wie Holzart, Holzdicke, Anfangsfeuchte, späterer Verwendungszweck abhängig ist (Anheizphase).

Danach folgt die Entfeuchtungsphase. Hier wird in der Kammer ein Klima (Temperatur und relative Luftfeuchte) eingestellt, dessen zugehörige Holzausgleichsfeuchte (u_{gl}) niedriger ist als die augenblickliche Holzfeuchte. Die Luft nimmt Feuchtigkeit aus dem Holz auf, die feuchte Luft wird abgeführt und durch trockene Außenluft ersetzt, die ihrerseits wieder Feuchtigkeit aus dem Holz aufnimmt usw. Das Ganze wird so lange wiederholt, bis die gewünschte Endfeuchte erreicht ist (kontinuierlich oder in Abschnitten).

In der Ausgleichs- oder Konditionierphase wird die Holzfeuchte über den Brettquerschnitt und innerhalb der Stapel an die gewünschte Endfeuchte angeglichen. In der Abkühlphase wird die Temperatur auf einen Wert abgesenkt, der ein Öffnen und Entleeren des Kammerinhaltes ohne

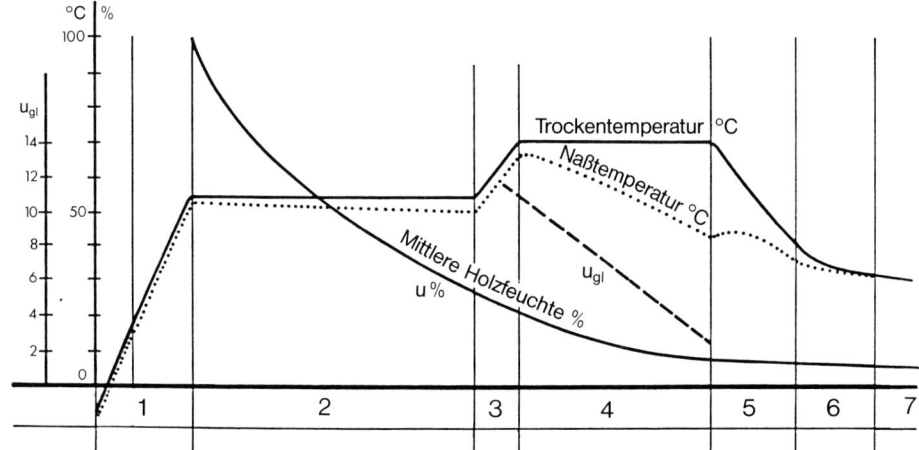

Abb. 3.12 Trocknungsablauf in einem Verdunstungstrockner. Phasen: 1 Aufheizung. 2 Trocknungsphase I vor Fasersättigung. 3 Zwischenaufheizung. 4 Trocknungsphase II nach Fasersättigung. 5 Konditionieren. 6 Abkühlen. 7 Klimatisieren

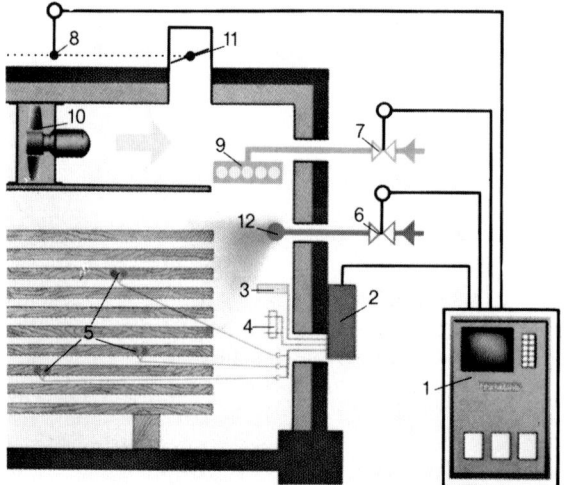

Abb. 3.13 Grundelemente zur Regelung des Trocknungsprozesses in einem Verdunstungstrockner (nach Eisenmann). 1 Steuerungseinheit. 2 Meßverstärker. 3 Temperaturfühler. 4 Klimamessung. 5 Holzfeuchte-Meßelektroden. 6 Sprühventil, motorisch. 7 Heizventil, motorisch. 8 Klappensteuerung. 9 Heizregister. 10 Umluftventilator. 11 Zu- bzw. Abluftklappen. 12 Sprührohr

Schäden durch Wärmespannungen o. ä. ermöglicht.

Die Klimatisierphase erfolgt außerhalb der Trockenkammer, vorzugsweise in geschlossenen Räumen. Sie dient dem Herbeiführen eines Ausgleichszustandes, damit das Holz dem hygroskopischen Gleichgewicht und der Temperatur der Umgebungsluft möglichst nahe kommt (Abb. 3.12, 3.13).

Vorteile:
- für alle Holzarten und Dicken geeignet,
- Temperaturbereich 30 ... 100 °C,
- Endfeuchte bis u = 6 % möglich.

Nachteile:
- großer Energieaufwand notwendig,
- durch schnelles Aufheizen können Spannungen im Holz entstehen,
- Wärmeenergie geht durch die Abluft verloren.

2. Kondensationstrocknung

Der Hauptunterschied zur Frischluft-Abluft-Trocknung besteht darin, daß die feuchte Luft nicht ins Freie geblasen wird, sondern im Kreislauf der Kammer bleibt und über Kondensationsgeräte entfeuchtet wird. Somit ergibt sich eine bessere Ausnutzung der Wärmeenergie. Da die maximal erreichbaren Trockentemperaturen (rd. 54 ... 70 °C) geringer sind als bei der Frischluft-Abluft-Trocknung, sind die Trockenzeiten auch länger als bei letzterer. Bei Endfeuchten unter 12 ... 14 % steigen die Trockenzeiten überproportional an. Die geringen Temperaturen führen allerdings auch zu einer schonenderen Trocknungsweise.

Vorteile:
- sanfte und schonende Trocknung,
- Temperaturbereich 25 ... 70 °C,

Nachteile:
- längere Trockenzeiten,
- bis rd. u = 12 % Trocknung noch wirtschaftlich, darunter überproportional teurer.

Trocknungsabschnitte (nach HDH)
Bei Frischluft-/Abluft- und Kondensationstrocknung

Aufheizphase = Das Trockengut wird gleichmäßig über den Querschnitt auf die Solltemperatur gebracht.

Entfeuchtungsphase = Phase, in der dem Holz Feuchte entzogen wird.

Ausgleichs- oder Konditionierphase = Zeitabschnitt, in dem die Holzfeuchte über den Brettquerschnitt an die gewünschte Endfeuchte angeglichen wird.

Abkühlphase = Abbau der Wärmespannungen durch langsames Absenken der Temperatur.

Klimatisieren = Dieser letzte Zeitabschnitt des Trocknungsablaufs ist äußerst wichtig für die nachfolgende Bearbeitung im Zuschnittbereich. Das Holz wird außerhalb des Trockners gelagert, so daß eine weitere Konditionierung er-

Arbeitsablauf bei der Frischluft-Abluft-Trocknung nach dem HDH-Ratgeber „Holztrocknung", Wiesbaden 1982

Arbeitsablauf bei der Kammertrocknung
- Zutreffendes auswählen.
- Bedienungsanleitung der Trocken- und Regelanlage beachten.
- Reihenfolge nicht ohne Not ändern.
- Dem Trocknungsbeauftragten vorgeben, z. B. Aushang!
1. Holz einwandfrei gestapelt bereitstellen.
2. Holz auf Fehler aus Lagerung prüfen.
3. Anfangsfeuchte prüfen.
4. Folgeprobe herrichten, wiegen, in Stapel einbauen.
5. Elektroden zur Trocknungsführung gemäß Bedienungsanleitung einbringen.
6. Stapel sichern zur Vermeidung von Verformungen.
7. Gleichgewichtsfeuchtefühler neu bestücken (bei Reversierbetrieb zwei Fühler!).
8. Feuchtestrumpf am Psychrometer prüfen bzw. erneuern, Wasser nachfüllen.
9. Sprühdüsen bzw. -öffnungen reinigen.
10. Stapel einfahren.
11. Elektroden anschließen.
12. Notwendige Blenden setzen.
13. Kammer schließen.
14. Trocknungsdaten einstellen bzw. eingeben.
15. Automatik einschalten, Anzeige prüfen.
16. Ventilatoren einschalten.
17. Klappen schließen, Heizung einschalten, evtl. sprühen (Handbetrieb).
18. Trocknen nach Plan, Überwachung auch bei Automatik notwendig.
19. Bei längerer Unterbrechung der Heizung (nachts, Wochenende) Ventilatoren und Automatik eingeschaltet lassen zur Vermeidung von Kondensation. Bei Handregelung Überwachung unerläßlich.
20. Nach Ende der Trocknung bzw. Konditionierung abkühlen auf holzverträgliche Temperaturdifferenz zur Außenluft.
21. Automatik und Ventilatoren abschalten, Kammer öffnen.
22. Elektrodenleitungen abklemmen.
23. Stapel ausfahren und mit Planen/Folien abdecken, wenn nicht sofort unter Dach.
24. Holz in geschlossenem Raum ausklimatisieren lassen.
25. Stapelsicherungen entfernen.
26. Qualitätskontrolle.
27. Bei Qualitätsmängeln evtl. Korrekturen für nächste Trocknung vorsehen.
28. Verarbeitung erst nach Klimatisierung. Dabei nochmalige Qualitätskontrolle zweckmäßig.

---

folgen kann und zugleich die gewünschte Endfeuchte erhalten bleibt. Für Holzfeuchten von 13 ... 15 % genügt die Lagerung in einer belüfteten Halle, für Holzfeuchten von 6 ... 10 % (Wohnraumklima) reicht das nicht aus.

3. Hochtemperaturtrocknung

Diese Trocknungsart arbeitet nach dem gleichen Prinzip wie die Frischluft-Abluft-Trocknung, jedoch mit Temperaturen über 100 °C. Der Einsatz dieser Trocknungsart, bei der kurze Trocknungszeiten erreicht werden, beschränkt sich auf Nadelhölzer oder leicht zu trocknende Holzarten ohne große Qualitätsansprüche, z. B. Verpackungsware oder Mittellagen.

4. Vakuumtrocknung

Bei sinkendem Luftdruck sinkt auch die Siedetemperatur des Wassers, z. B. beträgt der Siedepunkt bei einem Druck von 0,1 bar nur noch etwa 45 °C. Wird nun Holz auf diese oder eine höhere Temperatur erhitzt und ein Vakuum ange-

legt, verdampft das Wasser im Holzinneren und strömt infolge des angelegten Vakuums sehr viel schneller nach außen als bei Normaldruck. Dies führt dazu, daß einmal die Trocknungszeiten bei der Vakuumtrocknung sehr viel kürzer sein können als bei den klassischen Trocknungsverfahren, zum anderen ist die Trocknung infolge der relativ niedrigen Temperatur äußerst schonend (Abb. 3.14).

Das Grundproblem bei der Vakuumtrocknung besteht darin, daß der Wärmeübergang von der Luft zum Holz mit zunehmendem Vakuum immer schlechter wird. Diesem Nachteil wird auf zwei verschiedene Arten begegnet:
- Plattenverfahren: Hier wird das Holz zwischen Aluminium-Heizplatten gestapelt. Die Wärmeübertragung erfolgt also durch Konduktion. Der Aufwand für die Heizplatten und das gesonderte Aufstapeln ist allerdings hoch.
- Das plattenlose Verfahren: Das Holz wird hier normal gestapelt. Das Aufheizen geschieht unter Normaldruck, danach wird evakuiert. Durch das Verdampf-

fen der Feuchtigkeit wird dem Holz gleichzeitig auch Wärme entzogen, so daß der Trocknungsprozeß infolge absinkender Temperaturen wieder zum Stokken kommt. Daher muß das Vakuum wieder unterbrochen und neue Wärme zugeführt werden, bevor wieder unter Vakuum getrocknet werden kann. Der ganze, aus Aufheiz- und Vakuumphase bestehende Zyklus muß mehrere Male durchgeführt werden. Die Trocknungszeiten sind daher wesentlich länger als beim Plattenverfahren.

Gegenüber den Trocknungsverfahren bei Normaldruck bietet die Vakuumtrocknung folgende

Vorteile:
- extrem hohe Trocknungsgeschwindigkeit,
- schonende Trocknung durch relativ niedrige Temperaturen,
- Energieeinsparung, da das Holz nicht auf hohe Temperatur erwärmt werden muß.

Nachteile:
- Stapelmaße und Chargengröße begrenzt durch Behälterlänge und -durchmesser,
- Beschickung mittels Rollwagen,
- Stapelung bei Plattenbeheizung aufwendig,
- Investitionskosten je Kubikmeter Stapelraum 10 ... 30mal höher als bei konventionellen Verfahren.

5. Hochfrequenztrocknung
Bei diesem Verfahren wird das Holz zwischen zwei Elektroden gebracht, die an einer Wechselspannung von mehreren Mio. Hertz liegen. Da die im Holz befindlichen Wassermoleküle (= Dipole) sich nach der Wechselspannung auszurichten versuchen, geraten sie in hochfrequente Schwingungen und erwärmen sich infolge der inneren Reibung sehr schnell. Im Gegensatz zu den anderen Verfahren erwärmt sich das Holz hier von innen nach außen, wobei ein Druckgefälle entsteht, das zu einem beschleunigten Flüssigkeits- bzw. Wasserdampfstrom von innen nach außen und somit zur Trocknung führt.
Beim Siedepunkt-Verfahren wird das Wasser im Holz verdampft, während beim Temperaturgradient-Verfahren die Temperatur niedriger eingestellt wird und somit auch empfindlichere Hölzer getrocknet werden können.
Mit der HF-Trocknung kann die Trockenzeit bis auf Minuten verkürzt werden. Wegen der hohen Anlagekosten wird sie praktisch nur für das Trocknen von schwierigen Hölzern mit großem Querschnitt eingesetzt.

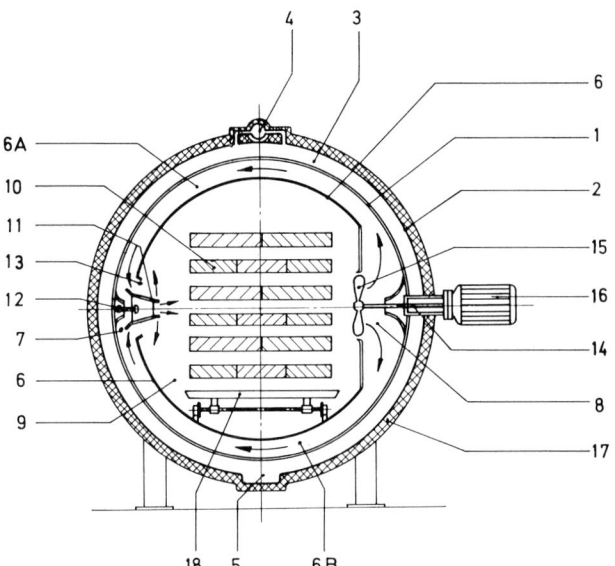

Abb. 3.14 Querschnitt durch einen Vakuumtrockner (nach Maspell). 1 Autoklav. 2 Heizmantel. 3 Heizraum für Warmwasser. 4 Einlaufkollektor. 5 Rücklaufkollektor. 6 Aluminiumhemd. 6A oberer Luftraum. 6B unterer Luftraum. 7 Leiteinrichtung vor Düse. 8 Leiteinrichtung nach Ventilator. 9 nutzbarer Raum. 10 Holzstapel. 11 Düse. 12 Welle. 13 Luftführung. 14 Ventilator Welle. 15 Ventilator Flügel. 16 Ventilator Motor. 17 Isolation. 18 Wagen

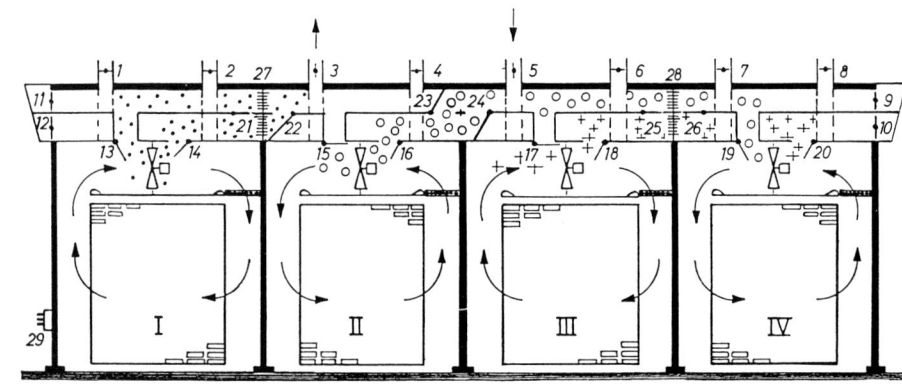

Abb. 3.15 Trockenkammern für kombinierte Trocknung mit Umluft/Abluft sowie Kondensationstrocknung (nach Brunner)

3.2.2.3 Trocknungsschäden
(Quelle: HDH-Ratgeber Holztrocknung, 1982)

Hirnrisse
Hierbei handelt es sich um Risse, die an Hirnflächen auftreten und in radialer Richtung (Holzstrahlen) verlaufen. Risse in anderen Richtungen sind in der Regel nicht durch Trocknung verursacht.

Äußere Verschalung
Wegen eines zu hohen Feuchtigkeitsgefälles zwischen innen und außen treten in den Außenschichten Zugspannungen auf, die zu Außenrissen und Verzugserscheinungen, sowie zu einer Behinderung der Trocknung der Innenschichten führen. Mit Ausnahme der Risse kann die äußere Verschalung durch Auffeuchten der Außenzonen beseitigt werden.

Innere Verschalung
Sie ist eine Folge der äußeren Verschalung nach dem Feuchteausgleich und führt zu Querspannungen im Holzinneren mit Innenrissen. Mit Ausnahme der Risse kann die innere Verschalung durch Auffeuchten über den ganzen Querschnitt über Fasersättigung beseitigt werden.

Honigwabenrisse
Bei zu scharfer Trocknung (zu niedrige Gleichgewichtsfeuchte) können Spannungen entstehen, die zu Radialrissen im Inneren führen (Zellkollaps).

Eingefallene Oberfläche
Hier wird ebenfalls durch zu scharfe Trocknung, der Holzquerschnitt unregelmäßig verformt (Zellkollaps). Durch Auffeuchten über den ganzen Querschnitt bis über Fasersättigung kann dieser Schaden beseitigt werden.

Verformungen
Verformungen treten als Verdrehung oder als Krümmung in einer bis zu mehreren Richtungen auf. Sie sind in der Regel durch Drehwuchs, Wuchsspannungen, unsachgemäßes Stapeln oder unterschiedliches Schwinden bedingt. Durch sorgfältiges Stapeln, gegebenenfalls mit Beschweren der Stapel, können diese Fehler teilweise oder ganz, je nach Ursache, verhindert werden.

Verfärbungen
Bläue entsteht durch unsachgemäße Lagerung vor oder nach der Trocknung, z. B. ohne Stapelleisten, kann jedoch auch durch zu langsame Trocknung bei zu niedriger Temperatur und zu hoher Luftfeuchte hervorgerufen werden. Schimmelpilze auf der Holzoberfläche sind durch zeitweise zu hoher Luftfeuchte während der Trocknung bedingt.

Kondenswasserflecken, die sich als graue Flecken an der Holzoberfläche zeigen, werden durch auftropfendes Wasser oder durch Kondensation infolge unsachgemäßer Trocknungsführung hervorgerufen.
Gerbstoffverfärbungen bei hellen, gerbstoffhaltigen Hölzern, werden durch Ausschwemmung und Oxidation von Inhaltsstoffen bei Holzfeuchten über Fasersättigung und erhöhter Temperatur verursacht.

3.3 Zuschneiden von Vollholz

Zeitliche Lage des Zuschnitts

In der Mehrzahl der Fälle wird die Schnittware zuerst getrocknet und dann zugeschnitten. Das Zuschneiden von feuchten Brettern zu Kanteln kommt grundsätzlich dann in Betracht, wenn:
- der Verschnitt sehr hoch ist,
- die Trocknungskapazität aufgrund langer Trocknungszeiten knapp ist,
- die Gesamtkosten je Mengen- oder Volumeneinheit getrockneter, verwendungsfähiger Kanteln oder Friese geringer sind als beim Zuschnitt von getrockneten Brettern.

Die Gegenüberstellung auf der nächsten Seite zeigt einige wichtige Vor- und Nachteile jedes Verfahrens unter verschiedenen Gesichtspunkten auf.
Leider führt die Bezeichnungsvielfalt für den Arbeitsgang „Ablängen" oft zu Mißverständnissen.

Begriffe für den Grobzuschnitt
- Kappen: oft für Rohlängenzuschnitt im Sägewerk
- Ablängen: Zuschnitt vom rohen Brett/Bohle auf Rohlänge; Maßzugabe, da keine Winkelkante (oft unbesäumt); auch Pendeln, Kappen, Ablängen, Zuschneiden genannt
- Schweifen: Schweif- oder Bandsägen nach Aufriß.

Begriffe für den Fertigzuschnitt
Abkürzen: auf genaue Länge schneiden nach der Rohbearbeitung oder nach dem Zurichten, nur mit Bezugslängskante möglich; auch Kürzen, Winkeln, von Länge schneiden, Abkürzen, Doppelkürzen, Vielfachkürzen genannt (Abb. 3.16).

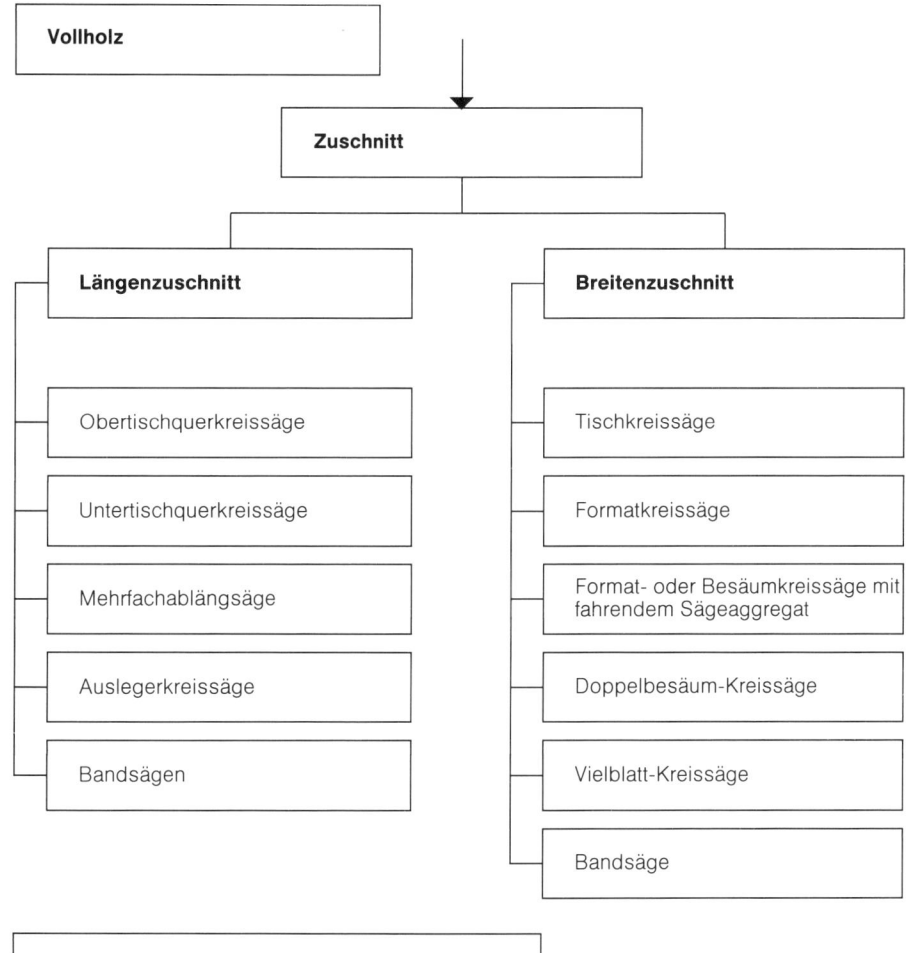

113

Reihenfolge der Zuschneidevorgänge
In der Mehrzahl der Fälle empfiehlt es sich, zuerst die Länge und danach die Breite zuzuschneiden. Durch diese Reihenfolge ist es in der Regel möglich, Brettabschnitte besser auszunutzen und auf den Faserverlauf Rücksicht zu nehmen. Wenn es sich um bereits besäumte Ware handelt und/oder der Faserverlauf am Einzelteil keine Rolle spielt, ferner über die Brettbreite unterschiedliche Holzqualität sichtbar ist, kann es auch günstiger sein, zuerst den Breitenzuschnitt oder einen Trennschnitt vorzunehmen.

Die Frage Ablängen–Besäumen oder Besäumen–Ablängen bei der Herstellung von Kanteln und Friesen stellt sich vorrangig bei gekrümmten Brettern. Viele Bretter werden schon vom Sägewerk bzw. nach der Trocknung verzogen bzw. gekrümmt dem Zuschnitt zugestellt. Üblicherweise wird heute so zugeschnitten wie in Abb. 3.17 ersichtlich:
1. Äste und Fehler ausschneiden, ablängen (Längenoptimierung)
2. von Breite schneiden (Rohbreite)
Vorteil: Längskanten weitgehend faserparallel
Nachteil: gegebenenfalls viele kurze Werkstücke, hoher Schnittverlust.

Man kann auch nach dem Schema Abb. 3.18 zuschneiden:

1. von Breite schneiden (Rohbreite)
2. ablängen (Fehler entfernen, Längenoptimierung)
Vorteil: größere Längen werden erzeugt
Nachteil: die optimale Ausrichtung des Brettes vor der Vielblattsäge ist sehr schwierig, hoher Schnittverlust, Faser oft schräg angeschnitten

Vorkappung an starken Krümmungen, Querschnittsveränderungen (Konizität) und durchgehend größeren Fehlern (Flügeläste, Bruchstellen usw.), Schema Abb. 3.19:
1. vorkappen
2. von Breite schneiden (Rohbreite)
3. ablängen (Längensortiment)
Vorteil: flächenmäßig größte Ausbeute, Faserverlauf kantenparallel
Nachteil: dritter Arbeitsgang notwendig, gegebenenfalls Rücklauf in der Fertigung Krummschnitt (Schema Abb. 3.20).

Durch spezielle Maschinenvorrichtungen im Sägewerk bzw. im Zuschnitt an der Vielblattsäge kann der Schnitt der leichten Krümmung folgen.
Vorteil: optimale Holzausnutzung bei kürzeren Werkstücken, z. B. aus einem Brett mit 4,5 m Länge, einer Krümmung von rd. 2 cm (Stichhöhe x), werden 50 cm lange Werkstücke geschnitten. Die Stichhöhe x beträgt dann nur noch $\approx$ 0,2 mm, eine vernachlässigbare Rohbreitenzugabe; Faserverlauf kantenparallel

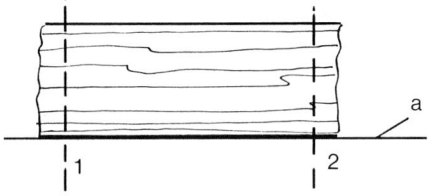

Abb. 3.16 Längenformat- bzw. Querbearbeitung. 1 Winkelschnitt. 2 Längenwinkelschnitt. (a) Anschlag

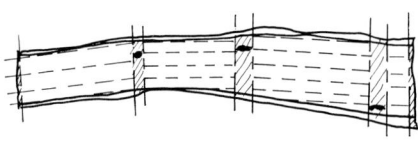

Abb. 3.17 Äste und Fehler ausschneiden, von Rohbreite schneiden

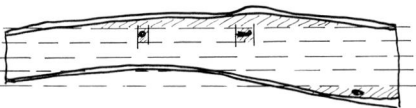

Abb. 3.18 Von Rohbreite schneiden, ablängen (optimieren)

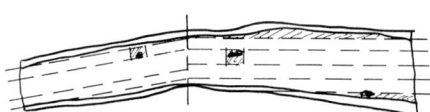

Abb. 3.19 Vorkappen, von Rohbreite schneiden, ablängen

Abb. 3.20 Krummschnitt (Ströhle, Langhof-Paul)

Gesichtspunkt	Trocknen von ganzen Brettern oder Bohlen	Trocknen von Zuschnitten (Kanteln, Friese o. ä.)
Aufwand für das Aufstapeln	normalerweise kein neues Aufstapeln erforderlich	Aufwand höher, da Kanteln nochmal gestapelt werden müssen
Kammerbeschickung und Entleerung	vergleichsweise gering, da wenige, große Stapel	tendenziell höher, da viele kleine Stapel oder Pakete
Kammerausnutzung	relativ schlecht, da Abfall (rd. 20 %) mitzutrocknen ist, größere Trockner notwendig	gut bis sehr gut, da kaum Abfall getrocknet wird
Trocknungszeit	normal	tendenziell kürzer, da bessere Belüftung der Einzelteile
reine Trocknungskosten/m³ Kanteln/Friese	höher, da weniger „Gutteile" in der Kammer	geringer, da im Prinzip nur „Gutteile", also keine größeren Abfälle mitgetrocknet werden
Verschnitt/Holzaufwand	normal, da nur geringe Bearbeitungszuschläge in Breite und Länge erforderlich sind und Trocknungsfehler berücksichtigt werden können, z. B. Hirnrisse	höher, da bei der Breitezugabe der max. Schwund zu berücksichtigen ist und die Längenzugabe wegen evtl. Endrisse ebenfalls größer sein muß; Trocknungsfehler können zum Totalausfall von Teilen führen
Arbeitsfluß	günstiger	Transport aufwendiger
Abschnitte	können evtl. verwendet werden	können ohne Trocknung nicht verwendet werden
Späne/Sägemehl	trocken, höherer Brennwert	naß
Werkzeugstandzeit	schlechter	höher

Nachteil: Maschineninvestition höher, vorrangig für kürzere Werkstücke geeignet, eine besäumte Kante notwendig

Welcher Methode man den Vorzug geben sollte, ist auch eine Frage der Wertschöpfung. Der Wert des zugeschnittenen Teils wird vorrangig durch die Fertigungskosten (Anzahl der Arbeitsgänge, Einsatz von Maschinen) und auch durch Lagerkosten bestimmt (bei bevorzugter Verschnittminimierung fallen Lagerlängen an).

3.3.1 Längenzuschnitt

Einteilkriterien
Das Einteilen einer vollen Brettlänge in einzelne Abschnitte sollte so vorgenommen werden, daß sich eine maximale Ausnutzung in der Länge ergibt. Diesem Ziel stehen Qualitätskriterien entgegen, die entweder zwischen Abnehmer und Lieferant frei, oder in Anlehnung an Normen, z. B. DIN 18355 „VOB Tischlerarbeiten" oder DIN 68360 „Holz für Tischlerarbeiten, Gütebedingungen", vereinbart werden. Bei den Qualitätskriterien sind Anforderungen hinsichtlich der Zulässigkeit, Größenordnung und Anzahl von

- Ästen (Punkt-, Ausfall-, Faul-, verwachsene und lose Äste),
- Rissen,
- Verfärbungen (Pilzbefall und sonstige Verfärbungen),
- Splintholz,
- Faserverlauf (gerade, schräg, gekrümmt),
- Struktur (liegende, stehende Jahrringe, spiegel usw.),
- allgemeine Verfärbung (hell, dunkel usw.)

zu berücksichtigen.

Längenzugabe
Sowohl unbesäumte, als auch besäumte Bretter oder Bohlen weisen normalerweise keine ausreichend genauen Bezugskanten oder Bezugsflächen auf, die als Basis für exakte Winkelschnitte brauchbar sind. Schon daher ist, mit wenigen Ausnahmen, eine Längenzugabe erforderlich. Die Größenordnung dieser Zugabe ist hauptsächlich von der Teilebreite und dem Verwendungszweck abhängig, z. B.:

schmale Rahmenteile	10 ... 15 mm
breite Rahmenteile	15 ... 25 mm
Leimholz	20 ... 30 mm
nasse Kanteln	30 ... 40 mm

Einteilvorgang
Wie, bzw. womit Bretter in der Länge eingeteilt werden, hängt einmal von der Menge, zum anderen aber auch von der Qualität und Form des Endproduktes ab.

1. Visuell und manuell durch Anzeichnen: bei hochwertigem Holz, zu schweifenden Teilen oder bei geringen Mengen, mit Maßband oder mit Maßmarkierungen am Maschinenlineal.
2. Visuell mit festen oder beweglichen Längenanschlägen: bei etwas größeren Mengen und wenigen Maßen.
3. Halbautomatisch (ohne Verschnittoptimierung): anzeichnen oder optisches Erfassen von Fehlerstellen; automatisches Schneiden rechnerunterstützt: bei großen Mengen mit vielen verschiedenen Maßen und mittleren bis hohe Qualitätsanforderungen.
4. Vollautomatisch (mit Schnittoptimierung): automatisches Vermessen und Einteilen von Brettern mit Längenoptimierung.

Die Grenzen zwischen den aufgeführten Systemen sind fließend. Mit zunehmender Einführung und Verfeinerung der Elektronik ist damit zu rechnen, daß in einigen Jahren auch die Probleme der automatischen Fehlererkennung und -bewertung gelöst sein werden.
Zu Punkt 3: Kreidemarkierung (Strichsägen): Der Sägeschnitt erfolgt an der mit fluoreszierender Kreide markierten Fehlerquelle (Abb. 3.21).
Lasermarkierung: Für berührungsloses bzw. unsichtbares Markieren der Holzfehler und Qualitäten. Das vorbeilaufende Brett durchläuft einen Laserstrahl und wird gleichzeitig über eine Meßrolle vermessen. Durch Tasterbetätigung kann die Bedienungsperson nun Fehler- und Qualitätsmarkierung dem Computer übergeben. Bei einem anderen System wird das Werkstück angehalten und der Meßkopf mit dem Laserrichtlicht an den Fehler geführt. Auch diese Daten werden über den Computer an die Säge weitergeleitet. Ohne Längenoptimierung sind beide Systeme bei Keilzinkenanlagen im Einsatz (Abb. 3.22).
Fixlängenerzeugung: Die Bretter werden nach vorprogrammierten Längen über ein Schiebesystem oder über Meßrollen abgelängt. Verwertbare Reststücke werden absortiert, Abfall wird kleingesägt.
Zu Punkt 4: Optimierungskriterien: Die Zuschnittoptimierung hat zum Ziel, die beste von mehreren Möglichkeiten auszuwählen und durchzuführen. In der Regel sind alle Optimierungsprogramme so gestaltet, daß möglichst kurze Abfallstücke übrig bleiben. Werden allerdings bestimmte Längen bevorzugt, läßt sich die geforderte Abfallminimierung nicht immer einhalten.
Teiloptimierung: Die Steuerung versucht immer die größte (eingegebene) Fixlänge zu schneiden, ohne Rücksicht darauf, wie groß der Abfall ist. Abfallminimierung ist durch die Vorprogrammierung von Min-

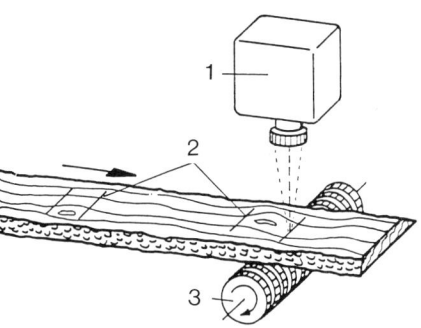

Abb. 3.21 Erfassung von Kreidestrichen mit dem Luminiszenztaster. 1 Luminiszenztaster. 2 Farbstriche. 3 Messrolle. (Paul)

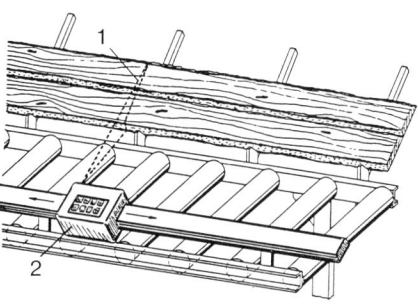

Abb. 3.22 Meßsystem mit Laser-Richtlicht. 1 Laserstrahl. 2 Meßsystem. (Paul)

destrestmengen, z. B. für Keilzinkenverleimung, möglich. Bei fehlerfreiem Holz wird zunächst die größte Länge der eingegebenen Stückliste abgearbeitet. Die nächstgrößere Länge rückt automatisch nach. Bei astigem bzw. fehlerhaftem Holz werden die Schnitte an den markierten Stellen ausgeführt. Über den Rechner wird die größte Länge, die zwischen den Markierungen möglich ist, gegebenenfalls mit Restvorgabe für die Keilzinkung vorgegeben. Bei relativ fehlerhaftem Holz mit Bedarf an großen Fixlängen im Einsatz.

Volloptimierung: Die vorprogrammierten Fixlängen werden nach dem Prinzip des kleinsten Restes abgearbeitet. Je umfangreicher die vorgegebenen Stücklisten sind, vor allem mit unterschiedlichen Maßen, desto höher ist die Ausbeute. Der rechnergesteuerte Zuschnitt mit Verschnittminimierung erfolgt
1. bei fehlerfreiem Holz zwischen den An- und Endschnitten des Gesamtbretts,
2. bei fehlerhaftem Holz zwischen den markierten Fehlerstellen.

Durch Setzen von Prioritäten bzw. Wertigkeiten (Eingabe über Zifferntastatur und Digitalanzeige) kann man Stückzahlen beeinflussen, was in der Regel jedoch zu mehr Abfall führt. Der Rechner wählt als erstes das Maß mit der höchsten Wertigkeit, dann das mit der zweithöchsten Wertigkeit usw., bis die niedrigste Wertigkeit erreicht ist. Prioritäten können wahlweise gesetzt werden:
1. Verschnitt- bzw. Abfallminimierung, vorzugsweise zur Erstellung von Lagerlängen;
2. Stückzahloptimierung, Abarbeitung von Kommissionsstücklisten bzw. Auftragsschnittlisten;
3. Qualitätsoptimierung, nach unterschiedliche Holzqualitäten; durch eine bestimmte Anordnung von Kreidestrichen schaltet die Steuerung automatisch in das entsprechende Programm um;
4. Geldwertoptimierung, Eingabe einer Wertziffer pro Fixlänge (z. B. Verkaufspreis), der Abfall kann größer werden, jedoch auch die wertmäßige Ausbeute.

Sehr oft wird nach Abfallminimierung und nach zwei Qualitäten optimiert.

Anlagen für den Längenzuschnitt
Für gerade Schnitte werden überwiegend Kreissägemaschinen und für geschweifte Konturen Bandsägemaschinen eingesetzt. Das Trennen mit Laser-Strahlen oder Hochgeschwindigkeitsflüssigkeitsstrahl befindet sich noch in der Erprobungsphase bzw. wird bei dünneren Kleinteilen eingesetzt.
Obertisch-Querkreissägen (Pendel-, Abkürz- oder Ablängsäge genannt) gibt es

in Ausführungen als Pendel- bzw. Parallelpendelsägen sowie Auslegersägen mit festem oder fahrendem Ausleger. Die Vorschubbewegungen des Sägeaggregates kann entweder manuell durch Vorziehen oder pneumatisch durch Beidhandauslösung oder Fußschaltung erfolgen. Das Werkstück wird entweder von Hand oder mit Pneumatikzylindern gehalten. Obertischkappsägen werden für geringe bis mittlere Holzmengen eingesetzt.

Untertisch-Querkreissägen (Untertischkappsägen): Das Sägeaggregat ist hier nicht sichtbar unter dem Sägentisch angeordnet und taucht für den eigentlichen Schnitt auf. Das Brett wird durch Pneumatikzylinder niedergehalten, wobei diese Vorrichtung oft in die Schutz- und Absaughaube integriert ist. Untertischkappsägen werden für mittlere bis große Holzmengen eingesetzt (Abb. 3.23).

Mehrfachablängsägen (Mehrfach-Durchlauf-Kappsägen): Einsatz für Massenartikel, wie Kistenbretter, Palettenbretter ... meist für besäumte Ware (einfacher Aufbau).

Auslegerkreissägen (Radialsägen) für spezielle Anwendungen, die eine Bearbeitung von oben notwendig machen.

Bandsägen: Wie bereits erwähnt, werden Bandsägen für das Herstellen geschweifter Teile eingesetzt. Längenschnitte sind nur begrenzt möglich, abhängig vom Rollendurchmesser, etwa 750 mm.

Abb. 3.23 CNC-Kappanlage mit Übergabetisch. (Paul)

Mechanisierungsmöglichkeiten und -stufen
Zuführung der Schnittware
- manuelles Abstapeln und Auflegen der Bretter/Bohlen, mit Hilfe eines Rollen- bzw. Schrägrollenbocks für lange Schnittware,
- Abstapeln und Auflegen mit Vakuumhebegerät (schwere Bohlen),
- Hebebühne mit Rollenbahnen bzw. Förderbändern,
- mechanisches Abstapeln und Vereinzeln der Bretter, „Wenden" der Bretter mit Spiegel (Qualitätsbeurteilung),
- Pendelantrieb zum Transportieren der Werkstücke in die entsprechende Richtung.

Einteilen der Abschnitte
- manuelles Anreißen,
- visuelles Einteilen mit Maßmarkierungen an der Maschine,
- Einteilen mit Fixanschlägen,
- Einteilen mit verstellbaren und einklappbaren Anschlägen, Federanschläge oder Pneumatikanschläge mit elektronischer Positionierung,
- automatischer Vorschub des Werkstücks zur Säge nach gespeicherten Abkürzlängen mit dem Anschlag,
- automatisches Vermessen (Meßwalze) der Brettlänge und Einteilung in Fixab-

schnitte oder in vorgewählte Längen mit der Möglichkeit, Zwischenschnitte auszulösen,
- automatisches Vermessen mit Anschnittsteuerung und Optimierung der Brettlänge nach Auftrag,
- manuelles Markieren von Fehlerstellen, restliche Bearbeitung automatisch,
- automatisches Erkennen und Berücksichtigen von Fehlern, Bilddatenverarbeitung mit Muster- und Merkmalerkennung, CCD Zeilen- und Flächenkameras ermitteln die Fehler im Holz; Problem: bei sägerauher Oberfläche ist die Erkennung von Unregelmäßigkeiten schwierig.

3.3.2 Breitenzuschnitt

Begriffe für den Grobzuschnitt (Schema Abb. 3.24)

1. Besäumen (Säumen, Streifen)
Hiermit ist das Wegschneiden der Baum- oder Waldkante gemeint. Der Schnitt erfolgt in der Regel so, daß eine rechtwinkelige, scharfe Kante, möglichst parallel zum allgemeinen Faserverlauf erzielt wird. Der Schnitt liegt außen am Riß, damit der Schnittverlust in die Baumkante fällt, evtl. auch gleichzeitige Splintentfernung.
Beim Konisch-Besäumen orientiert sich die Schnittrichtung an jeder Brettseite am Faserverlauf bzw. an der Brettform (zwei Arbeitsgänge).
Beim Parallel-Besäumen wird ein möglichst breites, paralleles Stück erzeugt, wobei eine mehr oder minder große Faserabweichung an den Kanten in Kauf genommen wird (ein Arbeitsgang).
2. Auftrennen (Trennen, Aufschneiden, Spalten)
Hierbei wird ein Brett in der Kernzone aufgeschnitten.
3. Von Breite schneiden (Rohbreite schneiden, Parallelschneiden)
Erzeugen von einem oder mehreren Streifen mit parallelen Schnittkanten.
4. Schweifen
Zuschnitt gekrümmter oder gebogener Teile auf der Bandsäge.

Begriffe für den Fertigschnitt (Schema Abb. 3.25)

Breitenformat- bzw. Längsbearbeitung
Einteilkriterien
Für das Einteilen in der Breite gelten die gleichen Kriterien wie bereits in 3.3.1 ausgeführt.

Maßzugaben in der Breite
Je nach Einsatzzweck, späterer Verarbeitung und insbesondere nach der Teilelänge, sind Breitenzugaben von etwa 2...4 bis 5...10 mm erforderlich bzw. üblich.

Anlagen für den Breitenzuschnitt
Die Hauptforderung an Maschinen zum Besäumen und zum Breitenzuschnitt besteht darin, einen möglichst geraden Schnitt zu erzeugen, um die notwendige Breitenzugabe so gering wie möglich zu halten.
Tischkreissäge: Besäumen und Auftrennen ohne Zwangsführung, nur Sägeblatt mit Spaltkeil (nach Augenmaß) oder mit Schiebeschlitten in Nutführung (ohne Vorschubaggregat). Von Breite schneiden am Parallelanschlag (Lineal) mit Breitenschnellverstellung.
Formatkreissäge: An dieser Kreissäge ist seitlich ein Rollwagen mit Querschlitten angebracht, der das Besäumen und Auftrennen langer Bretter erleichtert. Die Schnittlängen sind durch die begrenzte Tischführung zwischen 1700 mm und 3800 mm möglich (Standard 2800 mm).
Format- oder Besäumkreissäge mit fahrendem Sägeaggregat (Längskreissäge): Für Besäum- und Trennschnitte taucht die Säge auf, nach dem Schnitt wieder unter Tischniveau ab. Arbeitshilfen sind Richtlicht, Spannbalken von oben und motorische Breitenanschlagverstellung. Schnittlänge: Standard 1...8 m, Spezialanfertigungen ...20 m. Oft wird diese Maschine mit einer Untertisch-Kappsäge kombiniert.
Doppelbesäum-Kreissäge: Typische Maschine zum Besäumen von Brettern und Bohlen, auch zum Nachschneiden vormodelter Bauhölzer. Konstruktion vorwiegend mit untenliegender, beidseitig gelagerter Sägenwelle und mehreren Vorschubwalzen. Je nach Bedarf können diese Maschinen für starren Sägeeinhang oder mit einer festen und ein bis vier beweglichen Sägebüchsen ausgerüstet werden. Durchlaßbreiten von 900...1500 mm (2000 mm) und max. Materialdicken bis 180 mm. Vorschubgeschwindigkeiten von 6...30...100 m/min sind stufenlos möglich, für größten Durchsatz Massenzuschnitt von Schnittholz. Die ausschließliche Doppelbesäum-Kreissäge ist durch Spaner- und Profilieranlagen weitgehend verdrängt (Abb. 3.26, 3.27).
Vielblattkreissäge (auch Einblattsäge): Weitverbreiteter Einsatz in der Holzverarbeitung, Türen-, Fenster- und Gestellfertigung. Es sind Schnitte möglich, die anschließend verleimfähig sind. Wesentliche Unterschiede zur Doppelbesäumkreissäge:
- Plattenbandvorschub durchgehend, saubere Schnittführung,
- Sägen von oben schneidend (max. 20),
- Sägewelle einseitig gelagert,
- geringere Schnittbreiten (bis 500 mm).
Vielblattkreissägen werden mit einem festen Sägeeinhang oder mit beweglichen Sägeblättern eingesetzt; sie wer-

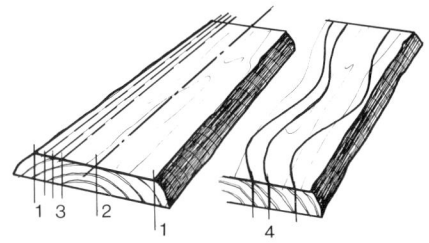

Abb. 3.24 1 Besäumen. 2 Auftrennen. 3 von Breite schneiden. 4 Schweifen.

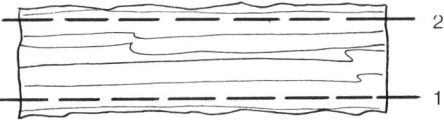

Abb. 3.25 Breitenformat- bzw. Längsbearbeitung. Herstellen einer Bezugskante. 1 Besäumschnitt. 2 Breitenschnitt

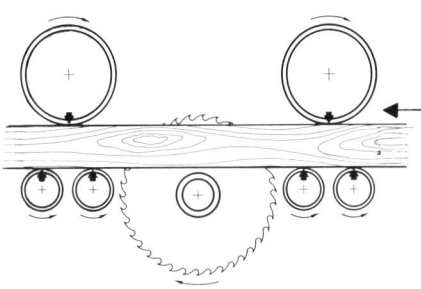

Abb. 3.26 Zwangsführung des Schnittholzes durch zwei obere Kletterwalzen und 4 Unterwalzen bei einer Doppelbesäumanlage. (Paul)

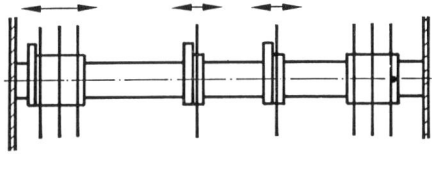

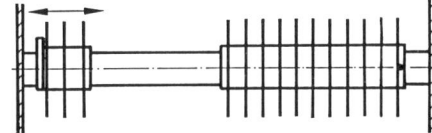

Abb. 3.27 Sägeblatt-Einspannmöglichkeiten

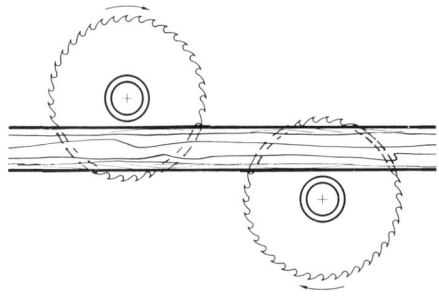

Abb. 3.28 Doppelwellen-Vielblattkreissäge mit dünneren Sägeblättern

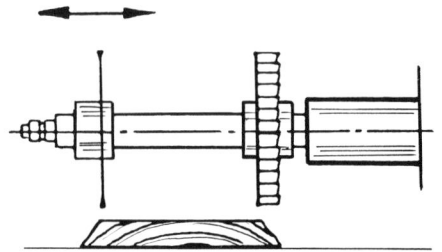

Abb. 3.29 (Interholz)

Abb. 3.32 CNC-gesteuerte Bandsäge. (Reichenbacher)

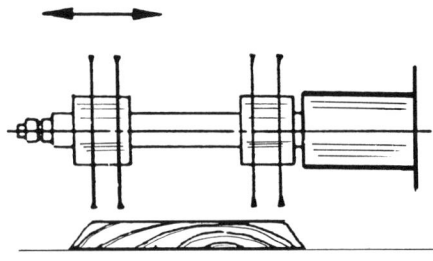

Abb. 3.30 (Interholz)

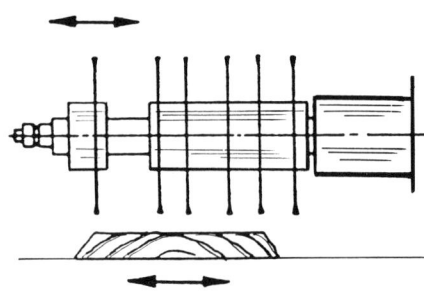

Abb. 3.31 (Interholz)

den als Ein- oder auch als Doppelwellenkreissäge angeboten. Bei letzteren kann mit zwei mechanisch zugeordneten und gekoppelten Kreissägeblättern mit wesentlich dünneren Sägeblättern bei größeren Schnitthöhen gearbeitet werden (Abb. 3.28). Die Schnittfuge bei Einwellen-Kreissägen wäre bei vergleichbarer Schnittguthöhe doppelt so breit. Die Vorschubgeschwindigkeit ist wesentlich höher.

Drei mögliche Einschnittbeispiele mit festen und beweglichem Sägeneinhang:
1. Rechts mit einem Zerspaner für die Waldkantenbearbeitung (Abb. 3.29);
2. Einschnitt mit zwei festen und zwei beweglichen Sägeblättern auf einem Schiebekopf angeordnet; Verstellung elektrisch oder elektronisch über Positioniersteuerung (Abb. 3.30);
3. Einschnitt mit einem festen Sägeeinhang und zusätzlichem, beweglichem Blatt für die variable Restbreite (Abb. 3.31).

Bandsäge: Die Bandsäge wird im Zuschnitt nur für unregelmäßig geformte oder geschweifte Teile eingesetzt. Gelegentlich dient die Bandsäge auch für Auftrennarbeiten, wenn es auf dünne Schnittfugen ankommt.

Zuschneideverfahren:
• nach Aufriß (Acrylglasmodelle),
• mit Kurvenschablone o. ä.;
Zusatzeinrichtungen sind
• Punktführungen für Kopierschablonen und kreisförmige Teile,
• Luftkissen- oder Rollentisch,
• Vorschubgeräte (Abb. 3.32).

Zuschnittoptimierung
Arbeitsablaufuntersuchungen ergaben, daß bei reiner manueller Beschickung der Maschine durch die Bedienungsperson kaum 70% der möglichen Brettbreitennutzung erreicht werden. Nachlassende Konzentration und verstärkte Unaufmerksamkeit sind der zwingende Grund, zu mechanisieren bzw. zu automatisieren.

Ausrichthilfen vor der Maschine
Richtlichtgerät (Schattenrichtlicht):
Schnüre, die unter eine Halogenlicht-Wurflampe gespannt sind, werfen Schattenlinien auf das darunterliegende Schnittgut.
Laserrichtlichtgerät: Eine He-Ne-Laserröhre richtet einen schmalen, roten Strahl, der auch bei Tageslicht gut zu sehen ist, auf das Werkstück. Oft sind die

Richtlichtgeräte mit den beweglichen Sägeblättern gekoppelt, so daß die optische Breiteneinteilung mit dem Schnittverlauf identisch ist.

Weitere Zuschnitthilfen
Nachlaufsteuerung: Während der Bearbeitung eines Werkstücks in der Maschine kann das neue Werkstück bereits auf optimale Breite ausgerichtet werden.
Automatische Optimierung: Entscheidend ist hierbei das Meßsystem. Im Querdurchlauf, vor der Übergabe an die Beschickungsanlage, wird die Brettbreite an mehreren Stellen (bis zu 16 Meßstellen im Abstand von etwa 30 cm) optisch-elektronisch vermessen. Der Rechner ermittelt die maximal mögliche Breiten-Ausnutzung und veranlaßt die optimale Ausrichtlage des Bretts vor der Bearbeitungsmaschine. Sicher kann bei der künftigen Realisierung der Bilddatenverarbeitung die Verschnittoptimierung noch verbessert werden.
Austragevorrichtungen nach der Maschine, Quer- und Rückförderer.
Abweisvorrichtungen für Spreißel usw.
Stapeleinrichtungen.

3.4 Das Zurichten von Vollholz

Zum Zurichten von Vollholz gehören das Abrichten, Fügen und Dickenhobeln.
1. Abrichten: Hierunter wird das Herstellen einer geraden und planen Bezugsfläche verstanden.
2. Fügen, Bestoßen: Hierbei wird an die Schmalseite eine ebenfalls gerade Fläche angehobelt, die rechtwinklig zur abgerichteten Fläche steht.
3. Dickenhobeln: Hierunter wird das Kalibrieren auf eine einheitliche Werkstückdicke verstanden. Bezugsflächen sind die abgerichtete und gefügte Fläche.

3.4.1 Maschinen für das Zurichten von Vollholz

Abrichthobelmaschine
Da der Span mit einem rotierenden Werkzeug abgetragen wird, ist die Bezeichnung Abrichtfräsmaschine sinnvoller. Denn: Gehobelt wird mit einem feststehenden Messer!
Obwohl der Abrichtvorgang in mehrstufigen Maschinen mit integriert ist, kann auf den Einsatz dieser Maschine im Vollholzbetrieb kaum verzichtet werden. Dies gilt insbesondere dann, wenn große Ansprüche an die Genauigkeit und Geradheit von Teilen gestellt werden, jedoch Holz von mäßiger Qualität eingesetzt wird (Schüsselung, Verwerfung usw.).
Moderne Maschinen sind geräuschgedämpft konstruiert, insbesondere sind

beide Aluminiumtischlippen aus diesem Grund gezahnt ausgeführt (Patenterteilung vor etwa 30 Jahren). Der Standard-Winkelanschlag (0 bis 45° schrägstellbar) sowie der Aufgabetisch haben eine Schnellverstellung; Hohl- und Spitzfugeneinstellungen sind am Abgabetisch möglich.
Sonderausstattungen bei Abrichthobelmaschinen sind möglich:
- Eine Falzeinrichtung an der vorderen Messerwelle ermöglicht Falzfräsungen bis 20 mm Tiefe.
- Elektrisch angetriebene Vorschubaggregate erleichtern den Werkstückvorschub.
- Winkelfügeeinrichtung; ein vertikal angebrachter Fräskopf (wegschwenkbar) ermöglicht den Füge-Arbeitsgang während des Abrichtens.

Dickenhobelmaschine
Auch hier ist die Bezeichnung Dickenfräsmaschine sinnvoller. Im Vergleich zu Abrichthobelmaschinen, bei denen die Tischlänge entscheidend für das qualitative Ergebnis ist, weisen Dickenhobelmaschinen relativ kurze Tische auf.

Das andere wichtige Merkmal ist der maschinelle Vorschub. Der Transport feuchter oder harzreicher Werkstücke durch die Maschine erfolgt über verstellbare Tischwalzen, während trockene Hölzer (üblich im Möbelbereich) auf glatten Tischflächen ohne Walzen geführt werden. Die gehobelte Oberfläche ist erheblich glatter. Anspruchsvolle Maschinen besitzen eine Tischhöhenverstellung über eine Positioniersteuerung. An einer LED-Anzeige wird die jeweilige Position des Tisches auf $1/10$ mm genau angezeigt.
Sonderformen sind kombinierte Abricht- und Dickenhobelmaschinen; sie finden Einsatz bei Platzproblemen oder bei geringem Massivholzanteil an der Gesamtfertigung (Abb. 3.33).

3.4.2 Messerwellen-Systeme für Abricht- und Dickenhobelmaschinen
Die verschiedenen Messerwellentypen zeichnen sich durch unterschiedliche Eigenschaften aus, die nicht nur in der Hobeltechnik liegen. Entscheidend für die Auswahl eines Systems sind
- Einsatz eines breiten Spektrums an Hobelstahlqualitäten (Schneidenwerk-

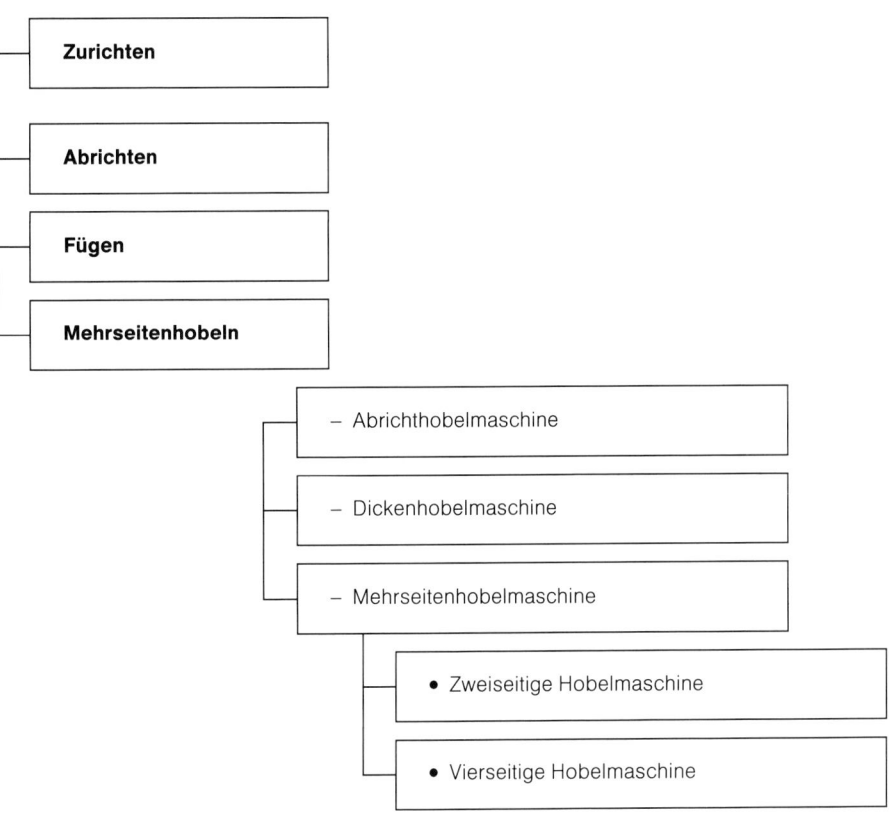

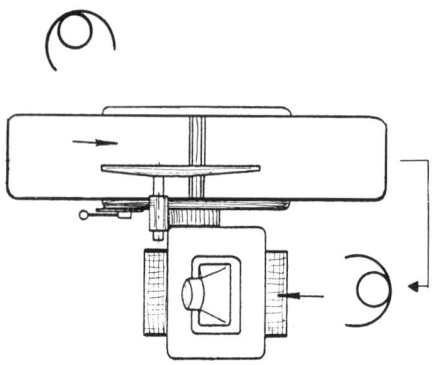

Abb. 3.33 Platzsparende Aufstellung von Abricht- und Dickenhobelmaschine

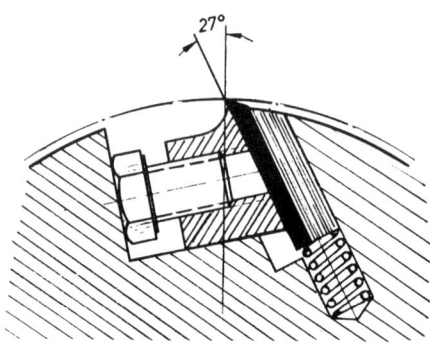

Abb. 3.34 Keilleisten-Welle

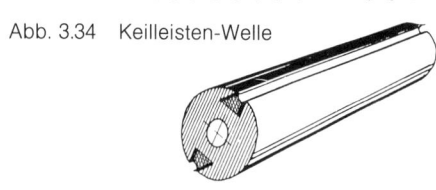

Abb. 3.35 Einweg-Wendemesser-System für Hobelmaschinen. (Kupfermühle)

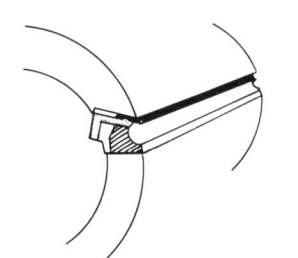

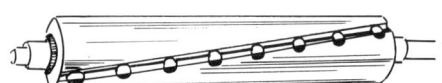

Abb. 3.36 Spiralmesserwelle für geräuscharmen Einsatz

stoff); wichtig für die Bearbeitung sehr unterschiedlicher Holzarten.

- Rüstzeitminimierung; einfacher, schneller und sicherer Messerwechsel.
- Niedrige Geräuschentwicklung durch die Welle im Leerlauf und im Einsatz.
- Geringe Toleranz im Flugkreis der einzelnen Messerschneiden zueinander (Oberflächenqualität).
- Niedriger Anschaffungspreis für einen Messersatz.
- Möglichst dicke Spanabnahme, für Handvorschub max. 1,1 mm, für mechanischen Vorschub keine Spandikkenbegrenzung (lt. Berufsgenossenschaft).

1. Konventionelle Viermesserwelle (Keilleistenwelle) (Abb. 3.34)

Die Messer werden mit Keilleisten über Spannschrauben kraftschlüssig in der Welle befestigt. Die Druckfedern helfen bei der Flugkreisausrichtung der Messerschneiden mittels Einstellehre.

2. Brück-System (Einweg-Wendemesser-System)

Die speziell gelochten Messer werden auf einem Messerträger durch Stifte und Magnete gehalten. Der Messerträger mit dem Messer wird dann durch Keilleisten in der Welle fixiert. Durch einmaliges Ausrichten des Trägers in der Keilnut erübrigen sich nachfolgende Justierungen.

3. Tersa-Welle (Einweg-Wendemesser-System)

Die profilierten Wendemesser (Längsnut) werden von einer Keilleiste (Fliehkeil) mit Gegenprofil gehalten. Der Messerwechsel geschieht folgendermaßen:

- Lösen der Messerspannung durch einen leichten Schlag (mit Hartholzunterlage) auf den Fliehkeil,
- Herausziehen des Wendemessers und Wenden oder Auswechseln des Messers,
- Maschine einschalten, durch die Wirkung der Fliehkraft spannt sich das System selbsttätig.

Ähnlich funktioniert das Einweg-Wendemessersystem der Firma Kupfermühle (Abb. 3.35). Die Geräuschentwicklung ist durch die geschlossene Bauweise gering.

4. Spiralmesser-Welle

Die von der Schärffirma vormontierten Einheiten werden ohne Meß- und Einstellvorrichtungen in die Messerwelle eingesetzt und mittels Keilhülsen mit Sechskantschlüssel gespannt. Diese Wellenkonstruktion gilt als die geräuschärmste (Abb. 3.36).

5. Messerwelle mit Hydrospannung

Die Grundkonstruktion ist derjenigen der Keilleistenwelle ähnlich, nur wird bei diesem System der Keil mit hydraulischer Kraft an die Nutwandung gepreßt (Abb. 3.37). Zum gleichzeitigen Spannen aller Messer sind unter den Keilleisten dehnbare Schläuche angeordnet, die mittels einer Preßvorrichtung aufgepumpt werden; Anpreßdruck etwa 60 bar. Da der Messerwellenkörper eine geschlossene Oberfläche bildet, wird gleichzeitig eine erhebliche Geräuschminderung erreicht.

3.4.3 Hobeln, Schleifen oder Finieren?

Die Oberflächenstruktur ist je nach Art der Bearbeitung unterschiedlich und läßt sich durch die „Rauhtiefe" beschreiben. Beim Hobeln wird die Oberflächengüte bestimmt durch den Messerschritt (auch Hobelschritt, Hobelschlag genannt) und der Eintrittiefe der Messerschneide in das Holz. Bestimmende Faktoren für die Rauhtiefe (t) sind: Vorschubgeschwindigkeit (v), Drehzahl (n) der Spindeln, Anzahl der Messer (z) im Werkzeugkörper und Durchmesser bzw. Flugkreis des Werkzeugs (D).

Beim Schleifen beeinflußt vorrangig die Körnungsgröße, die Rauhtiefe, sowie die Schleifrichtung längs oder quer zur Holzfaser.

Beim Finieren wird mit hoher Vorschubgeschwindigkeit ein dünner Span auf beiden Seiten des Werkstücks im ziehenden Schnitt abgetragen und somit eine sehr glatte Oberfläche erzielt (Abb. 3.38).

Eine Anwendung eines dieser drei Bearbeitungsverfahren wird u. a. bestimmt durch die Höhe der Maschineninvestition und auch durch die Haftwerte der Oberflächenvergütung (Lack) auf der bearbeiteten Fläche. Welches Verfahren bietet die besten Haftwerte für die Lackschicht auf der Holzoberfläche? In vergleichenden Untersuchungen wurden diese drei Verfahren gegenübergestellt und beurteilt. Das Maximum der Haftfestigkeit des Lacks wird bei einer Rauhtiefe von etwa 25 µm erreicht; das entspricht einer mit einer Vorschubgeschwindigkeit von 8 m/min gehobelten Fichtenholzoberfläche (Abb. 3.39). Die Werte der finierten Oberfläche liegen darunter, während die Werte ab 31 µm und mehr deutlich abfallen. Bei einer Rauhtiefe von 70 µm (80er Körnung) wurden die niedrigsten Haftwerte ermittelt (46 % des Maximums).

- Gehobelte Werkstückflächen bieten die beste Grundlage für die Lackbindung an das Holz. Allerdings muß mit einer relativ geringen Vorschubgeschwindigkeit von etwa 8 . . . 10 m/min gearbeitet werden.

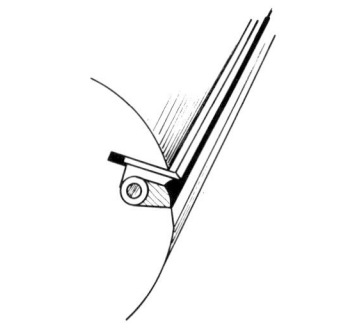

Abb. 3.37 Messerwelle mit Hydrospannung

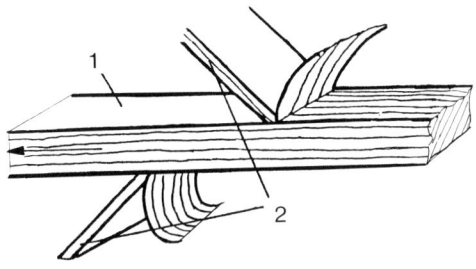

Abb. 3.38 Schematische Darstellung des Arbeitsvorgangs Finieren. 1 Werkstück. 2 stehende Messer

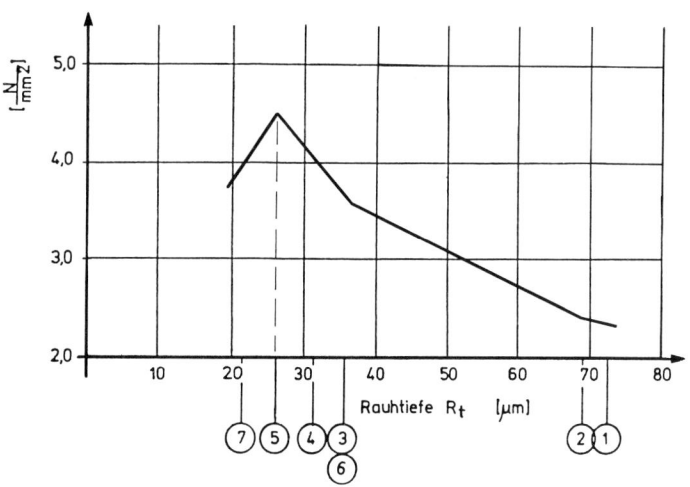

Abb. 3.39 Grafische Darstellung der Haftfestigkeit in Abhängigkeit von der Rauhtiefe; die Ziffern im Kreis entsprechen den Bearbeitungsverfahren (siehe Tabelle)

• Geschliffene Flächen (150er Korn, 45° zur Faser) sind annähernd gleichwertig.
• Finierte Flächen sind im Vergleichswert niedriger und rechtfertigen nicht die hohen Maschineninvestitionen.

Mittelwerte der Rauhtiefen rechtwinklig zur Bearbeitungsrichtung
Holzart Fichte

Nr.	Bearbeitungsart	Mittelwert x der Rauhtiefen in µm
①	geschliffen, 80er Körnung II zur Faserrichtung	72
②	geschliffen, 80er Körnung x 45° zur Faserrichtung	69
③	geschliffen, 150er Körnung II zur Faserrichtung	34,5
④	geschliffen, 150er Körnung x 45° zur Faserrichtung	31
⑤	gehobelt, s' = 8 m/min	26
⑥	gehobelt, s' = 16 /min	35
⑦	finiert	21

Schruppschleifen oder Hochleistungs-Bandschleifen

In den USA und auch teilweise in Europa werden für das Kalibrieren von Vollholz Schleifmaschinen statt Hobelmaschinen eingesetzt. Im angelsächsischen Sprachraum wird dieses Verfahren als abrasive planing, rough planing (Schleifen getrockneten Vollholzes) oder finish planing (Beischleifen) bezeichnet. Im deutschen Sprachraum läuft dieses Verfahren unter den beiden Bezeichnungen Schruppschleifen oder Hochleistungs-Bandschleifen. Das Schleifen erfolgt auf speziell entwickelten Breitbandschleifmaschinen mit harter Walze und Schleifbändern mit sehr hoher Festigkeit und Körnung von 24 und 36.

Gründe für das Ersetzen des Hobelns durch Schleifen gibt es mehrere:
• Leistung: Wegen des breiten Schleifbandes und der hohen Vorschubgeschwindigkeit (60 ... 120 m/min) kann die Leistung höher sein als bei einer Hobelmaschine.
• Holzausbeute: Die Faserrichtung, die beim Hobeln oft ursächlich für tiefe Ausrisse ist, spielt beim Schleifen praktisch keine Rolle. Dies macht sich insbesondere bei Hölzern mit Wechselwuchs, astigen Hölzern und krummschaftigen Hölzern bemerkbar. Somit kann mit einer geringeren Dickenzugabe und einer geringeren Ausschußquote, oder besseren Ausbeute gerechnet werden.
• Werkzeugwechsel: Ein Schleifband kann schneller gewechselt werden, als ein Satz Hobelmesser.

Gründe gegen das Ersetzen des Hobelns durch Schleifen gibt es allerdings auch:
• Relativ hohe Investition für Maschine und Schleifbänder
• Hohe Anschlußwerte der E-Installation
• Entsorgung nicht mit normaler Absaugstärke möglich.

Mehrseiten-Hobelmaschinen

Die vierseitige Längsbearbeitung von Holz umfaßt folgende Schritte: Abrichten, Fügen (Bestoßen), Breitehobeln (von Breite sägen), Dickenhobeln. Man kann ferner Kehlen (Profilieren).

Die Vorstufe zum heute allgemein bekannten und auch in kleineren Betrieben eingesetzten „Vierseiter" ist das Hintereinanderstellen und Verbinden von Abricht- und Dickenhobelmaschine. Unter Verwendung zweier Winkelfügeaggregate können Holzkanteln rationell ohne Zwi-

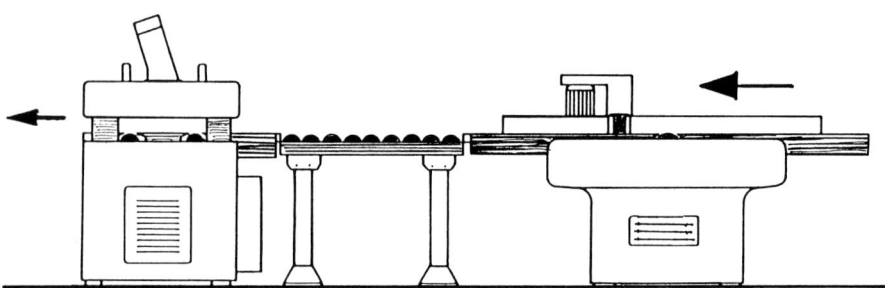

Abb. 3.40 Dreiseitige Bearbeitung mit Abrichthobelmaschine und Fügeaufsatz, verkettet über Rollenbahn mit einer Dickenhobelmaschine mit konstanter Tischhöhe und höhenverstellbarem Maschinenoberteil. (Rex)

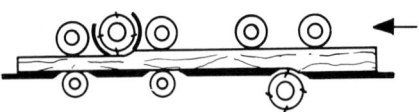

Abb. 3.41 Längsschnitt durch Zweiseiten-Hobelmaschine. (Rex)

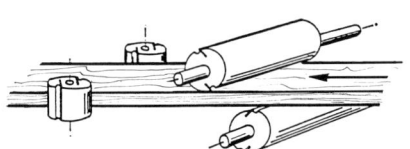

Abb. 3.42 Schematische Ansicht einer Vierseiten-Hobel- und -Kehlmaschine. (Rex)

schenzeiten unterbrechungslos vierseitig bearbeitet werden (Abb. 3.40). Vorteile einer kompakten Maschine gegenüber der Kombination Abricht- und Dickenhobelmaschine (evtl. mit Tischfräse):
– die Nebenzeiten Einlegen + Ablegen sind erheblich geringer,
– beschleunigter Werkstückdurchlauf,
– die einzelnen Wellen können von einer zentralen Steuerstelle aus elektronisch verstellt werden,
– die Rüstzeit und Werkzeugschärfzeit wird durch den Einsatz einheitlicher Werkzeugsätze geringer,
– Abstapeleinrichtungen können eingesetzt werden,
– der Platzbedarf ist geringer.
Begriffe:
Kehlen: die Profilierung (Nut, Falz, Hohlkehle, Karniesprofil usw.) einer Werkstückseite wird als „Kehlen" bezeichnet.
Kalibrieren: nach dem Abrichten (Planhobeln) der Unterseite wird die Oberseite gehobelt. Die Unter- und Oberseite sind plan und parallel.
Egalisieren: bei dünnen Werkstücken wird die Krümmung durchgedrückt abge-

richtet; mit dem nachfolgenden Arbeitsgang „Dickehobeln" wird parallel zur Unterseite gehobelt; eine gewisse Krümmung des Holzes bleibt erhalten, z. B. bei Nut-und-Feder-Brettern.
Die Zweiseiten-Hobelmaschine wurde als Kombination aus Abrichthobel- und Dickenhobelmaschine entwickelt. Die untere Welle führt zuerst den Abrichtvorgang aus, während die obere Welle anschließend kalibriert (Abb. 3.41). Diese Maschine wird bei der Bearbeitung von Massiv-Leimholzplatten, Leimbinderlamellen usw., im Gestellbau, im Sägewerk und Holzleimbau bis zu einer Arbeitsbreite von 2500 mm eingesetzt. Eine nachgeordnete Vielblatt-Sägewelle ermöglicht die Produktion von Kanteln, Lamellen, Leisten usw.
Der Grundtyp der Vierseiten-Hobelmaschine ist auf der Zweiseitenmaschine aufgebaut. Am Maschinenausgang sind zusätzlich zwei vertikal angeordnete Aggregate installiert, die seitlich und in der Höhe verstellbar sind. Die Rohzuschnitte werden innerhalb und außerhalb der Maschine seitlich geführt. Durch Einsatz geeigneter Werkzeugsätze lassen sich auf dem Vierseiter bereits einfache Profile herstellen: vier Kanten gerundet, vier Kanten gefast, Nut und Feder usw. Die nutzbare Arbeitsbreite ist ähnlich wie bei Dickenhobelmaschinen 300 ... 600 mm für den Holzleimbau etwa 2600 mm. Werkstückdicken bis 200 mm.
Durch den möglichen Anbau zusätzlicher Aggregate wird aus der Vierseiten-Hobelmaschine eine Kehlmaschine, auch Profilfräsautomat genannt. Der wesentliche Unterschied dieses Vierseiters zu herkömmlichen Kehlautomaten, besteht dann in der Tat nur noch in der viel größeren Arbeitsbreite und den beidseitig gelagerten Messerwellen (Abb. 3.42).

3.5 Herstellung von profilierten Leisten

Als Leisten gelten in diesem Zusammenhang auch Profilbretter, Fensterfriese, (gerade) Füße, Zargen, Stollen, Sprossen, Rundstäbe, ferner Fußbodenprofile.

1. Herstellung von Leisten auf Hobelmaschinen
Auf herkömmlichen Hobelmaschinen ohne Zusatzaggregate können nur rechteckige Profile hergestellt werden. Werden Hobelschablonen eingesetzt, ist das Herstellen von Profilen mit drei-, vier-, fünfeckigem usw. Querschnitt möglich.
Auf manchen Abrichthobelmaschinen können Leisten darüber hinaus gefälzt werden; allerdings ohne höheren Ansprüchen an die Genauigkeit zu genügen.

2. Herstellung von Leisten auf Mehrseiten-Hobelmaschinen
Wie bereits im Absatz 3.4 ausgeführt, können auf Vierseiten-Hobelmaschinen bereits einfache Profile in einem Arbeitsgang hergestellt werden, oft auch mit einer Vielblatt-Sägewelle: Rechteckprofile mit 4 gerundeten oder gefasten Ecken, mit Nuten; Spundbretter; gespundete Fasebretter mit und ohne Schattennut (Abb. 3.43).

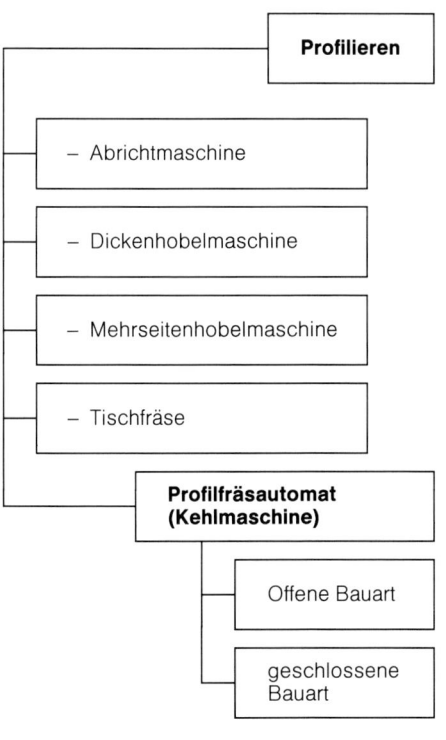

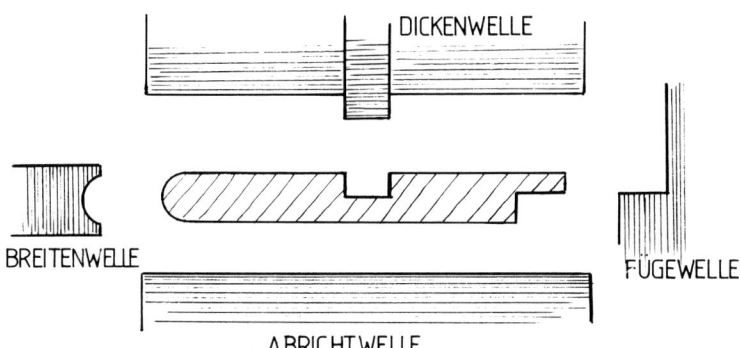

Abb. 3.43   Profilierung eines Bretts auf der Vierseiten-Hobelmaschine

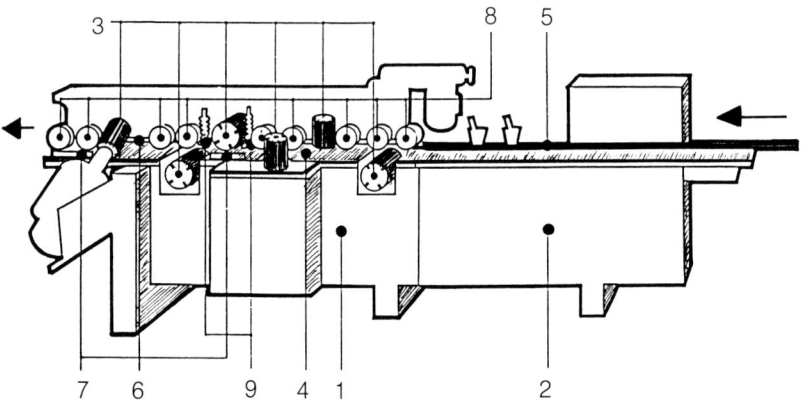

Abb. 3.44   Schrägansicht eines Profilfräsautomaten/Kehlautomaten. 1 Maschinenständer. 2 Abrichttisch. 3 Spindeln. 4 Maschinentisch. 5 Fügelineal. 6 Maschinenanschlag. 7 Führungslineal. 8 Vorschub. 9 Druckorganen. (Weinig)

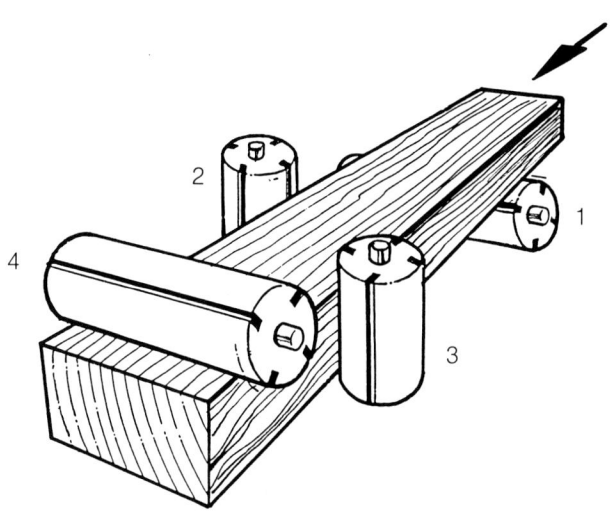

Abb. 3.45   Schema Kehlautomat. 1 Abrichtspindel. 2 Fügespindel. 3 Breitenhobelspindel. 4 Dickenhobelspindel

3. Herstellung von Leisten auf Profilfräsautomaten (Kehlautomaten)

Merkmal von Profilfräsautomaten ist der mechanische Werkstückvorschub. Sie unterscheiden sich je nach Konstruktion. Offene Bauart, d. h. die Aggregate sind von der Vorderseite der Maschine gut zugänglich. Sie haben fliegende Wellen (einseitig gelagert), sind relativ schnell umzurüsten, besitzen jedoch eine geringere Arbeitsbreite.

Geschlossene Bauart: Hier sind die meisten Aggregate beidseitig gelagert und daher nicht so gut zugänglich. Das bedeutet aufwendigeres Rüsten, aber höhere Vorschubgeschwindigkeit als bei offener Bauart, größere Arbeitsbreite möglich.

Auf Maschinen beider Bauarten lassen sich, je nach Anzahl der Bearbeitungsaggregate, deren Anordnung und deren Bestückung, praktisch alle Profilformen in einem Durchgang herstellen.

Die Einsatzgebiete des Maschinentyps in offener Bauart sind in der Industrie und zunehmend auch im Handwerk zu sehen (Abb. 3.44). Kehlmaschinen haben einen langgestreckten, häufig mehrteiligen Maschinenständer. Der vorgelagerte Abrichttisch ist höhenverstellbar, so daß die Spanabnahme der Werkstückkrümmung angepaßt werden kann. Die Längen der Werkstücke bestimmen die Abmessung des Tisches. Kehlmaschinen sind nach dem Baukastenprinzip konzipiert, d. h. wahlweise können Spindelzahlen und -anordnungen festgelegt werden.

Abricht (1), Füge (2), Breitenhobel (3), Dickenhobelspindel (4) sind die Grundaggregate zum vierseitigen Bearbeiten des Werkstücks (Abb. 3.45). Weitere axial verstellbare oder mehrseitig schwenkbare Spindeln werden, den jeweiligen Einsatzbedingungen entsprechend, an die Grundspindeln angebaut.

Als Werkstückauflage (Abb. 3.44) dient ein ortsfester, nicht höhenverstellbarer Maschinentisch, dessen Gesamtlänge sich aus der Anzahl der vorhandenen Werkzeugaggregate ergibt. Verschiedenartige Tischauflagen ermöglichen den sicheren und staubfreien Transport der Werkstücke durch die Maschine. Das verstellbare Fügelineal ermöglicht die variable Spanabnahme durch die Fügespindel.

Der Maschinenanschlag dient zur Führung der Werkstück-Winkelkante nach dem Fügelineal.

Führungslineale bzw. Führungsrollen pressen das Werkstück an den Maschinenanschlag.

Zum Vorschubsystem gehören höhenverstellbare Transportwalzen, die das Werkstück durchgehend auf den Maschinentisch drücken.

123

Druckorgane, vor und nach der Bearbeitungsspindel postiert, drücken das Werkstück während der Bearbeitung an den Maschinenanschlag.

4. Einsatz von Werkzeugen

Rotierende Messerwellen, die auch für beste Oberflächenqualitäten eingesetzt werden, verursachen mehr oder weniger sichtbare Messerschläge auf der Holzoberfläche. Aus diesem Grund war früher der Einsatz ortsfester Putzmesser als letzter Arbeitsgang vorgesehen.

Das bestmögliche Bild mit den geringsten Messerschlaglängen (Messerschritt s oder Vorschub pro Schneide, Hobelschlag) und Rauhtiefen t (Messerschlagtiefe, Eintrittsmaß der Messerschneide in das Holz) kann nur dann entstehen, wenn

- alle Schneiden exakt auf dem gleichen Durchmesser rotieren, d. h. Einstell- und Rundlauftoleranzen gleich Null sind;
- das Werkstück ruckfrei, geradlinig vorgeschoben wird;
- die Schneidenzahl (z) im Werkzeugkörper hoch ist;
- der Vorschub (v) besonders niedrig ist;
- die Drehzahl (n) der Spindeln hoch ist.

Diese Forderungen führten zu dem Einsatz der Hochgenauigkeitswerkzeuge mit vernachlässigbarer Einstell- und Rundlauftoleranz (wenige Tausendstelmillimeter) und mit hoher Schneidenzahl. Voraussetzung für den Einsatz dieser Werkzeuge sind:

- Die Maschine muß insgesamt steif konstruiert sein.
- Kaum Spiel in den Lagern der Werkzeugspindeln, d. h. höchste Maschinenbaupräzision.
- Passungstoleranz zwischen Werkzeugbohrung und Spindel muß zu Null gemacht werden. Das führte zur Entwicklung der Werkzeuge mit hydraulischer Spannung („Hydrowerkzeug"). Über eingearbeitete Kanäle im Messerkopf wirkt Fett mit einem Druck von 300 bar auf die Fettkammerwand. Der Messerkopf ist somit spielfrei (0,002 ... 0,005 mm max. Spiel) und zentrisch auf der Frässpindel fixiert.
- Die Einstellungsgenauigkeit der Messer im Schneidenflugkreis müssen egalisiert werden.

Zur Erfüllung der oben genannten Forderungen kam das System „Jointen" zur Anwendung. Die Grundforderung besteht darin, alle Schneiden auf den gleichen Flugkreis zu bringen, damit jede Schneide spanabhebend wirkt. Das Werkzeug, das auf der Spindel hydraulisch befestigt ist, wird bei Betriebsdrehzahl mit einem keramisch gebundenen Jointstein abgezogen. Der Jointvorgang kann mehrmals

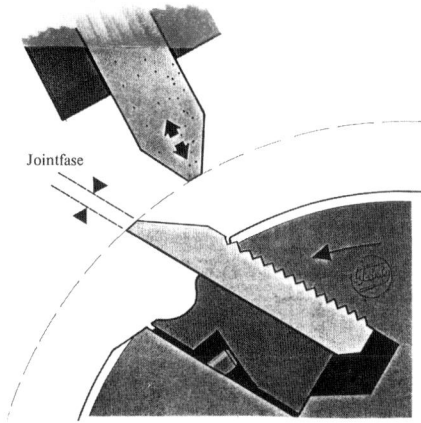

Abb. 3.46 Jointen der Messerschneiden

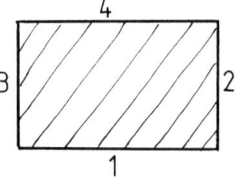 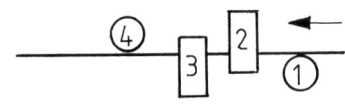

Abb. 3.47 Grundbearbeitung. Abrichten, Fügen, Breitenhobeln und Dickenhobeln

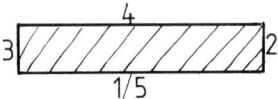 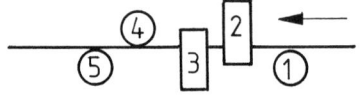

Abb. 3.48 Einsatz einer zusätzlichen Spindel bei dünnen Werkstücken

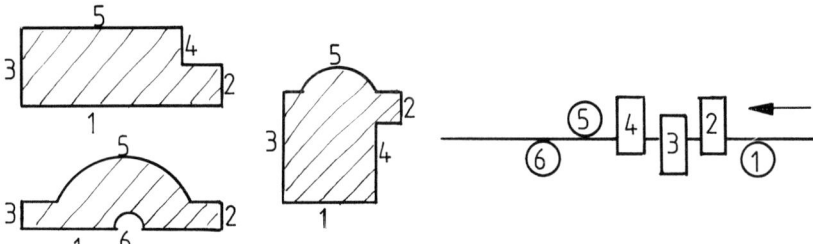

Abb. 3.49 Einsatz zusätzlicher Spindeln

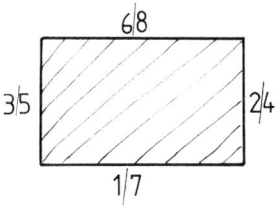

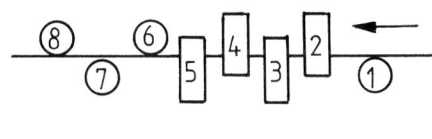

Abb. 3.50 Bei hohen Vorschubgeschwindigkeiten von 20 ... 200 m/min sollte jede Seite vorgehobelt und nachgeputzt werden; hier sind bis zu 8 Spindeln erforderlich

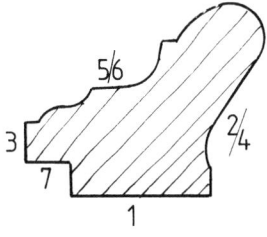

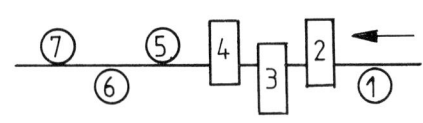

Abb. 3.51 Werden höhere Oberflächenqualität und höhere Vorschubgeschwindigkeiten verlangt, sind zusätzliche Spindeln erforderlich

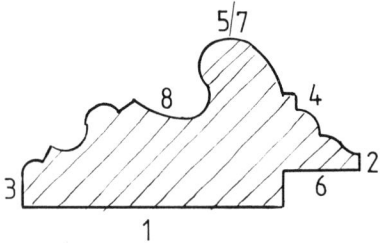

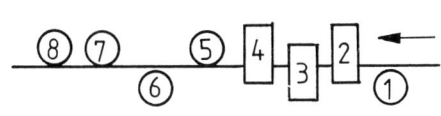

Abb. 3.52 Schräge Einschnitte oder hinterschnittene Profile werden mit schwenkbaren Spindeln angefertigt; Vorschubgeschwindigkeit 6 ... 12 m/min

wiederholt werden, solange die Jointfase (Abb. 3.46) eine bestimmte Breite nicht überschreitet, bei Weichholz max. 0,5 mm, bei Hartholz max. 0,7 mm. Das Jointen kann bei geraden Hobelmessern und Profilmessern gleichermaßen angewandt werden.

5. Maschinenleistung und -daten
Das Vorschubsystem ist in der Regel stufenlos regelbar von 0 ... 220 m/min (220 m/min nur bei hydro-gespannten Werkzeugen). Eine gute Oberflächenqualität ist nur bei relativ geringer Vorschubgeschwindigkeit zu erreichen, d. h. bei 6 ... 12 m/min (Herstellung von Bildrahmenleisten, stark profilierte Leisten usw.). Die Vorschubgeschwindigkeit kann erhöht werden beim Einsatz mehrerer Spindeln und mit einer Putzwelle (bis zu 18 Messer je Messerkopf), Bereich 40 ... 200 m/min.
Die Umdrehungszahlen der Spindeln liegen häufig im Bereich 6000 ... 9000 U/min, wenn die maschinentechnische Voraussetzung gegeben ist. Das Jointen ist bei Drehzahlen über 6000 U/min nicht mehr möglich.

6. Bearbeitungsbeispiele
Nach dem Abrichten (1) und Fügen (2) kann bereits ein Profil gekehlt werden. Dazu werden die Breitenhobelspindel (3) und Dickenhobelspindel (4) mit Profilwerkzeugen bestückt. In bestimmten Fällen kann auch bereits mit der Fügespindel gekehlt werden. Die Kombination mehrerer zusätzlicher Spindeln ermöglicht die Herstellung vieler Profile. In den Abbildungen 3.47–3.52 bedeutet ein Kreis eine horizontal angeordnete Fräswelle, ein Rechteck eine Vertikalwelle.

3.6 Verbinden von Vollholz

3.6.1 Längenverbindungen

Begriffe
Leisten, Kanteln, Friese, Bretter usw. werden in der Länge gestoßen. Achtung: Fälschlich oft unter der Bezeichnung Längsverbindung bekannt. Eine Längsverbindung ist jedoch eine Breitenverbindung!

Verbindungsarten
Die klassischen Längenverbindungen wie Überplattungen mit Schwalbenschwanz, französischem oder deutschem Keilverschluß u. ä. sind aufgrund des sehr hohen Fertigungsaufwandes und der großen Schwächung der Biegesteifigkeit des Gesamtholzes nicht mehr üblich. Modernere Verbindungsarten wie

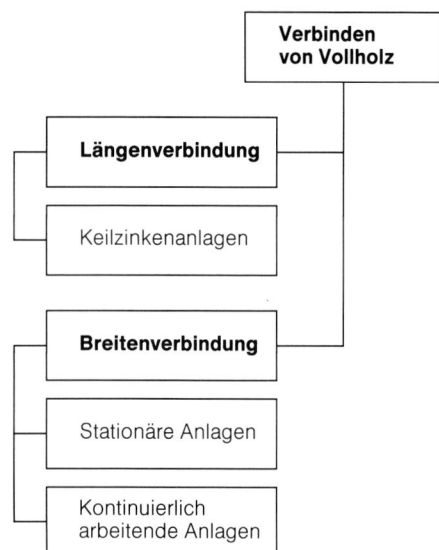

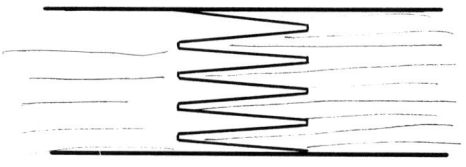

Abb. 3.53 Keilzinkenprofil nach DIN 68 140

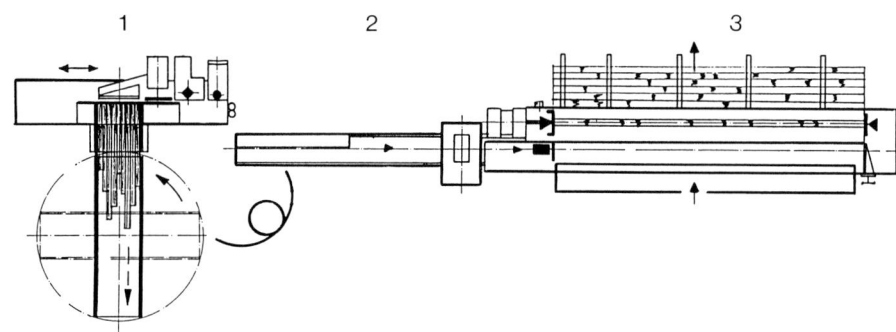

Abb. 3.54 Halbautomatische Keilzinkenanlage.
1 Fräsaggregat. 2 90°-Wende- und Übergabevorrichtung. 3 Presse. (Dimter)

Fingerzinken, Feder- oder Dübelverbindungen sind heute weitgehend von der Keilzinkenverbindung verdrängt worden. Ausgehend von der Forderung, möglichst wenig Überlappungsverluste (Verschnitt) zu erhalten, verbunden mit hoher Festigkeit der Leimfuge, wurde diese Verbindungsart entwickelt und marktbeherrschend eingeführt. Die Keilzinkengeometrie ist in DIN 68 140 ausführlich dargestellt (Abb. 3.53).

Keilzinkenart	Keilzinkenlänge
Makrozinken (konventionelle Keilzinken)	10 . . . 60 mm
Minizinken	7,5 . . . 10 mm
Mikrozinken	bis 4 mm

Die Zinkenformen werden je nach Einsatzgebiet, z. B. Gestellbau, Holzleimbau, angewandt. Zur Steigerung der Qualität und der Festigkeit müssen Äste und Fehlerstellen eliminiert werden. Die wirtschaftliche Ausnutzung des Holzes (Verschnittminimierung) wird verbessert durch Nutzung kurzer Holzabschnitte (sog. Reststückeverwertung). Betriebsnotwendige Längenmaße sind beliebig produzierbar.

Reihenfolge der Arbeitsgänge für die Keilzinkenherstellung:
1. Leisten, Friese, Kanteln, Bretter schneiden (Rohbreite, siehe Abschnitt 3.3.1 Längenzuschnitt);
2. Fehler auskappen (beliebige Längen);
3. Winkelschnitt
4. Verleimprofil-fräsen   } Stoßfugen 2 × im Paket
5. beleimen

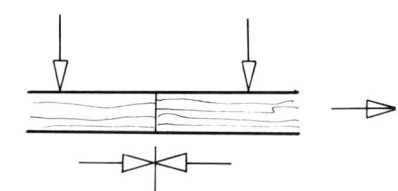

Abb. 3.55 Preßdruck über Spannelemente

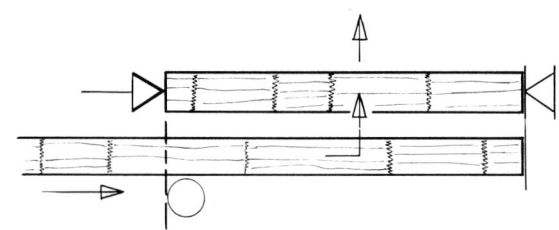

Abb. 3.56 Preßdruck über Hydraulikzylinder

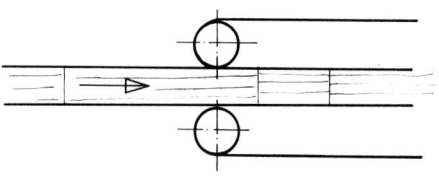

Abb. 3.57 Preßdruck über Friktionsbänder

6. pressen zu endlosem Strang;
7. kappen auf Fixlängen;
8. hobeln, profilieren usw.

Die Keilzinkenanlagen sind nach dieser Arbeitsgangfolge konzipiert, d. h. die Bearbeitungsaggregate sind der gewünschten Bearbeitung entsprechend positioniert.

Mechanisierungs- bzw. Automatisierungsstufen einer Keilzinkenanlage (Abb. 3.54) und Alternativen dazu sind nachfolgend beschrieben.

Fräsaggregat (Position 1):
• Beschickung der Fräse und Paketdrehung manuell;
• automatische Paketpositionierung, Ablängen-Fräsen-Beleimen 1. Seite, Paketrücklauf, automatisches Drehen um 180°, Ablängen-Fräsen-Beleimen 2. Seite, Übergabe an nächste Station;
• doppelseitige Werkzeugbestückung, in einem Arbeitsgang werden beide Paketenden abgelängt-gefräst-beleimt, dann Übergabe an nächste Station.

Übergabestation-Wende (Position 2):
• die horizontal gefrästen Pakete werden um 90° umgelegt und die Hölzer einzeln der Presse zugeführt; Leistung je nach Holzbreite (40 . . . 260 mm) und Holzdicke (20 . . . 100 mm), 5 bis 75 Verbindungen/min, das entspricht 1 000 . . . 25 000 lfd. m/8 Std.

Preßstation (Position 3):
Preßdruckerzeugung in der Leimfuge
• mittels Spannschuhen je Leimfuge (Abb. 3.55) oder mehrere Verbindungen je Arbeitstakt; Vorteil: Endlänge ist unbegrenzt, die Ablängung kann nach dem Preßvorgang erfolgen;
• der zusammengesteckte und leicht vorgepreßte Werkstückstrang wird abgelängt und seitlich verschoben. In dieser Lage wird der gewünschte Preßdruck über Hydraulikzylinder aufgebracht (Abb. 3.56);
• über oben und unten geführte Plattenketten werden die Werkstücke in die Presse transportiert; die Preßkraft (durch Friktion) wird über Bremsschuhe erzeugt (Abb. 3.57).

3.6.2 Breitenverbindungen

Begriffe
Leisten, Friese, Kanteln, Bretter usw. werden längsseitig aneinandergefügt.

Verbindungsarten
Die Ausbildung der Fuge an der langen Schmalseite erfolgt vorwiegend aus verleimtechnischen Gründen. Zur Vergrößerung der Leimfuge (festigkeitserhöhend) und zur besseren Fixierung der Teile beim Verleimen, werden bestimmte Profi-

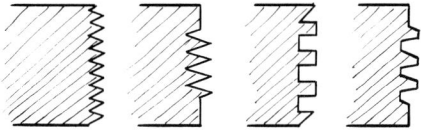

Abb. 3.58 Fugenprofilierungen links Sägezahnfuge (keine Keilzinken), rechts Kronenfuge, spitz oder trapezförmig

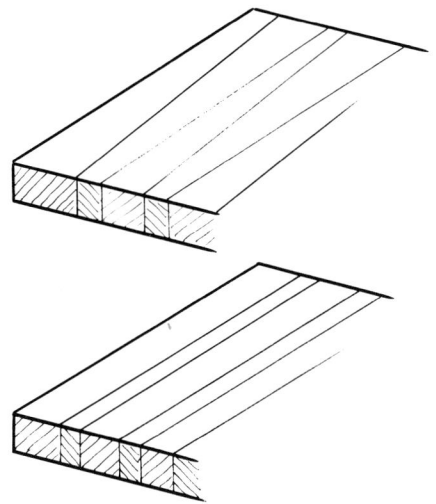

Abb. 3.59 Konisch und parallel besäumte Brettware

le angefräst (Abb. 3.58). Stumpfe Fugen sind gehobelt oder gesägt.

Plattenförmige Werkstücke
werden aus unterschiedlich breiten Werkstücken gefertigt, für die Herstellung von Tischplatten, Arbeitsplatten (Küchenindustrie), Regalböden, Schalungsplatten, Treppenstufen, in der Sargfabrikation, Konstruktionsholzverarbeitung usw. (Abb. 3.59). Die Werkstücke werden an der Schmalseite (Platten) oder an der Breitseite (Kanteln) verleimt.

Quaderförmige Werkstücke
sind lamellierte Kanteln, z. B. für die Fensterfertigung oder Leimbinder. Bei der Rahmen- oder Fensterherstellung wird diese Schichtverleimung – die Breitsei-

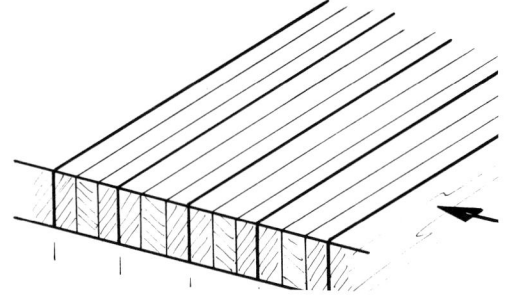

Abb. 3.60 Kanteln, in einer Lamellieranlage verleimt; jede 3. Fuge wird z. B. nicht verleimt

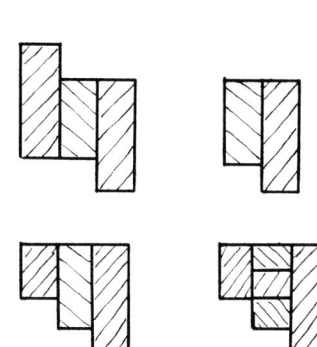

Abb. 3.61 Sonderformenfertigung in einer Blockverleimpresse

ten werden verleimt – aus mehreren Gründen angewandt:
• bessere Holzausnutzung, da die Mittellage aus keilgezinkten Endlosbrettern bestehen kann,
• Qualitätsverbesserung durch Ausschalten grober Holzfehler,
• verbesserte Formstabilität, Verwerfen geringer,
• geringere Rißbildung bei großen Querschnitten, z. B. bei Riegeln und Pfosten (Abb. 3.60 und 3.61).

Reihenfolge der Arbeitsgänge bei der Breitenverleimung:
1. Werkstücke besäumen, parallel oder konisch,
2. Schmalfläche profilieren, Verleimprofil fräsen (oft genügt der Sägeschnitt),
3. Leim angeben,

4. pressen zu Kanteln oder endlosem Plattenstrang (Flach- oder Hochkantverleimung),

5. Längenformat, Sägeschnitt links und rechts, Besäumschnitt am Ende der Lamellieranlage,

6. Breitenschnitt (z. B. auf Doppelendprofiler).

Maschinen und Anlagen zum Breitenverleimen bzw. Lamellieren Stationäre Anlagen

Stationäre Anlagen sowie Blockverleimanlagen für ruhende Verleimung bieten verschiedene Mechanisierungsmöglichkeiten (Abb. 3.62):

Beschicken der Presse

● Magazinbeschickung:

1. Magazinrollenbahnen mit Werkstückvereinzelung;

2. Magazinband mit Kettenaustransport, Vorsortierung der Lamellen nach Qualität.

● Leimangabe horizontal, ein- und doppelseitiger Leimauftrag, Leimauftraggeschwindigkeit bis 100 m/min.

● Transport der beleimten Lamellen über Scheibchen-Rollenbahnen oder Stollenförderband zur Presse.

● Zur Verringerung der Preßzeiten bei höherer Durchsatzmengen kann

1. die Fuge vorgewärmt werden (bis ca. 70 °C über einen Vorwärmtisch);

2. der Klebstoff auf etwa 30 °C vorgewärmt werden;

3. die Hochfrequenzverleimung eingesetzt werden.

Preßvorgang

● Die beleimten Kanteln werden manuell in die Presse gelegt.

● Vollautomatische Paketierung der Lamellen vor der Presse,

1. vertikale Beschickung,

2. horizontale Beschickung.

Der Druck wird über Hydraulik-Zylinder (rd. 35 000 . . . 60 000 N) erzeugt. Seitlich verschiebbare Niederhalter-Einrichtungen halten die Preßteile auf der Preßfläche oder in den Konterprofilen fest.

Entleerung der Presse, Austransport der Preßlinge

● Pneumatische Aushebevorrichtung und Ablage des Verleimgutes von Hand.

● Förderbänder transportieren das Verleimgut seitlich (stehend oder liegend) aus der Presse.

Kontinuierlich arbeitende Anlagen

Hierzu zählen Fugenverleim- und Lamellieranlage sowie Durchlaufpressen. Fugenverleimanlagen für Massivholz sind für die Herstellung eines Endlos-Plattenstrangs konzipiert. In einem kontinuierlichen Durchlaufprozeß wird parallel oder

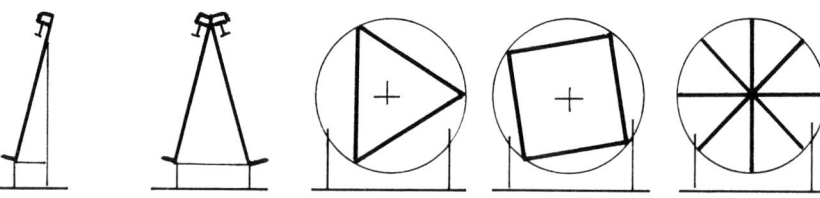

Abb. 3.62 Blockverleimanlagen, einseitig, doppelseitig, Dreieck, Viereck, Stern (4 . . . 10 Etagen)

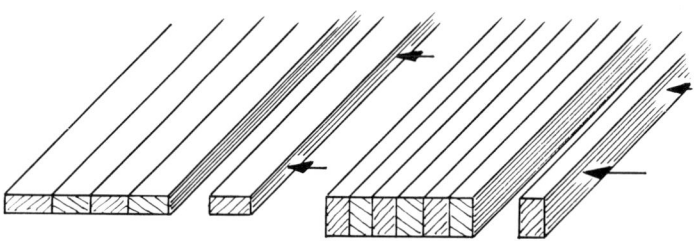

Abb. 3.63 Schematische Darstellung einer Endlos-Fugenverleimung

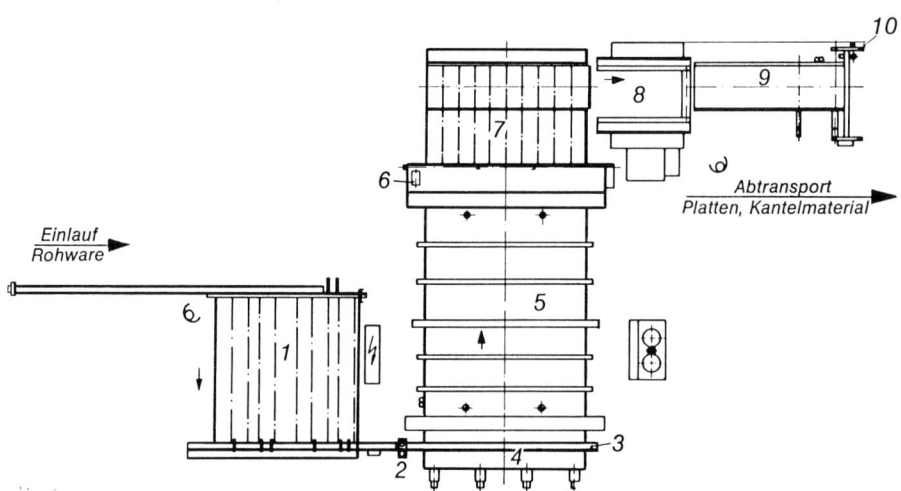

Abb. 3.64 Fugenverleim- und Lamellieranlage. 1 Quertransport mit Übergabe. 2 Automatische Leimangabe. 3 Wendestation. 4 Hydraulische Einschubvorrichtung. 5 Verleimanlage. 6 Ablängsäge. 7 Abtransportband. 8 Doppelendprofiler. 9 Transportband. 10 Abkürzsäge

konisch besäumte Brettware mit gehobelter, profilierter oder gesägter Leimfuge verleimt.

Fertigungsablauf: Die Holzlamellen – abgelängt, besäumt, gehobelt oder profiliert – werden auf den Querförderer aufgegeben und nach der ein- oder beidseitigen Leimangabe dem Einschubtisch oder dem Einlauf-Querpuffer übergeben. Nach zwei Systemen ist das Pressen der Werkstücke möglich:
1. Schwere hydraulische Einschubzylinder schieben die Lamellen taktweise in das Preßbett (Schubbalken-System). Der Preßdruck innerhalb der Presse wird durch hydraulisch wirkende Rückschlagsicherungen aufrechterhalten (Abb. 3.63).
2. Eine kontinuierlich laufende Vorschub-Preßplattenkette übernimmt die beleimten Lamellen und führt sie dem Preßbett zu. Der Druck baut sich langsam auf, bis zu einem konstanten Enddruck.

In der Druck- und Heizzone erfolgt die Aushärtung der Leimfuge. Nach der Abkühlzone wird die verleimte Platte mittels einer mitlaufenden Säge auf die gewünschte Breite zugeschnitten.
Die Leistung der Anlage ist abhängig von:
– Holzdicke (bis max. 60 mm)
– Holzbreite (30 ... 300 mm = Anzahl der Leimfugen)
– Holzlänge (Anlagenbreite von 700 ... 6 000 mm, Holzleimbau 10 000 ... 12 000 mm (18 000 mm)
– Holzart (Hartholz, Weichholz)
– Leimart (PVAc-Leim, Harnstoffharz-Leim)
– Holzfeuchte
– Aushärtung der Leimfuge (durch Kontaktwärme, Hochfrequenz-Verleimung) Leistung 1,5 lfd. m/min (Abb. 3.64).

3.7 Formatbearbeitung

Formatbearbeitung ist sowohl durch Sägen, als auch durch Fräsen, als auch durch Kombination zwischen Sägen und Fräsen möglich. Hierbei werden Teile auf genaues Breiten- und Längenformat gebracht, wobei gegebenenfalls Zugaben für das Schleifen bzw. Abschläge für aufgeleimte Kanten oder Lackschichten berücksichtigt werden müssen. Die übliche Bearbeitungsfolge ist (siehe auch Abschnitte 3.3.1 und 3.3.2):
1. Breitenformat bzw. Längsbearbeitung,
2. Längenformat bzw. Querbearbeitung mit mindestens einer Bezugslängenkante.

Maschinen für die Formatbearbeitung von Massivholz
Hier sind im wesentlichen die gleichen Maschinen wie bei der Holzwerkstoffbearbeitung im Einsatz, zumal die Grenze zwischen den beiden Werkstoffgruppen nicht immer eindeutig ist. Zum Beispiel wird lagenverleimtes Dreischichtholz (3 x 8 mm) als Massivholz verkauft, obwohl es der Gruppe Sperrhölzer/Lagenhölzer zuzuordnen ist.

1. Formatkreissägen
• Hier sind meist 4 Arbeitsgänge notwendig: Besäum-, Breiten-, Winkel- und Längenwinkelschnitt.
• Gehrungsanschläge auf dem Rollwagen zum Querschlitten ermöglichen Winkelschnitte in allen Gradzahlen; verbunden mit einer Schrägstellung des Sägeaggregates sind Schnitte in zwei Ebenen möglich (Schifterschnitte).
• Die Schnittqualität wird durch ein vorlaufendes Vorritzaggregat verbessert.
• Positioniersteuerungen ermöglichen die elektronische Verstellung von 3 Achsen:

• Verstellung des Parallelanschlags bis 1 250 mm rechts vom Sägeblatt,
• Schwenkung des Sägeblatts zwischen 90 und 45 Grad,
• Einstellung der Schnitthöhe des Sägeblatts.
Die Positionierung der wählbaren Achsen ist manuell mit den Funktionstasten oder über bereits programmierte Werte, die aufgerufen werden, möglich.

2. Doppelabkürzsäge
Hier sind 2 Arbeitsgänge notwendig. Breite Teile sind ohne Hilfen nicht bearbeitbar. Gefertigt wird entweder
• mit Rückführung (dann sollten die Sägeblätter seitlich verrückbar sein)
• oder im Durchstoßverfahren mit Ablage nach hinten.

3. Plattenaufteilsägen
Vertikal und horizontal ausgerichtete Plattenaufteilsägen sind für den Zuschnitt von Holzwerkstoffen im Einsatz. Anlagen mit einer Schnittrichtung sind auch für den Massivholzzuschnitt, auch mit Fertigschnitt, geeignet.

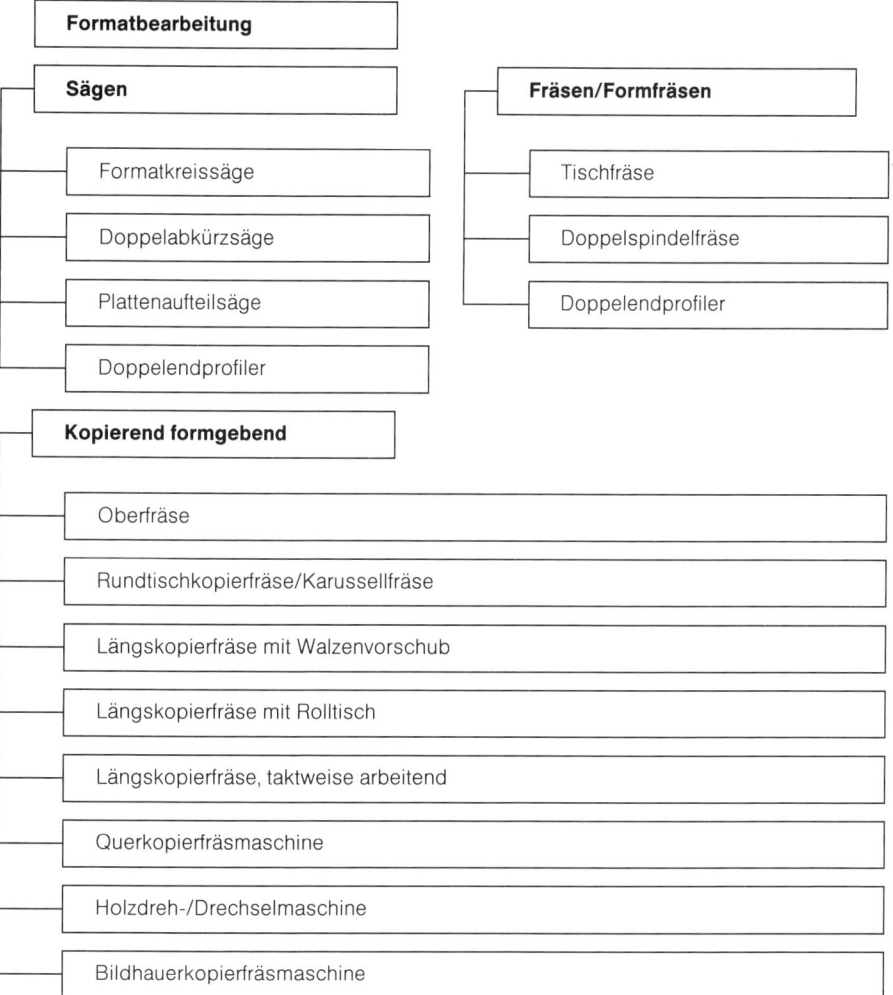

Formatbearbeitung

Sägen
- Formatkreissäge
- Doppelabkürzsäge
- Plattenaufteilsäge
- Doppelendprofiler

Fräsen/Formfräsen
- Tischfräse
- Doppelspindelfräse
- Doppelendprofiler

Kopierend formgebend
- Oberfräse
- Rundtischkopierfräse/Karussellfräse
- Längskopierfräse mit Walzenvorschub
- Längskopierfräse mit Rolltisch
- Längskopierfräse, taktweise arbeitend
- Querkopierfräsmaschine
- Holzdreh-/Drechselmaschine
- Bildhauerkopierfräsmaschine

4. Doppelendprofiler

Hervorgegangen ist diese Maschinenart aus der doppelseitigen Zapfenschneid- und Schlitzmaschine; sie wird vorrangig für den Plattenzuschnitt von Holzwerkstoffen eingesetzt. Durch Werkzeugbestückung für die Massivholzbearbeitung sind diese Anlagen auch zum Formaten von Massivhölzern geeignet (Näheres siehe Verarbeitung von Holzwerkstoffen). Großer Wert wird hierbei auf Vorritzaggregate sowie steuerbare Fräser und/oder Zerspaner im Gleich- oder Gegenlauf gelegt.

3.8 Formfräsen und Profilieren von platten- und rahmenförmigen Werkstücken

Die Kanten (besser Schmalflächen) werden an der Außenform oder an der Innenform profiliert.

3.8.1 Tischfräse
(auch Unterfräsmaschine)
- Gerade Teile: Profilfräsen am Anschlag (Voraussetzung: Format bereits fertig).
- Geschweifte Teile: Fräsen am Anlaufring.
- Außenkontur noch nicht fertig: Schablone notwendig (Abb. 3.65).
- Außenkontur fertig: direktes Anlegen an den Anlaufring möglich (Abb. 3.66).

3.8.2 Doppelspindelfräse
(Zwillingsfräsmaschine)
Fräse mit zwei Spindeln im fixen Abstand von 600 ... 800 mm. Mit der Doppelspindelfräse werden Fräsarbeiten ausgeführt, bei denen es aufs Fräsen mit der Faserrichtung ankommt. Die Spindeln sind jeweils links- und rechtsdrehend, so daß man die eine oder die andere benutzen kann.

3.8.3 Doppelendprofiler
Mit steuerbaren Zusatzaggregaten (Schablonen- oder CNC-Steuerung) sind verschiedene Arbeitsgänge möglich:
- Abrunden von Ecken an der Werkstückvorder- und -hinterkante im Durchlaufverfahren.
- Konturenfräsen mit schwenkbaren Fräsaggregaten.
- Ecken ausklinken mit schwenkbaren Fräsaggregaten.
- Einsatzfräsen mit schwenkbaren Fräsaggregaten usw.

3.8.4 Oberfräse
Typische Maschine für Kopierfräsarbeiten nach einer Negativschablone, die an einem Kopierstift geführt wird (Abb. 3.67). Die Verwendung von Massivholz in der handwerklichen und industriellen Ferti-

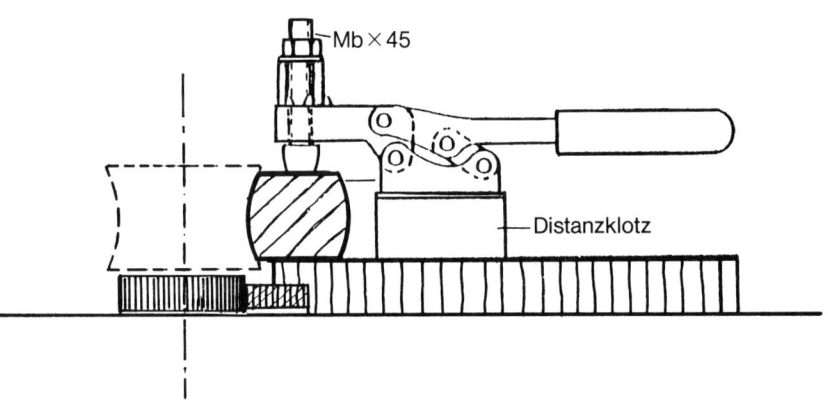

Abb. 3.65   Frässchablone mit Anlaufkante

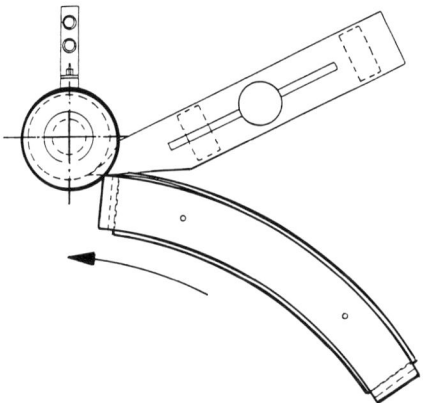

Abb. 3.66   Werkstückführung am Anlaufring (oben) mit überstehender Stiftschablone

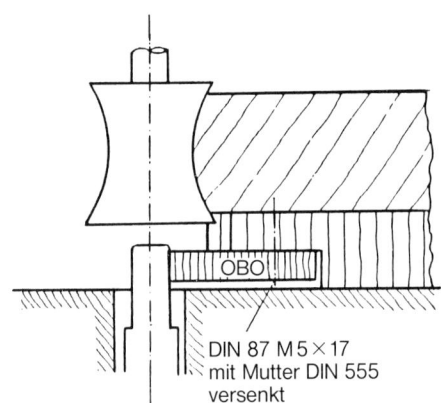

Abb. 3.67   Oberfräsvorrichtung, auch für Tischfräse geeignet

Abb. 3.68   Oberfräse mit optoelektronischer Nachlauf-Steuerung. (Frommia)

gung läßt die Oberfräse wieder verstärkt zur Anwendung kommen. Stand der Technik ist CNC-gesteuertes Oberfräsen, aber oft steht die Nutzung von CNC-Oberfräsen nicht immer im günstigen Verhältnis zu Investitionskosten und Leistung.

Die konventionelle Oberfräse findet heute Anwendung vor allem dann, wenn

• die Investition für eine neue CNC-Oberfräse nicht möglich ist,
• die Werkstücke unkompliziert sind und wenig Arbeitsgänge notwendig sind,
• Varianten eines Modells kaum vorkommen,
• ein gut ausgebildeter Schablonenfachmann verfügbar ist,
• der Platz für eine größere neue Maschine fehlt,
• die Leistung der vorhandenen Maschine mit dem Einsatz eines automatischen Vorschubs ausreicht.

Oft kann eine Zwischenlösung zwischen konventioneller Kopierfräse und CNC-gesteuerter Oberfräse durch den Umbau der Oberfräse mit Kreuztisch und optoelektronischer Nachlaufsteuerung in Erwägung gezogen werden. Bei diesem Maschinentyp ist keine Schablone erforderlich, da die Form des Werkstücks von einer Zeichnung abgelesen wird. Der seitlich am Maschinentisch installierte Lesekopf tastet die kontrastreich gezeichneten Linien auf einer Transparent- oder Papier-Zeichnung ab und überträgt die Daten direkt an den Kreuztisch bzw. an die angeschlossene Fräseinheit (Abb. 3.68).

Eine Erweiterung der Kreuztischeinheit auf CNC-Betrieb durch Nachrüstung ist gegeben, doch sind hier der Aufwand und die zusätzlichen Kosten bei der Investitionsentscheidung zu berücksichtigen. Die Investitionssumme verdreifacht sich gegenüber dem Kaufpreis einer konventionellen Tischoberfräse. Die Vorschubgeschwindigkeit ist stufenlos regelbar bis etwa 4 m/min. Problematisch bleibt aber nach wie vor die Fixierung mehrfach geschweifter Werkstücke auf dem Maschinentisch mittels Vakuumspannvorrichtungen. Die elektronische Programmsteuerung regelt den Einsatz zusätzlicher Arbeitsvorgänge wie Bohrungen, Langlöcher fräsen sowie das Ein- und Austauschen des Fräsers. Zusätzlich kann durch direktes Abtasten der Zeichnung oder des Werkstücks durch die Leseeinrichtung ein CNC-Programm erstellt werden (Abb. 3.69).

CNC-Oberfräse
(Computerized Numerical Control)
Die CNC-Oberfräse ist aus sehr vielen Unternehmen der holzbe- und -verarbeitenden Industrie nicht mehr wegzudenken. Zunehmend werden Werkstücke wie

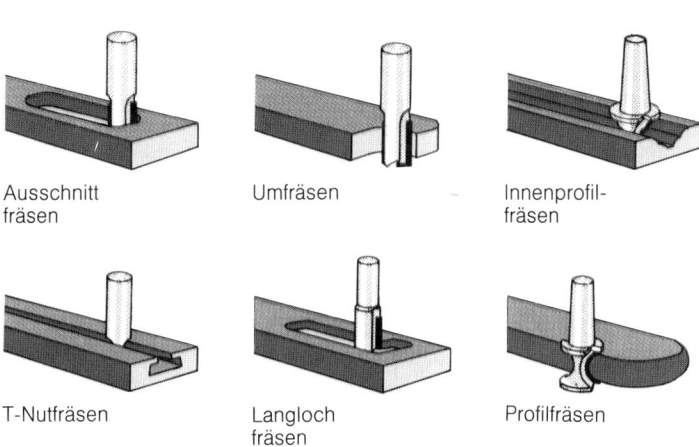

Ausschnitt fräsen   Umfräsen   Innenprofil-fräsen

T-Nutfräsen   Langloch fräsen   Profilfräsen

Abb. 3.69   Einsatzmöglichkeiten von Oberfräsern

Massivholzfronten, Eckbankseitenteile, Möbelfüllungen, Armlehnen, Profilleisten u. ä. mit dieser Maschine gefertigt.

Die Mikroprozessor-Technik hat mittlerweile die gesamte Holzfertigungstechnik erfaßt, angefangen von der Trocknung über Spritzroboter, Handhabungsgeräte, Rüsten von Maschinenstraßen, CNC-Bohren bis hin zur Oberfrästechnik. Die CNC-Oberfräse ist heute so vielseitig einsetzbar, daß die Bezeichnung CNC-gesteuertes Bearbeitungszentrum allgemein üblich ist. Fräs-, Bohr- und Schleifarbeitsgänge werden in Verbindung mit Werkzeugwechselsystemen an einer Maschine ausgeführt.

Einsatzgebiete für CNC-Oberfräsen
1. Bearbeitung schwieriger Werkstücke mit z. B. vielen versetzten Ausschnitten und dem Einsatz verschiedener Fräswerkzeuge (automatischer Werkzeugwechsel). Vorteil: eine einzige Aufspannung notwendig.
2. Bei der Forderung nach einer hohen Vorschubgeschwindigkeit; etwa 2 . . . 5mal so groß wie bei der konventionellen Oberfräse, bis 10 m/min.
3. Bei hohen Anforderungen an die Fräsqualität, wobei die Anpassung der Vorschubgeschwindigkeit und -richtung von dem Kurvenverlauf abhängig ist. Wichtig bei Massivholzfräsung, wenn mit oder gegen die Holzfaserrichtung gefräst wird.

4. Bei flexibler Fertigung von Kleinstserien; die Fertigung starrer Kopierschablonen ist hier zu aufwendig.
5. Bei dreidimensionaler Bearbeitung (Mehrachsen-Bearbeitung).
6. Beim Einsatz rechnerunterstützter Konstruktion (CAD, Computer Aided Design). Die Geometriedaten werden für die Steuerung genutzt. Off-line-Programmierung.
7. Bei der parallelen Bearbeitung mehrerer Werkstücke gleichzeitig.
8. Wenn eine wechselseitige Beschickung notwendig ist.
9. Wenn für die Bedienung leichtere körperliche Beanspruchung verlangt wird.

Nachteile des CNC-Einsatzes
• Hohe Investitionenskosten und die damit verbundene Frage nach der Amortisation.
• Fachliche Qualifikation der Bedienerperson ist höher. Gute Ausbildung notwendig. NC-Fachkräfte schwierig auf dem Arbeitsmarkt zu finden.
• Anpassung der bestehenden Betriebsorganisation an die neue Technik, z. B. Installation eines Programmierplatzes.

Aufbau einer CNC-Oberfräsmaschine
Die CNC-Maschine mit den üblichen 3 gesteuerten Achsen in den Bewegungsrichtungen X, Y und Z ermöglicht die Bearbeitung kompliziertester Werkstücke

(Abb. 3.70). In diese drei Richtungen kann jeder beliebige Fräsweg automatisch über eine Programmiertechnik erzeugt werden. Das Anfahren bestimmter Punkte und die Fertigung von Geraden, Schrägen und Kurven sind beliebig möglich. Die X- und Y-Achse bilden die waagerecht liegende Fräsebene, während in Richtung Z-Achse vertikale Eintauchbewegungen stattfinden.

Bei der Aufteilung der Bewegungen auf Werkstück und Werkzeug gibt es verschiedene Möglichkeiten:

1. Feststehender Maschinentisch
Das Werkzeug führt neben der senkrechten Bewegung (Z-Achse) entweder über ein Fahrportal oder über einen Kreuzsupport die X- und Y-Richtung aus, also die waagerechte Ebene (Abb. 3.71).
Vorteile sind
- wechselseitige Beschickung und Entnahme möglich,
- sicherer zu bedienen, da die Fräsaggregate nicht direkt im Bewegungsraum der Bedienungsperson liegen,
- der Platzbedarf ist im Vergleich zu anderen CNC-Oberfräsen bei gleicher Werkstückgröße geringer,
- der Abfalltransport ist über ein Transportband möglich,
- Werkstückbeschickung im Durchlauf möglich (Verkettung von Anlagen).

CNC-Oberfräsen mit einem feststehenden Maschinentisch sind bevorzugt im Einsatz.

2. Einachsig bewegter Maschinentisch
Der Maschinentisch mit dem aufgespannten Werkstück bewegt sich in X-Richtung, die Werkzeugbewegungen auf dem feststehenden Portal erfolgen in Y-Richtung und zusätzlich in Z-Richtung (Eintauchbewegung).
Die Aufteilung der beiden Horizontalbewegungen (X- und Y-Achse) auf Maschinentisch und Bewegungsaggregate bietet bei der zu beschleunigenden Masse Vorteile. Varianten sind vielfältig auf dem Markt z. B. Tandemtisch-Ausführungen (Abb. 3.72), die im Wechselbetrieb beschickt und entleert werden können.

3. Kreuztisch
Das Werkstück bewegt sich mit dem Tisch in X- und Y-Richtung, das Werkzeug macht die Eintauchbewegung Z. Der Kreuztisch kann maschinentechnisch einfacher und im unteren Gestellbereich platzsparender ausgeführt werden.

Das Spannen des Werkstücks
Der einzige Rüstvorgang an der CNC-Oberfräse ist das Wechseln und Einrichten der Spannvorrichtungen. Häufig wird die Vorrichtungsgrundplatte durch den

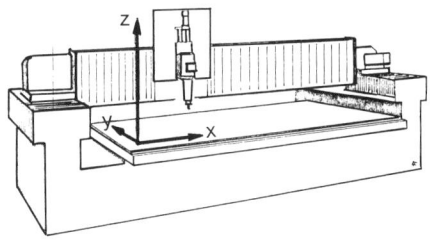

Abb. 3.70 CNC-Fräsmaschine mit den gesteuerten Achsen X, Y und Z

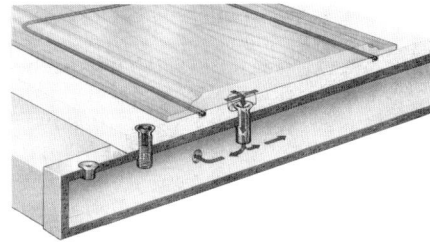

Abb. 3.73 Befestigung des Werkstückes auf einer Vakuumspannvorrichtung

Abb. 3.71
CNC-Oberfräse mit feststehendem Maschinentisch. (Reichenbacher)

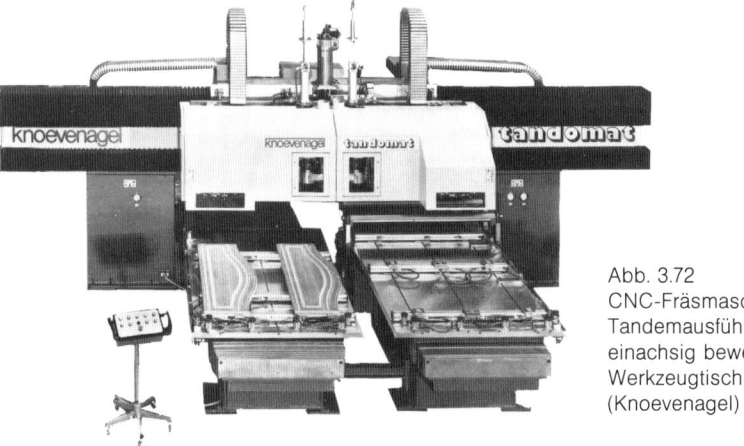

Abb. 3.72
CNC-Fräsmaschine, Tandemausführung, einachsig bewegter Werkzeugtisch. (Knoevenagel)

Vakuumtisch fixiert und die Werkstücke mit Kniehebelspanner, Exzenter- oder Spiralkeilspanner gehalten.

Die ganze Palette der pneumatischen Spannelemente findet Anwendung. Bei Vakuumspannelementen wird der atmosphärische Druck ausgenutzt, der allerdings nur eine begrenzte Haltekraft bei einem Unterdruck von max. 0,08 mPa bietet. Großflächige Werkstücke werden direkt von Saugnäpfen gehalten, die auf dem Maschinentisch in einem Raster verstellbar angebracht sind.

Schwierig wird die Fixierung kleinerer, schmalerer oder stark gekrümmter Werkstücke. Hier muß der horizontal wirkenden Zerspanungskraft die Vakuumhaltekraft entgegenwirken. Da die Höhe des Vakuums und die Saugfläche entscheidend für die Haltekraft sind, muß hier die Schablonenform möglichst der Kontur des Werkstücks folgen. Das ist möglich durch eingelegte Moosgummidichtungen in die Nuten des Maschinentischs (X-Y Raster, Abb. 3.73). Besser ist die Konstruktion einer separaten Schablone mit Gummidichtung, die auf den Tisch gespannt wird und den Vakuumanschluß über die Anschlußstopfen des Tischs erhält.

Vorteile der Vakuum-Spannung
1. Das Werkstück kann rundum bearbeitet werden, ohne störende Befestigungsmittel, d. h. die obere Breitfläche und sämtliche Schmalflächen können bearbeitet werden.
2. Dünne Platten oder verzogene Platten werden zur Bearbeitung eben gespannt. Eine gleichmäßige Dickenbearbeitung ist somit möglich.
3. Kratzempfindliche Werkstücke werden schonend aufgespannt.

Nachteile der Vakuumspannung
1. Die Auflageflächen müssen glatt sein.
2. Unfallgefahr durch Vakuumausfall. Die Selbsthaftung, die bei Kniehebelspannung vorteilhaft genutzt wird, ist hier nicht gegeben.
3. Sehr schmale und auch stark konturierte Werkstücke sind nur bedingt festzuspannen.

Bearbeitungszentren
Mit einem Bearbeitungszentrum ist die komplette Bearbeitung des Werkstücks möglich. Die Aufgaben: Kontur- und Flächenfräsen, Bohren in allen Richtungen, Nuten, Beschlag einsetzen, Kanten profilieren und -nachbearbeiten, lassen sich in einer Maschine vereinigen. Bisher war für jeden Arbeitsgang ein eigener Arbeitsplatz mit Einzweckmaschine und zugehöriger Lagerfläche notwendig, was heute durch die Komplettbearbeitung in einer Maschine geschieht.

Abb. 3.74 Revolver-Fräskopf mit hydraulischer Drehbewegung und Spannung. (Zuckermann)

Werkzeug-Wechselsysteme mit Rund-, Reihen- und Kettenmagazine verringern die Werkzeugwechselzeit auf nur noch Sekunden (Abb. 3.74). Für geringe Anzahl von Konstruktions- bzw. Beschlagbohrungen werden die Fräsaggregate ebenfalls sinnvoll eingesetzt. Sägeaggregate ermöglichen Trenn- bzw- Formatschnitte.

Schleifaggregate in Form von Profilschleifscheiben oder Bandschleifaggregaten lassen einen Profil- bzw. Kantenschliff zu.

Steuerungsarten
Bei den CNC-Steuerungen unterscheidet man nach der Art der Bewegungsmöglichkeiten. Je nach Leistungsfähigkeit sind Punktsteuerungen, Streckensteuerungen oder Bahnsteuerungen möglich.

1. Punktsteuerung (Abb. 3.75)
Positionieren von Werkzeugen im Eilgang, wobei das Bearbeitungswerkzeug nicht im Eingriff ist. Die Vorschubachsen werden entweder gleichzeitig oder nacheinander bewegt. Einsatzbereich: Bohrmaschinen, Punktschweißanlagen usw.

2. Streckensteuerung (Abb. 3.76)
Das Werkzeug ist während der Vorschubbewegung im Eingriff. Es wird immer nur ein Achsantrieb bewegt, d. h. das Werkzeug bewegt sich achsparallel. Einsatzbereich: Einfache Dreh- und Fräsmaschinen, z. B. Herstellen von Nuten.

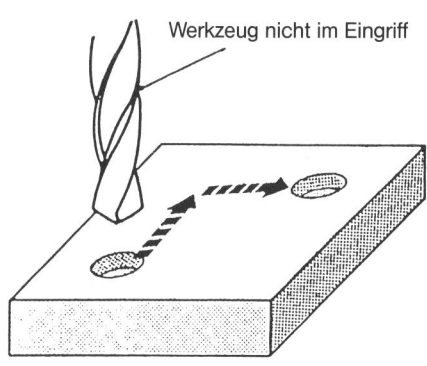

Abb. 3.75 Punktsteuerung des Werkzeugs

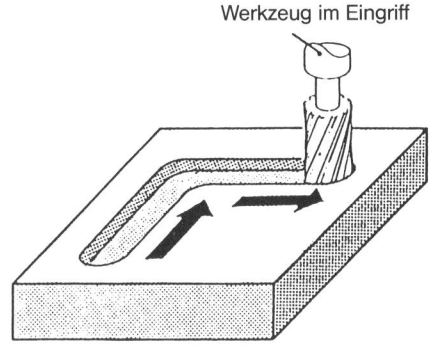

Abb. 3.76 Streckensteuerung des Werkzeugs

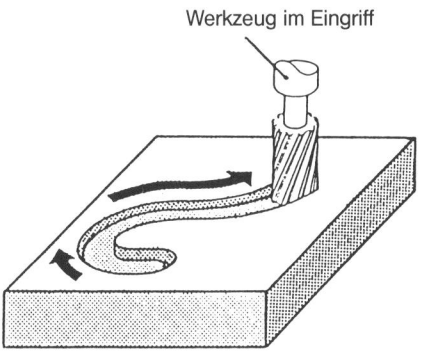

Abb. 3.77 Bahnsteuerung des Werkzeugs

3. Bahnsteuerung (Abb. 3.77)
Diese Variante schließt die Möglichkeiten der beiden genannten Steuerungen mit ein. Möglich sind gleichzeitige, abgestimmte Bewegungen in zwei oder mehreren Achsen, wobei das Werkzeug im Eingriff ist. Das Fräswerkzeug kann beliebige Geraden und Kreisbahnen abfahren. Die Steuerung der Bewegungsvorgänge (Lage, Geschwindigkeit, Beschleunigung) wird durch eine Regelung ständig überwacht. Anwendungsbeispiele: Dreh- und Fräsmaschinen, Bearbeitungszentren.

Bei den Bahnsteuerungen gibt es Abstufungen (Interpolationsarten) hinsichtlich der Fähigkeit, zwei oder mehr Achsen zur Erzeugung von Werkzeugbahnen gleichzeitig zu steuern. Dabei spielt es keine Rolle, wieviele Vorschubachsen die Werkzeugmaschine besitzt. Wesentlich ist, wieviele dieser Achsen gleichzeitig steuerbar sind.

Interpolationsarten
Als Interpolation bezeichnet man allgemein die Berechnung von Zwischenwerten auf einer vorgegebenen Bahn. Die Interpolationsmöglichkeiten an der Maschine sind von zwei Faktoren abhängig.
1. Lineare Interpolation
Die CNC-Steuerung berechnet eine Kette von Punkten auf der Verbindungslinie zwischen 2 programmierten Punkten.

2. Zirkulare Interpolation
Hier handelt es sich um eine Kreisinterpolation in der Ebene oder im Raum. Es werden jeweils die Punkte auf der programmierten Kreisbahn errechnet und dann dazu benutzt, die Achsbewegungen so zu regulieren, daß das Werkzeug nur innerhalb der vorgegebenen Toleranz von der exakten Kreisbahn abweicht.
2-D-Interpolation
Linear: Beliebige Gerade in einer der Hauptebenen.
Zirkular: Kreisbogen in einer der Hauptebenen.
2½-D-Interpolation
Linear: Beliebige Gerade in einer der Hauptebenen.
Zirkular: Kreisbogen in einer der Hauptebenen.
3-D-Interpolation
Linear: Beliebige Gerade im Raum
Zirkular: Kreisbogen einschließlich Schraubenlinie in einer der Hauptebenen (auch 2½-D-Kreisinterpolation genannt).

3.9 Formfräsen und Profilieren von gekrümmten, leistenförmigen Werkstücken

3.9.1 Rundtischkopierfräse/Karussellfräsmaschine
Bei den Karussellfräsen werden das Werkstück und die Kopierschablone auf einen Rundtisch gespannt. Pendelnde Fräsaggregate fahren die Konturen der Kopierschablone ab und übertragen deren Form auf das Werkstück (Anlaufringfräsen, Abb. 3.78). Die Werkzeugpendelbewegungen werden über die achsgleich angeordnete Kopierrolle während der Tischdrehung erzeugt.
Bearbeitet werden überwiegend zweidimensionale, parallel zur Tischebene verlaufende Werkstückkonturen unterschiedlichster Profilierung. In zwei Richtungen gekrümmte und profilierte Ober- und Unterkanten, z. B. Stuhlrückenlehnen, werden über ein schablonengesteuertes Fräsaggregat bearbeitet. Eine Schablone am Tischumfang steuert dann die vertikale Werkzeugbewegung.
Karussellfräsen werden zur Bearbeitung zahlreicher Werkstückformen eingesetzt, wie z. B. Sitzmöbelteile, Gestellteile, Möbelfüße, Kleiderbügel, Griffleisten, Spielzeugteile. Außen- und auch Innenkonturbearbeitung z. B. bei Rahmen ist ebenfalls mit Spezialfräsaggregaten möglich, die von oben eintauchen. Die wechselseitige Werkstückbearbeitung, Beschickung und Entnahme im Rundlauf, ermöglicht ein kontinuierliches Arbeiten. Je nach Größe (Durchmesser) des Rundlauftischs lassen sich Schablonen unterschiedlichster Form befestigen:
- Friese, Stuhlfüße usw. linksseitig und rechtsseitig bearbeiten,
- unterschiedliche Werkstückformen mit gleichem Profil bearbeiten.

Elektronische Steuerung der Werkzeugaggregate
Konventionelle Karussellfräsmaschinen steuern den Einsatz der pendelnd aufgehängten Fräs- und Schleifaggregate über Tastrollen, die Kopierschablonen in mehreren Ebenen ablaufen; das ist eine sehr aufwendige Technik. Beim Simplex-Schablonen-Verfahren (Knoevenagel) ist nur noch eine Grundschablone mit dem Umriß des Werkstücks notwendig. Über eine umlaufende programmgesteuerte Kopierrolle wird das zugehörige Werkzeugaggregat dem Werkstück zugeführt oder vom Werkstück abgehoben. Einsetz- und Abhebepunkte der Werkzeuge an der Werkstückkante können über die Programmierung frei gewählt werden (Abb. 3.79).
Weiter läßt sich die Tischdrehzahl in bestimmten Stufen über Winkelpositionier-

bestimmungen variieren, so daß Abbremsung bzw. Beschleunigung vorgegeben werden können. Bei größeren Maschinen wird diese Kopierrollensteuerung ergänzt durch eine Mikroprozessorsteuerung. Außer der Wahl verschiedener Tischgeschwindigkeiten ist noch das An- und Abschwenken der Werkzeugaggregate an die Werkstückkontur über Programme möglich.

3.9.2 Längskopierfräsmaschinen
1. Längskopierfräse mit Walzenvorschub (Doppelspindel-Kopierfräsmaschine)
Hier wird das Werkstück und die Schablone von zwei horizontalen Vorschubwalzen zwischen zwei pendelnden Fräsaggregaten durchgeführt. Das Fräsen mehrfach gekrümmter Teile ist möglich, da die Vorschubwalzen auch Vertikalbewegungen ausführen (Abb. 3.80).

2. Längskopierfräsmaschine mit Vorschub über Rolltisch
Das Werkstück wird hier auf einem Spanntisch auf die Schablone gespannt und mit dem Tisch an den Kopieraggregaten vorbeigeführt. Die Fräs- oder Schleifaggregate bearbeiten über den Anlaufring, der die Konturen der Schablone abläuft, das Werkstück. Nach Beendigung aller Arbeitsgänge läuft der Spanntisch im Schnellgang in die Ausgangsposition zurück. Die Bearbeitungsaggregate schwenken dann aus dem Bereich der Werkstücke. Diese Maschinen sind in vielen verschiedenen Ausführungen (Aggregateanzahl, einseitig, doppelseitig usw.) auf dem Markt (Abb. 3.81).

3. Längskopierfräsmaschine, taktweise arbeitend
Bei dieser Maschinentype wird das Werkstück auf Schlitten aufgespannt, die taktweise von Bearbeitungsstation zu Station fahren, während der Bearbeitung jedoch ruhen. Jedes Aggregat hat seine eigene Kopierschablone. Während das Werkstück festliegt, fährt das Aggregat am Werkstück entlang. Je nach Ausführung sind hier auch die unterschiedlichsten Arbeitsgänge ausführbar. Da an jeder Bearbeitungsstation sich ständig ein Werkstück befindet, ist die Leistung sehr hoch. Diese Anlagen sind als Transfertaktstraßen weltweit bekannt.

3.9.3 Querkopierfräsmaschine
Diese Maschinen dienen zur Herstellung von Werkstücken mit in Länge und Querschnitt unregelmäßiger Form und unrundem Querschnitt (z. B. Gewehrkolben, Axtstiele, Kochlöffel, Schuhleisten, Prothesen, Paddel usw.). Ein Fräsmodell (meist aus Stahl) wird in der Maschine in Drehung versetzt. Eine Kopierrolle überträgt die Werkstückform auf die Kopier-

Abb. 3.78 Rundtischkopierfräse/Karussellfräse. (Knoevenagel)

Abb. 3.79 Umlaufende, programmgesteuerte Kopierrolle an der Werkstückgrundschablone. (Knoevenagel)

Abb. 3.80 Ansicht einer Längskopierfräse mit Walzenvorschub. (Helma)

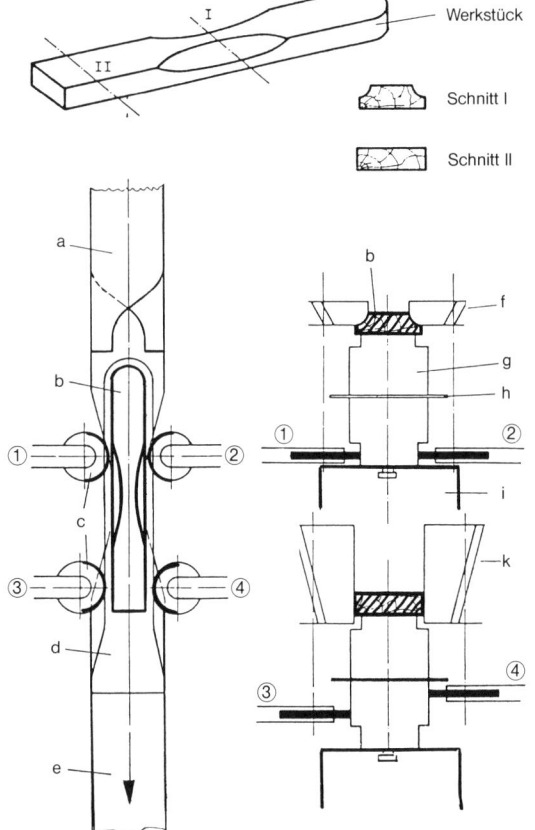

Werkstück

Schnitt I

Schnitt II

Abb. 3.81 Kopiervorrichtung mit dreischichtigem Aufbau, Längskopierfräse. (a) Werkstück. (b) Schablone. (c) Einlaufschablone. (d) Profilfräser. (e) Auflage. (f) Abdeckblech. (g) Tisch. (h) Messerkopf. (Wigo)

fräseinheiten, die mit Glockenfräsern die Werkstücke quer zur Faser bearbeiten. Je nach Drehrichtung der Rohlinge sind Rechts- und Linksausführungen von Werkstücken möglich. Der Vorschub des Fräsaggregats ist abhängig von der Spindeldrehzahl, z. B.: Schrupp-Vorschub 15 mm/U, Schlicht-Vorschub 2 mm/U (Abb. 3.82). Manche Maschinen verfügen zusätzlich über Schleifeinrichtungen, mit denen die Werkstücke längs zur Faserrichtung geschliffen werden.

Eine Maschinenart ermöglicht es, die Kontur des rotierenden Werkstückes mit einer Fräser- bzw. Messerform zu bearbeiten. Das Werkstück wird mit einer Zuführung des Werkzeuges fertig profiliert. Neueste Entwicklungen gehen in Richtung CNC-gesteuerte Vollautomaten.

3.9.4 Holzdrehmaschinen (Drechselmaschine)

Entsprechend der Vielfalt der Dreherzeugnisse gibt es auch eine Vielfalt von verschiedenen Drehmaschinen, die sich untereinander noch infolge der verschiedenen Werkstücklängen und -durchmesser sowie durch die Beschickungsart unterscheiden.

Allen Maschinen ist gemeinsam, daß roh zugeschnittene Vierkantstäbe, in Einzelfällen auch gehobelte Vierkantprofile oder runde bzw. viereckige Brettstücke (Teller usw.) verarbeitet werden.

1. Einfach-Drehmaschine: Manuelles Führen des Drehstahls.

2. Formdrehmaschine: Das Werkzeug weist bereits die Profilform auf und wird nur senkrecht zur Achse eingeführt.

3. Schablonendrehmaschine: Einsatz von Drehstählen und Profilstählen. Eine auf dem Support montierte Kopierrolle fährt mechanisch eine Stahlblechschablone ab und überträgt mittels eines Drehstahls die Schablonenform auf den eingespannten Holzrohling. Da die Drehstähle wegen ihres Durchmessers (16 mm oder 25 mm) keine feinen Profilierungen ausdrehen können, werden an diesen Stellen zusätzlich Formstähle zum Einsatz gebracht (Abb. 3.83. 1).
Vorteile:
Für hohe Stückzahlen mit hohem Qualitätsstandard, sehr gute Oberflächengüte, Herstellung schärfster Konturen, 90°-Kanten (z. B. Zapfen) möglich.
Einsatz von Spitzstählen (Abb. 3.83. 2): Ein hydraulischer Kopierfühler mit sehr geringem Tastdruck, tastet eine Schablone (Maßstab 1:1) ab. Die Form wird mittels eines sogenannten Spitzstahls auf den Holzrohling übertragen.
Vorteile:
Wirtschaftliche Herstellung von verschiedenen Drehteilen in kleineren Stückzahlen, z. B. Treppenpfosten mit verschiedenen Längen.

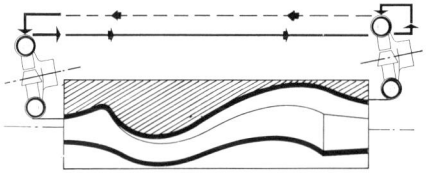

Abb. 3.82 Bearbeitung eines Drehteils mit Glockenfräser, Schruppen und Schlichten. (Zuckermann)

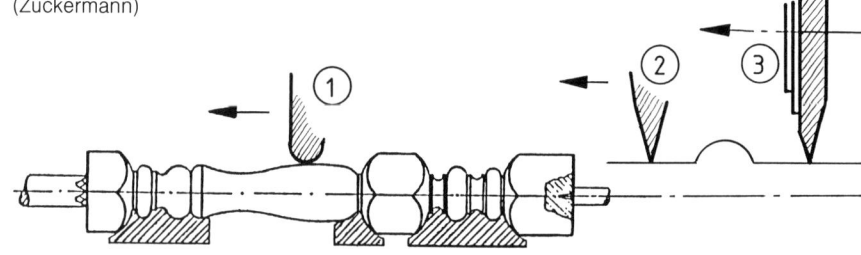

Abb. 3.83 Werkstückfertigung mit Drehstählen (1), Spitzstählen (2) und Scheibenfräser (3). (Hempel)

Nachteile:
Spitzenrundung (werkzeugbedingt), Ein- und Austauschschrägen von 20°.
Einsatz eines Scheibenfräsers (Abb. 3.83. 3): Der hydraulische Kopierfühler führt hier einen sägeblattähnlichen Scheibenfräser.
Vorteile:
Wirtschaftliche und rationale Herstellung von kleinsten bis mittelgroßen Serien. Keine Verwendung von Formstählen, hohe Standzeit des Scheibenfräsers, große Spanabnahmen bis 70 mm in einem Arbeitsgang.
Nachteile:
Ähnlich wie bei Verwendung von Spritzstählen.

4. Kanteldrehmaschine: Das Drehteil wird von einem Lünettring (fliegend-drehen) geführt und mittels Formstählen über die gesamte Breite fertiggedreht, evtl. gebohrt und abgestochen. Geeignet zur Herstellung von Kleinstteilen (Knöpfe, Schachfiguren usw.) aus Vielfachlängen.

5. Teller-, Schalen-, Scheiben- und Ringdrehmaschine: Bretter als Ausgangsmaterial werden mit entsprechenden Formstählen profiliert.

3.9.5 Bildhauer-Kopierfräsmaschine

Mit derartigen Maschinen werden Reliefs oder Statuen mit Kopierstiften abgetastet. Die Form wird über Oberfräsaggregate auf die Werkstücke übertragen. Möglich sind Übertragung durch Flächenabtastung und Übertragung durch Abtasten von langsam rotierenden Körpern. Auch hier sind gleichzeitig mehrere Werkstücke in Bearbeitung. Mit gewissen Ausführungen ist auch das Fräsen von Hinterschneidungen möglich.

3.10 Herstellen von Konstruktionsverbindungen, Eckverbindungen von Rahmen- und Flächenkonstruktionen

3.10.1 Herstellen von Eckverbindungen auf Sägemaschinen

Mit folgenden Sägemaschinen lassen sich Eckverbindungen herstellen:
- Tischkreissäge,
- Formatkreissäge,
- Doppelabkürzsäge mit schwenkbaren Säge- bzw. Fräsaggregaten,
- Kerbschnittsäge, Faltsystemsägemaschinen bzw. -fräsmaschine.

3.10.2 Herstellen von Eckverbindungen auf Fräsmaschinen

Auch mit Fräsmaschinen kann man Eckverbindungen herstellen:
- Tischfräse,
- Oberfräse,
- Langlochfräs-/-bohrmaschine.

Hauptaufgabe der Langlochfräsmaschine ist das Fräsen von Langlochnuten für Zapfenverbindungen. Das Werkzeug oder der Auflagetisch schwingt horizontal hin und her und erzeugt somit das Langloch.

Eine Spezialmaschine für die Jalousie-Fertigung gibt es ebenfalls: Über einen Klinkenvorschub wird der gleiche Abstand der Langlöcher erreicht. Die Jalousiestäbe können zur Verminderung der Aussplitterung der Hirnenden beim Einpressen in die Langlöcher stirnseitig über Matritzen angestaucht werden, so daß eine Fase entsteht (Abb. 3.84).

- Kettenfräsmaschine (Kettenstemmaschine). Diese Maschine wird zum Fräsen von Einfach- und Keilschlitzen, für Schloßtaschen in Türblättern und zum Fräsen von verschieden langen Schlitzen sowie Doppel- und Dreifachschlitzen, z. B. in der Fensterfertigung, eingesetzt.

3.10.3 Herstellen von Eckverbindungen auf Stemmaschinen

Ausgehend vom Fitschlappen-Einlaßapparat hat sich die heutige Schwingmeißelstemmaschine entwickelt. Über ellipsenförmige Pendelbewegungen des Meißels wird das eckige Langloch erzeugt. Die spezielle Stemmwerkzeugausbildung ermöglicht z. B. Nut-Zapfen-Schlitze, Doppelschlitze oder Mehrfachschlitze.

3.10.4 Herstellen von Eckverbindungen auf Bohrmaschinen

Das Bohren ist in der Holzverarbeitung der häufigste Arbeitsgang zum Herstellen von Verbindungen mit Verbindungsmitteln, wie Dübel, Schrauben, lösbare Eckverbinder usw.

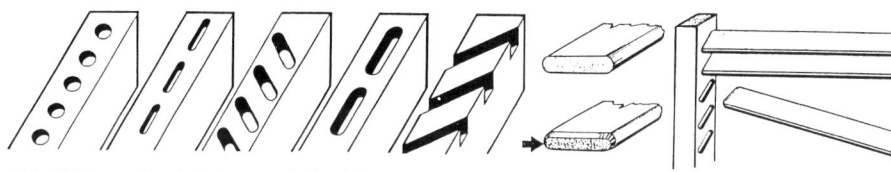

Abb. 3.84 Jalousiefertigung, Beispiele

Rahmen- und Flächeneckverbindungen

Sägen
- Tischkreissäge
- Formatkreissäge
- Doppelabkürzsäge
- Zapfenschneid- und Schlitzmaschine
- Doppelendprofiler
- Kerbschnittsägemaschine/ Fräsmaschine

Fräsen
- Tischfräsmaschine
- Oberfräsmaschine
- Langlochfräsmaschine
- Kettenfräsmaschine
- Rundzapfenfräsmaschine
- Vertikalfräsmaschine
- Minizinkenfräsmaschine

Stemmen
- Schwingmeißelstemmaschine

Bohren
- Mehrspindel/Universalbohrmaschine
- Rahmenbohrmaschine
- Dübellochbohrautomat
- Spezialbohrmaschinen

Bei der Verarbeitung von Vollholz werden Bohrungen vorrangig an den Schmalseiten von Rahmenteilen, weniger bei Korpuseckverbindungen angefertigt. Hier sind Nut-Feder- bzw. Zinkenverbindungen üblich.

Dübellochbohrmaschinen
Dübellochbohrmaschinen können in Universalmaschinen/Mehrspindelbohrmaschinen, Rahmenbohrmaschinen und Lochreihenbohrmaschinen eingeteilt werden. Mit Universalmaschinen (schwenkbarer, durchgehender Bohrbalken) können Korpusteile und Rahmenteile bearbeitet werden, während es sich bei Rahmen- oder Lochreihenbohrmaschinen bereits um spezialisierte Ausführungen mit begrenzter Nutzungsmöglichkeit handelt (kleine Spezialbohrgetriebe für Rahmen).

Universal Dübellochbohrmaschinen oder Mehrspindelbohrmaschinen mit 19 oder 25 Bohrspindeln je Bohrbalken ausgerüstet, sind geeignet für Rahmen, Beschlag- und Lochreihenbohrungen. Das Maschinenportal mit dem Bohrbalken führt in senkrechter Stellung die Flächenbohrungen aus, in waagerechter Stellung (um 90° geschwenkt) die Schmalseitenbohrungen. Der beidseitig bestückte Bohrbalken hat eine Bohrbalkenseite mit Lochreihenbohrer (Ø 5 mm, Abstand 32 oder 25 mm), die andere z. B. mit Dübelbohrer (z. B. Ø 8 mm) ausgeführt. Durch 180°-Schwenkung des Bohrbalkens wird in kurzer Zeit auf ein neues Bohrbild umgestellt (Abb. 3.85).

Rahmenbohrmaschinen mit Bohrgetrieben gehören zur maschinellen Grundausstattung für die Herstellung von Stuhl-, Polstergestell- und Rahmenverbindungen. Vom Aufbau sind sie ähnlich der Langlochbohrmaschine. Die waagerecht liegenden Motoren mit den verschiedensten Bohrgetrieben (Abb. 3.86) werden pneumatisch/hydraulisch in der Vorschubgeschwindigkeit geregelt. Die Werkstücke werden auf dem höhenverstellbaren Spanntisch, der kreuzförmig verstellbar ist, festgehalten, gebohrt, nach dem Rücklauf des Bohraggregats entspannt. Zusatzausstattungen:

- Sägeaggregat, bestehend aus einer Abkürzsäge, die von unten nach oben schneidet,
- Bohrkopf mit 2 bis 5 Bohrspindeln,
- Bohrkopf im Bohrkopfträger ist nach Skala um 360° drehbar,
- Schrägstellung der Werkzeugaggregate zur Werkzeugauflage, d. h. Gehrungs- und Schmiegenbohrungen.

Sonstige Maschinen für Bohrarbeiten sind z. B. Bohrmaschinen mit automatischem Werkstücktransport und Bohrvorgang, vorwiegend eingesetzt werden sie in Fertigungsstraßen.

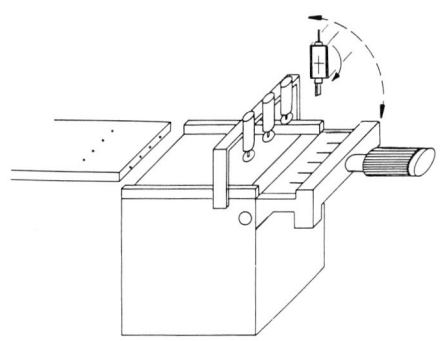

Abb. 3.85 Universal-Dübellochbohrmaschine mit schwenkbarem Bohrbalken

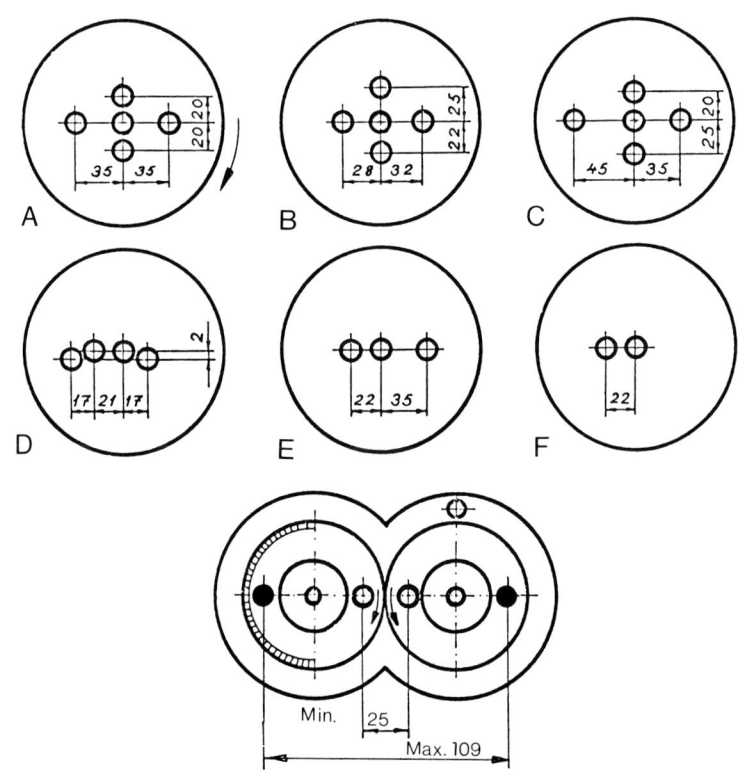

Abb. 3.86 Dübelloch-Bohrköpfe, 360° drehbar und zweispindelig verstellbar von 25 . . . 109 mm

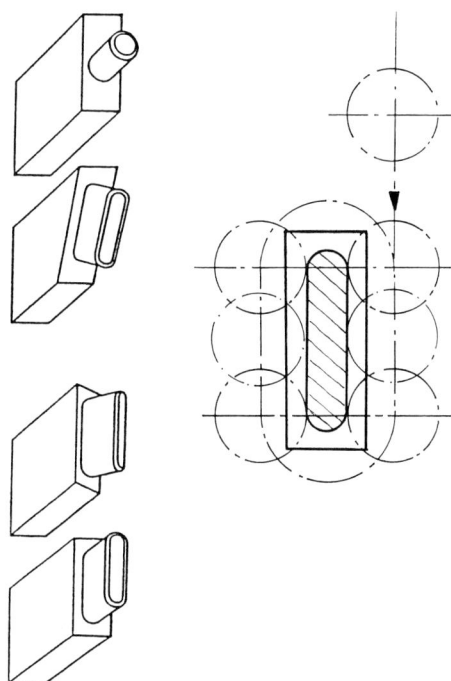

Abb. 3.87 Prinzip der Rundzapfenfräse: Werkstück steht, Werkzeug fährt die Kontur ab. (Helma)

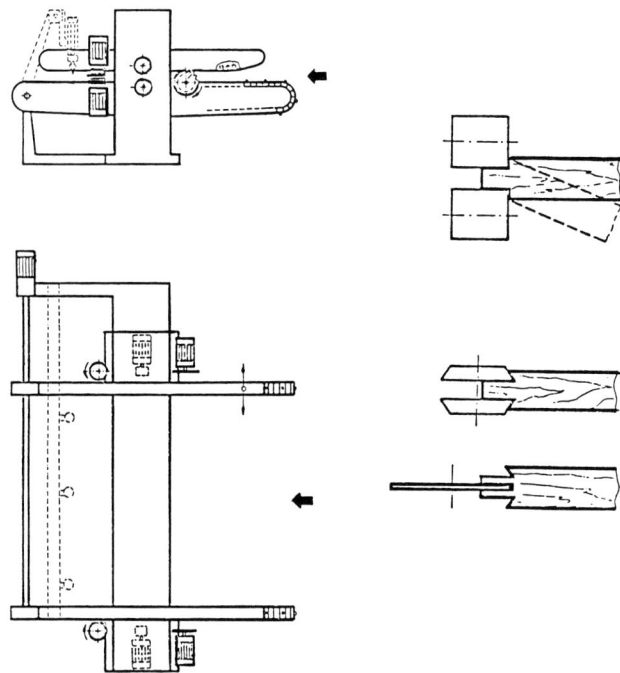

Abb. 3.88 Doppelendprofiler mit Bearbeitungsbeispielen

CNC-Bohrautomaten für kleinere Serien oder auch für kommissionsweise Bohrungen sind heute im Einsatz (siehe Bearbeitung von Holzwerkstoffen).

Dübeleintreibmaschinen/-automaten
Eine hohe Leistung eines Dübelautomaten bedingt eine ebenso hohe Leistung beim Dübeleintreiben. Sehr oft wird das Dübelbohren und -eintreiben kombiniert durch Verkettung oder in mehrstufigen Maschinen. Ausführungen:
• Dübeleintreibpistolen
• ein- und doppelseitige Eintreibmaschinen für Korpus- und Rahmenteile; entweder manuelles Einlegen und Herausnehmen oder Einsatz von Durchlaufmaschinen.
Mehrstufige Maschinen für den Gestell- und/oder Rahmenbau:
• Ablängen – Dübelbohren – Dübeleintreiben,
• Ablängen – Fräsen – Bohren – Dübeleintreiben,
• schräg oder auf Gehrung ablängen – Bohren usw.

Vielspindel-Vertikalbohrmaschinen:
• alle Bohrer in einer Reihe,
• Bohrer beliebig einstellbar.
Vielspindelbohrmaschinen mit Antrieb über biegsame Wellen:
• Schräglochbohrmaschine für Sprossenstühle,
• Tennisschlägerbohrmaschine.

3.10.5 Herstellen von Eckverbindungen auf Zapfenschneid- und Schlitzmaschinen

Diese Maschinen werden in unterschiedlichster Form angeboten. Für den Fensterbau und in etwas kompakterer Bauweise auch für den Gestellbau. Die einseitig oder doppelseitig arbeitenden Maschinen werden für die Arbeitsgänge Ablängen und Zapfenschneiden/Schlitzfräsen eingesetzt.
Auf dem seitlich gelagerten Auflage- und Spanntisch wird das Werkstück manuell oder elektromotorisch an der Abkürzsäge und an der Frässpindel vorbeigeführt.
Maschinenausführungen:

• einseitig,
• doppelseitig (DEP Vorläufer),
• 2 . . . 6 Aggregate je Seite,
• Einsatz von Hubspindeln und Fräsrotoren mit mehreren Werkzeugsätzen.

Rundzapfenfräsmaschinen (Abb. 3.87)
Ausführungen: einseitig oder doppelseitig, kombiniertes Werkzeug (Säge und Messerkopf).

Rund- und Flachzapfenverdichter
Schlitz-Zapfen- oder Dübelverbindungen an Gestellen (Stühle) unterliegen hohen Beanspruchungen, insbesondere dann, wenn die Verbindungsquerschnitte gering ausfallen. Um höheren Ansprüchen gerecht zu werden, werden die Zapfen etwas dicker hergestellt als die Schlitze und anschließend zwischen Riffelwalzen verdichtet (zusammengedrückt). Nach dem Leimangeben quillt der Zapfen, so daß sich eine Preßanpassung mit erhöhter Festigkeit ergibt.

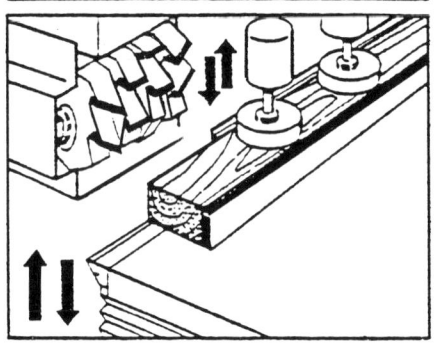

Abb. 3.89 Vertikalfräsmaschine für das Fräsen von Fingerzinken und Ausklinkungen. (Holz-Her)

Abb. 3.90 Mini-Keilzinken Fräs- und Preßautomat. (Holz-Her)

Herstellen von Verbindungen auf Doppelendprofilern

Auf Doppelendprofilern sind, wegen der Verwandtschaft, die gleichen Eckverbindungen herstellbar wie auf der Zapfenschneid- und Schlitzmaschine. Die Ausführungen für die Vollholzbearbeitung unterscheiden sich von den Ausführungen für die Plattenbearbeitung durch die größere Stabilität und u. a. durch die geringere Vorschubgeschwindigkeit sowie eine größere Anzahl von Mitnehmern (Nokken) (Abb. 3.88).

3.10.6 Herstellen von Verbindungen auf sonstigen Maschinen

Außer den genannten können auch noch andere Maschinen eingesetzt werden:
- Gehrungssägen/Doppelgehrungssägen mit Bohr- oder Fräsaggregaten,
- Zinkenfräsmaschinen für offene und verdeckte Schwalbenschwanzzinken,
- Fingerzinken-Fräsmaschinen,
- Vertikalfräsmaschinen für das Fräsen von Fingerzinken, Ausklinkungen, Profile usw. (Querprofilierung) (Abb. 3.89),
- Mini-Keilzinken-Fräs- und Preßautomat; zwei Langhölzer werden auf dem Tisch gespannt, stirnseitig gefräst, beleimt und hydraulisch verpreßt (Abb. 3.90).

3.11 Schleifen und Putzen von Vollholz

Unter „Putzen" wird eigentlich im Handwerk das Entfernen von Hobelschlägen usw. mit Ziehklinge oder Putzhobel verstanden. Putzen hat in der Holzindustrie eine weitere Bedeutung, es ist Sammelbegriff für leichtere Nacharbeiten (Fertigmachen, Kanten brechen, Übergänge schleifen usw.).

Das Schleifen von Oberflächen oder Profilen dient ebenfalls in erster Linie dem Entfernen von Hobelschlägen, Ausrissen usw., wobei vier Gruppen zu unterscheiden sind:

1. Egalisieren: eine ebene Oberfläche (ähnlich Abrichten) herstellen.
2. Kalibrieren: Das Kalibrieren ähnelt dem Dickenhobeln, beide Flächen sind planparallel.
3. Kontaktschleifen: Beim Kontaktschleifen wird ein gewisser einheitlicher Betrag von der Oberfläche abgeschliffen, im übertragenen Sinn ein „Kupieren" der Oberfläche.
4. Glättschleifen: Ein dem Kontaktschleifen ähnliches Verfahren, bei dem nur sehr geringe Mengen abgetragen werden (aufstehende Fasern usw.) und das meist beim Lackzwischenschliff angewandt wird.

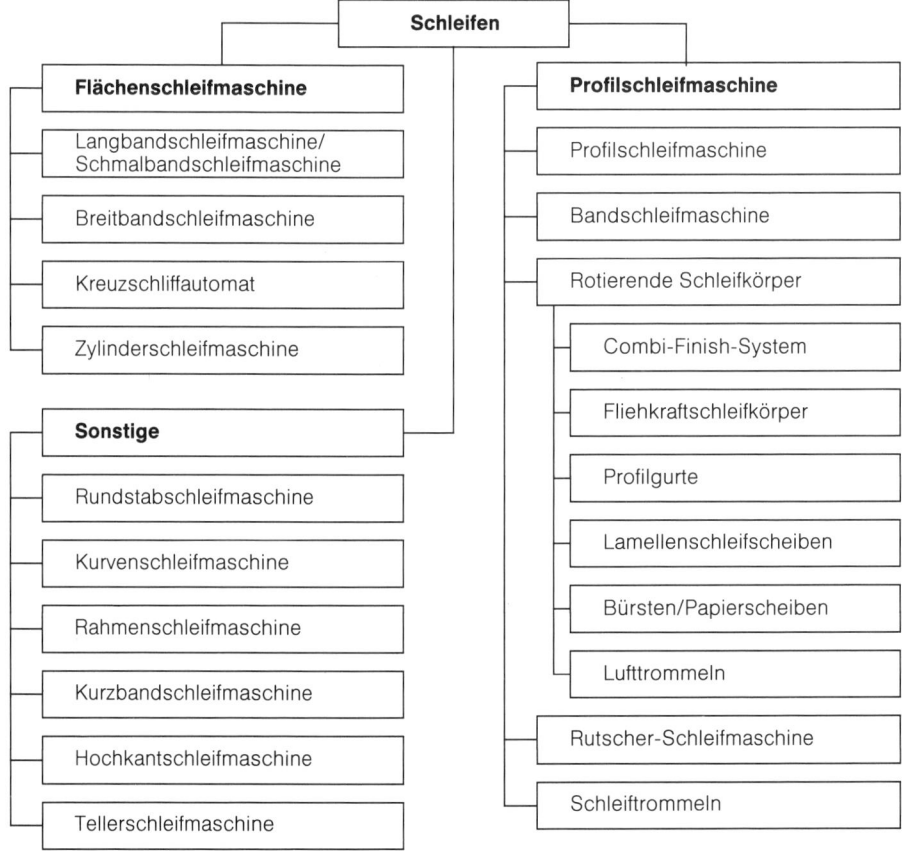

Schleifmittel

Die Schleifmittel bestehen in der Regel aus einem Träger, auf dem mehr oder minder feine Schleifkörner mit einem Bindemittel aufgebracht sind. Korngröße und Zahl der Körner je Flächeneinheit sind das Maß für die „Körnung".

1. Kornmaterialien: Korund, Edelkorund, Siliciumkarbid
2. Bindemittel: Kunstharz
3. Träger: Papier (rd. 75 . . . 250 g/m²), Gewebe (Köper, Nessel usw.), Kombinationen Papier/Gewebe, Fiber
4. Körnungen
. . . 60 – 80 – 100 – 120 – 150 – 180 – 220 . . . 400 . . .

Übliche Körnungsbereiche:
- Furnierschliff: 120 – 150 – 180 – 220
- Vollholzschliff: 80 – 100 – 120 – 150

Hier handelt es sich um ungefähre Anhaltspunkte, die jedoch von Firma zu Firma unterschiedlich sein können. Normalerweise sollte keine Körnung übersprungen werden, z. B. 120 180, da sonst das Schleifband mit der höheren Körnung die Spuren des gröberen Bandes nur sehr unzureichend beseitigen kann.

Schliffarten:
- Längsschliff   = längs zur Faser
- Querschliff   = quer zur Faser
- Kreuzschliff   = beide Richtungen, für höhere Oberflächenqualität
- Diagonalschliff = bei Rahmen und Parkett zwangsläufig
- Rundschliff   = Schleifscheibe, Rutscher kreisförmig
- Linearrutscher = Rutschen (in einer Richtung)

Schleifverfahren, unterschieden nach der Eingriffszone:
Ebene Eingriffszone
- mit Druckschuh
- mit Druckbalken
- mit Druckplatte
zylindrische Eingriffszone
profilierte Eingriffszone
- Luftwalze
- Lamellenwalze
- Profildruckschuh
- Profilscheibe.

3.11.1 Maschinen für den Flächenschliff

Langbandschleifmaschinen/ Schmalbandschleifmaschinen

Als Standardmaschine hauptsächlich im Handwerk anzutreffen, nur für Kontaktschliff geeignet. Nachteilig sind die Schleifspuren, die sich bei Verwendung kleiner Schleifschuhe nicht immer verhindern lassen.

- Schuhausführungen: Handschleifschuh, Schleifschuh mit Schleifdruckregulierung über Druckluft,
- Schleifbalken, meist in Segmente unterteilt,
- Andruck pneumatisch.

Ausführung als Doppelbandschleifmaschine (2 Bänder mit entgegengesetzter Laufrichtung).
Vorschubsystem: Schiebetisch (mit Einlage für Korpusschliff), angetriebenes Transportband

Zylinderschleifmaschinen

Das Schleifband wird auf einen zylindrischen Körper aufgespannt
- durch Klemmkeil,
- durch schräges Aufwickeln und Einklemmen an den Zylinderenden.

Die Maschine ist im Prinzip nur für Kalibrierschliff geeignet. Wegen der kurzen Standzeiten (geringe Bandlänge) und eines hohen Zeitaufwandes für das Aufspannen der Schleifbänder sind diese Maschinen weitestgehend vom Markt verdrängt worden. Das Auftreten von Rattermarken ist kaum zu verhindern.

Breitbandschleifmaschinen

Je nach Zahl und Art der einzelnen Aggregate können mit Breitband-Kontaktschleifmaschinen sowohl Kalibrier- als auch Kontaktschliffe durchgeführt werden (Abb. 3.91). Die endlosen Schleifbänder haben längere Standzeiten als die bei Zylinderschleifmaschinen und sind sehr schnell umzurüsten.

Die Schleifschuhe sind durchgehend oder in einzelne Segmente unterteilt, gegebenenfalls mit elektronischer Werkstückabtastung. Auch aerostatische Segmente zur Bandabstützung gibt es. Das Transportband kann für Kleinteile oder dünne Teile u. U. abgesaugt werden (Vakuum-Spannung). Die Maschinen sind sehr oft mit einer Bürstenwalze zur Reinigung des Schleifguts ausgestattet.

Kreuzschliffautomaten

Diese Maschinen werden in der Möbelindustrie und in Innenausbaubetrieben eingesetzt. Grundprinzip ist die Kombination von Breit- und Langbandschleifmaschinen, wobei die vorgeschalteten Längsbänder quer zur Faserrichtung schleifen.
Zur Längs- und Querbearbeitung von Rahmen werden über die Mikroprozessorsteuerung die einzelnen Druckglieder des Druckbalkens für jede Schleifstellung wirksam (Abb. 3.92).

Kalibrieren

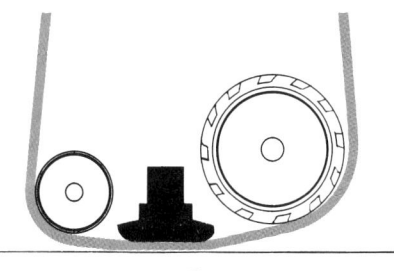

Feinschleifen

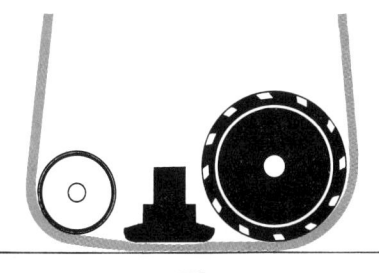

Kalibrier-Feinschliff

Abb. 3.91 Prinzip der Breitbandschleifmaschine, Planschleifen oder Kalibrieren, Kontaktschleifen oder Feinschleifen. (Bütfering)

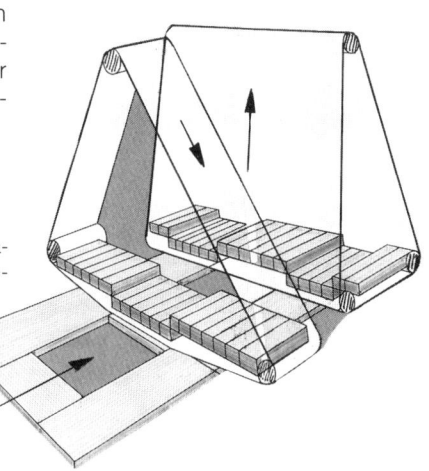

Abb. 3.92 Prinzip des Kreuzschliff-Automaten. Mikroprozessor-Steuerung für jeden Gliederdruckbalken. (Weber)

3.11.2 Maschinen für Profilschleifarbeiten (Abb. 3.93)

Maschinen mit Bandschleifaggregaten
Hier werden die Bänder verformt und mit profilierten Druckschuhen an das Werkstück angedrückt. Durch Hintereinanderschalten mehrerer Aggregate können einfachere Profile in einem Durchgang geschliffen werden.
Als Vorteil stellt sich der relativ lange Standweg des Schleifmittels, als Nachteil die begrenzte Anwendbarkeit bei komplizierten Profilen heraus. Der Anbau einzelner Aggregate an Kantenbearbeitungsmaschinen ist möglich (Abb. 3.94).

Maschinen mit rotierenden Schleifkörpern
1. Combi-Finish-System
Schleifkörper dieses Systems bestehen aus folgenden Einzelelementen: Aluminium-Aufspannkörper, Grundprofilring aus Moosgummi, Schleifring (Schleifpapier auf Kunststoff), Krallendeckel.
Durch Kombination mehrerer Aggregate lassen sich praktisch alle Profile, auch an gekrümmtem Werkstücken, schleifen (Abb. 3.95).
2. Fliehkraft-Schleifkörper
Hier besteht der Schleifkörper aus einem zwischen Metallscheiben gehaltenen profilierten Gummi. Das Gummiprofil wird mit geschlitztem Schleifpapier oder -gewebe beklebt. Durch die Rotation dehnt sich der Gummi leicht aus und liegt daher flächenförmig am Werkstück an.
3. Profilgurte
Eine Weiterentwicklung der Fliehkraft-Schleifscheiben sind Profilgurte. Auf einem flexiblen Trägerband, auf das einzelne Blöcke aus einem Spezialgummi aufvulkanisiert sind, wird Schleifmittel aufgeklebt (Abb. 3.96).
4. Profilschleifkörper mit eingebundenem Schleifmaterial
Hier besteht der ganze Körper, mit Ausnahme der Aufnahmehülse, aus fest eingebundenem Schleifmaterial. Da hier der Umfang ständig abnimmt, sind Maschinen für diese Schleifkörper mit Zustelleinrichtungen ausgerüstet, die das Werkzeug ständig nachstellen.
5. Lamellenschleifkörper
Hier besteht der Schleifkörper aus dicht gepackten Schleifpapier- oder -gewebelamellen, die am Umfang profiliert werden.
6. Bürstenschleifkörper
Das Schleifpapier oder -gewebe ist hier einzeln oder in geschlitzten Bündeln zwischen Bürsten eingepackt.
7. Lufttrommeln
Hier werden Schleifhülsen auf Gummikörper gezogen. Diese Körper werden dann mehr oder weniger stark aufgeblasen.

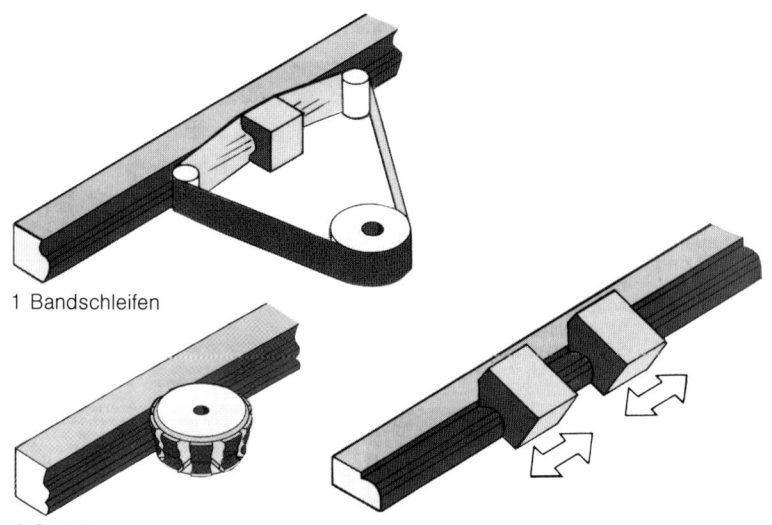

1 Bandschleifen

2 Schleifen mit Profilscheibe   3 Schwingschleifen

Abb. 3.93

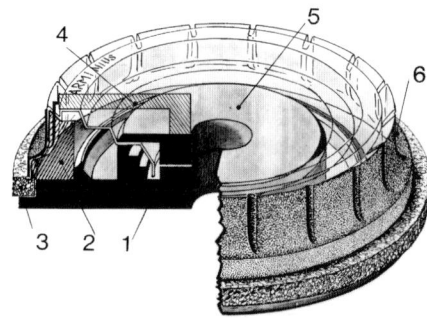

Abb. 3.95 Schleifscheibe für das Combifinish-system. 1 Aufspannscheibe. 2 elastischer Grundprofilring. 3 universeller Abstützring. 4 Krallendeckel. 5 Aufspanndeckel. 6 Schleifring. (Arminius)

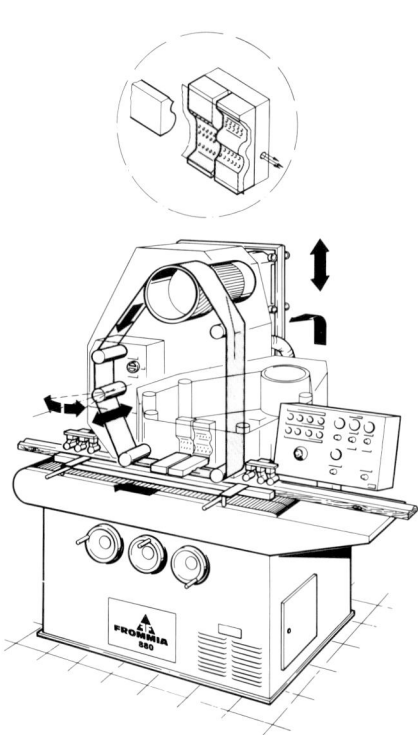

Abb. 3.94 Profilschleifmaschine mit schwenkbarem Schleifaggregat. (Frommia)

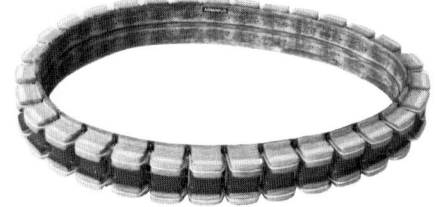

Abb. 3.96 Profilgurt. (Arminius)

8. Profilschleifmaschinen nach dem Rutscher-Prinzip

Das eigentliche Werkzeug besteht hier aus einem profilierten Schleifkork, der mit Schleifleinen beklebt ist. Das Werkzeug wird in lineare Schwingung versetzt. Schwingungsweg etwa 15 . . . 40 mm.

9. Schleifmaschinen für Kleinteile/ Schleiftrommeln

Kleinteile wie Spielwürfel, Perlen, Figuren aus Holz werden in Trommeln geschliffen.

Die Trommeln werden mit dem Schleifgut und dem Schleifmittel gefüllt und in Rotation versetzt. Je nach Produkt sind 2 . . . 5 Durchgänge erforderlich, die Stunden bis Tage dauern können (Drehzahl etwa 18 . . . 35 U/min).

3.11.3 Sonstige Schleifmaschinen

Rundstabschleifmaschinen: Schleifmaschinen für runde, ovale, gerade und gebogene sowie kegelförmig zulaufende Holzstäbe.

Kurvenschleifmaschine: Schleifmaschine für Radiusteil, Rundbögen usw.

Rahmenschleifmaschinen: Einsatz in der Fensterfertigung.

Kurzbandschleifmaschine: Zum Schleifen gekrümmter Teile.

Hochkantschleifmaschine: Kantenschleifmaschine.

Tellerschleifmaschinen: Einseitig oder beidseitig.

3.12 Rahmen-, Zargen-, Stollen, Korpusverleimung

Folgende Anforderungen werden allgemein an Pressen gestellt:
- Winkelgenauigkeit,
- Schnellverstellmöglichkeit (gegebenenfalls mit Vorwahl),
- Ausbildung der Druckelemente so, daß keine Druckstellen entstehen und daß genau mittig gedrückt wird,
- regelbarer Druck,
- gute Zugänglichkeit,
- gute Beschickungs- und Entnahmemöglichkeit.

Rahmenpressen
1. liegende Ausführung für kleine Teile (sogenannte „Tischpressen"),
2. stehende bzw. schräge Ausführung für größere Rahmen,
3. im Durchlaufprinzip arbeitend; zusammenstecken auf dem Förderband, automatisches Verpressen, Aushub des Werkstücks (Rahmen-Füllung-Konstruktionen).

Zargen-Stollen-Pressen/Gestellpressen
Diese Pressen sind für das Verpressen dreidimensionaler Konstruktionen ent-

wickelt worden. Im allgemeinen wird das Werkstück in seiner normalen Lage verleimt, gelegentlich jedoch auch auf dem Kopf stehend.

Je nach Konstruktion des Werkstücks sind zusätzliche Aufsatzspanngeräte in Ständer- oder Portalform erforderlich; Aufbau im Baukastensystem (Abb. 3.97).

Schrifttum

Blankenstein, C.: Holztechnisches Taschenbuch, Carl Hanser Verlag, München 1962

Blankenstein, C.: Stückzeitermittlung in der Holzindustrie, Carl Hanser Verlag, München 1959

Eldag, H.: Maschinentechnische Sammlung, FH Rosenheim 1989

Hoffmann, W.: Vorlesungsunterlagen Holz-Fertigungstechnik, FH Rosenheim

Hustede, K.: Schnittholztrocknung, DVA, Stuttgart 1979

Joswig, G.: Vorlesungsunterlagen Maschinelle Holzverarbeitung, FH Rosenheim

Laika, Vorlesungsunterlagen CNC-Technik, FH Rosenheim

Lexikon der Holztechnik, VEB-Fachbuchverlag, Leipzig

Lohmann, U.: Holzhandbuch, DRW-Verlag, Stuttgart 1986

Maier, G.: Holzbearbeitungsmaschinen, DRW-Verlag, Stuttgart 1987

Maier, M.: Hobeln Schleifen und Finieren, Diplomarbeit, FH Rosenheim

Müller, W.: Technologie der Holzbearbeitung, VEB-Fachbuchverlag, Leipzig

Müller, Roland, Schmidt: Wissensspeicher Holztechnik, VEB-Fachbuchverlag, Leipzig 1984

Refa-Verband, Methodenlehre des Arbeitsstudiums, Methodenlehre Planung und Steuerung, Carl Hanser Verlag, München 1986

Taschenbuch der Holztechnologie, VEB-Fachbuchverlag, Leipzig

Abb. 3.97 Korpuspresse für Gestell- bzw. Korpusverleimung. (Dornburg)

4 Plattenbeschichtung mit nichtflüssigen Materialien und Schleifen

Von Hans J. Funke

4.1 Flächenbeschichtung

4.1.1 Allgemeines

Die Flächenbeschichtung von Trägerwerkstoffen hat in ihrer technischen Vielfalt im Hinblick auf Beschichtungsmaterialien, Beschichtungsverfahren und Beschichtungseffekt einen bedeutenden Umfang angenommen. Im Möbel- und Innenausbau gilt die Flächenbeschichtung als die wichtigste Fertigungsstufe, von der Aussehen und Gebrauchswert der Erzeugnisse wesentlich beeinflußt werden. Neuentwicklungen und ständige Verbesserungen an bewährter Beschichtungstechnik führten zu einer Vielzahl von interessanten Lösungen bei der Herstellung von dekorativen Möbeloberflächen, die auch dazu beitrugen, die Teilefertigung wirtschaftlicher und rationeller zu gestalten [Wüllenweber 1987].

Da die Oberfläche unbeschichteter (roher) Platten als Sicht- oder Nutzfläche für die meisten Einsatzgebiete ungeeignet ist, hat die Beschichtung den Zweck, die Oberfläche der Trägerwerkstoffe dekorativ zu gestalten und gegen physikalische, chemische und mechanische Gebrauchsbeanspruchungen dauerhaft und widerstandsfähig zu machen.

Somit lassen sich folgende Anforderungen an Flächenbeschichtungen stellen:

- Verschönerung der Oberfläche (Dekoratives Aussehen)
- Erhöhung des Gebrauchswerts (Gebrauchstüchtigkeit)
- Schutz vor mechanischen, physikalischen und chemischen Einwirkungen (Widerstandsfähigkeit)
- rationelle Verarbeitung zu vertretbaren Kosten.

Bei *Beschichtungen mit festen Beschichtungsmaterialien* sind folgende Halberzeugnisse zu unterscheiden: die Furniere, die thermoplastischen und duroplastischen Folien, die Filme, die dekorativen Schichtstoffplatten und die sonstigen Stoffe aus Metall, Textil usw. Diese starren bis flexiblen „festen Beschichtungsmaterialien" unterscheiden sich von den „flüssigen Beschichtungsmaterialien" wie Lack und Spachtel, die durch den Arbeitsgang „Oberflächenbehandlung" auf die Trägerwerkstoffe aufgetragen werden. Bei den festen Beschichtungsmaterialien wird die endgültige Oberfläche entweder nach dem Beschichten mit Hilfe von flüssigen Beschichtungsmaterialien gebildet (z. B. Lack auf Furnier, Grundier- oder Dekorfolie) oder die festen Beschichtungsmaterialien verfügen bereits vor dem Beschichten über eine fertige Oberfläche (z. B. bei Finishfolien oder Schichtstoffplatten) bzw. die fertige Oberfläche bildet sich während des Beschichtungsvorganges aus (z. B. bei Filmen auf Basis reaktionsfähiger beharzter Papiere).

Bei Flächenbeschichtungen unterscheidet man zwischen

1. Beschichtungen auf planen oder verformten *Breitflächen* (auch nur als Flächen bezeichnet) und
2. Beschichtungen auf geraden oder profilierten *Schmalflächen* (als Kanten bezeichnet),

so daß neben der „Breitflächenbeschichtung" die „Schmalflächenbeschichtung" (auch Kantenbeschichtung genannt) als Arbeitsgänge zu differenzieren sind.

Nach der technologischen Klassifikation ist *Beschichten* ein Auftrag von formlosem Stoff. Der Begriff wird in der Literatur auch für die Verbindung von „festen" Deckmaterialien auf Trägerplatten verwendet. Der Begriff „Beschichten" kann auch mit „Vergüten" oder „Veredeln" der Oberfläche beschrieben werden.

Die *Beschichtungsverfahren* für Breitflächen können diskontinuierlich (taktweise) oder kontinuierlich (im Durchlauf) durchgeführt werden. In Abhängigkeit vom Beschichtungsmaterial werden die Verfahren als Furnieren, Kaschieren, Folieren, Preßbeschichten oder Belegen bezeichnet.

Beim *Furnieren* werden in der Regel 0,5...1 mm „dünne Blätter aus Holz" (Furniere) unter Verwendung von geeigneten Klebstoffen in Furnierpressen auf die Trägerplatten aufgebracht. Entsprechend ihrer Funktion werden sie als Deck-, Blind- oder Absperrfurniere bezeichnet. Furniere müssen nach dem Aufbringen nachbearbeitet, d. h. geschliffen und lackiert werden. Das Furnieren gehört zu den ältesten Beschichtungsverfahren. Bei Einsatz edler Holzarten und einem hohen Aufwand für das Zusammensetzen dekorativer Furnierbilder erhält man wertvolle Oberflächen.

Unter *Kaschieren oder Folieren* versteht man ein Verfahren, bei dem die Oberfläche von Trägerplatten durch einen aufgeklebten folienartigen Werkstoff kaschiert, also verdeckt wird. Im Gegensatz zu Furnieren, die blattweise verarbeitet werden, können flexible Folien „von der Rolle" verarbeitet werden. Das Kaltkaschieren unterscheidet sich vom Heiß- oder Thermokaschieren durch den Einsatz höherer Verarbeitungstemperaturen. Unter Kalander-Heißkaschieren ist das kontinuierliche Beschichten von Trägerplatten mit rollfähigen Dekorfolien, vorwiegend Finishfolien, auf Rollen- oder Walzenpressen mit beheizten Walzen zu verstehen. Trägerlose thermoplastische Folien mit geringerer Wärmebeständigkeit werden mit niedriger Walzentemperatur gefahren, um eine Beschädigung der Folien oder eine Veränderung des Glanzgrades zu verhindern. Starre duroplastische Folien mit Papierträger lassen sich als „Bögen" (Zuschnitte) wie Furniere blattweise in Plattenpressen verarbeiten.

Folien ohne Fertigeffekt werden nach dem Aufbringen entweder mit pigmentiertem Lack (bei Grundierfolien) oder mit Klarlack (bei Dekorfolien) behandelt. Vorlackierte Dekorfolien mit Fertigeffekt (auch mit Strukturprägung, z. B. „Porung") gelten als die wirtschaftlichsten Beschichtungen, die auch den hohen Anforderungen des Arbeits- und Umweltschutzes gerecht werden.

Unter *Preßbeschichten oder Direktbeschichten* versteht man das direkte Verpressen (ohne Klebstoffeinsatz) von meist einlagigen, maximal dreilagigen aminoplastharzgetränkten Papieren (Filmen). Da die Filme gegenüber Hochdruck-Schichtstoffplatten bei geringen Preßdrücken verarbeitet werden, spricht man auch von Niederdruckbeschichtung. Bei der Verarbeitung in Plattenpressen unter Druck und Temperatur schmilzt die Harzimprägnierung und verklebt das Papier mit der Trägerplatte. Gleichzeitig bildet das Harz eine Lackoberfläche aus, die in Glanzgrad und Struktur als Negativbild der Preßblechoberfläche bei entsprechenden Verfahrensbedingungen beeinflußbar ist. Neben der klassischen Preßbeschichtung in Mehretagenpressen werden am häufigsten Einetagenpressen im Kurztaktverfahren eingesetzt. Als Neuentwicklung finden auch Doppelbandpressen Einsatz.

Während Grundierfilme meist mit pigmentierten Lacken nachbehandelt werden, sind Dekorfilme nach dem Pressen mit einer fertigen Oberfläche ausgestattet. Das Verfahren ermöglicht die wirtschaftliche Herstellung sowohl dekorativer als auch widerstandsfähiger Oberflächen.

Als *Belegen* bezeichnet man das Aufkleben von Schichtstoffplatten auf Trägerplatten. Die fertige Oberfläche der Schichtstoffplatten braucht nach dem Preßvorgang nicht nachbearbeitet werden. Die hochwertige Beschichtung wird für hochbeanspruchte Anwendungen eingesetzt.

4.1.2 Arbeitsablauf beim Flächenbeschichten

4.1.2.1 Arbeitsflußbild

Das Arbeitsflußbild (Abb. 4.1) zeigt schematisch die wichtigsten Teilarbeitsgänge und Kontrollen für die Verfahren Furnieren, Kaschieren (Folieren) und Belegen von Trägerplatten. Für das Verfahren Preßbeschichten entfallen die Teilarbeitsgänge „Klebstoff ansetzen" und „Klebstoff auftragen" (Abb. 4.2). Die Übersicht (Abb. 4.2) zeigt den zeitlichen Ablauf und die dazugehörigen Begriffe beim Klebevorgang. Um den vollständigen Arbeitsablauf zu erhalten, in

Arbeitsflußbild (Abb. 4.1):

Klebstoff und Zusätze (1) → Vorbereiten Ansetzen

Trägerplatten (2) → Reinigen Entstauben (3)

Beschichtungsmaterial (5) → Vorbehandeln Zurichten

→ Klebstoff auftragen (4)

→ Zusammenlegen

→ (6) Pressen und Abbinden

→ (7) Zwischenlagern oder Klimatisieren

Abb. 4.1 Arbeitsflußbild zur Flächenbeschichtung. Kontrollen:
1 Viskosität
2 Stückzahl. Abmessungen
3 Sauberkeit
4 Auftragmenge
5 Stückzahl. Abmessungen
6 Preßtemperatur, -zeit, -druck
7 Verklebungsfehler

Abb. 4.2 Übersicht über Klebevorgang und Begriffe (nach Müller 1982)

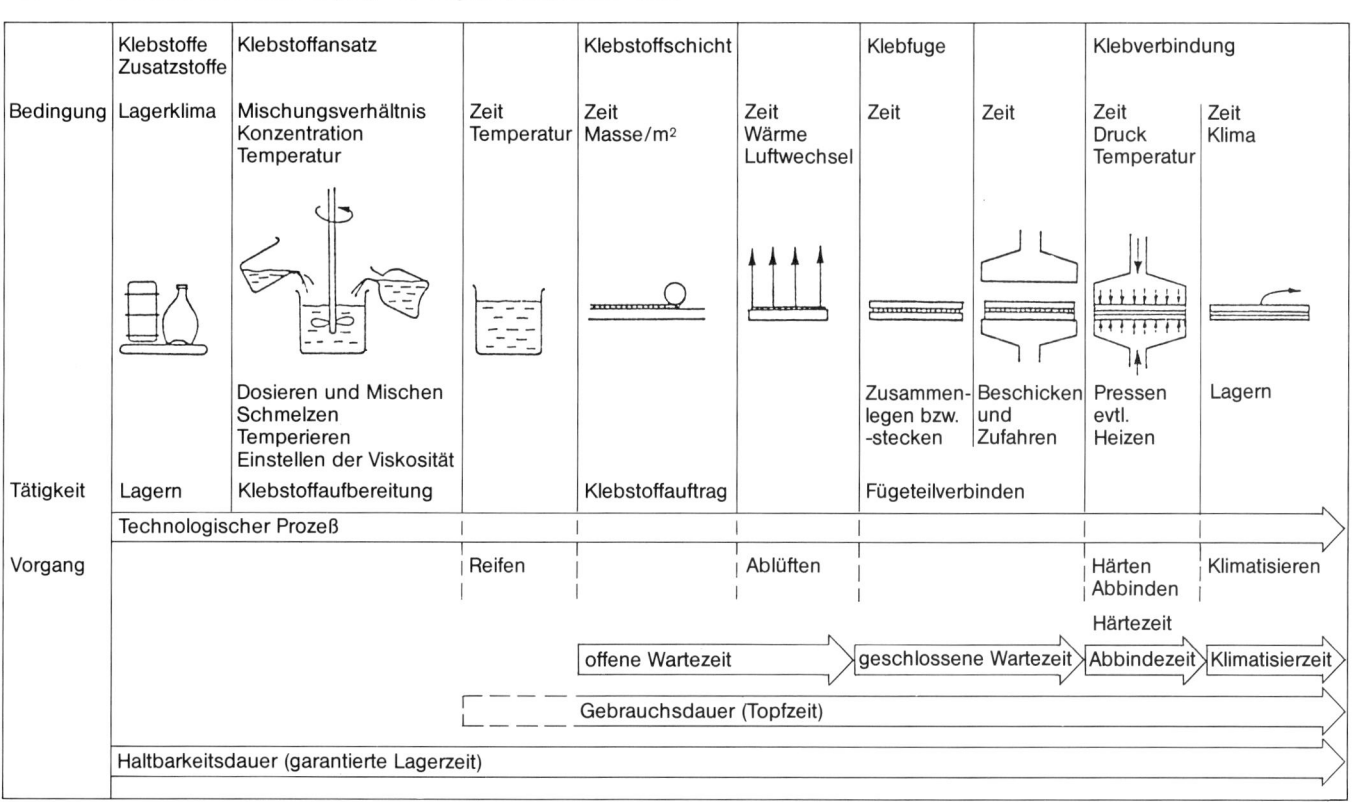

	Klebstoffe Zusatzstoffe	Klebstoffansatz		Klebstoffschicht		Klebfuge		Klebverbindung	
Bedingung	Lagerklima	Mischungsverhältnis Konzentration Temperatur	Zeit Temperatur	Zeit Masse/m²	Zeit Wärme Luftwechsel	Zeit	Zeit	Zeit Druck Temperatur	Zeit Klima
		Dosieren und Mischen Schmelzen Temperieren Einstellen der Viskosität				Zusammen-legen bzw. -stecken	Beschicken und Zufahren	Pressen evtl. Heizen	Lagern
Tätigkeit	Lagern	Klebstoffaufbereitung		Klebstoffauftrag		Fügeteilverbinden			
Vorgang	Technologischer Prozeß								
			Reifen		Ablüften			Härten Abbinden	Klimatisieren
								Härtezeit	
			offene Wartezeit →		geschlossene Wartezeit →			Abbindezeit →	Klimatisierzeit →
		Gebrauchsdauer (Topfzeit) →							
	Haltbarkeitsdauer (garantierte Lagerzeit) →								

145

welchem die Teilarbeitsgänge und Bedingungen folgerichtig zu einem technisch und wirtschaftlich optimalen Verfahrensprozeß zusammengefaßt sind, müssen viele wichtige Einflußgrößen berücksichtigt werden. Bei der Planung von Beschichtungsanlagen sind deshalb in Einklang zu bringen: Preßgutformate, Kapazitäten, Auslastung der einzelnen Anlagenteile (insbesondere bei Mischnutzung), Auswahl sinnvoller Beschichtungsverfahren, Abstimmung auf angrenzende Anlagen, Personalaufwand, minimale Materialverluste und sparsamer Energieeinsatz.

Da der Trend der Verbraucherwünsche die Oberfläche bestimmt, wird künftig eine höhere Fertigungsflexibilität gefordert, d. h. daß neben großen auch kleinere Auftragslosgrößen wirtschaftlich zu fertigen sind. Als Hilfsmittel zur Verkürzung des Rüstvorgänge innerhalb der Anlage werden elektronische Bauteile und Mikroprozessoren im zunehmender Zahl eingesetzt.

4.1.2.2 Ansetzen (Aufbereiten) von Klebstoff

Der Begriff *Klebstoff* gilt als Oberbegriff für alle organischen Stoffe, die durch Oberflächenhaftung (Adhäsion) und innere Festigkeit (Kohäsion) Fügeteile verbinden, ohne das Werkstoffgefüge zu zerstören. In der Holzverarbeitung werden am häufigsten wasserhaltige Klebstoffe verwendet, die als „Leime" bezeichnet werden. Neben dem Begriff „Kleben" kann deshalb auch der Begriff „Leimen" (z. B. be- oder verleimen) in Verbindung mit wasserhaltigen Klebstoffen verwendet werden.

Das *Ansetzen* (Aufbereiten) umfaßt das Bevorraten, das Auswählen, Dosieren und Mischen der Klebstoffkomponenten sowie das Einstellen von Viskosität und Temperatur. Der *Klebstoffansatz* (früher auch Leimflotte genannt) ist die verarbeitungsfähige Mischung der Komponenten.

Entsprechend den vom Klebstoffhersteller angegebenen Lagerbedingungen müssen die Klebstoffkomponenten bevorratet werden (BASF: Lagerung von Klebstoffen, Technische Information, TI-CIE/H-016). Dabei hat die *Lagerhaltung* folgende Aufgaben zu erfüllen:
• Bereitstellung der Klebstoffkomponenten zur richtigen Zeit, in richtiger Zusammensetzung (nach Rezeptur) und Menge,
• kontinuierliche Nachbestellung, verlustlose Lagerung und anforderungsgemäße Ausgabe der Mengen unter Beachtung der vom Hersteller garantierten Lagerdauer.

Die *garantierte Lagerdauer* (Haltbarkeitsdauer, Verbrauchsfrist) ist die Zeitspanne zwischen der Herstellung der Klebstoffkomponenten und dem Zeitpunkt (Verfalldatum), bis zu dem die vorgesehenen Verarbeitungs- und Gebrauchseigenschaften vorhanden sind, unter der Voraussetzung, daß die Lagerung im verschlossenen Originalbehälter und bei gleichmäßigem Klima (Temperatur 10 bis 20 °C, Luftfeuchtigkeit bis 65 %) durchgeführt wird. Dabei soll direkte Sonneneinstrahlung und Heizungsnähe vermieden werden. Ein „Verfall" kann eintreten durch Ausfällung von Zusätzen, Verdunsten von Verdünnungsmitteln oder z. B. durch die „kalte Nachkondensation" bei Polykondensaten.

Die vorgesehenen Klebstoffe können verschiedene *Lieferformen* aufweisen, die entsprechend den Rezeptvorschlägen des Herstellers bestimmte Zusätze erfordern, wie Tabelle 4.1 zeigt.

Tabelle 4.1 Zusätze in Abhängigkeit von der Lieferform

Lieferform	mögliche Zusätze
gebrauchsfertiger Flüssigklebstoff (z. B. KPVAC, KPCB)	keine Zusätze oder Verdünnungsmittel (für Viskositätseinstellung) Härter (für chemische Abbindung)
roher Flüssigklebstoff (z. B. KUF, KPF)	alle Zusätze möglich nach Rezeptur
Pulverklebstoff (z. B. KUF)	Wasser (zum Anlösen)

Als *Klebstoffbestandteile* können dem *chemischen Klebgrundstoff* (Bindemittel) verschiedene *Zusätze* zugemischt werden, die nachfolgend kurz erklärt werden:

Modifizierungsmittel: Stoffe, die als Zusatz zum Klebgrundstoff an der Abbindereaktion teilnehmen. Sie verändern Elastizität, Beständigkeit oder andere Eigenschaften des verfestigten Klebstoffs (z. B. auch als Verstärkung bezeichnet).

Härter (Vernetzer, Beschleuniger): Stoffe, die das Verfestigen des Klebgrundstoffes durch chemische Reaktion bewirken oder beschleunigen.

Puffer (Verzögerer): Stoffe, die die chemische Abbindereaktion bremsen können, indem der Härter zeitweise unwirksam gemacht wird.

Streckmittel: Feingemahlene, quell- und verkleisterungsfähige Mehle mit eigener Klebkraft (z. B. Getreidemehle), die dazu dienen, die Eigenschaften des Klebstoffs dem Verwendungszweck anzupassen

und/oder den Verbrauch an Klebgrundstoff herabzusetzen (nur bei Verklebungen im Innenbereich einsetzbar).

Füllmittel: Feingemahlene, nicht quell- und verkleisterungsfähige Mehle ohne eigene Klebkraft (z. B. Nußschalen- und Kunststoffmehle), die die Eigenschaften des Klebgrundstoffs verbessern und dessen Verbrauch herabsetzen können (auch bei Verklebungen im Außenbereich einsetzbar).

Farbmittel (Pigmente): Stoffe zum Einfärben des Klebstoffs, um unterschiedliche Ansätze gegen Verwechslung zu sichern, mit Hilfe des Farbkontrastes den Klebstoffauftrag zu kontrollieren und/oder die Klebfuge an die Fügeteile farblich anzupassen.

Schutzmittel: Stoffe, die den Klebstoff vor und/oder nach der Verfestigung vor äußeren oder inneren Einflüssen schützen (z. B. Quell-, Pilz-, Feuerschutzmittel).

Verdünnungsmittel, Dispersions- oder Lösemittel: Stoffe, die den Klebgrundstoff flüssig halten und die Viskosität und Konzentration herabsetzen können. Bei der Holzverarbeitung werden überwiegend wasserhaltige Klebstoffe verwendet, wobei Wasser als Verdünnungsmittel im Hinblick auf Arbeits-, Brand- und Umweltschutz ideale Eigenschaften besitzt. Organische Lösemittel dagegen sind kritisch und werden deshalb immer seltener eingesetzt.

Weitere Zusätze wie Sedimentationsverzögerer, Stabilisatoren, Wasserbindungsmittel usw. werden bereits bei der Klebstoffherstellung zugesetzt.

Haftvermittler (Vorstrich, Primer) sind keine Zusätze. Diese Stoffe besitzen hohe Haftwirkung zum Fügeteilwerkstoff und verfestigten Klebstoff. Sie werden auf die Klebflächen als Vorstrich aufgetragen und verbessern die Adhäsion zum Klebstoff (z. B. auf die Klebseite von PVC-Folien).

Im allgemeinen werden größere Mengen und verschiedene Zusammensetzungen der Klebstoffkomponenten benötigt, so daß für das *Bevorraten, Dosieren und Mischen (Klebstoffaufbereitung)* sowie das Zwischenlagern der Mischungen ein spezieller Raum, die sogenannte „Leimküche" (Abb. 4.3), mit entsprechender Ausstattung erforderlich ist. Im Hinblick auf die Entsorgung sind besondere Anforderungen bei der Reinigung von Behältern und Geräten (verunreinigtes Abwasser) als auch bei der Beseitigung der Klebstoffreste (als Sondermüll) zu beachten (BASF, Technische Information Ab-

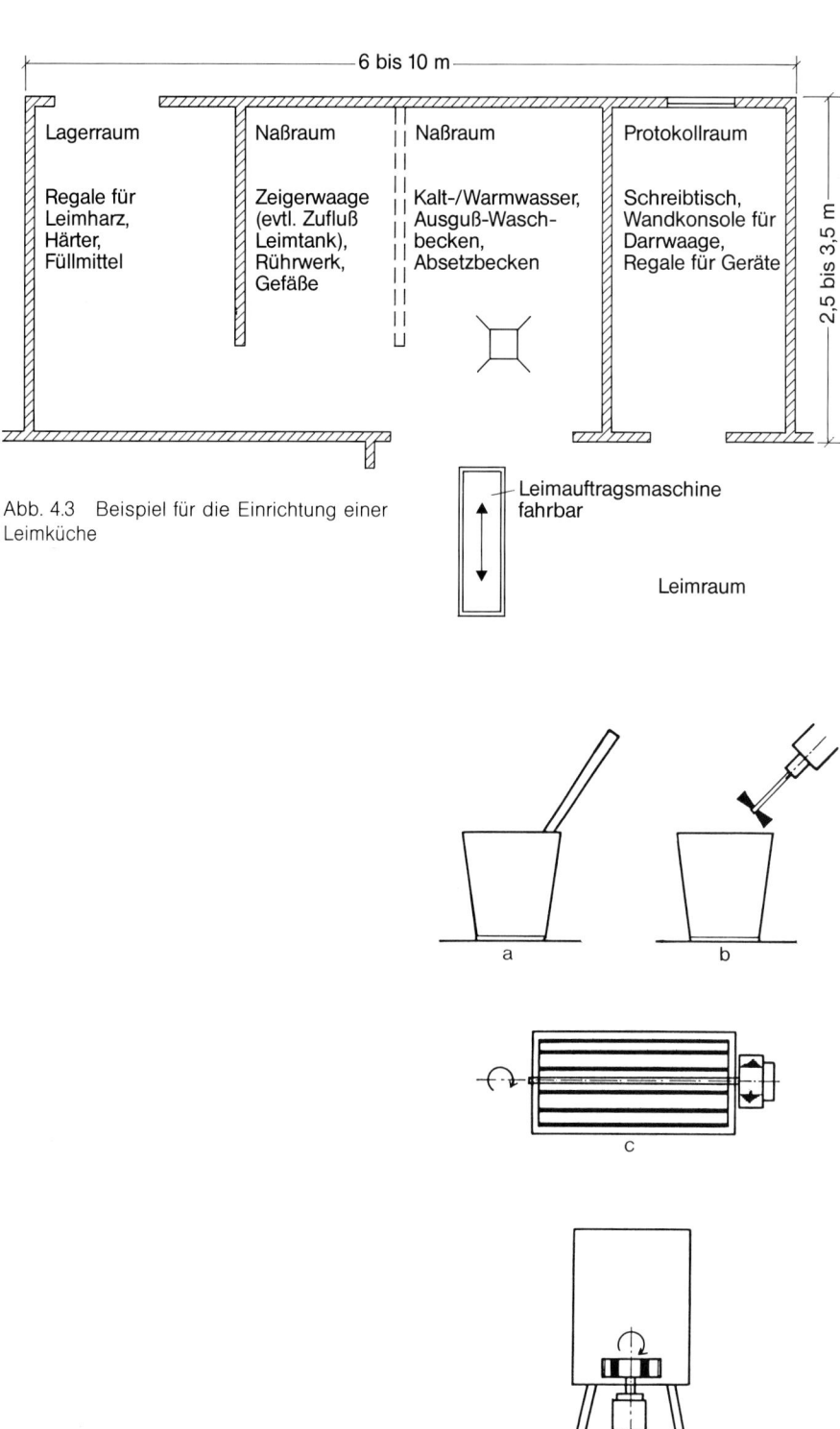

Abb. 4.3 Beispiel für die Einrichtung einer Leimküche

Abb. 4.4 Klebstoffansatzgeräte und -maschinen. (a) manuell mit Holzstab. (b) mit Bohrmaschine und Rührflügel. (c) Rührwerk mit waagerechtem Schlagkorb (Draufsicht). (d) Rührwerk mit Turbinenkopf (nach Toscha 1987)

wasser und Entsorgung 1987). Neben Lager- und Naßraum sollte auch ein Protokollraum mit Schreibgelegenheit sowie Kontrollgeräten vorhanden sein.

In den Rezepturen für den Klebstoffansatz werden die Mengen der einzelnen Komponenten in Gewichtsteilen (g, kg) angegeben. Bei Kenntnis der Dichte oder des Litergewichtes der Zutaten können die Gewichtsteile in Raumteile (Volumensteile) umgerechnet werden.

Dichte verschiedener Klebstoffbestandteile (nach Toscha, 1987):

Harnstoff-Formaldehyd-Harz (65 % atro)	rd. 1,29 kg/l
Harnstoff-Formaldehyd-Pulver (98 % atro)	rd. 0,60 kg/l
Härterlösung (10 % atro)	rd. 1,10 kg/l
Härterpulver	rd. 0,70 kg/l
Ammoniaklösung (25 % Ammoniak)	rd. 0,90 kg/l
Streckmittel (Roggenmehl)	rd. 0,55 kg/l
Füllmittel (Kokosnußschalenmehl)	rd. 1,05 kg/l

Unter *Dosieren* versteht man also die gewichts- und/oder volumensmäßige Erfassung der Komponenten im vorgeschriebenen Mischungsverhältnis (Rezeptur). *Mischen* ist das Zusammenbringen der dosierten Komponenten zum homogenen (klumpenfreien) gebrauchsfertigen Klebstoffansatz unter Vermeidung von Lufteinschlüssen und Mischwärme. Abb. 4.4 stellt einige Geräte zum Mischen des Klebstoffs dar.

Bei der automatisierten Herstellung des Klebstoffansatzes kann zwischen der taktweisen oder der kontinuierlichen Aufbereitung gewählt werden. Bei der taktweisen Aufbereitung werden die Komponenten nacheinander mit einer Waage abgemessen, d. h. gravimetrisch dosiert, und einem Mischgefäß zugeführt, in dem der Ansatz mit einem Rührwerk homogenisiert wird. Neuere Waagen arbeiten dabei mit Druckmeßdosen. Beim volumetrischen Dosieren arbeitet man mit Meßbehältern aus Acrylglas, in denen durch Schwimmerschalter die Einfüllhöhe und damit das Einfüllvolumen bestimmt wird. Durch Versetzen der Endschalter lassen sich Rezepturänderungen durchführen. Bei neueren Anlagen ist auch die Ferneinstellung durch Änderungen von Potentiometern oder der elektronischen Programme möglich.

Bei der kontinuierlichen Aufbereitung werden die Komponenten mittels Dosierpumpen über Ovalradzähler, Ringkolbenzähler oder induktive Durchflußmengenmesser entweder einem Mischrohr (Statikmischer) oder einem kleinen geschlossenen Mischgefäß mit schnelllaufendem Rührwerk (dynamischer Mischer) zugeführt. Die kontinuierlichen Verfahren haben den Vorteil, daß man praktisch in

147

einem geschlossenen System auch Klebstoffansätze mit kurzer Gebrauchdauer ohne nennenswerte Verluste herstellen kann.

Neben Flüssigkeiten müssen auch pulverförmige Stoffe (Pulverleim, Härterpulver, Streckmittel usw.) dosiert und zusammengemischt werden. In der dargestellten kombinierten Anlage können Flüssigkeiten und Pulver taktweise dosiert und gemischt werden (Abb. 4.5). Die Steuerung der Aufbereitung erfolgt über eine Maximum-Minimum-Schaltung im nachfolgenden Fertigklebstoff-Lagerbehälter, aus welchem die Klebstoff-Auftragmaschinen versorgt werden.

Nach dem Mischen sollte der Ansatz einige Minuten reifen. Unter *Reifezeit* versteht man die Zeitspanne vom Ansetzen des Klebstoffs bis zum Erreichen des verarbeitungsfertigen Zustands.

Sobald der Härter zugemischt wird, beginnt die chemische Reaktion. Die anschließende *Gebrauchsdauer* (auch Topfzeit genannt) ist die Zeitspanne vom Ansetzen des Klebstoffs bis zum „Unbrauchbarwerden" bei Raumtemperatur. Innerhalb dieser Zeit ist der Ansatz verarbeitbar, solange er sich fließend verhält und auftragen läßt. Die Grenze der Verarbeitbarkeit liegt bei einer Viskosität von ungefähr 7000 Milli-Pascalsekunden, ein Zustand, bei dem der Klebstoff nicht mehr fließfähig ist.

Einfluß auf die Gebrauchsdauer haben Härteraktivität und Raumtemperatur. Man sollte bestrebt sein, die Ansätze möglichst frühzeitig zu verarbeiten bzw. mehrfach kleinere Mengen ansetzen, um gleichbleibende Verarbeitungsergebnisse zu erreichen. Außerdem ist darauf hinzuweisen, daß Ansätze mit langer Gebrauchsdauer im Prinzip auch lange Abbindezeit haben.

Die *Verarbeitungsviskosität* des Ansatzes wird mit einem Auslaufbecher nach DIN 53211 mit einer 4-, 6- oder 8-mm-Auslaufdüse bei einer Temperatur der Klebstoffprobe von 20 °C bestimmt. Das Ergebnis wird in Sekunden Auslaufzeit (As) angegeben und kann über eine Eichtabelle in Milli-Pascalsekunden (mPa.s) umgewandelt werden (Abb. 4.6). Für den Auftrag mit Walzen liegt der Viskositätsbereich zwischen 1000 und 5000 mPa.s, am günstigsten bei 2500 mPa.s.

Besondere Beachtung verdient die *Beseitigung von Klebstoffabfällen* (Entsorgung). Bei der Reinigung der Verarbeitungsanlagen bzw. der Lagerbehälter fällt Reinigungswasser an, das je nach Produktion verschiedene Mengen von Klebstoffen und Klebstoffzusätzen enthält. Gemäß der Verordnung über die Genehmigungspflicht für die Einleitung

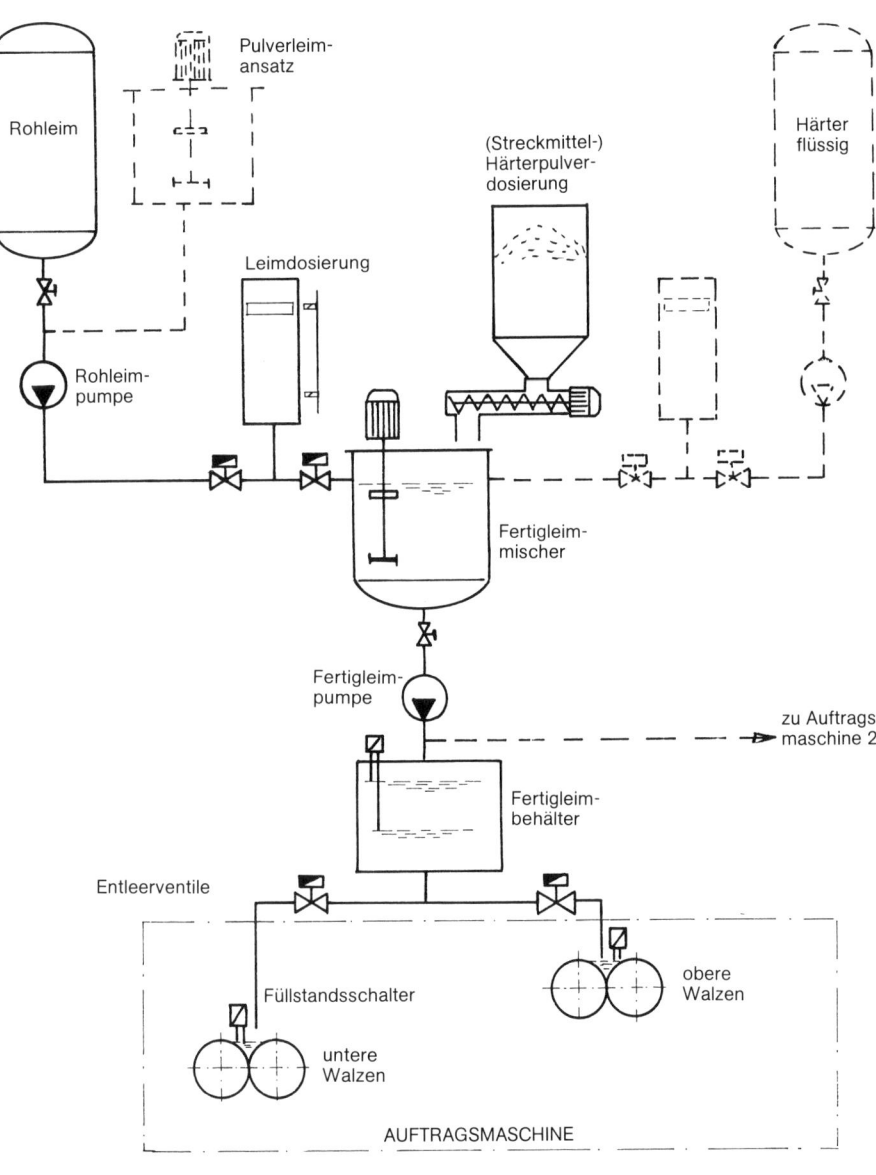

Abb. 4.5 Taktweise arbeitende Dosier- und Mischanlage für flüssige und pulverförmige Klebstoffzusätze

mPa s →   → s DIN 6 u. 4 mm

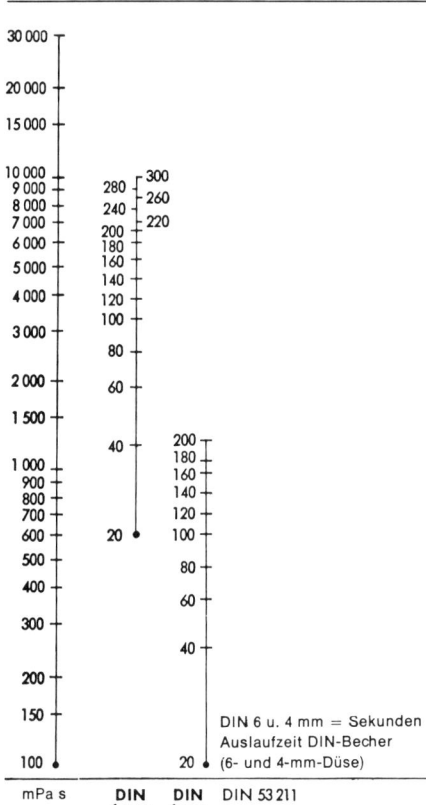

DIN 6 u. 4 mm = Sekunden
Auslaufzeit DIN-Becher
(6- und 4-mm-Düse)

mPa s	DIN 6 mm	DIN 4 mm	DIN 53 211

Die hier angegebenen Werte sind nur Richtwerte. Sie dienen nur zum *annähernden* Vergleich. (Letzteres gilt insbes. für gestreckte Ansätze.)

Abb. 4.6 Schaubild zur Umrechnung von Viskositäten (Auslaufsekunden in Milli-Pascalsekunden)

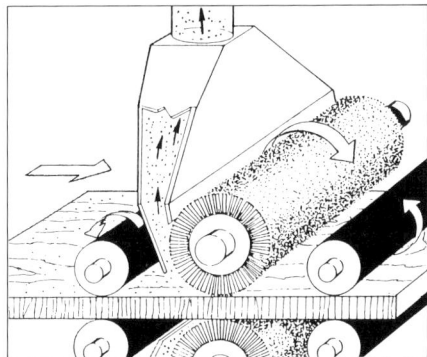

Abb. 4.7   Bürsten-Entstaubungsmaschine

von wassergefährdenden Stoffen und Stoffgruppen in öffentliche Abwasseranlagen (VGS), im Sprachgebrauch auch „Indirekteinleiter-Verordnung" genannt, dürfen Unternehmen, die keine eigene genehmigte Abwasseraufbereitungsanlage haben, nur mit Genehmigung der Wasserbehörde und nach Erfüllung bestimmter Auflagen das Reinigungswasser in die kommunale Abwasseranlage einleiten. Bei der Beseitigung von festen Klebstoffresten ist zu prüfen, ob sie als Hausmüll oder Sondermüll zu entsorgen sind (BASF 1987, Technische Information, Abwasser und Entsorgung).
Grundsätzlich gilt: Je weniger Abfall produziert wird, desto weniger muß entsorgt werden, d. h. Klebstoffe nicht überlagern, verschütten, antrocknen lassen bzw. bei der Verarbeitung die Reste minimieren.

4.1.2.3 Reinigen der Klebflächen
Zur Klebflächenvorbereitung von Trägerplatten gehören der Flächenschliff und die Flächenreinigung. Bereits beim Schleifen auf eine noch vertretbare Dikkentoleranz von ±0,15 mm wird auch gleichzeitig die Oberfläche gereinigt. Fettige Verunreinigungen, die z. B. durch ölige Substanzen von Maschinenteilen übertragen wurden, oder die paraffinhaltige Preßhaut auf Trägerplatten müssen durch den Kalibrierschliff, der gleichzeitig auch Reinigungsschliff ist, entfernt werden. Nachfolgende Ablagerungen von Staub oder Spänen auf der Klebfläche behindern jedoch eine gute Benetzung des aufgetragenen Klebstoffs; Fehlverklebungen sind die Folge. Deshalb müssen die Trägerplatten unmittelbar vor dem Klebstoffauftrag durch Bürsten ge-

reinigt bzw. entstaubt werden, insbesondere gilt das, wenn geringe Klebstoffauftragmengen vorgesehen werden. Industriell werden dafür Maschinen mit rotierenden Bürstenwalzen eingesetzt, die im Durchlaufverfahren mit stufenlos regelbaren Vorschubgeschwindigkeiten von etwa 4 . . . 20 m/min die Werkstücke reinigen.
An die Bürstmaschine (Bürsten-Entstaubungsmaschine) werden folgende Anforderungen gestellt (Abb. 4.7):
1. Transportwalzen (Ein- und Auszugwalzenpaare) antistatisch gummiert und so dimensioniert, daß Staubablagerung am Walzenumfang verhindert wird.
2. Bürstenwalzen für obere und untere Fläche aus Natur- oder Kunststoffborsten, verschleißarm, leicht nachstell- und auswechselbar, Drehrichtung gegen Vorschubrichtung.
3. Breitschlitz-Absaugdüse zur Staubabführung unmittelbar nach Ablösen des Staubes von der Oberfläche wirkend.
4. Kantenbürsteinrichtung, beidseitig, mit separater Absaugung ausgerüstet; kann wahlweise eingesetzt werden.
5. Für besondere Anwendungsfälle gibt es Sonderzubehör wie Fahrwerk mit Spurkranzrollen, explosionsgeschützte Antriebsmotoren oder Antistatikeinrichtung.
Um die Wirkung der Bürsteinrichtung voll nutzen zu können, dürfen sowohl obere als auch untere Bürstenwalze nur je 2 mm zu den Werkstückflächen zugestellt werden, so daß die Borstenspitzen über das Werkstück gleiten und normal verschleißen.

4.1.2.4 Klebstoffauftrag
An den *maschinellen Klebstoffauftrag* werden folgende Anforderungen gestellt:
• ein- oder zweiseitiges Auftragen des verarbeitungsfertigen Klebstoffansatzes;
• genaues Dosieren der Klebstoffmenge;
• gleichmäßiges Verteilen auf der Werkstückoberfläche;
• Erzielung einer gleichmäßig verteilten Klebstoffschicht trotz Flächenunebenheiten und Dickenschwankungen der Werkstücke;
• ruckfreier, kontinuierlicher Werkstückdurchlauf;
• geringer Reinigungsaufwand.
Das Ergebnis ist die kontrollierbare *Auftragmenge,* angegeben als Klebstoffgewicht pro Fläche (g/m2). Da sich zwei zusammengepreßte Flächen wegen der Dickentoleranzen nicht vollflächig berühren, ist die Auftragmenge so zu bemessen, daß die zwischen den Fugenflächen stets vorhandenen Hohlräume mit Klebstoff ausgefüllt werden. Für die Größe des Klebstoffauftrags sind daher Oberflä-

149

chenrauhigkeit, Dickentoleranzen und Kompressibilität des verwendeten Trägermaterials sowie die Höhe des Preßdrucks mitbestimmend.

Die vorgeschriebene Auftragmenge soll so genau wie möglich eingehalten werden. Folgen zu hoher Auftragmenge sind, von wirtschaftlichen Gesichtspunkten abgesehen, unter anderem erhöhte Gefahr
- für schlechtere Klebfestigkeit bei fugenempfindlichen Klebstoffen (z. B. Harnstoff-Formaldehyd-Harz),
- für das Auftreten von Dampfblasen beim Heißpressen,
- für Klebstoffdurchschlag bei Verwendung dünner Furniere,
- für verlängerte Abbindezeiten.

Ebenso ungünstig kann sich zu geringer Klebstoffauftrag auswirken. In diesem Fall besteht Gefahr
- für das Auftreten „verhungerter" Klebfugen,
- für Übertrocknung oder Vorhärtung der Klebschicht, wenn mit längeren Wartezeiten gearbeitet wird.

Die Aufgabe der *Klebstoff-Auftragmaschinen* ist das Auftragen des verarbeitungsfähigen, flüssigen Klebstoffansatzes auf Werkstückflächen, ein- oder zweiseitig, während das Werkstück die Maschine durchläuft. Bei Übergang zu konzentrierten Klebstoffansätzen (mit verminderten Anteilen von Zusätzen) steigen die Ansprüche an die Genauigkeit des Klebstoffauftrags. Neben einem sparsamen, gleichmäßigen Klebstoffauftrag muß auch die Bedienbarkeit möglichst einfach und die Reinigung kurzfristig durchführbar sein.

Die Wahl der richtigen *Auftragwerkzeuge* für Klebstoffe wie Rollen, Walzen, Rakel, Spritzdüsen oder Gießköpfe ist nicht immer einfach und richtet sich nach der Geometrie der Fügeteile, der Art und Viskosität des Klebstoffs, der gewünschten Auftragmenge und dem vorhandenen Automatisierungsgrad der Fertigung. Die *Auftragverfahren* Walzen, Rakeln (Streichen), Spritzen und Gießen sind für die Flächenbeschichtung so weit entwickelt, daß damit alle gängigen Klebstoffe verarbeitet werden können. Unter verschiedenen Aspekten wurden die Verfahren beschrieben von Mueller (1980), Conrad (1981) und Höh (1985).

Der Walzenauftrag durch rotierende zylindrische Metallhohlkörper mit meist elastischem Gummibelag ist das am meisten verwendete Auftragverfahren, mit dem Klebstoff auf plane Trägerwerkstoffe ein- oder beidseitig in einem Durchgang aufgetragen wird. Gegenüber der Zweiwalzen-Auftragmaschine hat sich die schwerere Vierwalzen-Auftragmaschine durchgesetzt. Der Walzenauftrag wird auch für Folien angewandt, wenn bei größeren

Folienbreiten der Rakelauftrag versagt (Abb. 4.8).

Die Zweiwalzen-Auftragmaschine mit den übereinanderliegenden Auftrag- und Förderwalzen besitzt als Dosiereinrichtung das Abstreichmaul eines Klebstoffbehälters oder eine genauere Rakelmessereinrichtung. Sie wird als preiswerte Einzelmaschine eingesetzt, bei der keine hohe Anforderung an die Genauigkeit des Auftrags gestellt wird. Bei der Vierwalzen-Auftragmaschine sind den übereinanderliegenden Auftrag- und Förderwalzen zwei Dosierwalzen zugeordnet, die mit gleicher oder geringerer Umfangsgeschwindigkeit drehen und eine hohe Auftragsgenauigkeit erzielen.

Die Auftragwalzen müssen gegen Durchbiegung im Verhältnis von Länge zu Durchmesser ausreichend dimensioniert sein. Die Dosierwalzen sind im Umfang meist kleiner als die Auftragwalzen, so daß sich die Untersetzung der Umfangsgeschwindigkeit bei gleicher Drehzahl ergibt. Zur stufenlosen Einstellung der Differenzgeschwindigkeit soll der Antrieb von Dosier- und Auftragwalzen getrennt sein. Bei hochviskosen Klebstoffen wird durch die Scherwirkung der unterschiedlichen Umfangsgeschwindigkeiten eine verbesserte Dosierung erreicht. Dabei ist die Anstellkraft der Dosierwalze zur Auftragswalze so einzustellen, daß der Dosierspalt sich unter dem Einfluß des Spaltdrucks nicht verändert. Zusätzlich wird die Walzendurchbiegung durch konstruktive Maßnahmen aufgefangen (Bombierung der Dosierwalze, Höhenverstellung der Walzenlager).

Die gewünschte Auftragmenge wird durch das Zusammenspiel folgender Einflüsse erreicht: Klebstoffart, Viskosität, Umfangsgeschwindigkeit der Walzen, Riefung der Walzen, Härte der Walzenbeschichtung und Walzendruck. Auch die Rauhigkeit, Porosität und Saugfähigkeit der Werkstückoberfläche beeinflussen die Auftragmenge. Bei gleicher Einstellung führen höhere Vorschubgeschwindigkeit und/oder höhere Viskosität zu größerer Auftragmenge (Abb. 4.9). Die Walzenoberfläche, ob glatt oder mit unterschiedlich großen Rillen (Riefung), bestimmt die Auftragmenge wesentlich. Die Standardriefung in der Möbelteilefertigung hat 20 Rillen pro Zoll (entspricht 1,27 mm Stegabstand) und 0,4 mm Tiefe bei 60° Rillenwinkel (Auftragmengenbereich von etwa 40 ... 150 g/m²). Feinere und gröbere Riefungen mit verschiedenen Formen sind möglich (Abb. 4.10). Allmähliche Verstopfung der Rillen durch Verunreinigungen oder ausgehärteten Klebstoff verringert die Auftragmenge. Die Elastizität der Walzenbeschichtung wird durch die Shore-Härte angegeben (normal zwischen 40 und 70 Shore). Mit

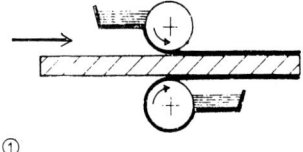

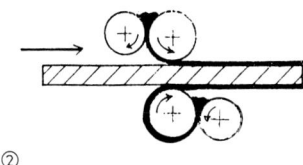

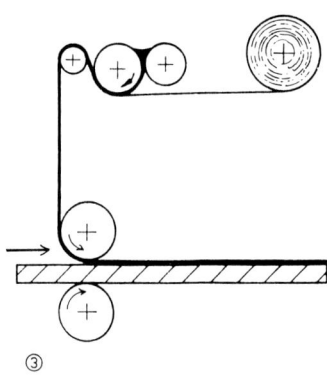

Abb. 4.8 Arbeitsschema verschiedener Walzenauftragmaschinen. 1 Zweiwalzen-Prinzip. 2 Vierwalzen-Prinzip. 3 Einwalzenauftrag-Prinzip für Folien

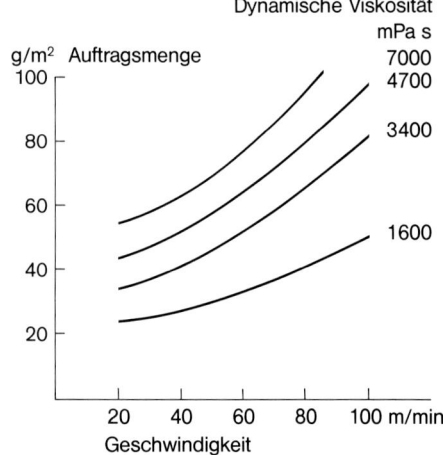

Abb. 4.9 Auftragmenge als Funktion von Viskosität und Vorschubgeschwindigkeit

steigendem Walzendruck auf das Werkstück (bei geringer Durchlaßhöhe) sinkt der Klebstoffauftrag. Bei fester Einstellung der Durchlaßhöhe zur Werkstückdicke üben die belastenden Druckfedern über die Auftragwalzen einen bestimmten Gesamtdruck aus, der je nach Werkstückbreite zu einem geringen oder hohen Walzendruck (Auftragmenge) führt.
Spezielle Gummibeläge auf Auftragwalzen sind erforderlich bei lösemittelhaltigen Klebstoffen; außerdem muß auch die elektrische Ausrüstung explosionsgeschützt sein.
Die Vorschubgeschwindigkeit der Auftragmaschinen ist zweistufig oder stufenlos regelbar zur Anpassung an die Maschinenstraße. Die Durchlaßhöhe für Werkstücke ist je nach Ausstattung durch Handrad oder Motor verstellbar und auf einer Skala bis zu ¹⁄₁₀ mm ablesbar. Zum Ausgleich von Dickentoleranzen ist die obere Auftragwalze federnd gelagert.
Zur Reinigung lassen sich die Dosierwalzen bis zu 80 mm von den Auftragwalzen abstellen. Bei Verwendung eines Reinigungsgerätes bewegt ein Motor die Reinigungsbürsten, durch die Wasser fließt, mit leichtem Andruck gegen die rotierenden Walzen. Zur Arbeitssicherheit während der Reinigung und im Betrieb der Auftragmaschine sind Ausschaltleisten über die ganze Maschinenbreite am Ein- und Auslauf angebracht.

Einsatzbereiche und Auftragmengen:
Kurztakt-Preßanlage: rd. 60 ... 120 g/m² Harnstoff-Formaldehyd-Harz, Gummiwalzen mit Standardriefung.
Folienkaschieranlage: rd. 40 ... 80 g/m² Folienklebstoff, thixotrop eingestellt, Gummiwalzen mit Rasterriefung.
Thermokaschieranlage: rd. 70 g/m² Dispersionsklebstoff, rd. 90 g/m² Harnstoff-Formaldehyd-Harz.

Der *Rakelauftrag* (Streichverfahren) wird häufig für die Beschichtung von endlosen Folienbahnen angewendet (Folienbeleimverfahren). Hauptmerkmal ist hierbei, daß der Klebstoff aus einem geschlossenen Vorratsbehälter (Streichkopf) durch eine schlitzförmige Öffnung an der Unterseite des Behälters auf die Folienbahn aufgetragen wird. Die von der „Rolle" ablaufende Folienbahn wird mit gleichmäßiger Geschwindigkeit unter dem Streichkopf hindurchgezogen (Abb. 4.11).
Der Abstand vom Gleittisch bis zur Streichkopfunterkante wird um die gewünschte Klebstoff-Schichtdicke größer gewählt als die Folienbahn dick ist. Die Auftragmenge ist ferner vom Fließverhalten des Klebstoffs und der Geschwindigkeit der Folienbahn abhängig. Der ge-

schlossene Streichkopf ist für alle Klebstoffarten geeignet. Da keine Lösemittelverdunstung auftritt, bleibt die Viskosität über einen längeren Zeitraum konstant. Nicht chemisch abbindende Klebstoffe können auch über Nacht in dem Behälter bleiben (keine tägliche Reinigung, minimale Klebstoffverluste).
Die Arbeitsbreite (Streichbreite) ist durch leichtgängige Schieber verstellbar. Mit zunehmender Breite wird der Auftrag ungenauer.

Einsatzgebiete und Auftragmengen:
Folienkaschieren von Möbel- und Tonmöbelteilen mit gleichzeitiger Ummantelung der beiden Längskanten: rd. 60 ... 140 g/m² mit modifiziertem Dispersionsklebstoff.
Wickelverfahren oder Ummantelung von Gehäusen mit runden Kanten.

Der *Spritzauftrag* wird hauptsächlich bei verformten Werkstücken eingesetzt, wo flächig arbeitende Walz- und Streichverfahren nicht möglich sind (Abb. 4.12).
Die entscheidenden Kriterien der Spritzdüse sind die Düsenform und der -durchmesser, die auf den Klebstoff abgestimmt sein müssen, um einen bestimmten Spritzkegel zu erhalten. Die Vernebelung des Klebstoffs kann entweder mit oder ohne Druckluft (Airless) erfolgen.
Ein gleichmäßiger Auftrag wird dadurch verhindert, daß sich bei der Bewegung der Düsen über eine größere Fläche Überlappungen ergeben. Nachteilig sind auch der „Rückprall" und das „Overspray" des Spritznebels, die zur Luftverschmutzung und Klebstoffverlusten führen.
Bei schnellhärtenden Zweikomponenten-Klebstoffen sind Düsen mit Mischeinrichtungen erforderlich.

Der *Gießauftrag* hat bei der Flächenbeschichtung nur geringe Bedeutung. Bei der Sperrholzherstellung wird in geringem Umfang das Gießverfahren für Harnstoff- und Phenol-Formaldehyd-Harz eingesetzt, wobei neben dem offenen Gießkopf auch der geschlossene Gießkopf eingesetzt wird (Abb. 4.13).
Für Lösemittelklebstoffe kommt die normale Lackgießmaschine zum Einsatz. Voraussetzung ist, daß der Klebstoff gießfähig eingestellt ist, d. h. einen Gießvorhang ausbildet. Die Auftragmenge ist abhängig von der Gießspaltöffnung, der Klebstoffviskosität und der Vorschubgeschwindigkeit des Werkstücks.

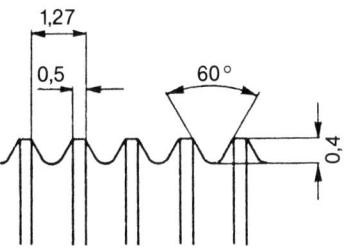

20 Gang auf 1 Zoll für kleine Auftragsmengen

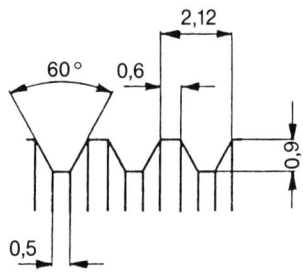

12 Gang auf 1 Zoll für große Auftragsmengen

Abb. 4.10 Riefung für gummierte Auftragwalzen

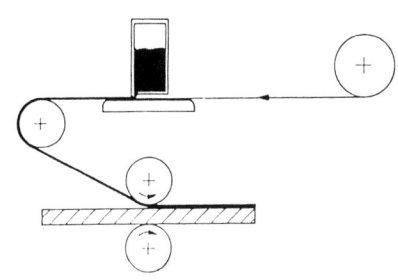

Abb. 4.11 Arbeitsschema Rakelauftrag

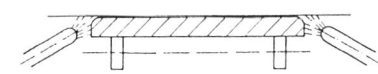

Abb. 4.12 Arbeitsschema Spritzauftrag

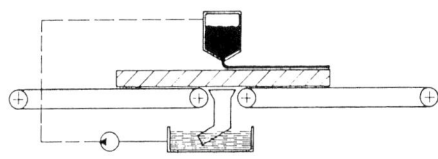

Abb. 4.13 Arbeitsschema Gießauftrag

4.1.2.5 Zusammenlegen

Das *Zusammenlegen der Teile,* auch als „Schichten" bezeichnet, erfolgt zeitlich und räumlich nach dem Klebstoffauftrag. Beim Beschichten mit zugeschnittenen Oberflächenmaterialien (als Zuschnitt, Bogen) wird zuerst die untere Schicht „vorgelegt", dann die Trägerplatte und anschließend die obere Schicht „aufgelegt". Beim Beschichten mit Oberflächenmaterial von der Rolle im Durchlauf werden obere und untere Schichten gleichzeitig auf die Trägerplatte aufgelegt (aufkaschiert).

Nach dem Klebstoffauftrag, der im allgemeinen auf die Trägerplatte aufgebracht wird, ist das ein- oder beidseitig beleimte Werkstück entweder von Hand oder geeigneten Vorrichtungen so weit zu fördern, daß es mit den anderen zu verbindenden Teilen zusammengelegt werden kann. Bei beidseitigem Klebstoffauftrag verhindern die speziell gestalteten Förderbahnen das Abstreifen bzw. Unterbrechen der Klebschicht auf der beleimten Unterseite, indem die abrollenden Elemente wie Messerscheibenrollen bzw. Stachelspitzen von Walzen nur sehr geringe Kontaktflächen zur Klebschicht des Werkstücks bilden (Abb. 4.14).

Der auf den Förderelementen anhaftende Klebstoff sollte durch Reinigungsvorrichtungen entfernt werden. Dabei können die Messerscheibenrollen mit dem unteren Segment durch ein Wasserbad drehen, in dem Bürstenelemente den Klebstoff abstreifen. Bei großformatigen Platten ist statt der Scheibenrollenbahn ein mit Scheibenrollen bestücktes Abroll-Bandtablett notwendig, um die Platte automatisch auf dem vorgelegten Beschichtungsmaterial abzulegen.

Bei vielfach wechselnder Fertigung und Handbeschickung der Pressen haben sich für das Zusammenlegen als Unterlage verfahrbare Tische auf Lenkrollen bewährt. Ein ausreichender Abstand zur Presse verhindert ein vorzeitiges Abtrocknen des Klebstoffauftrags bzw. des Preßgutes durch Wärmeabstrahlung der Preßelemente. Diese Legetische können auch höhenverstellbar zur Auftragmaschine oder zur Presse angepaßt werden.

Zulage- oder Beschickbleche aus harten Aluminiumlegierungen wurden von neuentwickelten Lege- und Beschickeinrichtungen verdrängt. „Blechsysteme" haben zwar den Vorteil, sowohl die Pressenplatten vor Verschmutzung durch ausgepreßten Klebstoff zu schonen als auch das Preßgut, insbesondere bei mehreren nebeneinanderliegenden Kleinformaten, auf der Unterlage einfacher zu fördern und beim Beschicken und Ablegen in der Pressenetage vor vorzeitiger Durchwärmung zu schützen. Nachteilig sind je-

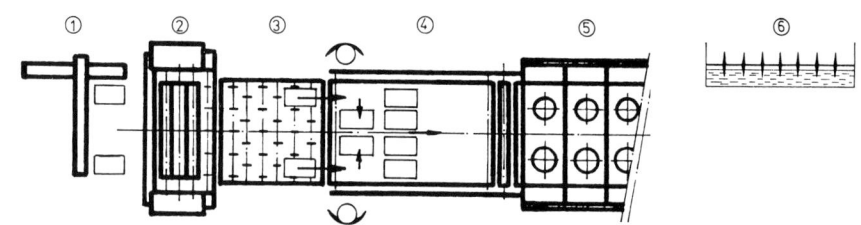

Abb. 4.14   Legestation als Teil der Pressenstraße. 1 Beschickvorrichtung. 2 Auftragmaschine. 3 Messerscheiben-Rollenbahn. 4 Legeband. 5 Einetagen-Kurztaktpresse. 6 Querschnitt durch Scheibenrollenbahn und Reinigungsbecken

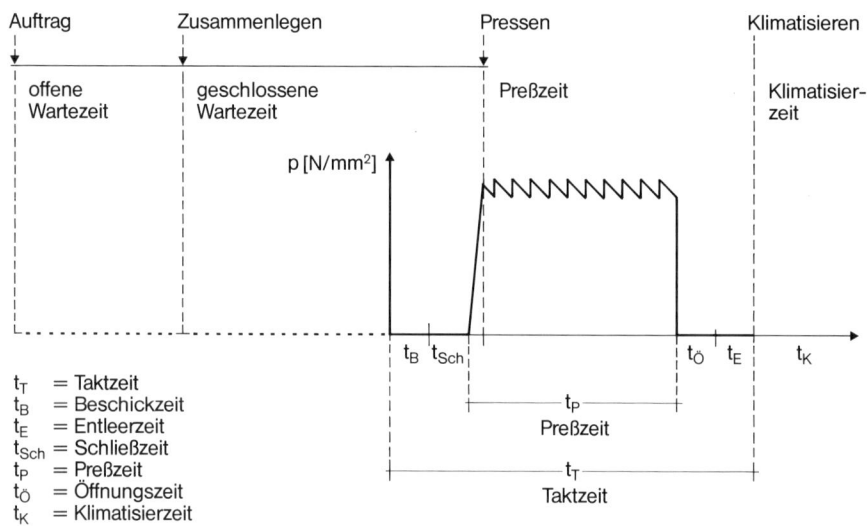

t_T = Taktzeit
t_B = Beschickzeit
t_E = Entleerzeit
t_{Sch} = Schließzeit
t_P = Preßzeit
$t_Ö$ = Öffnungszeit
t_K = Klimatisierzeit

Abb. 4.15   Übersicht über Teilzeiten des Klebevorgangs

doch die Aufwendungen für den Blechumlauf, das Reinigen und Rückkühlen sowie die Gefahr von Dickentoleranzen als Verschleißerscheinung, die beim Preßvorgang auf das Preßgut übertragen werden.

Unbedingt notwendig sind Bleche zur Preßbeschichtung mit imprägnierten Papieren als Preßbleche, deren glatte oder profilierte Oberflächenstruktur auf die Fertigbeschichtung übertragen wird.

Als „blechlose Systeme" werden Tablett- und Bandsysteme in Pressenstraßen eingesetzt, auf denen in schneller Folge das Zusammenlegen des Preßguts und das Beschicken der Pressen durchgeführt werden kann.

Das *automatisierte Zusammenlegen* kann bei großer Stückzahl und wenig wechselnden Preßformaten eingesetzt werden, indem das Beschichtungsmaterial mit Hilfe von Saughebern, Folienziehvorrichtungen oder Kaschierrollen zum Trägermaterial positioniert wird. Die Zuführung der Trägerplatte durch geeignete Fördermittel (wie Traggabeln oder Abrolltablett mit Messerscheibenrollen) ist steuerungstechnisch mit dem automatischen Zuführen des Beschichtungsmaterials verknüpft.

Die in Zukunft durch weiterentwickelte Rechner unterstützten Pressenstraßen werden auch eine flexiblere Anpassung des automatischen Zusammenlegens an häufig wechselnde Preßformate ermöglichen.

Als *Wartezeit* bezeichnet man die Zeitspanne zwischen Klebstoffauftrag und Schließen der Presse bis zum Erreichen des festgelegten Preßdrucks. Das Zusammenlegen der Teile trennt diese Zeitspanne in die *offene Wartezeit* und die *geschlossene Wartezeit* (Abb. 4.15).

Die *offene Wartezeit*, auch kurz „offene Zeit" genannt, ist in der Dauer sowohl vom Klebstoff (siehe technisches Merkblatt des Klebstoffherstellers) als auch vom Beschichtungsverfahren abhängig. Wenn sie überschritten wird, ist die aufgetragene Klebschicht durch Abwanderung des Verdünnungsmittels soweit „abgetrocknet", daß sie beim Zusammenlegen die im allgemeinen unbeleimte Gegenfläche nicht mehr benetzt und verklebt. Andererseits nutzt man bei bestimmten Kurztaktpreß- bzw. Rollenkaschierverfahren die offene Wartezeit als „Ablüftzeit", um dem Klebstoff das Verdünnungsmittel, auch mit Wärmeunterstützung beschleunigt, soweit zu entziehen, daß sich der nachfolgende Abbindevorgang verkürzt.

Im Fertigungsfluß muß die Wartezeit des Klebstoffauftrags an die Dauer des Pressentakts, d. h. der Summe von Beschick-, Abbinde- und Entleerzeit, angeglichen werden. Bei kurzen Preßtakten werden die Teile sofort zusammengelegt, so daß das Verdünnungsmittel die Klebschicht nur durch Diffusion in das Preßgut verlassen kann. Um trotzdem günstige Bedingungen zu schaffen, versucht man durch entsprechend trockeneres Preßgut, konzentrierteren Klebstoffansatz, sparsameren Auftrag und Begrenzung der Preßtemperatur die mangelnde Ablüftung auszugleichen.

Während der *geschlossenen Wartezeit* nach dem Zusammenlegen findet eine starke Abwanderung des Verdünnungsmittels aus der Klebschicht in die aneinandergelegten Schichten statt. Das Beschichtungsmaterial soll möglichst vollflächig auf der Klebschicht aufliegen, da ungleiche Bedingungen in der Zeitspanne bis Erreichen des vollen Preßdrucks zu Beschichtungsfehlern führen, wie z. B. bei welligen Furnieren oder faltenbildenden Folien. Als Sonderfall gilt das Rollenkaschieren, da beim Zusammenlegen mit Hilfe der Kaschierwalzen auch gleichzeitig der Rollendruck (Preßdruck) aufgebracht wird, so daß keine geschlossene Wartezeit entsteht.

4.1.2.6 Pressen und Abbinden

Das Pressen und Abbinden der Klebfugen zwischen Beschichtungs- und Trägermaterial erfolgt je nach gewählter Beschichtungstechnik in unterschiedlichen, meist beheizbaren Preßeinrichtungen, die entweder von Hand oder mit automatischen Fördermitteln beschickt und entleert werden.

Nach der Arbeitsweise der Preßeinrichtungen unterscheidet man:
1. diskontinuierliche Preßverfahren wie z. B. taktweise arbeitende Platten-, Gesenk- oder Membranformpressen,
2. kontinuierliche Preßverfahren wie die im Durchlauf arbeitenden Kalanderrollen- oder Doppelbandpressen.

Der *Preßvorgang* umfaßt die Gesamtheit der Vorgänge zur Abbindung von Klebfugen unter Anwendung von Druck. Beim Arbeitsfluß des Preßguts durch die Preßeinrichtungen sind die *Zeitabschnitte* und die Führung der vorgegebenen *Temperatur* und des *Preßdrucks* zu beachten. Die Zusammenhänge werden im Temperatur-Zeit-Diagramm und Druck-Zeit-Diagramm (auch Preßdiagramm genannt) dargestellt.

Der *Abbindevorgang* ist Teil des Preßvorgangs, wobei der Klebstoff in der Klebfuge erstarrt und die Klebverbindung an Festigkeit zunimmt. Das Abbinden kann ein physikalischer und/oder chemischer

Vorgang sein (z. B. durch Abwandern des Dispersion- oder Lösemittels bzw. durch Polykondensation, Polymerisation, Polyaddition). Das Abbinden erfolgt in Beschichtungsanlagen selten bei Raumtemperatur, dagegen häufig bei erhöhter Temperatur oder durch Zugabe eines Härters unter Anwendung von Druck.

Wird der Preßvorgang taktweise durchgeführt, werden die folgenden *Zeitabschnitte* unterschieden (Abb. 4.15):
Beschickzeit (Einlegezeit): Zeitdauer vom Beginn des Einlegens der Teile in die Preßvorrichtung (Beschicken) bis zum Beginn des Schließens der Preßvorrichtung.

Schließzeit (Pressenschließzeit): Zeitdauer vom Beginn des Schließens der Preßvorrichtung und Druckaufbau bis zum Erreichen des festgelegten Preßdruckes. Bei einigen Kurztaktverfahren wird die kritische Zeitdauer nach dem Ablegen des Preßguts auf die heiße Preßplatte bis zum Erreichen des vorgegebenen Drucks auch als *drucklose Liegezeit* bezeichnet. Beim Heißabbinden ist das Preßgut während Beschick- und Schließzeit bereits hoher Temperatur ausgesetzt, so daß zur Vermeidung des vorzeitigen und drucklosen Abbindens diese Zeitabschnitte sehr kurz sein müssen.

Preßzeit (Abbindezeit, Spannzeit): Zeitdauer vom Erreichen des vorgegebenen Preßdrucks bis zum Beginn des Öffnens der Preßvorrichtung. Während dieser Zeit wird die Klebfuge soweit erhärtet, daß beim nachfolgendem Fördern des Preßguts keine Schäden der Klebverbindung entstehen können. Neben anderen Faktoren wird die Preßzeit wesentlich von der temperaturabhängigen *Preßgrundzeit* (Gelierzeit) des Klebstoffs bestimmt. Bei Warm- und Heißabbindung ist noch die *Durchwärmzeit* (= Zeitdauer, die für die Erhöhung der Fugentemperatur auf die festgelegte Abbindetemperatur notwendig ist) zu addieren. Die Preßzeit ist also von der Abbindegeschwindigkeit des Klebstoffs und der Zeit für die Wärmeleitung von heißer Preßplatte durch eine bestimmte Preßgutdicke bis zur Klebfuge abhängig. Die Durchwärmzeit wird von der Preßplattentemperatur beeinflußt:

Preßtemperatur °C	Durchwärmzeit pro mm Schichtdicke min/mm
50 . . . 60	3
70 . . . 80	2
90 . . . 100	1
>110	0,5

Beim Heißabbinden errechnet man die Preßzeit überschlägig nach der Formel

$$t_{(p)} = t_{(g)} + t_{(d)} \cdot a$$

worin

$t_{(p)}$ Preßzeit min.
$t_{(g)}$ Preßgrundzeit min,
$t_{(d)}$ Durchwärmzeit pro mm Schichtdicke min/mm,
a Dicke des zu durchwärmenden Materials mm

Beispiel:

Preßgrundzeit	3 min
Durchwärmzeit (bei 2 mm, 100 °C)	2 min
errechnete Preßzeit	5 min

Außer der Holzdicke und der Temperatur sind ebenfalls zu berücksichtigen die Klebstoffauftragmenge, Menge der Zusätze, die Wartezeit, der Preßdruck sowie schließlich die Anfangstemperatur, Dichte, Saugfähigkeit und Feuchte des Preßguts.
Wegen der vielen Einflußgrößen sind geeignete Kurzprüfungen (z. B. Aufstechtest nach Klimalagerung) notwendig, um die günstigsten Preßzeiten zu ermitteln.

Öffnungszeit: Zeitdauer vom Beginn des Öffnens (Auffahren) der Preßvorrichtung bis zum Beginn der Entnahme des Preßguts.

Entleerzeit: Zeitdauer, in der das Preßgut aus der Preßvorrichtung entnommen wird (Entleerung). Bei mechanischer Beschickung erfolgt auch gleichzeitig die Entleerung, so daß die Beschickzeit mit der Entleerzeit zusammenfällt.

Preßtaktzeit (Preßzyklus): Umfaßt den Zeitraum eines Preßvorgangs vom Beginn einer Beschickung der Preßvorrichtung bis zum Beginn der nächsten Beschickung. Die Preßtaktzeit (Taktzeit) $t_{(T)}$ ergibt sich als Summe von der werkstückabhängigen Preßzeit $t_{(p)}$ und den pressenabhängigen Teilzeiten für den Wechsel der Werkstücke $t_{(Ch)}$ *(Chargenwechselzeit oder Totzeit):*

$$t_{(T)} = t_{(p)} + t_{(Ch)} \text{ min oder s.}$$

Durch Division der zur Verfügung stehenden Produktionszeit durch die ermittelte Preßtaktzeit errechnet man die Anzahl der Preßzyklen.

Bei *kontinuierlichen Preßvorgängen* (bei Rollen- oder Doppelbandpressen) können grundsätzlich die genannten Zeitabschnitte ebenfalls verwendet werden. Die Zeitdauer ist abhängig von der Konzeption der kontinuierlichen Preßeinrichtung, der Baulänge der einzelnen Abschnitte

und der vorgegebenen Vorschubgeschwindigkeit. Die Zeitdauer der Zeitabschnitte kann berechnet werden:

$$t_{(i)} = L_{(i)}/v$$

worin

$t_{(i)}$ Zeitdauer eines Zeitabschnittes min
$L_{(i)}$ Länge des Anlagenabschnitts m
v Vorschubgeschwindigkeit m/min.

Die *Temperatur* ist eine wesentliche Einflußgröße auf den zeitlichen Ablauf des Preßvorgangs. Ziel ist es, die Temperatur so hoch wie möglich zu wählen, denn höhere Temperaturen beschleunigen physikalische und chemische Abbindeprozesse, so daß der Preßvorgang verkürzt wird. Jedoch verschlechtern sich dadurch einige andere Vorgänge: durch höhere Temperaturen steigt der Energieaufwand, es ergeben sich unerwünschte Materialerwärmungen mit zum Teil dunklen Verfärbungen der Deckschicht und Klebfugenfehler. Bei der Wahl der geeigneten Temperatur sind Kompromißlösungen zu finden.
Zu unterscheiden sind:
Preßtemperatur: Temperatur der Preßelemente (Preßplatten, Gesenke, Druckrollen bzw. -walzen, Bänder) während des Preßvorgangs, die eingestellt und durch eine Temperaturregelung am Preßelement innerhalb eines Regelbereichs möglichst konstant gehalten wird.

Fugentemperatur: Temperatur in der Klebfuge, die sich während des technologischen Prozesses durch Erwärmen bzw. Abkühlen ändert. Werden bei einem Preßvorgang gleichzeitig mehrere Klebfugen durch Temperaturänderung beeinflußt, ist nur die „kritische" Klebfuge zu beachten, die den ungünstigsten Bedingungen (z. B. großer Abstand zur Wärmequelle bei dicken zu durchwärmenden Preßgutschichten) unterliegt und deshalb zeitlich verzögerte Temperaturänderungen erfährt.

Abbindetemperatur (Verarbeitungstemperatur): Die konstante Temperatur, die mindestens in der Klebfuge erreicht werden muß, um bestimmte Klebstoffansätze (z. B. mit Warm- oder Heißhärtern) abzubinden. Bei Anwendung erhöhter Temperatur wird sich nach einer bestimmten Durchwärmzeit aufgrund der konstant gehaltenen Preßtemperatur der Preßelemente in der Klebfuge die konstante Abbindetemperatur einstellen. Sie bestimmt die notwendige Preßzeit (Abbindezeit).
Nach der Temperatur, bei der das Abbinden erfolgt, werden folgende Bereiche unterschieden (s. Tabelle 4.2).

Neben der häufig angewendeten Erwärmung durch beheizte Preßelemente ist auch die *Vorerwärmung* des Trägermaterials oder der Klebschicht vor der Preßeinrichtung möglich (z. B. bei Folienkaschieranlagen), um die Speicherwärme zur beschleunigten Abbindung zu nutzen [Böhme u. a. 1980]

Als *Preßdruck* wird der Druck auf die Klebfläche (Werkstückfläche) bezeichnet, der zum Ziel hat,
- die Klebflächen an allen Stellen in Berührung zu bringen,
- Luft und überschüssigen Klebstoff aus der Fuge zu drücken,
- Klebstoff in die porösen Werkstückoberflächen zu füllen,
- das Preßgut beim Abbinden des Klebstoffs in der vorbestimmten Lage zu halten.

Der Preßdruck richtet sich nach preßgutabhängigen Werten. Er wird so groß wie möglich gewählt, um in Abhängigkeit von der Bearbeitungsgenauigkeit der Werkstückoberflächen einen guten Fugenschluß zu erreichen und die Oberflächen mit Klebstoff zu füllen. Dabei werden Dickenungenauigkeiten so weit zusammengedrückt, daß der Werkstoff verdichtet wird. Falsch ist der Versuch, Unebenheiten und große Dickentoleranzen durch Druckerhöhung auszugleichen, da die verdichteten Flächen bei Feuchte- und Wärmeeinwirkung zurückfedern und unebene Flächen ergeben.

Als *Preßschwund* bezeichnet man die nach dem Preßvorgang bleibende Volumenminderung des Preßguts, die einen Wert von 3 ... 4% nicht überschreiten soll. Der Preßschwund wird beeinflußt von hohem Preßdruck sowie langer Preßzeit, von der Materialdichte und, besonders bei höheren Temperaturen, von der Materialfeuchte.

Aus der Menge von Bauarten, Typen und Formen von Preßeinrichtungen lassen sich drei Gruppen nach dem Prinzip der Druckerzeugung einteilen:
- mit mechanischer Druckerzeugung (selten),
- mit pneumatischer Druckerzeugung (mit Druckluft),
- mit hydraulischer Druckerzeugung (mit Druckflüssigkeit).

Zu unterscheiden ist die Druckübertragung durch taktweise arbeitende flächige Preßelemente (z. B. Preßplatten, Gesenke) oder durch diskontinuierlich arbeitende rollen- bzw. walzenförmige Preßelemente (Kaschierrollen, -walzen) [Böhme, 1980, als Beanspruchungsfall I und II dargestellt] (Abb. 4.16).
Bei hydraulischen Plattenpressen (Beanspruchungsfall I) wird der Preßdruck auf

Tabelle 4.2 Temperaturbedingte Abbindungsbereiche

Bezeichnung	Temperaturbereich °C	Bemerkung
Kalt-Abbindung (Kaltverfahren)	15…25	nur Raumtemperatur (ohne Heizung)
Warm-Abbindung (Warmverfahren)	bis 70	mit Wärmequelle (Heizung)
Heiß-Abbindung (Heißverfahren)	>70 bis max. 180	mit Wärmequelle (nicht für Thermoplaste)

Beanspruchungs- fall	schematische Darstellung	Bestimmung der Druckspannung
I	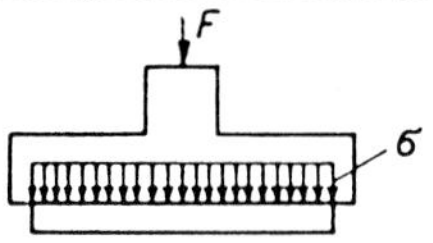	$\sigma_{max} = -\dfrac{F}{A}$ const.
II	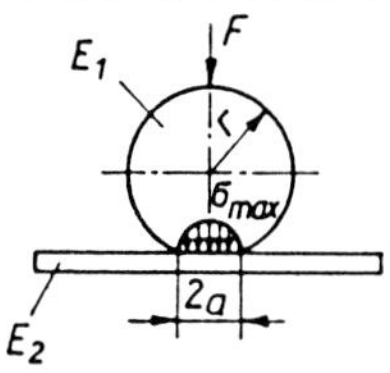	$\sigma_{max} = -\sqrt{\dfrac{FE}{2\pi r_1(1-\mu^2)}}, \; a = \sqrt{\dfrac{8(1-\mu^2)Fr}{\pi \, El}}$ mit: $E = \dfrac{2 E_1 \cdot E_2}{E_1 + E_2}$ l = Länge des Zylinders

Abb. 4.16 Unterschiede bei der Druckübertragung während des Beschichtungsvorganges. I bei einer Plattenpresse. II bei einer Walzen- oder Rollenpresse

Tabelle 4.3 Richtwerte für Preßdrücke

Preßvorgang Flächenbeschichtung auf Holzspanplatten FPY bzw. FPO mit dem Beschichtungsmaterial	Preßdruck N/mm² $p_{(w)}$ Klebstoffauftrag	
	gering	mittel
Furniere	0,6…1,2	0,4…0,6
Grundier/Dekorfolien	0,6…1,2	0,4…0,6
Dekorfolien mit Porung	–	≤0,2
Schichtstoffplatten (DKS, HPL)	≤0,6	≤0,3

der Werkstückfläche, der zur Unterscheidung auch *spezifischer Preßdruck* genannt wird, in Abhängigkeit von Material und Bearbeitungszustand festgelegt. Gut füllende Klebstoffe und hohe Auftragmengen erlauben die Anwendung geringerer Drücke. Als Richtwerte können obige Angaben gelten (s. Tabelle 4.3):
Wenn der werkstückabhängige Preßdruck $p_{(w)}$ festgelegt ist, werden mit den folgenden Formeln errechnet:

Gesamtdruckkraft auf Werkstück
$F = p_{(w)} \cdot n_{(w)} \cdot L_{(w)} \cdot B_{(w)}$ [N]
Gesamtdruckkraft der Kolben
$F = p_{(k)} \cdot n_{(k)} \cdot D^2 \cdot \pi/4$ [N]

Da beide Druckkräfte im Gleichgewicht stehen, errechnet man den Kolbenpreßdruck oder Manometerdruck

$$p_{(k)} = \frac{p_{(w)} \cdot n_{(w)} \cdot L_{(w)} \cdot B_{(w)}}{n_{(k)} \cdot D^2 \cdot \pi/4} \; [\text{N/mm}^2]$$

wobei
$p_{(w)}$ Preßdruck am Werkstück [N/mm²]
$n_{(w)}$ Anzahl der Werkstücke pro Etage
$L_{(w)}$ Länge des Einzelwerkstücks [mm]
$B_{(w)}$ Breite des Einzelwerkstücks [mm]
$p_{(k)}$ Kolbenpreßdruck/Manometerdruck [N/mm²]
$n_{(k)}$ Anzahl der Preßkolben
D Kolbendurchmesser [mm]
π = 3,14

Das Gewicht der Preßplatten kann vernachlässigt werden. Ebenso bleibt die Zahl der übereinanderliegenden Preßetagen außer Betracht.
Beispiel:
Möbelteile mit den Abmessungen 1700 mm × 550 mm sollen in einer hydraulischen 8-Kolben-Plattenpresse mit einer Preßfläche von 2500 mm × 1300 mm und Kolbendurchmesser von 125 mm furniert werden. Die Preßfläche kann nur mit 2 Werkstücken belegt wer-

den. Der Preßdruck am Werkstück wird mit 0,6 N/mm² (entspricht etwa 6 bar) festgelegt. Die Gesamtdruckkraft wird dann

$F = 0,6 \cdot 2 \cdot 1700 \cdot 550 = 1\,122\,000$ [N]
$= 1\,122$ [kN]

und der erforderliche Kolbenpreßdruck/ Manometerdruck ist zu wählen mit

$$p_{(k)} = \frac{0,6 \cdot 2 \cdot 1700 \cdot 550}{8 \cdot 125^2 \cdot \pi/4}$$
$$= 11,4 \; [\text{N/mm}^2] \cong \text{rd. } 114 \; [\text{bar}].$$

Wesentlich schwieriger ist die Bestimmung des Preßdrucks bei kontinuierlich arbeitenden Rollen- oder Walzenpressen (Beanspruchungsfall II). Die auf die Rollen/Walzen mechanisch, pneumatisch oder hydraulisch aufgebrachte Druckkraft in [N] wird als Preßkraft auf der Kontaktlinie in [N/mm] bzw. auf der schmalen Kontaktfläche in [N/mm²] auf der gegebenen Werkstückbreite übertragen. Infolge der kurzen Zeitdauer der Druckeinwirkung in Verbindung mit Dichte (Elastizitätsmodul), Temperatur und Feuchte des Preßgutes entstehen teilweise bleibende Verformungen, die Profilverschiebungen an der Oberflächengeometrie verursachen.

4.1.2.7 Klimatisieren
Die richtige Nachbehandlung der Werkstücke nach dem Pressen ist von wesentlicher Bedeutung für die spätere Qualität der Erzeugnisse. Nach der Entnahme aus einer beheizten Preßeinrichtung setzt eine starke äußere Abtrocknung ein. Um Schäden (z. B. Oberflächenrisse bei Furnieren) zu verhindern, werden die Teile ohne Stapelleisten dicht aufeinandergelegt und oben abgedeckt. Die Werkstücke sollten nicht bis zur völligen Abkühlung im Stapel bleiben, wodurch sich ein hoher Platzbedarf für das Zwischenlager und eine nicht vertretbare Unterbrechung im Arbeitsfluß ergäbe.
Bei empfindlichen Oberflächenmaterialien (helle Furniere, Folie) entstehen durch die lange Temperatureinwirkung leicht Verfärbungen bzw. bei Anwendung hoher Preßtemperaturen besteht die Gefahr der Selbstentzündung im Stapel. Hier ist eine Kühlstrecke vor der Stapelung vorzusehen. Das Preßgut wird allgemein 24 Stunden im Stapel bei Raumklima gelagert (konditioniert), bis es weiterbearbeitet werden kann. Diese Zeit bezeichnet man als Konditionier- oder Klimatisierzeit.

Klimatisierzeit: Zeitdauer nach der Entleerung der Preßvorrichtung bis zur Weiterbearbeitung der Werkstücke bei planer Lagerung im Stapel auf einem Pufferlager. Die durch hohe Preßtemperatur aufgeheizten Werkstücke müssen rückgekühlt werden (Temperaturausgleich). Besonders beim Einsatz wasserhaltiger Klebstoffe (Leime) wird während dieser Zeit noch vorhandenes Wasser aus der Klebfuge in die angrenzenden Holzschichten wandern und sich verteilen, wobei sich durch Nachabbindung die Klebfestigkeit der Fuge erhöht. Feuchteverschiebungen im Preßgut, die bei höheren Preßtemperaturen entstehen, können sich zurückstellen (Feuchteausgleich). Ebenfalls werden die durch Druck, Temperatur und Feuchte verursachten inneren Spannungen im Werkstück abgebaut (Spannungsausgleich), so daß das Stehvermögen der Werkstücke verbessert wird. Außerdem stellt sich auch ein Teil des Preßschwunds zurück. Bei nur geringer Erwärmung des Werkstückes und Anwendung weitgehend wasserfreier Klebesysteme kann die Zeitdauer verringert werden. Erst nach Ablauf der Klimatisierzeit soll die Weiterverarbeitung durch Formatschneiden und Schleifen (bei Furnieren) erfolgen. Nur so lassen sich Flächen mit hoher Oberflächengüte und gutem Stehvermögen herstellen.

4.1.2.8 Beschichtungsfehler

Beim Beschichten treten infolge Nichtbeachtens der Verarbeitungsvorschriften oft Fehler auf, die sich durchaus vermeiden ließen. Die häufigsten Fehler, nämlich mangelhafte oder keine Festigkeit der Klebfuge, finden nach der Überprüfung der Preßbedingungen (Klebstoffauftrag, Temperatur, Preßzeit, Preßdruck und Dickenabweichungen der Trägerplatten oder Beschichtungsmaterialien) meist schnell eine Erklärung. Schwieriger ist es, die Ursachen von Fehlern zu finden, die erst im Laufe der weiteren Verarbeitung sichtbar werden.

Folgende Fehler und Ursachen sind bei der Verarbeitung von Furnieren und Folien in Heizplattenpressen möglich:

● Verziehen der Flächen: durch ungleiche Feuchte und Dicke des gegenüberliegenden Beschichtungsmaterials, einseitige hohe Feuchteeinwirkung bei der Preßgutlagerung, ungleicher beidseitiger Klebstoffauftrag, ungleichmäßiges Rückkühlen der Platte;
● Klebstoffdurchschlag: durch nicht verklebte Risse im Furnier, Klebstoffviskosität zu gering oder -auftrag zu reichlich, ungenügende Streckmittelzugabe;
● Risse: Risse im Furnier durch Nachtrocknen zu feuchter Furniere, zuviel Wasser im Klebstoff, zu hoher wasserhaltiger Streckmittelanteil;
● Endrisse: keilförmige Risse am Ende der Furnierbahn, Wasseraufnahme über

Hirn bei Verarbeitung und Lagerung;
● Messerrisse: Bruchrisse bei Schäl- und Messerfurniere durch stumpfe Werkzeugschneiden;
● Fehlverklebungen: durch Unebenheiten in den Trägerplatten, mangelhafte Klebstoffangabe, ungleichmäßiger oder ungenügender Preßdruck;
● Streifenförmige Fehlverklebungen: Fehlverklebungen im Abstand von etwa 2 mm durch mangelhaften Klebstoffauftrag (Walzenriffelung) und Abtrocknung;
● Kürschner (Furnierblase): ovale Fehlverklebung durch Staub, Fett oder Klebstoffmangel, durch Dickenunterschiede oder hohle Stellen;
● Blasen: durch Dampfblasen aufgerissene Furniere bei Preßtemperaturen von über 100 °C;
● Furnierabrisse: durch zu lockere Deckschicht der Trägerplatte;
● Verfärbungen: durch zu lange Preßzeit und hohe Temperatur;
● Undichte oder überschobene Furnierfuge: durch mangelhafte Furnierfugenverklebung, zu lange Wartezeit vor dem Verpressen;
● Oberflächenschäden: durch Klebstoff- und Preßgutreste auf Preßplatten, Unsauberkeit bei der Handhabung der Beschichtungsmaterialien; verschmutzte Fördereinrichtungen, unsachgemäße Handhabung der beschichteten Platten bei Fertigoberflächen.

Folgende Beschichtungsfehler sind bei der Verarbeitung von Folien in Kaschieranlagen möglich:
● Falten: durch ungleich oder ungenügend straff gewickelte Folienrollen, durch nicht rechtwinklig geschnittene Trägerplatten oder durch Spannungsunterschiede in der Folienbreite;
● Blasen: durch Unsauberkeit auf Trägerplatten oder Folienrückseite, durch Partikeleinschlüsse im Klebstoff oder durch gequollene Späne der Trägerplatte;
● Fehlverklebungen: durch ungenügenden Klebstoffauftrag, durch Wegschlagen des Klebstoff wegen poröser Stellen in der Trägerplatte, durch zu geringe Klebstoffviskosität oder durch Vertiefungen in der Oberfläche der Trägerplatte;
● Unruhige Oberfläche: Durch übermäßigen Klebstoffauftrag, durch ungenügende Oberflächenqualität der Trägerplatte, durch zu hohe Klebstoffviskosität oder durch ungleichmäßigen Klebstoffauftrag.

4.1.3 Verfahren und Anlagen zur Flächenbeschichtung

4.1.3.1 Taktweise arbeitende hydraulische Plattenpressen

1. Einteilungsmerkmale
Die Hauptaufgabe der hydraulischen Plattenpresse besteht darin, Preßdruck mit Hilfe von biegesteifen Preßplatten *hydraulisch* auf das zunächst nur lose eingelegte, flächig-unregelmäßige Preßgut mit den klebfähigen Oberflächen aufzubringen und während des Abbindevorgangs zu halten. Zur Beschleunigung der Abbindung werden die Preßplatten beheizt, so daß die Bezeichnung *hydraulische Heizplattenpresse* gebräuchlich ist. Weniger häufig müssen Aufheizvorgänge unter Preßdruck beendet oder rückgekühlt werden, wobei *hydraulische Heiz-Kühl-Pressen oder Kühlpressen* zur Wärmeabführung benutzt werden, z. B. bei der klassischen Preßbeschichtung im Heiz-Kühl-Verfahren. Für spezielle Arbeiten verwendet man die unbeheizte hydraulische Plattenpresse zum kalten Vorpressen des Preßguts (z. B. Furniersperrholz) als *hydraulische Kaltvorpresse* oder zur Kaltabbindung von Werkstücken in Stapeln, deshalb als *hydraulische Kaltpresse oder Stapelpresse* bezeichnet. Über die Konstruktion und Wirkungsweise der hydraulischen Plattenpressen wurde ausführlich in der Literatur berichtet [Schmutzler 1967; Stein 1974; Böhme 1980].

Aus der Arbeitsaufgabe lassen sich für hydraulische Plattenpressen folgende grundsätzliche Anforderungen ableiten:
● das Maschinengestell muß zur Aufnahme der hohen Preßkräfte sehr stabil und biegesteif konstruiert sein;
● die biegesteifen Preßplatten müssen eine glatte ebene Oberfläche und gleichmäßige Dicke besitzen;
● der hydraulische Kolbendruck muß konstruktiv über die gesamte Preßfläche gleichmäßig verteilt werden;
● das hydraulische System soll wenig störanfällig sein;
● schnelles Schließen und Öffnen der Presse ist bei den schnell abbindenden Klebstoffen unabdingbar;
● automatisiert ablaufende Steuerung von Preßplattentemperatur, Preßdruck und Preßzeit ist erforderlich.

Alle hydraulischen Plattenpressen haben den gleichen Grundaufbau:
1. Kraftaufnehmendes Maschinengestell aus zwei oder mehreren Rahmen (mit Unter- und Oberholm, die durch Zugglieder verbunden sind). Rahmen aus Profilstahl verschweißt (auch verschraubt) oder aus einer massiven Stahlplatte geschnitten.

2. Plattenförmige Druckelemente (als Heizplatten mit einem inneren Kanalsystem für das Heizmedium) als geschweißte (auch verschraubte) Kammerplatten oder aufgebohrte Massivplatten (aus Stahl); konstruktiv richtig angebrachte Druckstöcke sorgen für eine auf der Fläche gleichmäßige Druckkraftverteilung.

3. Hydraulisches Drucksystem mit mehreren Preßkolben, 2-Stufen-Pumpenaggregat für schnelles Schließen und Hochdruckaufbau mit Druckleitung und -steuerungssystem (Hydraulik). Als Druckflüssigkeit wird Hydrauliköl oder eine Wasseremulsion verwendet.

Aufgrund der großen Vielfalt vorhandener Bauarten mit sehr unterschiedlichen Arbeitsaufgaben können weitere Unterteilungen vorgenommen werden:
Einteilung nach der *Gesamtpreßkraft* und *Preßfläche*:
● Leichte Plattenpressen: die Preßkräfte liegen zwischen 400 und 1 400 kN in Abhängigkeit von den zugeordneten Preßflächen zwischen 1 200 mm × 800 mm bis 3 000 mm × 1 300 mm. Diese Pressen erfüllen die Anforderungen von Schreiner- und Innenausbaubetrieben im Hinblick auf die allgemeinen Beschichtungsarbeiten;
● Mittelschwere Plattenpressen: bei Preßkräften zwischen 1 800 (bzw. 2 400) und 6 000 kN können Preßflächen von 2 600 mm × 1 400 mm bis 4 000 mm × 2 300 mm zugeordnet werden. In Möbelfabriken werden diese Pressen als Kurztaktpressen für Furnier- und Kunststoffoberflächen eingesetzt.
● Schwere Plattenpressen: mit Preßkräften von 2 400 ... 6 000 kN (und größer) bei Preßflächen von 2 500 mm × 1 300 mm bis 3 200 mm × 1 400 mm (und größer) können diese Pressen für die Preßbeschichtung und als Sperrholz-Heizpressen oder Kaltvorpressen eingesetzt werden.
Bei Pressen bis 4 000 kN und einer Fläche von 1 900 mm × 3 300 mm ist keine Fundamentgrube notwendig. Eine Fundamentgrube ist abhängig von der Pressenbreite, der Preßkraft und der gewählten Beschickungshöhe.

Einteilung nach der *Etagenzahl*: Zwei Preßplatten bilden eine Etage. Mehrere übereinander angeordnete Preßplatten bilden entsprechend mehrere Etagen. Mehrere Etagen werden immer dann eingesetzt, wenn in Hinblick auf eine kurze Vorbereitungszeit für das Preßgut eine längere Taktzeit vorgegeben ist. Die in der Taktzeit vorbereiteten Teile können während eines Pressentakts in mehreren Etagen gleichzeitig abgebunden werden. Wegen der zunehmenden Bauhöhe der

Presse bei mehreren Etagen müssen Beschick- und Entleereinrichtungen eingesetzt werden. Man unterscheidet:
● Einetagenpressen: leichte „Schreinerpressen", Einetagen-Kurztaktpressen für Furnier-, Folien- und Direktbeschichtungen. Eine Sonderform der Einetagenpresse mit großer Etagenöffnung ist die Stapelpresse.
● Mehretagenpressen: selten als Beschichtungspresse für Furnier- oder Kunststoffoberflächen eingesetzt, häufig bei Sperrholz-, Sperrholztüren- und Bauteilefertigung.

Einteilung nach *Anordnung der Preßkolben*:
● Unterkolbenpressen: normalerweise findet man die Kolben unter dem Preßtisch angeordnet. Dadurch wird durch Hochfahren des Preßtisches mit Kolbenkraft die Presse geschlossen. Wird die Kolbenkraft abgeschaltet, öffnet sich die Presse durch das Eigengewicht des Preßtisches. Viele Einetagenpressen und alle Mehretagenpressen besitzen diese Kolbenanordnung.
● Oberkolbenpressen: Bei bestimmten Einetagenanlagen ist wegen der Beschick- und Entleereinrichtung ein gleichbleibendes Preßtischniveau erforderlich, so daß die obere Preßplatte bewegt werden muß. Die Preßkolben werden dann von oben drückend angeordnet, was neben dem Vorteil des schnellen Schließens der Presse auch Nachteile mit sich bringt. Man benötigt Hebekolben zum Öffnen der Presse, die Hydraulik ist der ständig aufsteigenden Hitze ausgesetzt, und bei Leckagen verschmutzt der Plattenbereich.

Einteilung nach dem Mechanisierungsgrad:
Die Wahl, ob Handförderarbeit oder Mechanisierung, ist abhängig von der Pressenleistung, der Pressenkonstruktion und der Preßguteigenschaften. Man unterscheidet:
● manuelle Beschickung und Entleerung von Einetagen- und Mehretagenpressen (mit geringer Etagenanzahl) in vielen Schreinereien und Innenausbaubetrieben; zur Unterstützung der Förderarbeit werden fahrbare Tische und Lenkrollenwagen eingesetzt. Die Handförderung findet ihre Begrenzung bei hoher körperlicher Belastung durch große Stückzahlen, schwer bewegliche Flächen und Gewicht der Werkstücke;
● mechanische Beschickung und Entleerung von Einetagenpressen durch verschiedene Systeme in Pressenstraßen wie in den häufig eingesetzten Kurztaktpressenanlagen zur dekorativen Beschichtung bei der Möbelfertigung; durch die Kurzzeit-Preßtechnologie infol-

ge schnell reagierender Klebstoffe in Verbindung mit hoher Preßtemperatur und großen Preßflächen werden Pressenleistungen erreicht, die eine hochentwickelte Fördertechnik erfordern;
● mechanische Beschick- und Entleereinrichtungen mit Beschickhubkorb und Entleerhubkorb bei Mehretagenpressen (mit großer Etagenanzahl und Bauhöhe).

Einteilung nach der *Beschickseite*: Hydraulische Plattenpressen haben verhältnismäßig große Preßflächen, wodurch hohe Preßkräfte notwendig sind. Zum Beschicken und Entleeren mit großflächigen Werkstücken wird ein Freiraum benötigt, in welchem keine Rahmensäulen stören dürfen. Bei den überwiegend rechteckigen Pressenformaten unterscheidet man zwischen der Beschickung von der Schmalseite oder von der Breitseite:
● Breitseitenbeschickung: Bei dieser Konstruktion sind wegen der großen Stützweite auch größere Widerstandsmomente der auf Biegung beanspruchten Teile (Holme) notwendig. Bei leichten Pressen ist der Mehraufwand an Stahl und Geld noch vertretbar, da durch die Breitseitenöffnung das Beschicken und Entleeren von Hand Vorteile bringt. Mit mechanischen Beschickeinrichtungen ist der Vorgang infolge kurzer Förderwege schneller und einfacher durchführbar.
● Schmalseiten-(Stirnseiten-)Beschickung: Bei Pressen mit hohen Preßkräften kann aus konstruktiven und wirtschaftlichen Gründen nur die Schmalseite für die Beschickung eingesetzt werden. Bei großen Preßflächen ist eine manuelle Beschickung wegen der langen Beschickwege und der entsprechend langen Beschickzeit nicht möglich, so daß man nur schnelle mechanische Fördermittel einsetzen kann. Bei Kurztaktpressenanlagen und Mehretagenanlagen im industriellen Bereich ist die Schmalseitenbeschickung üblich.
● Beschickung von Breit- und Schmalseite: Nur bei leichten Pressen möglich, um allseitig von Hand eingreifen zu können.

2. Beschickungs- und Entleerungsvorrichtungen
Manuelle Beschickung (Handbeschickung): In Schreinerei- und Innenausbaubetrieben findet man häufig Ein- und Mehretagenpressen (bis max. 6 Etagen) mit manueller Breitseitenbeschickung. Die Grenzen der reinen Handbeschickung sind Abmessungen und Masse des Preßguts, die ein oder zwei Mann heben können, ferner die niedrigst zumutbare bzw. noch erreichbare größte Beschickhöhe, die Abbindezeit des Klebstoffs und die Pressendurchsatzleistung. Da die Le-

gezeiten über den Tagesablauf schwanken, sind langsam abbindende Klebstoffe zu verwenden. Wegen ungenauen Legens sind auch größere Zugaben zum Preßformat notwendig.

Um die Beschick- und Entleerarbeit zu vereinfachen oder zu verkürzen, sind einfache Hilfsmittel (z. B. auf Lenkrollen fahrbare Tische, Lenkrollenwagen) und einfache mechanische Einrichtungen unumgänglich.

Beschickung mit Preßblechen (Zulageblechen): Blechsysteme, die für manuelle oder mechanische Beschickung eingesetzt werden, sind seit langem aus der modernen Fertigung durch blechlose Beschicksysteme verdrängt. Preßbleche werden nur noch bei spezieller Preßtechnik eingesetzt. Sie werden als Unterlage und obere Abdeckung benutzt, zwischen die beim Zusammenlegen das Preßgut geschichtet wird. Beim Durchlauf durch die Presse während des Beschick-, Preß- und Entleervorgangs haben sie folgende Aufgaben zu erfüllen:

• erleichterte Pressenbeschickung, kein Verschieben des Preßguts, auch Förderung von mehreren kleinen Werkstücken gleichzeitig möglich;

• Abschirmung der Wärme von den Heizplatten, solange das Preßgut ohne Preßdruck in der Etage verweilt;

• Schutz der Heizplatten vor Verschmutzung durch abtropfenden Klebstoff und Korrosion mit gerbstoffhaltigem Holz;

• Durch Preßbleche, in deren Arbeitsflächen Strukturen (z. B. Mattglanz, Porung usw.) eingebracht sind, wird das Oberflächenprofil als negative Abbildung auf die Preßgutoberfläche übertragen (z. B. bei der Preßbeschichtung).

Nachteilig wirken sich die hohen Betriebskosten aus durch Kühlen, Säubern und Rückfördern der Bleche. Hinzu kommt der Aufwand für maschinelle Einrichtungen für den Blechumlauf und der Ausschuß durch Formveränderung der Bleche (zu große Dickentoleranzen, Randwelligkeit). Mit der Möglichkeit, die Bleche fest in die Presse einzubauen, kann man Nachteile vermeiden und die Vorteile nutzen.

Tablettbeschickung: Der Grundgedanke hierbei ist, das Preßgut direkt auf den Heizplatten abzulegen, um den Aufwand für Preßbleche einzusparen. Das Tablett dient als Unterlage für das Zusammenlegen des Preßguts und gleichzeitig als Beschickeinrichtung für die Pressenetagen, von der das Preßgut während des Tablettrücklaufes durch Abstreifer in der Presse zurückgehalten und abgelegt wird. Die Preßetage wird entleert, indem gleichzeitig mit dem Beschicken die Vorderkante des Tabletts das Preßgut auf

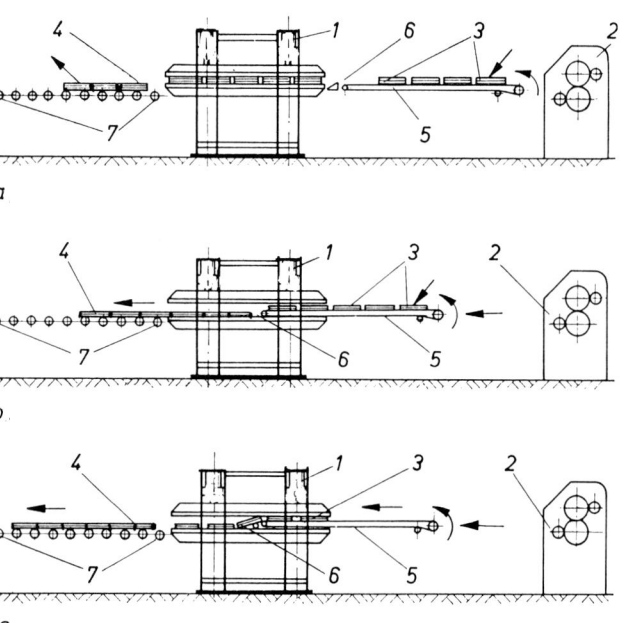

Abb. 4.17 Schema der Bandtablettbeschickung. (a) Belegen des Bandtabletts. (b) Einfahren in die Kurztaktpresse und Ausstoßen der gepreßten Werkstücke. (c) Ausfahren des Bandtabletts und Ablegen des Preßgutes. 1 Einetagen-Kurztaktpresse. 2 Klebstoffauftragmaschine. 3 Preßgut (vorbereitet). 4 Preßgut (gepreßt). 5 Bandtablett. 6 Stoßkante für Preßgut. 7 Austragrollenbahn

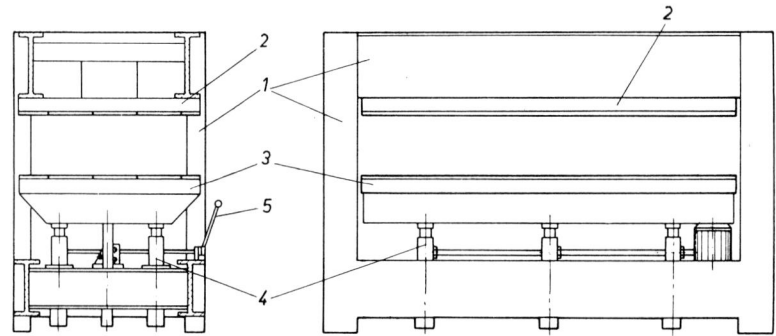

Abb. 4.18 Leichte hydraulische Einetagenpresse. 1 Pressengestell. 2 obere Heizplatte. 3 Pressentisch mit unterer Heizplatte. 4 Preßkolben. 5 Drucksteuerung

der Gegenseite ausstößt. Meist bei Mehretagenpressen für Großformatplatten im Einsatz.

Bandtablettbeschickung: Diese Weiterentwicklung des Tabletts wird in Einetagen-Kurztaktpressen (als Unterkolbenpresse) verwendet, wobei häufig nicht Standardplatten, sondern bereits zugeschnittene Kleinformate auf dem Bandtablett zusammengelegt und dann in der Presse abgelegt werden (Abb. 4.17). Das Bandtablett besteht aus einem Wagen mit umlaufendem Förderband. Das belegte Bandtablett wird in die Presse eingefahren, wobei das fertige Preßgut mittels Stoßleiste aus der Presse ausgestoßen wird. Beim Wagenrücklauf wird der Bandantrieb eingeschaltet, so daß die Werkstücke vom Band abrollen und auf der Heizplatte abgelegt werden (deshalb auch Abrolltablett genannt).

Bandbeschickung: Dieses Beschick- und Entleersystem besteht aus einem umlaufenden Förderband, das je nach Heizplattentemperatur aus Kunststoff, beschichtetem Gewebe oder Stahl besteht. In Einetagen-Kurztaktpressen (als Oberkolbenpresse) besteht die Möglichkeit, daß das Band über den feststehenden Pressentisch hin und dann unter der Presse hindurch zurück umläuft. Die auf das Band aufgelegten Werkstücke bleiben während des Preßvorgangs (Beschicken, Pressen, Entleeren) zusammen, so daß das Rückfahren der Beschickvorrichtung entfällt und die drucklose Liegezeit verkürzt wird. Man unterscheidet das Einbandsystem, auf dem das Preßgut im taktweisen Durchlauf zusammengelegt und gepreßt wird, und das Zweibandsystem, das aus getrenntem Lege- und Pressenband besteht. Letzteres ist zwar konstruktiv aufwendiger, aber die Bänder können besser den jeweiligen Aufgaben angepaßt werden.

Weiter entwickelte Beschick- und Entleersysteme: Zur weiteren Verkürzung der drucklosen Liegezeit wurden Vorrichtungen entwickelt, die nach dem Beschicken ohne Bedarf an Rückfahrzeit die Presse verlassen (z. B. Klammer-, Zangen-, Spikeband- oder Saugleisten-Beschicksysteme). Bei Beschichtungen mit Fertigoberfläche darf das Preßgut wegen Verkratzgefahr nicht aus der Presse ausgeschoben werden, sondern eine *Vakuum-Austragsvorrichtung* (Laufwagen mit schwenkbaren Vakuumsaugern) fährt in die geöffnete Presse ein, hebt das Preßgut an und fördert es ohne Beschädigung zur Abstapelung.

3. Einetagenpressen und Pressenanlagen

Die *leichte hydraulische Einetagenpresse* ist in ihrem Aufbau und in der Gesamtkonzeption den Forderungen der Schreiner- und Innenausbaubetriebe angepaßt (Abb. 4.18). Das Pressengestell und der Pressentisch bestehen aus geschweißtem Profilstahl. Die beiden Heizplatten, eine unten auf den beweglichen Preßtisch und die andere oben als Gegendruckplatte an dem Gestell befestigt, bilden eine Preßetage, die sich weit öffnen läßt, so daß sowohl Einzelplatten (Heißabbindung) als auch Plattenstapel (Kaltabbindung) von Hand sehr einfach von (Breit- und Schmalseiten) beschickt werden können.

Bei der Standardausführung sind elektrisch angeschlossene Aluminium-Heizplatten eingebaut. Die Heizplatte besteht aus zwei miteinander verbundenen Blechen aus einer druckfesten Aluminiumlegierung, wobei in einem Blech Nuten für die Aufnahme der elektrischen Heizelemente eingearbeitet sind. Durch den direkten Wärmeübergang erfolgt eine schnelle Aufheizung und gleichmäßige Wärmeverteilung. Wärmedämmende Schutzplatten auf der Rückseite hemmen die Wärmeabwanderung in das Pressengestell. Bei einer Etage und Preßfläche von 2 500 mm × 1 300 mm beträgt der Anschlußwert 16 kW (Dauerverbrauch rd. 5 kW). Alternativ können als Heizplatten auch Stahlplatten mit einem gebohrten Kanalsystem eingesetzt werden, die mit preiswerten Heizmedien (Dampf, Heißwasser) versorgt werden können.

Die 6 bis 8 gleichmäßig unter dem Preßtisch angeordneten Kolben werden durch ein Handventil betätigt. Durch Abschalten der Außenkolben ist es möglich, in der Mittelpartie des Tisches kleinere Werkstücke zu bearbeiten.

Zur Steuerung des Preßvorgangs sind vorhanden:

- Temperatureinstellung und -anzeige,
- Druckeinstellung und -anzeige,
- Zeiteinstellung und -anzeige,
- Bedienelemente.

Verfahrenshinweise: Bei geringer Pressenleistung können die meisten Beschichtungen mit Klebfugen durchgeführt werden.

Die *hydraulische Kaltpresse oder Stapelpresse* (auch *Blockpresse* genannt) ist eine leichte bis mittelschwere Einetagenpresse ohne Heizplatten, jedoch mit sehr großer Etagenöffnung zur Aufnahme von Plattenstapeln für die Kaltabbindung (Abb. 4.19). Die Presse in Oberkolbenbauweise arbeitet mit 1 bis 4 Drucksektionen, die einzeln (für kleine Formate) oder gemeinsam (für Großformate) eingesetzt werden können (z. B. Gesamt-

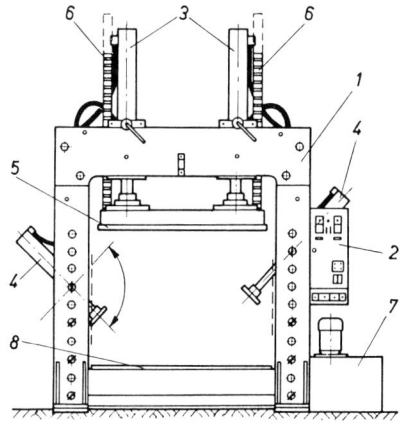

Abb. 4.19 Stapelpresse. 1 Pressengestell. 2 Steuereinrichtung. 3 obere Preßeinrichtung. 4 seitliche Preßkolben. 5 obere Druckplatte. 6 Höhenverstellung. 7 Hydraulikaggregat. 8 untere Gegendruckplatte

preßfläche 2200 mm × 1300mm, aufgeteilt in 4 Tische 1100 mm × 650 mm). Im
unteren festen Preßtisch sind gefederte
Rollen oder angetriebene versenkbare
Transportbänder eingebaut, die ein leich-
tes Einschieben der Stapel ermöglichen.
Mit Stapelpressen lassen sich einfache
Arbeitsabläufe durchführen. Eine Anlage
kann aus folgenden Einheiten bestehen
[Soiné, 1983]: Beschickanlage mit Klin-
kenaufschub vom Hubtisch, Flächenreinigung, Klebstoffauftrag mit Scheibenrollenbahn, Legetisch zum Zusammenlegen
mit Höhenausgleich durch Hebebühne,
Quertransport, Stapelpresse(n), Quertransport zu dem Pufferlager (Abb. 4.20).
Verfahrenshinweise: Als Beschichtungsmaterial werden duroplastische und thermoplastische Dekorfolien und teilweise
auch Furniere verarbeitet. Die verwendeten PVAc-Dispersionsklebstoffe enthalten Wasser, das bei längerer Kaltpreßzeit
eine ungewollte Quellung der Deckschichtspäne der Trägerplatte herbei-
führt. Bei Verwendung poriger Folien
wird diese Oberflächenunruhe aber unsichtbar (getarnt).
Die chemische und physikalische Beanspruchbarkeit der Klebfuge ist für den
Wohnmöbelbereich zwar ausreichend,
aber im Gegensatz zu neuentwickelten
Heiß-Abbindeverfahren nicht sehr hoch.
Das Prägen der Flächen z. B. mit einer
Porenstruktur ist im Stapel nicht möglich.
Wegen additiver Dickentoleranzen im
Stapel stellen sich bei den übereinander
liegenden Flächen verschiedene spezifische Preßdrücke ein, was durch einen
ausreichend hohen Einstelldruck zu berücksichtigen ist. Nach der Kaltabbindung ist eine 24stündige Klimatisierung
notwendig.

Die *Einetagen-Kurztaktpresse* ist die in
der Möbelindustrie meist verwendete
Pressenart, die auch gegenüber dem
weiterentwickelten Kalander-Kaschier-
verfahren nicht an Bedeutung verloren
hat. Die kurzen Preßtakte werden durch
eine sehr schnelle Preß- und Abbinde-
technologie erzielt, indem schnell abbindende Klebstoffe (zur Zeit Harnstoff-For-
maldehyd-Harze), eine rasche Kleb-
fugenerwärmung und kurze Chargen-
wechselzeiten optimal aufeinander abgestimmt wurden.
Um die in der Industrie benötigten hohen
Preßleistungen zu erreichen, ist die
„schnelle Preßtechnologie" immer kombiniert mit einer großen Preßfläche. Bei
der Bestimmung der *Preßplattengröße*
muß neben der geforderten Leistung
auch die Werkstückgröße berücksichtigt
werden, die sich aus den Standardabmessungen von Platten- und Beschichtungsmaterialien sowie aus der Modul-
ordnung des Bauwesens nach DIN

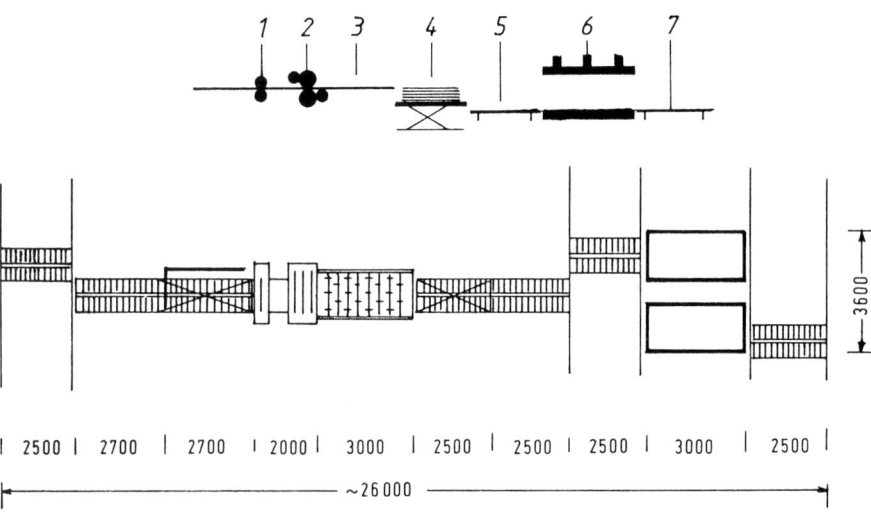

Abb. 4.20 Prinzip des Kaltkaschierens mit Stapelpressen (oben). 1 Flächenreinigung. 2 Klebstoffauftrag. 3 Auslauf-Scheibenrollenbahn im Wasserbecken. 4 Legetisch zum Schichten der
Werkstückstapel. 5 Quertransport-Schiebebühne. 6 Stapelpresse. 7 Quertransport zu den Puf-
fer-Rollenbahnen. Raumbedarf für eine Anlage mit zwei Stapelpressen (unten) (nach Soiné)

18000 ergibt. Grundsätzlich sind zu der
gewählten maximalen Werkstückgröße
mindestens 100 mm zu addieren, weil
durch Wärmeabstrahlung an den Platten-
rändern ein Temperaturabfall eintritt.
Werkstücklängen bis 2400 mm können
quer auf die Preßfläche gelegt werden.
Die Preßflächenlänge errechnet sich
dann aus der Summe der hintereinander
liegenden Werkstückbreiten plus Zugaben. Bei der Überlegung, Werkstückfor-
mate längs oder quer zu legen, muß man
die Preistendenz von Pressen kennen
(Abb. 4.21): zunehmende Pressenbreite
ist teurer als zunehmende Pressenlänge.
Bei der Forderung nach höherem Preßdruck ist bei gleicher Preßfläche die
schmälere Presse preiswerter als die
breitere. Die Heizplattenformate sind
kombinierbar aus Breiten von 1400 mm
... 2500 mm und Längen von 2600 mm
... 5650 mm.

Konstruktionsmerkmale: Kurztaktpressen werden als Oberkolben- oder Unterkolbenpressen gebaut und mit einer auf
die Bauart abgestimmten automatischen
Beschick- und Entleereinrichtung ausgerüstet. Pressengestell mit Rahmen aus
massiven Stahlplatten ist für Schmalseitenbeschickung ausgelegt. Heizplatten,
ebenfalls aus Stahl, haben gut dimensio-

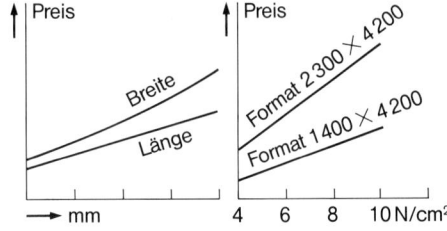

Abb. 4.21 Preistendenzen bei Kurztaktpressen in Abhängigkeit von Länge und Breite sowie maximalem Preßdruck

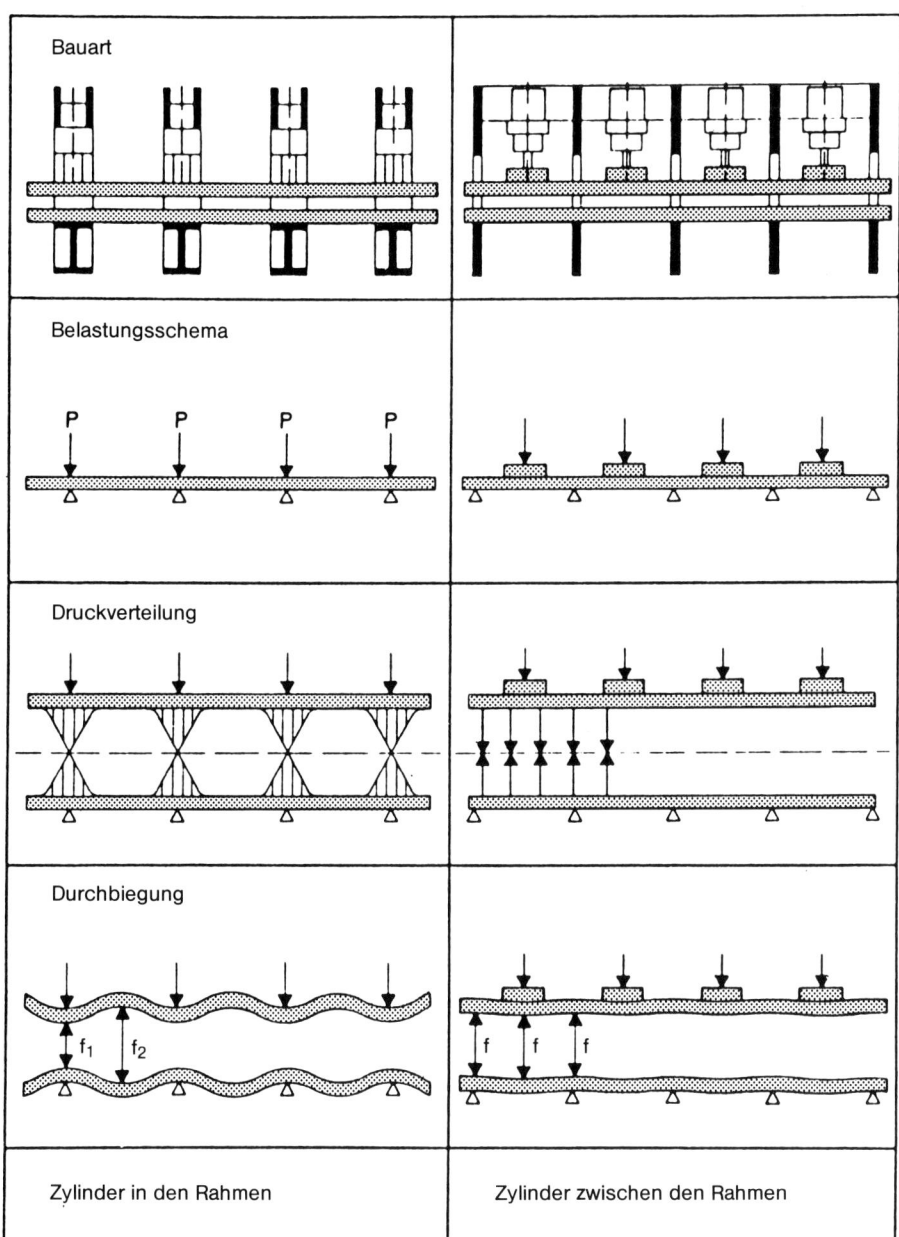

Bauart	
Belastungsschema	
Druckverteilung	
Durchbiegung	
Zylinder in den Rahmen	Zylinder zwischen den Rahmen

Abb. 4.22 Druckverteilung zwischen den Preßplatten bei unterschiedlicher Anordnung der Preßkolben; links: Preßkolben in den Rahmen, rechts: Preßkolben zwischen den Rahmen

nierte Bohrungen für Heizkanäle und geschliffenen Oberflächen (Dickentoleranz ±0,1 mm).

Beheizung der Presse erfolgt mittels Dampf-, Heißwasser- oder Wärmeträgerölanlage. Preßzylinder bestehen aus hochverdichtetem Spezialguß und enthalten Kolben aus Stahl mit verchromter Oberfläche. Der Weg jedes Kolbens wird elektronisch überwacht, so daß eine Fehlbelegung durch Überschreiten eines wählbaren Differenzbetrages erkannt und der Druckaufbau abgeschaltet wird.

Eine durch Druckspeicher (Akkumulatoren) unterstützte Hydraulik in Verbindung mit einer Nachsaugehydraulik (bei Oberkolbenbauart) erreicht folgende Zeiten für:

Schließen der Presse	rd. 1,0 . . . 1,5 s
Druckauf	rd. 1,5 . . . 2,0 s
Druckabbau	rd. 0,5 s
Öffnen der Presse	rd. 1,5 . . . 2,0 s

Das wesentliche Merkmal von Kurztaktpressen ist die gleichmäßige *Druckverteilung* über die gesamte Pressenfläche, die durch Entwicklung einer neuen statischen Konzeption der Presse erreicht wurde (Abb. 4.22). Bei der klassischen Konzeption sind die Preßzylinder innerhalb der Preßrahmen eingebaut. Trotz „starrer" Preßplatten ergeben sich unter den Zylindern Druckspitzen, zwischen den Rahmen dagegen Zonen mit vermindertem Druck. Nach der neuen Konzeption werden die Preßzylinder nicht in, sondern zwischen die Rahmen gesetzt, wobei sich über die Druckverteilerstücke eine parallele Biegelinie beider Heizplatten und gleichmäßige Druckverteilung über die Preßfläche ergibt.

In den neuen Pressen in Oberkolbenbauart wirken die Preßkolben über Druckverteilerstücke auf die obere Heizplatte, deren Dicke so dimensioniert ist, daß auf eine stützende Druckplatte verzichtet werden kann. Obere und untere Heizplatten sind zwischen den Rahmen auf Durchbiegung beansprucht und übertragen den Preßdruck gleichmäßig über die mit Werkstücken ausgelegte Preßfläche.

Entsprechend dem Preßgut sind bei großformatiger Beschichtung folgende *spezifische Preßdrücke* zu unterscheiden:

- für Furniere 0,6 . . . 1,2 N/mm²,
- für Folien auf Papierbasis

  0,6 . . . 1,2 N/mm²,
- mit Porenprägung in Presse

  0,8 . . . 1,5 N/mm²,
- (für das Herstellen von Matrizen

  1,5 N/mm²),
- für Filme auf Basis melaminbeharzter Papiere 1,8 . . . 2,5 N/mm²,
- für das Pressen von Strukturoberflächen ≤ 3,0 N/mm².

Es sind folgende *Preßtemperaturen* zu unterscheiden:
- für Furniere (wegen Verfärbung) 80 ... 140 °C,
- für Folien auf Papierbasis 140 ... 170 °C,
- für Filme (Melaminharz) 150 ... 180 °C.

Beim Kurztaktverfahren können folgende Taktzeiten erreicht werden:
- für Furniere 90 s,
- für Folien auf Papierbasis 50 s,
- für Dünnfolien 30 s,
- für Filme (Melaminharz) 60 s.

Kurztaktpressen erreichen einen hohen Grad an Perfektion in den *Einetagen-Kurztaktpressenanlagen* (auch Kurztaktpressenstraße genannt). Hinsichtlich des Aufbaus lassen sich grundsätzlich drei verschiedene Beschichtungsanlagen unterscheiden:
1. Kurztaktpressenanlage zur Klebbeschichtung mit Furnieren und duroplastischen Folien auf Papierbasis in Bogen- oder Blattform;
2. Kurztaktpressenanlage zur Klebbeschichtung mit Folien auf Papierbasis von der Rolle (auch als Konti-Takt-Verfahren, Quick-Step-Verfahren, Fließtakt-Verfahren bezeichnet);
3. Kurztaktpressenanlage zur Preßbeschichtung (Direktbeschichtung) mit Filmen auf der Basis melaminbeharzter Papiere (in Bogen-/Blattform oder von der Rolle).

Zu 1.: Die *Kurztaktpressenanlage für das Aufkleben bogen- oder blattförmiger Furniere oder duroplastischer Folien* ist in der Maschinen- und Fördermittelausstattung auf den Arbeitsfluß der Materialien abgestimmt (Abb. 4.23). Trotz des hohen Mechanisierungsgrades muß nach dem Klebstoffauftrag das Belegen der Trägerplatten in Fixmaßen von Hand auf Legeband oder Bandtablett erfolgen. Die Anlage kann aus folgenden Einheiten bestehen (Abb. 4.24): Materialaufgabe durch Quereinschub mit in Grube versenkbarer Hebebühne, Flächenreinigungsmaschine, Klebstoffauftragmaschine mit angetriebener Messerscheibenrollenbahn im Wasserbad, Bandbeschickung mit getrenntem Beleg- und Pressenband, Kurztaktpresse mit Sicherheits- und Reinigungseinrichtungen, Abstapeleinrichtung, Quertransport und Rollenbahnen.

Zu 2.: Die *Fließtaktpressenanlage für das Aufkleben rollfähiger Folien* auf Papierbasis ist in der Ausstattung auf die Verarbeitung von Fertigeffekt-(Finish-)Folien (rd. 60 ... 130 g/m² Gewicht, imprägniert, mit Farbdruck und Lackschicht, glatt oder geport) und insbesondere von

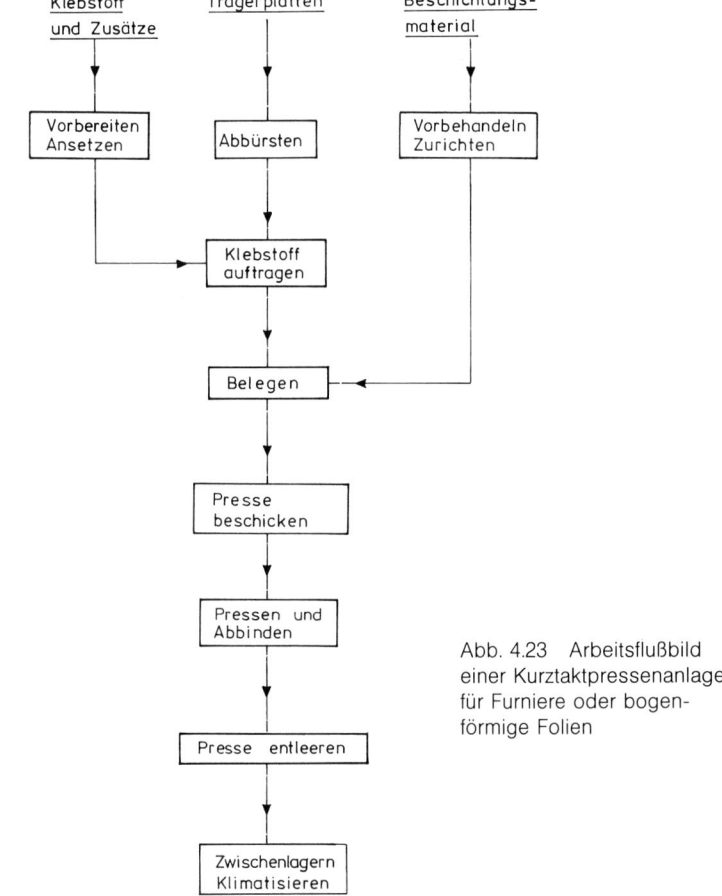

Abb. 4.23 Arbeitsflußbild einer Kurztaktpressenanlage für Furniere oder bogenförmige Folien

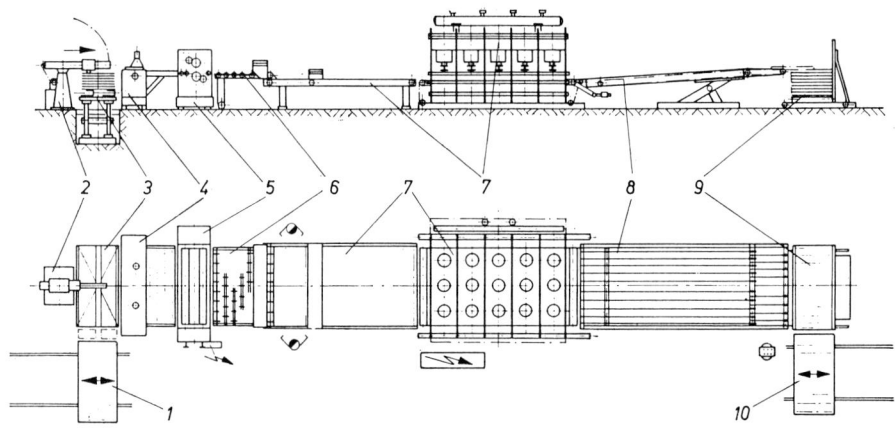

Abb. 4.24 Kurztaktpressenanlage für Furniere und bogenförmige Folien mit manueller Legestation. 1 Rohplattenstapel. 2 Beschickeinrichtung. 3 Hebebühne. 4 Flächenreinigungsmaschine. 5 Klebstoffauftragmaschine. 6 Messerscheibenbahn. 7 Bandbeschickung und Kurztaktpresse. 8 Abstapelvorrichtung. 9 Rollenbahn mit Anschlagwand. 10 Quertransportwagen

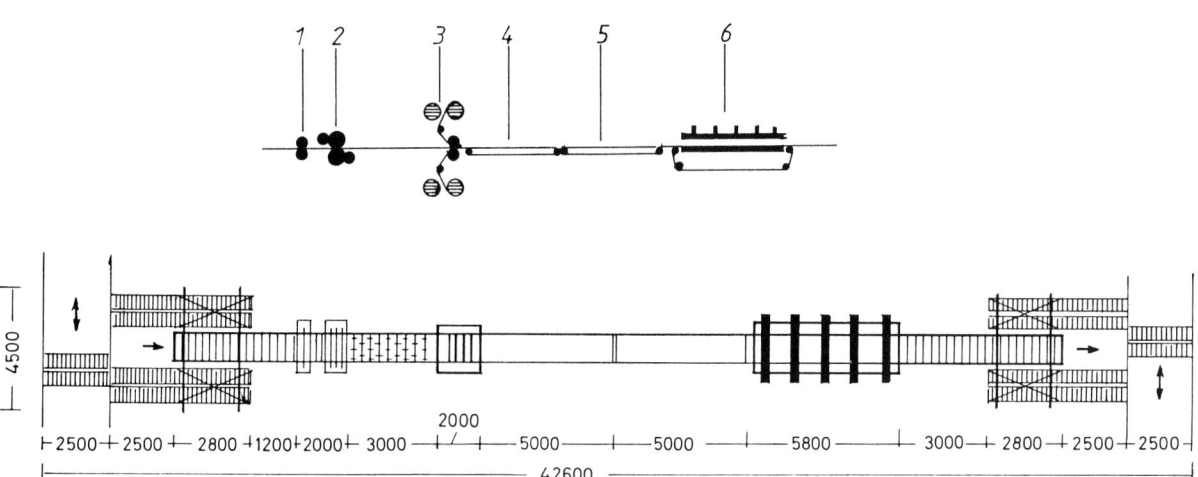

Abb. 4.25   Prinzip einer Fließtaktanlage für Folien von der Rolle (oben). 1 Flächenreinigung. 2 Klebstoffauftragmaschine. 3 Beschichtungswerkstoffe (oben und unten). 4 Beschleunigungsstrecke. 5 Sammelband vor der Presse. 6 Kurztaktpresse mit Pressenbelegeband. Raumbedarf der Anlage (unten) (nach Soiné)

Dünnfolien (rd. 23 … 40 g/m² Gewicht, nicht imprägniert, mit Dekordruck und Lack-Deckstrich) in Rollenform.
Verklebung mit

- Naßklebstoff (Harnstoff-Formaldehyd, mit Zusatz von 10 % weißer Farbpigmente wie Titandioxid bei hellen Dünnfolien) oder
- Trockenklebstoff (als rückseitiger Klebstoffstrich auf den Folien); hierbei ist die eingeschränkte Lagerfähigkeit und Haltbarkeit zu beachten.

Nach dem Klebstoffauftrag erfolgt das mechanisierte Zusammenlegen des Preßguts direkt von der Rolle durch eine *Folienkaschiermaschine mit Folientrenneinrichtung, gefolgt von der Kurztaktpresse* für die Heißabbindung des Klebstoffs. Vorteilhaft ist der vollautomatische Fertigungsablauf, wobei durch eine Folienverbindeeinrichtung kein Folienverlust durch Restrollen entsteht.

Alle Kurztaktpreßverfahren eignen sich für das Strukturieren (Prägen) der beschichteten Oberflächen mit Matrizen. Diese können als Preßblech unter die obere Heizplatte gehängt werden (50 000 Preßtakte möglich). Meist arbeitet man mit einfachen Kunststoffmatrizen, die auf der Kurztaktpresse preiswert hergestellt werden, jedoch 4 Sekunden längere Preßzeit erfordern. Bei der selten verlangten zweiseitigen Prägung kann auch das Pressenband zur Matrize werden. Da in den nassen Harnstoffklebstoff geprägt

und dabei abgebunden wird, ergeben sich markante, stabile Strukturen.

Die Anlage (Abb. 4.25) besteht aus Plattenaufgabe, Flächenreinigungsmaschine, Klebstoffauftragmaschine mit Messerscheibenbahn, Kaschiermaschine mit Doppelrollenmagazin und Folienverbindeeinrichtung, Trennvorrichtung, Beleg- und Beschickband (zweiteilig), Kurztaktpresse, Abstapeleinrichtung, Schiebebühne und Rollenbahnen.

Zu 3.: Die *Kurztaktpressenanlage für die Preß- oder Direktbeschichtung* (ohne Klebstoffauftrag) mit Filmen (kondensationsharzimprägnierten Papieren) wird nicht für Fixmaße, sondern aus wirtschaftlichen Gründen immer nur für Großformate (Standardformate) eingesetzt. Für die großformatigen Platten und Filme stehen hochentwickelte Förder-, Beleg-, Beschick- und Entleereinrichtungen sowie schwere Kurztaktpressen mit hoher Preßkraft zur Verfügung.

Die Preß- oder Direktbeschichtung lief zeitlich parallel mit der Entwicklungsgeschichte der Spanplatte. Vom Anfang an bemühte man sich intensiv um das *Eingang-Verfahren,* die Beschichtung unmittelbar verbunden mit der Herstellung der Spanplatte in einem Preßgang. Es scheiterte jedoch an der Problematik des staubfreien Arbeitens und des energievernichtenden Rückkühlens, so daß sich das *Zweigangverfahren* auf Kurztaktpres-

sen durchsetzte, bei welchem die Melaminharzfilme auf die geschliffene Spanplatte aufgepreßt werden. Die beschichteten Produkte sind in ihren Eigenschaften genormt als dekorative kunststoffbeschichtete Flachpreßplatte (Kurzbezeichnung KF) nach DIN 68 765 und dekorative kunststoffbeschichtete Holzfaserplatte (KH) nach DIN 68 751. Über physikalische und chemische Grundlagen sowie über die Verfahrenstechnik wurde ausführlich berichtet z. B. [Lange 1972, 1973; Kolassa u. Nopper 1973; Mitgau 1973, 1977; Enzensberger 1977, 1980; Böhme 1980; Posselt 1984]. Große „Direktbeschichter" imprägnieren ihre Papiere selbst, teilweise mit Reinmelamin, teilweise mit Melamin-Harnstoff-Verschnitten.

Papiergewicht und Beharzungsgrad sind Kriterien eines Melaminharzfilmes. Das Papiergewicht liegt im allgemeinen bei 80 g/m² und wird mit einer Kunstharztränkung von mindestens 60 g/m² versehen. Belädt man beispielsweise ein 80-g-Papier mit 100 g/m² Melaminharz (atro), so spricht man von einem 80/180er-Film. Heute arbeitet man mit sehr dichten, stark gefüllten Papieren mit hohem Aschegehalt, in die nur geringe Harzmengen eindringen, so daß Filme nicht mehr nach Bezeichnung, sondern nach Muster oder Preßversuch gekauft werden. Die Direktbeschichtung wird fast ausschließlich mit Dekorfilmen durchge-

163

führt, d. h. Overlay- und Underlayfilm werden selten mitverarbeitet, weil man derart hochwertige Oberflächen nur begrenzt absetzen kann.

Die Beschichtungstechnik läßt sich geschichtlich in drei Abschnitte einteilen:
1. das klassische Heiz-Kühl-Verfahren in Mehretagenpressen seit den fünfziger Jahren;
2. das Kurztakt-Verfahren in ständig heißen Einetagenpressen seit dem Jahr 1969;
3. das kontinuierliche Verfahren in Doppelbandpressen, die Mitte der achtziger Jahre zur Fertigungsreife entwickelt wurden.

Allen Verfahren gemeinsam ist das Durchlaufen der zwei Stufen des Melaminharzfilms:
• das vorkondensierte Aminoplastharz (Resitol-Stufe) des Films wird in der Presse unter Preßdruck und -temperatur geschmolzen, tritt an die Papieroberflächen und bildet die Klebfuge und Lackschicht;
• das geschmolzene Harz wird unter Preßdruck und -temperatur durch Polykondensation ausgehärtet (Resit-Stufe) und bildet die feste nutzbare Beschichtung, die während des Vorgangs durch zugelegte Preßbleche in der Oberflächenstruktur beeinflußbar ist (Matt- und Seidenglanz, Porung, Bütten- und sonstige Phantasiestrukturen).

Melaminharz entsteht durch Kondensation von Melamin, Formaldehyd und weiteren Zusätzen. Da dieses Harz relativ spröde ist, wird es für Holzwerkstoffbeschichtungen modifiziert. Durch die Zusätze und die Art der Kondensationsführung werden die Harzeigenschaften beeinflußt. Dem Tränkharz werden Härter zugegeben, um die erstrebten Härtungs- bzw. Preßzeiten zu erreichen.

Im Kurztaktverfahren können bei entsprechend schneller Chargenwechselzeit sehr kurze reine Preßzeiten von 30 s erreicht werden. Dabei liegt an den Heizplatten eine Temperatur bis 200 °C (Vorlauftemperatur) an. Die Temperatur der Preßbleche kann bis 185 °C betragen. Bei diesen Temperaturen muß die drucklose Liegezeit des Films in der Presse sehr kurz sein.

Neben dem Harz verdienen die Eigenschaften des Papiers Beachtung. Man unterscheidet gebleichte oder ungebleichte Natronkraftpapiere (für technische Filme) und Edelzellulosepapiere (für Dekorfilme), die Füllstoffe und Farbpigmente enthalten können. Füllungsgrade von 33 % bei weißpigmentierten Papieren erlauben den Einsatz geringer Flächengewichte bei hoher Deckkraft. Bei unterschiedlichen Preßtemperaturen können allerdings bei einigen Pigmenten Farbun-

terschiede durch die geänderten Preßbedingungen auftreten.

Preßbeschichtung mit anderen Materialien: Bei der Preßbeschichtung mit Polyesterfilmen lassen sich mit ungesättigten Polyesterharzen getränkte Papiere mittels eines zugelegten Leimfilms bei 160 ... 180 °C und einem Druck von 1 ... 1,2 N/mm² aufpressen. Dabei müssen Trennpapiere zugelegt werden. Während das Polyesterharz unter Druck und Temperatur fließt und aushärtet, können mit Hilfe von Matrizen und Trennpapieren tiefe Oberflächenstrukturen eingeprägt werden. Obwohl Polyesteroberflächen warm und griffsympathisch wirken, konnten sie sich wegen höheren Kosten gegenüber Melaminharzflächen nicht durchsetzen.

Die Preßbeschichtung mit Diallylphthalatfilmen kann ohne Leimfilme und Rückkühlung bei Drücken von 1,2 N/mm² durchgeführt werden (auch mit Oberflächenprägung). Diallylphthalat ist aber erheblich weicher als Polyester und Melamin und findet deshalb (und auch aus Kostengründen) keinen industriellen Einsatz.

Preßbeschichtungen mit Acrylharzfilmen (ohne Papierträger) sind fast transparent und bieten sich für die Beschichtung von z. B. Furnieroberflächen speziell für den Außeneinsatz an. Die Entwicklung ist jedoch noch nicht abgeschlossen.

Zur Ausbildung der fertigen Oberflächen sind die Preßbleche, Preßpolster bzw. flexible Prägematrizen von Bedeutung (Abb. 4.26).

Preßbleche: Verchromte Messingbleche oder Chromstahlbleche mit negativ ausgebildeter Oberflächenstruktur (unverchromte Bleche führen zu Verklebungen). In Kurztaktpressen können nicht hochglänzende Oberflächen erzielt werden (bisher nur im Heiz-Kühl-Verfahren möglich). Für die Befestigung des Blechs an der oberen Heizplatte sind Spannkolben vorhanden, die an den Spannleisten des Blechs angreifen. Das untere Blech wird durch Schnellverschlüsse befestigt. Die Zeiten für das Wechseln der unterschiedlich strukturierten Bleche sind durch Schnellwechseleinrichtungen gegenüber dem manuellen Blechwechsel sehr verkürzt worden. Die Lebensdauer der Preßbleche kann je nach Behandlung und Wechselhäufigkeit 50 000 Preßzyklen und mehr betragen.

Preßpolster: Gewebte Matte zwischen Heizplatte und Preßblech als Druck- und Toleranzausgleich der Unebenheiten von Heizplatte, Preßblech und Spanplatte. Kurze Preßzyklen erfordern eine hohe Wärmeleitfähigkeit, die durch einen Metallanteil im Gewebe erreicht wird.

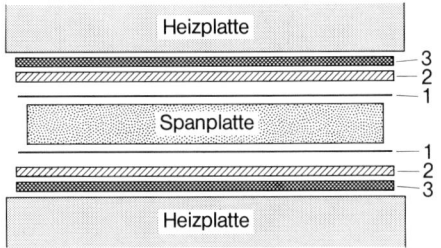

Abb. 4.26 Aufbau einer Preßcharge zwischen den Heizplatten. 1 Film. 2 Preßblech. 3 Polster

Flexible Prägematrizen: Gegen Melaminharz trennfähige Strukturmatrizen eröffnen neue Möglichkeiten bei Sonderwünschen und sind gut geeignet für Kleinaufträge und Bemusterungen. Die Kosten einer Matrize liegen bei etwa 5 % der Kosten eines verchromten Preßblechs, und die Standzeit beträgt bis 10 000 Preßzyklen. Da die Matrizen auf der eigenen Anlage hergestellt werden, können Kundenwünsche leicht erfüllt werden.

Kurztakt-Beschichtungsanlagen: Bei der Weiterentwicklung der Kurztaktpressen (KT-Pressen) wurde die drucklose Liegezeit der Filme in der Presse verkürzt. Dadurch ist das Arbeiten mit schnell reagierenden Harzen und kurzen Preßzeiten möglich, wobei der Materialfluß innerhalb der Pressenstraße auf die kurzen Preßzyklen abgestimmt sein muß.

Die Rohplatten werden in Stapeln an die Anlage gebracht, automatisch vereinzelt und in einer Bürstmaschine gereinigt. Je nach den besonderen Anforderungen stehen verschiedene *Papierlegesysteme* zur Verfügung:
• manuelles Legen (nicht einsetzbar wegen zu geringer Leistung und zu großem Papierüberstand);
• halbautomatisches Legen mit Saugwagen und Vakuumziehleisten (in der Praxis bewährt für Einzelpapiere oder mehrschichtige Papieraufbauten);
• automatisches Legen durch Papierlegeeinrichtungen (hohe Leistung, geringer Papierüberstand von 5 ... 10 mm durch hohe Legegenauigkeit, Papiere von der Rolle können zu Bogen geschnitten werden).

Trägerplatten werden aufgrund ihres Gewichts und ihrer Abmessungen immer mechanisch mittels Ketten-Mittellagentransports, Saugwagen oder Schwertübergabe aufgelegt.

Speziell konstruierte Beschick- und Entleervorrichtungen in Verbindung mit modernen Pressenbauarten (Preßkolben zwischen den Rahmen angeordnet) erlauben die Ausnutzung der kurzen Aushärtezeiten moderner Kurztaktharze. So unterscheidet man:

1. Kurztaktpressen horizontal (KTH) mit
• Bandtablettbeschickung und Vakuumaustrag (Nachteile bei hoher Beschickgeschwindigkeit, große Masse, Verschleiß, nur bei wechselnden Preßformaten interessant);
• Klemmleistenbeschickung und Vakuumaustrag (wegen geringer Masse schnell und verschleißarm, häufig eingesetzt);
• Saugleistenbeschickung und Vakuumaustrag (ähnlich Klemmleistenbeschickung, Vorteil der freien Wahl des Breitenformats, Preßgut hängt beim Beschicken nicht durch).

2. Kurztaktpressen vertikal (KTV) mit
• Spikebandbeschickung (System sehr aufwendig, Platten sind vertikal gestellt, trotz idealer Preßtechnik vom Markt verdrängt).

Die *Beseitigung der überstehenden Papierränder* erfolgt bei den ausgehärteten Filmen durch Abbrechen oder Abkratzen mit Vorrichtungen im Durchlauf. Mit Hilfe eines „Kontrollschwenkers" oder Sternwenders kann die Beschichtung oben und unten kontrolliert werden. Die nachfolgende Sortierung der Fertigplatten nach Qualitätsmerkmalen (Klassifizierung) ermöglicht das Abstapeln nach Güteklassen.
Die Anlage (Abb. 4.27) besteht aus Rohplattenaufgabe, Flächenreinigungsmaschine, automatische Papierlegeeinrichtung, Beschick- und Vakuumentleereinrichtung, Kurztaktpresse mit Preßblechen und Polster, Kantenbesäumung (Beseitigung überstehender Papierränder), Klassifizier- und Sortiereinrichtung, Abstapeleinrichtung, Stapelverschiebewagen und -rollenbahnen.

Rechnergestützte Kurztaktpressenanlage: Das Ziel der Rechnerunterstützung für Pressenanlagen heißt: kürzere Rüstzeiten für die Anlage, Verringerung des Legepersonals, Humanisierung des Arbeitsplatzes, höhere Fertigungsflexibilität und Verringerung personenbedingter Fehler. Die Anlage (Abb. 4.28) enthält folgende Einzelaggregate [Höh 1986]:
1. Automatische Plattenaufgabe mit

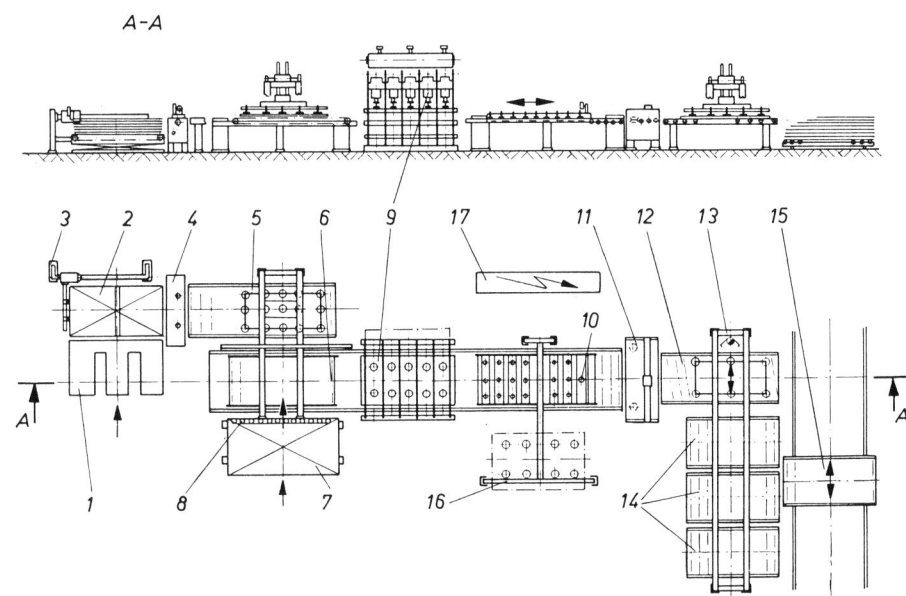

Abb. 4.27 Kurztakt-Beschichtungsanlagen. 1 Aufgabe Rollenbahn für Rohplatten. 2 Hubtisch. 3 Einschubvorrichtung. 4 Bürstenmaschine. 5 Rohplattenbeschicksystem. 6 Zusammenlegestation. 7 Papiermagazin. 8 Papierbeschicksystem. 9 Ein-Etagen-Beschichtungspresse. 10 Pressenentleervorrichtung. 11 Kantenreinigungsstation. 12 Ausrichtrollenbahn. 13 Kontroll- und Stapelvorrichtung. 14 Stapelrollenbahn. 15 Quertransportagen. 16 Preßblechwechselstation. 17 Schalt- und Steueranlage

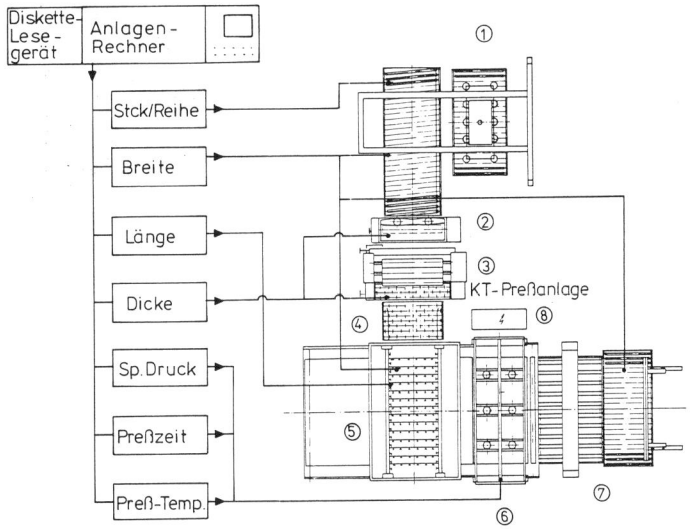

Abb. 4.28 Rechnergestützte Kurztaktpressenanlage. 1 Automatische Plattenaufgabe. 2 Entstaubungsmaschine. 3 Klebstoffauftragmaschine. 4 Messerscheibenrollenbahn. 5 Bereitstellung des Beschichtungsmaterials. 6 Hydraulische Kurztaktpresse. 7 Abstapeleinrichtung. 8 Schalt- und Steuerzentrale

Zähleinrichtung und automatisch auf Werkstückbreite einstellbares Ausrichtlineal;

2. Entstaubungsmaschine mit automatisch arbeitender Dickeneinstellung;

3. Klebstoffauftragmaschine mit automatischer Dickeneinstellung und Klebstoffmisch- und Zuführeinrichtung;

4. Messerscheibenrollenbahn angetrieben, Weg nach Werkstückabmessungen automatisch gesteuert, mit Aushebevorrichtung für eine zusammengestellte Preßcharge;

5. Bereitstellung für Oberflächenmaterial mit 2 fahrbaren automatischen Tabletts (Furnierbrücken);

6. Hydraulische Kurztaktpresse mit automatischer Druckeinstellung, automatischem Abschalten nicht unterlegter Preßkolben, automatischer Temperatureinstellung, automatischer Ablaufsteuerung für das Öffnen, Schließen, Beschikken, Entleeren und automatischer Preßzeiteinstellung;

7. Abstapeleinrichtung mit auf Werkstückbreite einstellbarer Stapelwand, automatischem Stapelabtransport bei Erreichen der maximalen Stapelhöhe oder vorgewählter Stückzahl;

8. Schalt- und Steuerzentrale mit Computer, Bildschirm und Tastatur.

Es können 150 Datensätze erstellt, gespeichert und abgeändert werden mit z. B. folgendem Inhalt: Auftrag Nr. 1, 2, 3, 4 ..., Artikel Nr., Bezeichnung, Länge [mm], Breite [mm], Dicke [mm], Preßdruck [N/mm²], Temperatur [°C], Preßzeit [s], Vorschub [m/min], Stückzahl, Klebstofftyp und -menge. Die eingegebenen und übertragenen Daten lösen im Anlagencomputer Rechenoperationen und über eine speicherprogrammierbare Steuerung Bewegungsabläufe aus: Breiten-, Dicken- und Längeneinstellung, Pressenbelegung, spezifischer Preßdruck, Preßzeit, Preßtemperatur und Stückzahlkontrolle. Das BDE-System (Betriebsdatenerfassung) erfaßt Produktions- und Stillstandszeiten (Anzeige in Balkengrafik), die vom Rechner synchron zum Arbeitsprozeß ausgewertet und über den Drucker als Protokoll ausgegeben werden.

4. Mehretagenpressen und Pressenanlagen

Mehretagen-Heizplattenpressen werden im allgemeinen eingesetzt, wenn sich beim Abbinden lange Preßzeiten ergeben, weil größere Schichtdicken zu durchheizen sind, z. B. bei der Sperrholz- und Türenfertigung. Aber auch bei der Preßbeschichtung nach dem klassischen Heiz-Kühl-Verfahren entstehen trotz dünner Schichten lange Preßzeiten beim Aufwärmen und Abkühlen, so das es wirt-

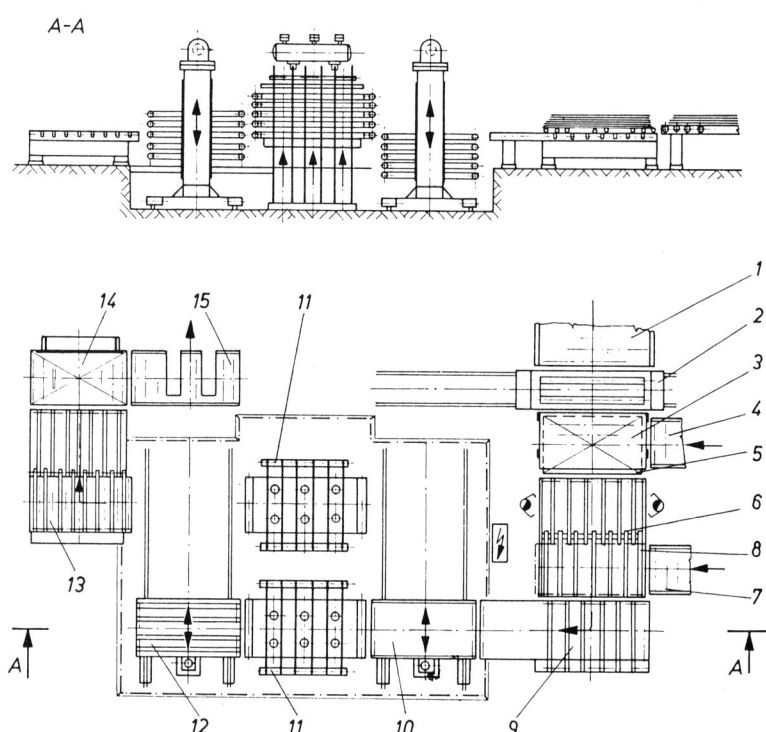

Abb. 4.29 Mehretagenpressenanlage mit zwei Pressen. 1 Einlaufrollenbahn. 2 Klebstoffauftragmaschine. 3 Scheibenrollenbahn. 4 Aufgaberollenbahn für Furnierstapel. 5 Furnierstapel-Hebetisch. 6 Legestation. 7 Aufgaberollenbahn. 8 Furniermagazin. 9 Winkelübergabe. 10 Mehretagen-Beschickwagen. 11 Mehretagen-Durchlaufpresse. 12 Mehretagen-Entleerwagen. 13 Winkelübergabe. 14 Hebetisch. 15 Abnahmerollenbahn. 16 elektrische Steuerung

schaftlich nur in einer Mehretagen-Beschichtungspresse durchführbar ist.

Leichte Mehretagenpressen für die Beschichtung mit Furnieren, Folien usw. werden in Unterkolbenausführung mit geringer Etagenzahl (3 ... 6 Etagen) gebaut und fast immer von Hand beschickt. Dünne Beschichtungen benötigen zum Verformen nur geringe Kräfte, so daß das Pressengestell entsprechend der geringen statischen Beanspruchung leicht gebaut sein kann. Wegen der geringen Gesamtpreßkraft und zur Erleichterung des Beschickens und Entleerens werden die Pressen auch bei Formaten über 3 m Länge für die bequemere Breitseitenbeschickung eingerichtet, die aufgrund des höheren Material- und Bearbeitungsaufwands teurer ist als die Schmalseitenbeschickung. Die Heizplatten aus Stahl haben gebohrte Heizkanäle, die von Dampf oder Heißwasser durchströmt werden. Die Preßbleche sind in der Presse auf den Heizplatten befestigt, was den früher üblichen aufwendigen Preßblechumlauf erspart. Da die dünnen Beschichtungen in kurzer Zeit von der Wärme durchdrungen sind, werden bei schnell abbindenden Klebstoffen kurze Preßtakte erzielt. Eine dafür notwendige automatische Beschickung und Entleerung einer Etagenpresse würde gegenüber dem Preis der Presse selbst eine unverhältnismäßig hohe Investition bedeuten. Deshalb haben Mehretagenpressen infolge der Entwicklung der wirtschaftlicheren Einetagen-Kurztaktpressenanlagen für das Beschichten von Plattenwerkstoffen nur eine untergeordnete Bedeutung, werden aber noch häufig für das Glätten (Bügeln) von Furnieren verwendet.

Mittelschwere Mehretagenpressen mit bis zu 20 Etagen in Unterkolbenbauart; hier werden automatische Beschick- und Entleereinrichtungen bei der preiswerteren Schmalseitenbeschickung eingesetzt (Abb. 4.29). Wegen der höheren Preßkraft und der längeren Preßtakte sind die Pressen für die Herstellung von Furniersperrholz und Sperrholztüren geeignet, da bei diesen Produkten höhere spezifische Preßdrücke und längere Durchwärmzeiten erforderlich sind. Zur besseren Nutzung der Mehretagenpressen wird Furniersperrholz vor dem Heißpressen verschiedentlich auf Kaltvorpressen im Paket (Block) vorgepreßt. Die Vorpreßtechnik hat den Vorteil, die welligen Furniere zu einem planen Preßling zu formen, um die Beschickung zu erleichtern und die lichte Etagenöffnung zu vermindern (Einfluß auf Pressenhöhe).

Die automatische Beschickung und Entleerung erfordert zusammen mit der Presse mindestens 5 Preßgutlängen Platzbedarf. Die Einrichtungen bestehen im wesentlichen aus *Etagenhubkörben* mit Einschub- und Auszugmechanismus an Beschick- und Entleerseite der Presse. Das Heben und Senken von Beschick- und Entleerkorb geschieht jedoch nicht gleichzeitig, so daß ein Lastenausgleich zwischen beiden nicht vorgenommen werden kann, sondern voneinander unabhängige Antriebe vorgesehen sind. Über eine Einfahrstrecke wird der Beschickkorb gefüllt, auf Höhe der geöffneten Preßetage angehoben und das Preßgut in die Presse eingeschoben, während gleichzeitig die Fertigplatten in den Entleerkorb ausgestoßen und anschließend über eine Auslaufstrecke entnommen werden. Bei Erstellung einer Fundamentgrube ist für die Hubkörbe die gleiche Tiefe wie für die Presse notwendig.

Schwere Mehretagen-Heizplattenpressen werden in konventionellen Beschichtungsanlagen für hochwertige Preßbeschichtungen mit Melaminharzfilmen nach dem Heiz-Kühl-Verfahren eingesetzt [Mitgau 1973, Lange 1973, Kolassa u. Nopper 1973, Enzensberger 1977 und 1980]. Die Ausrüstung von hydraulischen Heizplattenpressen mit Preßblechen für die Oberflächenveredelung von Holzwerkstoffen wurde ausführlich beschrieben [Reich 1973, Posselt 1984]. Die Bedeutung von Mehretagenanlagen wurde geringer wegen des hohen Energieverbrauchs für das Heiz-Kühlen gegenüber den Einetagen-Kurztaktpressen ohne Rückkühlung. Kurztaktpressen können sich aufgrund der schnell härtenden Filmharze, der kurzen Taktzeiten und größeren Preßflächen in der Pressenleistung mit Mehretagenpressen messen.

4.1.3.2 Taktweise arbeitende hydraulische Formenpressen

1. Formenpressen mit festen Formen (Gesenken)

Hydraulische Formenpressen mit Gesenken werden zur industriellen Herstellung von Formholzteilen für z. B. Sitz- und Liegemöbel eingesetzt [Vogt 1961, Heuter 1984]. Die dazu notwendige Anlage besteht aus Furnierbereitstellung, Klebstoffzubereitung, Klebstoffauftragmaschine, Furnierwalzmaschinen, hydraulische Pressen mit heizbaren Preßformen, Formteillager und Weiterbearbeitung.

Formteile stellt man aus mehreren, kreuzweise übereinandergeklebten Furnieren (Formsperrholz) oder aus faserparallelen Furnieren her (Formschichtholz). Die als Preßgut zusammengelegten Furniere werden zwischen die *Patrizen* (Stempel mit konvexer Form) und *Matrizen* (konkave Gegenform) der in der hydraulischen Presse eingebauten Preßformen (Gesenke) gelegt. Die handbeschickten Mehretagenpressen enthalten bis zu 6 Etagen mit Preßformen. Für große Stückzahlen werden Stahlpreßformen mit Abquetschkanten, für kleine Stückzahlen dagegen Preßformen aus Aluminium oder Holz verwendet.

Metallformen werden auf die Heizplatten der Presse aufgespannt und mitbeheizt. Andererseits können auch sowohl Patrize als auch Matrize an ein Heizsystem angeschlossen werden. Entsprechend der gewählten Preßflächen und Drücke für die Preßformen werden 1 ... 4 Unterkolben oder Oberkolben benötigt. Formteile werden je nach Härte der Holzart, der gewünschten Verdichtung und Art des Klebstoffs mit einem Preßdruck von mindestens 0,7 ... $\geq 3 \text{ N/mm}^2$ verpreßt. Für einfache Formteile reicht eine einseitige Druckeinwirkung aus.

Für die Verformungen gilt: Je größer der Biegeradius, desto einfacher die Fertigung. Der kleinste Innenradius soll das 1,5fache bis doppelte der Formteildicke nicht unterschreiten, jedoch nicht kleiner als 20 mm sein.

Bei komplizierteren Werkstücken mit z. B. Verformungen in drei Ebenen, wobei die Schenkel weniger als 5° schräggestellt sind, müssen dreiseitig wirkende Kolbenpressen eingesetzt werden. Vierseitig wirkende Kolbenpressen finden Anwendung bei in sich geschlossenen Formteilen.

Automatische Beschick- und Entleereinrichtungen zur Beschleunigung des Arbeitsganges haben sich bisher nicht bewährt, weil deren Anpassung an die verschiedenen Formen zu umständlich ist.

2. Membran-Formenpressen

Bei *Membran-Formenpressen* ist eine *feste Form* vorhanden, auf die das Werkstück durch ein *elastisches Druckelement*, die Membrane, aufgepreßt wird. Bei Beschichtungsvorgängen ist die feste Form durch eine profilierte Trägerplatte ersetzt, auf die das Beschichtungsmaterial durch die elastische Membrane aufgedrückt wird.

Vorgänger dieser Formenpressen sind die *Schlauchpressen* und die *Gummisackpressen,* die in Sonderfällen noch eingesetzt werden. Schlauchpressen wurden zum Furnieren von Profilleisten oder sonstiger gerundeter Schmalflächen von Möbeln benutzt, wobei das zu furnierende Werkstück die Patrize bildet. Das aufgelegte Furnier wird durch unter pneumatischen Druck gesetzte Schläuche z. B. Feuerwehrschläuche, auf das Werkstück gepreßt und verklebt. Das Verfahren der Gummisackpressen besteht darin, daß ein unter pneumatischem oder hydraulischem Druck stehender Gummisack oder eine andere elastische Membran einen gleichmäßigen Druck auf die zu formende Oberfläche ausübt. In einer anderen Ausführungsform wird die elastische Membran um Form und Werkstück gelegt und der Preßdruck durch ein Vakuum in der Membran erzielt. Über Formenpressen wurde in der Literatur ausführlich berichtet [Vogt 1961, Böhme 1984].

Mit den neuentwickelten *Membran-Formenpressen* lassen sich Flächen mit profilierten Randzonen, geschweifte Werkstücke, profilierte Füllungen usw. auf Flächen und Randprofilen in einem Preßvorgang unter Anwendung von Temperatur beschichten (Abb. 4.30). Der Aufbau der Presse gleicht dem einer hydraulischen Heizplattenpresse in Oberkolbenbauart, wobei der untere Preßtisch in einer Ebene bleibt und die obere Platte einen maximalen Hub von 500 mm ausführen kann. Die Heizplatten sind mit Thermoöl, Dampf oder Heißwasser beheizbar. Ein zur Werkstückhöhe passender auswechselbarer Druckrahmen mit einer Spezialdichtung wird an der oberen Heizplatte befestigt, so daß bei geschlossener Presse eine Hohlkammer zwischen den Heizplatten entsteht.

Die an der oberen Platte flexibel aufgehängte Membrane legt sich beim Schließen der Presse auf das Preßgut und bildet auch gleichzeitig eine umlaufende Dichtung zwischen Druckrahmen und unterem Preßtisch. In den Hohlraum zwischen oberer Heizplatte und Membrane wird vorgewärmte Druckluft eingeblasen, so daß sich die Membrane aufgrund ihrer Dehnfähigkeit an die Werkstückkontur anlegt, Preßdrücke bis 0,7 N/mm² ausübt und auch Wärme zur beschleunigten Ab-

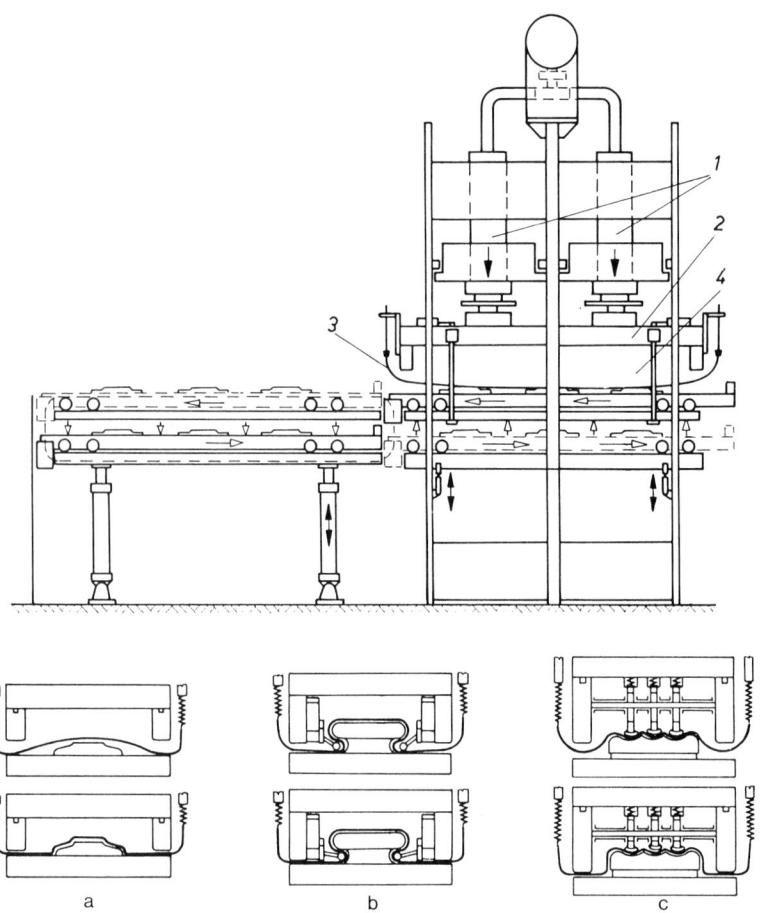

Abb. 4.30 Membran-Formenpresse mit Tablettbeschickung. 1 Kolben zum Heben und Senken des oberen Pressentisches. 2 oberer Pressentisch mit Druckrahmen. 3 flexible Membrane. 4 Druckluft (erwärmt). Verschiedene Ausstattungen: (a) Membrane wird durch Druckluft angedrückt. (b) und (c) Membrane und Beschichtungswerkstoff werden durch Vorformeinrichtung gehalten

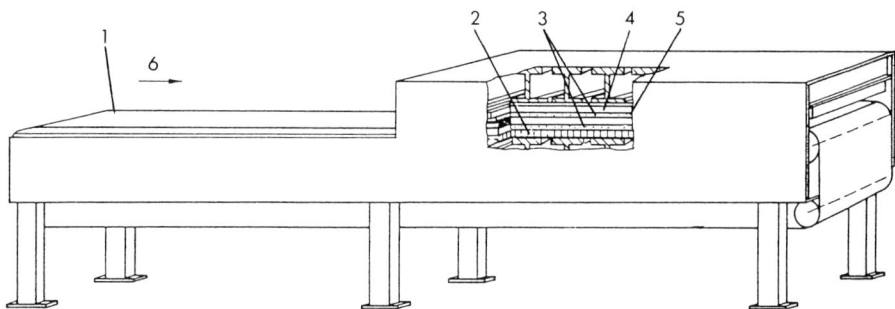

Abb. 4.31 Schema der Flexi-Presse, Bauart Grecon. 1 Beladeband. 2 Drucksystem. 3 Heizplatte (elastisch). 4 Werkstück. 5 Matrize. 6 Durchlaufrichtung

bindung der Klebfuge überträgt. Je nach Beschichtungsmaterial werden Harnstoffharz- oder PVAc-Dispersionsklebstoffe aufgetragen. Zusatzausrüstungen sind Druckrahmen mit verschiedener Höhe und zur Beschleunigung der Pressenbedienung entweder Tablettbeschickung oder umlaufende Bandbeschickung.

Eine andere Bauart, eine nach dem sogenannten *Flexi-Preßverfahren* arbeitende Presse (Abb. 4.31) mit einer Metallmembran aus V2A-Blech, konnte sich industriell nicht durchsetzen. Nach Grobeinstellung der Presse auf Werkstückdicke, wird der Restweg von etwa 10 mm durch die Membrane überbrückt. Der auf die Membrane wirkende hydraulische Druck entspricht dem sehr gleichmäßig aufgebrachten isobaren Preßdruck. Die flexible Metallmembran wirkt wie ein Preßpolster und paßt sich Dickenabweichungen der zu beschichtenden Platten an. Die Presse kann zur Breitflächenbeschichtung planer Trägerplatten, auch mittels Matrizen zum Strukturpressen eingesetzt werden. Ein Vorteil dieser Presse ist die einfache Bauweise. Der Preßdruck beträgt 0,5 . . . 2,5 N/mm².

4.1.3.3 Kontinuierlich arbeitende Kaschieranlagen

1. Allgemeines

Der Begriff *Kaschieren* bezeichnet ein Beschichtungsverfahren, mit dem feste Beschichtungsmaterialien, die „direkt von der Rolle" ablaufen, auf Trägermaterialien in kontinuierlicher Arbeitsweise aufgeklebt werden. Im Gegensatz hierzu arbeiten Plattenpressen im Taktverfahren (diskontinuierliche Arbeitsweise) mit Beschichtungsmaterialien, die in zugeschnittenen Formaten (Fixmaßen) als Zuschnitte, Blätter oder Bogen vorliegen.

Anfang der siebziger Jahre wurden Dekorfolien in kontinuierlicher Arbeitsweise in zunehmenden Mengen verarbeitet, wobei die Entwicklung duroplastischer Dekorfolien mit Fertigeffekt von der Rolle (Finishfolien) die Anwendung der Kaschiertechnik in der Industrie verstärkte. Die Entwicklung entsprechender Anlagen nahm seither einen stürmischen Verlauf und wurde in der Literatur ausführlich beschrieben [z. B. Böhme 1980, 1986; Greten 1983; Höh 1976, 1986; Soiné 1979, 1983, 1984, 1987; Pankoke 1977, 1986].

Vorher wurden bereits in geringem Umfange thermoplastische Dekorfolien, hauptsächlich PVC-Folien, kontinuierlich verarbeitet. Anfangs wurde die Beschichtung ausschließlich mit Dispersions- und Lösemittelklebstoffen auf kaltem Wege unter Verwendung von unbeheizten Gummi-Andruckwalzen vorgenommen, was als *Kaltkaschieren* bezeichnet wird.

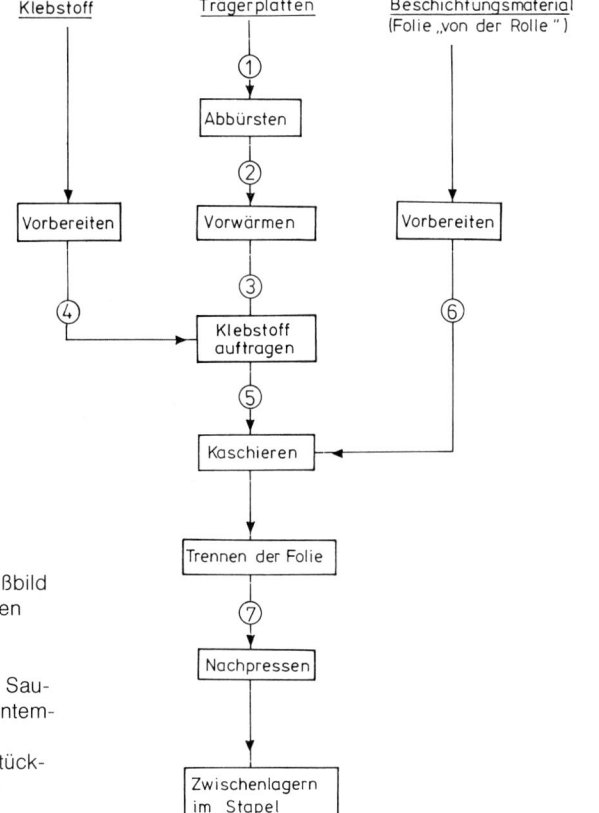

Klebstoff   Trägerplatten   Beschichtungsmaterial
(Folie „von der Rolle")

Abb. 4.32 Arbeitsflußbild
für das Kalt-Kaschieren
von Trägerplatten.
Kontrollen:
1 Stückzahl, Maße. 2 Sau-
berkeit. 3 Oberflächentemperatur. 4 Viskosität.
5 Auftragmenge. 6 Stück-
zahl, Maße. 7 Verkle-
bungsfehler

Auch heute noch arbeiten in manchen Betrieben diese Anlagen *mit unbeheizten Vor- und Nachpreßrollenpaaren* sehr erfolgreich, wobei sich neben der Möbelindustrie vor allem die Bauelementefertigung und der Tonmöbelbau dieser Technik bedienen. Teilweise werden die Trägerplatten vor dem Klebstoffauftrag vorgewärmt, um die Abbindung zu beschleunigen. Der Arbeitsfluß dieses Verfahrens ist in Abb. 4.32 dargestellt.

Ein wichtiges Kriterium bei der kontinuierlichen Beschichtung von Holzwerkstoffen ist die Anfangshaftung. Als Anfangshaftung wird der Widerstand bezeichnet, den eine Klebverbindung kurz nach dem Zusammenpressen der Klebflächen einer äußerlich einwirkenden Kraft zur Trennung der beiden Klebflächen entgegensetzt. Sie wird durch die Länge der sich bei einer bestimmten Belastung lösenden Klebfläche ausgedrückt.

Mit der herkömmlichen Folienkaschiertechnik waren jedoch einer breiten An-

wendung der kontinuierlichen Beschichtung Grenzen gesetzt. Lösemittelklebstoffe erfordern umfangreiche und teure Maßnahmen, um die gesetzlichen Bestimmungen zum Arbeits-, Brand- und Umweltschutz zu erfüllen. Mit dem wasserhaltigen Dispersionsklebstoff ist eine wesentliche Oberflächenvergütung nicht möglich: Wegen der Wasserundurchlässigkeit von PVC-Folien kann das im Dispersionsklebstoff enthaltene Wasser nur von der Trägerplatte aufgenommen werden. Da auch keine Wärme zugeführt wird, vor der Verklebung dem Klebstoff kein Wasser entzogen wird und dieser direkt auf die Trägerplatte aufgetragen wird, haben die Oberflächen viel Zeit zum Quellen. Deshalb können Dünnfolien und Finishfolien um 40 g/m² nur mit Qualitätseinbußen verarbeitet werden. Je dünner das Beschichtungsmaterial auf Papierbasis, desto risikoreicher die Verarbeitung, vor allem wegen der Rißgefahr. Hier liegen die Gründe, weshalb sich dünne Pa-

piere in der Industrie nicht recht durchsetzen konnten.

Porenprägen ist beim Kaltkaschieren nicht möglich, was jedoch kein Nachteil ist, weil geporte PVC-Folien nicht teurer sind. Es können auch ohne Mehrkosten Finishfolien mit „Realpore" eingesetzt werden. Die Realpore ist eine von der Druckfarbe gebildete porenartige Vertiefung, die der Druckstruktur der Holzimitation entspricht.

Ein Nachpressen im Stapel ist notwendig, weil die Fugen weiter oben im Stapel keinem Druck ausgesetzt sind. Das Nachpressen ist durch Stapelpressen oder auch einfach durch Gewichte möglich.

Zur Verkürzung der Nachpreßzeit durch Speicherwärme und auch zur Vorwärmung der Platten bei kaltem Klima wurden später in der Folienkaschieranlage den Klebstoffauftragmaschinen Vorwärmzonen mit Infrarotstrahlern vorgeschaltet. Dadurch wurde auch zum Teil das Wasser aus der Klebschicht vor dem Kaschieren verdunstet. Der Begriff „Warmkaschieren" konnte sich für dieses Verfahren nicht durchsetzen.

Wegen der verfahrensspezifischen Nachteile müssen beim Kaltkaschieren hohe Anforderungen an die Oberflächenqualität der Trägerplatten gestellt werden. Trotzdem wird bei vergleichbaren Trägermaterialien nicht die gleiche Qualität der beschichteten Fläche erfüllt, wie bei einer Beschichtung auf Kurztaktpressen.

Aus diesem Grund wurden Anlagen entwickelt, die nach einem *kombinierten Verfahren* arbeiten, z. B. unter den Bezeichnungen „Quickstep-Verfahren" [nach Wemhöner und Friz], „Fließtakt-Verfahren" [nach Dieffenbacher] oder „Konti-Takt-Verfahren" [nach Bürkle]. Diese Verfahren sind auch als *Kurztaktverfahren „von der Rolle"* bekannt. Sie konnten sich auf dem Markt schnell durchsetzen, da sie aufgrund der bewährten Elemente rasch zur Produktionsreife gelangten und für den Einsatz von Harnstoff-Formaldehyd-Klebstoff geeignet sind.

Die Dekorfolien, insbesondere Dünnfolien, werden mit einer Kaschieranlage auf das Trägermaterial aufgewalzt und in der nachfolgenden Kurztakt-Heizplattenpresse unter Druck und Temperatur aufgeklebt. Wahlweise können durch Matrizen, die kostengünstig in der Kurztaktpresse hergestellt werden, Porenprägungen mit hohem Echtheitsgrad über die gesamte Fläche erreicht werden. Eine Nachpressung im Stapel ist nicht notwendig.

Zur gleichen Zeit führte das breiter gewordene Angebot an Finishfolien und die inzwischen erzielten Fortschritte auf dem Gebiet der Kaschiertechnik zu neuen Lösungen. Nach langjährigen Rückschlägen entstand eine neue Generation von Anlagen, die unter den Begriffen „Thermokaschieranlage" [nach Hymmen] oder „Rollenheißkaschieranlage" [nach Bürkle, GreCon] bekannt geworden sind. Statt Rollenheißkaschieranlage sollte man den Begriff *„Kalander-Heißkaschieranlage"* verwenden. Entsprechend sind heute auch die Begriffe „Thermokaschieren", „Rollenheißkaschieren", „Kalander-Heißkaschieren" oder einfach *„Heißkaschieren"* gebräuchlich. In allen genannten Fällen handelt es sich um das gleiche Grundprinzip mit dem in Abb. 4.33 gezeigten Arbeitsfluß. Kennzeichnend für diese Anlagen ist die Verwendung heißer Kaschierwalzen im Gegensatz zur bisherigen Verfahrensweise, bei der kalte Kaschierwalzen üblich sind.

Die ersten Thermokaschieranlagen verfügten über einen Kalander, der aus verchromten Stahlwalzen bestand und auf 150 . . . 200 °C erwärmt werden konnte. Die Walzen wurden hydraulisch mit einstellbaren Drücken von 20 . . . 50 kN/m auf die Platte gedrückt. Dieser relativ hohe Druck ist notwendig, um Dickentoleranzen der Platten ausgleichen zu können. Die bei Kaltkaschierverfahren verwendeten Gummiwalzen konnten sich dem Profil besser angleichen.

Der neueste Stand der Anlagentechnik ist dadurch gekennzeichnet, daß für Thermokaschieranlagen beim Kalander statt Stahlwalzen nun bis 200 °C beheizbare Siliconkautschuk-Walzen eingesetzt werden. Damit vereint man die Vorzüge der Gummiwalze hinsichtlich des elastischeren, weicheren Druckaufbaus und Druckausgleichs mit den Vorzügen der unmittelbaren Wärmeeinwirkung im Augenblick der Vereinigung von Träger- und Beschichtungsmaterial.

Neuere Thermokaschier- und Rollenheißkaschieranlagen zeichnen sich ferner dadurch aus, daß anstelle der kompakten Vorwärmzonen leichte Strahleraufsätze mit hoher Leistung getreten sind, die eine weitestgehende Anpassung an die verschiedenen technologischen Bedingungen gestatten. Die Anlagen sind insgesamt leichter in der Konstruktion, haben eine höhere Leistung und nehmen weniger Raum ein.

Ein Vergleich der Vorschubgeschwindigkeiten und Nachabbindezeiten bei den unterschiedlichen Kalander-Kaschieranlagen zeigt die folgende Tabelle:

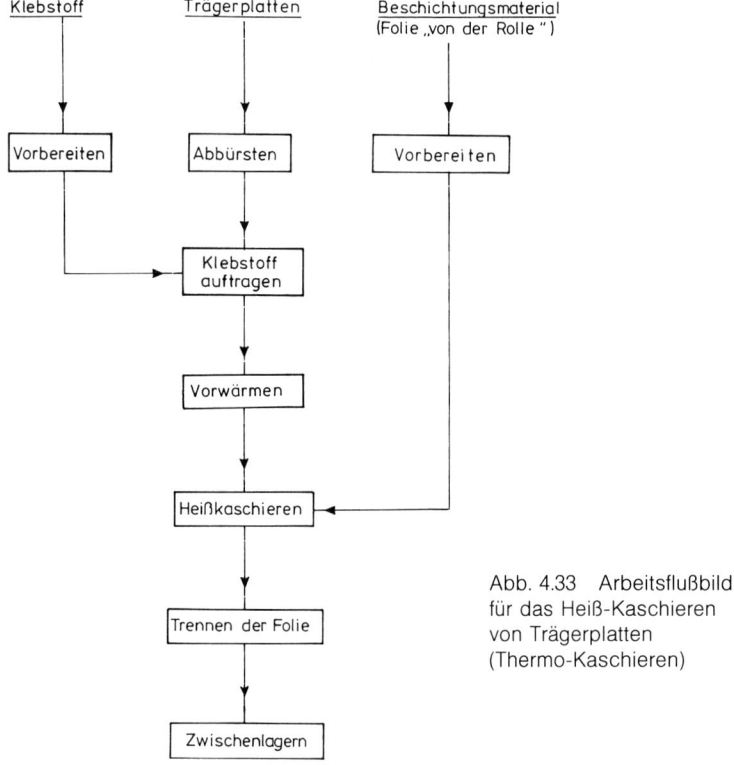

Abb. 4.33 Arbeitsflußbild für das Heiß-Kaschieren von Trägerplatten (Thermo-Kaschieren)

Mit der Weiterentwicklung der Heißkaschiertechnik wurden auch die Dispersions- und Harnstoff-Formaldehyd-Klebstoffe an die kurze heiße Druckzone angepaßt. Für die jeweiligen Klebstoffe werden die verschiedenen Auftragsysteme wie folgt eingesetzt:
• bei Dispersionsklebstoffen (nur Klebstoffauftrag)
1. Klebstoff auf Platte,
2. Klebstoff auf Folienrückseite,
• bei Harnstoff-Formaldehyd (Klebstoff- und Härterauftrag)
1. Klebstoff auf Platte und Härter auf Folienrückseite,
2. Klebstoff auf Platte (antrocknen) und Härter auf angetrocknete Klebstoffschicht (Naß-in-Naß-Verfahren),
3. Härter auf Platte (antrocknen) und Klebstoff auf Folienrückseite.

Klebstoff- und Härterauftragmaschinen unterscheiden sich vor allem darin, daß zum Klebstoffauftrag z. B. eine Gummiwalze mit 90 Shore und zum Härterauftrag eine Gummiwalze mit 30 Shore eingesetzt werden.

Mitte der siebziger Jahre wurden für das Heißkaschieren auch *Doppelbandpressen* eingesetzt, die vom Bauprinzip der bis dahin üblichen Heißkaschieranlagen abweichen. Doppelbandpressen wurden zunächst entwickelt für die Herstellung dekorativer Schichtpreßstoffplatten und Schmalflächenmaterialien. Trotz der hohen Anschaffungskosten wurden diese Anlagen von mehreren Betrieben auch für die Kaschiertechnik eingesetzt. Doppelbandanlagen zeichnen sich durch eine verlängerte Druckzone gegenüber Kalanderpressen aus und eignen sich für das Kaschieren von Trägermaterialien mit Dünnschichtfolien, Finishfolien, Furnieren und dekorativen Schichtstoffplatten unter Einsatz von Harnstoff-Formaldehyd-Klebstoff.

Tabelle 4.4 Vergleich der Vorschubgeschwindigkeit und Nachabbindung

	Kaltkaschieren	mit Vorwärmzone	Heißkaschieren
Vorschubgeschwindigkeit m/min	7 . . . 10 . . . 15	10 . . . 15 . . . 20	15 . . . 20 . . . 25
Nachabbindung	2 . . . 4 Std.	2 . . . 5 Std.	0 . . . 0,5 min

Zusammenfassend läßt sich die Vielzahl von Kaschierpressen auf folgende vier Grundprinzipien zurückführen (Abb. 4.34), [Böhme u. a. 1980]:

Prinzip 1 ist gekennzeichnet durch das gummierte Kaschierwalzenpaar und ein nachfolgendes Glättwalzenpaar. Die Anlagenvarianten unterschieden sich nach Art des Klebstoffauftrags (auf Trägerplatte oder auf Folie). Bei Anlagen mit großer Leistung werden die Platten und/oder die Folien durch Infrarotstrahler vorerwärmt. Die Kaschierwalzen selbst sind nicht erwärmt. Wegen der langen Abbindezeiten in Verbindung mit dem Wassereinfluß werden hohe Anforderungen an die Oberflächenqualität der Trägerplatten gestellt.

Prinzip 2 ist gekennzeichnet durch Kaschier- und Glättwalzenpaare mit einem zusätzlichen Prägekalander. Also können Werkstücke hergestellt werden, deren Oberflächenstruktur nach Prinzip 1 nicht möglich wäre. Die Kaschierwalzen sind wahlweise beheizbar bis 220 °C, so daß kein Gummibelag auf den Walzenpaaren eingesetzt werden kann. Die Vorwärmzonen sind mit den Anlagen nach Prinzip 1 vergleichbar.

Prinzip 3 ist gekennzeichnet durch die verlängerte Druckzone der Doppelbandpressen in Verbindung mit hoher Temperatur. Die Anlagen sind vielfältig einzusetzen. Das Prägen der Folien mit Hilfe mitlaufender Matrizen ist während des Aufklebens möglich.

Prinzip 4 ist gekennzeichnet durch die Kombination von Kaschierwalzen für das Folienauflegen und Preßplatten für das Abbinden in einer flächigen Druckzone unter hoher Temperatur. Das Prägen ist durch Einhängen von Matrizen möglich. Es werden keine hohen Anforderungen an die Oberflächenqualität der Trägerplatten gestellt.

Eine spezielle Richtung der Flächenbeschichtung mit Furnieren und Dekorfolien in kontinuierlicher Arbeitsweise ist die *Flächen-Profil-Kaschierung oder Ummantelung.* Je nach den Abmessungen von Breit- und Schmalflächen des eingesetzten Trägermaterials können gleichzeitig sowohl mit der Breitfläche die angrenzenden Schmalflächen „schmalflächen-ummantelt" als auch bei stabförmigen Werkstücken alle Flächen „profil-ummantelt" werden. Die kontinuierliche Beschichtung erfolgt in *Flächen-Profil-Kaschieranlagen* oder in *Profilummantelungsanlagen.* Bei Tonmöbelgehäusen kann die Oberfläche auch nach dem *Wikkelverfahren* mit einer speziellen Gehäusekaschieranlage kaschiert werden.

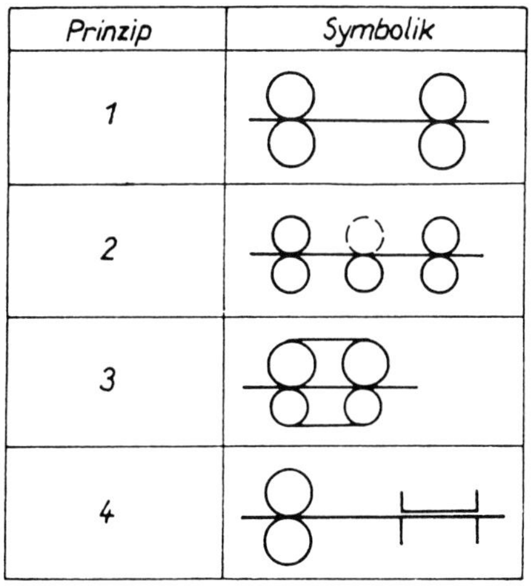

Prinzip	Symbolik
1	
2	
3	
4	

Abb. 4.34 Grundprinzipien beim Bau von Kaschieranlagen (nach Böhme). 1 gummierte Kaschier- und Glättwalzenpaare. 2 beheizbare Kaschier- und Glättwalzenpaare mit zusätzlichem Prägekalander. 3 Doppelbandpresse. 4 Kaschierwalzenpaar und Preßplatten

2. Kaltkaschieranlagen

Die ersten *Kaltkaschieranlagen* für thermoplastische Folien (PVC-Folien) Anfang der sechziger Jahre bestanden im wesentlichen aus Bürstmaschine, Klebstoffauftragmaschine, Folienwalzeinheit mit Folientrennung und angebauter Rollenpresse. Der Dispersionsklebstoff wurde auf das zugeführte Trägermaterial aufgetragen und die Folie auf die nasse Klebschicht aufgewalzt.

Sehr früh erkannte man die Verfahrensvorteile durch Wärmezufuhr beim Kaltkaschieren. Eine erste Wärmeanwendung war die Möglichkeit, die Umlenkrollen für die Folienbahn (nicht jedoch die Kaschierwalzen selbst) in der Kaschiermaschine zu beheizen, wodurch die Planlage der Folien verbessert wurde. Der Nachteil dieser Anlagen bestand aber zunächst darin, daß die zu geringe Festigkeit der Klebfuge unmittelbar nach der Rollenpresse die Weiterbearbeitung nicht zuläßt, sondern das Nachabbinden in Stapel abgewartet werden muß (2 ... 24 Std.).

Durch Einbau eines Vorwärmkanals zwischen Bürst- und Klebstoffauftragmaschine wurde das Trägermaterial an der Oberfläche auf etwa 60 °C aufgeheizt. Eine weitere Ergänzung war der Einbau einer Abdunstzone mit Infrarotstrahler nach dem Klebstoffauftrag. Die aufgetra-

gene Klebschicht gibt infolge der Speicherwärme und der Strahlereinwirkung einen Teil ihrer Feuchtigkeit ab (durch Abdunsten); man erzielt beim Aufwalzen der Folie eine höhere Anfangsfestigkeit und eine Verbesserung der Oberflächenqualität. Durch Verwendung vorgeprägter Folien kann die infolge Spanquellung unruhig werdende Oberfläche weiter verbessert werden. Trotz geringerer Nachabbindezeit (Klimatisierzeit) war das Nachpressen durch Stapellagerung weiterhin erforderlich. Ein Nachpressen in Stapelpressen erfordert, daß die Werkstücke flächengenau übereinandergestapelt werden (wegen der Folienüberstände nicht leicht zu mechanisieren).

Eine industrielle Kaltkaschieranlage (Abb. 4.35) führt folgende Vorgänge aus: Vorwärmen der Trägerplatte im Umluft-Flachkanal oder unter beidseitig wirkenden IR-Strahlern, Flächenreinigung, Auftrag von PVAc-Klebstoff auf vorgewärmter Platte, Abdunsten der Klebstofffeuchte im IR-Strahlerfeld, Aufwalzen der auf erwärmten Umlenkrollen geführten Folie, Folienabtrennung, Nachpressen zwischen kalten Walzen, Nachpressen im Stapel.

Die Kaschiermaschine hat gummibelegte Walzen, von denen die untere fest, die obere höhenverstellbar gelagert ist. Der Preßdruck wird durch die eingestellte Öffnungsweite der Walzen zusätzlich durch Druckluftzylinder erzeugt, die auf die obere Walze wirken. Der Kaschierwalzenantrieb ist automatisch von der Plattenzuführung gesteuert, so daß Folienverluste durch aussetzende oder unregelmäßige Plattenzuführung vermieden werden.

Mit der Kaschiermaschine sind die Abwickelstationen für die oberen und unteren Folienrollen verbunden. Eine zusätzlich installierte Folien-Verbindungseinrichtung, die besonders für kleine Losgrößen geeignet ist, tastet die Folienenden der auslaufenden und neu einlaufenden Haspel ab und steuert die Nahtstelle exakt in den Abstand zwischen zwei Werkstücke, so daß keine Wartezeit für Folienwechsel und kein Ausschuß entstehen.

Die Folie wird durch Bremsen und die Wirkung mehrerer Umlenkrollen straffgehalten. Unregelmäßigkeiten in der Breitenspannung z. B. durch schlaffe Folienbahnkanten werden durch die Breitstreckwalzen mit bogenverstellbarer Achse ausgeglichen. Eine automatisch arbeitende Abschneidevorrichtung mit Rotationsmessern trennt die Folienbahnen zwischen zwei beschichteten Platten. Mit der am Ende des Transportbandes angeordneten Walzen-Nachpresse werden die Klebfugen nachgepreßt, um eine einwandfreie Verbindung über die ganze

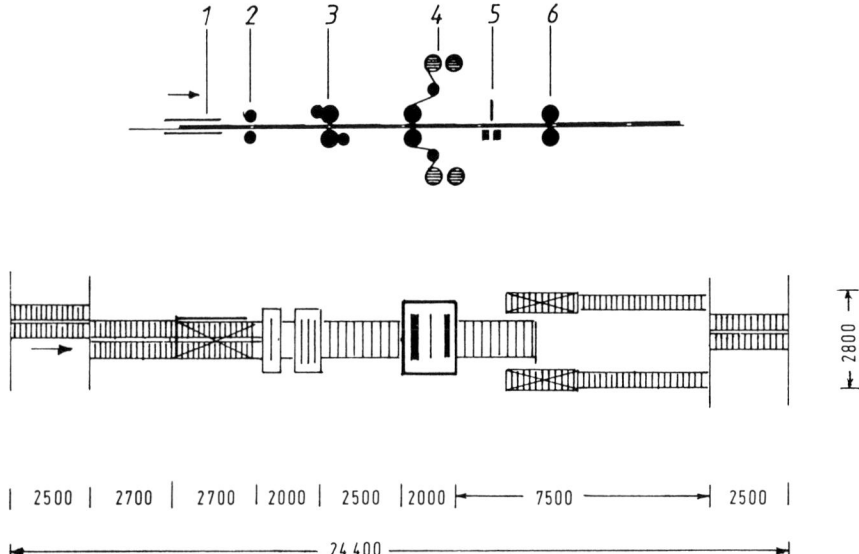

Abb. 4.35 Prinzip des Kaltkaschierens (oben). 1 Plattenklimatisierung im Flachkanal. 2 Flächenreinigung. 3 Klebstoffauftrag (PVAc). 4 Abrollstation mit Reserve-Folienrollen, erwärmten Umlenkrollen und Preßkalander. 5 Folien-Trennstation. 6 Nachpreßkalander. Raumbedarf für eine Anlage (unten)

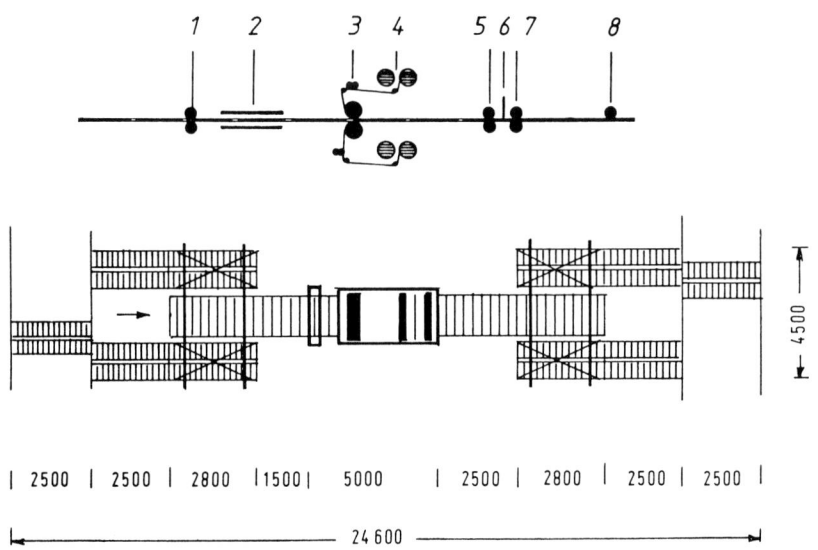

Abb. 4.36 Prinzip des Kalander-Heißkaschierens mit drei Kalandern (oben). 1 Flächenreinigung. 2 IR-Flächenerwärmung. 3 Klebstoffauftrag. 4 Rollenvorlage, Folienverbindung, Kaschierkalander. 5 Prägekalander. 6 Trennstation. 7 Glättkalander. 8 Trennstation. Raumbedarf für eine Anlage (unten)

Fläche zu sichern. Die Druckregelung der gummierten Walzen erfolgt wie bei der Kaschiermaschine. Die Vorschubgeschwindigkeit der Anlage liegt zwischen 20 und 30 m/min.

Aus folgenden Ursachen verloren die Kaltkaschieranlagen zu unrecht fast völlig an Bedeutung:

• die neuentwickelten Heißkaschieranlagen haben mehrere Verfahrensvorteile gegenüber den Kaltkaschieranlagen,

• preiswerte Dünnfolien oder Dünnpapiere können im Anlieferungszustand nicht vorgeprägt und deshalb im Kaltverfahren nicht eingesetzt werden,

• durch den länger anhaltenden Wassereinfluß müssen Platten mit besserer Oberflächenqualität beschafft werden,

• preiswerte Harnstoffharzverklebung sowie Porenprägung sind nicht möglich,

• es gibt verfahrenstechnische Schwierigkeiten beim umständlichen Nachpressen.

Trotz dieser Nachteile können auf Kaltkaschieranlagen sehr einfach und wirtschaftlich Flächenbeschichtungen vorgenommen werden.

3. Heißkaschieranlagen (Thermokaschieranlagen)

Jahrelange Versuche in Zusammenarbeit von Maschinenbau, Klebstoffherstellern und Anwendern führten endlich zum *Kalander-Heißkaschierverfahren,* das sich im Hinblick auf Betriebssicherheit und Bedienfreundlichkeit für die Beschichtung von Möbel- und Ausbauteilen eignet [Soiné 1983, 1987]. Typisch an dem Verfahren ist das Kaschieren unter hohem Druck mit beheizten Stahlwalzen, das lange Zeit in der Praxis Schwierigkeiten bereitete (Abb. 4.36). Voraussetzung ist deshalb zuverlässiges Bedienpersonal, das die Anlage regelmäßig wartet sowie Klebstoffansatz, Auftrag- und Abbindebedingungen genau überwacht. Weiterhin sind hohe Ansprüche an die Maschinenkonstruktion und die Qualität von Beschichtungsmaterial und Klebstoff zu stellen.

Kalander-Heißkaschieranlagen (auch Thermokaschieranlage [Hymmen] oder Rollen-Heißkaschieranlage [Bürkle, GreCon] genannt) wurden entwickelt für die Verarbeitung von dekorativ bedruckten, imprägnierten und fertig lackierten Papieren (Finishfolien) mit Papiergewichten zwischen 40 und 80 g/m². Je geringer das Papiergewicht, desto schwieriger wird die Verarbeitung. Natürlich lassen sich auch PVC-Folien bei geringer Temperatur verarbeiten, jedoch sind Kaltkaschieranlagen dafür wirtschaftlicher. Den PVC-Folien ähnliche, aber hochwertigere Polyolefin-Folien, durch zugemischte feine Cellulosefasern stabilisiert, lassen sich dagegen „heißkaschieren".

Zwei verschiedene *Klebstoffe* werden industriell eingesetzt:

1. PVAc-Dispersionsklebstoff, problemlos verarbeitbar, auch bei geringer Oberflächenqualität der Trägerplatte, bindet physikalisch ab durch Wasserentzug und Abkühlung (Nachabbinden im Stapel über Nacht);

2. Harnstoff-Formaldehyd-Klebstoff ist schwieriger zu verarbeiten, bindet physikalisch (Wasserentzug) und chemisch (Polykondensation) unter Liniendruck ab, versprödet in dicker Klebfuge und stellt deshalb hohe Anforderung an Güte von Klebstoffauftrag und Trägerplatten, die Klebfuge ist härter und feuchteunempfindlicher.

Sowohl beim Klebstoff als auch an dem Auftragverfahren wird zur Zeit noch weiterentwickelt, so daß es sinnvoll ist, bei der Anlagenplanung alle Möglichkeiten zum Nachrüsten z. B. durch ein Baukastensystem offenzuhalten; Abb. 4.37 zeigt mehrere Anlagenvarianten.

Von den möglichen Varianten des Klebstoffauftrags

• ist der *Auftrag auf Platten* sehr sicher, weil fehlerhafte und grobe Oberflächenstrukturen ausreichend benetzt werden; nachteilig ist bei wasserhaltigen Klebstoffen die zunehmende Oberflächenunruhe durch Quellung der Späne, die vom Wasseranteil im Klebstoffansatz und der Länge der Einwirkung abhängt;

• ist der *Auftrag auf die Folienrückseite* wegen der genauen Dosierung und Verteilung sehr sparsam; neben der geringen Auftragmenge wird der Wasseranteil durch geringe Viskosität und Ablüftung weiter reduziert; der Auftrag auf die Folienrückseite unmittelbar vor der Kaschierwalze ist jedoch schwieriger und konnte sich in Deutschland noch nicht durchsetzen;

• ist der *Auftrag auf die Folienrückseite beim Folienhersteller* oder Ausrüster und Reaktivierung durch Wärme beim Verarbeiter eine Möglichkeit, wasserhaltige Klebstoffe zu umgehen; die Erzeugung beständiger Klebschichten war in der Vergangenheit noch nicht ausgereift und der Klebstoff (PVAc-Copolymere, Acrylharz- oder Schmelzklebstoffe) noch zu teuer; wie berichtet [König 1987], werden Möbelfolien, die mit einer „Trockenleimfuge" rückseitig vorbeschichtet sind, zur Zeit in den USA in großen Mengen verarbeitet, diese Folien können in Zukunft auch in Europa Bedeutung gewinnen;

• ist die Kombination von *Auftrag auf Platte und Folie* nur bei Lösemittelklebstoffen im Kontaktverfahren einsetzbar (getrennt auftragen, abdunsten und durch Kontaktdruck verbinden), wegen

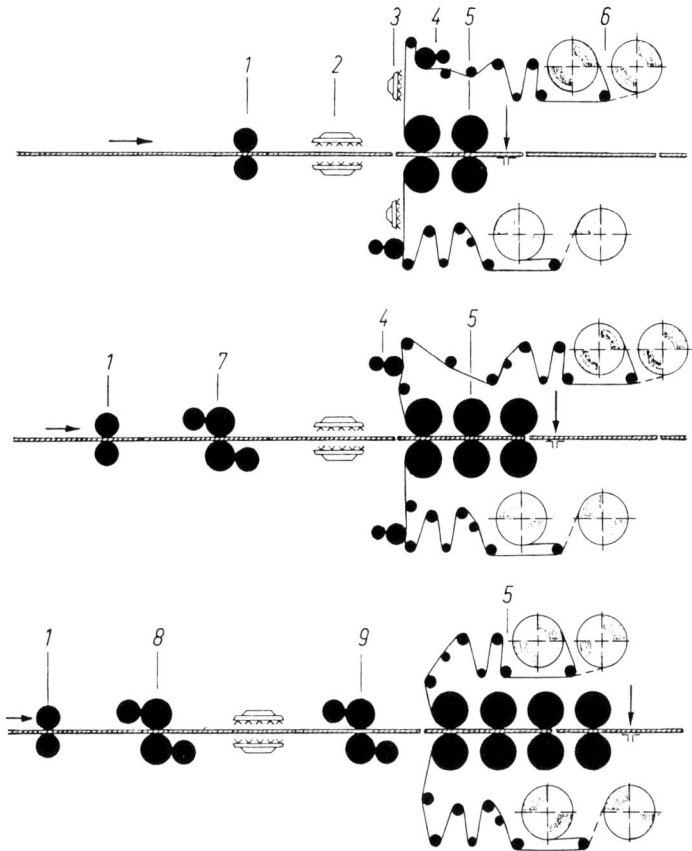

Abb. 4.37 Kalander-Heißkaschieranlagen im Baukastensystem, Bauart Grecon. 1 Flächenreinigung. 2 IR-Strahler für Trägerplatten. 3 IR-Strahler für Folienrückseite. 4 Klebstoffauftragmaschine für Folienrückseite. 5 Preß- und Prägekalander. 6 Folienabrollstation. 7 Klebstoffauftrag (PVAc). 8 Harnstoffharzklebstoffauftrag. 9 Härterauftrag

der Lösemittelprobleme im Hinblick auf Arbeits-, Brand- und Umweltschutz wird das Verfahren nur für schwierig zu verklebende Materialien eingesetzt.

Beim *Härterauftrag* gibt es die Kombinationen

• Klebstoff auf Platte – Härter auf Folie,
• Klebstoff auf Platte – Härter auch auf Platte (Naß-in-Naß),
• Klebstoff auf Folie – Härter auf Platte.

Nach Verbesserung der Harnstoffklebstoffe ist das Naß-in-Naß-Verfahren als sicher anzusehen. Die praktische Erfahrung zeigt, daß zuerst der Klebstoff aufgetragen und durch IR-Strahler das Wasser abgedunstet wird, damit anschlie-

ßend der Härterauftrag auf das wasserarme Harnstoffharz erfolgen kann.

Beim Kalander-Heißkaschieren muß der Klebstoff in Sekundenbruchteilen unter Liniendruck abbinden, der eine Beschreibung nach Preßzeit und spezifischem Preßdruck nicht zuläßt. Die Parameter hängen vom Walzendurchmesser und der Verdichtung der Plattenoberfläche ab, wodurch bei höherem Druck aus der Preßlinie eine schmale Preßfläche wird. Hohe Drücke sind auch für den Bügeleffekt notwendig, um Dickentoleranzen und Oberflächenunruhe wegzudrücken. Der Preßdruck auf einer Linie mit unbestimmter Breite errechnet sich aus den Druckkräften auf den Walzenlagern und kann mit 20...50 kN/m angegeben werden. Das Preßgut durchläuft einen Preß-, einen Präge- und einen Glättkalander. Die Stahlwalzen können hierbei durch einen innenliegenden Heizkreislauf auf 180...220 °C beheizt werden.

Der Durchlauf der Werkstücke durch die Maschinenanlage ist automatisch gesteuert. Zuerst laufen die Trägerplatten Stoß an Stoß durch Strahlerzonen und Auftragmaschinen und werden vom ersten Kalander auf rd. 30 mm Abstand gefahren, bevor die Folien von unten und oben von den Rollen endlos aufkaschiert werden.

Das Abstandsmaß zwischen den Platten ist wichtig, um möglichst wenig Folienverschnitt zu erhalten. Dabei muß jedoch in dem Spalt zwischen den Werkstücken eine sichere Folientrennung durchgeführt und auch die Nahtstelle beim automatischen Rollenwechsel untergebracht werden. Der automatische Rollenwechsel sollte ohne Pause und ohne Werkstückverlust möglich sein.

Die durch den Trennvorgang eventuell abgelösten Folienenden werden durch einen nachfolgenden Glättkalander wieder fest aufgewalzt. Die Vorschubgeschwindigkeit liegt im Bereich von 15 m/min (Harnstoff-Formaldehyd-Klebstoff, 90 g/m²) bis 30 m/min (PVAc-Klebstoff, 70 g/m²).

Die in Abb. 4.38 dargestellte Anlage enthält zwei Auftrageinrichtungen und kann sowohl für Harnstoffharz (Naß-in-Naß-Verfahren) als auch für PVAc-Klebstoffe (Naß auf Trägerplatte) eingesetzt werden. Die Anlage nach Abb. 4.39 ist für die Verarbeitung von Rückseitig vorbeschichteten Folien (mit „Trockenleimfuge") geeignet, wobei Schmelzklebstoff auf EVA-Basis, neuerdings auch PVAc-Klebstoffe verwendet werden können.

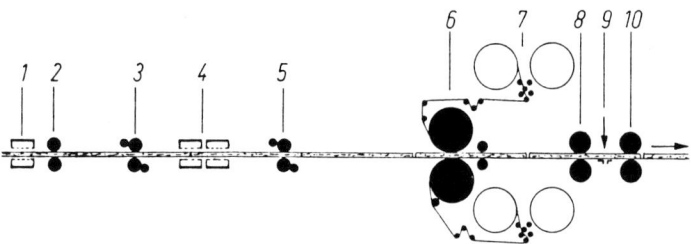

Abb. 4.38 Kalander-Heißkaschieranlage, Bauart Hymmen, für Harnstoffharz (Naß-in-Naß-Verfahren). 1 IR-Strahler. 2 Reinigungsmaschine für Breit- und Schmalflächen. 3 Klebstoffauftrag für Harnstoffharz- oder PVAc-Klebstoff. 4 IR-Strahler zum Abdunsten. 5 Härterauftrag. 6 Kaschierkalander. 7 Folienrollen. 8 Prägekalander. 9 Folientrennung. 10 Glättkalander

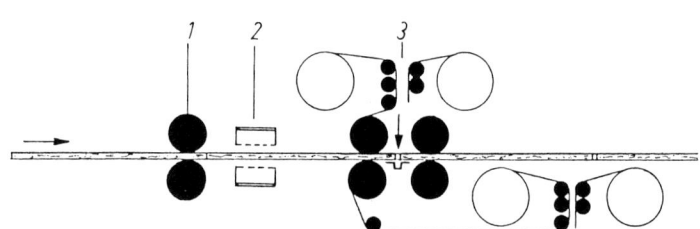

Abb. 4.39 Kalander-Heißkaschieranlage, Bauart Friz, für Folien mit reaktivierbarem Klebstoffvorstrich. 1 Flächenreinigung. 2 IR-Strahler. 3 Kaschieranlage mit Kaschier-, Präge- und Glättkalander

4. Doppelbandpressenanlagen

Eine neue Anlagenvariante für das Heißkaschieren von Plattenwerkstoffen ist die *Doppelbandpresse* [Strübing 1979, Soiné 1983, Pankoke 1986]. Der Einsatz dieser Anlagen nimmt rasch zu, nicht nur für das Heißkaschieren, sondern auch für die Laminaterzeugung, Direktbeschichtung von Trägerplatten und für weitere Zwecke z. B. Melamin-Kantenbänder oder -streifen. Obwohl die Doppelbandpresse eine relativ teure Anlage für das Heißkaschieren ist, wird sie bereits für das Aufkleben von Finishfolien und dekorativen Schichtpreßstoffplatten eingesetzt. Die Hauptkennzeichen dieser Durchlaufanlage im Vergleich mit den beiden anderen Prinzipien (Kalander- bzw. Rollenkaschierung und Platten-Taktpressen) sind:

● Flächendruck statt Liniendruck,
● kontinuierlich statt taktweise,
● definierte Preßzeit durch Pressenlänge und Vorschubgeschwindigkeit statt Preßdruck in Sekundenbruchteilen unter der Walze,
● endlose Produkte statt begrenzter Längen.

Ein wesentlicher Vorteil ist, daß in der längeren heißen Druckzone Harnstoffharz-Klebstoffe wie in Taktpressen problemlos abbinden können, was bei Kalander-Heißkaschieranlagen meist nur unter optimalen Bedingungen möglich ist. Ein weiterer Vorteil ist die größere Pressenleistung gegenüber vergleichbaren Kurztaktpressen, da die Chargenwechselzeit entfällt und nur die reine Preßzeit erforderlich ist.

Die Pressenleistung hängt von der Vorschubgeschwindigkeit v ab, die sich aus der vorhandenen Druckzonenlänge L und der geforderten Nettopreßzeit $t_{(p)}$ errechnet nach der Formel

$$v = L/t_{(p)} \ [\text{m/min}]$$

Bei z. B. 12 m/min Vorschubgeschwindigkeit benötigt das Preßgut bei einer Druckzone von 2 m Länge vom Einlauf zum Auslauf die *Nettopreßzeit* von 10 s ohne Nebenzeiten. Dagegen ist die theoretische Vorschubgeschwindigkeit einer Taktpresse bei gleicher Länge L geringer und errechnet sich nach der Formel:

$$v = \frac{L}{t_{(p)} + t_{(Ch)}} \ [\text{m/min}]$$

wobei $t_{(Ch)}$ die Chargenwechselzeit (Öffnen, Plattenwechsel, Schließen) der Plattenpresse bedeutet.

Die Doppelbandpresse besteht im wesentlichen aus zwei Walzenpaaren mit umlaufenden endlosen Stahlbändern, die durch Motoren synchron angetrieben werden. Zwischen vorderem und hinterem Walzenpaar befindet sich die Druckzone, die in Standardausführung bei den üblichen Durchsatzleistungen 2 m lang ist. Die Arbeitsbreite beträgt 650 oder 1 300 mm. Bei einer stufenlos regelbaren Vorschubgeschwindigkeit von 2 ... 20 m/min werden Durchlaufzeiten (Preßzeiten) zwischen 0,1 und 1 min erreicht.

Je nach Beschichtungsaufgabe (Kaschieren, Direktbeschichten, Lamellieren) und Dimensionierung der Pressenkonstruktion kann auf das Preßgut ein Druck zwischen 0,3 und 5 N/mm² aufgebracht werden. Ein gleichmäßiger *isobarer* Druck über die gesamte Fläche wird dadurch erreicht, daß Druckluft direkt auf die Rückseite der Stahlbänder wirkt (Luftkissensystem), die sich, soweit es ihre Elastizität erlaubt, den Dickentoleranzen des Plattenwerkstoffes anpassen. Dieser isobare Druck ist höher zu bewerten als der isochore Druck von Plattenpressen, die das Oberflächenprofil plan verdichten und bei Dickenunterschieden eine ungleichmäßige Druckverteilung verursachen. Der Vorteil der isobaren Druckverteilung zeigt sich besonders bei den Dünnfolien (sogenannten Japanpapieren), nicht imprägniert, 20 g/m² als lackierte Finishfolien, die von der nassen Klebfuge gleichmäßig durchimprägniert werden und somit ohne Glanzdifferenzen aufklebbar sind. Der gleichmäßige isobare Druck bewirkt auch bei anderen beeinflußbaren Oberflächen eine Glanzvergütung.

Ein besonderes Problem sind die Dichtungstege zwischen dem Stahlband und den abgeschlossenen Druckkammern, die durch Kompressoren mit Druckluft versorgt werden. Je höher der geforderte Preßdruck, desto höher muß auch die Druckluft verdichtet werden. Neben dem Dichtungsverschleiß sind auch die Grenzen der Druckerzeugung (zur Zeit 5 N/mm²) zu nennen.

Neben dem *pneumatisch aufgebauten Luftkissensystem* bietet das *hydrodynamische System* eine andere Art des Druckaufbaus, als Hydro-Dyn-Prinzip [GreCon] bekannt. Ähnlich einem Gleitlager gleiten die Stahlbänder auf einem Ölfilm, der einen bestimmten Flüssigkeitsdruck besitzt, über Heizplatten mit speziellen Gleitbelägen, die das Öl gleichmäßig über die Fläche verteilen und damit gleichmäßigen Druck gewährleisten. Weitere Aufgaben des Öls sind Schmierung und Wärmeübertragung.

Ein wesentlicher Kostenfaktor sind die *umlaufenden Preßbänder.* Die Standwege, in Laufmeter gerechnet, sind trotz ständigem Umlenken, Strecken, Erhitzen und Kühlen wider Erwarten hoch. Die meisten Bänder sind glatt ohne Oberflächenstruktur, wobei die Schweißnaht bei den verlangten Glanzgraden unsichtbar ist. Eine Oberflächenstruktur als Standardprägung (Büttenmuster, gekörnt, ge-

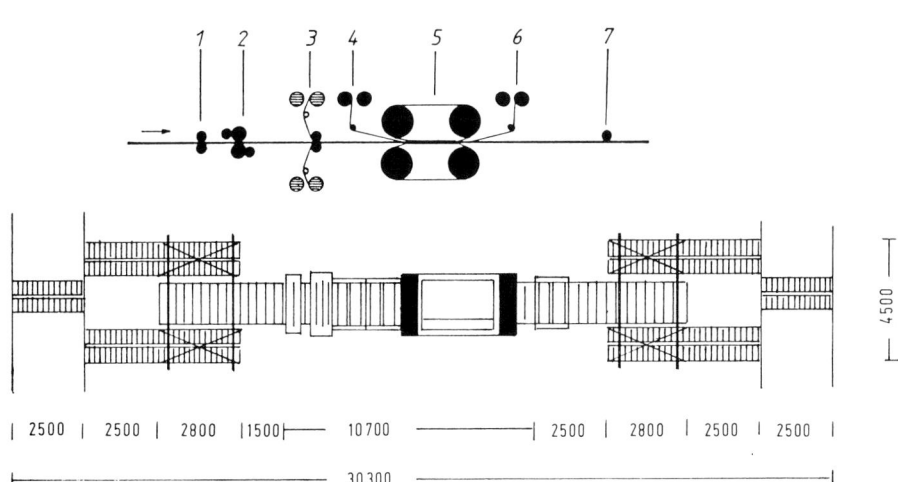

Abb. 4.40 Prinzip einer Doppelbandpresse für Flächenbeschichtung (oben). 1 Flächenreinigung. 2 Klebstoffauftrag. 3 Abrollstation für Folien von der Rolle. 4 Abspulen von Releasepapier für die Oberflächenstrukturierung. 5 Doppelbandpresse. 6 Aufspulen des Releasepapiers. 7 Plattentrennung. Raumbedarf der Anlage (unten)

port u. a.) wird durch *gravierte Stahlbänder* oder preiswertere *Strukturgeberpapiere* ermöglicht (Soiné 1984). Die Strukturgeber werden am Einlauf der Presse abgewickelt, laufen synchron mit dem Preßgut durch die Druckzone und werden am Ende der Presse wieder aufgewickelt. Sie können mehrere Male je nach Art der Muster (drei- bis zehnmal) benutzt werden und lassen sich schnell gegen andere Strukturmuster auswechseln. Da die Preßbänder wegen der notwendigen Geschmeidigkeit nur 1,0 mm dick sind, ist ihre Wärmekapazität gering und die Vorschubgeschwindigkeit begrenzt. Durch Beheizen der Walzenpaare (Doppelmantelzylinder mit innenliegendem Rohrsystem) und der dazwischenliegenden Druckkammern können Temperaturen bis 200 °C erreicht werden. Der Arbeitsablauf für das Heißkaschieren auf Doppelbandpressen (Abb. 4.40) besteht aus den Teilvorgängen Zuführen der Trägerplatten dicht an dicht, Flächenreinigung, Klebstoffauftrag auf Platte, Abrollen der Folien von der Rolle auf die Platte, Zuführen der Strukturgeberpapierbahn, Pressen und Abbinden mit Doppelbandpresse, Aufrollen des Strukturgebers, Trennen der Platten. Die Vorschubgeschwindigkeit liegt bei Harnstoffharzklebstoff und 2 m Druckzone zwischen 15 und 20 m/min.

5. Flächen-Profil-Kaschieranlagen (Ummantelung)

Das Prinzip der *Flächen-Profil-Kaschierung,* auch *Ummantelung* genannt, besteht darin, daß das Trägermaterial in der Maschine mit gleichbleibender Geschwindigkeit über angetriebene Transportrollen gefördert wird, wobei zugleich das Beschichtungsmaterial in Förderrichtung mittig auf den Träger herabgeführt und im weiteren gemeinsamen Verlauf schrittweise um den Trägerumfang herumgeformt wird. Der Führung des Trägers und dem Andrücken des Materials dienen Rollen, die dem Profil des Trägers nachgebildet und so angeordnet sind, daß sich der „Mantel" immer weiter an das Kernmaterial anlegt [Aschenbrenner 1975, Berg 1977, Böhme 1983]. Bei der *Schmalflächenummantelung* wird die auf die Breitflächen von Trägerplatten aufgeklebte Folie auf einen bestimmten Überstand beschnitten, mit Klebstoff beschichtet und um die Schmalflächen herumgezogen. Dieses Durchlaufverfahren ist auf die längsverlaufenden Schmalflächen der Trägerplatte beschränkt. Bei der *Profilummantelung* wird die auf genaue Breite geschnittene und meist mit der Klebeschicht versehene Folienbahn an einer geeigneten Kontur des stab- oder leistenförmigen Kernmaterials aufgedrückt und im Durchlauf durch Druckrollen an das Profil angeformt. Als Kern-

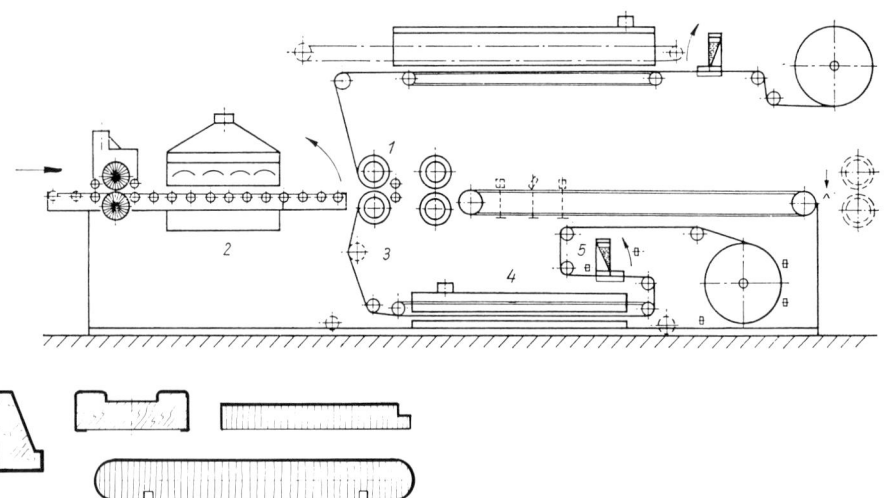

Abb. 4.41   Flächen-Profilummantelungsanlage (oben). 1 Gummiwalze. 2 Vorheizung für die Trägerplatte. 3 Breitstreckwalze. 4 Profilbeispiele (unten)

material finden Spanplatten, MDF-Platten, Hartfaserplatten oder preiswertes Vollholz (Abachi, Ramin) Einsatz (Abb. 4.41).

Klebstoffe und Beschichtungswerkstoffe (Mantelwerkstoffe) wurden ständig an verbesserte Verfahren angepaßt. Während man anfangs die Lösemittelklebstoffe im konventionellen Kontaktverfahren auf Kern- und Beschichtungsmaterial (PVC-Folien) beidseitig auftragen mußte, wurde der Arbeitsablauf mit lösemittelhaltigen, wärmeaktivierbaren Einseiten-Klebstoffen auf Polyester- und Polyurethanbasis vereinfacht, die man nur auf das profilierte Kernmaterial mit Spritzdüsen auftragen mußte.

Wegen der starken Geräteverschmutzung und des hohen Klebstoffverbrauchs durch den Spritzvorgang wurden dann rakelfähige Klebstoffe mit hohem Feststoffanteil entwickelt, die mit Hilfe eines Streichkopfs oder Rakels auf die Folienbahn sparsam und genau aufgetragen werden konnten. Dabei soll der Klebstoff die richtige Konsistenz haben: zu geringe Viskosität ergibt einen nicht dem Profil entsprechenden gleichmäßigen Auftrag, und zu hohe Viskosität verursacht das „Abreißen" der Klebschicht bei schnellem Vorschub.

Die Klebstoffe sollen sich bei 60 . . . 100 °C leicht aktivieren lassen und dabei gut fließen. Die vor dem Andrücken notwendige Klebrigkeit führt danach zur Anfangshaftung, die mit zunehmender Abkühlung und Zeitdauer in die Endfestigkeit übergeht, die wiederum den hohen mechanischen und thermischen Beanspruchungen während der Weiterverarbeitung und im Gebrauch standhalten muß. Der dünne Rakelauftrag ist vorteilhaft für das Ablüften, Reaktivieren und Andrücken um scharfe Kanten oder Rundungen.

Zu den PVC-Folien gesellten sich flexible duroplastische Dekorfolien und Furniere. Wegen der Lösemittelprobleme wurden speziell für das Ummantelungsverfahren reaktivierbare wasserhaltige Dispersionsklebstoffe und Schmelzklebstoffe entwickelt, so daß zur Zeit folgende Verfahren eingesetzt werden:

● Lösemittelklebstoffe auf PUR-Basis nur bei komplizierten Profilen für PVC-Folien und duroplastische Dekorfolien;

● aktivierbare Dispersionsklebstoffe bei einfachen Profilen für dünne PVC-Folien und duroplastische Dekorfolien, da die Anfangshaftung nicht hoch genug ist;

● Schmelzklebstoffe in großen Mengen für duroplastische Dekorfolien und Furniere. Ihr Schmelzverhalten liegt zwischen dem von Schmalflächen- und Montageschmelzklebstoffen. Sie werden mit Walzenauftraggeräten auf die Furnier- oder Folienrückseite aufgetragen. Der Auftrag kann entweder als Vorbeschich-

tung mit anschließender Reaktivierung oder als Auftrag unmittelbar vor dem Kaschieren erfolgen. Durch schnelles Abkühlen wird eine hohe Anfangshaftung erreicht.

Kontinuierlich arbeitende *Flächen-Profil-Kaschieranlagen oder Ummantelungsanlagen* können nach verschiedenen Gesichtspunkten eingeteilt werden:

● nach der Querschnittsform des Kernmaterials: flach, plattenförmig; gedrungen, stab-, leistenförmig; oder aus mehreren Formen zusammengesetzt;

● nach der Art des Beschichtungsmaterials: in zugeschnittenen Längen (vorzugsweise Furniere); von der Rolle (vorzugsweise Folien- und in der Länge zusammengesetzter Furnierbänder); oder in Fixlängen und von der Rolle kombiniert;

● nach Art des Klebstoffs und des Auftrags: Schmelzklebstoff oder aktivierbarer PVAc-Dispersionsklebstoff auf Beschichtungsmaterial als Vorstrich; oder Schmelzklebstoff, Lösemittelklebstoff oder PVAc-Dispersionsklebstoff in der Maschine aufgetragen.

Die Ummantelung mit Furnier wird hauptsächlich an Leisten und Stäben unterschiedlicher Profilierung durchgeführt, wobei die Furniere in Fixmaßen oder als rollfähige Furnierbänder zum Einsatz kommen. Je nach Holzart neigen Furniere quer zur Faserrichtung besonders zum Brechen und Splittern. Deshalb wird in der Regel auf der Rückseite eine Papier-, Vlies- oder Gewebebahn aufkaschiert und auf eine Dicke von 0,4 . . . 0,5 mm geschliffen.

Eine neuentwickelte Kaschieranlage für leichte Rohvliese auf Furniere wird von der Fa. Düspol angeboten. Der Vorteil ist die Verbesserung der Elastizität beim Ummanteln und die Einsparung des Nachschleifens am fertigen Profil. Die Biegsamkeit der Furniere wird durch Einstellung der Feuchtigkeit auf 12 . . . 15 % und weitere Kunstgriffe verbessert. Neben dem Klebstoffauftrag beim Durchlauf durch die Maschine werden auch teilweise die Furniere außerhalb der Maschine mit Schmelzklebstoff vorbeschichtet, so daß solche Anlagen nicht mit Klebstoffauftrag-, sondern mit Reaktivierungseinrichtungen für den Klebstoffschicht durch Wärme (z. B. durch Heißluftduschen) bestückt sind.

Auch die Anwendung der kaltaufgetragenen, aktivierungsfähigen PVAc-Klebstoffe im KA-Verfahren ist üblich. An den Maschinen sind in allen Fällen Vorschub- und Druckrollen zur Förderung und zum Anpressen des Beschichtungsmaterials sowie Fräsaggregate zur Beseitigung von Materialüberständen angebracht. Dieselbe Technik gilt auch bei der Ummantelung mit flexiblen (rollfähigen) Dekorfolien auf thermoplastischer und duroplastischer Basis.

Die Vorschubgeschwindigkeiten betragen 6...40 m/min, je nach Art des Profils, des Beschichtungsmaterials und Klebstoffs. Richtwerte lassen sich zusammenfassen wie folgt:

Beschichtungs- material	Vorschubgeschwindigkeit [m/min]
Furniere (auf Vlies)	10...20
duroplastische Folien	20...40
thermoplastische Folien	6...15

Eine universell einsetzbare *Profilummantelungsmaschine* für die Beschichtung von Profilen mit 100 mm Breite bzw. 300 mm Breite mit thermoplastischen und duroplastischen Folien und Furnieren kann mit folgenden Aggregaten ausgerüstet sein:

Einlauf der Profilleisten mit Vorheizzone, Zuführung von Furnieren in Fixmaßen oder Folienabwicklung von der Rolle mit Bremse, Klebstoffauftrag (durch Rakel) auf Beschichtungsmaterial, Heizkanal für Beschichtungsmaterial, Ummantelungswerkzeuge (Druckrollenstrecke), Werkstücktransport und Fräsaggregate.

Die als *Flächen-Profil-Kaschieranlage* bezeichnete Maschine ist für die Ummantelung von unterschiedlich profilierten Werkstücken mittels von oben zugeführten Folie von der Rolle im kontinuierlichen Durchlauf vorgesehen. Es können PVC-Folien und andere rollfähige Folien auf Papierbasis, die durch Wärmezufuhr verformbar sind, verarbeitet werden. Die Anlage ist für die Verarbeitung von Dispersions-, Lösemittel- und Zweikomponentenklebstoffen verwendbar. Die Anlage ist mit folgenden Hauptaggregaten ausgerüstet:

- Bürsteinrichtung mit Ein- und Auszugswalzen, Absaughaube und Einrichtungen zur Neutralisierung statischer Aufladung;
- Vorwärmeinrichtung mit in Gruppen schaltbaren Infrarot-Hellstrahlern;
- Folienabwickeleinrichtung, ergänzbar durch 2. Einrichtung zum fliegenden Folienwechsel, Folienüberwachung, automatische Folienverbindungseinrichtung und -beschneideinrichtung;
- Klebstoff-Streichkopf für Folienrückseite;
- Folieneinzugvorrichtung;
- Abdunstkanal zum Entzug des Wassers oder Lösemittels;
- Ummantelungsstation, ein- oder beidseitig arbeitend, mit Werkzeugsätzen für rechtwinklige oder verschieden profilierte Schmalflächen, auf die Werkstückbreite einfach einstellbaren Kettentransport mit Gummiauflagen und gefederten Gegen-

druckrollen, bei Bedarf mit Bündigfräsaggregat für Werkstückkanten, mit Ritzvorrichtung für die Verarbeitung dicker Folien und mit geteilter Transportstrecke;

- Einrichtung zum automatischen Trennen der Folienbahnen mit ziehendem Schnitt, mittels Druckzylinder betätigt;
- justierbare Nachpreßeinheit mit stufenlos regelbarem Antrieb.

Die Anlage kann durch weitere Zusatzeinrichtungen ergänzt werden wie z. B. durch einen Druckrollensatz für eine zusätzliche Schmalflächenummantelung, Schleifeinrichtung zum Kantenbrechen, Folien-Bündigschneideeinrichtung usw.

Eine weiterentwickelte Flächen-Profil-Kaschieranlage dient der ein- oder beidseitigen Beschichtung plattenförmiger Werkstücke mit verschiedenen Folien von der Rolle bei gleichzeitiger Ummantelung der Schmalflächen (Schmalflächen-Ummantelung).

Bei bereits vorgefertigten Korpuselementen mit gerundeten Kanten (sogenannte Softline-Gehäuse oder -Korpusse) kann die Flächenbeschichtung mit Folien im Rundlauf durch das *Wickelverfahren* durchgeführt werden (Abb. 4.42). Die Folie wird mit einem Rakel beschichtet und über eine Ablüftstrecke der Wickelstation zugeführt, in der das Softline-Gehäuse durch eine gesteuerte Drehbewegung mit Folie umwickelt wird. Durch Einlegen eines Trennpapiers lassen sich die überlappten Folienenden auf Maß bündig schneiden, so daß die Stoßfuge kaum sichtbar ist.

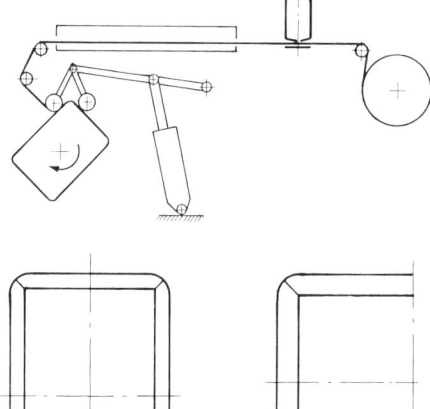

Abb. 4.42 Prinzip einer Kaschieranlage nach dem Wickelverfahren (oben) für Softline-Gehäuse (unten)

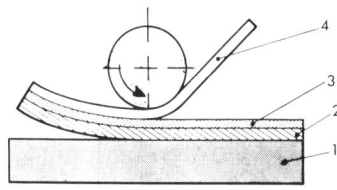

Abb. 4.43 Schichtenaufbau einer Transferfolie, bestehend aus Trägerbahn bzw. Abziehschicht, Dekorschicht und Klebschicht.
1 MDF-Platte. 2 Klebschicht. 3 Dekorschicht. 4 Abziehschicht

4.1.3.4 Sonstige Flächen-Profil-Beschichtung

1. Transferfinish

Das Beschichtungsverfahren *Transferfinish* ist in der europäischen Möbelindustrie als Begriff und Flächenbeschichtung neu. In den USA hat es sich unter der Bezeichnung „Dry Transfer" (Trockentransfer) für Möbelteile und -platten durchgesetzt. In der Kunststoffindustrie ist die Technik als „Heißprägen" bekannt, bei dem spezielle Prägefolien eingesetzt werden, z. B. Prägefolien in Metallfarben auf Kunststoffflächen.

Durch mehrjährige Entwicklungsarbeit wurde das Verfahren auf die Anforderungen der Möbelindustrie ausgerichtet, wobei man von den Begriffen „Heißprägen" und „Prägefolie" abrücken mußte, um eine Verwechslung mit dem Begriff „Prägen" z. B. von Poren zu vermeiden (NN 1982). Als Trägerwerkstoffe sind durch Schleifen gut vorbereitete MDF-Platten wegen der glatten Breit- und kompakten Schmalflächen geeignet. Aber auch geschlossene glatte Flächen von Span- und Hartfaserplatten können eingesetzt werden.

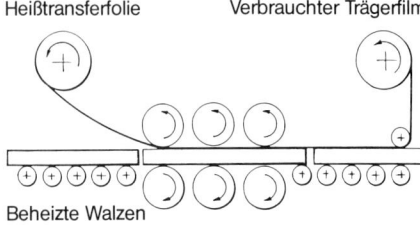

Heißtransferfolie   Verbrauchter Trägerfilm

Beheizte Walzen

Verfahren für das Abziehen von Folien
durch Wärme

Abb. 4.44 Prinzip des Trocken-Transferver-
fahrens

Transferfolien werden als Holzdekor-
Transfer, Unidekor-Transfer und Klarlack-
Transfer angeboten. Nach Angaben in
der Literatur und nach Firmenprospekten
soll der Verarbeitsaufwand gering, die
Oberflächenqualität hoch und die Technik umweltfreundlich sein. Die Transferfolien (Abb. 4.43) bestehen aus mehreren
Schichten, die auf einem 0,02 mm dicken
Trägerband meist auf der Basis von Polyester aufgetragen sind. Die zu übertra-
gende Schicht ist wie folgt aufgebaut:
Trägerband bzw. Abziehschicht, Trenn-
schicht, Dekorschicht und Klebschicht.
Bei Transferfolien wird im Gegensatz zu
Dekorfolien nur die farbige Dekorschicht
bzw. Klarschicht auf den Träger aufgeklebt, während das Trägerband wieder
abgezogen wird. Die Verarbeitung der
Folien erfolgt nach dem Kurz-Trocken-
Transferverfahren (Abb. 4.44). Die Transferfolie wird mit einer Temperatur von
190 °C und einer Vorschubgeschwindigkeit bis 20 m/min in einer Kalanderpres-
se, die gummierte Stahlwalzen enthält,
mit der Klebschicht auf die Trägerplatte
gedrückt. Bei Pressen mit umbeschichte-
ten Stahlwalzen müssen die Dickentoleranzen der Trägerplatte sehr klein sein.
Das Trägerband kann sofort nach der
Presse abgezogen und aufgewickelt werden, oder sie kann auch als Schutz-
schicht für die Oberfläche während des
Transports dienen.

2. Beschichtung durch Extrudieren
Eine besondere Entwicklung ist das Ummanteln von Profilleisten und Zargen mit
thermoplastischen Kunststoffen durch
Extrudieren *(Beschichtung durch Extrudieren)*. Das Grundprinzip besteht in dem
Plastifizieren des pulverförmigen Kunst-

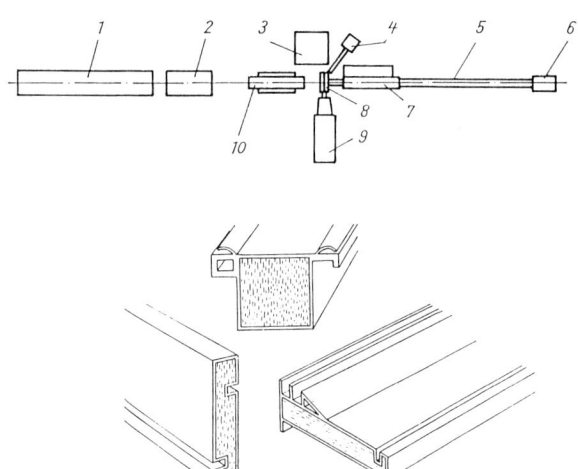

Abb. 4.45 Prinzip des Kunststoffbeschichtens durch Extrudieren (oben). 1 Kipptisch. 2 Ablängsäge. 3 Zusatzmaschine
für Haftvermittler. 4 Zusatzextruder für Weich-PVC. 5 Magazin.
6 Einschubgerät. 7 Einschubband. 8 Werkzeug. 9 Extruder.
10 Kühlkanal; Beispiele für Erzeugnisse, die durch Extrudieren
beschichtet wurden (unten)

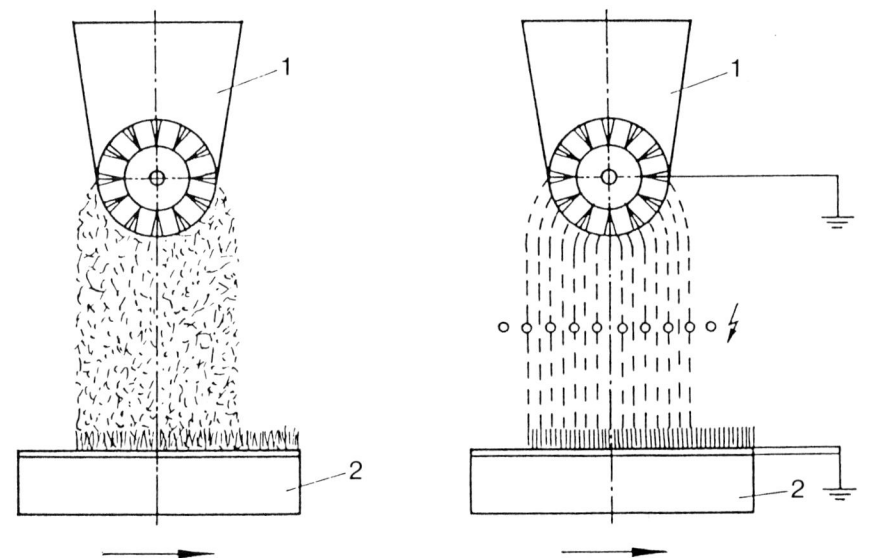

Abb. 4.46 Prinzip des mechanischen (links) und elektrostatischen (rechts) Beflockens.
1 Flockendosierung. 2 Werkstück mit Klebstoffschicht

stoffs und in dem Ummanteln des getrennt zugeführten profilierten Kernmaterials mit dem plastifizierten Material in einem speziellen Werkzeug. Nach dem Abkühlen ist der Kern aus Vollholz oder Spanplatte mit einem geschlossenen Kunststoffmantel umgeben. Für das Extrudieren eignen sich vor allem PVC, das einen speziellen Haftvermittler bzw. Klebstoff auf der Basis von PVAc oder EVA (Ethylenvinylacetat-Copolymerisat) zum Kern erfordert, sowie Acrylharze, Polystyren, Polyamide und Cellulosederivate.

Dem Werkzeug können neben dem Extruder zum Auftrag des Haftvermittlers bzw. Klebstoffs und dem Extruder für das Ummantelungsmaterial auch noch andere Extruder (bis zu 5) angeschlossen sein, z. B. zum Anspritzen von weichen Dichtungslippen usw. Das sind Vorzüge, die nach dem gegenwärtigen Stand von keinem anderen technologischen Verfahren in einem Arbeitsgang erreichbar sind.

Eine Fertigungsstraße zum Ummanteln von Werkstücken durch Extrudieren (Abb. 4.45) besteht aus folgenden Baugruppen:
- Magazin mit Einschubvorrichtung des Kernmaterials,
- Extruder zum Ummanteln,
- Extruder zum Klebstoffauftrag,
- Extruder zum Anspritzen von Weichlippen,
- Kühlkanal,
- Ablängsäge mit Absaugung,
- Abstapelung.

Die Anlage kann auch unmittelbar mit einer Profildruckmaschine verkettet werden, so daß vollständig ummantelte, mit Holzdekor versehene Profilleisten oder Zargen in einem Arbeitsgang hergestellt werden können (Abb. 4.45). Die Vorschubgeschwindigkeit liegt bei 10 m/min. Eine Anlage erfordert eine Fläche von nur 10 bis 15 m² (Folienummantelungsanlagen 40 . . . 50 m²) und kann von einer Person bedient werden.

Oberflächenfehler im Kernmaterial können die fertig beschichtete Oberfläche beeinträchtigen. Nach den Erfahrungen bekannter Hersteller muß der Kern mindestens eine Dichte von 0,7 . . . 0,8 g/cm³ aufweisen und darf keine höhere Feuchte als 10 . . . 12 % haben. Die Dickentoleranzen dürfen ±0,1 mm nicht überschreiten. Beste Voraussetzungen bieten Holzwerkstoffe mit homogenem Aufbau. Der Kunststoffmantel ist etwa 0,5 . . . 0,7 mm dick. Die als Haftvermittler darunterliegenden Klebstoffschicht ist 0,3 . . . 0,4 mm dick.

3. Beschichtung durch Beflocken
Unter dem Begriff „Beflocken" versteht man das Beschichten von Trägerwerkstoffen mit Kunststoff- und Naturfasern

von 0,2 . . . 1,1 mm Länge. Der „Flock" besteht aus den kurzen Fasern, die entweder durch Mahlen (Mahlflock) oder Schneiden (Schnittflock) entstehen. Art und Beschaffenheit der Fasern bestimmen maßgeblich die Eigenschaften der beflockten Teile [Böhme 1984; Maag 1973, 1976, 1978]. Das Beflocken wird im Möbelbau z. B. für Rückwände, Schubkästen und Profile angewandt.

Nach der Art des Auftragens der Fasern auf die mit Klebstoff beschichtete Werkstückfläche unterscheidet man zwischen mechanischem und elektrostatischem Beflocken (Abb. 4.46). Beim weniger angewandten mechanischen Beflocken werden die dosierten Fasern durch Vibrationsbewegungen in die Klebschicht der Trägerplatte eingerüttelt und verankert. Bei dem elektrostatischen Beflocken werden die Fasern elektrisch aufgeladen und mit Hilfe eines elektrostatischen Feldes auf die zu beflockende Fläche senkrecht ausgerichtet und in die Klebschicht „eingepflanzt".

4.2 Schmalflächenbeschichtung

4.2.1 Einführung
Der Begriff „Schmalflächenbeschichtung" wird in Zukunft häufiger benutzt als der bisher gebräuchliche Begriff „Kantenbeschichtung". Ein plattenförmiges Werkstück wird begrenzt durch

- zwei breite Flächen, die „Breitflächen", und

- vier schmale Flächen, die „Schmalflächen", die je nach Ausbildung senkrecht oder in einem anderen Winkel zur Breitfläche angeordnet sind und die bisher als „Kanten" einer Platte bezeichnet wurden.

Die Terminologie ist in einer Umstellung begriffen. Als Kante versteht man nach geometrischer Definition die Berührungslinie zweier Flächen, die z. B. beim „Kanten anfasen" tatsächlich bearbeitet wird (Abb. 4/47).

Nach der Formatbearbeitung sind die Schmalflächen der Werkstücke rauh und für den Gebrauch ungeeignet, so daß mindestens die sichtbaren Schmalflächen abgedeckt werden müssen, um das gewünschte dekorative Aussehen von Möbelteilen (wie Farbe, Textur, Glanzgrad usw.) zu erreichen. Auch die Anforderungen nach Schutz vor Verletzungsgefahr, nach Gebrauchsschichten für viele Beanspruchungen (z. B. gegen Abrieb, Verkratzen, Schlag, Feuchtigkeit usw.) oder nach Verbesserung der Festigkeit zur Aufnahme von Konstruktionsbeschlägen können Gründe für die Beschichtung sein.

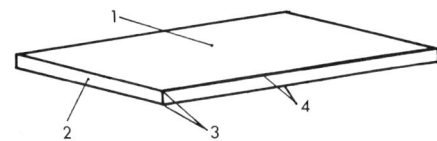

Abb. 4.47 Erklärung der Begriffe bei Werkstücken. 1 Breitfläche. 2 Schmalfläche. 3 Ecke. 4 Kante

Über den Arbeitsgang *Schmalflächenbeschichten* und über die dabei eingesetzten Schmalflächen-Beschichtungsmaschinen sowie Klebstoffe und Beschichtungswerkstoffe wurde in der Literatur ausführlich berichtet [Aschenbrenner, 1976; Joswig, 1985; Kalmbach, 1973, 1974, 1977, 1978, 1987, 1988; Krämer, 1976; Schellenbeck, 1975; Soiné, 1986; Menge, 1977; Neuser u. a., 1972, 1973; Ney, 1977; Schute, 1975, 1978].

4.2.2 Schmalflächenwerkstoffe
Die streifen- oder bandförmig zugeschnittenen, festen Beschichtungswerkstoffe wurden auch als „Kanten" bezeichnet. Zur eindeutigen Bestimmung wird für diese Streifen und Bänder der Begriff *Schmalflächen-Beschichtungswerkstoff* verwendet. Die Wahl des Werkstoffes dafür richtet sich nach den Marktanforderungen, die an das Aussehen und die mechanischen Eigenschaften der Schmalflächen gestellt werden. Zur werkstoffgerechten Auswahl und Verarbeitung liegen „Allgemeine Verarbeitungsempfehlungen für Schmalflächenmaterialien auf Duroplastbasis" des Fachverbands Bau-, Möbel- und Industrie-Halbzeuge aus Kunststoff, Frankfurt, sowie „Güterichtlinien Kunststoffkanten (PVC)" des Industrieverbands Kunststoffbahnen, Frankfurt, vor. Schmalflächenwerkstoffe unterscheiden sich durch die Grundstoffe, Dicke und Lieferform wie in Tabelle 4.5 zusammengestellt.

Die Lieferform ist bei der Auswahl des Maschinentyps und des Verfahrens zu berücksichtigen. Die *Rückseite der Schmalflächenwerkstoffe* muß für das gewählte Verfahren geeignet oder entsprechend behandelt sein: glatt, aufgerauht, *vorbeschichtet mit Klebstoff* (z. B. Schmelzklebstoff, PVAc-Klebstoff) oder vorgestrichen mit einem *Haftvermittler.*

Die Schmalflächenwerkstoffe werden je nach Anwendungsbereich verschieden starken Beanspruchungen ausgesetzt. Man unterscheidet folgende Anwendungsbereiche:

- Schmalflächen an stark beanspruchten Arbeitsflächen (Küchen, Kantinenmöbel, Schaltertische, Labormöbel, Waschtischplatten);
- Schmalflächen an Eßtischen, Schreibtischplatten, im Sanitärbereich, soweit nicht oben erfaßt;
- Schmalflächen an Abstellflächen (außer Küche und Bad);
- Schmalflächen an Außenseiten, Fronten und Sockel von Behältnismöbeln;
- Schmalflächen an waagerechten Innenflächen;
- Schmalflächen an senkrechten Innenflächen und Bodenunterseiten.

Infolge der unterschiedlichen Beanspruchungen wird es wahrscheinlich keinen idealen Schmalflächenwerkstoff geben, der für alle Anwendungsgebiete gleich gut geeignet ist. Deshalb soll im folgenden auf die verschiedenen Beschichtungswerkstoffe eingegangen werden.

Furnier und Vollholz
Schmalflächenwerkstoffe aus Furnier werden als *Streifen* mit fertigungsbedingtem Überstand aus Furnierpaketen geschnitten. Durch Aneinanderfügen mittels Keilzinkung können lange Bänder hergestellt werden, die als Rollenware zum Einsatz kommen. Spezialanfertigungen sind rückseitig mit Schmelzklebstoff vorbeschichtet oder mit einem Lacküberzug versehen. Sie werfen im allgemeinen keine Verklebungsprobleme auf, da die verschiedenen Holzarten klebefreundlich und auch bei höheren Verarbeitungstemperaturen verformungsstabil sind. Vollholzleisten sollen im Querschnitt möglich gedrungen sein (wenig Spannungen durch Verformung), gut getrocknet (kein nachträglicher Schwund) und absolut gerade sein (d. h. krumme Leisten aussortieren). Ihre Dicke soll 25 mm nicht überschreiten. Ein zu hoher Feuchtegehalt (über 10 %) und einzelne Holzinhaltsstoffe führen zu schlechten Verklebungen.

Melaminharz
Diese Schmalflächenwerkstoffe werden in Dicken von 0,5 ... 1,3 mm aus Schichtstoffplatten geschnitten oder aus melaminharzgetränkten Papieren hergestellt. Ihr Aufbau ist nicht homogen. Wegen der Nachkondensationsreaktion, die unter Volumenschwund des Melamins erfolgt, neigen sie vor allem unter Wärmeeinwir-

kung stark zum Schüsseln. Deshalb eignen sich für die Verklebung nur besonders wärmefest eingestellte Klebstoffe, die auch bei höheren Temperaturen die auftretenden Verformungsspannungen beherrschen. Da dicke Schmalflächenwerkstoffe nach dem Verkleben seitlich sichtbare, unschöne Schnittflächen aufweisen, wurde der einschichtige Dünn-Schmalflächenwerkstoff (Dicke etwa 0,25 ... 0,4 mm) entwickelt mit den Vorteilen geringerer Spannungen und besseren Aussehens.

Gegenüber dem dicken Material, das als Streifenware mit fester Länge geliefert wird, kann dünnes Material in Rollenform gezogen werden, das bei kontinuierlichen Verfahren Vorteile bringt. Der Vorteil des Melamins ist die besondere Widerstandsfähigkeit gegen chemische und mechanische Gebrauchsbeanspruchungen.

Polyester
Die Schmalflächenwerkstoffe bestehen aus mit ungesättigtem Polyester beharzten Papieren. Dieses besitzt eine schlechte Affinität zu Schmelzklebstoff, so daß die Haftung wie folgt verbessert werden muß: Das gut durchtränkte Oberpapier wird entweder mit einem unbeharzten Papier, mit einem Melamin-Harnstoffharz-Papier oder mit einem Haftgrundpapier zusammenpolymerisiert. In allen Fällen soll erreicht werden, daß das Polyesterharz nur schwach oder überhaupt nicht auf der Unterseite erscheint. Durch den unterschiedlichen Aufbau ist sowohl eine Neigung zum Schüsseln als auch die Gefahr einer Schichtentrennung bei Belastung vorhanden. Die gute Verklebbarkeit, die werkzeugschonende Bearbeitung und das Standvermögen sind jedoch höher zu bewerten. Hervorzuhe-

ben sind die günstigen Oberflächeneigenschaften wie Oberflächenruhe und geringe Wärmeableitung. Das gut biegbare Material wird als Rollenware angeboten.

Acryl- bzw. Melamin-Acrylharz
Das Material hat erst in letzter Zeit an Bedeutung gewonnen. Es gehört zu den Duroplasten und verbindet deshalb die gewünschte Oberflächenhärte mit der günstigen Verarbeitbarkeit der Rollenware. Als Zwischenschichten werden Spezialpapiere eingelegt. Die Neigung zum Schüsseln wird durch den symmetrischen Aufbau verhindert. Die Hafteigenschaften der Rückseite sind auch bei geringen Temperaturen ausgezeichnet und für alle Klebstoffe gut geeignet. Die zukünftige Bedeutung liegt in der einfachen Verarbeitbarkeit und im günstigen Preis.

Polyvinylchlorid
Der einschichtige Schmalflächenwerkstoff mit den Dicken von 0,3 ... 0,6 mm (als Rollenware) und von 2 ... 4 mm (als Streifen bzw. Stangen) wird entweder im Kalanderverfahren (zu Folien) oder im Extrudierverfahren (zu Stangen) hergestellt. Mit dem dicken Material bot sich erstmals die Möglichkeit des Rundfräsens der Schmalfläche (Maßnahme gegen Verletzungsgefahr). Die Rückseite ist mit einem Haftvermittler versehen, wodurch eine optimale Verklebung erreicht wird. Bei zu dickem Auftrag des Haftvermittlers kann es bei höherer Belastung wegen der geringen Kohäsion zur Schichttrennung kommen. Bei Wärmebelastung zeigt das Einschichtmaterial ein gutes Stehvermögen (kein Schüsseln), tendiert aber zum Schrumpfen.

Ein gewisser Nachteil ist die geringe Oberflächenhärte im Vergleich zu Duro-

Tabelle 4.5 Schmalflächenwerkstoffe für die Beschichtung

Schmalflächenwerkstoff	Dicke [mm]	Lieferform
Furnier und Vollholz unterschiedlicher Holzarten	ab 0,5 bis 25	Streifen, Band Leiste
Kunststoff auf Duroplastbasis (überwiegend mit Fertigeffekt)		
Melaminharz aus Platten DIN 16926	0,4 ... 1,3	Streifen
mehrschichtig	ab 0,4	Streifen
einschichtig	ab 0,25	Bandrolle
Polyester: mehrschichtig	ab 0,35	Bandrolle
einschichtig	ab 0,25	Bandrolle
Acrylharz (Co-Kondensat) mit Harnstoff oder Melamin: ein- und zweischichtig	ab 0,25	Bandrolle
Kunststoff auf Duroplastbasis (für Grundierzwecke) auf der Basis von Harnstoff-, Melamin-, Polyester- und Acrylharzen	ab 0,25	Bandrolle
Kunststoff auf Thermoplastbasis (mit Fertigeffekt)		
Polyvinylchlorid: ein- und mehrschichtig	ab 0,4	Bandrolle
ABS-Grundstoffe: ein- und mehrschichtig	ab 0,4	Bandrolle
Sonstige Werkstoffe (Papier, Textil, Metall usw.)		diverse

plasten wie Melamin oder Polyester. Außerdem besteht bei dünnem Material (<0,5 mm) die Gefahr, daß die Oberfläche nach dem Verkleben unruhig aussieht, d. h. daß sich Unebenheiten der Spanplattenschnittflächen infolge der Thermoplastizität abzeichnen.

Die teueren Schmalflächenwerkstoffe sind mehrschichtig aufgebaut, überwiegend zweischichtig. Die Oberschicht, die auf der Rückseite mit dem Holzdekor bedruckt ist, ist transparent. Die Unterschicht ist entsprechend der Holzfarbe eingefärbt. Beide Schichten werden mit Kalanderwalzen unzertrennlich verbunden. Eine zusätzliche Oberflächenvergütung durch Lack kann die Kratzfestigkeit und den Glanzgrad verbessern. Der Dekordruck ist somit geschützt und kann weder mechanisch noch chemisch entfernt werden.

Acrylnitril-Butadien-Styrol

Diese Materialien werden als einschichtige Schmalflächenwerkstoffe durch das Extruderverfahren hergestellt und als Rollenware bereitgestellt. Sie zeichnen sich durch eine höhere Härte aus, so daß auch bei geringeren Dicken eine ruhige Oberfläche entsteht. Da sich das Material weniger stark elektrostatisch auflädt, ist die Verschmutzung gering. Ein höherer Preis und die Empfindlichkeit gegen Lösemittel sind nachteilig. Wegen schlechter Verklebungseigenschaften ist ein Vorstrich mit Haftvermittler notwendig.

4.2.3 Klebesysteme für Schmalflächen

Zur Verklebung der unterschiedlichen Schmalflächenwerkstoffe bietet die Industrie Spezialklebstoffe (Schmalflächenklebstoffe) an, deren Eignung für die verschiedenen Materialien und deren spezielle Verarbeitungsrichtlinien zu beachten sind, um Verklebefehler zu vermeiden. Für die Schmalflächenbeschichtung kommen folgende Klebstoffe zur Anwendung:

Schmelzklebstoffe

Schmelzklebstoffe sind die wichtigsten und häufigsten Klebstoffe, die für die Schmalflächenbeschichtung auf kontinuierlichen Anlagen eingesetzt werden. Sie werden mit unterschiedlichen Eigenschaften angeboten. Alle Produkte werden nach einem ähnlichen Prinzip hergestellt, d. h. sie setzen sich aus folgenden Substanzen zusammen, die jedoch nach Art und Dosierung variiert werden:
• der thermoplastische Grundstoff (am häufigsten das preiswerte Ethylen-Vinylacetat-Copolymer mit der Kurzbenennung EVA, in Sonderfällen für höhere Wärmestandfestigkeit das Polyamid mit der Kurzbenennung PA und als letzte Entwicklung das mit Feuchtigkeit härten-

de Polyurethan (Kurzbenennung PUR);
• weitere harzartige Zusätze zur Einstellung der Schmelzviskosität, das Fließverhaltens und der Stabilität;
• anorganische Füllstoffe zur Verbesserung der Kohäsion, Wärmestandfestigkeit und Schleifbarkeit (wie Kreide, Schwerspat usw.);
• Pigmente zur Farbgebung
• sonstige Additive wie Weichmacher zur Verbesserung der Flexibilität und Antioxydantien zu Verbesserung der Hitzestabilität.

Schmelzklebstoffe enthalten keine Lösemittel oder Wasser. Sie werden für die Verklebung bei etwa 200 °C aufgeschmolzen, dann aufgetragen und durch Abkühlen zum Abbinden gebracht. Der Vorteil, daß innerhalb weniger Sekunden beim Erstarrungsvorgang die Endfestigkeit erreicht wird, kann in kontinuierlichen Anlagen ausgenutzt werden, um unmittelbar nach dem Klebevorgang die spanende Nachbearbeitung vorzunehmen.

Dispersionsklebstoffe

Dispersionsklebstoffe enthalten als Grundstoff das Polyvinylacetat (Kurzbenennung PVAc), das in Wasser dispergiert ist. Weitere Zusätze sind: Emulgator, Füllstoffe und Weichmacher. Auch sie werden durch Variation der Zutaten nach Art und Menge den verschiedenen Aufgaben angepaßt. Sie werden sowohl im Taktverfahren als auch in Durchlaufanlagen verarbeitet. Da bei der Abbindung das Wasser aus der Klebfuge entfernt werden muß, ist der Vorgang von der Saugfähigkeit der Werkstoffe und den Arbeitsbedingungen stark abhängig.

Der Grundstoff Polyvinylacetat ist ein Thermoplast, der einerseits bei entsprechender Rezeptur wie ein Schmelzklebstoff verwendet wird und andererseits durch Zugabe härtbarer Substanzen heißhärtend eingestellt werden kann, so daß damit verschiedenartige Klebverfahren ermöglicht werden.

Kondensationsharz-Klebstoffe

Kondensationsharz-Klebstoffe enthalten als Grundstoff das Harnstoff-Formaldehyd-Harz (Kurzbenennung UF) sowie Mischungen von Harnstoff mit z. B. Melamin-Formaldehyd (Kurzbenennung MF), die in Wasser gelöst sind. Ihre Bedeutung ist darin zu sehen, daß bei der Abbindung temperatur- und feuchtigkeitsbeständige Verklebungen erreicht werden können. Ähnlich wie bei den Dispersionsklebstoffen ist die Verklebetechnik mit kontinuierlichen Anlagen möglich, jedoch erfordert die Wasserabwanderung mehr Abbindezeit als bei wasserfreien Schmelzklebstoffen, so daß ein größerer Aufwand für die Abbindestation der

Durchlaufanlage aufgebracht werden muß.

Kontaktklebstoffe

Kontaktklebstoffe enthalten als Grundstoff entweder Polychlorbutadien (Kurzbenennung PCB) oder Polyurethan (Kurzbenennung PUR), auch in Mischung mit Isocyanat (Kurzbenennung IS), der in einem geeigneten organischen Lösemittel in flüssiger Form gehalten wird und sowohl ohne Härter als auch für höhere Temperaturbeanspruchung mit Härter verarbeitet werden kann.

Diese Klebstoffe erfordern besondere Sorgfalt bei der Verarbeitung, da sowohl Arbeits-, Brand- und Umweltschutz zu beachten sind. Nach Klebstoffauftrag und festgelegter Ablüftzeit zur Entfernung des Lösemittels kann durch einen kurzzeitigen, aber hohen Anpreßdruck (nicht unter 0,5 N/mm²) die Klebverbindung verfestigt werden. Als Nachteil muß das Kriechen der Klebfuge bei Dauerbeanspruchung angesehen werden.

Reaktionsklebstoffe

Reaktionsklebstoffe werden als Spezialklebstoffe für schwierige Problemlösungen eingesetzt, wobei auch die höheren Klebstoffkosten gerechtfertigt sind.

4.2.4 Verklebeverfahren

Die Beschichtung von Schmalflächen erfolgt industriell auf Fertigungsanlagen, die das Werkstück im Durchlaufverfahren (kontinuierlich) oder im Taktverfahren (diskontinuierlich) bearbeiten.

Entsprechend dem verwendeten Klebesystem und der Temperaturführung beim Klebevorgang unterscheidet man verschiedene Verklebeverfahren, die den Aufbau der Fertigungsanlagen bestimmen. In Tabelle 4.6 sind die Verklebeverfahren für Schmalflächen und deren Kurzbezeichnung zusammengestellt.

Kalt-Kalt-Verfahren

Soweit im Taktverfahren arbeitende Kantenpressen aus Gründen der Wirtschaftlichkeit oder besonderer Klebeaufgaben eingesetzt werden, findet man sehr häufig das Kalt-Kalt-Verfahren oder das Kalt-Heiß-Verfahren vor. Nach dem Klebstoffauftrag wird das Werkstück horizontal oder vertikal in die Schmalflächenpresse (Abb. 4.48) eingelegt und der Preßdruck mit mechanischen oder pneumatischen Spannmitteln erzeugt, wobei zur Abbindebeschleunigung die Klebfuge erwärmt werden muß.

Die verschiedenen kontinuierlichen Schmalflächen-Beschichtungsmaschinen sind im Grundkonzept einheitlich aufgebaut. Zur Ausrüstung gehören die Einrichtungen für die Zuführung des Beschichtungswerkstoffes, für den Kleb-

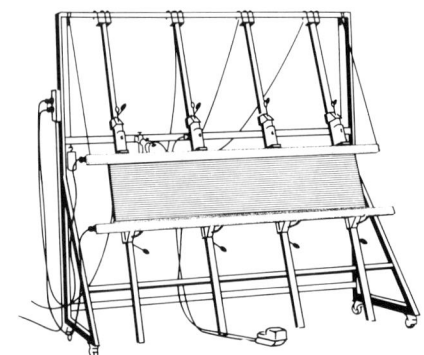

Abb. 4.48 Vertikale Schmalflächenpresse mit Heizschienen

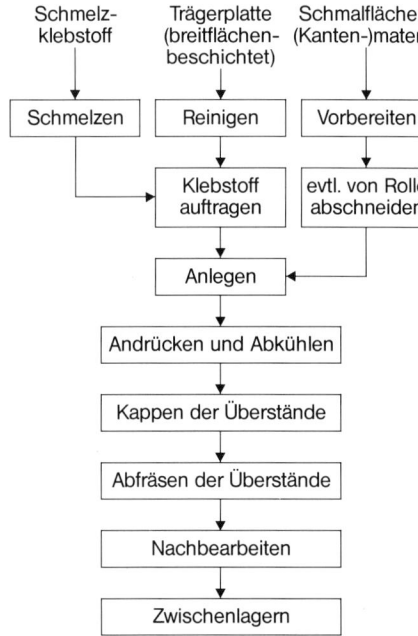

Abb. 4.49 Arbeitsflußbild des Heiß-Kalt-Verfahrens

stoffauftrag und die -abbindung. Anschließend erfolgt im allgemeinen sofort die Nachbearbeitung der Verklebung. Eine Zusatzeinrichtung für das Reaktivieren ist dann erforderlich, wenn thermoplastische Klebstoffe nach dem Abkühlen oder Abtrocknen wieder schmelzflüssig und damit klebfähig gemacht werden sollen, bevor sie die Abbindezone durchlaufen.

Heiß-Kalt-Verfahren

Der größte Teil der Schmalflächenbeschichtungen wird mit Schmelzklebstoff im Heiß-Kalt-Verfahren durchgeführt (Abb. 4.49). Das Verfahren ist in Abb. 4.50 schematisch dargestellt. Der Schmelzklebstoff in Granulatform wird in der Schmelzvorrichtung bei $190 \ldots 220\,°C$ zu einer ausreichend niedrigen Viskosität geschmolzen. Mit einer aufrecht stehenden, meist waffelartig geriffelten Auftragwalze oder einer beheizten Schwertdüse wird die Schmelze auf die Schmalfläche des Werkstücks aufgetragen und dann unverzüglich der Beschichtungswerkstoff zugeführt und angedrückt. Je nach Struktur und Bearbeitungsgüte der Schmalfläche benötigt man für den Klebstoffauftrag eine Auftragmenge zwischen 200 und $300\,g/m^2$.

Heiß-Kalt-Reaktiv-Verfahren

Wesentlich weniger Schmalflächenbeschichtungen werden mit vorbeschichteten Werkstoffen im Heiß-Kalt-Reaktiv-Verfahren gefertigt (Abb. 4.51). Der Schmelzklebstoff wird hierbei in der Regel schon beim Herstellen des Beschichtungswerkstoffes auf die Rückenfläche aufgetragen und im Verarbeitungsbetrieb später auf der Schmalflächen-Beschichtungsmaschine durch ein Gebläse (Föhn) mit Heißluft von $250 \ldots 400\,°C$ reaktiviert, bevor der Beschichtungswerkstoff durch Druckrollen an die Schmalfläche angepreßt wird. Der Klebstoffauftrag

kann hierbei wesentlich geringer (etwa $80 \ldots 120\,g/m^2$) gehalten werden.

Kalt-Heiß-Verfahren

Das Kalt-Heiß-Verfahren ist ein altes Verfahren für kontinuierliche und diskontinuierliche Fertigung, das zum Teil auch heute noch erfolgreich eingesetzt wird, um höhere Feuchte- und Temperaturbeständigkeit der Klebfuge durch Heißhärtung zu erzielen. Der wasserhaltige Klebstoff wird bei Raumtemperatur auf die Schmalfläche aufgetragen. Nachdem der Schmalflächenwerkstoff zugeführt wurde, durchläuft das Werkstück eine beheizbare Abbindezone, in welcher die Klebfuge entwässert und gehärtet werden muß. Die längeren Abbindezeiten von wasserhaltigen Klebefugen erfordern bei den üblichen Vorschubgeschwindigkeiten entsprechend lange Abbindezonen, welche die Maschinen besonders in der Länge nachteilig beeinflußten (Abb. 4.52).

Kaltleim-Aktivier-Verfahren

Eine Weiterentwicklung ist das Kaltleim-Aktivier-Verfahren (Abb. 4.53), das auch als Thermo-Aktivierverfahren bekannt ist. Der Arbeitsfluß ist in (Abb. 4.54) dargestellt. Will man bei dem bisher benutzten Benennungssystem bleiben, müßte das Verfahren als *Kalt-Kalt-Reaktivverfahren* bezeichnet werden. Bei diesem Verfahren sind drei Möglichkeiten der Beschichtung gegeben:

1. In älteren Maschinen wurde der Klebstoff gleichzeitig direkt auf den Beschichtungswerkstoff und die Werkstück-Schmalfläche aufgetragen, um eine ausreichende Verklebung zu erreichen. Durch die zweite Auftragwalze wurde die Maschine sehr aufwendig und die Vorschubgeschwindigkeit blieb begrenzt.

2. Man verwendet einen Beschichtungswerkstoff, der mit Dispersionsklebstoff ab Herstellerwerk vorbeschichtet ist (rund $80\,g/m^2$ Naßauftrag), und trägt in

Tabelle 4.6 Verklebeverfahren für Schmalflächen

Verklebeverfahren	Klebstofftyp	Fertigungsanlage
Heiß-Kalt-Verfahren (HK-Verfahren)	Schmelzklebstoff	konti./–
Heiß-Kalt-Reaktiv-V. (HKR-Verfahren)	Schmelzklebstoff (Vorbeschichtung)	konti./diskonti.
Kalt-Heiß-Verfahren (KH-Verfahren)	Dispersionsklebstoff Kondensationsklebstoff	konti./diskonti. konti./diskonti.
Kaltleim-Aktivier-V. (KA-Verfahren)	Dispersionsklebstoff (schmelzfähig)	konti./–
Kalt-Kalt-Verfahren (KK-Verfahren)	Dispersionsklebstoff Kondensationsklebstoff Reaktionsklebstoff	–/diskonti. –/diskonti. –/diskonti.
Kontakt-Verfahren (KT-Verfahren)	Kontaktklebstoff	–/diskonti.

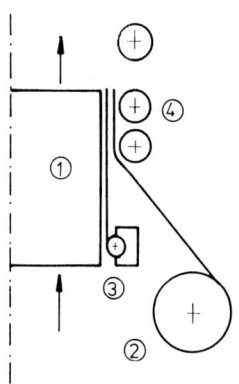

Abb. 4.50 Heiß-Kalt-Verfahren.
1 Trägerplatte. 2 Beschichtungswerkstoff (von der Rolle). 3 Klebstoffauftrag. 4 Andruckwalze

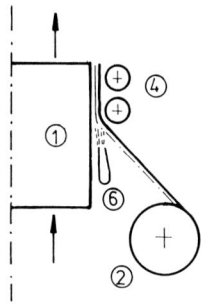

Abb. 4.51 Heiß-Kalt-Reaktiv-Verfahren.
1 Trägerplatte. 2 Beschichtungswerkstoff (von der Rolle). 4 Andruckwalze. 6 Heißluftgebläse

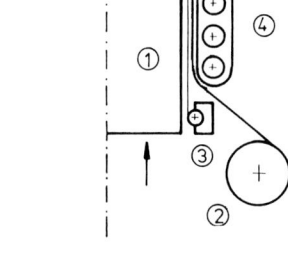

Abb. 4.52 Kalt-Heiß-Verfahren.
1 Trägerplatte. 2 Beschichtungswerkstoff (von der Rolle). 3 Klebstoffauftrag. 4 Andruckzone mit umlaufendem beheiztem Stahlband

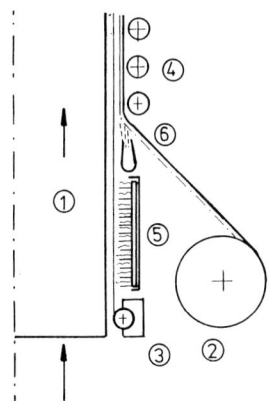

Abb. 4.53 KA-Verfahren.
1 Trägerplatte. 2 Beschichtungswerkstoff (von der Rolle). 3 Klebstoffauftrag. 4 Andruckrollen. 5 IR-Strahler. 6 Heißluftdüse

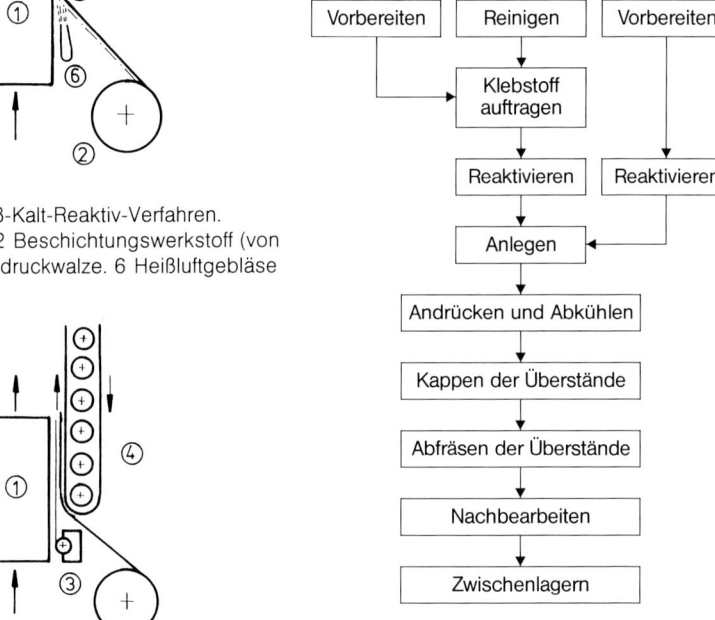

Abb. 4.54 Arbeitsflußbild des KA-Verfahrens

der Maschine nur auf die Werkstück-schmalfläche etwa 100...140 g/m² mit einer Walze auf.

3. Man arbeitet mit einem einseitigen Klebstoffauftrag, was bei etwa 75 % der handelsüblichen Beschichtungswerkstoffe üblich ist, allerdings mit einer Auftragmenge von 180...250 g/m².

Beim Kaltleim-Aktivier-Verfahren wird ein modifizierter Dispersionsklebstoff eingesetzt. Nach dem Auftrag werden mit Heißluft und Infrarot-Strahler sowohl Beschichtungswerkstoff als auch Werkstück-Schmalfläche heiß „aktiviert", d. h. es wird dem Klebstoff das Wasser entzogen und der Kunststoff wird geschmolzen. Danach genügt ein kurzer Anpreßdruck mit kalten Druckrollen, um den Klebstoff wie beim Heiß-Kalt-Verfahren zu verfestigen.

Dieses Verfahren erfordert eine höhere Arbeitsgenauigkeit als beim Schmelzklebeverfahren. Die Klebstoffe sind nicht fugenfüllend, so daß umfangreiche Vor- und Nacharbeiten erforderlich sind. Die Werkstück-Schmalfläche muß durch Fräsen und Schleifen formgenau und fein bearbeitet werden, insbesondere für dünne Beschichtungswerkstoffe. Ebenso sorgfältig müssen die Maschinenaggregate eingestellt werden.

Nach 12...24 h Abbindezeit ergibt sich jedoch eine Klebfuge, die dem Schmelzklebstoff in vieler Hinsicht überlegen ist, wie hohe Wärmebeständigkeit bis 180°C, Kältebeständigkeit, Feuchtebeständigkeit bis B3 und B4 nach DIN 68602, kaum sichtbare dünne Klebfuge und kein Verschmieren von Klebstoffresten bei der Nachbearbeitung. So kann z. B. bei profilierten Schmalflächen eine schräg verlaufende Klebfuge einwandfrei gefräst werden, ohne daß eine sichtbare, breite Klebfuge entsteht.

4.2.5 Beschichtung gerader Schmalflächen

Für die Gestaltung der Schmalflächen-Beschichtungsmaschinen werden sowohl die *Werkstückform* (Rechteckform, gerade, mit Schweifung, mit Innen- oder Außenrundung usw.) und die *Werkstückabmessungen* (Länge, Breite, Dicke) als auch die *Kontur* der Schmalfläche bestimmend sein. So können gerade Werkstückformen im *Durchlaufverfahren,* dagegen gebogene, geschweifte oder runde Werkstückformen nur im *Rundlaufverfahren* beschichtet werden. Alle Werkstückformen, auch die ausgefallensten, können immer im klassischen *Taktverfahren* an Spezialpressen – allerdings mit geringer Mengenleistung – bearbeitet werden.

Im Hinblick auf die Randkonturen der Werkstücke findet zur Zeit noch die *gerade (rechtwinklige) Schmalfläche* am häufigsten Anwendung, da sie fertigungstechnisch einfach herstellbar ist. Aber auch die *gefälzte Schmalfläche* bei Türen und die *profilierte Schmalfläche* (Softforming-Schmalfläche) sind übliche Gestaltungselemente von plattenförmigen Werkstücken, die durch die Weiterentwicklung der Maschinen wirtschaftlich herstellbar sind (Abb. 4.55).

Das am häufigsten eingesetzte Verfahren ist die *Beschichtung der geraden Schmalflächen im Durchlaufverfahren*, bei dem meist Schmelzklebstoffe, seltener modifizierte Dispersionsklebstoffe oder Kondensationsklebstoffe eingesetzt werden. Schmalflächen-Beschichtungsmaschinen werden in verschiedenen Grundausführungen angeboten:

- einseitige Ausführung, Werkstück senkrecht bearbeitend (überwiegend in Handwerksbetrieben, Platzersparnis),
- einseitige Ausführung, Werkstück waagerecht bearbeitend,
- beidseitige Ausführung, Werkstück waagerecht bearbeitend (für Industriebetriebe),
- wie vor, jedoch als Kombination mit vorgesetztem Doppelendprofiler als Kantenbearbeitungsautomat mit Formatteil, Verklebeteil und Nachbearbeitungsteil.

Die Maschinenkonstruktionen werden nach dem Baukastenprinzip hergestellt, so daß eine Anpassung an die jeweilige Arbeitsaufgabe in der Serienfertigung weitgehend möglich ist. Man unterscheidet drei Maschinenbereiche:

1. *Bereich für die Verklebung* (Verklebeteil) für die Arbeitsgänge Klebstoffauftrag, evtl. Reaktivieren, Abbindung,
2. *Bereich für die Nachbearbeitung* (Nachbearbeitungsteil) für die Arbeitsgänge Kappen und Fräsen der Überstände sowie sonstige Nacharbeiten,
3. *Bereich für den Werkstücktransport* (ruckfrei, maßgenau).

Grundsätzlich werden die Maschinen nach den Aggregaten für die Verklebung mit weiteren Aggregaten ausgerüstet, die den Überstand des Schmalflächenwerkstoffs allseitig entfernen sowie die Schmalfläche so bearbeiten, daß dieser Bereich später keiner weiteren Nachbearbeitung bedarf.

Hinsichtlich der konstruktiven Auslegung des Maschinenbereichs für die Verklebung lassen sich folgende Ausführungen unterscheiden:

- Heiß-Kalt-Maschinen,
- Kalt-Heiß-Maschinen,
- Kaltleim-Aktivier-Maschinen und
- Heiß-Kalt-Maschinen für PUR-Schmelzklebstoffe.

Abb. 4.55 Auswahl verschiedener Schmalflächenkonturen

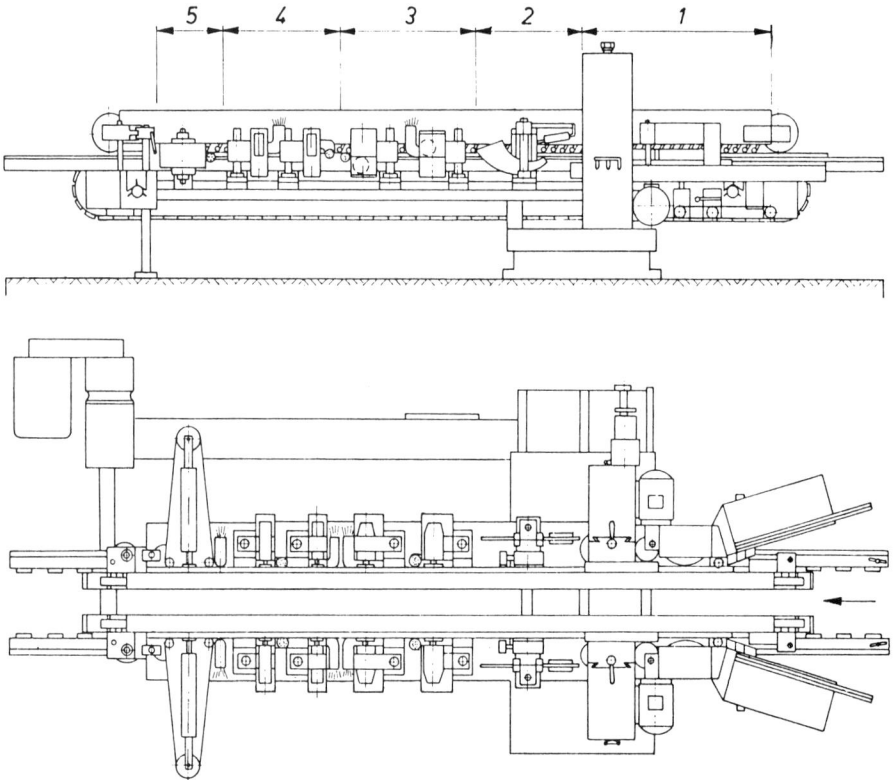

Abb. 4.56 Schmalflächen-Beschichtungsmaschine nach dem H-K-Verfahren. 1 Verklebeteil. 2 Kappaggregat. 3 und 4 Fräsaggregate. 5 Schleifaggregat

Heiß-Kalt-Maschinen

In Abb. 4.56 wird eine Schmalflächen-Beschichtungsmaschine, die im HK-Verfahren mit Schmelzklebstoff arbeitet, in der Ansicht und Draufsicht dargestellt. In der Regel gehören zu einer sogenannten „Heiß-Kalt-Maschine" oder „Schmelzklebstoff-Maschine" folgende Aggregate als Standardausrüstung:

1. *Magazin für das Zuführen der Schmalflächenwerkstoffe* als Streifen oder Einrichtung für Rollenware bzw. Wechselrollenmagazin, bei denen der Wechsel von einer Rolle zur anderen ohne Arbeitsunterbrechung erfolgt;

2. *Klebstoffbehälter mit beheizter Schnellschmelzeinrichtung und Auftragwalze* für normales Material oder Heißluftgebläse zur Verarbeitung von vorbeschichtetem Material;

3. *Druckzone mit einer oder mehreren luftgekühlten Andruckrollen;*

4. *Kappeinrichtung* zum Abschneiden des in der Länge überstehenden Schmalflächenwerkstoffs (auch für Profile möglich);

5. *Fräsaggregat* zum Beseitigen des in der Breite überstehenden Schmalflächenwerkstoffs und zum gleichzeitigen Fasen der Kante;

6. *Schleifeinrichtung* mit Schleifband zur Feinbearbeitung von furnierten Oberflächen (gerade oder profiliert);

7. *weitere Schleifaggregate* mit Schleifscheiben, Profilschleifgurten, Schwingschleifer sowie Bürst- und Schwabbelaggregate.

Kalt-Heiß-Maschinen

Auf den sogenannten „Kalt-Heiß-Maschinen" oder „Heizband-Maschinen" werden meist Kondensationsharz-, seltener härtbare Dispersionsklebstoffe verarbeitet. Die Anwendung bleibt wirtschaftlich auf dünne Schmalflächenwerkstoffe (Furnier, Duroplaste) beschränkt, da hier die Durchheizzeit gering ist und trotz der geringen Materialdicke bei heißgehärteten Klebfugen keine „bucklige" Oberfläche entsteht.

Die Klebstoffauftragwalze ist nicht beheizt (kalt), während die nachfolgende beheizte Druckzone (heiß) wegen der längeren Abbindezeit sehr lang ausgebildet ist. Ein beheiztes Endlos-Stahlband, das mit Andruckrollen unterstützt wird, sorgt für einen möglichst walkfreien Anpreßdruck während des Durchheizens und Abbindens der Klebfuge.

Trotz extrem langer Heizbandzonen bzw. Maschinenlängen ist die Durchsatzleistung fertigungstechnisch begrenzt, so daß heute das Verfahren nur in speziellen Anwendungen (z. B. für feuchtebeständige Verklebungen) eingesetzt wird. Noch seltener werden Maschinen eingesetzt, die mit Hochfrequenzerwärmung

arbeiten. Ihr Einsatzgebiet liegt im Ankleben dicker Vollholzleisten.

Kaltleim-Aktivier-Maschinen

Auf den sogenannten „Kaltleim-Aktivier-Maschinen" werden modifizierte Dispersionsklebstoffe verarbeitet. Der Schmalflächenwerkstoff ist mit Dispersionsklebstoff vorbeschichtet und wird durch ein Heizgebläse (Föhn) aktiviert, während mit einer unbeheizten Auftragwalze Dispersionsklebstoff auf die Werkstücksschmalfläche aufgetragen und der Auftrag in einer nachfolgenden Aktivierzone durch Infrarotstrahler oder Heißluftgebläse getrocknet und geschmolzen wird.

Die einwandfreie Einstellung und Abstimmung der Aggregate beim Rüstvorgang erfordert eine längere Erfahrung, so daß diese Maschinen hauptsächlich in spezialisierten Industriebetrieben zu finden sind. Die höherwertige Verklebung findet bei geraden und im zunehmenden Maße bei profilierten Schmalflächen (Softforming-Schmalflächen) Anwendung.

Polyurethan-Maschinen

Industrielle Anwendungen, mit feuchtigkeitshärtenden Polyurethanklebstoffen maschinell zu arbeiten, werden zur Zeit durchgeführt. Jedoch ist das Problem der Klebstoffaushärtung in dieser „Polyurethan-Maschine" infolge immer vorhandener Luftfeuchtigkeit noch nicht bedienerfreundlich gelöst.

Bearbeitungsaggregate

Bei den Bearbeitungsaggregaten können spezielle Entwicklungen unterschieden werden:

Die grundsätzlichen Aufgaben eines *Magazins für den Beschichtungswerkstoff* sind trotz verschiedener Konstruktionen gleich: Zum *Vereinzeln* von Leisten oder Streifen werden Stachelwalzen oder Reibwalzen, für Streifen meist das sichere Saugnapfsystem angewendet. Bei häufig zu wechselnder Rollenware können neben den Einfachmagazinen auch die gesteuerten Wechselrollenmagazine eingesetzt werden. Für das *Abschneiden* der Rollenware werden Kappscheren benötigt. Notwendig sind auch Einrichtungen zur *Materialüberwachung und -zuführung* (Abb. 4.57).

Das *Klebstoffauftragaggregat* hat die Aufgabe, eine bestimmte Auftragmenge auf die unterschiedlichen Schmalflächenwerkstoffe aufzutragen. Normalerweise wird als Werkzeug eine senkrechte Walze mit waffelartig geriffelter Mantelfläche verwendet. Grundsätzlich unterscheidet man zwischen Walzenauftrag im Gleich- oder Gegenlauf, Scheibenauftrag und Düsenauftrag.

Schwer biegbare Leisten, aber auch alle anderen Beschichtungswerkstoffe kön-

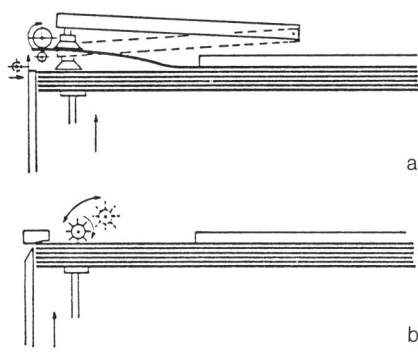

Abb. 4.57 Magazin zur Beschickung des Beschichtungswerkstoffs. (a) mit Sauger. (b) mit Stachelwalze

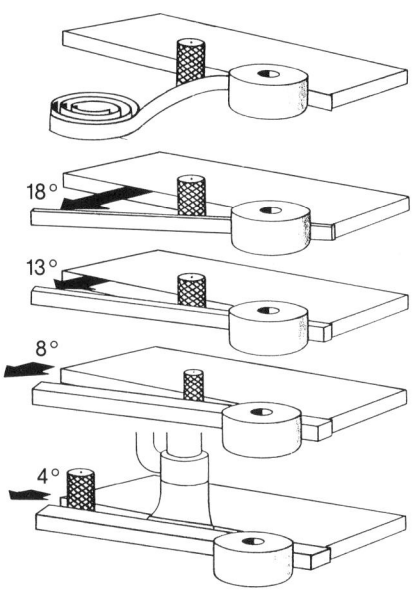

Abb. 4.58 Anordnung der Auftragwalzen mit verschiedenen Einlaufwinkeln des Beschichtungswerkstoffs

nen mit der Schwertdüse, die einen sehr flachen Einlaufwinkel bei der Zuführung zuläßt, sehr vorteilhaft bearbeitet werden. Der Einlaufwinkel ist bei Walzen in Abhängigkeit von ihrem Durchmesser konstruktionsbedingt mehrfach größer, so daß man für Vollholzleisten den Abstand zwischen Auftragwalze und Druckrollen vergrößert und den abkühlenden Schmelzklebstoffauftrag mit einem Heißluftgebläse schmelzflüssig hält (Abb. 4.58).

Bei den Schmelzklebstoffen müssen Auftrageinrichtung und Vorratsbehälter zusätzlich beheizt sein. Bei älteren *Aufschmelzbehältern* findet man eine Aufteilung mit ansteigenden Temperaturen in Vorschmelzteil, Hauptschmelzteil und Verbrauchteil (Auftragswalze) (Abb. 4.59). Damit wird nur die geringe Schmelzklebstoffmenge, die gerade zum Auftrag kommt, der höchsten Temperatur von etwa 200 °C ausgesetzt. Andernfalls besteht die Gefahr der Oxidation oder des Verbrennens, was zu Fehlverklebungen, aber auch zu zusätzlichem Wartungs- und Reinigungsaufwand führt.

Durch die folgenden weiterentwickelten Systeme werden diese Nachteile vermieden:

• Beim *Patronen-System* wird ein Zylinder aus Schmelzklebstoff in einer abgeschlossenen Schmelzkammer unter Luftabschluß teilweise erhitzt und nur die benötigte Schmelze unter Druck dem Auftrag zugeführt (Abb. 4.60).

• Das *Ultra-Granupreß-System,* eine Weiterentwicklung des Patronensystems, verwendet statt einem Zylinder das handelsübliche preiswertere Granulat, das in der Schmelzkammer zu einem Zylinder geformt und wie beschrieben verarbeitet wird (Abb. 4.61).

• Das *Quick-Melt-System* besteht aus einem separaten, verbrauchsabhängig gesteuerten Vorschmelzbehälter und einem Hauptschmelzbehälter mit integrierter Auftragwalze, die für größere Auftragmengen von Gleich- auf Gegenlauf umgestellt wird (Abb. 4.62).

• beim *Extruder-System* wird das Granulat in einem Extruder-Heizzylinder vorgeschmolzen und dem Hauptschmelzbehälter mit Auftragseinrichtung zugeführt.

Als *Aggregate für die Reaktivierung* von Schmelzklebstoff (HKR-Verfahren) oder Dispersionsklebstoff (KA-Verfahren) werden entweder Heißluftgebläse (Föhn) oder Infrarot-Hellstrahler verwendet (Abb. 4.63).

Die *Druckzone für die Abbindung* besteht in Abhängigkeit von der Vorschubgeschwindigkeit aus einer Druckrolle oder einem Druckrollenwerk, die mechanisch oder pneumatisch auf die Klebfuge

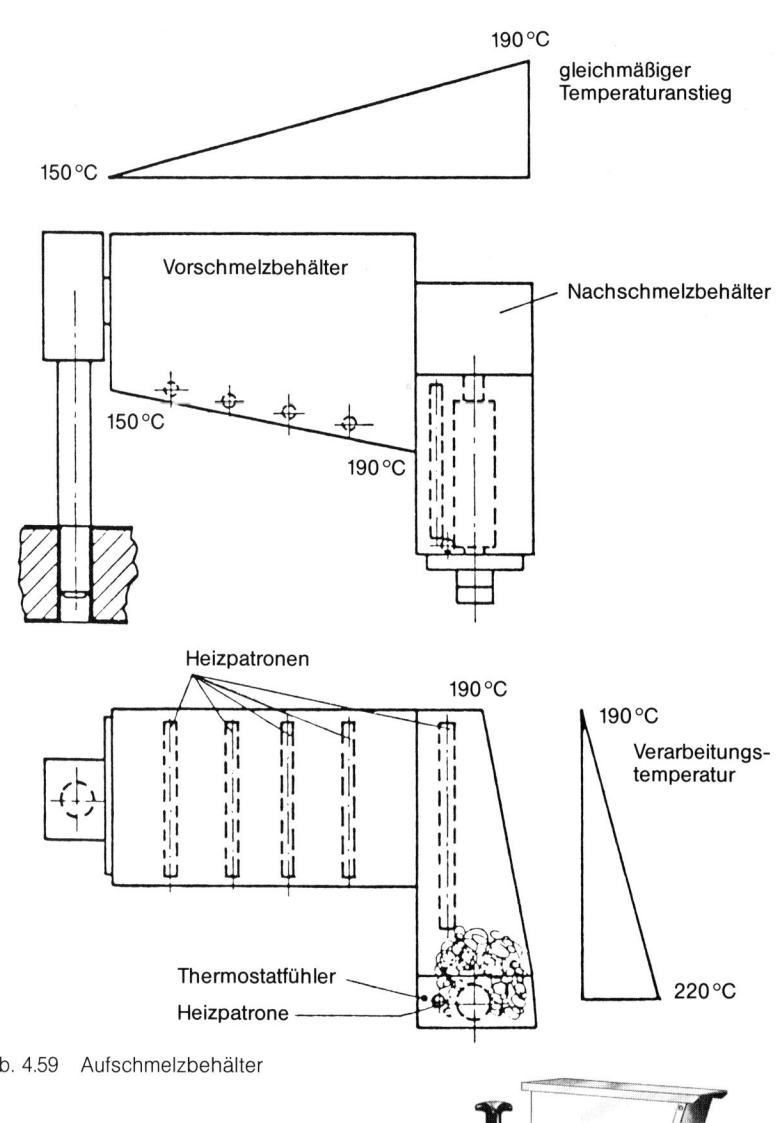

Abb. 4.59   Aufschmelzbehälter

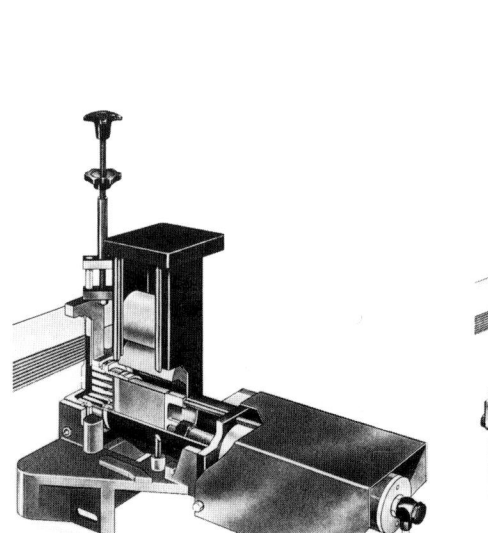

Abb. 4.60   Patronen-System

Abb. 4.61   Ultra-Granopreß-System

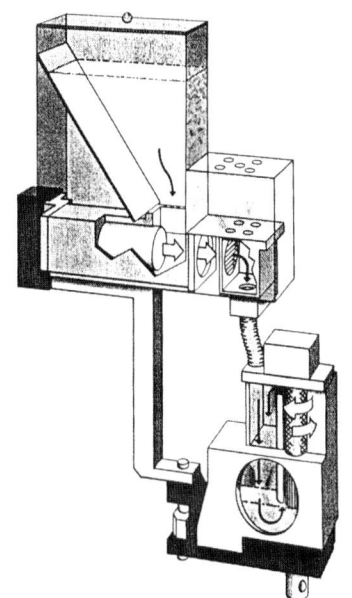

Abb. 4.62 Quick-Melt-System

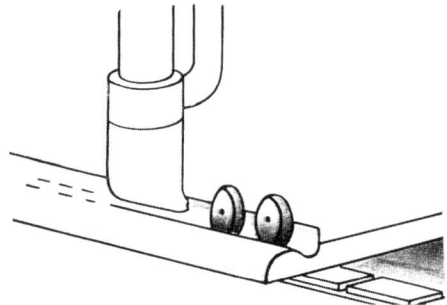

Abb. 4.63 Zwei Arten der Anordnung des Heißluftgebläses

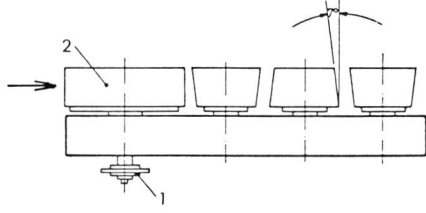

Abb. 4.64 Druckrollen für gerade Schmalflächen. 1 Rutschkupplung. 2 angetrieben

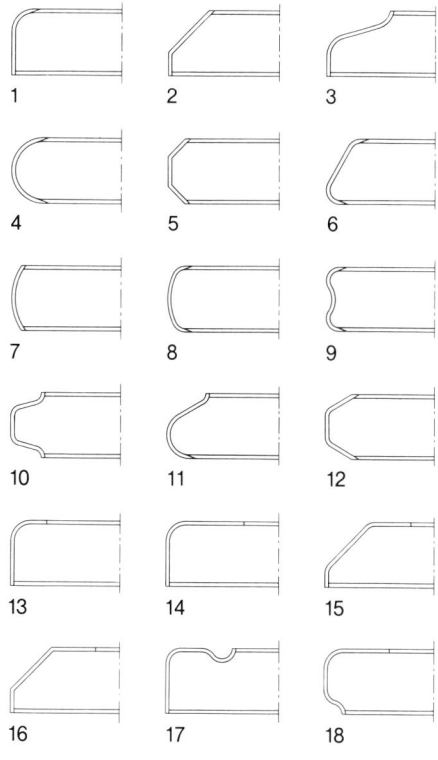

Abb. 4.65 Auswahl verschiedener Softforming-Profile

gepreßt werden. Die erste Druckrolle hat einen großen Durchmesser, damit der An- und Auslauf des Werkstückes möglichst ohne Stauchung geschieht. Die folgenden Rollen können abwechselnd nach oben und unten konisch sein, um eine „dichte" Klebfuge zu erreichen. Die letzte Rolle ist zylindrisch für den abschließenden ausgleichenden Druck (Abb. 4.64).

4.2.6 Beschichtung profilierter Schmalflächen

Die Herstellung von in Längsrichtung geraden, in der Kontur jedoch profilierten (runden, gefälzten, gekehlten) Werkstückschmalflächen ist fertigungstechnisch schwieriger und teurer. Durch den Wandel des Designs bei den Erzeugnissen (Softline) und durch die Einführung neuer Sicherheitsvorschriften der Verbände (Schul- und Büromöbel) wurde die Weiterentwicklung von Verfahren zur Herstellung profilierter Schmalflächen beschleunigt (Abb. 4.65).

Verfahren mit profilierten Leisten oder Stäben
Das *Ankleben von Vollholzleisten* mit anschließendem Profilfräsen ist die älteste und bekannteste Art. Im Bereich der begrenzten Abmessungen (bis 25 mm Dikke) des aufgebrachten Vollholzes können alle vorstellbaren Gestaltungen der Schmalfläche im Taktverfahren und Durchlaufverfahren hergestellt werden. Da jedoch Vollholz immer teurer wird, mußten zwangsläufig andere Verfahren entwickelt werden.

Das *Ankleben von Voll-PVC-Stäben* bis 6 mm Dicke und das gleichzeitige Abrunden der Kanten im Durchlauf wurde durch die Neuentwicklung der Nachbearbeitungsaggregate ermöglicht. Diese Schmalfläche findet man häufig bei Schul- und Büromöbeln.

Softforming-Verfahren
Die *Beschichtung mit dünnen Furnieren und Kunststoffen* auf durch Fräsen und Schleifen vorprofilierten Schmalflächen von plattenförmigen Werkstücken
- mit Schmelzklebstoff (im HK-Verfahren),
- mit Schmelzklebstoff-Vorstrich (im HKR-Verfahren) und
- mit modifizierten Dispersionsklebstoffen (im KA-Verfahren)
ist seit mehreren Jahren unter der Bezeichnung *„Softforming-Verfahren"* bekannt.
Problematisch ist beim normalen Softforming-Verfahren die Fuge zwischen den Beschichtungswerkstoffen von Breitfläche und profilierten Schmalflächen. Die Profilkante läuft je nach Profilform mehr

oder minder schräg in die Breitfläche aus, und die schräg angeschnittene Klebfuge zeigt sich als recht unruhig verlaufende Linie. Sie markiert sich um so stärker, je flacher der Auslaufwinkel des Profils ist. Bei Schmelzkebstoffeinsatz muß der Beschichtungswerkstoff mit einem verhältnismäßig steilen Auslaufwinkel zur Plattenfläche austreten, da sonst der schräge Anschnitt an dem Material und der Klebfuge zu breit wird. Aus diesem Grund ist dieses Verfahren nur auf bestimmte Profil- und Falzbeschichtungen begrenzt (Abb. 4.65). Nur die Profile Nr. 2, 3, 5, 7 und 10 können mit Furnier und Kunststoff sowie Schmelzklebstoff beschichtet werden. Neben der unangenehm sichtbaren dicken Schmelzklebstofffuge ergeben sich auch Schleifprobleme durch Zusetzen der Schleifbänder. Erst mit dem modifizierten Kaltleim-Aktivierverfahren war es möglich, mit Dispersionsklebstoffen die profilierten Schmalflächen mit dünnen Furnieren und Kunststoffen im Durchlaufverfahren zu beschichten. Mit den *Profil-KA-Verfahren* können im Prinzip alle Profilformen, auch die zur Plattenfläche sehr flach auslaufenden, gefertigt werden. Die Klebfuge ist sehr dünn, deshalb unauffällig und temperatur- sowie feuchtigkeitsbeständig. Grundsätzlich behoben wird dieser Mangel der auffälligen Klebfuge erst durch das „Softforming-Einlegeverfahren" (Profile Nr. 13 bis18). Hier wird mit der Ritzsäge an der Breitflächenbeschichtung eine Stoßfuge erzeugt, an die das Beschichtungsband fugenlos angesetzt und von dort abwärts umgeformt wird. Mit diesem waagerechten Übergang von der Breitflächen- zur Profilbeschichtung wird ein vollwertiger Viertelstab durch Softforming ermöglicht.

Das Softforming-Verfahren wird sowohl für die längs verlaufenden Schmalflächen als auch für die dazu rechtwinkligen eingesetzt. Bei einer vierseitigen Beschichtung entstehen scharfe Gehrungsecken *(Softforming-Gehrungen)* (Abb. 4.66), welche die Stoßkanten von Vollholzleisten nachahmen. Nach dem Profilbeschichten der Längsschmalflächen werden die vorn und hinten überstehenden Streifen mit einem genau geführten Messer entlang der Stoßkante (auf Gehrung) abgeschnitten. Nach dem Ankleben der Querstreifen tritt das Messer nochmals in Aktion und schneidet in der selben Stoßfuge ein zweites Mal. Eine Schwabbelscheibe entfernt die Klebstoffreste und eine Rolle drückt das Profil nach.

Für die Beschichtung der Schmalflächen, die durch Profilfräsen und Nachschleifen des Profils (bei Bedarf) vorbereitet wurden, werden auf einer *Softforming-Maschine* folgende Aggregate benötigt:

1. *Klebstoffauftrag für profilierte Schmalflächen* durch mehrere versetzt arbeitende Profilrollen (Abb. 4.67) oder durch eine Airless-Spritzpistole mit Verschmutzungsschutz;
2. *Reaktivierstrecke mit Infrarot-Hellstrahler* für den Klebstoffauftrag und Heißluftgebläse für vorbeschichtete Materialien;
3. *Rollendruckzone* mit einem zur Werkstückkontur passenden Druckrollensatz zum versetzten Anpressen des Beschichtungsmaterials;
4. *Aggregate* für das Kappen, Bündigfräsen, Konturschneiden und evtl. Schleifen.

Bei Umstellung auf ein anderes Profil müssen Fräswerkzeuge, Klebstoffauftragwalzen, Rollendruckzone und Schleifschuhe gewechselt werden.
Für die *fugenlose Beschichtung von Breitfläche und profilierter Schmalfläche* aus einem gemeinsamen Beschichtungswerkstoff stehen zwei verschiedene Verfahren zur Verfügung (Abb. 4.68):
• Das *Postforming-Verfahren* mit nachformbaren Schichtstoffplatten und
• das *Ummantelungs-Verfahren* mit Furnieren und flexiblen Folien.

Postforming-Verfahren
Hier werden grundsätzlich spezielle nachformbare (= Postforming) dekorative Hochdruck-Schichtpreßstoffplatten (HPL Typ P nach DIN 16 926) oder andere thermisch nachformbare Schichtstoffplatten (z. B. auf der Basis ungesättigter Polyester) eingesetzt. Nachformbare HPL-Beschichtungswerkstoffe haben Deckschichten auf der Basis modifizierter Melamin-Formaldehyd-Harze und Kernschichten auf der Basis von Phenol-Formaldehyd-Harz. Sie sind dünner als die üblichen Schichtstoffe und können der Schmalflächenkontur einer Trägerplatte angepaßt werden.
Obwohl ein Duroplast, der unter Wärme und Druck ausgehärtet wurde, sich eigentlich in einem irreversiblen Zustand befindet, besitzen die nachformbaren Schichtstoffe innerhalb einer bestimmten Zeit nach ihrer Herstellung noch eine ausreichende Thermoplastizität. Beim späteren Erwärmen wird noch eine einmalige Verformung ermöglicht, die jedoch in bestimmten Grenzen liegt. Die Verformbarkeit kann auf vier verschiedenen Wegen erreicht werden durch:
1. die Unterbrechung des Kondensationsprozesses während der Herstellung (Unterhärtung);
2. unterschiedlichen Schichtenaufbau nach Harzgehalt und Aushärtungsgrad;
3. den Zusatz äußerer Modifizierungsmittel (äußere Weichmacher);
4. den Zusatz innerer Modifizierungsmittel (innere Weichmacher).

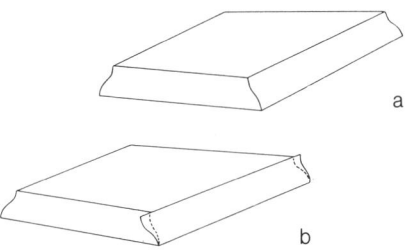

Abb. 4.66 Softforming-Gehrung. (a) bearbeitet. (b) unbearbeitet

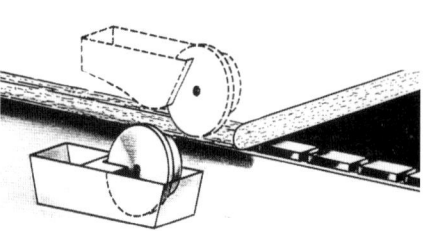

Abb. 4.67 Klebstoffauftrag mit Profilrollen

Softforming

Fläche beschichten	Formaten, profilieren, Rohprofil schleifen	Profil beschichten, bündig fräsen

Postforming

Rohfixmaß formaten und profilieren	mit Gegenzug beschichten	mit DKS beschichten	DKS umformen, bündig fräsen

Profilummantelung

 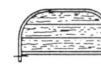

Blockverleimen, mit Gegenzug beschichten, zu Rohlingen auftrennen	Kernmaterial profilieren	Kernmaterial ummanteln, bündig fräsen

Abb. 4.68 Prinzipien des Softforming, des Postforming und der Profilummantelung

Weitere Verfahrenbedingungen beeinflussen die Verformbarkeit während der Verarbeitung:

• die Verformungstemperatur beeinflußt die Biegbarkeit und damit die Ausschußquote; zu hohe Temperaturen führen zur Schichtentrennung, während zu niedrige Temperaturen beim Verformen Risse oder Bruch hervorrufen. Allgemein arbeitet man mit Oberflächentemperaturen zwischen 140 und 230 °C;

• die Wärmeübertragung erfolgt mittels thermoöldurchströmter oder elektrisch beheizter Profile bei stationär arbeitenden Anlagen; bei kontinuierlichen Anlagen werden hauptsächlich Elektrostrahler (IR-Hellstrahler oder Dunkelstrahler) verwendet, wobei häufig auch durch Aufblasen von Heißluft Energie zugeführt wird. Eine beidseitige Erwärmung ist notwendig;

• die Dauer der Temperatureinwirkung soll kurz sein, um eine Austrocknung zu vermeiden;

• die Größe des Biegeradius bestimmt die Spannungsverteilung innerhalb der Plattendicke; kleine Radien erhöhen die Gefahr des Reißens der Dekorschicht;

• die Lagerung vor der Verarbeitung soll in klimatisierten Räumen erfolgen, wobei die zulässige Lagerdauer nicht überschritten werden darf;

• die Verformungsgeschwindigkeit wird bei einer größeren Dicke bedingt durch die stärkere Materialbeanspruchung feine Dekorrisse oder sogar Materialbruch verursacht.

Man unterscheidet folgende Ausführungstechniken (Abb. 4.69):

1. Das stationär im Takt arbeitende Verfahren: zuerst Vorformen der Schichtstoffplatten mit anschließender Flächenverklebung auf der Trägerplatte in zwei Arbeitsgängen.

2. Das kontinuierlich arbeitende Verfahren: zuerst die Flächenverklebung der Schichtstoffplatten mit anschließender Formung des Überstandes der Schichtstoffplatten um das Profil bei gleichzeitiger Verklebung in zwei Arbeitsgängen (Abb. 4.70).

Konvexe Rundungen lassen sich sowohl im Taktverfahren auf stationären *Postforming-Pressen* als auch im Durchlaufverfahren auf kontinuierlich arbeitenden *Postforming-Maschinen* herstellen. Konkave Rundungen werden in der Regel nur im Taktverfahren erstellt. Mit sogenannten Aufkant- oder Abkantmaschinen werden die Postformingplatten noch zu Spezialplatten verformt, welche überwiegend bei Bad-, Labor- und bei Küchenmöbeln zum Einsatz kommen (Abb. 4.71).

Die Schichtstoffplatten sind nach Herstellerangaben zu lagern (andernfalls Verarbeitungsfehler) und unter Berück-

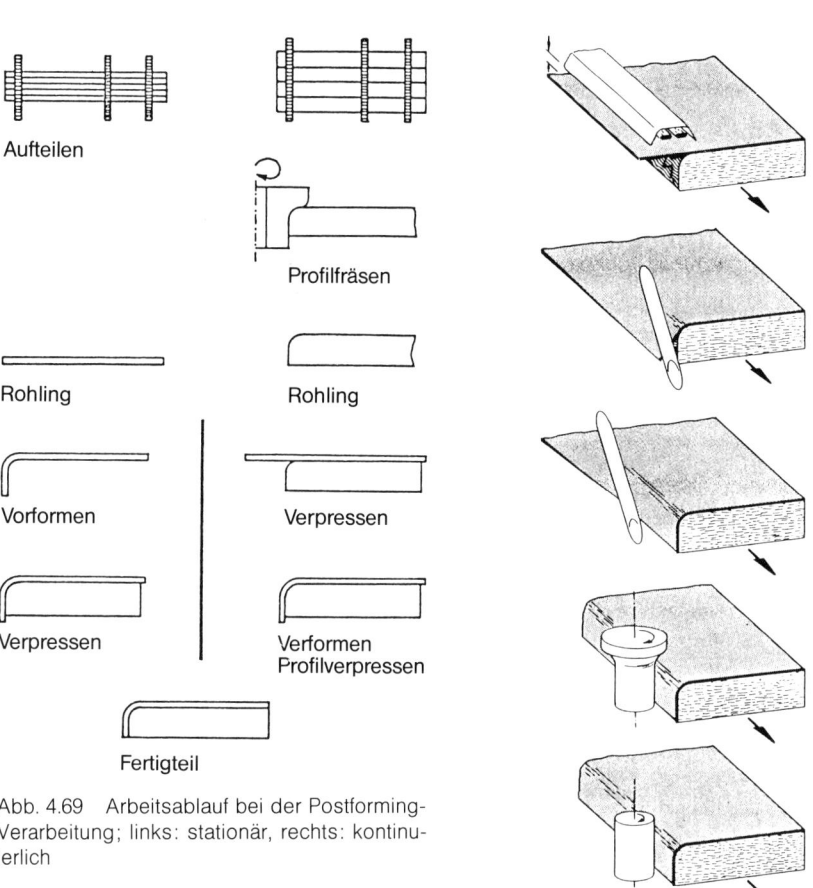

Aufteilen

Profilfräsen

Rohling

Rohling

Vorformen

Verpressen

Verpressen

Verformen Profilverpressen

Fertigteil

Abb. 4.69 Arbeitsablauf bei der Postforming-Verarbeitung; links: stationär, rechts: kontinuierlich

Abb. 4.70 Kontinuierliches Formen der Überstände beim Postforming

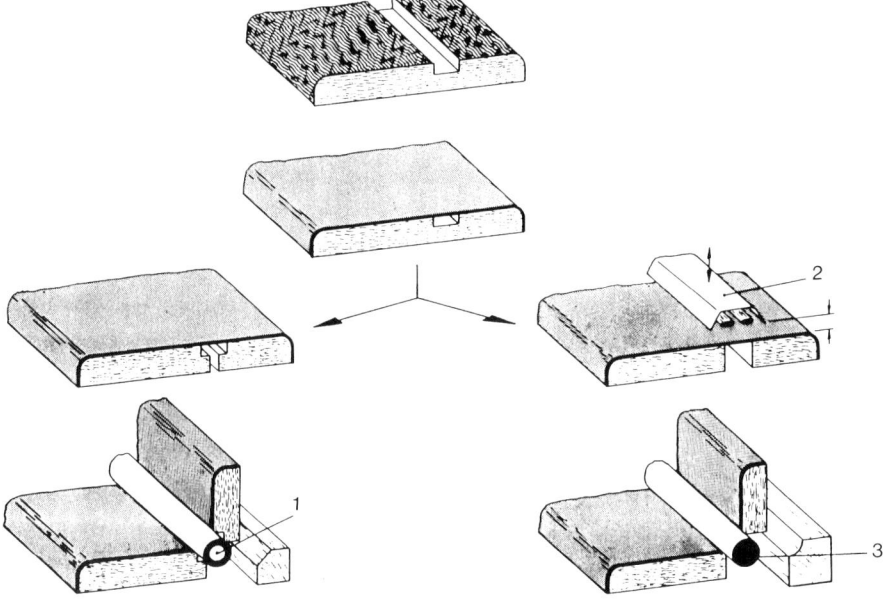

Abb. 4.71 Herstellung einer konkaven Rundung. 1 beheiztes Rohr. 2 Infrarotstrahler. 3 Profil

sichtigung des Verformungsüberstandes zuzuschneiden, während die Trägerplatten mit Wendeplattenfräsern aus Hartmetall profilgefräst und evtl. mit Diamantscheiben nachgeschliffen werden.

Einfache Taktverfahren werden im Rahmen kleiner werdender Losgrößen wieder häufiger eingesetzt, gegenüber der Kombination von Kurztaktpresse für die Flächenbeschichtung mit anschließender Postforming-Maschine im Durchlauf.

Bei einer im Durchlauf arbeitenden Postforming-Maschine wird der überstehende Schichtstoff parallelgefräst. Mit gesteuerten Auftragdüsen wird PVAc-Klebstoff auf den überstehenden Schichtstoff und auf das Trägermaterial auch bei schwierigen Profilen gleichmäßig aufgetragen, wobei eine vertikale Walze eine Verschmutzung durch Klebstoff vermeidet. Mit Hilfe von Infrarotstrahler und Heißluftgebläse wird dem Klebstoff Wasser entzogen, gleichzeitig wird der Klebstoff für den Verklebevorgang aktiviert. Die Verformung des durch die Wärme nachformbar gemachten Schichtstoffs erfolgt mittels Biegestab und in der anschließenden Formdruckzone mit hintereinander versetzten Formpreß-Rollen, die die Kontur des Gegenprofils besitzen. Die Formpreß-Rollen sind verstellbar und können leicht ausgetauscht werden, so daß die Maschine ohne Schwierigkeiten auf ein anderes Profil umgestellt werden kann. Hinter der Druckzone wird der überstehende Schichtstoff bündiggefräst und mit einer Fase versehen. Postforming ist ein Verfahren für zwei parallele Werkstückschmalflächen.

Eine Alternative ist das *Vierseiten-Postforming-Verfahren*. Die Werkstücke müssen vorher allseitig profiliert werden. Der Schichtstoff wird danach aufgeklebt, an den 4 Ecken ausgeklinkt und dann vierseitig zum Profil verformt. Dabei entstehen an den Ecken scharfkantige Gehrungen. Für industrielle Anwendungen ist das genaue Ausklinken ein Problem, so daß die Ecken aus Vollholz, PUR-Schaum oder anderen Werkstoffen gestaltet werden.

Ummantelungs-Verfahren

Bei der *Ummantelung* werden die Breitfläche und die profilierte Schmalfläche gleichzeitig in einem Arbeitsgang beschichtet (siehe auch Abschnitt 4.1). Es werden sowohl Furniere als auch thermoplastische und duroplastische Folien zum Einsatz gebracht. Ebenso können die verschiedenen Verklebeverfahren mit den entsprechenden Klebstoffen wie z. B. Schmelz-, Lösemittel- oder Dispersionsklebstoffe eingesetzt werden. Für die verschiedenen Werkstückbreiten gibt es unterschiedliche *Ummantelungsmaschinen,* welche zur Zeit bis max.

1 300 mm Arbeitsbreite angeboten werden. Das Fertigprodukt, das auf diesen Maschinen hergestellt wird, unterscheidet sich im Prinzip nicht von den Postformingplatten, ausgenommen ist dabei die Art und Dicke des Beschichtungswerkstoffes.

Neben den Maschinen für die Ummantelung breitflächiger Trägerplatten werden in Abstufungen auch Maschinen mit geringerer Arbeitsbreite angeboten. In den Profilummantelungsmaschinen werden stabförmige Kernwerkstoffe aus preiswertem Vollholz, aus Spanplatte oder MDF-Platte zwei-, drei- oder vierseitig beschichtet. Diese Profile werden später auf flächige Möbelteile aufgesetzt, um dadurch ein profiliertes Werkstück zu erhalten. Ebenso werden alle möglichen Profilleisten nach diesem Verfahren hergestellt (Abb. 4.72).

Die beschriebenen Grundverfahren für die Beschichtung profilierter Schmalflächen können fertigungstechnisch kombiniert werden, d. h. zwei gegenüberliegende Schmalflächen werden nach dem einen Verfahren und die übrigen Schmalflächen werden nach einem anderen Verfahren bearbeitet. Eine aktuelle Kombination wird dadurch charakterisiert, daß zwei fertig profilierte und bearbeitete Vollholzleisten an die unbearbeiteten Schmalflächen von Softforming-, Postforming- oder ummantelten Werkstücken angeklebt werden.

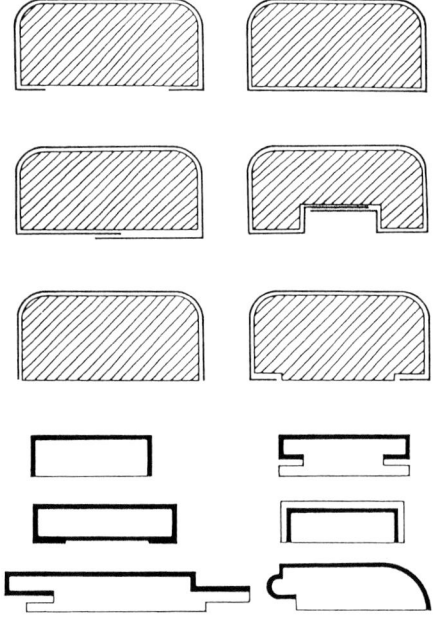

Abb. 4.72 Typische Profilformen für die Ummantelung

4.2.7 Beschichtung geschweifter oder gebogener Schmalflächen

Bei der *Beschichtung geschweifter oder gerundeter Werkstücke* hängen Verfahren und Ausrüstung von der Art des Formteils und der Anzahl der zu fertigenden Teile ab. Gewöhnlich ist hierbei zwischen geraden und profilierten Schmalflächen zu unterscheiden. Außerdem können sowohl Innen- als auch Außenradien beschichtet werden (Abb. 4.73).

Allgemein können sowohl stationär als auch kontinuierlich arbeitende Verfahren eingesetzt werden. Mit dem stationär arbeitenden Verfahren in beheizten Formteilpressen wird das Beschichtungsmaterial im Taktverfahren mit Hilfe von starren Gegenformen oder flexiblen Druckelementen auf die Schmalfläche aufgepreßt, wobei die üblichen Klebstoffe wie Dispersions- und Kondensationsklebstoffe benutzt werden (Abb. 4.74).

Bei kontinuierlich arbeitenden Verfahren werden Beschichtungswerkstoffe mit einem rückseitigen Schmelzklebstoffauftrag verwendet, die nach dem Heiß-Kalt-Reaktiv-Verfahren aufgeklebt werden. Die Schmalflächen müssen hierbei gerade (rechtwinklig) sein, wobei die Werkstück-

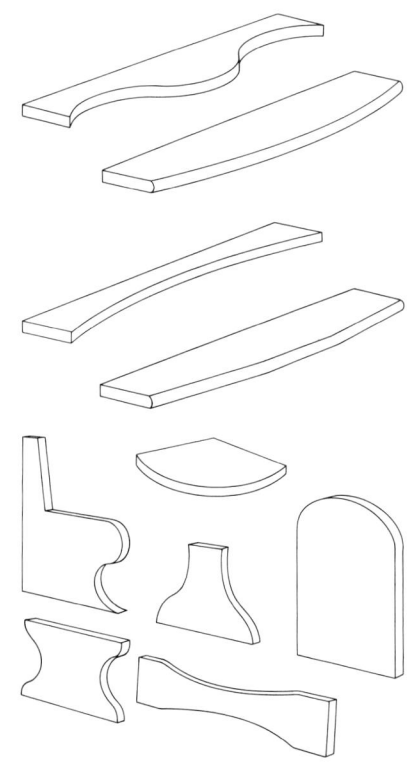

Abb. 4.73 Formteile mit geraden und profilierten Schmalflächen

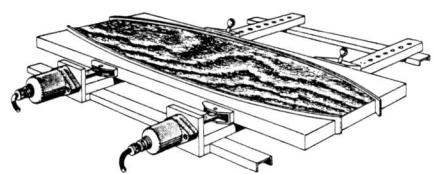

Abb. 4.74 Formpresse für Schmalflächen

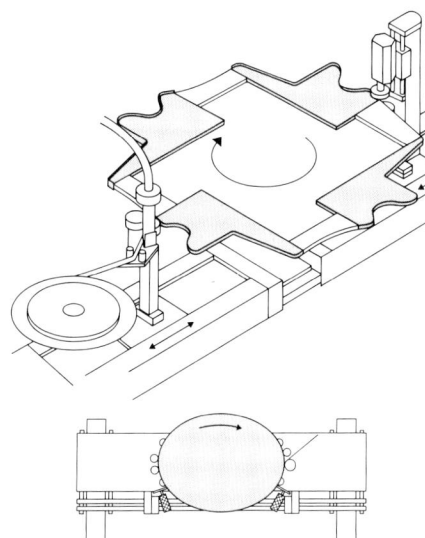

Abb. 4.75 Rundlaufmaschine für Formteile

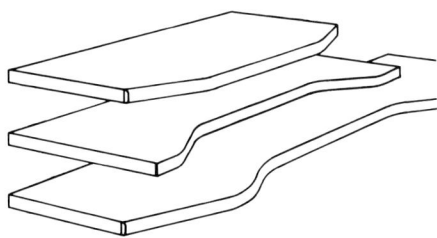

Abb. 4.76 Formteile für Durchlaufmaschinen

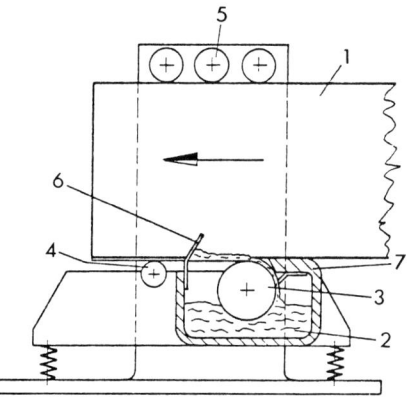

Abb. 4.77 Spachtelaggregat. 1 Werkstück. 2 federnd gelagerter Schmelzbehälter. 3 Auftragsrolle. 4 Glättrolle. 5 Gegendruckrollen. 6 Seitenabstreifer. 7 Vorwärmzone

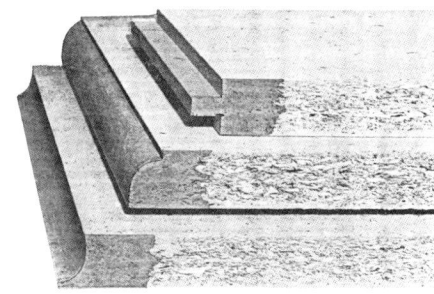

Abb. 4.78 Verdichten von Schmalflächen

form beliebig gerundet sein kann. Man unterscheidet:

1. *Maschinen ohne automatischem Vorschub,* bei denen die Werkstücke manuell gegen die Vorschub- und Anpreßrolle gedrückt werden (für Innen- und Außenradien geeignet).

2. *Rundlaufmaschinen mit automatischem Vorschub,* bei denen sich das Beschichtungsaggregat der Werkstückform anpaßt. Bearbeitet werden die Außenkonturen runder, ovaler und rechteckiger Werkstücke (mit abgerundeten Ecken). Der kleinste bearbeitbare Außenradius richtet sich nach der Biegsamkeit des Beschichtungswerkstoffs (ab 10 mm bei Polyester, ab 25 mm bei Melaminharz und Furnier). Das Beschichtungsmaterial wird durch Rollen gegen die Schmalfläche gedrückt. Dabei folgen Rollenmagazin, Heißluftgebläse, Andruckwalze und Kappstation den Bewegungen des Werkstückes. Ein nachfolgendes Fräsaggregat bearbeitet die Überstände (Abb. 4.75).

3. *Kurven-Durchlaufmaschinen mit automatischem Vorschub,* mit denen Schmalflächen im Längsrichtung wie in üblichen Durchlaufmaschinen beschichtet werden (Abb. 4.76).

Neben geraden Schmalflächen können auf den Maschinen auch einfache Softforming-Profile beschichtet werden. Der Auslaufwinkel des Beschichtungswerkstoffs sollte dabei nicht unter 45° liegen (breite sichtbare Klebfuge). Die Umrüstung der Maschine erfolgt einfach durch Austausch der Profil-Nachdruckrollen.

4.2.8 Sonstige Schmalflächenbeschichtungen

Anstelle der festen Beschichtungswerkstoffe wie Vollholz, Furnier, Folien usw. können auch andere Materialien für die Schmalflächenabdeckung verwendet werden. Folgende Verfahren können unterschieden werden:

Spachteln und Einfärben von Schmalflächen

Bei einfachen Werkstücken, z. B bei Rückwänden und anderen unsichtbaren Flächen, genügt es in den meisten Fällen, die Schmalflächen gegen Feuchteeinwirkung zu schützen und entsprechend einzufärben. Die Hersteller liefern hierfür farbige Versiegelungsmaterialien. Diese lassen sich in einem bestimmten Temperaturbereich besonders gut glättend in die Vertiefungen der Schmalflächen eindrücken [Ney 1977] (Abb. 4.77).

Verdichten von porösen Schmalflächen

Durch Einpressen von Kondensationsharzen in die porösen Schmalflächen von Spanplatten (Injektion) können die Eigenschaften Schraubfestigkeit, Querzugfestigkeit und Feuchtebeständigkeit der Trägerplatten wirtschaftlicher verbessert werden als durch das Ankleben von Vollholzleisten (Abb. 4.78). Nach dem Einpressen werden die Plattenstapel in einem Wärmekanal je nach Plattendicke 12 . . . 48 h gelagert und das Kondensationsharz ausgehärtet. Nach der Klimatisierung sind für die Weiterbearbeitung Hartmetallwerkzeuge erforderlich. Die au-

tomatisierte Maschinenanlage kann
1...3 Verdichtungseinheiten enthalten
[Harder, 1973].

Thermoplastisches Anformen von
Schmalflächen
Mit diesem Verfahren (Moltinjekt-Verfahren) können sowohl dekorative als auch
konstruktive Verbesserungen an Schmalflächen erreicht werden. Die Anlage besteht aus folgenden Grundeinheiten:
1. Spritzeinheit zum Aufschmelzen und
Austragen des thermoplastischen Kunststoffs und
2. Formwerkzeug zum Fixieren und
Spannen der Trägerplatte.
Bei diesen Verfahren wird in Nuten oder
ähnliche Profile der Schmalfläche geschmolzener Kunststoff unter hohen
Druck eingepreßt, der dort erkaltet und
ein Schmalflächenprofil bildet.
Dieses Profil kann die verschiedensten
Formen haben, z. B. als Griffleiste, Staubschutzleiste, Dichtungsleiste oder als
Verbindungselement zu anderen Korpusteilen [Sander, u. a. 1985] (Abb. 4.79).

Kaltgießen von profilierten
Schmalflächen
Das Kaltgießverfahren wird vorrangig
dort angewendet, wo durch die Normung
Plattenformate vorgegeben sind, wie zum
Beispiel bei Tischplatten von Büro- und
Schulmöbeln. Zum Angießen eines
Kunststoffprofils an eine Platte ist für jedes Plattenformat eine Gießform erforderlich. Die Verarbeitung im Kaltgießverfahren erfolgt entweder in offenen oder
geschlossenen Formen, in welche die
formatgeschnittenen Trägerplatten eingelegt werden.
Die beheizbaren Aluminium-Formen sind
auf die Werkstückabmessungen abgestimmt, so daß zwischen Werkstück und
Formrahmen allseitig ein Abstand besteht, in welchen die angemischte flüssige Zweikomponenten-Polyurethan-Gießmasse eingefüllt (umgossen) wird. Der
Kunststoff härtet bei Raumtemperatur in
etwa 5 min aus und es entsteht eine homogene nahtlose Verbindung vom
Kunststoff zur Schmalfläche. Das profilierte Werkstück wird aus der Form entnommen, die Form mit Trennmittel behandelt und neu beschickt.
Eine Nacharbeit ist bei Verwendung geschlossener Formen nicht mehr notwendig. Beim Gießen in kostengünstigere offene Formen muß der Gießrand durch einen zusätzlichen Arbeitsgang entfernt
werden. Für eine Serienfertigung sind
spezielle Maschinen zur wirtschaftlichen
Fertigung entwickelt worden [Prust, 1984]
(Abb. 4.80).

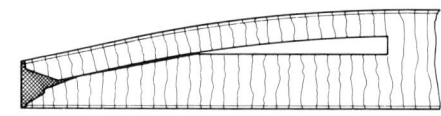
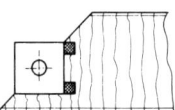
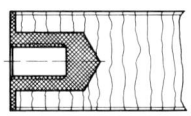

Abb. 4.79 Beispiele einiger Profile für das
thermische Anformen

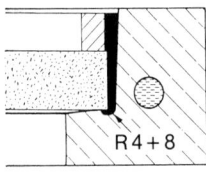

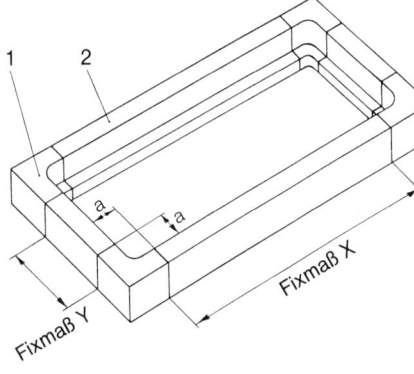

Fixmaß Y

Fixmaß X

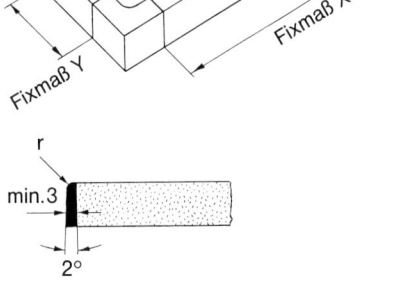

r

min.3

2°

Abb. 4.80 Offene Gießform und Schmalflächenprofil

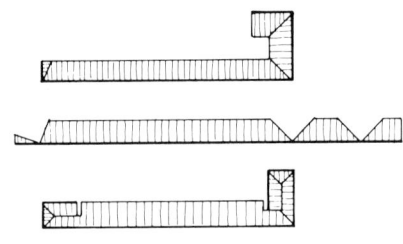

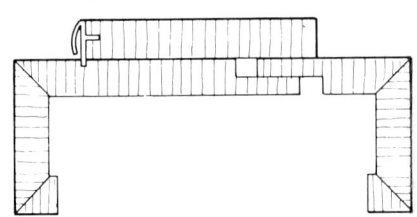

Abb. 4.81 Beispiele für das Umfalten von
Schmalflächen

Ein- und Umfalten von Schmalflächen

Ein- und Umfalten von Schmalflächen
Es handelt sich hierbei nicht um ein echtes Beschichtungsverfahren, sondern unter diesem Begriff versteht man eine Variante des Faltprinzips, auch Folding-Verfahren genannt. Hierbei werden zunächst mehrere parallel verlaufende V-Nuten in die beschichtete Werkstückoberfläche eingefräst, so daß faltbare Streifen entstehen. Diese werden anschließend zu dem gewünschten Schmalflächenprofil im Durchlaufverfahren zusammengefaltet und in dieser Form verklebt. Das Fräs- und Faltverfahren richtet sich dabei nach dem gewünschten Effekt: gerade, schräge oder verdickte Schmalflächenausbildung. Eine Weiterentwicklung ist das *Rundfalten*. Dafür werden U-förmige Nuten eingefräst, in die man einen Rundstab einlegt. Danach wird das ganze System um diesen Stab herumgefaltet und gemeinsam verklebt. Obgleich das Falt-Verfahren für Schmalflächen viele Vorteile bietet, wird es verhältnismäßig wenig eingesetzt [Rott, 1973; Kalmbach, 1978] (Abb. 4.81).

Schrifttum

Altmann, H. (1978): Vergütete PVC-Folien – Eigenschaften, Verarbeitung und Anwendung. AK Holz, Mering, 277/278: 2–16

Aschenbrenner, K. (1975): Kontinuierliche Profilummantelung – eine noch junge Technik in der Holzindustrie. AK Holz, Mering, Verleimtechnik 214: 5–9

Aschenbrenner, K. (1975): Betrachtungen über die industrielle Kantenverleimung. AK Holz, Mering, Verleimtechnik 214: 1–5

Autorenkollektiv (1977): Verbund von Holzwerkstoff und Kunststoff in der Möbelindustrie, VDI-Verlag Düsseldorf

Autorenkollektiv (1981): Rationelle Technik und zweckmäßige Organisationsformen in der holzbearbeitenden Industrie, 61 Beiträge aus HK, DRW-Verlag Stuttgart

Autorenkollektiv (1984): Holzbearbeitung, VEB Fachbuchverlag Leipzig

BASF (1983): Abwasser und Entsorgung, Technische Information TI-CIE/H-016 d

BASF (1983): Lagerung von Klebstoffen, Technische Information TI-CIE/H-016

Berg, G. (1977): Profilummanteln im Durchlaufverfahren. Verbund von Holzwerkstoff und Kunststoff in der Möbelindustrie. VDI-Verlag: 179–194

Böhme, P. (1980): Industrielle Oberflächenbehandlung von plattenförmigen Werkstoffen aus Holz, VEB Fachbuchverlag Leipzig

Böhme, P. (1983): Profilummantelung mit Hilfe rollfähiger Furnierbänder. Holztechnologie 24, 3: 134–137

Böhme, P. (1984): Industrielle Oberflächenbehandlung von Formteilen aus Holz, VEB Fachbuchverlag Leipzig

Böhme, P. (1986): Dekorfolien, VEB Fachbuchverlag Leipzig

Böhme, P. u. a. (1980): Verfahrensgrundlagen des Thermokaschierens, Holztechnologie 21, 1: 15–28

Conrad, E. (1981): Überlegungen zur Wirtschaftlichkeit von Leimauftragsmaschinen, Holz-Zbl. Nr. 7: 73–74

Enzensberger, W. (1977): Beschichten auf Ein- und Mehretagenpressen. Verbund von Holz und Kunststoff in der Möbelindustrie, VDI-Verlag: 33–45

Enzensberger, W. (1980): Wichtige Einflußgrößen bei der Planung von Anlagen zur dekorativen Beschichtung von Platten aus Holzwerkstoffen. HRW 38: 375–380

Fachverband Bau-, Möbel- und Industrie-Halbzeuge aus Kunststoff, Frankfurt (1988): Allgemeine Verarbeitungsempfehlungen für Kantenmaterialien auf Duroplastbasis

Greten, E. (1983): Beschichtungsmaterial und Verleimsysteme beim Rollenheißkaschieren, Holz-Zbl. Nr. 6: 70–71

Harder, P. (1973): Kantenverdichtung an Spanplatten. AK Holz 153/155: 24–29

Heuter, E. (1984): Die industrielle Herstellung von Formholzteilen. HK 12: 26–28

Höh, W. (1976): Kaschieren von Holzwerkstoffen mit Oberflächenmaterialien von der Rolle. Teil 1 HK 5: 318–321, Teil 2 HK 7: 448–450

Höh, W. (1984): Übersicht über den Stand der Beleimtechnik in der Holzindustrie. Aus Kleben und Leimen rund um's Holz, Sonderdokumentationsreihe Seminar 5/1984. Hinterwaldner-Verlag: 11–22

Höh, W. (1985): Stand der Beleimtechnik in der Holzindustrie. HK 3: 46–48

Höh, W. (1986): Rechnerunterstützte Kurztakt-Preßtechnik. HK 12: 31–33

Joswig, G. (1985): Stand der Technik des maschinellen Kantenanleimens in der Möbelfertigung. HOB, Heft 5: 38–45

Kalmbach, K. (1973): Die Problematik der Kantenbeschichtung. AK Holz 153/155: 14–24

Kalmbach, K. (1974): Entwicklungstendenzen bei der maschinellen Kantenbearbeitung. AK Holz 180: 5–11

Kalmbach, K. (1977): Das KA-Verfahren - ein neues Verfahren zur Kantenverleimung mit PVAc-Leim. HZbl (103), 14: 205

Kalmbach, K. (1977): Verfahren und Maschinen zur Kantenverleimung und Kantenbearbeitung. Aus: Verbund von Holzwerkstoff und Kunststoff in der Möbelindustrie, VDI-Verlag, Düsseldorf.

Kalmbach, K. (1978): Das Längsfalten in Folding-Fertigungsstraßen. HOB 13, Heft 9: 46–48

Kalmbach, K. (1987): Kanten an Formteile im Durchlauf anleimen. HOB, Heft 7/8: 32–33

Kalmbach, K. (1988): Trends in der maschinellen Kantenbearbeitung. HOB, Heft 5: 31–32

Kolassa u. Nopper (1973): Wirtschaftlicher Vergleich der Kunstharzfilmbeschichtung von Spanplatten in modernen Mehretagenpressen und Kurztaktpressen. Goldschmidt informiert . . . 1/73, 22: 42–55

Krämer, L. (1976): Möglichkeiten und Grenzen der Kantenverleimung. AK Holz 223: 2–12

Lange, W. (1972): Beschichtung von Holzspanplatten mit Kunstharzfilmen in Etagen-Heißpressen. HRW 30: 85–91

Lange, W. (1973): Die dekorative Beschichtung von Holzspanplatten mit Kunstharzfilmen in beheizten hydraulischen Etagenpressen. Goldschmidt informiert . . . 1/73, 22: 30–41

Lempelius, J. (1987): Furniere auf der Rolle mit hohem Veredelungsgrad. HK, Heft 4: 376–379

Maag, U. (1973): Elektrostatische Beflockung im Innenausbau – Über neue Verfahren und Anwendungsmöglichkeiten. HK 12: 869–871

Maag, U. (1976): Die Beflockung – Grundlagen eines modernen Verfahrens. Adhäsion 20, 7 und 8: 173–177 und 206–209

Maag, U. (1978): Die Veredlung von Kunststoffoberflächen durch Beflocken aus dekorativer und funktioneller Sicht. Industrie-Lackierbetrieb 46, 11: 383–385

Mayer, K.-H. (1987): Rechnergestützte Fertigung mit Pressenanlagen. Holz-Kunststoff-Möbelfertigung 6: 10–11

Menge, W. (1977): Verfahrenstechnik des Verarbeitens dekorativer Schichtstoffe im Postforming-Verfahren zur Fertigung von Möbelelementen. Aus: Verbund von Holzwerkstoff und Kunststoff in der Möbelindustrie, VDI-Verlag, Düsseldorf

Mitgau, R. (1973): Physikalische und chemische Grundlagen bei der Oberflächenvergütung von Holzwerkstoffen mit kunstharzimprägnierten Papieren. Goldschmidt informiert . . . 1/73, 22: 9–18

Mitgau, R. (1977): Die neuere Entwicklung der Oberflächenvergütung von Spanplatten mit kunststoffimprägnierten Papieren. Verbund von Holz und Kunststoff in der Möbelindustrie, VDI-Verlag: 33–45

Mueller, S. (1980): Stand der Technik und zukünftige Entwicklung in der maschinellen Auftragstechnik zum Beleimen mit haftenden Schichten, aus: Holz- und Kunststoffverbindungen, Hinterwaldner-Verlag München

Müller, W. (1982): Technologie der Holzverarbeitung. VEB Fachbuchverlag Leipzig

N.N. (1982): Transferfinish, ein umweltfreundliches Beschichtungsverfahren für Kanten und Flächen. Holz-Zentralblatt 108, 9: 101–102

Neuser, H. und Schall, W. (1972): Schmelzkleber, ihre Eigenschaften und ihre Anwendung bei der Schmalflächenbeschichtung von Möbelteilen. Holztechnologie 13, Heft 2: 68–72

Neuser, H. u. a. (1973): Schmelzkleber, ihre Eigenschaften und ihre Anwendung bei der Schmalflächenbeschichtung, Teil 1. Holzforschung u. Holzverwertung 25, Heft 2: 29–34

Neuser, H. u. a. (1973): Schmelzkleber, ihre Eigenschaften und ihre Anwendung bei der Schmalflächenbeschichtung, Teil 2. Holzforschung u. Holzverwertung 25, Heft 4: 85–97

Ney, G. (1977): Werkstück-Kanten, Beschichtung, Veredlung, Komplettierung. AK Holz 246/247: 2–16

Pankoke, W. (1977): Thermo-Kaschierverfahren zum Aufbringen von duroplastischen und thermoplastischen Folien. Verbund von Holzwerkstoff und Kunststoff in der Möbelindustrie. VDI-Verlag: 93–106

Pankoke, W. (1986): Vergleich von Doppelbandpresse und Taktpresse für die Laminaterzeugung. HRW 44: 151–155

Posselt, M. (1984): Preßbleche und Preßpolster bei der Beschichtung von Holzwerkstoffen in Heißpressen. HK 5/84: 57–61

Prust, U. (1984): Stand der PUR-Kantentechnologie. HK, Heft 3: 42–47

Reich, B. (1973): Die Ausrüstung von hydraulischen Heizpressen mit Preßblechen für die Oberflächenveredlung von Holzwerkstoffen. Goldschmidt informiert . . . 1/73, 22: 19–22

Rott, K. (1973): Entwicklungsstand des Folding-Systems und dessen Einsatz im Fertigungsbereich der Möbelindustrie sowie in der Holz- und Kunststoffverarbeitung. AK Holz 156: 2–16

Sander, D. u. a. (1985): Thermoplastisches Anformen bei Möbelkonstruktionen. HK 11: 42–46

Schellenbeck, P. (1975): Schmelzklebstoffe für die Kantenbeschichtung in der Möbelindustrie – ihre Eigenschaften, Anwendung und Prüfung. AK Holz 195: 2–16

Schmutzler, W. (1967): Maschinen zum Verbinden von Werkstücken. Maschinen und Maschinenwerkzeuge für die Holzbearbeitung, Heft 4, VEB-Fachbuchverlag Leipzig

Schute, H. (1975): Nachformbare dekorative Schichtstoffplatten – ihre Herstellung, Eigenschaften und Prüfung. HOB 10, Heft 6

Schute, H. und Splettstößer, J. (1978): Postforming – Verbundelemente, Bearbeitung und Verwendung. HOB 13, Heft 11

Soiné, H. (1973): Die moderne Möbelfertigung. HRW 31: 145–156

Soiné, H. (1979): Moderne Beschichtungsverfahren im Kostenvergleich. HRW 37: 157–178

Soiné, H. (1983): Kaschierverfahren für feste Beschichtungsstoffe im Kostenvergleich. Teil 1: Kalt-Kaschierverfahren und Kalander-Heißkaschieren. HRW 41: 127–134. Teil 2: Doppelbandpressen und Einetagen-Kurztaktpressen. HRW 41: 175–181. Teil 3: Kurztaktpressen und Melaminbeschichtung. HRW 41: 215–219

Soiné, H. (1984): Doppelbandpresse Hydrlam. HK 5: 66–68

Soiné, H. (1984): Das Prägen von duroplastischen Filmen unter besonderer Berücksichtigung kontinuierlicher Preßsysteme. Teil 1, HK 11: 52–54. Teil 2, HK 12: 22–24

Soiné, H. (1986): Profilbeschichtung durch Softforming, Postforming und Profilummantelung. HRW 44: 265–269

Soiné, H. (1987): Kalander-Heißkaschieranlagen. HRW 45: 151–153

Stein, H. (1974): Pressen und Pressenstraßen, Arbeitskreis Holz u. Kunststoff 176/177: 2–8

Strübing, J. (1979): Kaschieren und Lamellieren mit „Durchlaufflächendruck". HK 11: 910–912

Toscha, O. (1987): Mit Dur- und -koll, Hans Rösler Verlag Augsburg

Vogt, H. (1961): Leim- und Preßtechnik. Holz-Zentralblatt Verlags-GmbH, Stuttgart

Wüllenweber, K. H. (1987): Vom Dekor zum dekorativen Schichtstoff, HK 22 (1): 38–41, HK 22 (2): 128–132; HK 22 (4): 360–366, HK 22 (6): 742–745, HK 22 (7/8): 803–809, HK 22 (9): 937–943, HK 22 (10): 1050–1055, DRW-Verlag

4.3 Schleifen von Flächen und Profilen

4.3.1 Allgemeines

Der Arbeitsgang *Schleifen* gehört zu den Verfahren der Oberflächenbearbeitung von Werkstücken durch Spanabnahme mittels Schleifwerkzeugen mit unbestimmter Schneidenform. Die dabei als Werkzeuge eingesetzten *Schleifmittel* trennen feine Späne (Schleifstaub) von der Werkstückoberfläche ab, bis der geforderte Endzustand erreicht ist. Das Ziel des Schleifens von Holz und Holzwerkstoffen ist auf folgende Anwendungen gerichtet:

- *Beseitigung von Maß- und Formabweichungen* wie beim Beseitigen von Unebenheiten, „auf Dicke"-Schleifen von Platten, Kantenbrechen usw.,
- *Verbesserung von Oberflächen*, die durch vorangegangene Arbeitsgänge erzeugt wurden, wie Messerschläge entfernen, Rauhtiefen verändern, Vorbereitungen für weitere Arbeitsgänge usw.

Der Schleifvorgang wird in der Regel für kleine Spanabnahmen zur *Beseitigung der Bearbeitungsspuren* vorangegangener Bearbeitungsgänge (Sägen, Hobeln, Fräsen, Pressen usw.) vorgesehen. Um teueren Schleifaufwand einzusparen, soll hierbei beachtet werden, daß der vorangegangene Zerspanungsvorgang bereits der geforderten Oberflächengeometrie möglichst nahe kommt. Die erreichte *Oberflächengüte* ist wiederum eine wichtige Voraussetzung für den nachfolgenden Arbeitsgang wie z. B. die Flächenbeschichtung mit flüssigen oder festen Beschichtungsmaterialien.

Über den Arbeitsgang Schleifen und über die dabei eingesetzten Schleifmaschinen sowie Schleifmittel wurde in der Literatur ausführlich von verschiedenen Autoren berichtet [Schmutzler, 1962; Schmidt, 1969 und 1973; Pahlitzsch, 1968 und 1970; Saljé, 1976, 1981 und 1983; Reingen, 1976; Argyropoulos, 1977; Braasch, 1981 und 1986].

Grundsätzlich wird der Bearbeiter durch die gegebene Anfangs- und geforderte End-Oberflächengeometrie des Werkstücks vor eine der folgenden *Schleifaufgaben* gestellt:

1. Formgebung durch Schleifen, d. h. Spanen mit größerer Spanungstiefe. Diese Verfahren sollten nur da angewandt werden, wo sich mit anderen Bearbeitungsverfahren der gewünschte Erfolg nicht erzielen läßt. Mit Rücksicht auf den Leistungsbedarf soll hierbei mit möglichst groben Schleifmitteln gearbeitet werden. Man unterscheidet:

- *Egalisieren* oder Ebenschleifen von Oberflächen (einseitiges Planschleifen oder Verputzen von zusammengeleimten Werkstücken),
- *Kalibrieren* oder „auf genaue Dicke" schleifen (beidseitiges Plan- und Parallelschleifen z. B. zur Verminderung von Preßtoleranzen nach dem Pressen bei der Plattenherstellung) und
- *Profilieren* oder Profilschleifen (Formschleifen zur Herstellung von profilierten Werkstückkonturen);

2. Oberflächenverbesserung durch Schleifen, d. h. Spanen mit geringer Spanungstiefe ohne nennenswerte Formänderung. Man unterscheidet:

- *Feinschleifen* oder Verfeinern der gröberen Bearbeitungsstrukturen auf den Oberflächen der Werkstücke zu möglichst glatten Oberflächen mit zuerst groben und dann feineren Schleifmitteln,
- *Reinigen* oder Entfernen von Oberflächenschichten wie Trennmittel, Schmutz oder sonstige Verunreinigungen zur Vorbereitung weiterer Arbeitsgänge und
- *Aufrauhen* von geschlossenen, glatten Oberflächen zur Verbesserung der mechanischen Adhäsion von Klebstoff oder Lack.

Das Zusammenwirken der verschiedenen Einflußgrößen auf den Schleifvorgang wird in Abb. 4.82 gezeigt.

Wie bei allen spanenden Verfahren erfolgt auch beim Schleifen das Abheben der Späne vom Werkstück durch eine Relativbewegung zwischen Werkzeug und Werkstück, bei der mehrere Schneidkeile des Werkzeugs in die Werkstückoberfläche eindringen (Abb. 4.83).

Die Spanbildung unterscheidet sich in folgenden Punkten von anderen spanenden Verfahren mit geometrisch bestimmten Schneiden (z. B. Fräsen):

- der Schleifkörper besitzt eine Vielzahl kleiner Schneiden,
- diese Schneiden sind unregelmäßig geformt und verteilt,
- die Schneiden haben negative Spanwinkel (z. B. Korund -65 bis $-85\,^{\circ}$) und arbeiten mit schabender Wirkung.

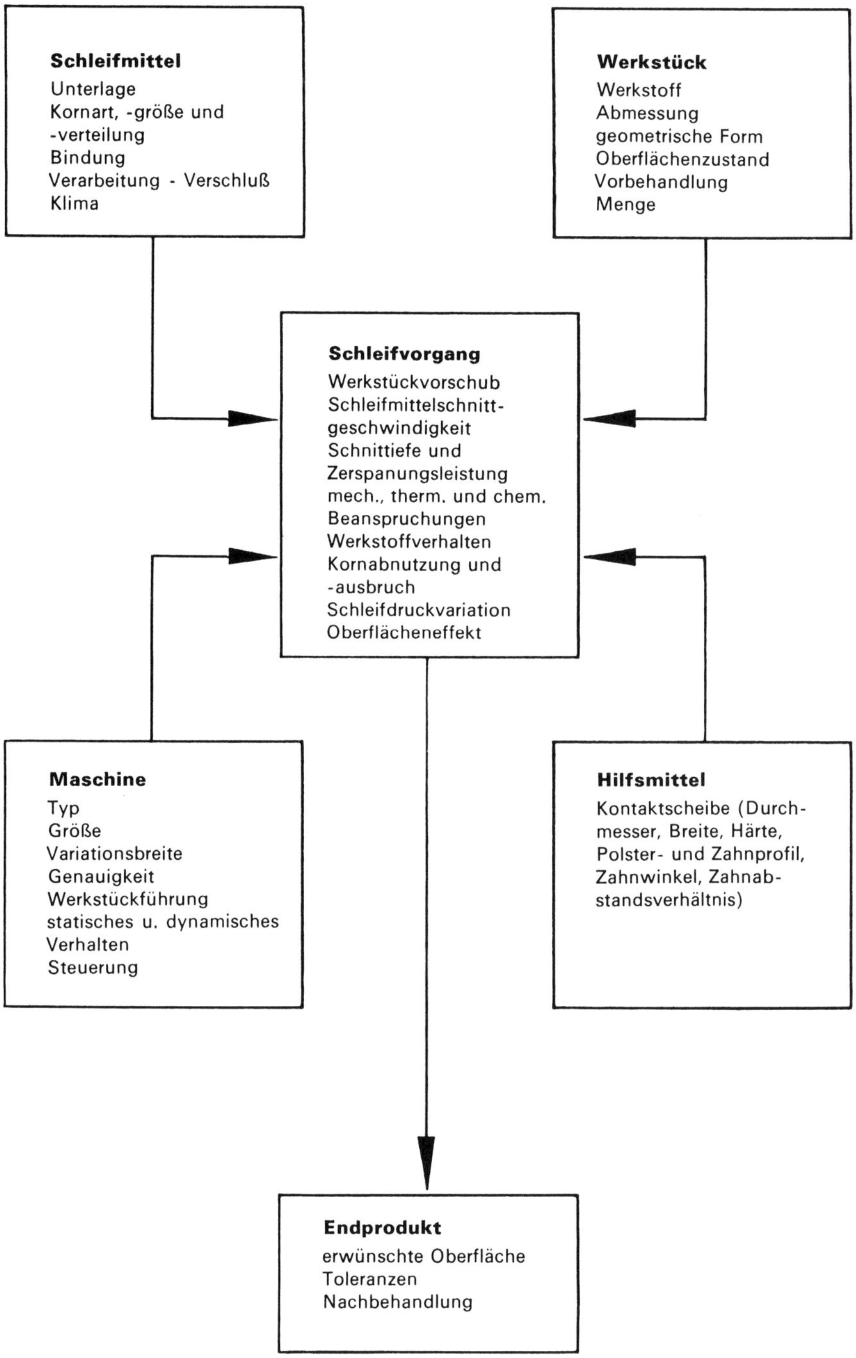

Schleifmittel
Unterlage
Kornart, -größe und
-verteilung
Bindung
Verarbeitung - Verschluß
Klima

Werkstück
Werkstoff
Abmessung
geometrische Form
Oberflächenzustand
Vorbehandlung
Menge

Schleifvorgang
Werkstückvorschub
Schleifmittelschnitt-
geschwindigkeit
Schnittiefe und
Zerspanungsleistung
mech., therm. und chem.
Beanspruchungen
Werkstoffverhalten
Kornabnutzung und
-ausbruch
Schleifdruckvariation
Oberflächeneffekt

Maschine
Typ
Größe
Variationsbreite
Genauigkeit
Werkstückführung
statisches u. dynamisches
Verhalten
Steuerung

Hilfsmittel
Kontaktscheibe (Durch-
messer, Breite, Härte,
Polster- und Zahnprofil,
Zahnwinkel, Zahnab-
standsverhältnis)

Endprodukt
erwünschte Oberfläche
Toleranzen
Nachbehandlung

Abb. 4.82   Übersicht über Einflußgrößen auf den Schleifvorgang

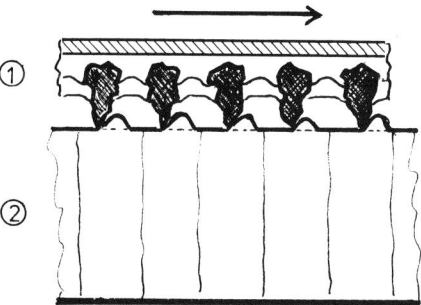

Abb. 4.83   Schleifen als spanendes Verfahren durch die Relativbewegung zwischen Schleifmittel (1) und Werkstück (2)

Aufgrund dieser besonderen Schneiden-geometrie ist eine unmittelbare Spanab-nahme wie z. B. beim Fräsen nicht mög-lich. Beim Aufsetzen des Schleifkorns gleitet dessen Schneide unter Bildung von Reibungswärme und Aufheizen der Schleifkornspitze über den Werkstoff und drückt sich mit zunehmendem Anpreß-druck in die Oberfläche ein. Erst wenn das Korn durch Bildung einer Aufbau-schneide einen weniger negativen Span-winkel erreicht, wird die Werkstückober-fläche bei Abspanung von Werkstoffteil-chen aufgerissen.

Infolge der kristallinen Struktur des Schleifkorns brechen beim Schleifvor-gang ständig abgenutzte Stücke aus, so daß neue scharfe Schneiden freigelegt werden. Überschreitet jedoch der Span-winkel die vorgegebenen Werte, ist keine Spanabnahme mehr möglich. Das Schleifmittel ist „stumpf" und muß ausge-wechselt werden. Dies bedeutet, daß beim Schleifvorgang „Selbstschärfung" und Verschleiß durch Kornveränderung (Kornflächenbildung, Kornabsplitterung, teilweiser Kornausbruch) praktisch ne-beneinanderhergehen. Die Gefügeveränderung (Auflockerung, Einlagerung von Schleifstaub in den Poren) ist eine weitere Form des Verschleißes (Abb. 4.84).

Kann sich das Schleifmittel nicht freischleifen, beginnt sich der Schleifstaub um die Kornspitzen herum aufzubauen. Dadurch werden die Schleifkörner am weiteren Eindringen gehindert. Bei gleichbleibendem Schleifdruck wird die in den Prozeß eingespeiste Energie statt in Zerspanungsarbeit nun in Reibungswärme umgesetzt. Es kommt zum „Brennen" des Werkstücks.

Im Hinblick auf das *Verschleißverhalten* von Schleifwerkzeugen kann man mit zunehmendem Schnitt- oder Vorschubweg drei Zustandsphasen unterscheiden:

- Anfangsschärfe, baut sich relativ schnell ab;
- Arbeitsschärfe, besteht über einen längeren Standweg;
- Abstumpfung, ergibt sich durch Korn- und Gefügeveränderungen des Schleifmittels.

Die wesentlichen Merkmale zur Beurteilung des Schleifergebnisses sind:

1. Zeitspanvolumen: Dies ist die Menge an Material (Volumen), die pro Zeiteinheit zum Erreichen des Schleifzieles abgetragen wird und hat Einfluß auf die *Bearbeitungszeit* des Werkstücks als wirtschaftlich meßbare Größe.

2. Oberflächenqualität oder -güte, die beim Schleifvorgang im wesentlichen durch die *Oberflächengestalt* (Form, Abmessungen, Toleranzen, Rauhigkeit usw.) bestimmt wird. Die Oberflächengestalt äußert sich als wirkliche Oberfläche, die nach DIN 4760 definiert werden kann. Als objektiv vergleichbare Meßgrößen für die Oberflächengestalt sind in der DIN 4762 die *Rauhtiefe und der Mittenrauhwert* festgelegt.

4.3.2 Schleifmaschinen

4.3.2.1 Einteilung der Schleifmaschinen

Das vielfältige Angebot gliedert sich in Hand-, Flächen-, Profil- und Spezialschleifmaschinen (Abb. 4.85). Die in diesem Abschnitt beschriebenen Maschinen werden für das Flächen- und Profilschleifen von plattenförmigen Werkstükken eingesetzt.

Grundsätzlich werden bei Schleifmaschinen folgende Merkmale unterschieden:

Zustellung
Die Zustellung des Schleifwerkzeugs zum Werkstück ist der Abstand vom Schleifzeug zum Werkstück infolge der Zustellbewegung, die durch abzutragende Schichtdicke definiert ist. Zusätzliche Einflüsse sind Werkstoff, Schleifmittel und Beschaffenheit des Druckelements. Es müssen unterschieden werden:

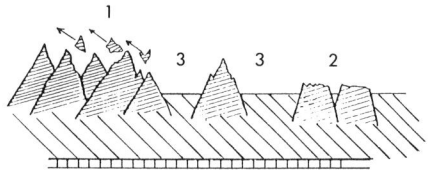

Abb. 4.84 Verschleißerscheinungen an Schleifwerkzeugen. 1 Kornabsplitterung. 2 Kornflächenbildung. 3 Kornausbruch

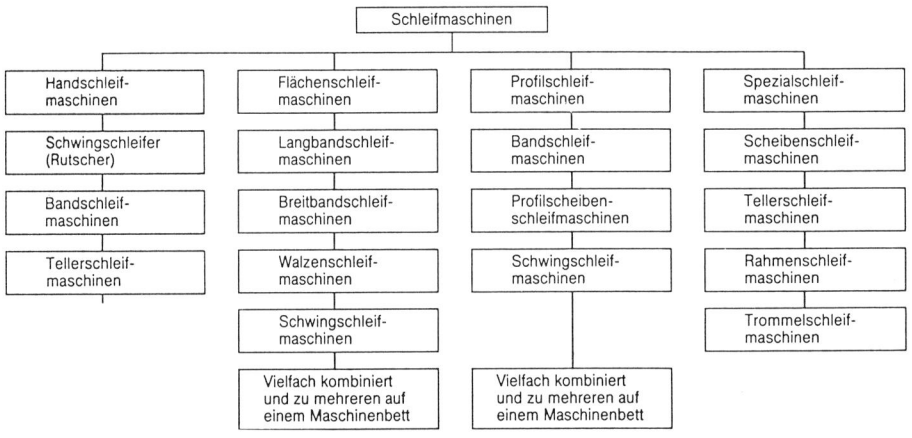

Abb. 4.85 Übersicht über die Schleifmaschinen für Holz und Holzwerkstoffe

1. Zustellung, die während des Schleifens konstant bleibt, wie beim *Kalibrierschliff* (Formgebungsschliff). Dieser wird mit harten Schleifwerkzeugen durchgeführt, die zur Werkstückauflage einen starren Abstand einhalten wie eine Dickenhobelmaschine. Dadurch wird bei variierender Schichtdickenabnahme das Werkstück auf konstante Dicke geschliffen.

2. Zustellung, die sich während des Schleifens ändert, wie beim *Kontaktschliff* (Verfeinerungsschliff). Dieser wird mit weich-elastischen Schleifwerkzeugen durchgeführt, die sich flächig an die Werkstückoberfläche anschmiegen und ihren Abstand zur Werkstückauflage in Abhängigkeit von den Werkstücktoleranzen ändern. Dadurch werden Unebenheiten in der Fläche leicht egalisierend ausgeschliffen, nicht aber beseitigt. Bei geringer bis mittlerer Spanabnahme werden feingekörnte Schleifmittel gebraucht. Haupteinsatz liegt beim Feinschleifen von furnierten und grundierbeschichteten Flächen.

3. In der Praxis gibt es viele Übergangsformen zwischen dem Kalibrier- und dem Kontaktschliff.

Kontaktfläche
Die Kontaktfläche (Eingriffszone des Schleifmittels am Werkstück) kann durch ihre Form und Größe sowie durch ihre aus der Korngröße und Kornverteilung resultierende Rauhigkeit beschrieben werden. Hinsichtlich der Form kann man wie folgt unterscheiden:

1. Zylindrische Kontaktflächen (Schleifband mit Stützwalze, Schleifwalze) sind dort geeignet, wo es auf hohe Anpreßdrücke ankommt, wie beim Schleifen harter Oberflächen, beim Abheben größerer Schleifschichten oder beim Kalibrieren unebener Oberflächen.

2. Ebene Kontaktflächen (Schleifband mit ebenem Druckschuh, Druckbalken usw., Flächen-Schwingschleifer) sind dort geeignet, wo das Schleifband aufgrund seiner Elastizität unter dem Anpreßdruck senkrecht zur Fläche ausweichen und sich der Geometrie der Werk-

stückoberfläche anpassen kann, wie beim Schleifen furnierter Flächen.

3. Profilierte Kontaktflächen (starre und flexible Profilschleifscheiben, Profil-schleifgurte, Schleifband mit profiliertem Druckschuh usw.) sind dann notwendig, wenn profilierte Werkstückflächen ge-schliffen werden sollen.

Anpreßdruck
Der Anpreßdruck ist der Druck, mit dem das Schleifmittel im Bereich der Kontakt-fläche gegen die Werkstückoberfläche gedrückt wird, damit die Schleifkörner mit ihren Spitzen in den Werkstoff ein-dringen und Späne abheben. Die Größe des Anpreßdruckes ergibt sich aus dem Quotienten von Anpreßkraft und Kontakt-fläche.

Schnittgeschwindigkeit
Die Schnittgeschwindigkeit des Schleif-mittels ist die Relativgeschwindigkeit zur Werkstückoberfläche. Die Schnittge-schwindigkeiten liegen bei 25 . . . 30 m/s für das Kalibrierschleifen, bei 15 . . . 25 m/s für den Feinschliff.

Vorschubgeschwindigkeit
Die Vorschubgeschwindigkeit des Werk-stücks ist die Durchlaufgeschwindigkeit durch die Maschine. Der Werkstückvor-schub ist bei allen maschinellen Schleif-vorgängen in Stufen oder stufenlos re-gelbar und an die verschiedenen Schleif-bedingungen anpaßbar. Die Einstellung ist abhängig von der Werkstoffart, der Oberfläche und der Zahl der eingesetz-ten Schleifaggregate.

Bewegungsrichtung
Die Bewegungsrichtung des Schleifmit-tels zum Werkstückvorschub kann unter-schiedlich sein:

1. Gegenlauf wird am häufigsten einge-setzt, da die abgetragenen Späne ein-fach abgesaugt werden können.

2. Gleichlauf bewirkt, daß die Späne in Richtung zur bearbeiteten Fläche abge-führt und schwierig abgesaugt werden können. In Kombination mit Gegenlauf können aufstehende Holzfasern entfernt werden.

3. Querlauf bewirkt einen sauberen Schliff mit seitlichem Späneaustrag und wird im Kombination mit dem Gegenlauf (Kreuzschliff) eingesetzt.

4. Oszillation wird erzeugt, indem das Schleifmittel zum Gegen- bzw. Gleichlauf eine schwingende Querbewegung mit kurzem Hub ausführt. Dadurch werden Späne aus den Zwischenräumen der Schleifkörner entfernt und ein vorzeitiges „Zusetzen" des Schleifmittels verhindert. Durch eine optimale Abstimmung der Merkmale können die Schleifmaschinen an den gewünschten Einsatzbereich an-gepaßt werden.

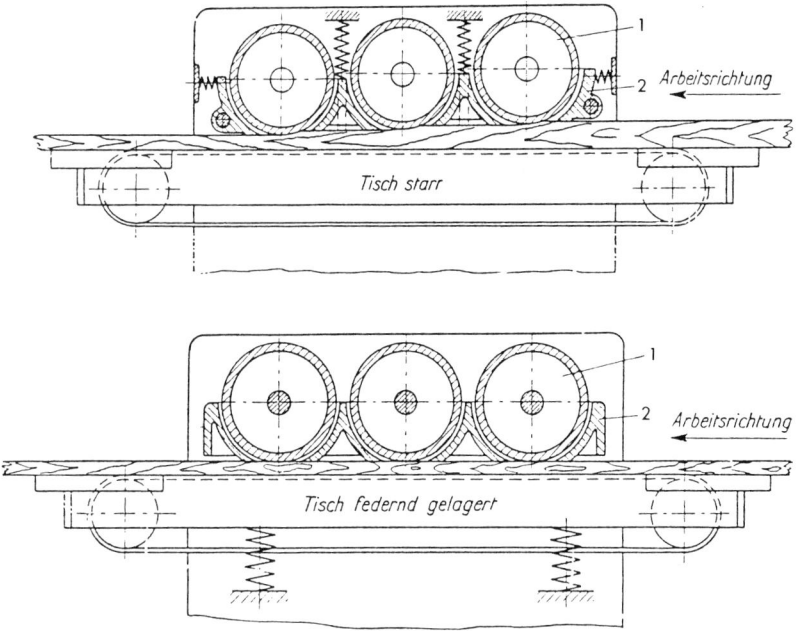

Abb. 4.86 Walzenschleifmaschine; oben: mit starrem Auflagetisch (Kalibrierschliff), unten: mit federndem Auflagetisch (Kontakt-Schliff); 1 Schleifwalze. 2 Druckleiste zwi-schen den Schleifwalzen

4.3.2.2 Maschinen für den Flächen-schliff

Unter den Begriff *Flächenschleifmaschi-nen* werden Arbeitsmaschinen zusam-mengefaßt, die in der Regel die Breitflä-chen plattenförmiger Werkstücke in ei-nem oder mehreren Schleifvorgängen maß- und formgenau sowie eben und glatt bearbeiten können. Man unterschei-det

● Walzenschleifmaschinen,
● Bandschleifmaschinen, die wiederum in Lang- und Breitbandschleifmaschi-nen unterteilt werden,
● sonstige Spezialschleifmaschinen und
● Mehrstufen-Schleifmaschinen.

Walzenschleifmaschinen
Die Walzenschleifmaschinen unterschei-den sich je nach dem Verwendungs-zweck in ihrem konstruktiven Aufbau und ihrer Funktion. Früher verwendete man sie häufig zum Kalibrieren (Dickenschlei-fen) von Sperrholz- und Spanplatten oder Feinschleifen von unfurnierten, ge-sperrten und edelfurnierten Flächen (Abb. 4.86). Heute werden ihre Aufgaben von der wirtschaftlicher arbeitenden

Breitbandschleifmaschine übernommen. Allgemein sind Maschinen mit 2 bis 3 Walzen üblich. Die erste Walze ist für den Grobschliff, die weiteren Walzen sind für den Normal- und Feinschliff mit Schleif-mitteln abgestufter Körnung einsetzbar. Die Walzen können über oder unter dem Werkstück eingesetzt sein. Die Walzenla-gerungen ermöglichen neben der rotie-renden noch eine oszillierende Bewe-gung der Walzen. Dadurch werden Schleifrillen verhindert sowie höhere Schleifgüte und Mengenleistung erzielt. Für den Grobschliff werden biegesteife Stahlwalzen mit glattem Mantel einge-setzt, während beim Normal- und Fein-schliff eine elastische Mantelschicht aus Haarfilz oder Spezialgummi zwischen Stahlwalze und Schleifmittel als Toleranz-ausgleich befestigt wird. Das biegbare Schleifmittel ist wendelförmig oder grad-linig auf der Schleifwalze befestigt, die ei-nen Durchmesser von etwa 300 mm hat (Abb. 4.87).

Bei der *wendelförmigen Befestigung* wird das Schleifband so aufgewickelt, daß die Bandränder überlappen. Diese Überlap-pung drückt sich während des Schlei-

197

Schleifkörperbreite ≈
Werkstückbreite

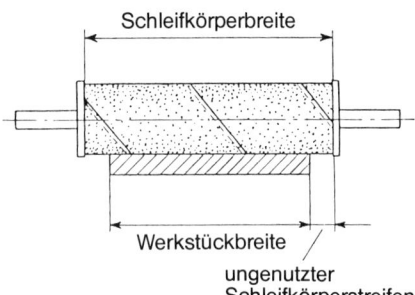

Schleifkörperbreite

Werkstückbreite
ungenutzter
Schleifkörperstreifen

Abb. 4.87 Schleifmittel-Aufspannung; oben: gerade Aufspannung, unten: wendelförmige Aufspannung

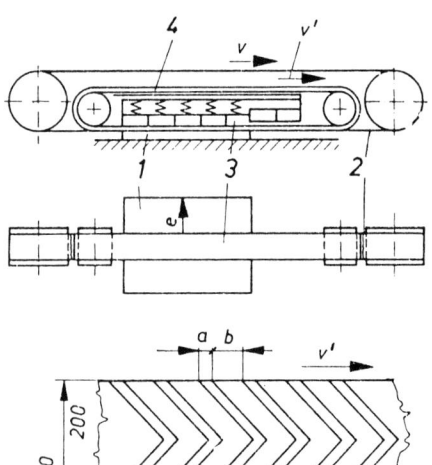

Abb. 4.88 Langband-Schleifmaschine mit Langdruckbalken (oben) und Lamellenband (unten). 1 Werktisch. 2 Schleifband. 3 Druckelement. 4 Lamellenband

fens in eine Nut, die eigens dafür vorhanden ist. Gespannt wird das Schleifband durch Spannvorrichtungen, die an den Stirnseiten der Schleifwalzen angebracht sind und entsprechend der Wendelsteigung in axialer sowie tangentialer Richtung. Die Schleifwalzen verfügen über eine selbständig arbeitende Nachspanneinrichtung, die das Schleifwerkzeug bei Eigendehnung immer straff gespannt hält. Diese Befestigungsart gewährleistet eine gleichmäßige Schleiffläche und ergibt keine „Schläge". Nachteilig ist die relativ lange Zurichtzeit sowie fehlende Wiederverwendbarkeit abgenommener, aber noch nicht stumpfer Schleifmittel (z. B. beim Wechseln der Körnung).

Die *gradlinige Befestigung* erfordert eine Walze mit Längsnut. Das Schleifmittel wird einfach aufgewickelt und in der Nut mittels Klemmleisten fest eingespannt. Die automatische Nachspannung ist ebenfalls vorhanden. Die Vorteile dieser Befestigungsart sind das mögliche Wiederaufspannen des abgenommenen Schleifmittels und die kürzere Zurichtezeit. Nachteilig ist die Unterbrechung am Werkzeugumfang. Sie erschwert das Auswuchten der Walzen und verursacht größeren Verschleiß an dieser Stelle.

Nach der letzten Schleifwalze kann eine *Bürstenwalze* zum Reinigen der Schleiffläche eingesetzt werden. Der Schleifstaub wird unmittelbar an den Schleif- bzw. Bürstenwalzen durch breite Schlitzdüsen abgesaugt.

Schleifmaschinen mit obenliegenden Walzen haben einen Maschinentisch, der zum Einstellen auf die jeweilige Werkstückdicke höhenverstellt und zur Schleifwalze planparallel ausgerichtet werden kann. Ein umlaufendes Gummiband, das über den Tisch geführt wird, fördert die Werkstücke durch die Maschine. Von oben wird das Werkstück mit Druckleisten, die vor, zwischen und hinter den Walzen angeordnet sind, auf den Tisch gedrückt. Diese Druckleisten können starr mit der Maschine verbunden sein, wobei die Lagerung des Tisches federnd ausgeführt ist (für Kontaktschliff geeignet). Für das Kalibrieren kann diese Federung auch blockiert werden, wobei die oben auf dem Werkstück liegende Druckeinrichtung elastisch gelagert sein muß (für Kalibrierschliff geeignet).

Die *Drehrichtung der Schleifwalzen* erfolgt bei mehreren Walzen meist abwechselnd in *Gleich- und Gegenlauf* (z. B. bei Dreiwalzenmaschinen die erste und dritte Walze im Gegenlauf, die zweite Walze im Gleichlauf).

Bandschleifmaschinen
Bei den Bandschleifmaschinen richten sich Aufbau und Funktion im wesentlichen nach dem Schleifwerkzeug. Dieses

als ein endloses Schleifband gestaltete Schleifmittel wird straff gespannt über Antriebs- und Umlenkrollen geführt und in der Eingriffszone durch ein *Kontaktelement* auf die zu bearbeitende Fläche gedrückt. Je länger ein Schleifband ist, desto kühler ist der Schliff. Dabei wächst der Standweg überproportional zur Bandlänge.

Nach den Abmessungen der verwendeten *Schleifbänder* unterscheiden sich Konstruktion und Funktion der Maschinen in

- Langband (Schmalband)-Schleifmaschinen: Bandbreite 100 ... 200 mm und
- Breitband-Schleifmaschine: Bandbreite 600 ... 2 500 mm.

Langbandschleifmaschinen
Die Langbandschleifmaschine ist eine Konstruktion mit horizontalem, flach angeordnetem Schleifband, in dessen Eingriffzone zwischen den Antriebs- und Umlenkrollen das Kontaktelement eingesetzt werden kann. Bei einfachen Maschinen erfolgt die Vorschubbewegung des Werkstückes meist manuell mittels Schiebetisch. Das auf dem Tisch liegende Werkstück wird unter dem umlaufenden Schleifband quer zur Schleifrichtung hin- und herbewegt. Das Schleifband kann durch einen kurzen Druckschuh oder einen Langdruckbalken auf die Werkstückfläche gedrückt werden.

Bei industriellem Einsatz sind Langbandschleifmaschinen mit einem quer zum Langband arbeitenden Transportband für die Werkstücke ausgerüstet.

Maschinen mit *kurzem Druckschuh* sollte man besonders dort einsetzen, wo es auf eine individuelle Behandlung der Fläche ankommt. Sollen damit ebene große Flächen bearbeitet werden, bedarf es großer Geschicklichkeit der Arbeitsperson. Nachteilig ist außerdem die geringe Mengenleistung. Bei Maschinen mit *Langdruckbalken* erreicht man eine größere Mengenleistung und fast ebene Flächen. Nachteilig kann hier das Durchschleifen bei hohlgezogenen Werkstücken sowie die höhere Bandbeanspruchung durch Belastung infolge großer Kontaktfläche und Erwärmung genannt werden.

Deshalb muß der *Anpreßdruck* auf das Schleifband durch Einstellung des Langdruckbalkens auf die Werkstücklänge richtig dosiert werden. Damit sich das Schleifband bei sehr großer Schleiflänge nicht zusetzt und damit am Ende seines Angriffes weniger zerspant, wurde als Zusatzeinrichtung das *Lamellenband* entwickelt, das mit Hilfe eines eigenen Antriebs mit unterschiedlicher Geschwindigkeit gegenüber dem Schleifband läuft (Abb. 4.88). Das Lamellenband ist mit Filzstreifen beklebt. Dadurch kommen

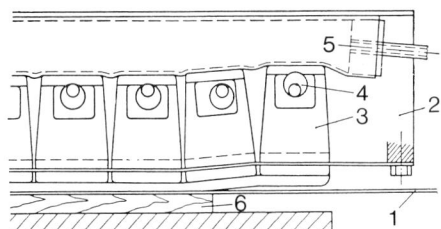

Abb. 4.89 Gliederdruckbalken mit pneumatischer Federung. 1 Schleifband. 2 Druckbalken. 3 Druckglied. 4 Aushebeexzenter. 5 Luftschlauch. 6 Werkstück

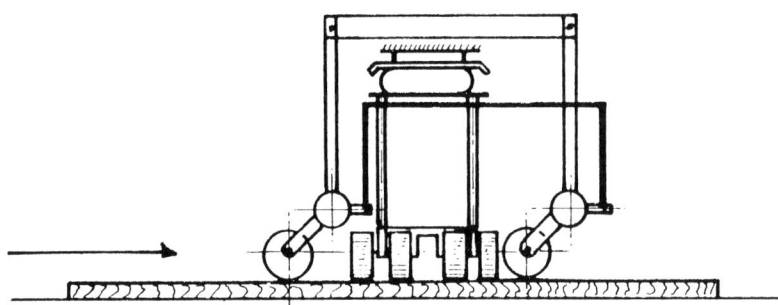

Abb. 4.90 Steuerung für das Abheben und Einsetzen des Druckbalkens durch Tastrollen

beim Schleifen entsprechend der relativen Geschwindigkeit zwischen Lamellen- und Schleifband immer wieder andere Körner zum Eingriff. Über dem Lamellenband ist ein Druckkissen angebracht, damit entsprechend dem zugeführten Luftdruck die Schleifleistung variiert werden kann.

Eine Weiterentwicklung ist der Druckbalken, der in einzelne *Druckelemente* unterteilt ist, die durch entsprechende *Tastrollen* sich auf die Länge des jeweils durchlaufenden Werkstücks automatisch einstellen (Abb. 4.89). Durch die Forderung nach höherer Schleifleistung ergab sich der Nachteil, daß der Anpreßdruck wegen der ansteigenden Gleitreibung zwischen Druckbalken, Lamellenband und Schleifband nur gering erhöht werden konnte (Gefahr der Überhitzung und Standzeitminderung).

Zur Minderung der Reibungswärme bei höherem Anpreßdruck wurden als Ersatz für das Lamellenband zwei unterschiedliche Systeme entwickelt: Ein um 2 Rollen laufendes *Stahlband,* das durch ein kugelgelagertes Rollensystem des Langdruckbalkens auf das Schleifband drückt, das wiederum um 4 Rollen geführt ist. Das Stahlband ist in der Dicke so gewählt, daß es die Lücken zwischen den Druckrollen überbrücken kann. Zur Verbesserung der Schleifleistung ist es *mit Filzelementen* in bestimmten Abständen beklebt. Die andere Lösung besteht darin, daß ein mit Düsen versehener Druckbalken Druckluft auf das Schleifband bläst, so daß zwischen dem Schleifband und dem Druckbalken ein dünnes *Luftpolster* entsteht. Durch Minderung der Reibung spart man bei den Systemen etwa 30 % Antriebsenergie.

Um die Längentoleranzen der quer zum

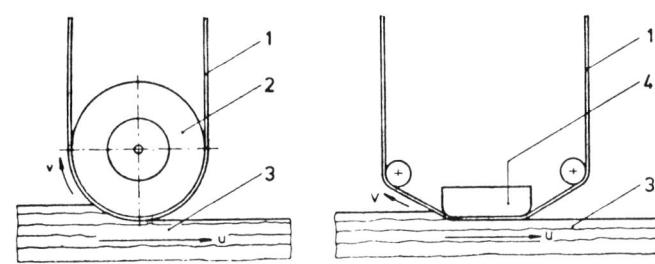

Abb. 4.91 Breitband-Schleifverfahren (Prinzip); links: zylindrische Eingriffszone, rechts: ebene Eingriffszone. 1 Schleifband. 2 Stützwalze. 3 Werkstück. 4 Druckbalken

Schleifband durchlaufenden Werkstücke auszugleichen, muß sich der Druckbalken automatisch auf die Werkstückabmessungen einstellen. Die Anpassung erfolgt elektro-pneumatisch oder rein mechanisch (Abb. 4.90). Hierbei gehören zu jedem Druckelement je eine der Tastrollen, die im Abstand von 35 mm über die Länge vor dem Druckbalken angeordnet sind. Das einlaufende Werkstück hebt entsprechend seiner Länge eine bestimmte Anzahl Tastrollen an, so daß nur die Druckelemente, die auf das Werkstück drücken, zum Einsatz gelangen.

Breitbandschleifmaschine
Die Breitbandschleifmaschinen finden heute in allen Bereichen des Flächenschliffs (vom Kalibrierschliff bis zum Feinschliff edelfurnierter sowie grundierbeschichteter Flächen) Einsatz. Sie sind die Weiterentwicklungen der Walzenschleifmaschinen, die deshalb weitgehend ausgetauscht wurden. Vorteile sind, daß die Schleifmittelfläche von der ursprünglichen Walzenhülse zu einem endlos verklebten Breitband mit Hilfe von Umlenkrollen vergrößert wurde. Neben den da-

durch bedingten längeren Standzeiten der Schleifbänder konnten die Werkzeugkosten und Bandwechselzeiten verringert sowie die Vorschubgeschwindigkeit und Oberflächengüte erhöht werden. Gegenüber den relativ harten Walzenschleifmaschinen weisen Breitbandschleifmaschinen auch den Vorteil auf, daß die Kontaktwalzen an der Mantelfläche weichelastischer einstellbar sind bzw. daß statt der Walzen auch flächige Druckschuhe oder Druckbalken eingesetzt werden können. Das Werkstück wird hier „flächig", und nicht wie bei starren Schleifwalzen „linienförmig" berührt. Diese Flächenberührung (Flächenkontakt) ist das Merkmal der meisten Breitbandschleifmaschinen, die deshalb auch als *Kontaktschleifmaschinen* bezeichnet werden.

Je nach Form der Berührungsflächen zwischen Schleifband und Werkstück, lassen sich die Breitband-Schleifverfahren unterscheiden (Abb. 4.91) in

● Breitbandschleifen mit zylindrischer Eingriffszone und
● Breitbandschleifen mit ebener Eingriffszone.

Breitbandschleifmaschinen mit zylindrischer Eingriffszone können zum Kalibrieren oder zum Furnierfeinschleifen eingesetzt werden, wenn die Härte des Gummibelags auf der Stahlwalze der Schleifaufgabe angepaßt wird. Für die Durchführung des *Kalibrierschliffs* wird das Werkstück durch den starr gelagerten Auflagetisch so steif abgestützt, daß der jeweilige Abstand zwischen Schleifwalze und Werkstückauflage konstant bleibt. Beim Durchlauf wird die Werkstückoberfläche parallel zur Unterseite plangeschliffen, wobei die gewünschte Form und Dickengenauigkeit erreicht wird (Abb. 4.92).

Demgegenüber wird beim *Feinschliff* das Werkstück durch einen federnden Auflagetisch abgestützt, so daß bei kleinen Dickenschwankungen eine annähernd konstante Kraft vom Werkstück auf die Kontaktwalze ausgeübt wird. Das Schleifwerkzeug paßt sich dabei der vorliegenden Werkstückoberfläche so an, daß über die gesamte Werkstückfläche eine gleichmäßige, möglichst dünne Schicht abgetragen wird. Diese Forderung ist bei furnierten und grundierbeschichteten Flächen von Bedeutung, um ein Durchschleifen der sehr dünnen Beschichtungsmaterialien zu vermeiden.

Bei *Breitbandschleifmaschinen mit ebener Eingriffszone* wird meist die Werkstückauflage starr abgestützt, während der *Druckschuh oder -balken als Kontaktelement* das Schleifband mit konstanter Kraft gegen die Werkstückoberfläche drückt. Hierbei werden Formabweichungen der Oberfläche in Vorschubrichtung „schwimmend" ausgeschliffen (Feinschliff), ohne die furnierten Oberflächen durchzuschleifen. Das Anpassen des Schleifbandes an Formabweichungen senkrecht zur Vorschubrichtung wird vorwiegend vom elastischen Verhalten des Druckbalkens bestimmt.

Vorteile bietet hier der „*Gliederdruckbalken*", der in seiner Länge – also senkrecht zur Vorschubrichtung – in einzelne etwa 70 bis 100 mm breite Druckelemente (Glieder) unterteilt ist und sich der Formabweichung der Werkstückoberfläche anpassen kann.

Ähnlich dem gegliederten Langdruckbalken der Langbandschleifmaschinen werden die Gliederelemente nur im Bereich über der Werkstückfläche angedrückt, um ein *Rundschleifen der vorschubparallelen Kanten* des Werkstücks zu vermeiden (Abb. 4.93). Um das *Rundschleifen der Ein- und Auslaufkanten* zu vermeiden, wird folgende Technik angewendet: In der Ruhelage ist der Druckbalken höher angeordnet als die Werkstückoberfläche und wird während des Schleifens auf diese aufgesetzt. Der Druckbalken

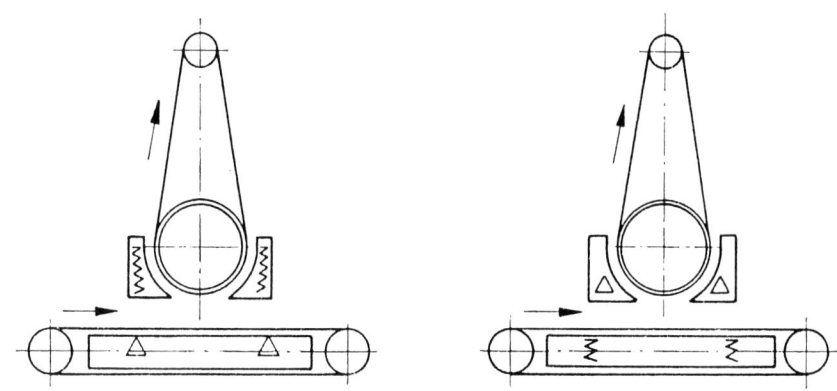

Abb. 4.92 Breitband-Schleifmaschine. Links mit starr gelagerter Werkstückauflage. Rechts mit federnder Werkstückauflage

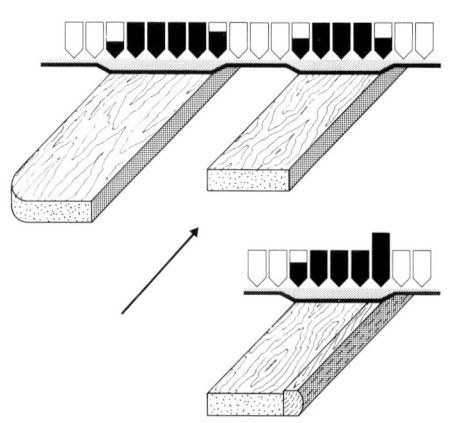

Abb. 4.93 Gliederdruck mit gesteuertem Schleifdruck zur Vermeidung des Rundschleifens der vorschubparallelen Kanten

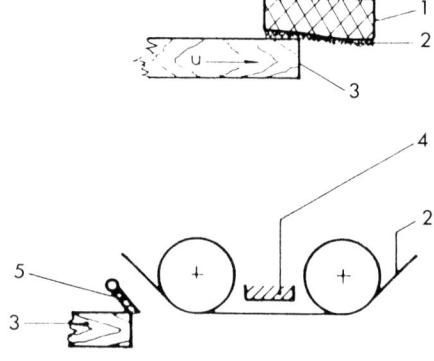

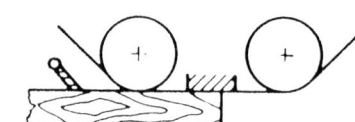

Vorderkante passiert Kontaktgeber

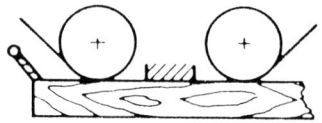

Beginn des Schleifens

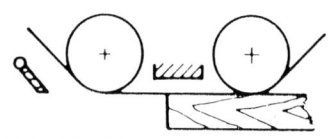

Hinterkante passiert Kontaktgeber

Ende des Schleifens

Abb. 4.94 Steuerung des Druckbalkeneinsetzens durch Tastschalter zur Vermeidung des Rundschleifens der Ein- und Auslaufkanten. 1 Filzbelag. 2 Schleifband. 3 Werkstück. 4 Druckbalken. 5 Kontaktgeber

soll aber erst dann abgesenkt werden, wenn sich die Einlaufkante etwa unter der Druckbalkenmitte befindet, und erst dann abgehoben werden, wenn sich die Auslaufkante ebenfall an dieser Stelle befindet. Das Senken und Heben kann durch Kontaktgeber gesteuert werden (Abb. 4.94).

Eine Weiterentwicklung der Feinschleiftechnik ist die *computergesteuerte selektive Druckregelung* (CSD): Die Werkstückumrisse werden in sehr kleinen Abständen durch eine Werkstückabtastung beim Einlauf genau erfaßt. Ein Computer verarbeitet die Daten in Maschinenbefehle und überträgt diese unmittelbar auf die einzelnen Druckelemente des Druckbalkens. Dadurch werden die Anpreßkräfte der einzelnen Druckelemente programmabhängig je nach Erfordernis stufenlos über der Kontaktfläche gesteuert und die Materialabnahme im Kantenbereich kontrolliert.

Die *Breitbandschleifmaschinen mit aerostatischer Bandabstützung* sind eine interessante Variante des Breitbandschleifens mit ebener Eingriffzone (Abb. 4.95). Zwischen Schleifbandrückseite und Druckbalkenstützfläche wird durch Zuführen von *Druckluft* ein tragfähiges *Luftkissen* aufgebaut.

Dabei ist es möglich, durch geeignete Abstimmung der Anpreßkraft zwischen Schleifband und Werkstück sowie des Speisedrucks für das Luftkissen seine Steifigkeit dem Schleifprozeß anzupassen. Bei kleinen Anpreßkräften (Feinschleifen) und großem Speisedruck entsteht ein relativ dickes Luftkissen mit geringer Steifheit. Dadurch kann sich das Schleifband an Werkstückunebenheiten ohne nennenswerte örtliche Unterschiede des Anpreßdruckes anpassen. Es entsteht ein Abschliff von gleichmäßiger Schichtdicke. Beim Kalibrierschleifen werden größere Anpreßkräfte benötigt. Durch einen geringeren Speisedruck entstehen Luftkissen mit hoher Steifheit. Beim Anpassen des Schleifbandes an Werkstückunebenheiten ergeben sich dadurch größere örtliche Schwankungen des Anpreßdruckes, so daß erhabene Werkstoffstellen mehr abgeschliffen werden als vertiefte, wodurch ein unebenes Werkstück parallel zur Unterseite plangeschliffen wird.

Mit Hilfe der *aerostatischen Schleifbandabstützung* gelingt es also, mit einer einzigen Breitbandschleifmaschine durch geeignete Wahl der Einstellparameter sowohl Kalibrier- als auch Feinschiff durchzuführen.

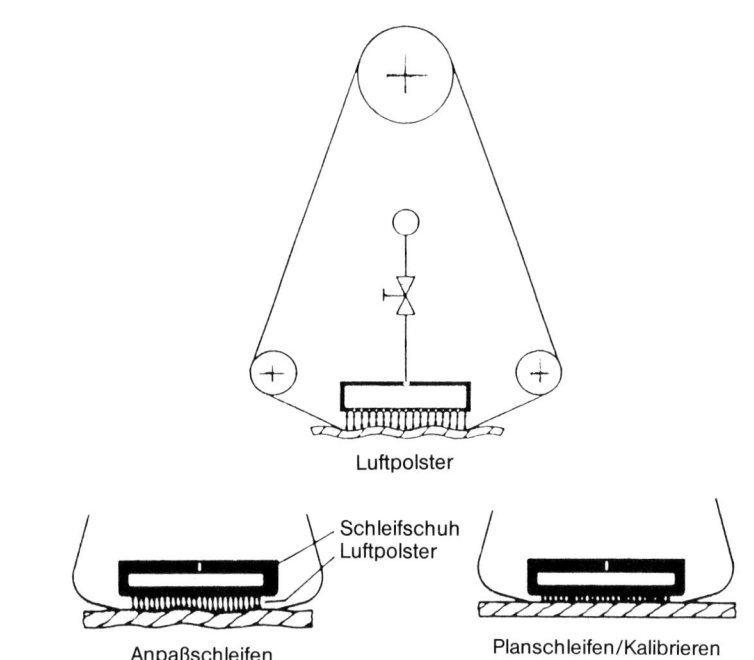

Luftpolster

Schleifschuh
Luftpolster

Anpaßschleifen

Planschleifen/Kalibrieren

Abb. 4.95   Veränderung des Luftpolsters (Luftkissens) der aerodynamischen Schleifband-Abstützung für unterschiedliche Schleifaufgaben

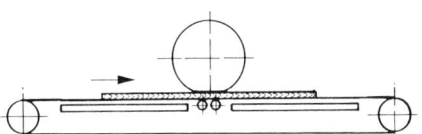

Abb. 4.96   Schleifwalze mit Weichgummibelag zur Erzielung einer breiteren Kontaktfläche

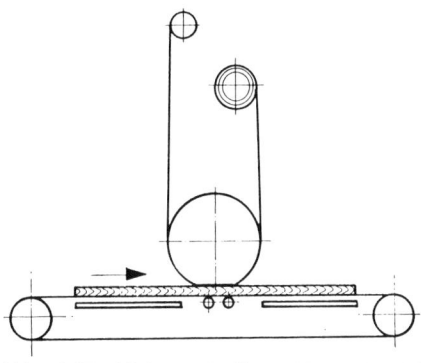

Abb. 4.97   Walzenschleifmaschine mit sich umspulenden Schleifpapier-Rollen (Wickelverfahren)

Spezialschleifmaschinen

Als Spezialschleifmaschinen für den Flächenschliff können die folgenden Einheiten zusammengefaßt werden:

Die *Walzenschleifmaschine mit weichgummibelegten Kontaktwalzen:* Parallel zu den Breitbandeinheiten wurde eine Schleifwalze erprobt, die durch einen Schwammgummi-Belag sehr weichelastisch eingestellt ist und mit einer etwa 20 mm breiten Kontaktfläche am Werkstück angreift (Abb. 4.96). Dadurch wird ein Abschliff gleichmäßiger Schichtdicke ermöglicht. Mit einer gering härteren Gummi-Einstellung ist ein Feinschliff bei furnierten Werkstücken durchführbar.

Die *Walzenschleifmaschinen mit „sich umspulenden" Schleifpapierrollen* mit rund 150 m abwickelnder Länge stellen eine besondere Entwicklung dar (Abb. 4.97). Bei dem sogenannten *„Wickelsystem"* zieht die angetriebene Kontaktwalze (mit weichelastischer Mantelfläche) während des Schleifvorgangs von einem Wickel das Schleifpapier ab, welches auf der Gegenseite von einem zweiten Wikkel aufgespult wird. Sobald der erste Wickel vollständig abgespult ist, wird das System auf Rücklauf umgeschaltet. Dieser Vorgang wiederholt sich ständig, wobei die Drehzahl der Schleifwalze den Gleich- und Gegenlauf des Schleifpapiers entsprechend ausgleicht. Je nach Verwendungszweck sind Standzeiten bis zu einer Woche möglich. Die Vorteile sind: geringe Papierwechselzeit, preiswerte Rollenware und gleichmäßiger Abschliff.

Die *Schwingschleifmaschine* besitzt eine Vibrationsplatte als Kontaktelement, die durch einen Elektromotor über Exzenter in Kreisbewegung gehalten wird. Das Schleifpapier wird als Band von der Rolle unter der Vibrationsplatte durchgeführt und nach dem Verschleiß manuell weitergespult, so daß neues Schleifpapier zum Einsatz kommt. Da die Schnittgeschwindigkeit sehr gering ist, ist die Spanungsleistung klein und die Verwendung hauptsächlich nur für Lackoberflächen wirtschaftlich (Abb. 4.98).

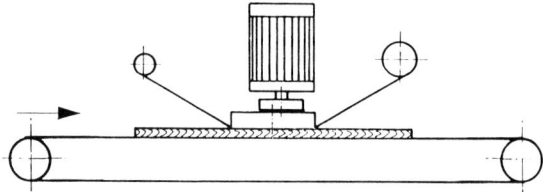

Abb. 4.98   Schwingschleifmaschine

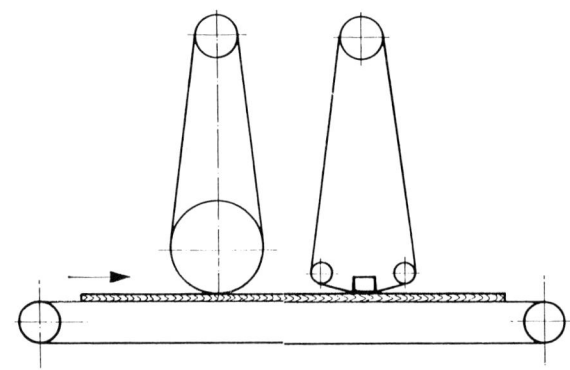

Abb. 4.99   Breitbandschleifmaschine mit Schleifwalze und Schleifschuh

Die *Sondermaschinen für flächige Formteile* aller Art sollen in der Gruppe der Spezialmaschinen ebenfalls erwähnt werden.

Als *Schleifautomaten* werden die *Mehrstufen-Schleifmaschinen* mit mehreren hintereinander angeordneten Werkzeugen bezeichnet, die in Vorschubrichtung zwei oder mehrere Arbeitsgänge in einem Durchlauf verrichten können (wie z. B. Vor- und Fertigschliff bzw. von oben und unten arbeitend). Da jede der vorher beschriebenen Schleifeinheiten eine typische Konstruktion und Funktion aufweist, entwickelten sich für bestimmte Einsatzgebiete Maschinen mit zusammengefaßten, bewährten Baugruppen, wobei auch einige Maschinenhersteller mit eigenen Systemen (z. B. Herausstellen des Langband- bzw. Walzen-Schleifprinzips) auf dem Markt vertreten sind. Dabei wird konsequent das *Baukastenprinzip* verfolgt, wobei auf einem Grundgestell bestimmter Länge eine Anzahl von Schleifaggregaten Platz findet, die auch nachträglich montierbar bzw. auch untereinander austauschbar sind, wenn dies durch eine Fertigungsumstellung erforderlich wird.

Ein *bewährtes System* für das einseitige Vor- und Fertigschleifen von Möbelteilen in einem Durchlauf ist das Hintereinanderstellen von *zwei Breitbandschleifeinheiten auf einem Grundgestell* (Abb. 4.99): Die erste Einheit ist mit einer harten, gummibelegten Kontaktwalze ausgestattet, die aufgrund der geringen Eingriffsfläche eine gute Abbauleistung aufweist. Die zweite Einheit enthält einen druckbelasteten Kontaktbalken, der einen Feinschliff ermöglicht.

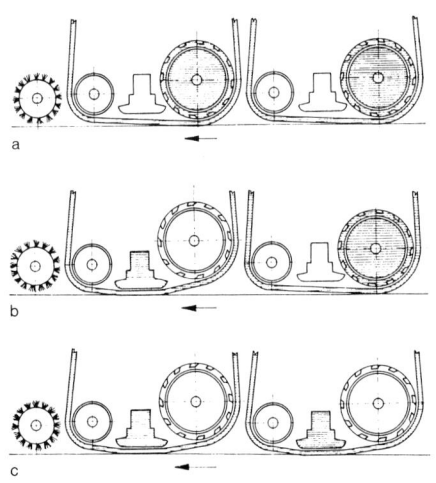

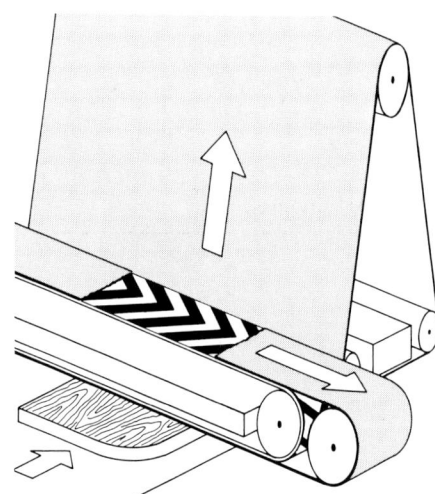

Abb. 4.100   Unterschiedliche Kombinationsmöglichkeiten von Schleifwalzen und Druckbalken. (a) beide Schleifwalzen im Einsatz. (b) eine Walze und ein Druckbalken im Einsatz. (c) beide Druckbalken im Einsatz

Abb. 4.101   Kreuzschliffaggregat

Abb. 4.102 Übersicht über verschiedene Ausführungen von Schleifautomaten

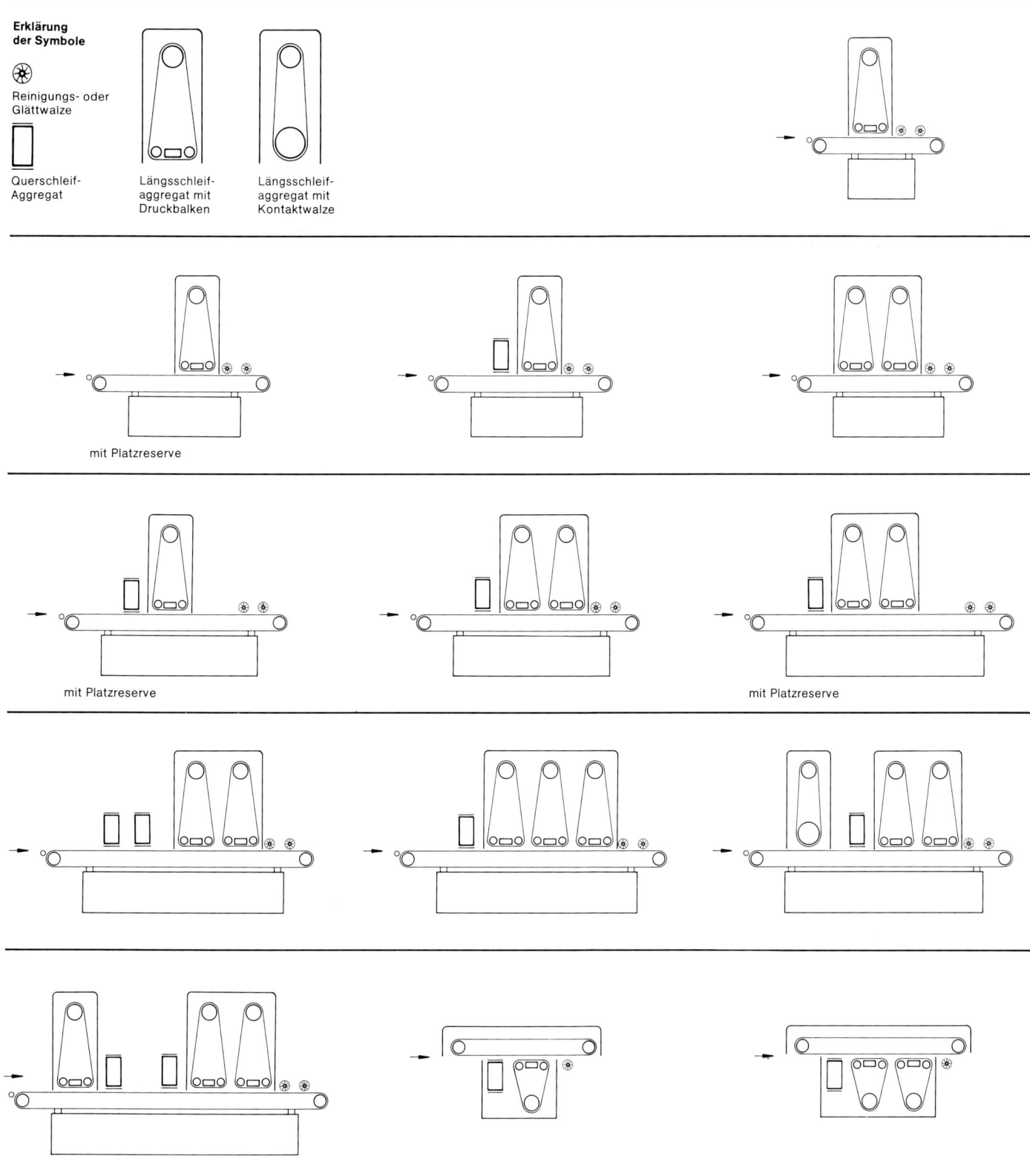

Erklärung der Symbole

Reinigungs- oder Glättwalze

Querschleif-Aggregat

Längsschleif-aggregat mit Druckbalken

Längsschleif-aggregat mit Kontaktwalze

mit Platzreserve

mit Platzreserve

mit Platzreserve

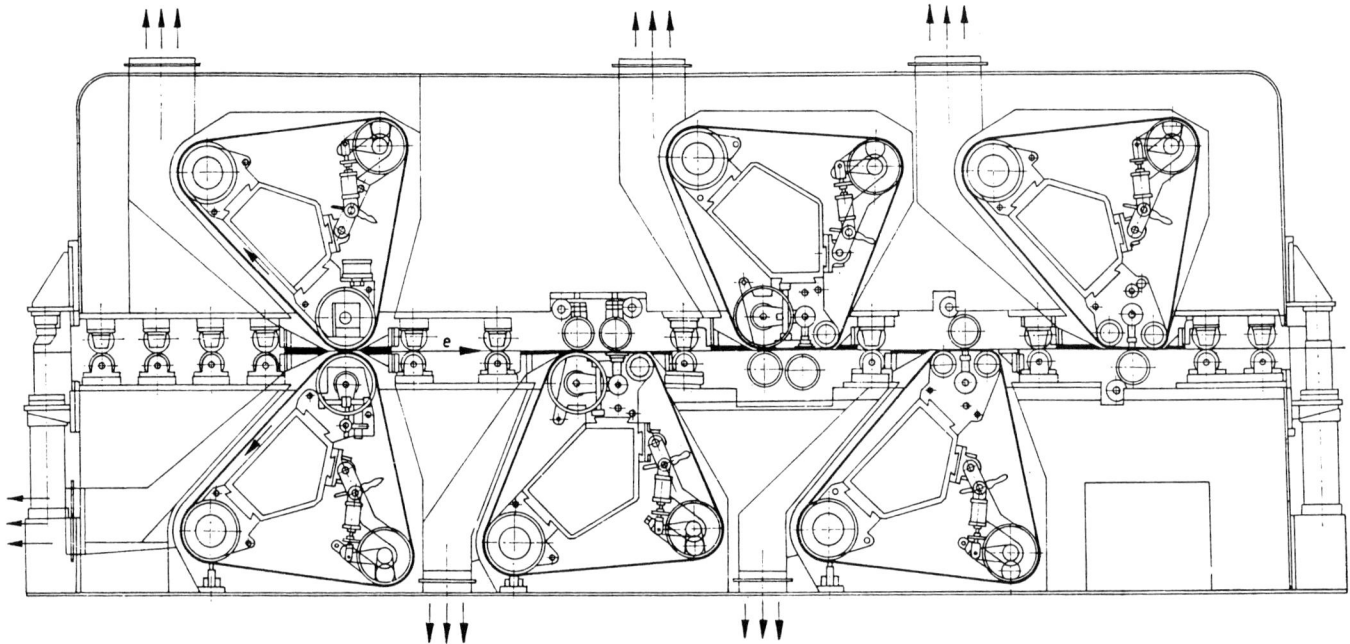

Abb. 4.103 Breitbandschleifmaschine (schwere Ausführung) mit beidseitigen Vor-, Zwischen- und Nachschliffaggregaten

Eine preiswerte, anpassungsfähige Alternative ist die Breitbandschleifeinheit mit der Kombination von *Kontaktwalze und Druckbalken,* die je nach Anforderung durch Zu- bzw. Zurückstellen wahlweise zum Einsatz gebracht werden können (Abb. 4.100). Diese Systeme schleifen in Längsrichtung und werden deshalb als *Längsschliffaggregate* bezeichnet.

Die Möglichkeit, für bestimmte Einsatzgebiete statt in Längsrichtung auch in Querrichtung (d. h. rechtwinklig zur Vorschubrichtung des Werkstücks) schleifen zu können, führte zur Entwicklung der *Querschliffaggregate*, die nach dem Langbandschleifverfahren arbeiten. Sie sind auch unter dem Begriff *Kreuzschliffaggregate* bekannt, wobei ein oder zwei Langbandschleifeinheiten vor oder zwischen die Breitbandschleifeinheiten gesetzt werden (Abb. 4.101). Alle Einheiten können in der Drehrichtung der Aggregate gegenläufig betrieben werden, um aufstehende Holzfasern sicher abzuschleifen. Wichtig ist, daß bei furnierten Flächen der letzte Schleifgang parallel zur Faserrichtung geführt wird, da der Querschliff als ästhetisch unannehmbar empfunden wird.

Nachgeordnet ist bei allen Schleifautomaten eine *Bürstenwalze zur Flächenreinigung.* Die an der Auslaufseite installierte Entstaubungsanlage arbeitet im Umluftsystem und wird durch eine *Ionisierungseinrichtung* ergänzt, um die statische Aufladung abzuleiten.

Darüber hinaus gibt es *zusätzliche Feinschleifeinrichtungen,* vornehmlich in größeren Automaten, wie

● Scotchbritt-Walzen
● Anderlon-Schleifbürsten
● Glätt-Schleifwalzen.

Der Trend in der industriellen Fertigung führt zu Schleifautomaten mit 3 und mehr Schleifeinheiten auf einem Grundgestell. Eine Übersicht über mögliche Ausführungen zeigt Abb. 4.102.

Zur besseren Auslastung der teueren Schleifautomaten und schnelleren Anpassung an kleine Losgrößen der Werkstücke werden *Rechner zur Unterstützung* des Maschinenführers eingesetzt. Diese speichern die Maschinenumstelldaten unter einer Programmnummer und stellen sie bei Bedarf zum schnellen Umrüsten zur Verfügung (*integriertes Computersystem*). Die Programme enthalten die Werte der Motorgeschwindigkeiten für die Schleifaggregate, der Vorschubgeschwindigkeit, des Zeitpunktes für den Druckbalkeneinsatz, des Schleifdrucks und der Schleifintensität im Kantenbereich des Werkstücks. Am Bildschirm werden Daten auch bei arbeitender Maschine eingegeben und überwacht sowie Störmeldungen über die elektrische Einrichtung ausgegeben. In CNC-Ausführung läßt sich der Schleifautomat in vollautomatische übergeordnete Steuerungen von Bearbeitungsstraßen integrieren.

Zum beidseitigen Fertigschleifen von Rohspanplatten in einem Durchgang können für eine schwere *Kalibriermaschine* bis zu 6 Schleifaggregate eingesetzt werden: Zwei übereinander angeordnete Grobschliffaggregate mit Stahlkontaktwalzen (Kalibrierschliff, beidseitig), zwei versetzt angeordnete, kombinierte Schleifaggregate jeweils mit Stahlkontaktwalze und Druckbalken, wahlweise einstellbar (Zwischenschliff, beidseitig), zwei versetzt angeordnete Feinschliffaggregate mit Druckbalken (Feinschliff, beidseitig) (Abb. 4.103).

Durch Fehler bei der Einstellung der Schleifaggregate und durch falsche Abstimmung untereinander kann trotz bester Technik das Schleifergebnis schlechter werden als bei Standardmaschinen. Die Schulung und Kontrolle des Bedienungspersonals ist daher eine wichtige Aufgabe auf dem Weg zur optimalen Maschinennutzung.

4.3.2.3 Maschinen für den Profilschliff

Die in diesem Abschnitt beschriebenen *Profilschleifmaschinen* finden Einsatz bei Schleifaufgaben *vor und nach der Profil-*

beschichtung durch Softforming und Profilummantelung. Als Schleifaufgaben können folgende Arbeitsgänge unterschieden werden:

- Schleifen unterschiedlicher Profilkonturen,
- Schleifen planer oder verformter Schmalflächen,
- Schleifen gerundeter Ecken unterschiedlicher Radien und Profile an plattenförmigen Werkstücken,
- Brechen von Werkstückkanten und
- sonstige Endbearbeitungen wie Schwabbeln und Bürsten.

Es stehen verschiedene Schleifsysteme zur Verfügung (Abb. 4.104), deren Auswahl auf den Einsatzfall gut abgestimmt sein muß. Zwei Einsatzfälle sind zu unterscheiden:

1. Profil-Rohschliff im Anschluß an das Profilfräsen. Zur Vorbereitung der Fläche für dünne Beschichtungswerkstoffe ist der Schliff immer notwendig. Durch das Profilfräsen der Spanplatten richten sich die locker gebundenen Späne der Mittellage auf und lassen die nachfolgende Beschichtung bucklig erscheinen, was der Profilschliff vermeidet. Die profilgefrästen Schmalflächen von MDF-Platten tragen eine dünne faserige Auflage, die die Klebverbindung beim Beschichten stört. Der Schliff entfernt die aufstehenden Fasern und glättet die Profilierung.

Das Schleifen darf die Kontur des Profils nicht verändern. Deshalb müssen die Schleifwerkzeuge mit der Kontur der Fräswerkzeuge übereinstimmen, in sich hart sein und kalibrierend arbeiten. Diamantbestückte Werkzeuge (Diamantdisken) haben einen langen Standweg und gute Konturgenauigkeit, dagegen können Fasern nicht abgetragen werden. Schwingschleifer hingegen haben eine kurze Standzeit, entfernen die aufstehenden Fasern bei guter Profilgenauigkeit.

2. Schleifen furnierter Profile. Sowohl vorgeschliffene als auch ungeschliffene Furniere weisen nach der Profilbeschichtung durch Softforming bzw. Profilummantelung Druckstellen, Verschmutzungen und Rauhigkeiten auf, so daß ein Feinschliff zur Verbeserung der Oberfläche notwendig ist. Die Schleifwerkzeuge sind weich und erzeugen einen Kontaktschliff, indem sie sich der Profilkontur anpassen.

Bei einfachen profilierten Werkstücken können Bandschleifaggregate auf den Maschinenständer von Hauptmaschinen montiert werden. Eigenständige Profilschleifmaschinen sind mit Bandschleifaggregaten, Schleifscheiben und Schwingschleifgeräten ausgestattet.

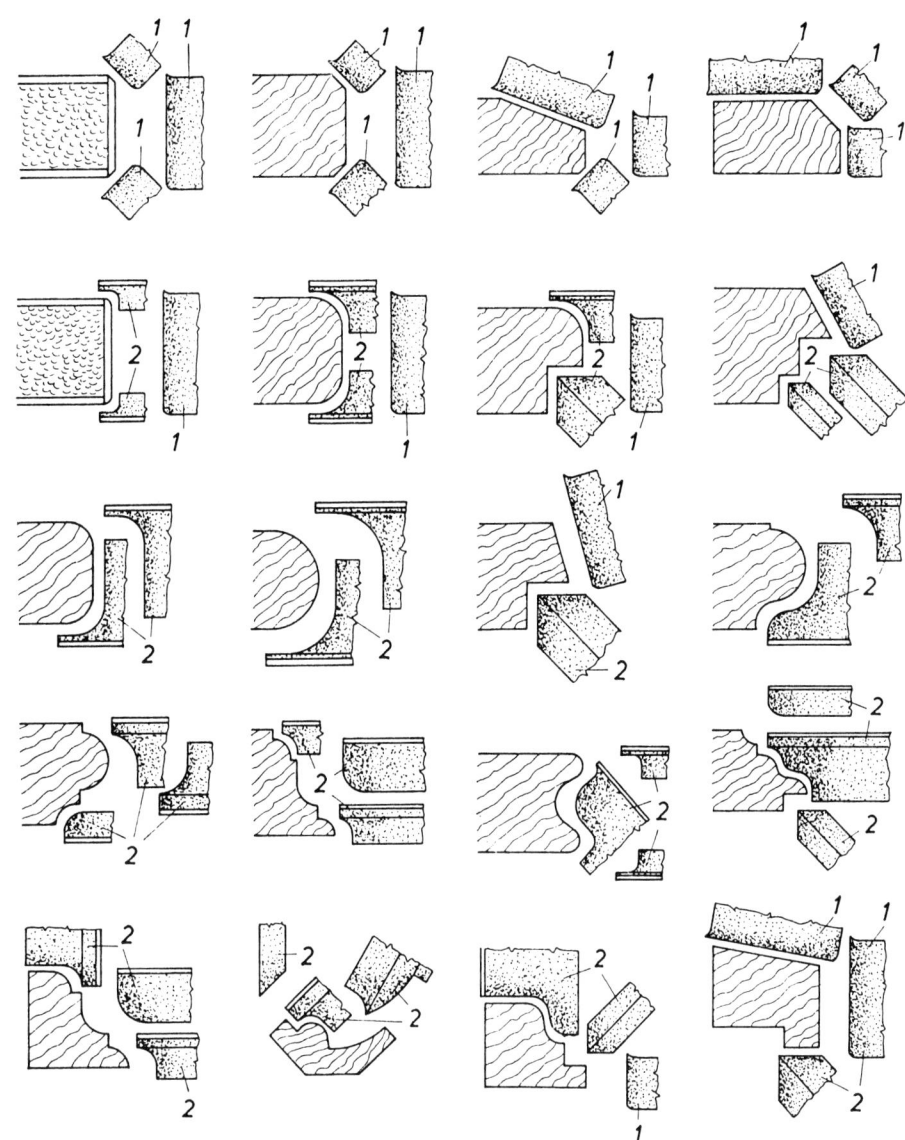

Abb. 4.104 Schleifen unterschiedlicher Profile. 1 mit Schleifband-Aggregaten. 2 mit Schleifscheiben-Aggregaten

3. Daneben gibt es noch *weitere Aufgabenstellungen* beim Profilschliff von Vollholzwerkstücken (Leisten, Rahmen usw.) sowie beim Lackschliff, die hier nicht berücksichtigt werden.

Die Vielfalt der Schleifaufgaben und der Profilarten hat in den letzten Jahren dazu geführt, daß unterschiedliche Schleifsysteme entwickelt wurden. Sie können einzeln als Profilschleifmaschine oder durch Hintereinandersetzen von zwei oder mehreren Schleifaggregaten auf einem gemeinsamen Grundgestell (nach dem Baukastenprinzip) als Profilschleifautomat eingesetzt werden.

Die Anforderungen an das Schleifergebnis sind von den Einsatzgebieten abhängig und innerhalb dieser Gruppen wieder von den Qualitätsanforderungen an die Produkte. Die Hauptforderungen sind

- Maß- und Formgenauigkeit („Profiltreue") und/oder
- Oberflächengüte = geringe Oberflächenrauhigkeit („Glättung und Faserabtrag").

Für den Profilschliff werden folgende Schleifaggregate (auch Schleifköpfe bezeichnet) eingesetzt, die sich durch ihre Werkzeuge unterscheiden:

- Aggregate mit endlos umlaufendem Schleifband,

- Aggregate mit endlos umlaufendem Profilgurt,
- Aggregate mit rotierenden Schleifscheiben und
- linear arbeitende Schwingschleifaggregate.

Bandschleifaggregate

Bei den Profil-Bandschleifaggregaten wird das endlos umlaufende Schleifband mit einem Profilschleifschuh an das Werkstück herangeführt (Abb. 4.105). Das steife Schleifleinen läßt sich bei hoher Umlaufgeschwindigkeit nur bedingt in den konkaven Profilformen (Vertiefungen) des Profilschleifschuhes führen. Das hat zur Folge, daß Profile mit zusammengesetzten Konturen auf mehrere hintereinandergesetzte schwenkbare Aggregate verteilt geschliffen werden müssen. Der dafür relativ hohe Aufwand für die Maschine und das Umrüsten wird aber gerechtfertigt durch einfaches Auswechseln der Bänder und durch sehr gute Schleifqualität, an der sich alle anderen Systeme zu messen haben.

Die Bandschleifaggregate arbeiten mit hoher Spanabnahme, langen Standwegen und „kühlem" Schliff in Abhängigkeit von der Bandlänge. Zur Verbesserung wird auch eine Luftdüse zur Bandreinigung und bei flächigem Schleifen die Oszillation eingesetzt.

Das Gegenprofil des Schleifschuhs besteht meist aus einem Spezialfilz, gelegentlich mit Metalleinlagen für scharfe Winkel. Eine längere Lebensdauer wird erreicht durch Verwendung eines Metallschleifschuhs, der mit Öffnungen für die Lufteinblasung versehen ist, damit das Schleifband sich nicht erwärmt und gleichzeitig auf dem Luftpolster gleitet. Teilweise wird auch Vakuum für das bessere Anformen des Bandes in das Profil des Schuhs eingesetzt. Zur Schonung der ein- und auslaufenden Profile werden die Schleifschuhe über Taster oder eine Streckensteuerung automatisch zum richtigen Zeitpunkt in Arbeitsstellung gebracht.

Der Einsatz erfolgt hauptsächlich für das Schleifen von langen, geraden Profilen, aber auch für Außenrundungen mit größeren Radien an profilierten Platten. Für Innenrundungen profilierter Teile ist das System nicht geeignet.

Profilgurtaggregate

Das Profilschleifen mit Profilgurt ist eine Weiterentwicklung und Ergänzung von Schleifbändern und Fliehkraftschleifscheiben, die sich durch ihre besondere Elastizität und Anlagefläche am zu schleifenden Profil bewährt haben. Der Aufbau der Profilgurte besteht aus einem flexiblen Trägerband, auf das einzelne Blöcke aus einem Spezialgummi aufvulkani-

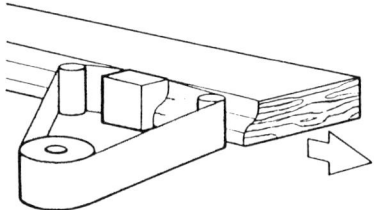

Bandschleifen

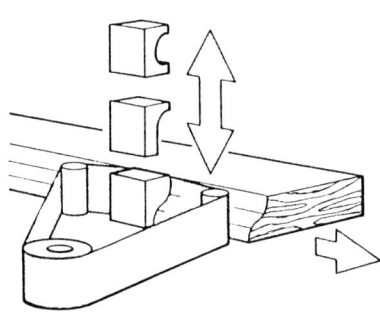

Bandschleifen
mit automatischem Schuhwechsel

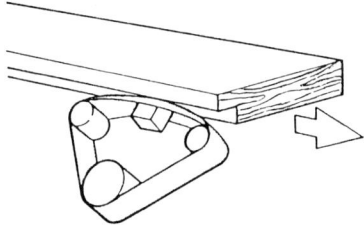

Falz-Bandschleifen

Abb. 4.105 Profil-Bandschleifaggregate in unterschiedlichen Einsatzbereichen

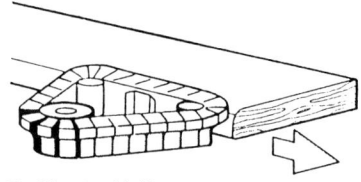

Profilgurtschleifen

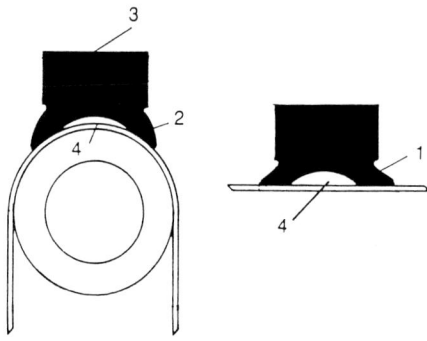

Abb. 4.106 Profilgurt-Schleifaggregat; oben: im Einsatz, unten: Aufbau des Profilgurtes. 1 Gummiblock auf Trägerband aufvulkanisiert. 2 Zustand der Fußform im Bereich der Umlenkrolle. 3 Gummiblock. 4 Hohlraum zwischen Trägerband und Gummiblock zum Ausgleich der Verformungen

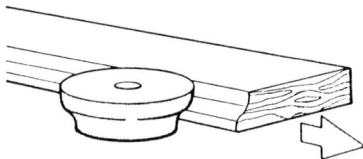

Scheibenschleifen

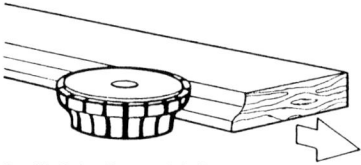

Profil-Scheibenschleifen

Abb. 4.107 Schleifscheiben-Aggregate mit unterschiedlichen Scheibenarten; oben: Schleifscheibe mit fest eingebundenen Schleifkörnern, unten: mit auswechselbaren dünnwandigen Kunststoff-Profilringen

siert sind (Abb. 4.106). Die Fußform der Blöcke ist so beschaffen, daß durch die Rotation der Profilgurte um die Umlenkrollen trotz hoher Verformungsgeschwindigkeit das Material nicht ermüdet und der Profilbereich seine ursprüngliche Form beibehält. Die Hohlräume zwischen Trägerband und Gummiblöcken dienen der elastischen Verformung und bewirken, daß die gesamte Blockbreite als Anlegeprofil auf dem Profil aufliegt und somit eine hohe Schleifqualität bei weichem Schleifandruck erreicht wird. Die Blockgeometrie gewährleistet außerdem Formstabilität trotz starker Belastung durch den Schleifdruck.

Das Einschleifen der Gummiblöcke erfolgt auf herkömmliche Art mit Hilfe eines Gegenprofils, das mit Schleifpapier belegt ist. Grundsätzlich müssen bei Einsatz elastischer Profile als Schleifmittelträger die Drehzahlen beim Einschleifen gleich denen sein, die später in der Fertigung gefahren werden. Nach dem Einschleifen wird ein lösbarer Haftgrund aufgetragen und dieser mit Lamellen aus Schleifleinen belegt, die rückseitig mit Klebstoff vorbeschichtet sind. Obwohl die durch einfachen Kontaktdruck entstandene Klebfuge Temperaturen bis 150 °C erträgt, läßt sie sich in Spiritus wieder lösen, wenn eine Neubelegung notwendig ist. Es werden Schleifkörnungen von 80 bis 400 in unterschiedlichen Bindungen verwendet.

Die Vorteile der Profilgurte sind:
- Auf vorhandenen Profilschleifmaschinen einsetzbar, deren Motorspindeln oder Bandaggregate mit 1 500 bzw. 3 000 U/min drehen;
- Schleifen komplizierter Profilkonturen an geraden oder gebogenen Werkstücken (mit oder ohne Anlaufring);
- vom Kunden beliebig bestimmbare Standzeiten, auch beim Schleifen in kleinsten Innenrundungen;
- als System leicht zu handhaben, man erzielt bei großer Spanabnahme hohe Schleifqualität.

Für Einzelaufträge und Kleinserien bietet man als Trägerkörper eine Aluminiumhülse in den Höhen 50 ... 100 mm an. Die in der Länge exakt gefertigten Profilgurte werden dann als Ring auf diese Hülsen geschoben und je nach gewünschtem Profil ausgetauscht. Die Standzeiten bei diesem System sind bei 150 m allerdings gering. Bei mittleren Serien werden die Profilgurte als Ring auf Fliehkraft-Basisscheiben aufgesteckt. Bei zunehmender Drehzahl der Motorspindel dehnt sich der Basisscheibenkörper und spannt den Profilgurt exakt rund. Verschiedene Abmessungen in Durchmesser und Höhe werden angeboten mit Standzeiten zwischen 700 und 1 400 m. Bei Großse-

rien bieten sich wegen der gewünschten Gurtlänge Bandaggregate mit 2 oder 3 Umlenkrollen an. Die Zweirollenversion bietet sich für den platzsparenden Einbau an und für das Schleifen von Innenradien profilierter Werkstücke. Als Umlenkrollen werden die Fliehkraft-Basisscheiben empfohlen, die durch ihre Konstruktion die Profilgurte exakt in Höhe führen und außerdem alternativ auch als Ring aufsteckbare Gurte aufnehmen können. Die Standzeit ist abhängig von der Bandlänge, wobei etwa mit 150 m pro Block gerechnet wird.

Rotierende Schleifscheiben
Das Profilschleifen mit rotierenden Schleifscheiben wird mit unterschiedlichen Schleifmittelträgern ausgeführt (Abb. 4.107). Man unterscheidet:
1. *Schleifscheiben mit fest eingebundenen Schleifkörnern.* Sie sind nur für geringe Spanabnahme geeignet. Durch den stetigen Abrieb des Schleifscheibenmaterials schärfen sie sich selbst nach, so daß diese Aggregate sich zum Profil automatisch zustellen müssen.
2. *Profilscheiben mit auswechselbarem dünnwandigem Kunststoff-Profilring (Schleifring),* der nach Verbrauch weggeworfen wird. Der Schleifring besteht aus einer dem Profil entsprechend vorgeformten Kunststoffhaube, die mit Schleifgewebe belegt ist, und kann deshalb schnell und sauber ausgewechselt werden. Die Aufspannung erfolgt auf der Spindel zwischen zwei Metallscheiben, die je nach Einsatzart mit unterschiedlich weichen Grundprofilringen ausgestattet sind. Bei Spanabnahme über 0,2 mm wird zur Stabilisierung des Schleifrings ein Krallendeckel mit aufgespannt.
Das relativ kostenaufwendige System erfordert aber, daß die Schleifringe unterschiedlich nach allen Profilkonturen und gewünschten Körnungen auf Lager gehalten werden. Vielfach werden bei komplizierten Profilen zusammengesetzte Werkzeuge benötigt. Die harten Schleifkörper bewirken, daß nur am Scheitelpunkt der Scheibe geschliffen wird. Profilveränderungen durch das Schärfen der Fräser wirken sich nachteilig auf die Schleifgüte aus, da die vorgeformten Schleifmittelhauben diese Veränderungen nicht nachvollziehen.
3. *Profilschleifscheibe (Fliehkraft-Schleifscheiben) mit fest auf eine Buchse vulkanisiertem Gummiring, dessen Profilkontur mit Schleifleinen beklebt ist.* Es werden z. B. drei verschiedene Härteabstufungen des Grundkörpers angeboten. Dadurch kann die Scheibe den unterschiedlichen Aufgaben in bezug auf Stabilität und Profilform angepaßt werden. Bei Rotationskörpern aus elastischem Gummi ist die am Profil anliegende Kon-

taktfläche größer. Sie arbeiten deshalb kontakt-schleifend im Gegensatz zum kalibrierenden Schliff harter Scheiben. Außerdem werden komplizierte Profile meist nur mit einem Werkzeug geschliffen. In den Grundkörper wird das gewünschte Profil bei der später gefahrenen Spindeldrehzahl eingeschliffen. Nach der Einarbeitung des Profils werden die Scheiben mit handelsüblichem Schleifgewebe beklebt.

Als problematisch erweisen sich die angebotenen Schleifmittelbeläge, mit denen die Rotationskörper belegt werden:
1. Vorgeschnittene Schleifmittel-Lamellen, die mit Kontaktklebstoff aufgeklebt werden, erreichen zunächst eine hohe Anfangsfestigkeit, die sich jedoch mit steigender Reibungstemperatur beim Schleifen schnell abbaut. Die maximale Temperaturbelastung liegt bei etwa 70 °C. Das Lösen des Schleifmittelbelags erfolgt mit aggressiven Lösemitteln, die neben der gesundheitlichen Problematik auch das Gummi des Schleifkörpers zerstören. Anschließend muß der Schleifkörper von den Klebstoffrückständen gereinigt werden. Durch das zeitaufwendige Wechseln der Schleiflamellen entstehen hohe Rüstzeiten.
2. Zusammenhängende, vorgeformte Schleifmanschetten mindern die Rüstzeit, sind aber in der Herstellung teuer.
3. Das selbe gilt für das Aufschweißen und Lösen eines dehnbaren Schleifgewebes mit Heißluft.
4. Nach einem neuen Verfahren wird ein begrenzt elastisches Schleifgewebe mit einer Klett-Verbindung an der Unterlage befestigt. Dies hat den Vorzug, daß der Schleifbelagwechsel schnell und sauber möglich ist. Der Einsatz dieses Verfahrens ist allerdings auf große Schleifradien begrenzt. Das Aufbringen einzelner Abschnitte ist nicht möglich, da durch den Klettverschluß ein Zwischenraum von fast 1 mm entsteht, der dem einsetzenden Profil zuviel Angriffsfläche bietet und den Schleifbelag abreißt.
Alle Scheiben haben kurze Rüstzeiten bei Wechsel auf der Spindel, sofern ein Zweitwerkzeug zum Austausch in Bereitschaft ist. Die Standwege der Fliehkraft-Scheiben sind abhängig von den Einflußgrößen Scheibenumfang, Schleifdruck, Vorschubgeschwindigkeit, Härte und Fräsqualität des Werkstücks.

Die *diamantbestückte Schleifscheibe (Diamantdisk)* wird wegen ihrer Besonderheiten (Kalibrierschliff, hohe Spanabnahme, lange Standzeit, hoher Anschaffungspreis) nur für den Profil-Rohschliff von Spanplatten eingesetzt.

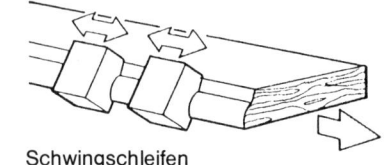

Schwingschleifen

Abb. 4.108 Profil-Schwingschleifaggregat

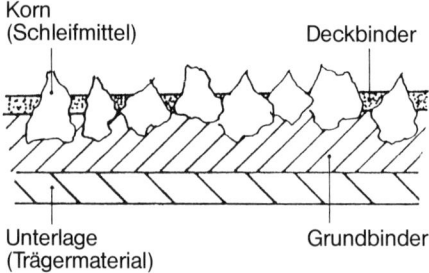

Korn (Schleifmittel)   Deckbinder

Unterlage (Trägermaterial)   Grundbinder

Abb. 4.109 Schematischer Aufbau eines Schleifmittels auf Unterlage

Schwingschleifaggregate

Die Profil-Schwingschleifer (Linearschleifer) haben eine nahe Verwandtschaft zum Handschleifen mit dem Profilschleifklotz. Es können nur gerade Profile geschliffen werden (Abb. 4.108). Die häufige Schwingbewegung mit und gegen die Durchlaufrichtung des Werkstücks führt zu sicherem Abriß der Holzfasern. Durch die relativ kurzen Schleifbewegungen ist nur eine geringe Spanabnahme mit glättendem Effekt möglich. Die Profilgenauigkeit ist sehr gut, wenn der Schleifbelag fest auf den schwingenden Profilschleifschuh aufgebracht ist. Die Standwege liegen zwischen 1 000 und 2 000 m und werden dadurch beeinflußt, daß der Schleifstaub durch die lineare Schleifbewegung nicht ausgetragen werden kann, sondern in die Schleifkornbindung eingerieben wird.

4.3.3 Schleifwerkzeuge

4.3.3.1 Schleifmittel auf Unterlagen

Die Bezeichnung *„Schleifmittel auf Unterlage"* ist ein Sammelbegriff für alle Produkte, die aus einer mit Schleifkorn belegten Unterlage bestehen (Abb. 4.109).

Nach der Werkzeugform können sie vier Gruppen zugeordnet werden:
- Bogen-, Streifen- und Rollenmaterial,
- endlose Bänder unterschiedlicher Länge und Breite,
- Zylinder unterschiedlicher Durchmesser und Höhen und
- Scheiben unterschiedlicher Durchmesser.

Schleifmittel auf Unterlagen sind biegsame Werkzeuge, die sich der Oberflächenform des Werkstückes zweckmäßig anpassen können. Dabei werden sie von einem Stützkörper (auch Kontaktelement) mit einem bestimmten Anpreßdruck an die Werkstückoberfläche gedrückt. In der industriellen Fertigung müssen sie die gleichen Anforderungen erfüllen, wie sie an ein Präzisionswerkzeug gestellt werden:
- hohe gleichmäßige Zerspanungsleistung,
- vorausbestimmbare Lebensdauer (Standzeit) und
- fehlerfreie Beschaffenheit.

Deshalb wird auch eine sachgemäße Lagerung empfohlen: Die Schleifmittel sollen in einen abgeschlossenen Raum mit einer durchschnittlichen Raumtemperatur von 16 ... 22 °C und bei einer relativen Luftfeuchte von 50 ... 65 % lagern. Sie müssen vor Staub, Nässe, Hitze und direkter Sonneneinwirkung geschützt und auf Holzrosten oder in Regalen übersichtlich in Originalverpackungen abgelegt werden (Luftzirkulation).

In der Literatur und in Herstellerangaben werden die Begriffe „Schleifmittel" und „Schleifwerkzeug" meist gleichgesetzt. Hierbei ist jedoch klar zu unterscheiden:
1. Schleifmittel (auf Unterlage) sind allein die einzelnen Schleifkörner, die mittels einer Bindeschicht auf dem Trägermaterial (der Unterlage) aufgebracht sind und durch ihre spanende Wirkung den Abschliff erzeugen, wie Abb. 4.109 zeigt.
2. Schleifwerkzeuge setzen sich aus dem Schleifmittel, der Bindung, dem Schleifmittelträger und häufig einem Stützkörper (Kontaktelement) zusammen. Anspruchsvolle Schleifmittel erhalten oft eine *Antistatikbehandlung*. Dadurch wird die elektrostatische Aufladung von Maschinenteilen, Schleifband und Werkstück erheblich herabgesetzt. Damit verringert sich das Absetzen von Schleifstaub deutlich, was einerseits ein sauberes Arbeiten ermöglicht, andererseits auch das Zusetzen der Bänder durch festsitzende Schleifspäne vermindert.

Die synthetisch hergestellten *Schleifmittel* wie synthetische Mineralien oder Metalloxide mit kristalliner Struktur haben die klassischen Schleifmittel Glassplitter, Quarzsand, Schmirgel und Flint abgelöst. Grund dafür waren die schwankenden

Härten und die starken Verunreinigungen dieser natürlichen Schleifmittelrohstoffe. Gleichbleibende Qualität, d. h. gleichmäßige Härte und damit gleichmäßige Abnutzungseigenschaften, kann nur durch synthetisch erzeugte Aluminiumoxide als Normal-, Halbedel- oder Elektrokorund sowie Siliciumcarbide gewährleistet werden.

Korund ist weniger hart als Siliciumcarbid und neigt daher weniger zum Splittern. Da die Körner bei einer weicheren Bindung auf dem Träger leichter ausbrechen können und damit neue Schneiden zum Einsatz gelangen, erweist sich dieses bei Korund als günstiger. Damit steigt jedoch der Schleifkörperverschleiß durch Kornausbruch. Andere Schleifmittel wie Borcarbid, Bornitrid und Diamant, die eine noch größere Härte aufweisen, spielen in der Holzindustrie keine Rolle. Die hohe *Härte* ist neben der *Scharfkantigkeit* wichtigste Voraussetzung zur Verwendung eines Minerals als Schleifmittel. Die Abstufung der Härten erfolgte lange Zeit nach der Skala von Mohs, während in letzter Zeit häufig andere Härteprüfverfahren angewendet werden, die für den Schleifeinsatz genauere Werte liefern, z. B nach Vickers oder nach Knoop.

Die *Korngröße* (Körnung) ist maßgeblich für die Feinheit des Schleifbildes. Sie wird durch eine Siebanalyse ermittelt, die eine Vergleichsmessung darstellt. Die *Kornklasse* (Körnungsnummer) entspricht dabei der Anzahl der Siebmaschen pro Zoll (25,4 mm) Sieblänge. Der Zusammenhang von Körnungsnummer und Korngrößenbereich ist durch den „Fepa-Korngrößenstandard für Schleifmittel auf Unterlagen" festgelegt (Fepa = Verband europäischer Schleifmittelhersteller). Beispielsweise wird beim Breitbandschleifen parallel zur Holzfaser der Grobschliff (Vorschliff) mit Körnungen P60 und P80 durchgeführt, für den Feinschliff (Endschliff) werden vorwiegend die Körnungen P120 und P150 verwendet.

Als *Streuung* bezeichnet man die auf der Unterlage vorhandene Schleifkornmenge je Fläche. Man unterscheidet:
- *offene* Streuung: Kurzzeichen op; dabei ist die Unterlage nur zu etwa 60 % vom Schleifmittel bedeckt. Man erreicht damit einen größeren Spanraum und hält die Werkzeugtemperatur niedrig. Verwendung bei groben Körnungen und weichen Werkstoffen;
- *geschlossene* Streuung: Kurzzeichen cl; Verwendung für alle üblichen Schleifarbeiten, insbesondere für harte und kurzspanende Werkstoffe.

Die *Unterlage als Schleifmittelträger* muß besonders zerreißfest, wenig dehnbar, gut biegbar, aber schwer knitternd und schwer falzbar sowie gut klebfähig sein.

Für den Profilschliff ist die Flexibilität der Unterlage von großer Bedeutung. Verwendet werden Natronzellstoff-Papier für feine Körnungen und niedrige Beanspruchungen, verdichtetes Papier (Fiber) für hohe Beanspruchungen, Gewebe (Leinen, Perlon usw.) für höchste Beanspruchungen und Kombinationen (Papier/Gewebe oder Fiber/Gewebe) oder Vlies aus synthetischen Fasern für normale und höhere Beanspruchungen. Polyesterunterlagen werden selten eingesetzt.

Die *Bindung* hat die Aufgabe, das Schleifkorn so lange an der Unterlage zu halten, bis die Schneide abgenutzt ist. Zu diesem Zeitpunkt kann das Korn z. B. durch übermäßige Erwärmung ausbrechen, so daß nun die tiefer liegenden Schleifkörner am Werkstoff angreifen können. Je nach Schleifaufgabe werden im Hinblick auf Feuchtigkeits- und Temperaturverhalten Hautleim-, Teilkunststoff- und Vollkunststoffbindungen gewählt.

4.3.3.2 Stützkörper als Kontaktelement

Bei gleichartigen Schleifmitteln kann durch unterschiedliche Ausbildung des Stützkörpers (Kontaktelements) Einfluß auf das Schleifergebnis wie Spanabnahmerate und Rauhtiefe genommen werden. Die Spanabnahmerate ist die Menge an zerspantem Material je Zeiteinheit, die mit gleichem Schleifmittel und Kraftaufwand unter den verschiedenen Bedingungen zu erreichen ist, während die Rauhtiefe einen Vergleichswert der Oberflächenglätte darstellt.

Bei der Ausbildung des Stützkörpers dominieren folgende Eigenschaften:
- die Form des Stützkörpers (zylindrisch, eben usw.),
- die Härte der Oberfläche und
- die Oberflächenstruktur (glatt, gerieft, genutet usw.).

Zur Form: Die unterschiedlichen Formen der verwendeten Stützkörper reichen von dem exakt runden Querschnitt einer Schleifwalze bis zu dem annähernd rechteckigen Querschnitt des Schleifbalkens. Ist z. B. die Mantelfläche der Schleifwalze weich-elastisch verformbar, kommt es an der Kontaktstelle zwischen Schleifzeug und Werkstück zu einer Abflachung des Kreisquerschnitts. Aus dieser Sicht wirkt die Kontaktfläche des Schleifbalkens wie die Abflachung einer sehr großen Schleifwalze. Die Abmessungen der Kontaktfläche bestimmen bei gleichbleibender Anpreßkraft den Schleifdruck, d. h. die Preßkraft pro Flächenelement, und damit die Größe des Abschliffs. Je größer der Walzendurchmesser oder die Druckbalkenbreite, desto geringer sind die Spanabnahmerate und die Rauhtiefe (Abb. 4.110).

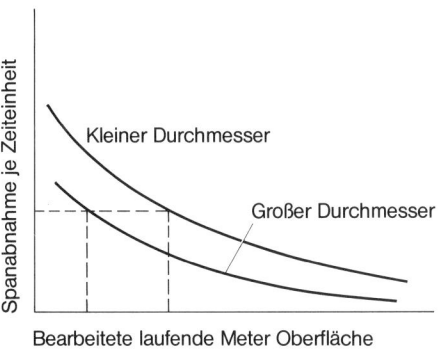

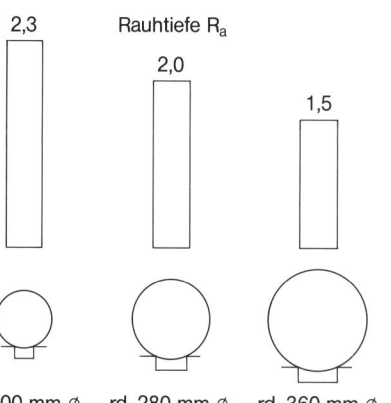

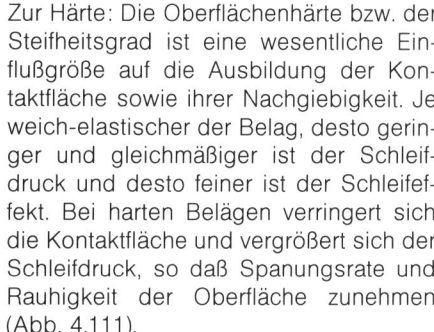

Abb. 4.110 Einfluß der Kontaktkörper-Abmessungen auf die Spanabnahme und die Rauhtiefe

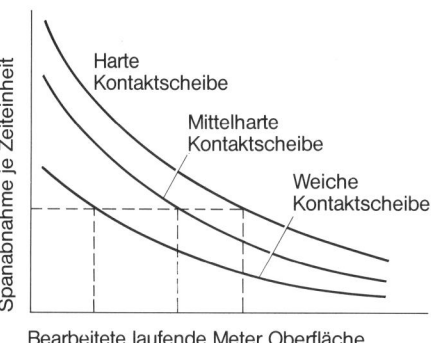

Abb. 4.111 Einfluß der Kontaktkörperhärte auf die Spanabnahme

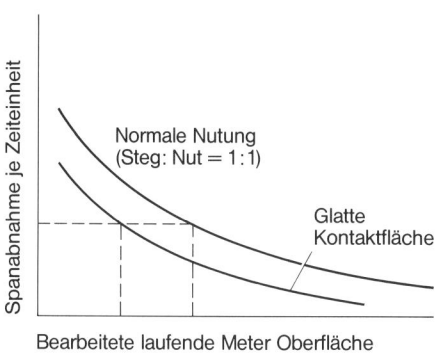

Abb. 4.112 Einfluß der Kontaktkörper-Oberfläche auf die Spanabnahme

Zur Härte: Die Oberflächenhärte bzw. der Steifheitsgrad ist eine wesentliche Einflußgröße auf die Ausbildung der Kontaktfläche sowie ihrer Nachgiebigkeit. Je weich-elastischer der Belag, desto geringer und gleichmäßiger ist der Schleifdruck und desto feiner ist der Schleifeffekt. Bei harten Belägen verringert sich die Kontaktfläche und vergrößert sich der Schleifdruck, so daß Spanungsrate und Rauhigkeit der Oberfläche zunehmen (Abb. 4.111).

Zur Struktur: Die Oberflächenausbildung kann erreicht werden durch
- die Ausführung des Laufpolsters (glatt, profiliert),
- die Art der Profilierung (Stollenbreite, Lückenweite),
- die Stollenform (rechteckig, sägezahnförmig) und
- den Stollenwinkel (axial bis schraubenförmig umlaufend).

Bekannt sind z. B. glatte bis spiralgenutete Schleifwalzen sowie glatte Schleifbalken und solche mit umlaufenden Rippenbändern. Bei glatten Oberflächen wird der Schleifdruck gleichmäßig über die Kontaktfläche verteilt. Wechseln Stege und tiefliegende Nuten innerhalb der Kontaktfläche ständig, wird der Schleifdruck auf den erhöhten Stellen (Stegen) verstärkt. Dabei spielt die Art der Profilierung, das Nut-Steg-Verhältnis, eine Rolle, weil mit verringerter Stegbreite (vergrößerter Nutbreite) der Spanungsvorgang aggressiver verläuft (Abb. 4.112). Dies wird durch die mit hoher Flächenpressung abrollenden Stegflächen (Zahnrücken) bewirkt. Zur Vermeidung störender Turbulenzgeräusche wird die Profilierung des Laufpolsters nicht axial, sondern in einem bestimmten Winkel hierzu angeordnet. Dieser Winkel hat auch Bedeutung hinsichtlich des Zerspanungsgrades: ausgehend von 45° werden nach 90° hin die Spanungsrate und die Rauhtiefe größer.

Der Einfluß der drei hauptsächlichen Faktoren der Kontaktwalze auf die Wirkung des Schleifmittels läßt sich in folgender allgemeinen Regel ausdrücken:

Steigende Kontaktwalzenhärte, abnehmende Stollenbreite, zunehmende Nutweite und Verringerung des Kontaktscheibendurchmessers bewirken – einzeln und zusammen – eine Zunahme der Zerspanungsmenge pro Zeiteinheit und eine Vergröberung des Schliffbildes.

Störungsart → Störungsursache ↓	Schleifband: Bandreißen	Schleifband: Bandfalten	Schleifband: Bandflattern (Mitte)	Schleifband: Bandflattern (Seite)	Schleifband: Bandverlaufen	Schleifband: Bandbeschädigung	Leistung: rascher Leistungsabfall	Leistung: zu geringe Zerspanung	Leistung: verminderte Standzeit	Schleifeffekt: unzureichende Planparallelität	Schleifeffekt: ungleichmäßiges Schliffbild	Schleifeffekt: Markierungen	Schleifeffekt: Brennen der Schleiffläche
Schleifdruck zu hoch		●			●		●		●			●	●
Bandspannung zu gering			●	●	●					●	●		
Bandspannung schwankend		●	●	●	●						●		
Bandspannung einseitig				●	●								
Bandsteuerung ausgefallen					●								
Vorschubgeschwindigkeit wechselnd										●	●		
Kontaktwalzen nicht planparallel		●		●	●			●	●	●	●		●
Kontaktwalzenprofil beschädigt		●				●				●	●	●	
Kontakt- oder Umlenkwalze schmutzverklebt		●	●	●	●						●		
Kontakt- oder Umlenkwalze konkav abgenutzt		●	●		●					●	●		
Gegendruckeinrichtung verschmutzt										●	●	●	
Maschinenschwingungen												●	
Schnellbremsung	●				●								
Einlauf mehrerer Platten übereinander	●	●			●	●							
Gleitbelag durchschlissen	●					●			●		●	●	
ungleichmäßig harte Oberfläche										●	●		
Fremdeinschlüsse in der Oberfläche	●					●	●				●	●	
starke Dickenschwankung	●	●	●	●	●		●		●				
Zusetzen und Schmieren							●	●	●		●	●	●
vorzeitige Kornabstumpfung							●	●	●				
Trägerverzug	●	●	●	●	●								
Bandkanten beschädigt, wellig	●			●	●								
Kantenlänge ungleich		●		●	●								
Bandlängung		●	●	●	●				●				
Verschlußausführung schlecht	●	●	●	●	●	●					●	●	
Bandlagerung ungünstig	●	●	●	●	●								
Laufrichtung falsch	●					●							
Band unachtsam aufgelegt	●					●							

Abb. 4.113 Übersicht über Störungsarten und -ursachen beim Breitband-Schleifen

4.3.3.3 Schleiffehler und deren Einflußgrößen

Nach dem Schleifvorgang können bei unsachgemäßer Maschineneinstellung Oberflächenfehler auftreten, die nachfolgend am Beispiel der Breitbandschleifmaschine kurz erklärt werden sollen:

1. Rattermarken: Es handelt sich um Quermarkierungen auf geschliffenen Oberflächen, die in gleichen Abständen auftreten und der Fläche insgesamt oder teilweise ein waschbrettartiges Aussehen verleihen. Sie entstehen meist durch Unwucht der Stützwalze oder durch eine mangelhafte Verbindungsstelle des Schleifbandes. In beiden Fällen ist der Markierungsabstand berechenbar und durch Vergleich mit dem tatsächlichen Markierungsabstand auf der Oberfläche die Fehlerquelle definierbar. Bei harten Stützwalzen (Härte größer 70 Shore A) sind schattenartige Markierungen durch die Band-Verbindungsstelle kaum vermeidbar.
2. Nadelstreifen: Es sind feine erhabene Markierungen in Richtung der Schnitt- bzw. Vorschubgeschwindigkeit. Sie entstehen, wenn in Schnittrichtung eine Reihe hintereinanderstehender Schleifkörner durch kleine harte Teilchen (wie Schleifkörner, Metallteilchen, Quarzstaub), die in oder auf der Werkstückoberfläche sind, beschädigt werden. Beim Überschleifen der harten Fremdkörper wird der Schleifkornbelag grabenartig angeritzt, was sich dann reliefartig auf die Oberfläche überträgt und sich als dünne, rippenförmige Erhöhung abzeichnet.
3. Längsstreifen: Sie entstehen, wenn der Schleifkornbelag quer zur Schnittrichtung ungleichmäßig abgenutzt ist. Ursachen sind Parallelitätsfehler oder Markierungen von Stützwalzen oder Gegendruckelementen sowie Dickenunterschiede im Werkstück quer zur Schleifrichtung.

Andere Fehler, die Störungen verursachen, können sein:

4. Schleifbandreißen: Die Ursachen sind entweder die zu hohen Beanspruchungen durch die Bandspannung und Schnittkräfte oder die Verminderung der Bandfestigkeit durch Abnutzung und Beschädigungen.
5. Bandfalten: Ursache sind die Querkräfte der Zwangsoszillation, ohne der ein stabiler Bandlauf nicht möglich ist. Ist die Querkraft größer als die Querstabilität

des Bandes, kommt es zu Falten mit anschließendem Bandriß diagonal zur Laufrichtung.
Eine Übersicht über Störungsarten und -ursachen zeigt Abb. 4.113.

Schrifttum

Argyropoulos, G. (1977): Beitrag zum Breitbandschleifen plattenförmiger Werkstücke aus Holz und Holzwerkstoffen. Diss. TU Braunschweig

Braasch, G. und Mehrhard (1981): Profilschleifen mit Fliehkraftprofilscheiben. HK 11: 1158–1161

Braasch, G. (1986): Profilierte Schleifklötze am Band. BM 5

Braasch, G. (1986): Das Schleifen mit Profilgurten. HK 9: 66–70

Pahlitzsch, G. (1968): Über das Standzeitverhalten von Schleifbändern zum Bandschleifen von Holz. HRW 26

Pahlitzsch, G. (1970): Internationaler Stand der Forschung auf dem Gebiet des Schleifens von Holz. HRW 28: 329–343

Reingen, H. (1976): Erfahrung im Einsatz antistatischer Schleifbänder. AK Holz 220

Saljé, E. und Bandin, H. (1976): Begriffe der Schleiftechnik. Vulkan-Verlag Essen

Saljé, E. und Keuchl, K. (1981): Welligkeiten von Spanplatten beim Breitbandschleifen. HRW 39: 389

Saljé, E. und Keuchl, K. (1983): Breitschleifverfahren mit zylindrischer und ebener Eingriffszone. HOB 9

Schmidt, E. (1969): Schleifen beschichteter und unbeschichteter Werkstückoberflächen, ein Problem in der holzverarbeitenden Industrie. AK Holz 93

Schmidt, E. (1973): Anwendungstechnische Erfahrungen mit gestreuten Schleifmitteln in der Holzindustrie. AK Holz 148

Schmutzler, W. (1962): Schleifmaschinen. Maschinen und Maschinenwerkzeuge für die Holzbearbeitung, Heft 5, VEB Fachbuchverlag Leipzig

Soiné, H. (1982): Profilschleifen – Stand der Technik. HRW 40: 405–409

Soiné, H. (1987): Profilschleifmaschinen. HRW 45: 111–116

5 Oberflächenbehandlung mit flüssigen Materialien

Von Rudolf Feigl

5.1 Allgemeines

Die Oberflächenbehandlung ist einer der letzten Arbeitsgänge bei der Fertigung von Möbeln; sie hat einen erheblichen Anteil am fertigungstechnischen Aufwand bei der Produktion. Die Gestaltung und die Qualität der Oberfläche von Möbeln und Inneneinrichtungen haben großes Gewicht, da neben der Erhöhung der Gebrauchseigenschaften der Produkte eine gute Oberflächenbehandlung auch ein starkes Verkaufsargument darstellt. Die Kundenwünsche führen zu einer immer weiter fortschreitenden Produktdiversifizierung, bei der die verschiedenen Gestaltungsmöglichkeiten der Oberfläche einen erheblichen Anteil haben. Dies bedingt immer kleinere Kommissionen in der Oberflächenabteilung.

Viele Fertigungsverfahren der Oberflächenbehandlung sind direkt aus dem Handwerk übernommen und werden auch heute noch handwerklich durchgeführt, so daß oft wenig Spielraum für Rationalisierung bleibt. Hinzu kommt, daß alte, oft lange nicht mehr angewendete Verfahren der Oberflächenbehandlung wieder eingesetzt werden. Sie erfordern genaue Sachkenntnisse und eine Überprüfung der Einsatzmöglichkeiten bei den heutigen Anforderungen an die Möbel.

5.1.1 Zweck der Oberflächenbehandlung

Die Oberflächenbehandlung von Holz und Holzwerkstoffen ist unter zwei Gesichtspunkten zu betrachten:
• Schutz der Oberfläche: Werkstücke oder Bauteile aus Holz oder Holzwerkstoffen werden beim Gebrauch den unterschiedlichsten Beanspruchungen ausgesetzt. Zum Schutz vor Zerstörung, zur Werterhaltung und zur Verbesserung der Gebrauchseigenschaften muß die Oberfläche eine der Beanspruchung entsprechende Behandlung erfahren.
• Dekorative Gestaltung: Die dekorative Wirkung der Holzoberfläche läßt sich durch vielfältige Gestaltung in sehr weiten Bereichen verändern oder verbessern. Die natürliche Struktur des Holzes kann hervorgehoben oder im Kontrast gemildert und das Aussehen durch Lackdicke und Glanzgrad sehr stark beeinflußt werden. Farblackierungen auf Holz oder Holzwerkstoffen erweitern die Gestaltungsmöglichkeiten und damit die Angebotspalette ganz erheblich. Die Gestaltung der Oberfläche trägt deshalb wesentlich zum Verkaufserfolg bei.

5.1.2 Überblick über Materialien und Verfahren

Nachfolgend wird die Oberflächenbehandlung mit flüssigen Materialien dargestellt; die Beschichtung mit Folien und Schichtstoffen ist im Abschnitt 4.5 erläutert.

Für die Oberflächenbehandlung von Holz und Holzwerkstoffen gibt es eine Vielzahl von Möglichkeiten hinsichtlich der verwendeten Materialien, der Applikationssysteme und der Trocknungsmethoden. In Tabelle 5.1 sind die wichtigsten Materialien und Verfahren zusammengestellt. Abb. 5.1 zeigt schematisch die Möglichkeiten des Aufbaus einer Oberfläche durch Flüssigbeschichtung.

5.1.3 Begriffsbestimmungen

Zur Beschreibung einer fertigbehandelten Holzoberfläche sind in der Praxis eine Reihe von Begriffen gebräuchlich, die nicht immer eindeutig sind. Einige der Begriffe sind nachfolgend erläutert.
• Transparente Oberflächenbehandlung: Als transparente Beschichtung wird eine Oberflächenbehandlung bezeichnet, bei der die Textur des Holzes sichtbar bleibt, jedoch kann die Farbe z. B. durch Beizen verändert sein. Die Beschichtung erfolgt mit Klarlack.
• Deckende Oberflächenbehandlung: Bei deckender Oberflächenbehandlung ist die ursprüngliche Farbe des Holzes oder des Holzwerkstoffes vollständig abgedeckt. Je nach Schichtdicke des Lackfilms und Behandlungsverfahren können die Porenrillen des Holzes noch erkennbar sein (offenporige Farblackierung). Bei Holzwerkstoffen (FPY, MDF usw.) liegt immer eine geschlossenporige Farblackierung vor.
• Poren offen oder geschlossen: Unter einer offenporigen Lackierung ist eine Beschichtung zu verstehen, deren Schichtdicke so gering ist, daß die Porenrillen des Holzes als Vertiefungen auf der Oberfläche erhalten geblieben sind. Bei der geschlossenporigen Oberfläche sind die Porenhohlräume vollständig ausgefüllt und an der Lackfilmoberfläche nicht mehr als Vertiefung erkennbar bzw. fühlbar.

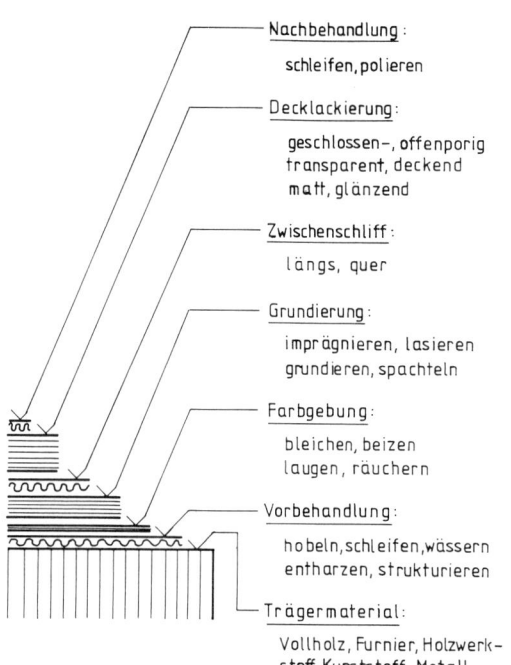

Abb. 5.1 Schematische Darstellung der Möglichkeiten des Aufbaus einer Oberfläche durch Flüssigbeschichtung

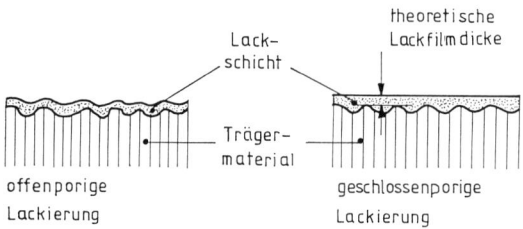

Abb. 5.2 Offenporige und geschlossenporige Lackierung

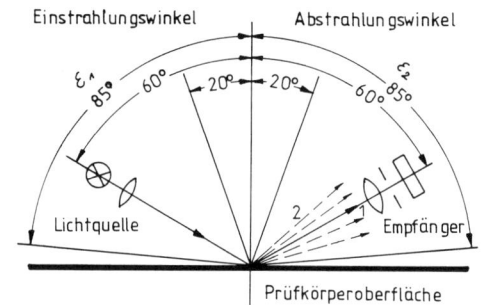

Abb. 5.3 Glanzgradmessung mit dem Reflektometer nach DIN 67530. 1 gebündelte Lichtreflexion = hochglänzende Fläche. 2 gestreute Lichtreflexion = nicht glänzende Fläche

---

Tabelle 5.1 Übersicht über die wichtigsten Verfahren und Materialien der Oberflächenbehandlung von Holz und Holzwerkstoffen

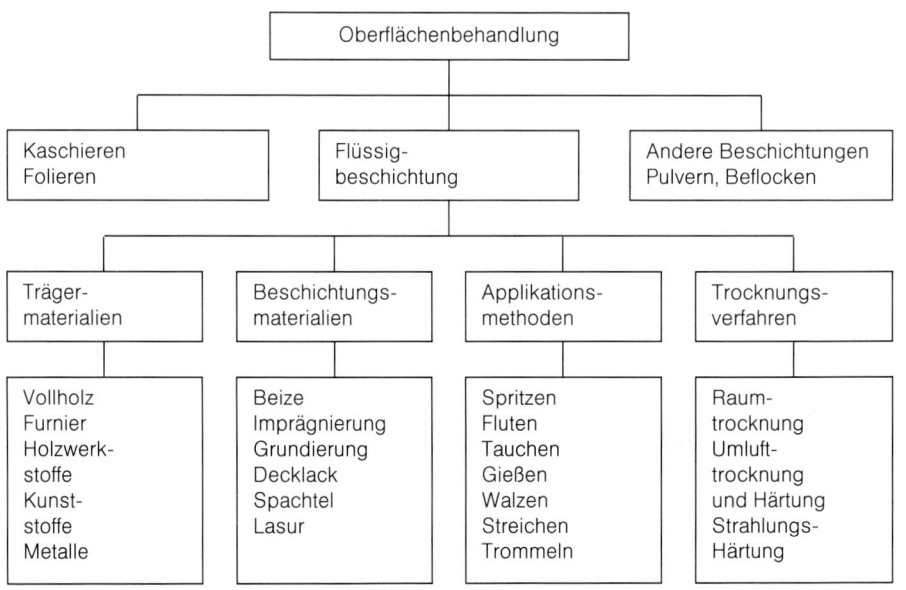

Tabelle 5.2 Anhaltswerte für Glanzgrade, angegeben in Reflektometerwerten, gemessen bei ε_1 45° nach Angaben der Lackfabrik Schramm

Glanzgrad*	Reflektometerwert**
stumpfmatt	0 ... 10
matt	10 ... 25
seidenmatt	25 ... 45
seidenglanz	45 ... 65
glänzend	76 ... 90
hochglänzend	größer 90

* In Anlehnung an DIN 53230
** Die Anhaltswerte weichen gegenüber denen in DIN 53778, Teil 1, für Kunststoffdispersionsfarben angegebenen Glanzskala wegen unterschiedlicher Brechungswinkel stark ab

Wie in Abb. 5.2 schematisch dargestellt, sind die Poren des Holzes je nach Lackschichtdicke und Oberflächenbehandlungsverfahren entweder ganz offen, mehr oder weniger halbgeschlossen oder ganz geschlossen.

• Glanzgrad: Der Glanz einer Fläche wird bestimmt durch die Art und Größe der Reflexion des Lichts an der Oberfläche. Der Glanzgrad ist abhängig von der geometrischen Gestalt (Rauhigkeit, Porigkeit) der Oberfläche, deren Reflexionseigenschaften und dem subjektiven optischen Eindruck des Beobachters. Der Glanz ist nicht nur eine physikalisch, sondern auch eine physiologisch und psychologisch bedingte Größe (DIN 67530).

Die Messung des Glanzgrades wird unter einschränkenden Bedingungen vielfach mit dem Reflektometer nach DIN 67530 vorgenommen. Die Meßmethode beruht darauf, daß hochglänzende Flächen das Licht gebündelt und matte Flächen gestreut reflektieren (Abb. 5.3). Die vom photoelektrischen Empfänger aufgefangene Lichtmenge gilt als Maß für den Glanz, bezogen auf die Reflexion einer Spiegelglanzplatte als Standard, deren Wert gleich 100 gesetzt ist. Weniger glänzende Flächen haben Werte unter 100, da nur ein Teil des gestreut reflektierten Lichtes aufgefangen wird.

Die Schwierigkeiten bei der Glanzgradmessung mit dem Reflektometer zeigen sich darin, daß hochglänzende Flächen mit einem Einstrahlwinkel ε_1 von 20°, mittelglänzende Flächen mit 60° und matte Flächen mit 85° zu messen sind.

Weiterhin ist zu berücksichtigen, daß die unterschiedliche Porigkeit der Holzoberfläche die Meßwerte und den subjektiven Glanzeindruck erheblich beeinflussen.

Die gebräuchlichen Bezeichnungen matt, seidenmatt, seidenglänzend usw. sind nicht genau definiert und umfassen weite Bereiche des Glanzgrades. Sehr grobe Anhaltswerte von Reflektometerangaben sind in Anlehnung an Angaben der Fa. Schramm in Tabelle 5.2 dargestellt. Genauere Meßmethoden mit dem Goniophotometer oder die Messung des Glanzgrades in Abhängigkeit von der Mikrooberfläche werden bei der Beurteilung von Möbeloberflächen bis heute kaum angewendet.

5.1.4 Voraussetzungen für gute Oberflächenqualität

Für die Herstellung einer hohen Oberflächenqualität sind folgende Voraussetzungen nötig:

1. Wahl geeigneter Materialien

Holzauswahl

Die Auswahl des Holzes in der modernen Möbelfertigung muß sich auch darauf konzentrieren, in der Farbe und Struktur gleichartige Hölzer und Furniere zusammenzustellen um unterschiedliche Farbtöne zu vermeiden. Farbliche Abweichungen wie Flecken, Einläufe oder Splint lassen sich nur mit großem Aufwand beseitigen.

Soweit dies möglich ist, soll die geschlossene Seite des Furniers außen liegen.

Holzwerkstoffe müssen z. B. in Feinheit, Saugvermögen und Stehvermögen der späteren Oberflächenbehandlung angepaßt sein. Ein billiger Plattenwerkstoff kann zu einer sehr teuren Oberflächenbehandlung führen.

Bei Kostenbetrachtungen zur Oberflächenbehandlung müssen das Trägermaterial und die nötige Vorbehandlung mit einbezogen werden.

Klebstoffe

Die verwendeten Klebstoffe und die Oberflächenmaterialien dürfen sich nicht gegenseitig beeinträchtigen und müssen aufeinander abgestimmt sein.

Kontaktkleber zum Kantenankleben können durch die Lösemittel von Lacken angelöst werden. Außerdem müssen die Klebstoffe gegen die beim Trocknen der Lacke auftretenden Temperaturen beständig sein.

Bei Gefahr von Leimdurchschlag bei sehr grobporigen Furnieren für gebeizte Werkstücke ist beizfähiger Leim vorteilhaft. Säurehaltiges Fugenpapier führt zu Verfärbungen.

Oberflächenmaterialien

Es ist einleuchtend, daß sämtliche Oberflächenmaterialien, die zu einer Beschichtung verwendet werden, zusammenpassen müssen. Sie dürfen sich gegenseitig nicht beeinträchtigen oder verändern. Außerdem sind die Trägerwerkstoffe zu berücksichtigen, z. B. können Holzinhaltsstoffe störend wirken. Polyester, direkt auf Palisander aufgetragen, härtet nur schlecht oder gar nicht aus. Bleichmittelreste wirken vergilbend auf PUR-Lacke, SH-Lack oder wasserverdünnbare UV-Lacke verändern Beiztöne. Ungeeignete Beizen diffundieren in die frisch aufgetragene Grundierung (sog. Ausbluten), und Weichmacherwanderung, besonders bei Dichtungsprofilen kann anliegende Lackflächen beeinträch-

tigen. Auf harzhaltigen Flächen können Haftungsprobleme auftreten.

Bei der Wahl der Oberflächenmaterialien sind alle Einflüsse zu berücksichtigen. Das geringste Risiko liegt vor, wenn das ganze Lacksystem von einem Hersteller geliefert wird. Bei unterschiedlichen Lieferanten für die verschiedenen Materialien einer Beschichtung ist die Abstimmung schwieriger.

2. Richtige Verarbeitung

Holzfeuchte

Vor der Oberflächenbehandlung soll die Holzfeuchte der Werkstücke der Gebrauchsfeuchte entsprechen, so daß beim Gebrauch kein übermäßiges Quellen und Schwinden auftritt, was häufig zu Oberflächenschäden führt. In DIN 18355, Tischlerarbeiten, sind die üblichen Gebrauchsfeuchten zusammengestellt.

Betriebsbedingungen

Eine fehlerfreie Oberflächenbehandlung setzt in den Lackierräumen entsprechende Klimabedingungen und möglichst staubfreie Luft voraus. Raumtemperaturen unter 20 °C beeinträchtigen das Verlaufen der Lacke. Zu hohe Luftfeuchte kann beim Spritzen zu Grauschleiern durch Taupunktunterschreitung führen. Zu trockene Luft erhöht die Staubgefahr. Jedoch ist ein wirkliches Klimatisieren der Lackierräume viel zu teuer.

Staubfreie Luft ist gewährleistet durch ein mit Filtern ausgestattetes Belüftungssystem. Damit aus den angrenzenden Räumen kein Staub in den Lackierraum angesaugt wird, ist dem Lackierraum mehr Frischluft zuzuführen als abgesaugt wird.

Verarbeitungsvorschriften

Es ist selbstverständlich, daß die Verarbeitungsvorschriften der Hersteller für Oberflächenmaterialien einzuhalten sind.

5.2 Vorbehandlung der Holz- und Holzwerkstoffoberfläche

5.2.1 Schleifen der Oberfläche

Es gilt nach wie vor der Grundsatz „Gut geschliffen ist halb poliert". Ein guter Schliff der Holz- oder Holzwerkstoffoberfläche ist für eine hohe Oberflächenqualität ausschlaggebend. Für ausführliche Angaben über Korngrößen und Schleiftechnik sei auf Abschnitt 4.3 „Schleifen von Flächen und Profilen" hingewiesen.

Das Schleifen der Holzoberfläche erfolgt in mehreren Stufen. Der Vorschliff mit gröberer Körnung soll die Unebenheiten im Furnier, Hobel- und Frässchläge, Fugenpapier oder Leimfaden entfernen und die Fläche ebnen.

Der feine Nachschliff muß die notwendige Glätte der Holzoberfläche ergeben.

Der letzte Schliff erfolgt normalerweise parallel zur Holzfaser, bei nicht zu starkem Druck und mit scharfem Schleifmittel, so daß die Holzfaser abgeschnitten und nicht niedergedrückt wird.

Das Feinschleifen quer zur Faser soll möglichst nur bei naturbehandelten Hölzern angewendet werden, da beim Beizen die Querriefen wieder sichtbar werden.

Bei zusammengesetzten Furnierbildern, wo immer ein Teil der Fläche quergeschliffen wird, muß besonders fein geschliffen werden, z. B. mit Körnung 360. Die Schleifmittel sollen eisenfrei sein, um bei gerbstoffreichen Hölzern oder empfindlichen Beizen Verfärbungen zu vermeiden.

Die verschiedenen Schleifprinzipien der Maschinen ergeben bei gleicher Körnung der Schleifmittel unterschiedliche Schleifergebnisse. Deshalb muß, vor allem bei der Serienproduktion, die richtige Abstufung der Schleifkörnung erst praktisch ausprobiert werden. Für die nötige Abstufung der Körnung beim Schleifen beim Furnierschliff mag folgendes Beispiel dienen: Vorschliff Kö 120, Nachschliff Kö 150–180, Feinschliff Kö 220–240.

Holzwerkstoffe werden vor dem Beschichten geschliffen, um eine kalibrierte, gleichmäßig aufnahmefähige Fläche herzustellen.

Bei einer Softline-Profilierung der Werkstückkanten, die tangential in die Fläche übergeht, ist meist ein Nachschleifen von Hand erforderlich, um Absätze durch Dickentoleranzen im Werkstück zu beseitigen.

Die Frage, ob der Furnierschliff planer Teile als erster Arbeitsgang mit in die Lackieranlage einzubeziehen ist, hängt von den betrieblichen Gegebenheiten ab. Unabhängig von Problemen wie Explosions-Schutz und Staub ergibt ein Furnierschliff im Maschinensaal eine etwas bessere Oberfläche. Eine Zwischenlagerung der geschliffenen Teile führt zu einer Aufrauhung, ähnlich wie beim Wässern der Fläche, die durch den Einsatz einer Schleif- und Glättmaschine am Anfang der Lackierstraße wieder geglättet wird. Dies erfordert aber eine zusätzliche Maschine im Lackierraum.

5.2.2 Wässern der Oberfläche

Vor allem bei Weichhölzern werden beim Schleifen, besonders bei schon abgestumpftem Schleifmittel die Holzfasern niedergedrückt, die sich dann bei der weiteren Behandlung mit wäßrigen Materialien wie Wasserbeize wieder aufrichten und rauhe Oberflächen ergeben.

Zur Erzielung einer hohen Oberflächenqualität kann deshalb das Holz vor dem letzten Schleifgang mit warmem Wasser gewässert werden. Nach dem Trocknen werden die aufgerichteten Holzfasern abgeschliffen. Dieses aufwendige Verfahren wird jedoch nur angewendet, wenn man sonst die gewünschte Oberfläche nicht erzielen kann, z. B. bei Innenausbauarbeiten mit furnierten Flächen in Fichte, die mit Wasserbeize behandelt werden müssen.

In der Serienfabrikation wird das Wässern aus Kostengründen vermieden; dies geschieht durch ein sorgfältiges Schleifen der Teile mit nicht zuweit abgestumpften Schleifmitteln und durch Verwendung von Lösemittelbeizen bzw. Wasserbeizen mit einem Anteil an organischen Lösemitteln, die keine große Aufrauhung ergeben. Die trotzdem auftretende geringe Aufrauhung wird nach dem Grundieren durch den Lackzwischenschliff entfernt.

5.2.3 Entharzen, Entfetten

Harzhaltige Hölzer nehmen wäßrige Materialien schlecht an. Wenn trotzdem z. B. mit Wasserbeize gearbeitet werden muß, ist zur Erzielung eines gleichmäßigen Beiztons die Holzoberfläche zu entharzen.

Dies geschieht mit fertig eingestellten Entharzungsmitteln. Die Holzoberfläche wird satt eingestrichen und gebürstet. Nach dem Abziehen des Überschusses mit dem Lappen muß geschliffen werden. Harzgallen können durch Entharzen nicht entfernt werden. Ein Entharzen mit Holzseife erfordert ein Nachwaschen mit Wasser. Dadurch wird die Holzoberfläche stark angefeuchtet und muß lange trocknen.

5.2.4 Egalisieren der Saugfähigkeit

Besonders bei der Verarbeitung von Vollholz, z. B. in der Stuhlfertigung, wo Langholz- und Hirnholzflächen mit sehr unterschiedlicher Saugfähigkeit nebeneinander vorliegen, ergibt das Beizen sehr unterschiedlich dunkle Beizbilder. Zur Vergleichmäßigung der Saugfähigkeit empfiehlt es sich, vor dem Beizen eine dünne Kunstharzdispersion aufzutragen, auf die nach dem Trocknen gebeizt werden kann. Dies ergibt gleichmäßige Beizungen.

Plane Teile, z. B. Innentüren mit ungleich saugenden Tropenholzfurnieren, können vor dem Beizen mit einer Lackschicht von etwa 5...8 g/m² Auftragmenge durch Walzen beschichtet werden. Die UV-härtenden Materialien gestatten ein anschließendes Beizen durch Walzen mit sehr gleichmäßigem Beizbild. Die Qualität dieses Beizbildes reicht jedoch nicht an eine Beizung direkt auf das Holz heran, da kein richtiges Aufziehen der Beize vorliegt.

5.2.5 Kontrolle und Fehler ausbessern

Vor dem letzten Schliff oder spätestens vor der eigentlichen Oberflächenbehandlung erfolgt die Kontrolle der Teile auf Fehlerstellen, unsaubere Schleifstellen oder Beschädigungen, die ausgebessert werden müssen.

1. *Fugenpapiermarkierungen:* Der reichlich angegebene Kleber von Fugenpapier läßt sich oft schlecht abschleifen, so daß beim Beizen Verfärbungen auftreten. Hier hilft nur gründliches Schleifen oder die Verwendung von Leimfaden auf der Furnierrückseite.

2. *Leimdurchschlag:* Leimdurchschlag von Harnstoff-, Melamin- oder Phenolharzleimen nimmt keine Beize an. Deshalb ist Leimdurchschlag durch vorsichtige Leimangabe und entsprechende Beimischungen zur Leimflotte zu verhindern. Bei sehr grobporigen dünnen Furnieren kann angefärbter Leim eingesetzt werden. Durch Nachdunkeln des Holzes ist der Leimdurchschlag später dann trotzdem zu sehen.

3. *Fehlerstellen im Holz:* Druckstellen im Vollholz lassen sich durch Befeuchten mit heißem Wasser herausziehen. Kleine Fehlstellen werden mit farblich abgestimmtem Kitt ausgebessert; soll ausschließlich gebeizt werden, muß mit beizfähigem Kitt gearbeitet werden. Erforderlich ist ein sorgfältiges Nachschleifen des ausgehärteten Kitts (meist von Hand).

4. *Verunreinigungen durch Kalk-, Zement-, Öl- und Fettflecke:* Auf Baustellen werden rohe oder vorbehandelte montierte Bauteile durch andere Bauhandwerker oft verschmutzt. Diese Verschmutzungen lassen sich nur schwer entfernen. Wichtig ist deshalb ein sorgfältiges Abdecken montierter Bauteile auf Baustellen.

5.2.6 Strukturreliefartige Oberflächen

Bei harzarmen Nadelhölzern, seltener bei Laubhölzern, kann durch das mehr oder weniger tiefe Entfernen des weichen Holzes zwischen dem harten Spätholz der Jahrringe eine reliefartige Holzoberfläche hergestellt werden, die besonders bei großflächiger Anwendung durch den erzielten „Verwitterungseffekt" sehr dekorativ wirkt.

5.2.6.1 Sandstrahlen

Beim Sandstrahlen oder Sandeln wird scharfkantiger Quarzsand mit einer Körnung von etwa 0,4...1,0 mm Ø und mit einem Luftdruck von 4...6 bar gegen die Holzoberfläche geblasen, wodurch die weicheren Teile der Holzoberfläche abgetragen werden.

Es ist vorteilhaft, die linke Holzseite zu bearbeiten, da diese nicht so stark zum Aussplittern neigt. Sandgestrahlte Flä-

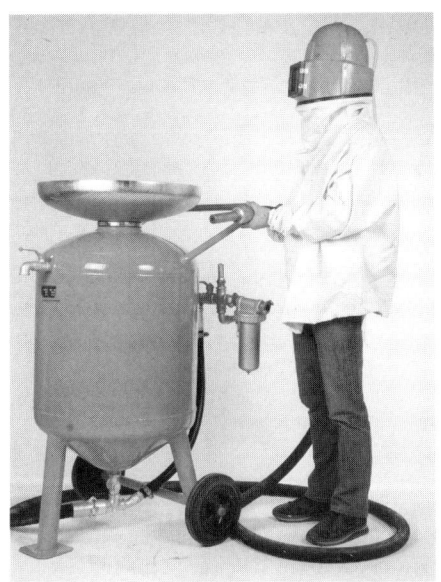

Abb. 5.4 Sandstrahlgerät für das Arbeiten von Hand. (Radler & Rut)

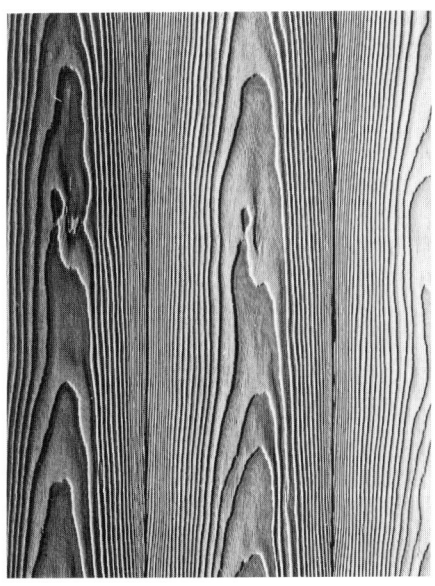

Abb. 5.6 Längsgebürstete Nadelholzfläche. (Braun)

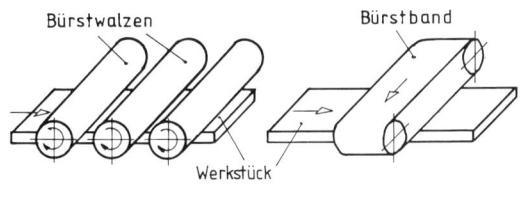

Abb. 5.5 Prinzipdarstellung von Längs- und Querbürsten

chen sind vorher zu schleifen, da die Hobelschläge sonst sichtbar bleiben. Nadelholz wird mit Körnung 80 oder 100 geschliffen. Sandgestrahlte Flächen zeigen keinen Stricheffekt und sind gut beizbar. Die Strahlmittel sollen eisenfrei sein, ebenso sind die zu bearbeitenden Werkstücke auf Holzunterlagen zu plazieren, so daß kein Metallabrieb entsteht, der auf der Holzoberfläche zu Verfärbungen führen kann. Der Sand wird bis zur Abstumpfung mehrfach verwendet.

Das manuelle Sandstrahlen ermöglicht ein Ausgleichen bei verschieden grob strukturiertem Holz. Für manuelles Arbeiten ist silikatfreier Sand aus Gründen des Gesundheitsschutzes nötig; Schutzkleidung ist zu tragen.

Eine Sandstrahleinrichtung (Abb. 5.4) ist bei entsprechendem Durchsatz wegen des Staubanfalls sinnvoll in einem abgesonderten Raum unterzubringen oder eine komplette geschlossene Strahlanlage mit Sandumlauf und Luftentstaubung einzusetzen.

5.2.6.2 Strukturbürsten

Das Strukturbürsten der Holzoberfläche ergibt den gleichen reliefartigen Effekt wie beim Sandstrahlen. Das Bürsten ist einfacher als das Sandstrahlen und läßt sich durch den Einsatz von Maschinen auch für große Mengen durchführen. Die Bürstriefen werden mit nachfolgenden Glättbürsten weitgehend entfernt.

Die mit Körnung 80 oder 100 geschliffene Holzoberfläche, vorwiegend bei Fichte angewendet, wird längs oder quer zur Faser mit nicht korrodierenden Drahtbürsten oder besser mit schleifenden Kunststoffbürsten (Anderlon) und Korngröße 80 gebürstet (Abb. 5.5). Die längsgebürstete Fläche kommt der sandgestrahlten Fläche am nächsten (Abb. 5.6). Beim Querbürsten dienen die Bürstriefen als Gestaltungselement.

Gebürstet wird entweder mit der Drahtbürste von Hand bei kleinen Mengen oder korpusartigen Werkstücken, oder mechanisch mit Durchlaufbürstmaschinen. Anschließend wird die gebürstete Fläche mit Kunststoffbürsten oder Lappenscheiben gereinigt und geglättet.

Wichtig beim Längsbürsten ist die richtige Abstimmung von Bürstendurchmesser (etwa 200 mm), Borstendicke (1 . . . 1,2 mm), Schleifkornbesatz und Bürstendrehzahl (im Bereich von 200 . . . 1 000 U/min). Bei zu großem Bürstendurchmesser, zu dünnen Borsten und zu hoher Drehzahl können Rattermarken (Peitscheneffekt) und Kratzspuren sichtbar werden.

Gebürstet wird im Gleich- oder im Gegenlauf, am besten kombiniert in einem Durchlauf, damit die Holzfasern sauber abgetrennt werden.

Abb. 5.7 Längsbürstmaschine. (Braun)

Abb. 5.8 Querbürstmaschine. (Braun)

Abb. 5.9 Handmaschine zum Bürsten kleiner Flächen. (Braun)

Die Zustellung der Bürsten von etwa 1...2 mm muß der Vorschubgeschwindigkeit, der Anzahl der Bürsten und der Art der Bürsten angepaßt sein.

Abb. 5.7 zeigt eine Bürstmaschine zum Längsbürsten mit einer Arbeitsbreite von 600 mm und einem Vorschub bis 6 m/min, die je nach Anwendung mit bis zu 6 Bürstaggregaten ausgestattet werden kann. Abb. 5.8 zeigt eine Querbürstmaschine und Abb. 5.9 ein Handgerät.

Zu beachten ist, daß scharfkantige Profile nicht gebürstet werden sollen, da das Profil sonst beschädigt wird, z. B. bei Profilbrettern in Wand- und Deckensystemen.

5.2.6.3 Brennen und Bürsten

Dieses heute selten angewendete Verfahren kann nur bei wenig harzhaltigen Nadelhölzern angewendet werden. Die geschliffene Holzoberfläche wird mit einer Lötlampe von Hand oder im Durchlauf mit einem Gasbrenner gleichmäßig angekohlt. Durch das anschließende Bürsten, wie vorstehend beschrieben, werden die stärker angekohlten Frühholzbereiche entfernt, die dunklen Spätholzzonen bleiben stehen. Wichtig ist, daß alle losen Kohlereste entfernt werden, am besten durch Nachbürsten.

Gebrannt wird vorzugsweise die rechte Holzseite. Wasserstoffperoxid verstärkt die Brennwirkung, wenn die noch feuchte Holzoberfläche gebrannt wird. Zu beachten ist, daß das Holz zwar kräftig, aber nur kurz gebrannt wird, da sonst Trockenrisse oder Schüsselungen auftreten.

5.2.7 Reinigung der Holzoberfläche

Vor jeder Oberflächenbehandlung muß die Holzoberfläche gründlich entstaubt werden, um ein klares Furnierbild zu erzielen und um Beiz- und Lackierfehler zu vermeiden. Besonders wichtig ist dies bei geschlossenporiger Farblackierung, da die zum Teil elektrostatisch haftenden Schleifstaubteilchen im Lack sichtbar bleiben.

Deshalb sind die am Anfang von Flächenlackieranlagen häufig eingesetzten Schleif- und Glättmaschinen mit Entstaubungseinrichtungen zu versehen oder separate Bürstmaschinen anzuordnen (Abb. 5.10). Ein kräftiges Abblasen und Absaugen der Oberfläche bei Flächenlackierstraßen erfolgt mit eigenen Gebläsen über Schlitzdüsen. Druckluft aus der Leitung ist zu teuer.

Problematisch können Kanten sein. Seitlich angeordnete Kantenbürsten entstauben nur die Längskanten, und die Werkstücke müssen exakt geführt werden, was bei Mehrfachbelegung nicht geht. Besser ist ein starkes Gebläse für Umluftbetrieb in einer Abblaseinrichtung.

Durch das Schleifen entstehen bei bestimmten Lacken und bei folienbeschichteten Teilen elektrostatische Aufladungen, die den Staub auf dem Werkstück so haften lassen, da er nicht abgeblasen werden kann. Durch die Verwendung von Antistatikbürsten, die geerdet sein müssen, oder Abblaseinrichtungen mit ionisierter Luft (Abb. 5.11) wird die elektrostatische Aufladung an der Werkstückoberfläche weitgehend abgeleitet, so daß sich der daran anhaftende Staub entfernen läßt.

Korpusteile oder Gestelle werden vor dem Spritzen abgebürstet oder abgeblasen. Beim Arbeiten mit Airless-Geräten ist dazu eine eigene Druckluftpistole nötig.

5.2.8 Bleichen von Hölzern

Da das Bleichen der Holzoberfläche heute vielfach als Vorbereitung zum späteren Beizen eingesetzt wird, ist es den Vorbehandlungsverfahren zugeordnet.

5.2.8.1 Zweck des Bleichens

Helle Holzarten wie Ahorn und Birke, aber auch Esche, Kirschbaum und Eiche werden durch das Bleichen aufgehellt. Auch um silbergrau beizen zu können, muß man vorher bleichen.

Zunehmend wird jedoch gebleicht, um Farbtonunterschiede beim Naturholz auszugleichen, z. B. bei der Verwendung von Vollholzanleimern an furnierten Flächen. Außerdem wird bei Hölzern gebleicht, die im Farbton nicht dem herrschenden Geschmack entsprechen, z. B. amerikanischer Nußbaum. Die häufig in Kirschbaum vorkommenden grünen Streifen lassen sich gut ausbleichen.

Gebleichtes Holz dunkelt nicht schneller, sondern langsamer als ungebleichtes, da die zur Verfärbung neigenden Holzinhaltsstoffe an der Oberfläche zerstört worden sind.

5.2.8.2 Bleichmittel

Das Bleichmittel soll in kurzer Zeit eine große Bleichwirkung erzielen, möglichst rückstandsfrei verdunsten, schnell trocknen und nach dem Trocknen unwirksam sein.

Wasserstoffperoxid: Das wirksamste Bleichmittel, das zum Bleichen von Holz eingesetzt wird, ist Wasserstoffperoxid (landläufig: Wasserstoffsuperoxid). Das im Handel erhältliche Wasserstoffperoxid ist mit geringen Zusätzen von starken Säuren (z. B. Phosphorsäure) stabilisiert. Zum Bleichen wird die stabilisierende Säure mit einem rückstandsfrei trocknenden Mittel wie Salmiakgeist (Ammoniakwasser) neutralisiert. Dadurch zerfällt das Wasserstoffperoxid sehr rasch, und der freiwerdende Sauerstoff führt zu einer intensiven Oxidationsbleichung.

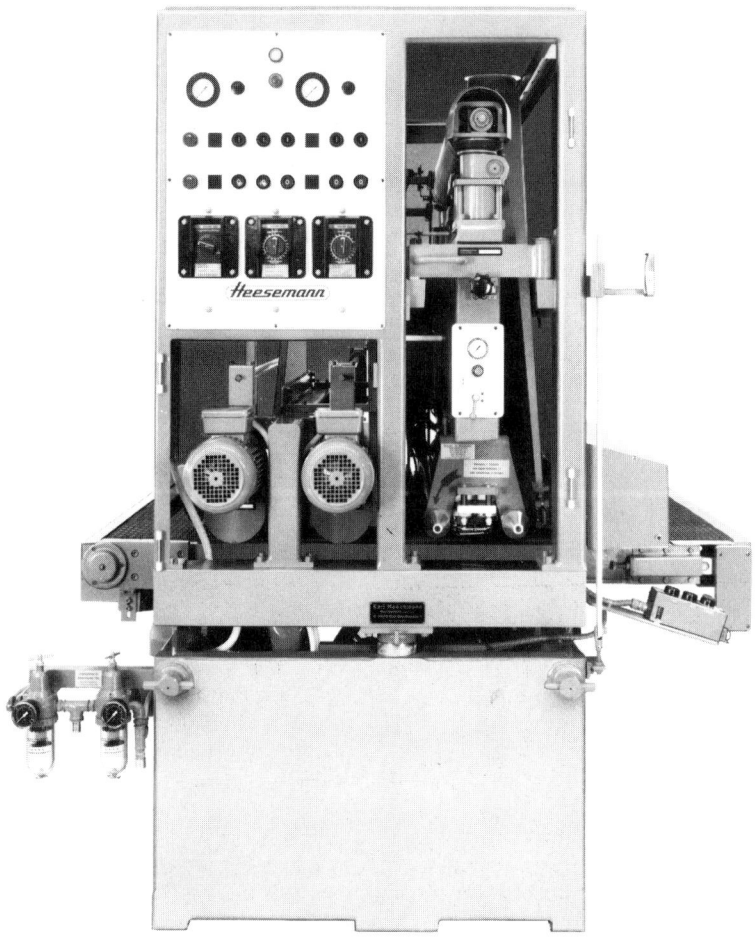

Abb. 5.10 Breitbandschleifmaschine mit Doppelbürste zum Entstauben. (Heesemann)

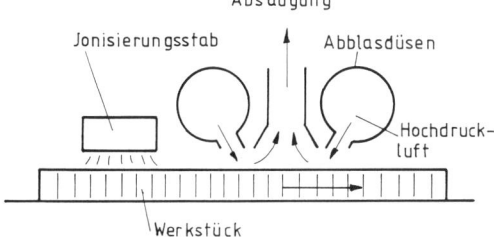

Abb. 5.11 Schematische Darstellung einer Entstaubungsvorrichtung für flächige Teile mit Ionisierungsstab zur Neutralisierung elektrostatischer Ladungen. (System Lehnert)

Oxalsäure: Oxalsäure ist ein mittelstarkes Bleichmittel und kann zum Aufhellen von gerbstoffhaltigen Hölzern eingesetzt werden. Oxalsäure oder Kleesalz (Kaliumhydrogenoxalat, Sauerkleesalz) ist giftig und sollte durch andere Bleichmittel ersetzt werden. Nach dem Bleichen ist ein Nachwaschen mit Wasser notwendig.
Zitronensäure: Als Ersatz für Oxalsäure ist Zitronensäure geeignet, die ein schwaches Bleichmittel und völlig ungiftig ist. Gebleicht wird mit einer Lösung von 30 ... 50 g Zitronensäure auf 1 l Wasser und durch Bürsten mit einer Kunststoffbürste. Auch hier ist ein Nachwaschen nötig.
Andere Bleichmittel wie Chlorlauge (Javelle-Wasser) oder Natriumbisulfit (Reduktionsbleichung bei Nußbaum) sind heute ohne Bedeutung.

5.2.8.3 Arbeitsweise beim Bleichen mit Wasserstoffperoxid

Zum Bleichen von Hand wird dem handelsüblichen Wasserstoffperoxid (33 %ig) kurz vor dem Auftrag bis etwa 10 % Salmiakgeist zugegeben. Es muß dann rasch gearbeitet werden, da die Bleichwirkung schnell nachläßt.
Die Zugabe von Verzögerern erlaubt die Verarbeitung von Wasserstoffperoxid-Bleichmitteln in peroxidfesten Spritzpistolen, da der Zerfall verlangsamt wird und dadurch eine Verarbeitungszeit nach dem Neutralisieren von mehreren Stunden zuläßt. Beim Arbeiten mit Wasserstoffperoxid sind wegen der ätzenden Wirkung Schutzbrille und Gummihandschuhe zu tragen. Weitere Sicherheitsmaßnahmen sind im Merkblatt für Arbeiten mit Wasserstoffperoxid der Berufsgenossenschaft der chemischen Industrie, M 009 7/84, angegeben.
Kontinuierlich bleichen in Durchlaufanlagen läßt sich mit 2-Komponenten-Spritzpistolen. Plane Teile werden mit Doppelwalzen gebleicht, wobei die erste Walze stabilisiertes Wasserstoffperoxid und die zweite Walze den Bleichzusatz aufträgt.
Bei Raumtemperatur sind 24 Std. Einwirk- und Ablüftzeit nötig, bei 150 °C etwa 5 ... 15 min (3, S. 58). Mit einem Schnellbleichzusatz, der katalytisch wirkt, kann im Durchlauf ohne hohe Temperaturen mit 10 ... 15 min Einwirkzeit gearbeitet werden. Zu beachten ist, daß Peroxiddämpfe fast alle Metalle außer Edelstahl angreifen. Deshalb müssen Bleichmaschinen korrosionsfest sein.
Mit Wasserstoffperoxid gebleichte Flächen brauchen nicht nachgewaschen zu werden. Jedoch sollte anschließend mit peroxidfesten Materialien weitergearbeitet werden, z. B. vergilben PUR-Lacke durch Peroxidreste.
Beim Bleichbeizen wird in einem Arbeitsgang gebleicht und gebeizt.

5.3 Beizen von Holzoberflächen

5.3.1 Definition und Zweck des Beizens

Unter dem Begriff „Beizen von Holz" sind alle Verfahren zusammengefaßt, die die Holzoberfläche soweit farblich verändern, daß dabei die natürliche Textur und die Struktur des Holzes sichtbar erhalten bleiben. Dies geschieht mit Farbstoffen, Pigmenten, chemisch farbbildenden Reaktionen oder mit kombinierten Verfahren.

Je nach Anwendungsfall wird die Holzoberfläche aus folgenden Gründen gebeizt:

- Erzielung dekorativer Farben, Strukturen oder Kontraste bei der Produktgestaltung,
- vorzeitiges Erreichen des natürlichen Altersfarbtons des Holzes (Eiche, Kirschbaum),
- Aufwertung unschöner oder wenig lichtbeständiger Holzarten (Limba, Wenge),
- Farbausgleich bei standortbedingten Farbunterschieden des Holzes (Eiche, Nußbaum),
- Anpassung von Möbeln oder Einrichtungen an vorhandene Farbmuster.

5.3.2 Anforderungen an die Beizmittel

Die entstehende Farbe beim Beizen ist die Kombination von Holzeigenfarbe und Beizenfarbe. Beeinflußt wird die Farbe durch das Arbeitsverfahren, unter Umständen auch durch Holzinhaltsstoffe, Materialien der Vorbehandlung (Leim, Bleichmittel, Schleifmittel) und durch die nachfolgenden Lackmaterialien.

Zur Bestimmung des genauen Farbtons ist es ratsam, eine Probebeizung einschließlich der nachfolgenden Lackierung vorzunehmen und das Muster gegebenenfalls vom Kunden bestätigen zu lassen. Beim Beizen nach Vorlage ist zu berücksichtigen, daß auch gebeiztes Holz sich im Lauf der Zeit farblich mehr verändern kann als die schon ältere Vorlage.

Aus den verschiedenen Beanspruchungen bei der Anwendung der Produkte leiten sich die Anforderungen an die Beizmittel ab:

- Beständigkeit gegen Farbänderungen durch Licht, Chemikalien, Temperatur und Feuchtigkeit beim Gebrauch;
- Beständigkeit bei der Verarbeitung gegen Einflüsse durch Holzinhaltsstoffe, Leim, Schleifmittel- und Bleichmittelreste und die nachfolgenden Lackmaterialien (z. B. säurehärtende Lacke, Peroxid im Polyester);
- gute Verarbeitbarkeit durch einfache Arbeitsverfahren, gleichmäßiges Aufziehen, Eindringvermögen, schnelle Trocknung, geringes Aufrauhen des Holzes;
- Preisgünstigkeit;
- Umweltfreundlichkeit.

Die Lichtbeständigkeit des gebeizten Holzes ist besonders zu betrachten. Holz vergilbt oder dunkelt nach. Ebenso sind Farbstoffe nicht absolut lichtbeständig. Daher wird auch eine gebeizte Holzfläche ihre Farbe laufend ändern, dies um so mehr, je weniger die Farbkomponente der lichtbeständigeren Beize zum Farbton beiträgt.

Die Farbstabilität oder Lichtechtheit einer Farbe wird vielfach noch nach der aus der Textilindustrie übernommenen Methode nach DIN 53388 durch Vergleich mit der sogenannten Wollblau-Skala festgelegt. Hierbei wird mit 8 Wollstreifen, gefärbt mit Farbe unterschiedlicher aber bekannter Lichtbeständigkeit verglichen. Dies ergibt eine Lichtechtheitsskala in 8 Stufen, beginnend bei der Stufe 1 mit der geringsten bis zur Stufe 8 mit der höchsten Lichtbeständigkeit. Diese Methode ist ziemlich ungenau und müßte durch farbmetrische Angaben ersetzt werden.

5.3.3 Zusammensetzung der Holzbeizen

Eine Holzbeize besteht in der Regel aus einer färbenden Substanz, einer Trägerflüssigkeit und Zusatzmitteln.

1. Färbende Stoffe

An färbenden Stoffen können eingesetzt werden

- lösliche Farbstoffe, die im Farbträger gelöst, homogen und molekular verteilt sind,
- Pigmente aus organischen oder anorganischen Stoffen, die nicht gelöst, sondern als zweite Phase im Farbträger fein verteilt bestehen bleiben,
- chemische Reaktionspartner, die farbbildend reagieren.

Zu bemerken ist, daß viel Beizen sowohl lösliche Farbstoffe als auch Pigmente oder auch chemische Reaktionspartner enthalten, um bestimmte Farbeffekte zu erzielen.

2. Farbträger

Zum Auftragen, Verteilen und Einbringen der färbenden Stoffe werden eingesetzt:

- Wasser: Es dringt in die Zellsubstanz ein, wodurch das Holz im hygroskopischen Bereich quillt und dadurch aufrauht. Die gelösten Farbstoffe werden durch das Wasser in die Zellsubstanz eingebracht, die Beize „zieht auf", wodurch sehr klare Beizbilder erzeugt werden können. Wasser als Farbträger ist umweltfreundlich, benötigt aber lange Trockenzeiten.
- Organische Lösemittel: Diese tragen gelöste Farbstoffe oder Pigmente durch Kapillarwirkung in das Holz. Das Holz quillt nicht oder nur wenig, so daß kaum Aufrauhung vorliegt. Organische Lösemittel trocknen sehr rasch, sind jedoch umweltbelastend.

3. Zusatzmittel (Additive):

Zur Erzielung bestimmter Eigenschaften, wie z. B. bessere Benetzung oder gleichmäßigeres Aufziehen der Beizen, können verschiedene Zusatzstoffe beigegeben sein, z. B. Salmiak oder grenzflächenaktive Stoffe. Zur besseren Fixierung von an der Holzoberfläche abgelagerten Pigmenten sind vielfach Bindemittel beigegeben.

5.3.4 Beizenarten

Die vielen in der Praxis verwendeten Beizen für Holz lassen sich wie folgt einteilen:

5.3.4.1 Farbstoffbeizen

Bei Farbstoffbeizen sind synthetische Farbstoffe in einem Farbträger entweder gelöst oder als Pigment beigemischt. Farbstoffbeizen gibt es in fast allen Farbtönen, sie sind ergiebig und farbkräftig. Wegen der leichten Verarbeitbarkeit gehören sie zu den am häufigsten eingesetzten Holzbeizen.

Aufgrund der größeren Saugfähigkeit des Frühholzes wird dieses intensiver gefärbt. Dadurch entsteht meist ein negatives Beizbild (Frühholz dunkel – Spätholz hell), sehr ausgeprägt bei Nadelholz. Durch Beeinflussung des Saugverhaltens lassen sich neuerdings auch Farbstoffbeizen herstellen, die ein positives Beizbild ergeben (Frühholz hell – Spätholz dunkel).

Nach den Farbstoffträgern werden Farbstoffbeizen unterteilt in Wasserbeizen und Lösemittelbeizen.

1. Wasserbeizen

Prinzipiell können in Wasserbeizen alle wasserlöslichen Farbstoffe, unabhängig von ihrer chemischen Herkunft, und unlösliche Pigmente eingesetzt werden. Für die jeweilige Eignung entscheiden dann zusätzliche Kriterien wie Überlackierbarkeit, Lichtechtheit, Löslichkeit, Verträglichkeit in Farbstoffgemischen mit anderen Farbstoffen, Fixierbarkeit, Aufziehvermögen usw.

Wasserbeizen sind universell einsetzbar, gut lichtecht (5 bis 6 nach der Wollskala) und für fast alle Holzarten verwendbar. Sie werden vielfach in Pulverform (Pulverbeizen) zum Selbstansetzen geliefert. Wegen der langen Trockenzeiten sind Wasserbeizen für Durchlaufanlagen nicht besonders geeignet.

Durch Zusätze sind Wasserbeizen für besondere Anwendungsfälle entwickelt worden:

- Antikbeizen (Effektbeizen) enthalten eine gut einziehende hellere Grundfarbe und eine mehr oberflächlich angelegte Farbkomponente, die von Hand durch Auswischen wieder abgetragen werden kann, so daß ein Antikeffekt entsteht.
- Nebelbeizen werden ohne Überschuß mit der Spritzpistole aufgetragen, um Schattierungen zu erzielen. Sie dämpfen die Holzstruktur.
- Hartholzbeizen sind Mittel zur Verbesserung der Aufnahmefähigkeit des Hartholzes für Beize beigegeben (Reduzierung des Benetzungswiderstandes).
- Nußbaum- und Mahagonibeizen sind auf die jeweilige Holzart und deren Inhaltsstoffe abgestimmt.
- Normenbeizen (RAL-, P-, U-Beizen) sind Beizen mit festgelegten Beiztönen für bestimmte Produktgruppen, z. B. P-Beizen für Polstermöbel, U-Beizen für Unterkunftsmöbel. Der Vorteil dieser Beize liegt darin, daß von verschiedenen Herstellern farblich zusammenpassende Möbelgruppen gebildet werden können. Die trotzdem auftretenden Farbunterschiede durch verschiedene Arbeitsweisen und standortabhängige Unterschiede im Holz werden durch Nachpatinieren ausgeglichen.

Weiterhin sind eine Vielzahl von Beizen eingesetzt: Spritzbeizen, Tauchbeizen, Walzbeizen, Ausgleichsbeizen, Splintholzbeizen usw., die auf einen bestimmten Einsatzzweck abgestimmt sind.

2. Lösemittelbeizen

Lösemittelbeizen enthalten organische Lösemittel als Trägerflüssigkeit. Wegen der schwierigeren Herstellung sind Lösemittelbeizen entweder schon verarbeitungsfertig angesetzt oder als sogenannte Stammlösung zum Mischen oder Verdünnen vorbereitet.

Der große Vorzug der Lösemittelbeizen liegt in der kurzen Trockenzeit, so daß sie sich besonders für den Einsatz in Durchlaufanlagen eignen.

Diese Beizen können mit allen Verfahren aufgetragen werden, rauhen das Holz nicht auf und können mit Bindemittelzusatz auch auf vorgrundierten Flächen eingesetzt werden.

- Spiritusbeizen, wie man sie früher verwendete, hatten eine hohe Brillanz. Nachteilig waren die geringe Farbstabilität der Farbstoffe und die Schwierigkeit, gleichmäßige Beizbilder herzustellen. Die neuerdings verwendeten modifizierten Spiritusbeizen (wegen des schwierigen Löseverfahrens nur flüssig geliefert) sind wesentlich lichtechter. Außerdem ist von

Vorteil, daß diese Beizen mit Wasser verdünnt werden können und somit auch das Reinigen der Maschinen einfacher und billiger wird.

- Lösemittelbeizen neuerer Art enthalten lösliche Farbstoffe (Glykolbeizen), Pigmente (Lichtechtheit 7 bis 8) oder beides. Lösliche Farbstoffe sind in Stammlösungen angesetzt, die dann je nach Verwendungszweck mit den verschiedenen Lösemitteln versetzt werden. Ebenso lassen sich so die verschiedenen Farbtöne herstellen. In Lösemittelbeizen mit Pigmenten sind Bindemittel enthalten, z. B. Kunstharze, die die Pigmente fixieren. Die sehr gut lichtechten Beizen lassen sich problemlos überlackieren. Ölartig eingestellte Lösemittel, früher Terpentin, werden nur noch für besondere Effekte (Effektbeizen) eingesetzt, z. B. Eichenholz-Stilmöbel oder Kunststoffapplikationen (Olesolbeizen).

Zu beachten ist, daß in einem Möbelprogramm mit gebeizter Oberfläche die bisher mit Lösemittelbeizen hergestellten Beiztöne nicht ohne weiteres mit Wasserbeizen zusammenpassend erzeugt werden können. Dies ist besonders bei Nachlieferungen wichtig.

Die Umstellung der Fertigung von Lösemittelbeizen auf umweltfreundlichere Wasserbeizen erfordert in vielen Betrieben eine lange Zeit, in der beide Beizsysteme nebeneinander eingesetzt werden.

5.3.4.2 Chemische Beizen

Chemische Beizen enthalten meist keinen Farbstoff, sondern sie sind selbst farbbildend. Die eingesetzten Chemikalien, meist Schwermetallsalze wie Kupfer-, Chrom- oder Eisensalze als Sulfate, Chloride oder Nitrate, reagieren entweder mit holzeigenen Gerbstoffen oder mit vorher aufgebrachten gerbstofffähigen Materialien wie Pyrogallol, Tannin usw. (Vor- und Nachbeize). Sie sind jedoch umweltbelastend und gesundheitsschädlich. Immer mehr jedoch werden die einfacher zu verwendenden, schon zusammengemischten chemischen Einkomponentenbeizen eingesetzt.

Besonders das Spätholzlignin wird sehr intensiv gebeizt, was bei Nadelhölzern zu einem positiven Beizbild führt. Obwohl die Farbpalette durch die eingesetzten Materialien auf Grau bis Braun begrenzt ist, sind die chemisch gebeizten Oberflächen besonders hochwertig, lichtecht und holzgerecht. Jedoch ist ein industrieller Einsatz wegen der langen Farbentwicklungszeit und den vielen Arbeitsgängen nicht besonders wirtschaftlich. Nach Material und Arbeitsmethode wird unterschieden in:

- Chemische Einfachbeize: Bei gerbstoffhaltigen Holzarten wie Eiche, Nußbaum oder Kastanie kann nur durch das Auftragen von Nachbeize ein entsprechender Beizton erzielt werden. Nachteilig ist, daß durch den standortbedingten unterschiedlichen Gerbstoffgehalt und die ungleichmäßige Verteilung im Holz die Beizbilder fleckig und die Beiztöne nicht ohne weiteres reproduzierbar sind. Die frühere Räucherbeize war eine chemische Einfachbeize. In geschlossenen Räumen wurde gerbstoffreiches Holz mit Ammoniakgas behandelt, was dezente Beiztöne mit großer Tiefenwirkung ergab, angewendet bei dunklen Parkettstäben, die nach dem Verlegen noch zu schleifen waren.

Die heutigen Räucherbeizen zählen zu den Kombinationsbeizen.

- Chemische Doppelbeizen: Doppelbeizen benötigen eine Vorbeize und eine Nachbeize. Auf gerbstoffarme Hölzer wird erst die Vorbeize aufgetragen und getrocknet (2 ... 3 Std.). Vorbeizen sind nur begrenzt haltbar. Die anschließend aufgebrachte Nachbeize braucht 12 ... 14 Stunden zur Farbtonentwicklung (Entwicklerbeize). Aufgrund dieses komplizierten Verfahrens sind diese Beizen kaum noch im Einsatz.
- Einkomponenten-Positvbeizen (EP-Beizen, PFB-Beizen): Hauptsächlich für gebürstete oder sandgestrahlte Nadelhölzer werden vielfach chemische Beizen eingesetzt, die alle erforderlichen Chemikalien schon enthalten. Unter Einwirkung von Luftsauerstoff nach dem Auftragen entwickelt sich nach 6 ... 12 Std. ein positives Beizbild. Es wird nicht zu naß aufgetragen, nicht verteilt, und nach dem Trocknen muß nachgebürstet werden.

5.3.4.3 Kombinationsbeizen

In Kombinationsbeizen sind die vorgenannten Grundbeizverfahren kombiniert angewendet. Dies ergibt sehr viele verschiedene Mischungs- und Anwendungsmöglichkeiten. Kombinationsbeizen können sowohl farbbildende Chemikalien, lösliche Farbstoffe als auch Pigmente und Bindemittel enthalten, um die vielfältigen von der Praxis geforderten Effekte zu erzielen.

Beispiel für Kombinationsbeizen sind:

- Räucherbeizen für Eichenholz mit Farbstoffzusätzen,
- Mahagoni- und Nußbaumbeizen, deren Chemikalien auf die Inhaltsstoffe der Hölzer abgestimmt sind,
- Rustikalbeizen mit löslichen Farbstoffen für den Grundfarbton, Pigmente für die Porenbetonung und chemische Zusätze,
- Bleichbeizen enthalten peroxidfeste Farbstoffe, die zusammen mit dem Wasserstoffperoxid aufgetragen wer-

den (zur Einsparung von Arbeitsgängen bei Egalisierungs- und Aufhellungseffekten).

Diese Aufzählung ist nicht annähernd vollständig. Auch die Zuordnung mancher Beize ist nicht immer eindeutig möglich. Die Handelsnamen der Beizen sagen über die Rezeptur der Beizen nichts aus, jedoch interessieren den Praktiker mehr der Beizeffekt, die wirtschaftliche Anwendung, die Kosten der Farbgebung und die Umweltverträglichkeit.

5.3.4.4 Substratbeizen

Substratbeizen enthalten neben Farbstoffen oder Chemikalien ein saugfähiges Substrat, das viel Farbstoff aufnehmen kann. Das farbige Substrat wird besonders in den Poren abgelagert und durch Bindemittel fixiert. Dadurch wird eine besondere Betonung der Poren des Holzes erreicht (jedoch: auch schlecht geschliffene Stellen und Verarbeitungsfehler sieht man deutlicher). Zu diesen Beizen zählen Porenbeizen und Rustikalbeizen.

5.3.5 Auftrag der Beize

Zur Verminderung von Beizfehlern sind besonders beim manuellen Beizen einige Grundregeln zu beachten:
- Die Ansatz- und Verarbeitungsvorschriften der Beizenhersteller sind möglichst genau zu beachten,
- Metallgefäße oder Beizgeräte mit Metallteilen können zu Farbtonänderungen führen,
- Beizen müssen immer gut umgerührt verarbeitet werden,
- Zusätze wie z. B. Salmiakgeist sind nur nach den Angaben des Beizenherstellers einzusetzen,
- Vorrats- und Arbeitsbehälter benützen, Beizenreste nicht mehr in den Vorratsbehälter geben.

5.3.5.1 Auftrag von Hand

Die Beize wird mit dem Pinsel oder Schwamm aufgetragen. Dabei sind im allgemeinen folgende Arbeitsgänge nötig (Abb. 5.12):
- sattes Auftragen der Beizlösung (mit Überschuß) auf die Holzoberfläche, längs zur Holzfaser,
- Beize gleich oder nach einigen Minuten Einwirkzeit (je nach Beizart) verteilen und in die Poren einbringen, längs und quer zur Faserrichtung (vertreiben),
- Abnehmen des Beizenüberschusses mit dem ausgedrückten Schwamm oder Pinsel,
- Verstreichen der beizfeuchten Fläche in Faserrichtung.

Spritzer auf der Fläche sind nach dem Beizen sichtbar. Beim Beizen von senkrechten Flächen wird deshalb von unten nach oben gebeizt. Hirnholzstellen z. B. bei Stühlen saugen stärker. Abhilfe bringt ein vorheriges Anfeuchten des Hirnholzes mit Wasser oder die Behandlung mit einem Egalisierungsmittel (Abschnitt 5.2.3).

Vorteilhaft ist es, wenn an einem Objekt immer der selbe Beizer nach dem gleichen Beizschema arbeitet.

Bei Vor- und Nachbeize wird mit den gleichen Arbeitsgängen gearbeitet. Vorbeize kann ganz leicht getönt werden, um nach dem Trocknen erkennbar zu machen, welche Teile schon behandelt sind.

Bei industrieller Fertigung und positiven Beizbildern wird die einfacher anzuwendende Einkomponenten-Positiv-Beize verwendet. Trotzdem ist eine lange Entwicklungszeit und ein Nachbürsten erforderlich.

5.3.5.2 Beizen durch Spritzen von Hand

Hierbei ist zu unterscheiden nach Spritzen und Nebeln. Beim Beizspritzen wird entweder satt aufgetragen und anschließend von Hand vertrieben oder es wird nur soviel Beize gespritzt, wie das Holz aufnehmen kann ohne zu vertreiben; letztere stellt hohe Anforderungen an die Spritzer (Niederdruck-Airless-Verfahren).

5.3.5.3 Beizen mit Spritzmaschinen

Große Mengen profilierter, flächiger Teile wie Rahmen mit Füllungen (z. B. Frontteile aus Vollholz) werden mit Horizontal-Durchlaufspritzmaschinen gebeizt. Bei Vorschubgeschwindigkeiten von 4 ... 8 m/min lassen sich die Auftragmengen genau einstellen, so daß keine Handarbeit zum Abziehen des Überschusses nötig ist. Jedoch sind dem Spritzgerät Vertreiberbürsten nachgeschaltet, um zu einer besseren Verteilung der Beize zu kommen (Abb. 5.13, 5.14).

Wie bei vielen Beiz- und Lackiervorgängen hat sich ein Vorwärmen der Teile auf etwa 30 ... 40 °C Oberflächentemperatur als günstig erwiesen, was ein Vorwärmgerät erfordert.

Die gut netzenden Beizen sind speziell auf die Verwendung in Durchlaufspritzmaschinen eingestellt. Bei einem Farbwechsel werden die im Airless- oder Airmix-Verfahren arbeitenden Spritzgeräte und die Zuleitungsschläuche mit Lösemittel gespült, was nur wenige Minuten dauert. Vorzugsweise werden Lösemittelbeizen verwendet, jedoch werden zunehmend Wasserbeizen eingesetzt, um die Vorschriften der TA Luft besser einhalten zu können. Zu beachten ist dabei, daß bei Wasserbeizen mit einem Anteil an or-

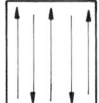
1 Fläche satt einstreichen (mit Überschuß) einziehen lassen

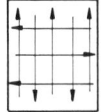
2 verteilen (vertreiben) Überschuß abnehmen längs und quer zur Faser

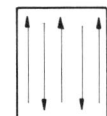
3 verstreichen längs zur Faser

Abb. 5.12 Arbeitsgänge beim Beizen einer Fläche von Hand mit dem Pinsel oder dem Schwamm

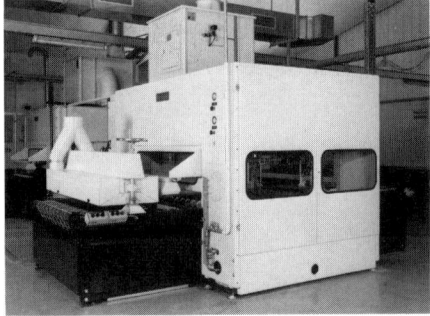

Abb. 5.13 Durchlaufspritzmaschine für flächige Teile mit vorgeschalteter Entstaubung und elektronischer Pistolensteuerung. (Venjakob)

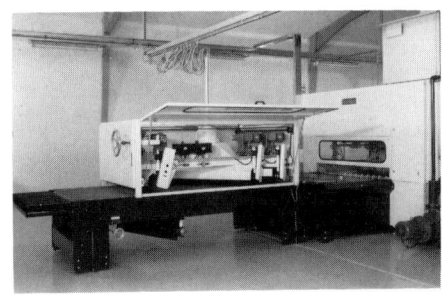

Abb. 5.14 Vertreibmaschine für Beize, einer Durchlauf-Beizenspritzmaschine nachgeschaltet. (Venjakob)

ganischen Lösemitteln diese das Spritz-kabinenwasser mit wassermischbaren Lösemitteln anreichern. Das Spritzkabi-nenwasser muß dann beim Austausch als Sondermüll entsorgt werden.

5.3.5.4 Beizen mit der Walzenbeiz-maschine

Plane Flächen in der Kastenmöbelindu-strie werden sehr wirtschaftlich mit der Walzenbeizmaschine gebeizt. Wie in Abb. 5.15 dargestellt, können diese Ma-schinen (in Durchlaufrichtung gesehen) mit folgenden Aggregaten bestückt sein:
- Beizenauftragaggregat, je nach Beize und Auftragmenge mit Moosgummi- oder normalem Gummibelag auf der Auftragwalze,
- Vertreiberbürsten zum Egalisieren der Beize,
- Wischbandeinrichtung zum Abziehen des Überschusses (insbesondere bei Rustikaleffekten, porenbetont).

Im Gegensatz zum Spritzen werden beim Walzen die Werkstückkanten (Schmalflä-chen) nicht mitbehandelt. Üblicherweise beizt man die Kanten vorher im Stapel. Seitlich senkrecht angebrachte Kanten-walzen kommen wegen der Mehrfachbe-legung in der Transportbreite der Ma-schinen nur selten zum Einsatz.

Die Walzenbeizmaschinen sind bei Vor-schubgeschwindigkeiten von etwa 5...30 m/min für große Durchsatzmen-gen ausgelegt. Sie sind im Baukasten-prinzip aufgebaut und können durch Mehrfachanordnung von Beizwalzen, Vertreiberbürsten und Wischeinheiten auf die jeweiligen Erfordernisse der Bei-zen ausgelegt werden (Abb. 5.16). Es werden ausschließlich Farbstoffbeizen verarbeitet.

Beim Farbtonwechsel sind das Walzen-aggregat zu reinigen und die Vertreiber-bürsten auszutauschen.

5.3.5.5 Beizen mit der Gießmaschine

Normale Beizen sind sehr niedrigviskos und zum Gießen nicht geeignet. Gießbei-zen, meist Lösemittelbeizen, sind des-halb verdickt eingestellt.

Saubere Beizbilder erfordern eine für ge-ringe Auftragmengen geeignete Gießma-schine und völlig ruhig durchlaufende Werkstücke. Weiterhin tritt das Problem der Kantenverschmutzung auf.

Deshalb kommt die Gießmaschine zum Beizen kaum zum Einsatz. Plane Teile werden besser mit der Walze gebeizt.

5.3.5.6 Beizen durch Tauchen

Stuhlteile, Spielwaren, Holzkleinteile usw. können sehr rationell durch Tauchen ge-beizt werden. Das Untertauchen der auf-schwimmenden Holzteile geschieht ent-weder von Hand, in Kunststoffbehältern oder auf Nagelbrettern aufgesteckt.

Die Eintauch- und Verweilzeit im Tauch-bad ist gleichmäßig und genau einzuhal-ten, so daß alle Teile die gleiche Beizen-menge aufnehmen. Zu beachten ist, daß Hirnholzstellen, Zapfenlöcher oder Boh-rungen mehr Beize aufsaugen und diese Stellen nach dem Trocknen dunkler sind. Bei höherer Qualität empfiehlt sich ein Vertreiben der Beize nach dem Abtrop-fen von Hand. Beim Tauchen wird „mit großem Überschuß" gearbeitet. Außer-dem nimmt das Holz nicht alle Beizenbe-standteile gleichmäßig auf (selektive Ab-sorption), so daß sich nach und nach die Zusammensetzung der Beize verändert. Es muß „nachnuanciert" werden, d. h. die zuviel ausgezogenen Stoffe müssen dem Beizbad wieder zugegeben werden.

Ausgelöste Holzinhaltsstoffe sowie ein-gebrachter Staub lassen das Tauchbad nach einer gewissen Zeit unbrauchbar werden und erfordern einen Neuansatz. Zum Trocknen werden die gebeizten Tei-le auf Gestelle gehängt, auf Paletten ge-legt, oder sie bleiben auf dem Nagelbrett hängen.

5.3.5.7 Beizen durch Trommeln

In Abhängigkeit von der Form der Teile können Holzkleinteile wie Griffe, Knöpfe und Spielwaren in rotierenden Trommeln gebeizt und auch lackiert werden. Durch das Umwälzen der Teile wird die Beize gleichmäßig verteilt. Die Beize, mit Binde-mittelzusatz, wird dabei entweder laufend in die Trommel gegeben, oder die Teile werden vorher getaucht und anschlie-ßend zum Vertreiben und Trocknen in die Trommel eingebracht.

Die meist selbst hergestellten achtecki-gen Trommeln aus Holz (bis 400 mm Ø und 800 mm lang) sind etwa zu einem Drittel oder zur Hälfte gefüllt und drehen sich je nach Werkstückart mit 20...200 U/min. Zur besseren Benetzung der Teile und bei Hinterschneidungen an den Werkstücken können Füllkörper beige-geben werden, die die Oberflächenbe-handlungsmittel an alle Flächen übertra-gen.

5.3.6 Spezielle Beizeffekte

5.3.6.1 Antikeffekt

Das Antikbeizen von Stilmöbeln soll den Möbeln ein Aussehen geben, als seien sie schon lange in Gebrauch. Die tiefer-liegenden Profilstellen sind dabei dunk-ler, erhöhte Stellen, Flächenmitten und Kanten sind heller und geben den Ein-druck von Abnutzung. Dadurch erschei-nen Schnitzereien plastischer.

Zur Herstellung eines Antikbeizeffektes gibt es verschiedene Möglichkeiten. Beim Arbeiten von Hand läßt sich durch vorheriges Anfeuchten der Stellen, die heller bleiben sollen, die Saugfähigkeit

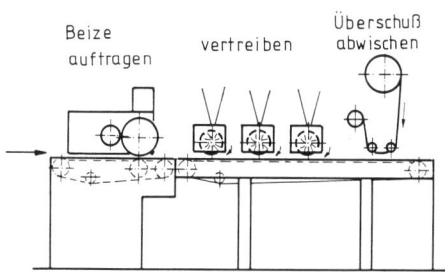

Abb. 5.15 Schema einer Walzenbeizmaschi-ne mit Vertreiberbürsten und Wischaggregat

Abb. 5.16 Walzenbeizmaschine. (Bürkle)

des Holzes verringern. Dadurch kann die Antikbeize gleichmäßig aufgetragen werden. Mit Schwamm oder Lappen wird dann durch Vertreiben und Ausreiben der gewünschte Abschattierungseffekt erreicht.

Beim Antikbeizen mit der Spritzpistole werden Nebelbeizen eingesetzt. Zunächst wird der helle Grundton gespritzt und anschließend der Antikeffekt aufgenebelt.

Je nach Art des Effekts kann auch in einem Arbeitsgang die Antikbeize zur Flächenmitte hin heller werdend aufgespritzt werden. Nach dem Trocknen kann mit Stahlwolle ausgerieben werden. Eine Nachbehandlung mit Wasserstoffperoxid zum Bleichen gibt besondere Alterungseffekte.

Mit vor dem Lackieren gespritzter Patina lassen sich Übergänge und Fehlerstellen überdecken.

5.3.6.2 Eiche gekalkt

Hat man früher Eiche mit gelöschtem Kalk behandelt, so ist dieser Effekt heute viel einfacher zu erzielen, nicht nur bei Eiche, sondern auch bei anderen grobporigen Holzarten. Man kann die Poren sowohl, wie ursprünglich, weiß als auch schwarz oder farbig gestalten.

Die Holzoberfläche wird zunächst im Grundfarbton gebeizt und grundiert. Anschließend wird als Porenfüller eine Paste aufgetragen und der Überschuß entfernt, so daß nur die Poren weiß bleiben. Es läßt sich auch die getrocknete Paste mit Stahlwolle abziehen. Wichtig ist, daß die Poren möglichst scharf hervortreten. Im Handel sind auch Kalkpasten, die auf die gebeizte, aber nicht grundierte Holzoberfläche aufgetragen werden. Um Grauschleier zu vermeiden, müssen die Flächen sehr fein geschliffen und ausgebürstet sein.

Für das Decklackieren sollen nicht vergilbende Klarlacke eingesetzt werden, da sonst der Effekt beeinträchtigt wird.

5.3.6.3 Eiche gelaugt

Durch die Behandlung von Eiche mit einer sehr aggressiven Lauge, z. B. Natronlauge (sog. Schuppenlauge) wird durch den Gerbsäuregehalt im Eichenholz die Fläche in einem Braunton gefärbt. Außerdem werden durch die ätzende Wirkung der Lauge die Frühholzanteile angelöst, so daß eine leicht strukturierte Fläche entsteht, bei der besonders die Spiegel des Holzes, schräg angeschnittene Holzstrahlen, betont werden.

Die Lauge wird satt aufgetragen, eventuell auch gebürstet, braucht je nach Stärke eine halbe bis mehrere Stunden Einwirkzeit, und das Holz muß anschließend mit viel Wasser nachgewaschen werden. Zum Nachbehandeln der gelaugten und

getrockneten Flächen eignet sich besonders ein Wachsüberzug oder eine schwach netzende Lackierung. Zu beachten sind die Schutzmaßnahmen beim Umgang mit Laugen.

5.3.7 Trocknen der Beize

Vor der Weiterverarbeitung der gebeizten Werkstücke müssen diese vollständig getrocknet, der Farbton entwickelt, ferner Restsubstanzen abgewaschen, abgebürstet oder abgelüftet sein.

Getrocknet wird fast ausschließlich mit Luft. Die Trockenzeit hängt von der Trägerflüssigkeit der Beize (Wasser, organische Lösemittel), der Auftragmenge und der Temperatur sowie der Bewegung der Luft ab.

Wasserbeize braucht infolge der hohen Anfeuchtung der Holzoberfläche bei Raumtemperatur etwa 1 . . . 3 Std. Trockenzeit, im Umluftkanal bei 50 °C Lufttemperatur je nach Werkstücksform (Flächen, Gestelle) einige Minuten.

Lösemittelbeizen haben den verarbeitungstechnischen Vorteil der sehr kurzen Trockenzeit, die im Umluftkanal mit Beheizung unter 1 min liegen kann; dadurch sind diese Beizen für die Anwendung bei Durchlaufanlagen besonders geeignet. Da die Auftragmengen gegenüber den Lacken viel geringer sind, ist die Umweltbelastung durch Lösemittelbeizen auch geringer.

Trotzdem werden im Sinne der TA Luft (Technische Anleitung zur Reinhaltung der Luft) in stärkerem Maß Wasserbeizen eingesetzt. Dazu gehören neuere Spiritusbeizen, die mit Wasser verdünnbar sind.

Wenn eine Beizstraße einer Lackieranlage vorgeschaltet und mit dieser verkettet ist, kann der Beiztrockner gleichzeitig als Werkstückvorwärmer benützt werden. Der Beizetrockner ist dann so auszulegen, daß die Temperatur an der Werkstückoberfläche etwa 50 °C erreicht. Zu beachten ist, daß Vollholzteile nicht zu intensiv, z. B. bei Temperaturen von über 60 °C, getrocknet werden, da sonst ein Nachtrocknen des Holzes und demzufolge Rißbildung und Verziehen eintritt.

Andere Trocknungsverfahren, wie Strahlungstrocknung, kommen zum Beizetrocknen kaum zum Einsatz. Die Details der Auslegung von Anlagen zum Trocknen sind im Abschnitt 5.8 „Lacktrocknung und Härtung" behandelt.

5.4 Druckverfahren und Texturierung von Oberflächen

5.4.1 Maser- und Dekordruck

Holzmaserdruck ist ein Verfahren, auf ein geeignetes flächiges Trägermaterial ein möglichst naturgetreues Bild einer Holztextur aufzudrucken. In Mitteleuropa wird heute infolge Verwendung von bedruckter Folie nur noch von wenigen Möbelherstellern (Schlafraummöbel) Maserdruck direkt auf fertige Werkstücke eingesetzt.

Die frühere Anwendung von Holzmaserdruck reichte von der kompletten Imitation einer bestimmten Holzart auf gespachtelten Spanplatten (Schlafraummöbel) über das Umfärben und Strukturdrucken z. B. von Makorefurnier auf Nußbaum (Wohnmöbel) bis hin zur Verbesserung des Aussehens von echtem, aber ohne Zeichnung versehenen billigem Teakfurnier durch das Aufdrucken einer markanten Streifentextur (kosmetische Verbesserung).

Bei geschlossenporiger Lackierung (Hochglanz) ist besonders bei hellen Hölzern die Porung ohne Bedeutung und ein gutes Maserdruckbild von einem echten Furnier kaum zu unterscheiden. Offenporige Lackierung bei umgefärbten Furnieren hat den Nachteil, daß der Porencharakter nicht zur gewünschten Holzart paßt. Hier müssen ähnlich texturierte Holzarten verwendet werden.

Gedruckt wird im indirekten Tiefdruckverfahren. Wie in Abb. 5.17 dargestellt, wird ein Gravurzylinder (Dekorzylinder) durch eine Farbauftragwalze mit Farbe benetzt und abgerakelt, so daß nur in den Vertiefungen der Gravur Farbe enthalten ist.

Die eigentliche Druckwalze, zum Ausgleich von Werkstückunebenheiten mit einem Elastomer (etwa 60 Shore) belegt, überträgt die Farbpunkte auf das Werkstück. Durch das Abrakeln wird die Hartverchromung des verkupferten Gravurzylinders aus Stahl abgenützt. Für eine Standzeit einer Gravur von 2 bis 3 Mio. lfd. m ohne Verlust an Dekorschärfe sind die Gravurvertiefungen (Näpfchen) gleich tief; im Gegensatz dazu sind sie beim echten Kupfertiefdruck für Kunstdrucke unterschiedlich tief.

Zur Herstellung eines genauen Holzbildes muß jede nötige Farbe oder darzustellende Struktur (z. B. Spiegel) einer Holztextur durch eine eigene Druckwalze aufgebracht werden. Einfache Bilder (Ahorn, Birke) können mit nur einem Druckwerk auf die Grundfarbe gedruckt werden. Nuancenreichere Furnierbilder wie Nußbaum oder Palisander benötigen zur Grundfarbe noch zwei oder drei Druckwerke.

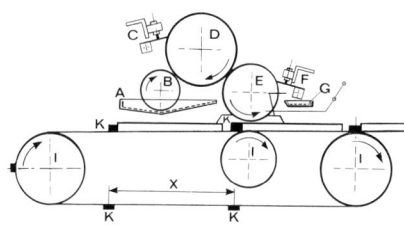

Abb. 5.17 Schema eines Maserdruckwerks.
(A) Druckfarbenbehälter. (B) Farbdosierwalze.
(C) oszillierendes Rakel. (D) Dekorzylinder.
(E) gummierte Auftragswalze. (F) Rakel.
(G) Farbauffangbehälter

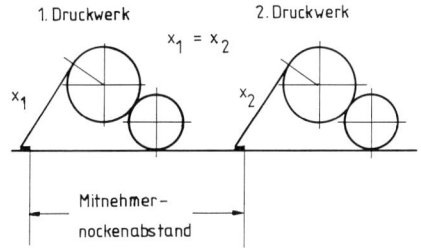

Abb. 5.18 Darstellung des Synchronlaufs der Farbdruckwerke

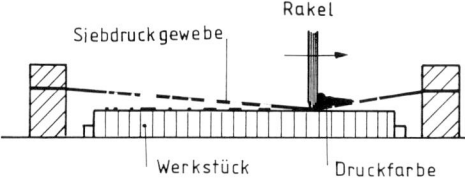

Abb. 5.19 Schematische Darstellung des Siebdruckvorgangs

Zur Herstellung des Dekors auf dem Gravurzylinder wird ein geeignetes Furnierbild fotografiert, für jeden Farbauszug ein eigenes Foto. Nach dem Retuschieren wird das Rasterbild fotochemisch auf die Gravurwalze aufgebracht. Preisbestimmend sind die Retuschen durch Handgravur am Gravurzylinder zur Herstellung eines Endlos-Maserbildes auf dem Umfang des Zylinders.

Der Umfang des Gravurzylinders entspricht der Rapportlänge, bei Horizontal-Druckmaschinen 1 570 mm, d. h. die Wiederkehr der gleichen Bildelemente. Bei längeren Werkstücken erscheint das gleiche Bild zweimal auf der Fläche.

Druckwerk und Vorschubeinrichtung haben einen gemeinsamen Antrieb. Die Mitnehmernocken ermöglichen, daß das Druckbild stets an der gleichen Stelle der Werkstücke beginnt (Register haltend). Beim Ändern des Übersetzungsverhältnisses zwischen Druckwerk und Vorschub wird das Druckbild von Werkstück zu Werkstück verschoben (nicht Register haltend).

Bei Mehrfarbendruck und fladeriger Textur müssen die verschiedenen Druckbilder genau aufeinander passen (Passerdruck), so daß ein exakter Synchronlauf der Druckwerke erforderlich ist (Abb. 5.18).

Für eine Maserdruckoberfläche auf einer gespachtelten Spanplatte sind folgende Arbeitsgänge nötig:

- Walzen der gespachtelten Flächen mit Druckgrund in der Farbe des zu druckenden Holzdekors mit einer Rasterwalze,
- Trocknen des Druckgrundes,
- Maserdrucken mit ein, zwei oder drei Druckwerken,
- Flächen mit Klarlack lackieren.

Die Kanten (Schmalflächen) werden dabei nicht bedruckt, sondern nur farbig lackiert.

Heute nicht mehr eingesetzt werden Vertikal- und Gehäusedruckmaschinen.

5.4.2 Siebdruck

Zum Drucken scharf abgegrenzter, abstrakter Dekors, Schriftzüge oder Ornamente ohne zarte Farbübergänge (z. B. Muster auf Bauernmöbeln) wird vorteilhaft das Siebdruckverfahren eingesetzt. Auf ein engmaschiges Siebdruckgewebe aus Nylon, Perlon oder Edelstahl mit 8 000 bis 30 000 Maschen je cm² ist ein Dekor derart aufgebracht, daß die Stellen des Dekors farbdurchlässig, die übrigen Flächen farbundurchlässig sind.

Der Druckvorgang ist denkbar einfach (Abb. 5.19). Beim Siebdrucken von Hand wird der Siebdruckrahmen aus Holz oder Metall mit einer Schablone gegen das Werkstück gespannt. Mit einem Handrakel wird die dünne Farbpaste durch die

offenen Maschen des straff gespannten Gewebes auf das Werkstück gedrückt. Bei mehrfarbigen Darstellungen ist ein genauer Passerdruck nötig, d. h. die verschiedenen Farben müssen genau übereinander passen. Die Druckqualität steht der des Tiefdrucks nicht nach und ist von der Farbkonsistenz und der Gewebeart bzw. der Fadenstärke bestimmt.

Das Aufbringen des Dekors auf das Sieb geschieht z. B. fotomechanisch durch das Aufgeben einer lichtempfindlichen Emulsion. Das Motiv wird mit pigmentreicher Farbe auf Folie gezeichnet und damit das Sieb abgedeckt und belichtet. Nach dem Entwickeln und Abwaschen ist ein Positiv-Dekor auf dem Sieb.

Zum Mechanisieren des Siebdruckverfahrens mit Siebdruckmaschinen sind die Durchsatzmengen in der Möbelindustrie zu klein.

5.4.3 Texturieren von Hand

Das Herstellen einer holzähnlichen Textur mit Beizen oder Farben ist eine alte Technik, angewendet z. B. bei Bauernmöbeln aus Fichte, die deckend lackiert und von Hand mit der Textur eines edleren Holzes versehen wurden. Dies entspricht einer kompletten Holzimitation.

Keine Holzimitationen, sondern eine Farbangleichung kann bei Splintstellen z. B. in Nußbaumfurnier dadurch erzielt werden, daß der Splint zunächst auf den Grundton des Kernholzes gebeizt und dann mit dem Pinsel oder einem Filzkamm nachstrukturiert wird. Dazu gehört viel Übung, und das Verfahren ist sehr lohnintensiv.

Beim Effekt „Eiche geritzt" wird auf einer farbig gespachtelten Fläche der noch nicht ganz durchgetrocknete Spachtel mit einem Hand-Ritzgerät mit einer Porung versehen. Nach dem Trocknen wird von Hand mit dem Pinsel oder einer Strukturrolle eine Eichenholzstruktur aufgezogen, die bei entsprechender Übung eine hohe Ähnlichkeit mit dem Aussehen von Eichenholz hat.

Alle diese Verfahren sind sehr lohnintensiv, setzen einen hohen Grad an Übung voraus und sind deshalb heute kaum noch im Einsatz.

An farbig lackierten Teilen, z. B. Küchenfrontteilen, wird zur Erzielung eines handwerklichen Aussehens der Oberfläche eine Strichlackierung eingesetzt. Die maschinell vorbehandelten Teile (z. B. Rahmen mit Füllungen), mit Füller, Vorlack und Decklack gespritzt, werden von Hand mit einem Pinsel strichig nachlakkiert. Die geringfügig dunklere Farbe hebt sich von der Grundfarbe ab und ergibt durch den Pinsel oder Kamm einen Stricheffekt, der den farbig lackierten Möbeln ein rustikales, handwerkliches Aussehen verleiht.

Ein farbloses Überspritzen zur Erhöhung der Abriebfestigkeit der Strichlackierung ist wegen der zwar geringen, aber doch gegebenen Eigenfarbe des Klarlacks und der unterschiedlichen Schichtdicken beim Spritzen von Rahmen recht schwierig.

5.5 Flüssige Beschichtungsmaterialien

5.5.1 Anforderungen an Beschichtungsstoffe

Die Anforderungen an die Lackmaterialien sind außerordentlich vielfältig, da der Lack auch den Gegebenheiten der Produktionsanlagen genügen muß. Um ein geeignetes Beschichtungssystem für einen bestimmten Anwendungsfall zu entwickeln, ist es erforderlich,

- die Anforderungen an die Oberfläche der Erzeugnisse genau zu definieren,
- die Verabeitungsgegebenheiten in technischer und wirtschaftlicher Hinsicht zu berücksichtigen und
- die Vorschriften und Umweltschutzbestimmungen zu beachten.

Im einzelnen sind vom Verwender der Lackmaterialien folgende Punkte zu berücksichtigen:

1. Kundenanforderungen an die Oberfläche

technisch: Widerstandsfähigkeit gegen chemische, mechanische und klimatische Beanspruchungen beim Gebrauch der Produkte,
ästhetisch: Farbe, Glanz, Porigkeit, Struktur,
Umwelt: keine Belastung für den Benutzer,

2. Werkstück
Material: Vollholz, Furnier, Holzwerkstoff, Metall, Kunststoff,
Produktion: flächig, profiliert, korpusartig, gestellartig,
Menge: Einzelteil, Objekte, Serie,

3. Verarbeitungsbedingungen
Applizierbarkeit, Trocknungs- bzw. Härtungsverhalten, rheologische Eigenschaften (fließen, verlaufen), Lagerfähigkeit, Arbeitsschutz,

4. Einsatz im Lacksystem
Lasur, Grundierung, Spachtel, Decklack, Ein-, Mehrschichtlack,

5. Anlagentechnik
Applikations-, Trocknungs-, Härtungsanlagen,

6. Nachbehandlung
Schleifbarkeit, Polierbarkeit, Reparaturfähigkeit,

7. Arbeitssicherheit, Hygiene, Umweltschutz
Transportsicherung, Schutz der Beschäftigten, Reinhaltung von Wasser und Luft,

8. Wirtschaftlichkeit
Kosten je m² lackierter Fläche, Lebensdauer der Oberfläche.
Zu den Anforderungen siehe auch: Richtlinien der Gütegemeinschaft Deutsche Möbel e.V. bzw. Prüfnormen im Kapitel 6.

5.5.2 Hauptbestandteile der Beschichtungsstoffe (Begriffe s. DIN 55 945)

Die Zusammensetzung von flüssigen Beschichtungsmaterialien kann in folgende Komponenten aufgeteilt werden:

1. Filmbildner: Dies sind die Teile eines Bindemittels, die für das Entstehen eines Lackfilms verantwortlich sind. Sie bestimmen wesentlich die Lackeigenschaften.

2. Pigmente, Füllstoffe, Farbstoffe: Pigmente sind in Lösemittel unlösliche Farbmittel für farbige, deckende Beschichtungen. Die unlöslichen Füllstoffe dienen der Volumenvergrößerung und der Veränderung der technischen Eigenschaften. Farbstoffe dagegen sind lösliche Farbmittel.

3. Löse- und Verdünnungsmittel: Lösemittel lösen Bindemittel bzw. Filmbildner, ohne diese chemisch zu verändern. In der Praxis eingesetzte Lösemittel bestehen meist aus mehreren Grundlösemitteln. Reaktive Lösemittel werden bei der Filmbildung Bestandteil des Bindemittels. Verdünnungsmittel lösen nicht, sondern sie sind dem Lack beigegeben, um die Verarbeitungseigenschaften zu beeinflussen und können ebenfalls reaktiv sein. Verschnittmittel lösen selbst nicht, werden aber zusammen mit Lösemitteln aktiviert.

4. Hilfsstoffe (Additive): Hilfsstoffe sind Materialien, die in geringen Mengen dem Lack beigegeben sind, um bestimmte Eigenschaften zu erzeugen, zu fördern oder zu unterdrücken.

5. Bindemittel sind nichtflüchtige Bestandteile des Lacks ohne Pigmente und Füllstoffe. Sie enthalten die Filmbildner bzw. Harze und Weichmacher (DIN 55945).

6. Naturharze (z. B. Kolophonium) werden unverändert nur in geringen Mengen verwendet, sondern meist modifiziert eingesetzt.

7. Kunstharze sind synthetische Filmbildner, die durch Polymerisation, Polykondensation oder Polyaddition aus niedermolekularen Ausgangsstoffen hergestellt sind.

Aufgrund der Vielfalt und der Rezepturgeheimhaltung ist dem Verwender der Beschichtungsmaterialien die Zusammensetzung der Lacke meist nicht oder nur so weit bekannt, wie es für die Einhaltung der Vorschriften nötig ist (z. B. TA Luft, Gefahrstoffverordnung, Abfallbeseitigung), oder er muß sich beim Lackhersteller darüber informieren.

Die Zusammensetzung der Beschichtungsstoffe und deren Verwendung wird in zunehmendem Maße von den Forderungen des Umweltschutzes geprägt. Die Hauptbelastung der Umwelt durch Lacke ist durch die verwendeten organischen Lösemittel und die durch schlechten Applikationswirkungsgrad anfallenden, nicht mehr verwendbaren Lackresten gegeben (z. B. Overspray).

Der in letzter Zeit weitverbreitete Begriff „Biolack" führt bei Verbrauchern zu der irreführenden Polarisierung
bio = natürlich = ungefährlich
künstlich = giftig.
Die Grenze zwischen natürlichen (naturbelassenen) und synthetischen Stoffen ist jedoch fließend; außerdem sind nicht alle naturbelassenen Stoffe ungefährlich, wie z. B. die MAK-Werte-Liste zeigt.

5.5.3 Die Filmbildner

Die Filmbildner, nichtflüchtiger Hauptbestandteil der Lacke, bestimmen wesentlich die Verarbeitungs- und Filmeigenschaften. Die Bildung des Films, d. h. der Übergang vom flüssigen in den festen Zustand, geschieht durch

- physikalische Trocknung (verdunsten, verdampfen) der flüchtigen Bestandteile oder
- chemische Härtung (Vernetzung).

In vielen Lacksystemen bildet sich der Film sowohl durch Trocknung von Lösemitteln, als auch durch Härtung, und zwar entweder gleichzeitig oder nacheinander. Die Lackarten können nach dem Bindemittel (Nitrolack), nach dem Auftragverfahren (Spritzlack), nach dem Glanzgrad (Mattlack), nach der Anwendung (Grundierung) und nach dem Einsatz (Möbellack) eingeordnet werden.

Nachfolgend sind die in der Möbelherstellung gebräuchlichsten Filmbildner nach den in den Lacken verwendeten Bindemitteln geordnet zusammengestellt.

5.5.3.1 Unveränderte und abgewandelte Naturprodukte

1. Baumharze sind keine klar definierten einheitlichen Substanzen, sondern komplizierte Gemenge verschiedener Materialien. Wegen meist ungenügender technischer Eigenschaften werden Baumharze in reiner Form nicht eingesetzt, sondern in geringen Mengen in modifizierter Form in andere Bindemittel eingebaut. Kolophonium fällt bei der Terpentingewinnung aus heimischen Koniferen an. Sandarak stammt aus afrikanischen, Dammar aus südostasiatischen Bäumen, Mastix aus Mastixbäumen; Kopal (mexikanisch) ist ein Sammelbegriff für verschiedene tropische Baumharze.

2. *Schellack* ist tierischen Ursprungs. Er wird aus einer harzähnlichen Ausscheidung von Stockläusen (Lack-Schildlaus) gewonnen, die als Parasiten auf asiatischen Bäumen leben und deren Zweige anstechen. Schellack, gereinigt, in Spiritus löslich, ist in verschiedenen Formen im Handel: als fertiger, gelöster Lack, oder als Stangen-, Blätter- oder Knopf-Schellack zum Selbstauflösen. Wegen der begrenzten Verfügbarkeit und damit sehr hohen Preises und der für manche Ansprüche nicht ausreichenden Eigenschaften wird Schellack industriell für die Möbellackierung nicht eingesetzt, sondern nur zur Restauration alter Möbel oder bei Sonderwünschen der Kundschaft.

3. *Bienenwachs.* Reines Bienenwachs, in Terpentin gelöst, ist ein altbekanntes Überzugsmittel. Bei nicht beanspruchten Oberflächen eingesetzt, ergibt Bienenwachs einen nicht anfeuernden, matten, gut riechenden Überzug. Beanspruchte Flächen verschmutzen schnell und sind pflegebedürftig, da Bienenwachs schon bei Körpertemperatur leicht klebrig wird. Das flüssige Wachs wird mit dem Pinsel oder Lappen aufgetragen und nach dem Trocknen mit einem sauberen Lappen oder einer Bürste nachgerieben.

Bienenwachs wird häufig wegen seiner Naturbelassenheit bei sogenannten Biomöbeln eingesetzt. Das verwendete Lösemittel Terpentinöl ist jedoch in der MAK-Werte-Liste recht nieder eingestuft, also auch gesundheitsschädlich (Tabelle 5.3).

4. *Andere Wachse.* Außer Bienenwachs waren immer schon andere Wachsarten für die Oberflächenbehandlung von Möbeln eingesetzt, auch in Verbindung mit Beizen (Wachsbeizen).

Von den pflanzlichen Wachsen hatte Carnaubawachs aus Wachspalmen, ferner das mineralische Erdwachs Bedeutung. Heute werden synthetische Wachse wie Montanwachs aus Braunkohle oder Paraffinwachse verwendet, die gegenüber den Naturprodukten höher beansprucht werden können. Jedoch sind Wachsüberzüge kratzempfindlich und chemisch nicht sehr beständig.

Wachsschichten sind wasserabweisend, aber stehendes Wasser dringt in die Oberfläche ein und ergibt Wasserflecken; diese können durch Nachwachsen wieder entfernt werden, sofern das darunterliegende Holz sich nicht verändert hat. Der Auftrag erfolgt mit dem Pinsel oder mit der Spritzpistole. Das Nachbürsten nach dem Trocknen ergibt den Seidenglanz. Gewachste Flächen müssen gepflegt werden und können nicht überlackiert werden. Bienenwachsähnliche Ge-

ruchsstoffe im Wachs sollen Naturähnlichkeit assoziieren. Widerstandsfähigere Flächen erhält man durch das Auftragen eines Sperrgrunds vor dem Wachsen.

Dekorwachs ist mit geringen Mengen von Pigmenten versehen, die im transparenten Überzug eine gewisse Farbkomponente zur Geltung bringen.

Zur Frage der Umweltfreundlichkeit von Wachsen zur Oberflächenbehandlung ist festzustellen, daß die meisten Wachse zum Auftragen in einem Lösemittel gelöst sind, das beim Trocknen an die Umgebungsluft abgegeben wird. In neueren Spritzgeräten wird spezielles Wachs so weit erwärmt, daß es ohne Verdünnung gespritzt werden kann.

5. *Öle* werden als althergebrachte Beschichtungsmaterialien vor allem bei Fichten- und Kiefern-Vollholzmöbeln wieder eingesetzt. In naturbelassener Form werden die oxidativ härtenden pflanzlichen Öle (Leinöl) wegen der sehr langen Trockenzeit nicht verwendet. Mit einem Trocknungsstoff (Sikkativ) verringert sich die Trockenzeit auf wenige Stunden.

Öle feuern die Holzoberfläche an, wirken hydrophob, sind aber mechanisch wenig beanspruchbar. Pflanzliche Öle dienten früher als Grundmaterial für Öllacke, Schleiflacke und Spachtel. Modifizierte oder synthetische Öle sind wegen der hydrophoben Eigenschaft und wegen des guten Eindringens in die Holzoberfläche als Lasurgrundmaterial für Außenanwendung und als Biozid-Träger geeignet.

Das alleinige Ölen von Teakholz wird wegen der geringen mechanischen Beanspruchbarkeit und der Staubempfindlichkeit kaum mehr angewendet: Nach dem ersten Ölen zur Strukturbelebung wird ein geeigneter Mattlack aufgetragen.

6. *Nitrocellulose (Cellulose-Nitrat)* ist das zur Zeit immer noch häufig eingesetzte Bindemittel bei der Oberflächenbehandlung von Möbeln. Cellulose, aus Holz oder Baumwolle gewonnen, wird mit einem Gemisch aus Salpeter- und Schwefelsäure (Nitriersäure) versetzt. Die durch Veresterung entstehenden mittelviskosen Cellulose-Nitrate, in Lösemittel gelöst, erlauben sehr kurze Trockenzeiten von wenigen Minuten und ließen erstmals ein industrielles Lackieren zu.

Die Anwendbarkeit von Nitrolacken ist durch den Einsatz vielfältiger Additive wie Harze, Weichmacher, Mattierungsmittel, Farbstoffen und Pigmenten in sehr weiten Bereichen gegeben: als Grundierung, Matt- und Glanzlack, Spachtel, Füller, Transparent- und Farblack und als Politur. Außerdem läßt sich Cellulose-Nitrat mit vielen anderen Filmbildnern kombinieren (Nitro-Kombi-Lacke).

Die Vorteile von Nitro-Oberflächen sind: Preisgünstigkeit, leichte Verarbeitbarkeit mit allen Applikationsmethoden, sehr kurze Trockenzeit, wegen der Löslichkeit sehr gute Nachbesserungseigenschaften, für weite Anwendungsbereiche bei Möbeln ausreichend widerstandsfähig. Die Kombination mit anderen Bindemitteln ergibt höher beanspruchbare Oberflächen.

Nachteilig ist die geringe Beständigkeit gegen chemische Belastungen und gegen Wasser. Hauptnachteil von Nitrolack ist der niedrige Festkörpergehalt von nur etwa 25 %, d. h. der hohe Lösemittelanteil führt zu einer erheblichen Umweltbelastung. Die Bemühungen der Lackindustrie um umweltfreundlichere Lacke läßt die Bedeutung des Nitrolacks zurückgehen.

5.5.3.2 Synthetische Filmbildner

Die immer differenzierter werdenden Ansprüche hinsichtlich der Beanspruchbarkeit der Oberflächen, der Verarbeitungsmöglichkeit und Wirtschaftlichkeit sowie die Bemühungen um Umweltfreundlichkeit haben zur Entwicklung einer Vielzahl von synthetischen Beschichtungsstoffen geführt.

Synthetische Filmbildner härten meist durch eine chemische Vernetzungsreaktion (Härterlack, Reaktionslack, 2-Komponenten-Lack), wobei auch, je nach Festkörpergehalt, eine Trocknung von Lösemitteln stattfindet.

Reaktionslacke haben je nach Ausgangsprodukt eine erheblich bessere Widerstandsfähigkeit gegen mechanische und chemische Beanspruchung als Nitrolack. Sie sind meist mit Lösemitteln nicht mehr anlösbar und werden mit höheren Festkörperanteilen bis hin zu lösemittelfreien Lacken (strahlenvernetzbarer Lack) hergestellt, wobei auch reaktie Lösemittel eingesetzt werden, die nicht verdunsten, sondern in den Lackfilm „eingebaut" werden.

1. *Säurehärtende Lacke* (SH-Lacke) haben Harnstoff-, Melamin- oder Phenolharze und Formaldehyd als Ausgangskomponenten, die unter Einwirkung starker Säuren (Härter) durch Polykondensation zu einem duroplastischen Film aushärten.

Die widerstandsfähigen SH-Lacke können in weiten Bereichen der Möbelindustrie bis hin zu stark beanspruchten Teilen wie Sitzmöbel, Türen, Büro- und Schulmöbel sowie Küchenmöbel eingesetzt werden. In Verbindung mit einem schnelltrocknenden Nitrogrund läßt sich ein rationelles Lacksystem aufbauen.

Nachteilig ist, daß dieser Lack Formaldehyd abgibt; deshalb geht der Einsatz dieses wirtschaftlichen Lacksystems zu-

Tabelle 5.3 Auswahl von Kennzahlen organischer Löse- und Verdünnungsmittel, nach den Verdunstungszahlen aufsteigend geordnet (Aus neue Datenblätter für gefährliche Arbeitsstoffe nach der Gefahrstoffverordnung, Stand 1990, WEKA-Fachverlags GmbH)

Bezeichnung	Chemische Formel	Verdunstungszahl (Ether =1)	Molmasse g/mol	Siedetemperatur bei 1013 mbar °C	Dichte bei 20°C g/ml	Flammpunkt °C	Zündtemperatur °C	Explosionsgrenze untere Vol.-%	Explosionsgrenze obere Vol.-%	Klasse nach der TA-Luft (1990)	Gefahrenklasse nach der VbF	Wassergefährdungsklasse	MAK-Werte* (1990) ml/m³	MAK-Werte* (1990) mg/m³	Geruchsschwelle ml/m³	Geruchsschwelle mg/m³	Alte Bezeichnungen
Dichlormethan	Cl-CH₂-Cl	2,0	84,93	39,8	1,326	nicht brennbar	605	13,0	22,0	III	expl.	2	100	360	550	–	
Aceton	CH₃-CO-CH₃	2,1	58,08	56	0,799	–17	465	2,5	13,0	III	B	0	1000	2400	300	–	
Methylacetat	CH₃-COO-CH₃	2,2	74,08	57	0,932	–10	475	3,1	16,0	II	A I	2	200	610	–	1	
Tetrahydrofuran	CH₂-CH₂-CH₂-CH₂-O	2,3	72,11	65,5	0,889	–17	260	1,5	12	II	B	1	200	590	–	–	
Ethylacetat	CH₃-COO-CH₂-CH₃	2,9	88,12	77	0,902	– 4	460	2,1	11,5	III	A I	1	400	1400	–	100	
Trichlorethylen	ClHC=CCl₂	3	131,39	86,9	1,464	nicht brennbar	410	~7,9	nicht bestimmbar	II	–	3	50	270	–	3,9–2184	
Benzin (Gemisch)**	C₆–C₁₀	~3,5 bis ~9,5	80 bis 150	60 bis 140	0,68 bis 0,72	–10 bis –20	250 bis 260	0,8 bis 1,1	6,5 bis 7	–	A I	1	–	–	–	–	
Butanon	CH₃-CO-CH₂-CH₃	6	72,11	79,6	0,8054	–1	505	1,8	11,5	III	A I	1	200	590	25	–	Methylethylketon
Toluol	C₆H₅-CH₃	6,1	92,14	110,8	0,867	6	535	1,2	7	II	A I	2	100	380	0,2	–	
Methanol	CH₃-OH	6,3	32,04	64,7	0,79	11	455	6	36,5	III	B	1	200	260	0,02	–	
Ethanol	CH₃-CH₂-OH	6,3	46,07	78,4	0,789	12	425	3,5	15	III	B	0	1000	1900	10	–	
2-Popanol	CH₃-CHOH-CH₃		60,10	82,4	0,785	12	425	2,0	12	III	B	1	400	980	–	2,1–490	
n-Butylacetat	CH₃-CO-O-CH₂-CH₂-CH₂-CH₃	12	116,16	126,5	0,8825	22 bis 27	370	1,2	7,5	III	A II	1	200	950	–	33 bis 95	
Xylol (Isomerengemisch)	CH₃-C₆H₄-CH₃	13,5	106,17	135 bis 145	0,86	<21	460 bis 480	~1	~8	II	A I	2	100	440	–	<0,5 bis 25	
Styrol	C₆H₅-CH=CH₂	16	104,15	145,8	0,906	32	490	1,1	8	II	A II	2	20	85	–	0,02 bis 10	
2-Methoxy-ethanol	CH₃-O-CH₂-CH₂-OH	18,7	76,09	124,5	0,96	39	285	2,5	20	II	A III	1	5	15	–	–	Methylglykol
1-Butanol	CH₃-CH₂-CH₂-OH	33	74,12	117,7	0,809	34	340	1,4	11,3	–	A II	1	100	300	33	–	
2-Methoxy-ethylacetat	CH₃-O-(CH₂)₂-O-CO-CH₃	35	118,13	145,0	1,0067	47	380	1,7	8,2	–	–	1	5	25	–	–	Methylglykolacetat
Cyclohexanon („Anon")	C₅H₁₀-CO	40	98,14	155,8	0,945	44	430	1,1	9,4	II	A II	1	50	200	–	–	
2-Ethoxy-ethanol	CH₃-CH₂-O-CH₂-CH₂-OH	43	90,12	135,1	0,929	42	235	1,8	15,7	II	A III	1	20	75	90	–	Ethylglykol
2-Ethoxy-ethylacetat	CH₃-CH₂-O-(CH₂)₂-O-CO-CH₃	52	132,2	156,4	0,98	51	380	1,7	8,3	–	A II	1	20	110	–	–	Ethylglykolacetat
2-Isopropoxy-ethanol	CH₃-CH(CH₃)-O-(CH₂)₂-OH	65	104,14	139	0,906	42	345	1,6	13,0	–	–	–	–	–	–	–	Isopropylglykol
2-Butoxy-ethanol	HO-CH₂-CH₂-O-CH₂-CH₂-CH₂-CH₃	163	118,18	171,2	0,902	61	240	1,1	10,6	II	A III	1	20	100	–	–	

* aus: TA-Luft, Anhang E
** Gemisch aliphatischer und aromatischer Kohlenwasserstoffe

rück. Selbst die neuen formaldehydarmen SH-Lacksysteme lassen sich kaum einsetzen.

SHE-Lack ist ein Beschichtungsmaterial, in dem die bereits zusammengemischten Komponenten durch einen hohen Anteil an physikalisch trocknenden Filmbildnern getrennt sind und erst nach dem Trocknen reagieren. Die Beanspruchbarkeit von SHE-Lacken ist etwas geringer gegenüber der von SH-Lacken. SHE-Lack ist nur begrenzt lagerfähig.

Bei dem mit allen Applikationsmethoden verarbeitbaren SH-Lack ist wegen des Säuregehalts bei bestimmten Hölzern (z. B. Fichte, Kiefer, Buche, Kirschbaum) oder Beizen mit einer Verfärbung zu rechnen, was den Einsatz eines Isoliergrundes erforderlich macht. Außerdem sind die Applikationsgeräte säurefest auszulegen. Die Trockenzeit bei Raumtemperatur von 30 min bis 2 Std. wird durch höhere Temperatur auf wenige min reduziert.

SH- oder SHE-Lack wird auch als Einschichtsystem gleichermaßen für Grundierung und Endlack verwendet, d. h. ein offenporiger Effekt wird in zwei Arbeitsgängen mit demselben Lack erzielt. Die SH-Grundierung erfordert ein sorgfältiges Lackschleifen, damit der Decklack ausreichend haftet.

SH-Lacke werden auch gut mit Nitro- oder Alkydharzen kombiniert, um bestimmte Eigenschaften zu erzielen (z. B. Nitro-Kombi-Lack). Die Beanspruchbarkeit dieser Lackfilme liegt etwa zwischen der beider Materialien für sich.

2. Ungesättigter Polyesterlack (UP-Lack, Kurzzeichen nach DIN 55 950): Das ungesättigte Polyester-Grundmaterial reagiert mit Styrol in einer Mischpolymerisation zu einem hochbeanspruchbaren Kunststoff. Man unterscheidet paraffinhaltigen und paraffinfreien Polyester. Je nach der geforderten Schichtdicke des Lackfilms sind deshalb zwei grundsätzlich verschiedene Einsatzmethoden gebräuchlich:
- Paraffinhaltiger UP-Lack für dicke Filmschichten (geschlossenporige Flächen, Hochglanz durch Abbaupolitur).

Bei geschlossenporigen Oberflächen kann im Gegensatz zum trocknenden Nitrolack der härtende UP-Lack in einem Arbeitsgang in großen Mengen (z. B. 300 ... 600 g/m²) aufgetragen werden. Zum Polieren wird die Fläche geschliffen und geschwabbelt (Abbaupolitur).

Diesem 2-Komponenten-Material mit hoher Füllkraft muß Paraffin beigegeben werden (Paraffinpolyester), das nach dem Auftragen aufschwimmt und den bei der Härtung störenden Luftsauerstoff abschirmt. Durch das Schleifen wird das Paraffin wieder entfernt.

Die erste Komponente, der Stammlack, etwa 6 Monate lagerfähig, enthält Polyester-Grundmaterial, Styrol und einen Härtungsbeschleuniger (Kobald- oder Aminbeschleuniger) und die nötigen Additive. Die zweite Komponente, der Härter, ist ein katalytisch wirkendes organisches Peroxid, das wegen seiner Explosivität in Weichmachern dispergiert und verdünnt ist.

Bei kleinen Verarbeitungsmengen (Handwerk) wird im Untermischverfahren gearbeitet. In der industriellen Produktion werden beide Komponenten getrennt aufgetragen wegen der begrenzten Topfzeit der Mischung. Es kann zuerst Reaktionsgrund, dann Stammlack, mit Zwischentrocknung oder „naß-in-naß" aufgetragen werden. Dicke Schichten werden gegossen oder gespritzt.

In dicker Schicht senkrecht zu lackierende Flächen benötigen mehrere Aufträge, wobei die vorhergehende Schicht angeliert sein muß oder es wird ein besonders thixotroper Lack eingesetzt, um das Ablaufen zu verhindern. Der schlechte Verlauf wird durch das nötige Schleifen ausgeglichen.

Die Trockenzeit bis zur Weiterverarbeitung kann bei erhöhter Temperatur eine bis mehrere Stunden betragen, je nach Lackzusammensetzung.

Zu beachten ist, daß Dickschichtpolyester durch den Härtungsschwund von etwa 8 % Spannungen verursacht, was bei unsymmetrisch lackierten Teilen zum Verziehen führen kann.

Weiterhin ist UP-Lack gegen manche Holzinhaltsstoffe, z. B. in Palisander, Makassar usw. empfindlich bis hin zu einer völlig gestörten Härtung. Bei solchen Hölzern muß ein Sperrgrund verwendet werden.

- Glanz- oder Luftpolyester sind UP-Harze, deren Copolymerisation durch Luftsauerstoffe nicht inhibiert wird und die deshalb kein Paraffin benötigen. Diese modifizierten UP-Harze haben eine geringere Reaktivität, trocknen glänzend und lassen sich schlecht mattieren. Sie werden als füllkräftige, auch pigmentierte Füller oder Spachtel mit guter Schleifbarkeit eingesetzt.

- UV-härtender UP-Lack als Einkomponentenlack für dünne Schichten: Bei offenporiger Lackierung wird nach dem Decklackieren nicht mehr geschliffen, so daß eine Paraffinschicht nicht entfernt würde. Früher eingesetzte paraffinfreie Fertigpolyester waren zu glänzend und haben sich nicht durchgesetzt. Zur Erzielung sehr kurzer Trockenzeiten und um den Einsatz paraffinfreien Materials zu ermöglichen, wurde der UV-Polyester entwickelt. Die Polymerisierung der Radikalketten der ungesättigten Präpolymere mit reaktiven Lösern, ausgelöst durch ener-

giereiche UV-Strahlung unter Mithilfe von Photoinitiatoren, läuft sehr schnell ab. Die Härtung dauert, wenn keine Lösemittel zu verdunsten sind, je nach Schichtdicke des aufgetragenen Lackes etwa 5 ... 20 s. UV-Lack braucht keinen Härter und keinen Beschleuniger und ist ein Einkomponentenmaterial.

Transparente UV-Lacke enthalten Photoinitiatoren, die bei Wellenlängen des UV-Lichtes von 300 ... 350 nm aus Quecksilberdampf-Hochdrucklampen reagieren.

Die in Farblacken enthaltenen Pigmente absorbieren oder reflektieren die UV-Strahlung in diesem Wellenlängenbereich. Deshalb sind pigmentierten UV-Lacken für dicke Lackschichten bei höheren Wellenlängen (~ 400 nm) reaktive Photoinitiatoren beigegeben, ebenso Pigmente, die in diesem Wellenlängenbereich für Strahlung durchlässiger sind. Die langwellige UV-Strahlung wird durch Leuchtstoffröhren herkömmlicher Bauart oder spezielle Quecksilberdampf-Hochdruckstrahler erzeugt. Diese Monocure-Lacksysteme enthalten keine Lösemittel und eignen sich für das Rückgewinnen und Wiederverwenden von Auftragverlusten.

Bei gespritzten UV-Lacken auf Stühlen oder Gestellen härtet der UV-Lack an den vom Strahler weit entfernt oder im Lichtschatten liegenden Oberflächenteilen der Werkstücke durch ungenügende Strahlungsdosis schlecht aus. Deshalb ist in diesem Fall dem UV-Lack ein Anteil an Härter beigegeben (Double-Cure-System). Durch anfängliche UV-Härtung wird vorreagiert, der Härteranteil härtet den Lack bei Raumtemperatur nach. Dieses 2K-Lacksystem ist nicht wiederverwendbar, und es ist eine offene Zeit zu berücksichtigen.

Wenn es die Auftragbedingungen zulassen, sind UV-Lacke mit fast 100 % Festkörper verarbeitbar. Die Vorteile von UV-Lacken sind die schnelle Härtung, Umweltfreundlichkeit durch fehlende Lösemittel und hohe Beanspruchbarkeit des Lackfilmes. Nachteilig sind das schwierige Aufbringen gleichmäßig dünner Schichten, kein oder ungenügender Verlauf und unter Umständen Haftungsprobleme.

UV-Lacke können, lösemittelfrei, in den erforderlichen dünnen Schichten nur durch Walzen sehr gleichmäßig auf plane Werkstücke aufgetragen werden. Außerdem ist durch den fehlenden Verlauf des Lacks die Gefahr einer sichtbaren Walzstruktur gegeben. Mit abnehmender Schichtdicke wird diese Gefahr geringer. Bei offenporiger Lackierung sind deshalb mehrmals Schichten von 5 ... 15 g/m² aufzutragen, anzugelieren oder „naß-in-naß" zu verarbeiten. Die vorgenannten Punkte schränken die Anwendung des UV-Lacks mit 100 % Festkörper bisher erheblich ein.

Bei hoher Oberflächenqualität (guter Verlauf) und profilierten Teilen muß gegossen oder gespritzt werden. Zur Erzielung der nötigen Verarbeitungsviskosität des UV-Lacks muß Verdünnung zugegeben werden. Bei organischen Verdünnern sind wieder die Grenzwerte der TA Luft zu beachten. Deshalb wird zunehmend versucht, UV-Lacke mit Wasser zu verdünnen. Die gegenwärtig eingesetzten wasserverdünnbaren UV-Lacke sind jedoch acrylierte Harze. Sie sind reaktiver und zeigen eine noch höhere Beanspruchbarkeit als herkömmliche UV-Polyester.

Wasserverdünnbare UV-Materialien benötigen zur Filmbildung zuerst einen Trockner, damit das Wasser abtrocknet, bevor im UV-Kanal gehärtet werden kann.

3. Polyurethanlack (PUR-Lack), unter dem Handelsnamen DD-Lack (Desmodur-Desmophen) eingeführt, ist ein variationsfähiges Material. Es kann sowohl physikalisch trocknend als auch chemisch bzw. oxidativ vernetzend eingestellt werden. In der Holzoberflächenbehandlung finden PUR-Lacke meist als 2-Komponenten-Lack als auch als Einkomponentenmaterial Verwendung.

Die Härtung der Polyolkomponenten und Polyisocyanat erfolgt durch Polyaddition zu einem duroplastischen Film von sehr hohem Gebrauchswert: Gutes Haftvermögen, auch auf schwierigem Grund bei exotischen Hölzern, hohe Abriebfestigkeit und höchste Beanspruchbarkeit bei Klima- und chemischer Belastung machen PUR-Lacke geeignet für Küchen-, Bad- und Büromöbel; auch im Labor- und Ladenbau kann man sie zum Einsatz bringen. PUR-Lacke sind hart oder auch elastisch einstellbar, schwer entflammbar und daher auch für Einrichtungen mit Publikumsverkehr geeignet. Die verwendeten organischen Lösemittel sind nach der TA Luft weitgehend Klasse III (Tabelle 5.3), und bei der Härtung werden keine Neben- oder Abspaltprodukte frei.

Normaler PUR-Lack vergilbt auf mit Peroxid gebleichten Hölzern und benötigt, als Grundierung eingesetzt, eine spezielle Härtereinstellung oder einen Isoliergrund.

PUR-Lacke lassen sich bei entsprechender Einstellung mit allen Applikationsmethoden verarbeiten, da die offene Zeit sehr lang eingestellt werden kann, bei Trommellackierung bis 8 Tage. Dies stellt gleichzeitig den Hauptnachteil von PUR-Lackierungen dar: die lange Härtungszeit, die durch Wärmezufuhr nicht we-

sentlich reduziert werden kann. Bis zur Schleifbarkeit sind bis zu 2 Std. Trockenzeit, zur Durchhärtung 6 Std. und mehr notwendig.

Kunstharz-Kombinationslacke, z. B. im Handel als Polyurethan-Acrylatharz-Lack bezeichnet, finden in der Möbelindustrie immer mehr Eingang. Interessant ist die Entwicklung von 2-Komponenten-Lacken, die zusätzlich mit Photoinitiatoren ausgestattet sind. Dadurch kann bei diesem Lacksystem nach dem Ablüften eine Anhärtung durch UV-Strahlen vorgenommen werden, die Staubfestigkeit erbringt (auch bei farbiger Lackierung). Die Durchhärtung geschieht dann während der weiteren Verarbeitung. Der Vorteil gegenüber rein UV-härtenden Systemen liegt darin, daß der Lack auch an für UV-Licht unzugänglichen Stellen härtet (z. B. bei Kanten, Hinterschneidungen, Stühlen), siehe auch UP-Lacke, Double-Cure-System.

4. Wasserlacke. Gemäß der Forderung nach Reduzierung von Emissionen an organischen Lösemitteln (TA Luft) erhält die Entwicklung von „Wasserlacken" immer größere Bedeutung.

Die Bezeichnungen „Wasserlack", „Hydrolack" oder „Aqualack" sind Kurzbezeichnungen für mit Wasser verdünnbare Lacke, die auch organische Lösemittel enthalten können.

Grundsätzlich können Wasserlacke mit Bindemittel
● als lösliche Harze in mit Wasser mischbaren organischen Lösemitteln gelöst und mit Wasser verdünnbar, oder
● als Dispersion (wäßrige Kunststoff- bzw. Kunstharzdispersion) auf Acrylat-, PUR-, Polyester- oder Alkydbasis aufgebaut sein (gemäß DIN 55945 ist eine Dispersion ein Anstrichstoff, aber kein Lack).

Der Schwerpunkt der Entwicklung der in der Möbeloberflächenbehandlung zunehmend eingesetzten Wasserlacke liegt bei den Dispersionen.

Die Bindemittel in Wasserlacken können, je nach Art, physikalisch trocknen oder chemisch härten. Auch strahlenvernetzbare Wasserlacksysteme kommen zum Einsatz. Diese erfordern zum Spritzen oder Gießen wasserverdünnt, vor dem UV-Kanal einen Vortrockner, der das Wasser bzw. die restlichen organischen Lösemittel vollständig entfernt, da sonst der Klarlack milchig trüb erscheint.

Die Vorteile von Wasserlacken sind:
● geringere Umweltbelastung durch wesentlich weniger, aber immer noch nötige organische Lösemittelanteile von etwa 5 . . . 20 %;
● gute, mit anderen Lacksystemen vergleichbare Beanspruchungseigenschaften des Lackfilms;
● neuere Lackformulierungen enthalten

Verfahrensbeispiele für den Einsatz von wäßrigen Lackmaterialien sind nachfolgend dargestellt (nach Treffert):

Lackierung von profilierten Massivholz-Möbelfronten mit einem UV-härtenden, wäßrigen Lackmaterial

1. Schleifautomat
2. Beizmaschine
3. Düsentrockner (22 . . . 28 m/s Luftgeschwindigkeit), 60 s, 60 °C
4. Spritzautomat, 60 g/m² UV-Wasser-Spritzgrund
5. Düsentrockner, 5 min, 40 . . . 80 °C ansteigend
6. UV-Härtung, 4 . . . 5 m/min, Strahler (80 W/cm)
7. Schleifautomat
8. Spritzautomat, 60 g/m² UV-Wasser-Spritzlack
9. Düsentrockner, 5 min, 40 . . . 80 °C ansteigend
10. UV-Härtung, 4 . . . 5 m/min, Strahler (80 W/cm)

Lackierung von profilierten Möbelfronten mit einem wäßrigen Einkomponentenlack

1. Schleifautomat
2. Beizmaschine
3. Düsentrockner, 60 g/m² Wasser-Spritzgrund
4. Spritzautomat, 60 g/m² Wasser-Spritzgrund
5. Düsentrockner, 5 min, 60 . . . 80 °C ansteigend
6. Schleifautomat
7. Spritzautomat, 60 g/m² Wasser-Spritzlack
8. Düsentrockner, 5 min, 60 . . . 80 °C ansteigend
9. Kühlzone

---

keine ökologisch bedenklichen Amine mehr;
- geringere Sicherheitsanforderungen beim Anlagenbau (kein Ex-Schutz);
- in der gleichen Spritzkabine neben PUR- und Nitrolacken verarbeitbar;
- Lackreste sind durch geeignete Koagulierungsmittel abzuscheiden, Lackschlamm wird als Sondermüll behandelt.
- Monocure-Lackverluste (Overspray) können wieder verwendet werden.

Nachteilige Aspekte der wasserverdünnbaren Lacksysteme sind:
- die rohe Holzoberfläche quillt und rauht mehr auf als bei konventionellen Lacksystemen;
- bei harzhaltigen Hölzern können Benetzungsprobleme auftreten;
- herkömmliche Wasserbeizen lassen sich nicht einsetzen;
- Hochglanz ist nicht ohne weiteres erreichbar;
- Griffigkeit (haptische Eigenschaften) und die Transparenz bei dunkel gebeizten, klarlackierten Hölzern lassen noch zu wünschen übrig;
- zur Verarbeitung sind korrosionsbeständige Anlagen notwendig;
- Lackauftraggeräte und -maschinen müssen auf die besonderen rheologischen Eigenschaften von Wasserlacken ausgelegt sein;
- die längeren Trockenzeiten erfordern bei vielen vorhandenen Anlagen ein Umrüsten bzw. Verlängern;
- abgestufte Lösemittelverdunstung zur Erzielung bestimmter Trocknungseigenschaften ist bei Wasser nicht möglich;
- organische Lösemittelanteile im Abwasser von Spritzkabinen.

Die erforderlichen Trockenzeiten schwanken je nach Auftragdicke, Festkörpergehalt und Trocknungsverfahren in weiten Bereichen. Als Anhaltspunkte können folgende Beispiele dienen:
- Raumtrocknung bis Schleiffestigkeit etwa 2 Std.;
- Kanaltrocknung bei 70 °C: 5 ... 25 min bei Spritz- und Gießlacken, die wegen der geringeren Verarbeitungsviskosität mehr verdünnt sind;
- Walzlacke, z. B. als Füllgrund auf Spanplatte: etwa 30 s bei 100 °C;
- UV-härtbare, farblose wasserverdünnbare Lacke, für profilierte Teile verdünnt verarbeitet, benötigen Vortrockner, so daß hinsichtlich der Anlagenlänge gegenüber den physikalisch trocknenden Wasserlacken kein Vorteil besteht.

5.5.4 Farbstoffe, Pigmente, Füllstoffe

Zur Herstellung deckender, farbiger Lacke sind den Bindemitteln Farbmittel beigegeben, die nach DIN 55943 folgendermaßen definiert sind:

- Farbstoffe sind in Flüssigkeiten lösliche Substanzen (homogen und molekular verteilt, chemisch nicht verändert). Wegen des geringen Deckvermögens werden Farbstoffe nur bei Beizen verwendet (Abschnitt 5.3.3).
- Pigmente sind unlösliche Farbmittel, die als zweite Phase in einer Trägerflüssigkeit fein verteilt sind. Pigmente sollen dem Lack ein hohes Deckvermögen geben, hohe Farbstärke und gleichbleibende Farbtöne haben und sehr lichtbeständig sein.
- Füllstoffe sind unlösliche Stoffe, die wenig zur Farbgebung beitragen und der Volumenvergrößerung dienen. Sie können die technischen Eigenschaften von Pigmentlacken verbessern.

Pigmente können anorganische und organische Materialien sein. Man unterscheidet Weißpigmente, Schwarzpigmente und Buntpigmente (DIN 55944). Die Pigmente (mit sehr unterschiedlicher geometrischer Teilchenform) sollen im Bindemittel möglichst gleichmäßig verteilt und von diesem völlig benetzt sein. Dies wird erschwert durch die stark vergrößerte spezifische Oberfläche bzw. der Feinheit der Pigmentteilchen (Größenordnung 0,1 ... 1 μm) wegen der Oberflächenspannung und den Kohäsionskräften, die zu Agglomeratbildung führen (Zusammenballung). Deshalb ist für die Erfüllung der Anforderungen an das jeweilige Lacksystem die richtige Art und Menge an Bindemittel, Pigment, Lösemittel und Additiven nötig.

Das Deckvermögen eines Pigmentlacks wird bestimmt durch die aufgetragene Filmschichtdicke, den Farbunterschied zum Untergrundmaterial, der Pigmentart sowie den Anteil an Pigmenten im Lack. Der Pigmentanteil im Lack, die sogenannte Pigmentvolumen-Konzentration (PKV) beeinflußt eine ganze Reihe von Filmeigenschaften, außer der Deckfähigkeit z. B. auch den Glanzgrad, die Durchlässigkeit für Wasserdampf (Dichtheit) und das Abriebverhalten an der Lackoberfläche.

Das Kreiden einer Oberfläche ist das Ablösen von Pigmenten und Füllstoffen infolge von Abbau des Bindemittels an der Oberfläche.

Der Begriff „Ringfestigkeit", nicht genormt, aber viel angesprochen, bezeichnet die Eigenschaft des Lackfilms, daß bei Berührung der Lackoberfläche mit einem Fingerring keine Abriebspuren entstehen.

Abriebfestigkeit, der Widerstand gegen Verkratzen bzw. Ringfestigkeit einer farbigen Oberfläche läßt sich durch zwei Möglichkeiten der Beschichtung erreichen:
- Nach dem Schichtaufbau, z. B. Füller,

Farblackauftrag und als letzter Überzug ein Transparentlack. Der darunterliegende Farblack kann für eine hohe Deckfähigkeit höher pigmentiert und eventuell dünner aufgetragen sein. Dies geht vorzugsweise bei planen Flächen, wo die Klarlackschicht in gleichmäßiger Dicke aufgetragen werden kann.
- Bei farbig zu spritzenden Flächen, wo ein transparenter Decklack wegen der zwar geringen aber eventuell vorhandenen Eigenfarbe des Klarlacks und der durch das Spritzen sehr unterschiedlichen Filmdicken nicht eingesetzt werden kann, muß ein Farblack als Schlußlack dienen. Dieser Farblack darf wegen der Abriebempfindlichkeit nicht zu hoch pigmentiert sein, muß aber dicker aufgetragen werden, damit Deckfähigkeit erreicht wird.

Hochglänzend trocknende Oberflächen ohne nachfolgendes Schleifen und Schwabbeln sind wegen der Pigmentierung daher nur schwierig herzustellen.

Perlglanz einer Oberfläche wird erzielt durch blättchenartige Pigmente in paralleler Orientierung durch Mehrfach-Lichtreflexion.

Metalleffekt ist ein metallisch glänzender Farbton, erreicht durch schuppenförmige Glanzpigmente aus Metallpulver, z. B. Aluminium.

UV-härtbare Farblacke erfordern Pigmente, die zumindest langweiliges UV-Licht nicht vollständig reflektieren oder absorbieren, sondern durchlässig sind, so daß auch die unteren Lackschichten aushärten können.

Zu beachten ist, daß Pigmente auch umweltbelastend sein können, z. B. bei der Entsorgung von Restlackmengen. Da der Lackverarbeiter die Art der in seinen Lacken enthaltenen Pigmente nicht kennt, ist auf die Hinweise der Lackhersteller zu achten (Sicherheitsdatenblätter).

5.5.5 Löse- und Verdünnungsmittel

5.5.5.1 Aufgaben und Arten

Löse- und Verdünnungsmittel (Nichtlöser) sind Hilfsstoffe bei der Flüssigbeschichtung, die vorübergehend für eine Reihe von Aufgaben benötigt werden. Sie sollen
- Filmbildner sowie die weiteren Bestandteile in einen verarbeitungsfähigen Zustand bringen, um den flüssigen Lack oder die Beize auftragen und verteilen zu können,
- Benetzungs- und Dispergiervorgänge, Fließverhalten, Verlauf und Glanzgrad beeinflussen,
- Verarbeitungsviskosität auf die Applikationsmethode einstellen,
- steuernd auf das Trocknungsverhalten einwirken,

- elektrische Eigenschaften bei der elektrostatischen Beschichtung regulieren.

Löse- und Verdünnungsmittel werden bei der Filmbildung (Trocknung), soweit sie nicht in den Lack eingebunden sind (Reaktiv-Löser), möglichst umweltschonend durch Verdunstung entfernt.

1. Echte oder aktive Lösemittel sind gemäß DIN 55945 bei Normalbedingungen flüssige, flüchtige, meist organische Verbindungen, die andere Stoffe (Filmbildner, Beize) zu lösen vermögen, ohne diese chemisch zu verändern. Bei einer echten Lösung sind das Lösemittel und der gelöste Stoff mechanisch z. B. durch Filtrieren oder Zentrifugieren nicht voneinander zu trennen.

2. Nichtlöser (Verschnitt- oder Verdünnungsmittel) haben kein Lösevermögen und werden nur zur Verdünnung eingesetzt, um bestimmte Eigenschaften bei der Verarbeitung (z. B. Verarbeitungsviskosität) zu erreichen.

3. Latentlöser können allein nicht lösen, sondern sie werden erst durch das Beisein von echten Lösern oder auch Nichtlösern aktiviert und dann zu Lösemitteln (z. B. Alkohole oder auch Wasser).

4. Reaktive Löse- und Verdünnungsmittel (DIN 55945) sind Materialien, die bei der Filmbildung (Trocknung, Härtung) nicht verdunsten, sondern durch chemische Reaktion in den Lackfilm mit eingebunden werden und damit ihre Eigenschaften als Löse- bzw. Verdünnungsmittel verlieren (z. B. Styrol bei Polyester).

5. Löslichkeit der Filmbildner: Die Löslichkeit der Filmbildner ist von deren Molmasse abhängig und in verschiedenen Lösemitteln unterschiedlich. Das geht von einer echten Lösung mit homogener und molekularer Verteilung des gelösten Stoffes bei niedriger Molmasse, über kolloidale Lösungen bei makromolekularen Stoffen (wie bei Beschichtungsmaterialien) bis hin zur reinen Mischung, in der zwei Phasen nebeneinander vorliegen wie bei Dispersionen (Randbereich zwischen Lösung und Mischung).

6. Lösemittelart und Anteil im Beschichtungsstoff: Wieviel und welche Arten von Löse- und Verdünnungsmitteln in einem Beschichtungsstoff enthalten sein müssen, hängt von der Art des Bindemittels und den Verarbeitungsgegebenheiten ab. Umweltschutz und Wirtschaftlichkeit verlangen einen möglichst geringen Anteil an organischen Lösemitteln. Andererseits erfordern manche Bindemittel einen hohen Lösemittelanteil und bestimmte Applikationsmethoden eine niedere

Lackviskosität (Spritzverfahren), was zu hohen Verdünnungszugaben führt.

Der flüchtige Anteil an Löse- und Verdünnungsmittel und der Festkörperanteil, der nach dem Trocknen den Lackfilm bildet, wird im Festkörpergehalt in Gewichtsprozent ausgedrückt:

Festkörpergehalt FKG (Gewichtsprozent)

$$FKG = \frac{Trockengewicht \cdot 100}{Naßgewicht}$$

Der Festkörpergehalt FKG in Lacken ist in weiten Grenzen gegeben (z. B. bei Nitrolacken etwa 25%), über lösemittelarme Lacksysteme, sog. High-solids (60 . . . 80% FKG) bis zu emissionsfreien Lacken (nahezu 100% FKG) bei der Verwendung von Reaktivlösern, die nicht verdunsten.

5.5.5.2 Eigenschaften und Kennzahlen von Löse- und Verdünnungsmitteln

Für den Lackverarbeiter sind bestimmte Eigenschaften der Löse- und Verdünnungsmittel in den Beschichtungsmaterialien von besonderer Bedeutung.

1. Die Verdunstungszahl gemäß DIN 53170 gibt die Geschwindigkeit der Verdunstung einer Flüssigkeit bei Normaldruck an (Tabelle 5.3). Sie ist das Verhältnis aus der für die zu prüfende Flüssigkeit gemessene Verdunstungszeit und der Verdunstungszeit für Diethyläther als Vergleichsflüssigkeit. Die organischen Lösemittel sind eingeteilt in

- leichtflüchtige, Verdunstungszahl kleiner 10,
- mittelflüchtige, Verdunstungszahl 10 bis 35,
- schwerflüchtige, Verdunstungszahl 35 bis 50,
- sehr schwer flüchtige, Verdunstungszahl größer 50.

Lacke enthalten stets Gemische verschiedener Lösemittel, die in ihren Eigenschaften und Anteilen auf die Erfordernisse der Verarbeitung abgestimmt sein müssen. Die Lackverarbeitung verlangt eine hohe Flüchtigkeit zur schnellen Trocknung. Werden jedoch zu viel leichtflüchtige Lösemittel in einem Lack eingesetzt, kann der Verlauf ungenügend sein, oder der Lack neigt zu Blasenbildung, oder beim Spritzen läuft der Lack weiß an infolge Taupunktunterschreitung der Umgebungsluft durch zu raschen Wärmeentzug bei der Lösemittelverdunstung.

2. Die Siedetemperatur eines Lösemittels ist die Temperatur, bei der sein Dampfdruck dem der umgebenden Phase entspricht, bei Normaldruck gemessen. Sie kennzeichnet die Anfälligkeit von Lacken für Dampfblasenbildung beim zu raschen Abdunsten bzw. Trocknen (Tabelle 5.3).

Gebräuchlich ist die Einteilung der Lösemittel in

- Niedrigsieder, Siedetemperatur unter 100 °C,
- Mittelsieder, Siedetemperatur 100 . . . 150 °C,
- Hochsieder, Siedetemperatur über 150 °C.

In der Tabelle sind Siedetemperaturen bzw. Bereiche und Verdunstungszahlen von Lösemitteln zusammengestellt. Daraus geht hervor, daß z. B. Wasser an der Grenze zu den Niedrigsiedern liegt und deshalb das Trocknen von Wasserlacken wegen der Gefahr von Blasenbildung bzw. Aufkochen nicht mit hoher Temperatur durchgeführt werden kann. Andererseits ist die Verdampfungswärme von Wasser bei Normaldruck 2250 kJ/kg, während die üblichen organischen Lösemittel eine Verdampfungswärme von 330 . . . 670 kJ/kg benötigen. Dadurch ist die Trockenzeit und damit die Anlagengröße für das Trocknen von Wasserlacken gegenüber denen von Lacken mit organischen Lösemitteln recht ungünstig.

3. Sicherheitstechnische Kennzahlen von Lösemitteln: Die Sicherheitsmaßnahmen beim Umgang mit Lack im Betrieb sind weitgehend von den leichtflüchtigen, brennbaren organischen Lösemitteln bestimmt. Die Vorschriften über die Gestaltung der Lackierräume und der maschinellen Einrichtungen, der Lagerung und Lagermengenbegrenzung sowie das Abfüllen und den Transport von brennbaren Flüssigkeiten sind in der Verordnung für brennbare Flüssigkeiten (VbF) sowie in den Technischen Regeln für brennbare Flüssigkeiten (TRbF) festgelegt.

Diese Vorschriften orientieren sich hauptsächlich am Flammpunkt, an der Zündtemperatur und an den Zündgrenzen (Explosionsgrenzen) der brennbaren Flüssigkeiten.

- Der Flammpunkt ist die niedrigste Temperatur einer brennbaren Flüssigkeit, bei der so viel Lösemittel verdampft, daß das entstehende Lösemitteldampf-Luft-Gemisch in einer genormten Apparatur (z. B. nach DIN 51755) durch Fremdzündung entflammen kann. Der Flammpunkt kennzeichnet den Grad der Feuergefährlichkeit von brennbaren Flüssigkeiten. Diese sind nach der VbF eingeteilt in Gefahrenklassen (Tabelle 5.3):

Gruppe A: Flüssigkeiten, die einen Flammpunkt nicht über 100 °C haben und sich bei 15 °C nicht in jedem Verhältnis in Wasser lösen:
Gefahrenklasse AI: Flammpunkt unter 21 °C,
Gefahrenklasse AII: Flammpunkt 21 bis 55 °C,

Gefahrenklasse AIII: Flammpunkt 55 bis 100 °C. Gruppe B: Flüssigkeiten mit einem Flammpunkt unter 21 °C, die sich bei 15 °C in jedem beliebigen Verhältnis in Wasser lösen.

Der Flammpunkt bestimmt die Vorschriften hauptsächlich hinsichtlich der Gefahren im Lackierraum, die durch offene Flamme wie z. B. elektrische Funken durch Motoren, Schalter und elektrostatische Aufladungen entstehen.

• Die Zündtemperatur ist die niedrigste Temperatur einer Oberfläche, bei der durch Auftropfen einer brennbaren Flüssigkeit Selbstzündung eintritt (DIN 51 794, Tropfzündpunkt).

Für elektrische Anlagen in explosionsgefährdeten Räumen gelten die Vorschriften nach VDE 0165, in denen die Zündtemperatur als Bezugspunkt verwendet wird. Die Einteilung nach VDE erfolgt nach Zündgruppen:

Zündgruppe G1 über 450 °C
G2 300 ... 450 °C
G3 200 ... 300 °C
G4 135 ... 200 °C
G5 100 ... 135 °C.

Lacklösungen können eine erheblich niedrigere Zündtemperatur als die darin enthaltenen Lösemittel haben.

• Zündgrenzen (Explosionsgrenzen): Die Explosion eines Lösemitteldampf-Luft-Gemischs ist nach einer Fremdzündung nur innerhalb eines bestimmten Konzentrationsbereiches möglich. Bei der unteren Zündgrenze ist zu wenig Lösemitteldampf für eine Verbrennung, bei der oberen Zündgrenze ist zu wenig Luft (Sauerstoff) für eine Verbrennung vorhanden. Die Zündgrenzen (Explosionsgrenzen) werden in Volumenprozent (Vol. %) angegeben.

Zur Sicherheit beim Betrieb von Lacktrockenöfen, in denen brennbare Lackmaterialien getrocknet werden, sind die erforderlichen Abluftmengen nach der VBG 24 (Unfallverhütungsvorschriften der Berufsgenossenschaft 1990) so auszulegen, daß die Lösemitteldampfkonzentration im Trockner und der angeschlossenen luftführenden Leitungen betriebsmäßig einen Grenzwert von

– 50 % der unteren Sicherheitsgrenze (UEG) des verwendeten Lösemittels oder
– 20 g/m³ bei 20°C, wenn die UEG des verwendeten Lösemittels nicht bekannt ist, nicht überschritten. Höhere Grenzwerte gelten bei zusätzlichen Sicherheitsmaßnahmen und Prüfung durch anerkannte Prüfstellen (z. B. BAM).

• MAK-Werte: Alle organischen Lösemittel haben Wirkungen auf den menschlichen Körper, wobei die Dosis und die Einwirkzeit bestimmend für die Beeinträchtigung sind. Aufnahme (Einatmen) oder Berührung können gesundheitliche Schädigungen verursachen (Tabelle 5.3).

Da beim Umgang mit organischen Lösemitteln ein Arbeiten im Bereich von Lösemitteldämpfen nicht ganz zu vermeiden ist, sind Grenzkonzentrationen, die MAK-Werte (maximale Arbeitsplatzkonzentration), festgelegt worden, die bei achtstündiger Einwirkung und 45 Stunden Wochenarbeitszeit im allgemeinen keine Gesundheitsschäden hervorrufen. MAK-Werte sind angegeben in ppm (parts per million), cm³/m³ Luft oder in mg/m³ Luft. Die MAK-Werte-Liste wird nach dem Stand der Erkenntnisse laufend neu festgelegt. In Tabelle 5.3 sind MAK-Werte für organische Lösemittel angegeben.

Die Belüftungsanlagen in Lackierräumen sind so auszulegen, daß im Arbeitsbereich des Personals die MAK-Werte nicht überschritten werden (VBG 23).

• Emissionsgrenzen: Für den Einsatz von Lacken mit organischen Lösemitteln sind besonders die in der TA Luft (Technische Anleitung zur Reinhaltung der Luft) vorgeschriebenen Grenzwerte von gravierender Bedeutung und bestimmen zukünftig weitgehend die lacktechnische Entwicklung.

Die für die Beschichtung von Holz und Holzwerkstoffen wichtigsten Grenzwerte und Vorschriften der TA Luft, Stand 28. 2. 1986, sind nachfolgend zusammengefaßt (10).

Zunächst sind die Anlagen zur Lackverarbeitung in genehmigungsbedürftige und nicht genehmigungsbedürftige Anlagen eingeteilt:

• Nicht genehmigungsbedürftig sind Anlagen, in denen weniger als 25 kg pro Stunde organische Lösemittel zum Einsatz kommen.

• Ein Lösemittel-Einsatz von 25 ... 250 kg/Std. erfordert eine vereinfachte Genehmigung, d. h. ohne Befragung und ohne Einschaltung der Öffentlichkeit.

• Über 250 kg Lösemitteleinsatz pro Stunde wird das förmliche Genehmigungsverfahren mit Anhörung der Öffentlichkeit angewendet.

In der TA Luft (Technische Anleitung zur Reinhaltung der Luft) werden die organischen Lösemittel je nach Umweltbelastung in 3 Klassen eingeteilt, aufgrund derer höchstzulässiger Konzentrationen in den Abgasen bei bestimmten Massenströmen vorgeschrieben sind. Gleichzeitig wird die Verwendung und Beurteilung von krebserzeugenden Substanzen geregelt.

Emissionen von organischen Lösemitteln dürfen nach Abschnitt 3.1.7 der TA Luft folgende Massenkonzentrationen und Massenströme nicht überschreiten:

Klasse I: bei einem Massenstrom von 0,1 kg/Std. oder mehr: 20 mg/m³
Klasse II: bei einem Massenstrom von 2 kg/Std. oder mehr: 100 mg/m³

Klasse III: bei einem Massenstrom von 3 kg/Std. oder mehr: 150 mg/m³.

Beim Vorhandensein von organischen Stoffen mehrerer Klassen, wie dies bei den meisten Lösemitteln in der Praxis der Fall ist, darf bei einem Massenstrom von 3 kg/Std. oder mehr, zusätzlich zu den obigen Anforderungen die Massenkonzentration von 150 mg/m³ nicht überschritten werden.

Luftmengen, die einer Anlage zugeführt werden, um die Abgase zu verdünnen, bleiben unberücksichtigt.

Von den oben genannten Grenzwerten sind manuell betriebene Spritzanlagen für die Stoffe der Klassen II und III ausgenommen.

Die Emissionen an organischen Stoffen aus Trocknern dürfen 50 mg/m³, angegeben als Gesamtkohlenstoff, nicht überschreiten.

In Lacken für die Holzbeschichtung sind üblicherweise nur Lösemittel der Klassen II und III enthalten.

Wichtig sind ebenfalls die noch laufenden Übergangsregelungen für bestehende Altanlagen: Überschreitung der Grenzwerte bis 1,5fach; Anpassungsfrist bis 1. 3. 1994.

5.5.6 Additive

Die sehr unterschiedlichen Anforderungen an das Lackmaterial bei der Herstellung, der Verarbeitung und beim Gebrauch der Produkte erfordern bestimmte technische Eigenschaften, die zum Teil durch eine Vielzahl von Additiven (Hilfsstoffen) erzielt werden.

Mit Ausnahme der Weichmacher, die in größeren Mengen beigegeben sein müssen, lassen sich Additive wie folgt definieren, wobei die Abgrenzung nicht immer eindeutig ist:

Additive sind Substanzen, die in relativ kleinen Mengen Lacken und Beschichtungsmaterialien zugefügt werden, um bestimmte Eigenschaften zu verbessern oder unerwünschte Eigenschaften zu verhindern, ohne chemische Reaktionen gewollt einzuleiten.

1. Weichmacher sind schwer- oder nichtflüchtige, lösemittelähnliche Materialien, die plastifizierbare Lackfilme elastischer gestalten. Weichmacher sind physikalisch, nicht chemisch in den Lackfilm eingebaut. Entweichen Weichmacher durch Verdunstung oder Wanderung, so tritt eine Versprödung des Lackfilms ein, die zu Spätschäden führen kann.

Weichmacherwanderung (Migration) in benachbarte Materialien wie angrenzende Lackschichten, Untergrund oder anliegende Stoffe wie z. B. Dichtungen bei Türen kann zu Veränderungen dieser Materialien wie Quellung, Rißbildung oder Klebrigwerden führen.

Voraussetzung zur Verhinderung von Schäden durch Weichmacher ist außer der richtigen Wahl der Weichmacher ein stoffliches Zusammenpassen aller beteiligten Materialien.

2. UV-Absorber (Lichtschutzmaterial) sollen die farbverändernde Wirkung vom UV-Strahlenanteil des Lichts auf die Holzoberfläche oder des Lacks selbst verhindern oder vermindern. Die Schutzwirkung ist von den verwendeten Materialien und der aufgebrachten Menge abhängig.
Die Wirkung der UV-Absorber beruht im allgemeinen auf einer Umwandlung der wirksamen UV-Strahlung in Wärme, bei manchen Materialien ist der Wirkungsmechanismus nicht geklärt. UV-Absorber erlahmen im Lauf der Zeit in ihrer Wirkung, so daß eine Farbveränderung am Holz dann doch eintritt.
Die Anwendung von UV-Absorbern im Lack empfiehlt sich vor allem bei hellen oder gebleichten Holzoberflächen. Bei Holzarten wie Kirschbaum oder Mahagoni, die erst durch die Wirkung des Lichts ihren schönen Farbton erhalten, ist Lichtschutz nicht zu empfehlen.

3. Mattierungsmittel sind Silikate oder organische wachsartige Stoffe, die, dem Lack beigegeben, das Licht von der Oberfläche gestreut zurückwerfen und dadurch den Glanzgrad des Lackfilms einstellbar machen.
Mattierungsmittel können die Abriebfestigkeit des Lackfilms reduzieren. Manche Lacke sind durch Mattierungsmittel in weiten Bereichen (stumpfmatt bis hochglänzend) einstellbar (z. B. Nitrolack), andere Lacke (Polyester) sind im Glanzgrad schwieriger einzustellen.

4. Verlaufsmittel: Beim Auftragen von Lack ist die Oberfläche der Flüssigkeit zunächst uneben durch
● entweichende Luft oder Lösemittel,
● Unebenheiten des Untergrundes,
● Auftragstruktur infolge der Applikationsmethode.
Zur Erzielung einer hohen Oberflächenqualität ist die Glättung durch einen guten Verlauf des flüssigen Lacks vor der Trocknung von entscheidender Bedeutung.
Verlaufsmittel (hochsiedende Lösemittel, Weichharze) unterstützen den Verlauf des Lacks, besonders bei dünneren Lackschichten.
Dünne Walzaufträge von z. B. UV-härtenden Lacken ohne Lösemittel verlaufen nicht mehr, so daß die Oberflächenqualität eines gewalzten Decklacks nur von der Walzmaschine bestimmt wird; für manche Anforderungen reicht das nicht aus.

5. Thixotropierungsmittel beeinflussen das Fließverhalten des Lacks so, daß an senkrechten Flächen der aufgetragene Lack weniger zum Ablaufen neigt. Jedoch verläuft thixotroper Lack schlechter. Hochthixotroper Lack wird z. B. eingesetzt zum Spritzen von senkrechten Flächen (hängenden Teilen) mit großen Lackmengen wie Polyester, der für Hochglanz geschliffen und geschwabbelt wird. Dabei ist ein guter Verlauf nicht so von Bedeutung.

6. Schleifmittel erhöhen bei Grundierungen und Füllern die Schleiffähigkeit durch bessere Wärmeableitung, besonders bei durchhärtenden Lackfilmen, reduzieren jedoch die Festigkeit (z. B. Zinkstearat bei Schnellschliffgrund).

7. Trockenstoffe (Sikkative) werden eingesetzt, um die Trockenzeit vor allem von ölartigen Bindemitteln (Leinöl) oder Alkydharzen zu reduzieren. Sikkative sind vielfach Metallseifen, deren Blei-, Kobaltoder Mangangehalt gesundheitlich nicht ganz unbedenklich ist. Dies ist besonders bei den auf dem Markt befindlichen „Biolacken" auf Leinölbasis zu beachten.

8. Netzmittel (Tenside) setzen die Oberflächenspannung herab, so daß eine bessere Benetzung erzielt wird. Im flüssigen Lack stabilisieren Tenside Pigmente und Füllstoffe (keine Flockung).

9. Holzschutzmittel (Biozide) sollen in Naßräumen die Ansiedlung von Pilzen und Bakterien verhindern. Durch die gesundheitsbeeinträchtigende Wirkung der Biozide auf den menschlichen Organismus müssen Holzschutzmittel amtlich zugelassen sein.
In Innenräumen kann weitgehend auf die Anwendung von Bioziden verzichtet werden, im Außenbereich nur bei sachgemäßer Konstruktion (konstruktivem Holzschutz).

10. Weitere Additive werden in einer Vielzahl bei der Lackherstellung und der Verwendung eingesetzt: Entlüftungsmittel, Gleitmittel, Verdickungsmittel, Entschäumer, Dispergiermittel, Flammschutzmittel und viele andere mehr.

5.6 Beschichtungsarten und Lacksysteme

An eine Lackierung werden je nach Produkt und Anspruch vielfältige und sehr unterschiedliche Anforderungen gestellt (siehe dazu auch Abschnitt 5.5.1). Um diese zu erfüllen, ist jede Lackschicht als System anzusehen, dessen Einzelkomponenten verschiedene Teilaufgaben übernehmen und in jedem Fall stofflich zusammenpassen müssen.
Lacksysteme sollen umweltfreundlich, ungefährlich, wirtschaftlich, einfach zu verarbeiten und qualitativ hochwertig sein.
Für die Entwicklung eines Lacksystems für die Oberflächenbehandlung eines Produktes ist die Zusammenarbeit von Verarbeiter, Lackhersteller und Maschinen- bzw. Anlagenbauer unbedingt erforderlich. Die Einflußgrößen auf die Gestaltung eines Lacksystems sind in Abb. 5.20 dargestellt.

5.6.1 Grundierung
Die Grundierung ist die erste filmbildende Schicht, die auf die vorbehandelte Holz- oder Holzwerkstoffoberfläche aufgetragen wird. Die äußeren Einflüsse auf eine Grundierung sind in Abb. 5.21 schematisch dargestellt. Die Aufgaben der Grundierung werden durch die Anforderungen bestimmt:
1. Haftvermittlung: Die Grundierung soll sowohl auf dem Trägermaterial ausreichend gut haften als auch dem Decklack Haftung bieten. Die Haftung soll verhindern, daß der Lackfilm durch die Beanspruchung abgelöst wird.
Manche Trägermaterialien, z. B. Hölzer mit schwierigen Inhaltsstoffen, erfordern bestimmte Grundierungen für ausreichende Haftung, z. B. PUR-Grund auf Palisander, Iroko, Makassar usw., die mit Polyester beschichtet werden sollen.
Eine nicht ablösbare, völlig ausgehärtete Grundierung, z. B. eine UV-härtende Grundierung, erfordert für eine genügende Haftung des darauf folgenden Decklacks ein sorgfältiges Anschleifen.
Bei anlösbaren oder quellfähigen Lacken (z. B. Nitrogrundierung) ist die Haftung besser als bei nicht anlösbaren Materialien.

2. Isolierwirkung (Sperrgrund): In vielen Fällen wird eine Grundierung als Sperrschicht eingesetzt, um Wirkungen von
● Holzinhaltsstoffen, Leim, Beizen und Bleichmittel auf den Decklack auszuschalten (z. B. stören Peroxidreste vom Bleichen das Härten von PUR-Lacken, auf Palisander härtet Polyester schlecht aus usw.)
● reaktiven Lackmaterialien auf den Untergrund zu vermeiden (z. B. kann Holz

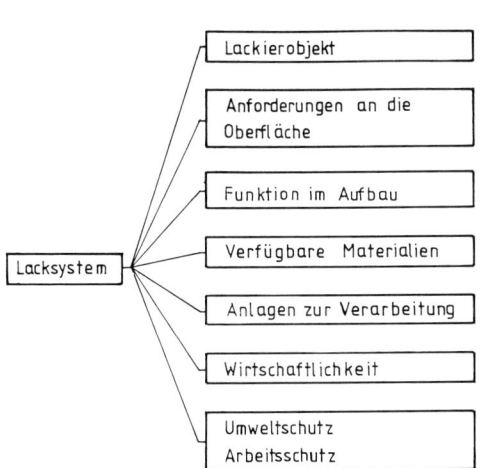

Abb. 5.20 Einflußgrößen auf die Gestaltung eines Lacksystems zur Holzoberflächenbehandlung

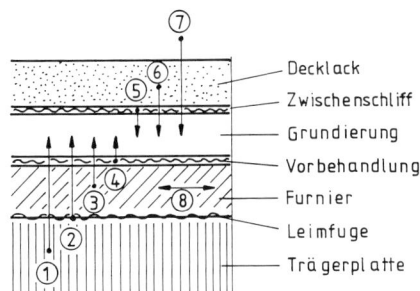

Abb. 5.21 Mögliche Einflüsse auf die Grundierung einer furnierten, lackierten Spanplatte. 1 Inhaltsstoffe der Spanplatte. 2 Leimfuge (Durchschlag). 3 Furnier (Inhaltsstoffe). 4 Vorbehandlung (Beize, Bleichmittel). 5 Zwischenschliff (Haftung). 6 Decklackart. 7 Beanspruchung von außen. 8 Schwinden und Quellen des Untergrunds

oder Beize durch SH-Lack farblich verändert werden).

Des weiteren reduziert eine isolierende Grundierung die Formaldehydabgabe von Holzwerkstoffen.

3. Trägermaterial: Die Grundierung dient als Trägermaterial für eine Reihe von Zusatzmaterialien, so etwa
● Farbstoffe (Beizgrundierung),
● UV-Absorber (Lichtschutzgrund),
● Härter für Decklack (Reaktionsgrund),
● Holzschutzmittel (Lasuren für Außenanwendung).

4. Schleifbarkeit: Durch Quellvorgänge und Dichteunterschiede rauhen Grundierungen die Holzoberfläche immer auf. Zur Erzielung einer guten Oberflächenqualität und zur Verbesserung der Hafteigenschaften für den Decklack ist es immer erforderlich, die Grundierung zu schleifen (Lackzwischenschliff).

Die Schleifbarkeit der verschiedenen Bindemittel ist sehr unterschiedlich und auch vom Aushärtungsgrad bis zum Schleifen abhängig. Zur Verbesserung der Schleifbarkeit können Schleifmittel zugegeben sein, die jedoch ihrerseits andere technische Eigenschaften beeinflussen (Schnellschliffgrund).

Bei langsam trocknenden Lacken wie PUR-Lacken wird die gute Schleifbarkeit dadurch erzielt, daß im richtigen Zeitpunkt der Aushärtung geschliffen wird

(z. B. 2 Std. nach dem Auftragen schleifen, 6 Std. nach dem Auftragen durchgehärtet).

5. Optische Eigenschaften: Die Benetzung des Holzes durch den Lack ergibt je nach Material eine Farb- und Kontrastintensivierung, den sogenannten Anfeuerungseffekt. Dies ist bei manchen Hölzern erwünscht, z. B. bei Teaköl mit einer stark netzenden Wirkung auf Teakholz. Soll die anfeuernde Wirkung unterdrückt werden, um das Aussehen einer nichtlackierten Oberfläche zu erzielen, mit den Bezeichnungen Tonecht, Rohton, Hellton, Aufhellergrund, so sind der Grundierung Aufhellermittel beigegeben. Das sind Schwebestoffe, die durch das dann diffuser streuende Licht die Oberfläche heller erscheinen lassen. Nachteilig ist, daß diese optischen Aufheller die Hafteigenschaften des Lacks verringern.

5.6.2 Spachtel

Spachtel sind meist pigmentierte, hochgefüllte Beschichtungsstoffe, die Unebenheiten der Trägermaterialien (Spanplatte, MDF-Platte) ausgleichen. Sie werden daher in dicken Schichten aufgetragen und anschließend ausreichend geschliffen, um einen geschlossenporigen, farbigen Oberflächenaufbau zu ermöglichen.

Je nach Applikationsmethode unterscheidet man pastöse Zieh- oder

Streichspachtel, Walzspachtel und dünnflüssigere Spritz- oder Gießspachtel.

Spachtel haben ähnliche Eigenschaften wie Grundierungen, jedoch werden wegen der größeren Auftragmengen höhere Anforderungen an die Elastizität und die Schleifbarkeit gestellt.

Bis auf UV-härtende Klarspachtel verlangen Spachtelmaterialien zur Vermeidung von Trockenrißbildung ein langsames Trocknen. Heute werden meist reaktiv härtende Materialien (Kunstharzspachtel) verwendet. Nur transparente, strahlenvernetzbare Spachtel (UV-Spachtel) können im Bereich von 10 . . . 30 s härten, wenn sie lösemittelfrei eingesetzt werden können. UV-Spachtel enthalten jedoch keine Pigmente, so daß die Deckfähigkeit der Beschichtung ganz vom anschließend aufgetragenen Decklack übernommen werden muß.

Die Aufgabe des Spachtels bei flächigen Teilen für geschlossenporige, farbige Lackierungen ist heute weitgehend von der Beschichtung mit duroplastischen Filmen abgelöst worden (Grundierfolie). Diese können geschliffen und mit Flüssigbeschichtung weiterbehandelt oder als Dekorfolie mit Fertigeffekt (Finishfolie) ausgeführt sein.

Die Beschichtung mit Folien ist im allgemeinen weniger aufwendig als das Spachteln. Bei einem Wirtschaftlichkeitsvergleich zwischen Grundierfolie und Spachtel sind jedoch auch die Kosten für die Trägermaterialien zu berücksichtigen, da Folien eine höhere Qualität der Trägeroberfläche benötigen.

5.6.3 Füller

Füller sind genauso aufgebaut wie Spritzspachtel, nur mit etwas höherem Bindemittelgehalt. Füller ergeben hinsichtlich Porosität und Saugfähigkeit für einen anschließenden Decklack einen besseren Untergrund. Eine schwach thixotrope Einstellung verhindert das Eindringen in den Untergrund. Da Füller gespritzt oder gegossen werden, eignen sie sich besonders für profilierte Flächen, Rahmen und Gestelle, die mit einer farbigen Lackierung versehen werden sollen. Füller können entweder direkt auf das Trägermaterial oder besser auf einen Hart- oder Haftgrund aufgetragen werden. Die Art der Werkstücke und die Rauhigkeit des Trägermaterials kann ein mehrmaliges Füllen mit jeweiligem Zwischenschliff erfordern. Das Auftragen des Füllers durch Spritzen ermöglicht ein gleichzeitiges Beschichten der Flächen und der profilierten Kanten.

In Abb. 5.22 sind einige Möglichkeiten zur Herstellung einer geschlossenporigen, farbigen Lackierung dargestellt.

5.6.4 Lasur

In DIN 55988 wird im gleichen Sinn wie Transparenz der Begriff Lasur angewendet. Lasuren sind durchscheinende, transparente oder mit Farbmittel versehene Anstrichstoffe, die nicht decken, d. h. entweder ganz farblos sind oder nur die Farbe des Holzes verändern, aber die Holzstruktur und -textur erkennen lassen. Lasuren unterscheiden sich von den abdichtenden Lackierungen durch eine wesentlich höhere Wasserdampfdurchlässigkeit. Die als ‚atmungsaktiv‘, ‚transparent‘ oder ‚ventilierend‘ bezeichneten Lasuren sollen kurzfristig Wasserbenetzung (Regen) abweisen. Jedoch kann die jahreszeitlich bedingt unterschiedliche relative Luftfeuchte durch die Wasserdampfdurchlässigkeit des Anstrichsystems auf das Holz einwirken und seine Feuchte verändern.

Hier sei besonders angemerkt, daß bei Herstellern von Bauteilen der Begriff ‚offenporig‘ für die Wasserdampfdurchlässigkeit einer Beschichtung verwendet wird.

Ursprünglich waren Lasuren für Außenanwendung vielfach auf oxidativ trocknenden, dünnflüssigen Ölen aufgebaut. Die hydrophob wirkenden Öle bilden einen sehr dünnen Film und dringen in den Untergrund ein, so daß diese Lasuren sich auch für das Einbringen von Bioziden zum Holzschutz eignen (Imprägnierlasur). Feingemahlene Pigmente ergeben zusätzlich einen UV-Schutz.

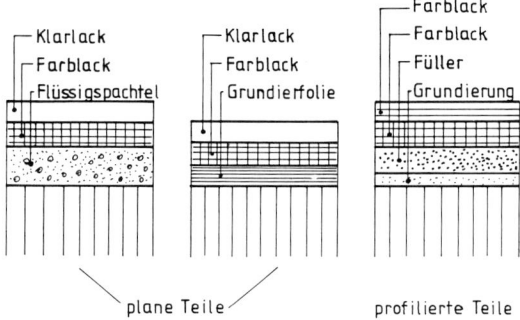

Abb. 5.22 Möglichkeiten des Lackaufbaus für eine geschlossenporige, farbige, abriebbeanspruchte Oberfläche

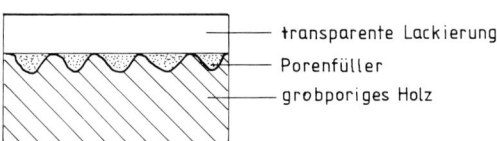

Abb. 5.23 Porenfüllen bei grobporigen Hölzern für geschlossenporige Transparentlackierung (aufbauendes Polierverfahren)

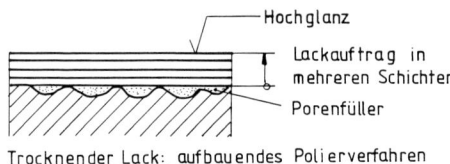

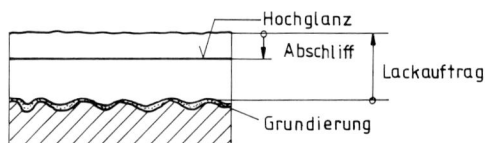

Abb. 5.24 Schematische Darstellung für das aufbauende und das abbauende Polierverfahren

Lasuren für Innenanwendung, farblos oder in vielen Farben dekorativ pigmentiert, sind vielfach auf Acrylatbasis, Alkydharzen, wasserverdünnbar oder als Kunststoffdispersion aufgebaut. Die Trocknungszeit von Lasuranstrichen, vorwiegend von Hand aufgetragen, liegt im Bereich von Stunden.

Dünnschichtlasuren bilden keine oder nur sehr dünne Filme, sie sind leicht zu verarbeiten und lassen sich durch Überstreichen leicht nachbehandeln.

Dickschichtlasuren mit etwas höherem Festkörpergehalt ergeben Filmdicken ähnlich einer offenporigen Lackierung (Lacklasur) und werden bei Außenanwendung nicht so schnell abgebaut wie Dünnschichtlasuren. Jedoch ist der Nachbehandlungsaufwand größer.

Die Zeitabschnitte für eine Nachbehandlung bei Außenanwendung (bei Dünnschichtlasur ohne vorheriges Entfernen alter Anstriche) ist von der Intensität der klimatischen Beanspruchung abhängig. Dünnschichtlasuren erfordern nach 1...2 Jahren eine Nachbehandlung, Dickschichtlasuren nach etwa 5 Jahren.

5.6.5 Füllen von Poren

Das Porenfüllen ist notwendig, wenn eine geschlossenporige, transparente Oberflächenbehandlung mit trocknenden Lacken auf grobporigen Hölzern herzustellen ist, z. B. eine Nitropolitur (Aufbaupolitur). Durch das Porenfüllen wird ein Nachfallen des Lacks infolge der größeren Lackschichtdicke im Bereich der Poren verhindert. Gleichzeitig kann durch eingefärbte Porenfüller eine dekorative Wirkung erzielt werden (Abb. 5.23). Porenfüller enthalten neben Bindemittel und Lösemittel einen hohen Anteil (etwa 50 %) an mineralischen oder organischen Füllstoffen.

Der Porenfüller wird von Hand aufgetragen, der Überschuß abgezogen. Anschließend erfolgt der Klarlackaufbau. Normalerweise wird erst gebeizt und dann gefüllt, jedoch ist auch die umgekehrte Reihenfolge möglich.

Bei der industriellen Herstellung geschlossenporiger, transparenter Oberflächen wird nicht mehr gefüllt, da die härtenden 2-Komponenten-Lacke wie Polyester in großer Schichtdicke aufgetragen werden können. Nach dem vollständigen Aushärten ist kein Nachfallen der Poren zu befürchten.

5.6.6 Offenporige Decklackierung

Die Decklackierung besteht je nach Anwendungsfall, aus einer oder mehreren Schichten. Der letzte Auftrag wird auch als Schlußlack bezeichnet. Der Begriff Decklack hat nichts mit dem Deckvermögen von Farblacken zu tun.

Die Decklackierung hat den von außen

wirkenden mechanischen, chemischen und klimatischen Beanspruchungen standzuhalten. Außerdem bestimmt der Decklack im wesentlichen das Aussehen der Oberfläche durch Glanzgrad und Farbe bei Farblackierung sowie deren haptische Eigenschaften (Griffempfindung).

1. *Offenporige, transparente Decklackierung* (Klarlack): Hierbei wird der Decklack auf die zwischengeschliffene Grundierung meist nur in einer Schicht aufgetragen. Der Verlauf und der staub- und strukturfreie Auftrag bestimmen dabei wesentlich die Oberflächenqualität. Der Glanzgrad ist durch die Einstellung des Decklacks gegeben. Bei sehr dünnen Auftragschichten auf flächige Teile durch Walzen von lösemittelfreien Lacken (UV-Lacken) ist kein Verlauf mehr möglich, so daß eine, wenn auch geringe, Walzstruktur zu einer Einbuße an Oberflächenqualität führen kann.

2. *Offenporige, farbige Decklackierung:* Dieser Effekt, neuerdings aus gestalterischen Gründen mehr verlangt, erlaubt es auch, farblich nicht ansprechende Hölzer einzusetzen. Grundierung und Decklack, in dünnen Schichten aufgetragen, benötigen eine ausreichende Deckfähigkeit. Zu beachten ist, daß ein hoher Pigmentanteil im Decklack zur Erhöhung der Deckfähigkeit die Fläche abriebempfindlicher werden läßt. Beim Berühren mit einem Fingerring entstehen Abriebspuren, die Fläche ist nicht ringfest. Dies wird vermieden durch einen letzten Klarlackauftrag auf die farbige Lackierung. Sie ist nicht ohne weiteres anwendbar bei Spritzapplikation, da dabei die Schichtdicken, vor allem bei Profilen, stark schwanken und wegen der zwar geringen, aber vorhandenen Eigenfarbe des Klarlacks Farbunterschiede auftreten.

Ein Effekt zwischen Klar- und Farblackierung ist die Beschichtung mit transparenten Farblacken, die nicht ganz deckend eingestellt sind, und daher den ursprünglichen Farbton des Holzes noch ahnen und die Textur noch sichtbar lassen.

5.6.7 Geschlossenporige Decklackierung

Für eine geschlossenporige Oberfläche gibt es eine ganze Reihe von Ausführungsarten, je nach

- Glanzgrad: Hochglänzend, mattglänzend,
- Farbe: transparent, mit Furnieren als Trägermaterial, farbig, mit Holzwerkstoffen als Trägermaterial,
- Werkstückart: flächig, mechanisch bearbeitbar, profiliert, meist mit viel Handarbeit,
- Lackmaterial: aufbauende Polierverfahren bei trocknenden Materialien

(Schellack, Nitrolack), abbauende Polierverfahren mit härtenden Materialien (Polyester, PUR-Lack).

5.6.7.1 Aufbauende Polierverfahren

Diese früheren Polierverfahren sind sehr zeitaufwendig und werden nur noch selten eingesetzt. Wie in Abb. 5.24 dargestellt, wurden dazu trocknende Lacke (Schellack, Nitrolack) auf die vorbehandelte Holzoberfläche (Beize, Porenfüller) in oft vielen Schichten mit Zwischentrocknung zu einer hochglänzenden Schicht aufgebaut.

- Beim *Handpolieren,* meist mit Schellack durchgeführt, wird mit einem Handpolierballen nacheinander in vielen Arbeitsgängen grundpoliert (geschlossene Fläche), nach dem Feinschleifen deckpoliert (mit Polieröl), fertig- und abpoliert (mit Polierwasser oder Wiener Kalk bei Schwarzpolituren). Dieses aufwendige Verfahren wird nur noch bei Restaurierungen von alten Möbeln eingesetzt.

- Das *Lackpolierverfahren* wird im Handwerk noch manchmal angewendet. Die geschliffene, gereinigte Holzoberfläche, eventuell durch Öl angefeuert, wird grundiert und nach dem Trocknen mit einem langsam trocknenden Lack in dicken Schichten lackiert (12...20 Std. Trocknungszeit).

Nach dem Schleifen wird wie beim Handpolierverfahren von Hand mit einem Verteiler (Verdünnung mit wenig Bindemittel) die Fläche geglättet. Zum Fertigpolieren auf Hochglanz wird von Hand Politur aufgetragen und mit Polish (wachshaltige Emulsion mit feinsten Schleifmitteln) abpoliert.

5.6.7.2 Abbauende Polierverfahren

Durch den Einsatz härtender Lacksysteme ist es möglich geworden, große Lackmengen in ein oder zwei Aufträgen aufzubringen; so sind auch gleichzeitig die Poren gefüllt, ohne daß die Lackschicht reißt. Nach dem vollständigen Abtrocknen des für das Auftragverfahren notwendigen Löse- bzw. Verdünnungsmittels (Spritzen, Gießen) besteht kaum noch die Neigung zum Nachfallen der Poren. Dadurch entstehen beständige, widerstandsfähige, einfacher herzustellende hochwertige Oberflächen.

Bei industrieller Herstellung hochglanzpolierter Produkte mit planen Flächen wird ausschließlich dieses Verfahren eingesetzt. Die ausgehärtete dicke Lackschicht, bei Polyester mit Paraffinauflage, wird durch Schleifen geglättet, wobei mehrere Schleifarbeitsgänge mit immer feinerer Körnung nötig sind (z. B. von 280 bis 600 oder auch mehr ansteigend). Anschließend wird die Fläche geschwabbelt, das ist ein Feinschleifen mit Bändern oder Scheiben aus Leinen unter Zugabe von Schwabbelwachs, in dem Schleif- und Poliermittel eingebettet sind (Abschnitt 5.9.3.2). Beim Endbehandeln mit Polish – zumeist eine dünne wachshaltige Emulsion mit feinsten Schleifmitteln – werden Reste von Schwabbelpaste entfernt, wodurch der Hochglanz voll zur Geltung kommt.

Bei flächigen Teilen werden Schleif- und Schwabbelmaschinen eingesetzt. Gestelle (Stühle), Kanten und Profile lassen sich nur mit viel Handarbeit und mit Handmaschinen polieren. Profilschleifmaschinen für Lack sind im Möbelbetrieb durch die Produktvielfalt und die geringen Mengen an geschlossenporiger Oberfläche kaum wirtschaftlich einsetzbar.

Farbige hochglänzende Oberflächen, auf Holzwerkstoffen wie FPY oder MDF aufgebaut, benötigen einen geschlossenporigen Untergrund durch Grundierfolie oder Spachtel (flächige Teile) oder Füller bei profilierten Teilen.

Für den Decklackaufbau gibt es mehrere Möglichkeiten:

- deckfähiger Vorlack und wegen der Abriebfestigkeit geringer pigmentierter Schlußlack, der schleif- und schwabbelfähig sein muß, oder
- auf den Farblack als Schlußlack einen polierfähigen Transparentlack.

Bei gespritzten Teilen ist wegen der unterschiedlichen Schichtdicke und der möglicherweise vorhandenen geringen Eigenfarbe des Transparentlacks dieses Verfahren nicht immer möglich.

5.6.7.3 Hochglanzlack

Bei profilierten Teilen ist das Polieren (Schleifen und Schwabbeln) eine sehr zeitaufwendige Tätigkeit, die viel Handarbeit erfordert. Um diese zu verringern, können hochglänzend trocknende Lacke eingesetzt werden. Dies sind spezielle Polyester (Glanzpolyester) oder PUR-Lacksysteme.

Dabei ist es unbedingt nötig, daß der Lackauftrag und die Trocknung in „staubfreien" Räumen erfolgt, was einen erheblichen Aufwand an Luftreinigung, Luftführung und Werkstückentstaubung erfordert. Da vollkommene Staubfreiheit nie ganz zu erreichen ist, müssen je nach Raumgestaltung eine ganze Menge Werkstücke wegen Verunreinigungen der Oberfläche mehrmals behandelt werden.

Besonders bei Hochglanz-Küchenfronten werden hochglänzend trocknende, festkörperreiche PUR-Lacke in Reinraum-Spritzkabinen von Hand gespritzt. Die Luft in der Kabine muß dabei konditioniert werden , d. h. mit konstanter Temperatur und auch konstanter Feuchte. Die Transportgeräte dürfen keinen Staub in die Kabine tragen und die Abdunstzone

muß direkt an die Spritzkabine anschließen und ebenfalls als Reinraum ausgelegt sein, zumindest bis zur Staubtrockenheit des Lackes. Das Spritzpersonal betritt den Arbeitsplatz durch eine Schleuse, in der eine Reinigung der Bekleidung erfolgt.

Da flächige Teile einfacher und mit hoher Oberflächenqualität maschinell geschliffen und geschwabbelt werden, wird hochglänzend trocknender Lack nur bei profilierten Teilen, die gespritzt werden müssen, sinnvoll eingesetzt.

Ein schwabbelfähiger Hochglanzlack hat den Vorteil, daß flächige Stellen der Werkstücke maschinell poliert werden können, während Profilstellen nicht weiterbehandelt werden, ohne daß der Glanz einen merklichen Unterschied ergibt, vor allen Dingen deswegen, weil im Profil Unregelmäßigkeiten im Hochglanz nicht so auffallen. Außerdem können Fehlstellen in der Oberfläche infolge von Staub durch Nachschwabbeln ausgebessert werden, ohne daß das ganze Teil neu gespritzt werden muß.

5.6.8 Schleiflackoberfläche

Das klassische▾ Schleiflackverfahren ist auf ölartigen Materialien mit sehr langer Trockenzeit aufgebaut und erfordert viele Lackaufträge, zwischen denen jeweils naß geschliffen werden muß, um eine geschlossenporige, seidenglänzende farbige Oberfläche zu erzielen.

Nach einer Grundierung wird je nach Trägermaterial die Fläche gespachtelt und geschliffen, bis eine geschlossenporige Fläche vorliegt. Die anschließend aufgetragene magere Deckfarbe und der satt aufgetragene Vorlack werden nach gründlicher Trocknung (kann Tage beanspruchen) naß mit Wasser geschliffen mit Körnungen bis 500.

Der Schlußlack (Überzugs-Emaillack) erfordert sehr guten Verlauf (Flächen waagrecht). Nach 2 ... 3 Tagen Trockenzeit wird naß mit Körnungen bis 600 und anschließend mit Bimsmehl und Wasser auf Filzunterlage geschliffen bis die Fläche glatt ist und nach dem Abwaschen und Trocknen den typischen Mattglanz zeigt.

Dieses aufwendige Verfahren wird industriell nicht angewendet. Schleiflackähnliche Oberflächen, besonders auf Stilmöbeln, lassen sich wirtschaftlich durch eine geschlossenporige Farblackierung wie schon beschrieben (z. B. mit seidenglänzend trocknenden PUR-Lacksystemen) herstellen. Selbstverständlich ließe sich ein solcher Lackaufbau matt schleifen, so daß die Oberfläche dem echten Schleiflackcharakter sehr ähnlich käme, jedoch wird aus Kostengründen meist nicht geschliffen.

5.6.9 Das Patinieren

Unter dem Begriff ‚Patinieren' werden eine Reihe von Verfahren zusammengefaßt, um antike Oberflächen, Stilmöbel (Abschattieren) oder Farbangleichungen unterschiedlicher Produkte herzustellen. Patinieren mit einer Nebelbeize (Spritzbeize) direkt auf das gründlich geschliffene rohe Holz zur Abschattierung erfordert viel Geschick, da eine nachträgliche Korrektur nicht möglich ist.

Die am häufigsten eingesetzte Methode ist das Schattieren durch Patinieren mit einer Lösemittelbeize durch Spritzen auf die grundierte Fläche. Gespritzt wird mit kleiner Düse (rd. 0,5 mm) und geringem Druck (3 bar). Kräftige Schattierungen, die den Eindruck alter Möbeloberflächen vermitteln, werden durch das Spritzen einer Tinktur auf die grundierte Fläche erzielt, die vor dem Trocknen von Hand nachgewischt wird, so daß die Patinierfarbe nur in den Vertiefungen der Profile und in Innenecken zurückbleibt.

Damit Produkte verschiedener Hersteller (z. B. Stühle und Tische) farblich genau zusammenpassen, werden die fertigen Werkstücke mit eingefärbtem Decklack patiniert. Zu beachten ist dabei, daß ausreichende Haftung vorhanden ist und die ursprünglichen Gebrauchseigenschaften der Oberfläche nicht verschlechtert werden. Dieses Verfahren, oft von Möbelhandelshäusern angewendet, setzt viel Erfahrung voraus.

5.7 Applikationsmethoden

5.7.1 Bestimmungskriterien

Bei der Oberflächenbehandlung mit flüssigen Beschichtungsmaterialien sind eine Reihe von Auftragverfahren (Applikationsmethoden) im Einsatz:

- Handauftragverfahren: Streichen, Rollen, Handspritzen, Handtauchen,
- maschinelles Auftragen: Walzen, Gießen, Spritzen, Bürsten, Tauchen, Trommeln, Fluten, Drucken.

Welches Verfahren bei einem vorgegebenen Fall möglich, wirtschaftlich, d. h. kostengünstig und umweltfreundlich ist, hängt von mehreren Faktoren ab:

- Werkstückgeometrie: plattenförmig, profiliert, gestell- oder korpusartig,
- Beschichtungsmaterial: dünnflüssig (Beize, Lack, Lasur), dickflüssig (Spachtel, High-solid-Lack),
- Auftragmengen: dünne Grundierungen, dicke Schichten bei geschlossenporigen Oberflächen,
- Werkstückdurchsatz: Einzelfertigung, Kommissionsfertigung, Serienfertigung, Objektbau.

Zur Festlegung einer wirtschaftlichen Behandlungsmethode bei vorgegebener Qualität und die Auswahl der dazu nötigen Maschinen und Anlagen benötigt man die intensive Zusammenarbeit der beteiligten Partner:

1. Der Anwender muß die gewünschte Oberflächenqualität der Produkte (Optik und technische Anforderungen) möglichst genau definieren.

2. Der Lack- oder Beizenhersteller hat ein Beizen- oder Lacksystem zu entwickeln, das den Anforderungen des Anwenders hinsichtlich Preis, Qualität und Umweltschutz genügt, und die nötigen Arbeitsfolgen mit den Auftrags- und Trocknungsdaten festzulegen.

3. Der Maschinen- und Anlagenhersteller plant mit den Daten des Lacksystems und der Werkstückart und Menge die Anlagen, die Handhabung (Automatisierungsgrad) und paßt die Anlage in den Materialfluß im Betrieb ein, einschließlich der Ver- und Entsorgung der Anlage.

5.7.2 Streichen und Rollen

Streichen mit dem Pinsel ist sehr lohnintensiv. Deshalb wird Streichen nur dort eingesetzt, wo andere Verfahren technisch oder wirtschaftlich nicht möglich sind: bei Kleinteilen, auf Baustellen, bei Nacharbeit. Außerdem sind Pinsel und Schwamm bei Bleich- und Beizvorgängen bei Sonderoberflächen wie Antikeffekte, Stilmöbel und bei Stühlen unentbehrlich. Streichlacke sind nicht so dünnflüssig wie z. B. Spritzlacke und trocknen langsamer, damit ein strichfreier Verlauf möglich ist.

Streichen läßt sich unabhängig von der Art und Form der Werkstücke überall einsetzen. Der Lackverlust ist gering. Nachteilig sind nur der hohe Zeitaufwand und die ungleichen Filmdicken.

Das Farbrollgerät wird kaum zum Lackieren, sondern bei Wand- und Deckenanstrichen mit Dispersionsfarben angewendet. Mit Formwalzen werden Dispersions-Plastikmassen und Kunstharzputze strukturiert.

Für das Beschichten von schmalen Teilen mit Beize, Lasur oder Imprägnierung eignet sich eine Sprüh- und Bürstmaschine wie in Abb. 5.25 dargestellt. Das Beschichtungsmaterial wird aufgesprüht und durch umlaufende Bürsten verteilt.

5.7.3 Spritzen

Das am meisten angewendete Verfahren zum Auftragen von Lack ist das Spritzen. Es wird eingesetzt

- in Handwerksbetrieben, die wegen der Vielfalt der Werkstücke, der einfachen Anwendung und der geringen Menge an zu beschichtenden Werkstücken keine anderen Auftragmethoden wirtschaftlich anwenden können,
- bei Korpussen, Stühlen, Gestellen und profilierten Teilen, die keine anderen Auftragmethoden zulassen.

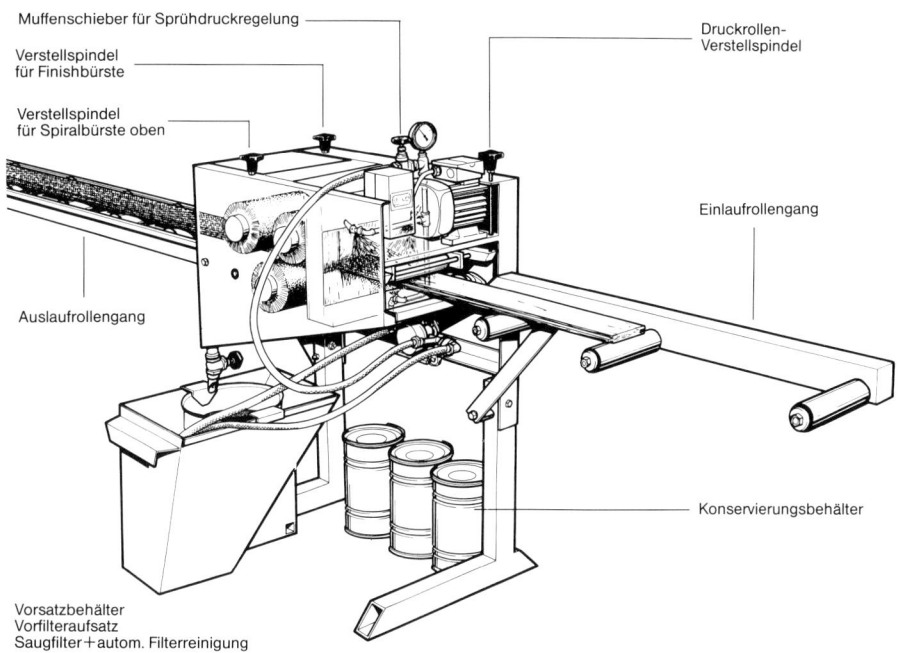

Abb. 5.25   Bretter- und Leistenstreichmaschine

Muffenschieber für Sprühdruckregelung
Verstellspindel für Finishbürste
Verstellspindel für Spiralbürste oben
Auslaufrollengang
Vorsatzbehälter
Vorfilteraufsatz
Saugfilter+autom. Filterreinigung
Druckrollen-Verstellspindel
Einlaufrollengang
Konservierungsbehälter

Der Hauptnachteil beim Spritzen sind der hohe Lackverlust durch unvermeidbares Vorbeispritzen beim Beschichten der Werkstückränder sowie der Rückprallverlust von der Werkstückoberfläche beim Druckluftspritzen. Die Lackverluste sind abhängig von der Werkstücksform und -größe, der Zerstäubungstechnik (mit oder ohne Luft), der Feinheit des Lacknebels und von der Übung des Spritzers bzw. der Einstellgenauigkeit der Spritzmaschine.

Der Spritzverlust (Overspray, normalerweise in % der Lackeinsatzmenge ausgedrückt) schwankt in sehr weiten Bereichen. Beim Druckluftspritzen von Hand bei Stühlen liegt der Spritzverlust bei rund 60 % und mehr, bei großflächigen Werkstücken 40 ... 60 %. Flächenspritzmaschinen mit kommissionsweise zu beschichtenden Frontteilen (Küchenmöbel) haben trotz optischer Werkstückvermessung noch einen Spritzverlust von 50 ... 70 % infolge der relativ vielen kleinen Teile.

Durch Spritzen lassen sich fast alle Lackarten auftragen, unabhängig von der Art und Form der Werkstücke. Durch den Trend zu Profilierungen im Möbeldesign und der kommissionsweisen Fertigung

wird das Spritzen noch an Bedeutung gewinnen.

Zum Spritzen ist die Viskosität des Lacks je nach Spritzverfahren entsprechend einzustellen. Da die Viskositätsangabe in Pa·s für die Praxis unhandlich ist, wird als Konsistenzkennzahl die nach DIN 53211 festgelegte Auslaufzeit verwendet. Mit einem Becher von 100 cm³ Inhalt und mit einer Auslaufbohrung (bei Lacken 4 mm Durchmesser) wird die Auslaufzeit gemessen und der Wert in s angegeben. Nachfolgend sind Bereiche für Auslaufzeiten von verarbeitungsfertigen Lacken, wie sie für verschiedene Applikationsmethoden nötig sind, angegeben:

Spritzen	16 ... 30 s	bei 4 mm Öffnung nach DIN 53211
Gießen	30 ... 80 s	
Walzen	120 ... 150 s	
Tauchen	300 ... 900 s	

(nur zum Vergleich, da Werte für Auslaufsekunden nach DIN 53211 nur bis 200 s verwendet werden).

Die vielen verschiedenen Spritzverfahren unterscheiden sich hauptsächlich durch das Zerstäubungsprinzip für den Lack und haben alle das Ziel, den Spritzverlust gegenüber dem ursprünglichen Druckluftspritzen zu verringern. In Tabelle 5.4 sind die für die Holzoberflächenbehandlung gebräuchlichsten Zerstäubungsverfahren zusammengestellt.

In Tabelle 5.5 sind Auftragwirkungsgrad und Lösemittelemission verschiedener Beschichtungsverfahren angegeben. Beim Auftragen von Lack ist die aufgetragene Menge von der Geschwindigkeit der Spritzbewegung, von der verspritzten Lackmenge, reguliert durch die Spritzdüsenbohrung und die Lackviskosität, abhängig und kann in großen Bereichen schwanken.

Senkrecht stehende Flächen werden nur so dick beschichtet, daß der Lack nicht abläuft. Es muß mehrmals gespritzt werden, gegebenenfalls mit Zwischenangelieren (Polyester).

Bei großen Flächen wird Spritzstrahl neben Spritzstrahl gelegt, für eine gleichmäßige Schichtdicke im Kreuzgang gespritzt. Die Werkstückskanten werden zuerst gespritzt, um die Gefahr von Lackstaub auf der gespritzten Fläche zu vermeiden.

Der Abstand von der Pistole zum Werkstück beträgt je nach Spritzstrahlbreite und Verfahren 150 . . . 200 mm, bei Airless 300 mm. Die Düsenbohrungen sind auf die Auftragmengen und die Lackviskosität einzustellen bzw. entsprechend auszuwählen.

5.7.3.1 Konventionelles Druckluftspritzen

Druckluftspritzen ist wegen der feinen Zerstäubung und der damit erzielbaren hohen Oberflächenqualität sowie dem universellen Einsatz trotz höchstem Overspray aller Spritzverfahren immer noch weit verbreitet.

Das überwiegend verwendete Zerstäubungsprinzip ist in Abb. 5.26 dargestellt. Die seitlich der Materialdüse schnell ausströmende expandierende Druckluft saugt infolge des entstehenden Unterdrucks Lack an und zerstäubt diesen sehr fein.

Luft und Lackpartikel werden mit hoher Geschwindigkeit kegelförmig gegen das Werkstück transportiert. Die Luft weicht dem Werkstück seitlich aus oder prallt vom Objekt zurück. Dadurch werden Lackpartikel mitgenommen, was zu dem hohen Overspray führt.

Steuerluft aus weiteren Düsen ermöglicht die Einstellung von Flach-, Breit- und Rundspritzstrahl.

Die Zufuhr des Lacks zur Spritzdüse ist auf folgende Arten möglich (Abb. 5.27):

- Saugsystem,
- Fließsystem,
- Drucksystem (nicht bei UP-Lacken).

Das Fließsystem wird vornehmlich bei häufigem Farbwechsel eingesetzt, da sich das Gerät gegenüber dem Saugsystem schneller und leichter reinigen läßt.

Tabelle 5.4 Zerstäubungsverfahren bei der Beschichtung von Holz und Holzwerkstoffen

Zerstäubung	Medium, Einrichtung	Spritzdruck, Drehzahl	Einsatz
pneumatisch	Druckluft	Niederdruck 1 bar Hochdruck 2 . . . 7 bar	Handspritzen, maschinelles Spritzen, Beize, Lack
hydraulisch	ohne Luft	Niederdruck 6 bar	Handspritzen, Beize
		Höchstdruck 60 . . . 240 bar	Handspritzen, maschinelles Spritzen, Lack
pneumatisch und hydraulisch kombiniert	Druckluft und Hydraulik	Luft: 0,2 . . . 2 bar Lack: 20 . . . 60 bar	Handspritzen, maschinelles Spritzen, Lack
mechanisch, elektrostatisch unterstützt	Rotationszerstäubung und elektrisches Feld	Glocke 30 . . . 80 mm Ø bei bis 40 000 min⁻¹ Scheibe 150 . . . 250 mm Ø bei bis 20 000 min⁻¹	automatische Beschichtung

Tabelle 5.5 Auftragswirkungsgrad und Lösemittelemission verschiedener Beschichtungsverfahren (nach H. Schene, Deutsche Forschungsgesellschaft für Oberflächenbehandlung)

Beschichtungsverfahren

Verfahren	Auftragswirkungsgrad in % (Teileabhängig)	Lösemittelemission g/m² bei 30 µm	Anwendung
Tauchen	80 . . . 90	30 bei Lack mit 50 % FK	Grundieren 1-Schicht-LK
Fluten mit Rückführung	80 . . . 90	hoch, da sehr hohe Lösemittelkonzentration im Flutraum	mittel Grundieren 1-Schicht-LK
Gießen	95	relativ gering	quasi ebene Flächen
Walzen	bis 100	gering	plane Flächen

Spritzlackieren

pneumatische Zerstäubung	30 . . . 60	85–35 bei Lack mit 50 % FK	universell
Airless	40 . . . 75	60–25	universell
Heißspritzen	40 . . . 70	60–30	für viele Lackarten
Sprühspalt	98	20	spez. Anforderungen an Lack
Zerstäuberscheibe	95 teilabhängig	20	mittel – hochspez. Anforderungen an Lack
Hochrotation	75 . . . 90	25–20	auch für wasserlösliche Lacke
pneumatische Zerstäubung mit sek. Aufladung	50 . . . 70	45–30	universell
Airless-Zerst. sek. Aufladung	60 . . . 75	35–25	universell
Airless-ESTA- heiß	65 . . . 80	33–23	spez. Anforderungen an Lack

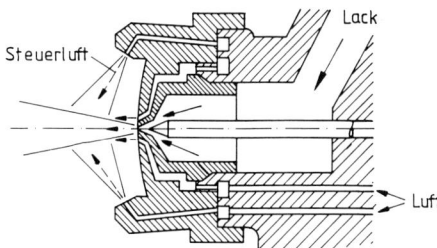

Abb. 5.26 Schema der Zerstäuberdüse einer Druckluftpistole

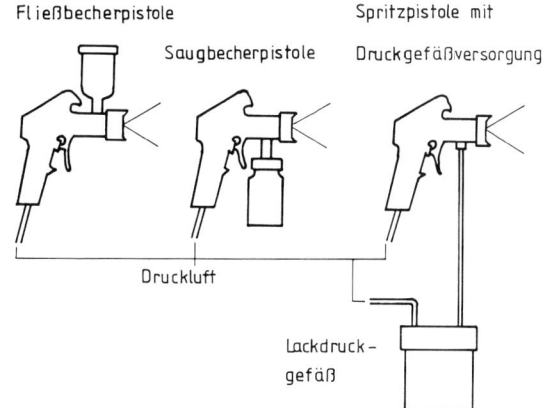

Abb. 5.27 Lackzufuhrmöglichkeiten zur Druckluftpistole

Bei kontinuierlichem Arbeiten an großen Flächen ohne Lackwechsel ist das zeitraubende Nachfüllen der Fließ- oder Saugpistolen nicht wirtschaftlich. Hier wird das Drucksystem eingesetzt, bei welchem der Lack mit Hilfe von Druckluft (0,8 ... 2,5 bar) aus dem Druckgefäß zur Spritzpistole geführt wird. Dies erfordert neben dem Luftschlauch noch einen Lackschlauch, was die Beweglichkeit beim Spritzen beeinträchtigen kann.

Bei kommissionsweiser Fertigung mit vielen unterschiedlichen Materialien und 2K-Lacken können Umlaufanlagen mit Misch- und Spülsystemen eingesetzt werden.

Die verspritzte Materialmenge wird durch das Verstellen des Hubweges der Düsennadel reguliert. Luftdruckänderungen verändern die Zerstäubung:

• Niederdruckspritzen mit 0,2 ... 1,5 bar Luftdruck ergibt keine sehr feine Zerstäubung und wird mehr für das Spritzen von stark verdünnten, niedrigviskosen Lacken oder Dispersionsfarben auf Baustellen eingesetzt. Es genügt ein Gebläse als Drucklufterzeuger.

• Hochdruckspritzen mit 2 ... 7 bar Luftdruck führt zur feinsten Zerstäubung und ergibt die beste Oberflächenqualität. Materialdüsendurchmesser von 0,8 mm (Patinieren, Beize nebeln) ... 2,5 mm lassen einen breiten Spielraum für die Lackviskosität, die üblicherweise bei 16 ... 30 s, in Sonderfällen auch mehr, liegt. Wichtig ist, daß Materialviskosität, Luftdruck und Lackmenge genau aufeinander abgestimmt sind.

Bei Flächen und großen Auftragmengen wird im Kreuzgang gespritzt, die Spritzbahnen müssen für einen gleichmäßigen Auftrag überlappen. Beim Druckluftspritzen ist der Spritzstrahl nicht scharf begrenzt.

Ein Abstand von 200 ... 300 mm von der Pistole zum Werkstück ergibt einen guten Verlauf und verhindert rauhe Oberflächen durch Lacknebelbildung auf der schon lackierten Fläche des Werkstücks, der nicht mehr verläuft (besonders bei schnelltrocknenden Lacken).

2-Komponenten-Materialien werden bei kurzen Topfzeiten mit Zweikammerpistolen mit Mischung in der Pistole verarbeitet. Bei längeren Topfzeiten wird der Lack in einem Mischgerät gemischt und der Pistole zugeführt.

Druckluftpistolen ermöglichen durch halbes Abziehen des Spritzhebels das Abblasen der Werkstücke vor dem Spritzen, da dann nur Druckluft ausgeblasen wird. Die Druckluft zum Spritzen muß öl- und wasserfrei sein. Es ist also ein Abscheidegerät zur Luftreinigung vor dem Spritzgerät anzubringen. Außerdem wird zur Druckregulierung ein Reduzierventil benötigt.

5.7.3.2 Airless-Spritzen mit Höchstdruck

Beim Airless-Spritzen (luftlos, hydraulische Zerstäubung mit Höchstdruck) wird das Beschichtungsmaterial mit einer separaten, meist pneumatisch betriebenen Kolben- oder Membranpumpe auf einen hohen hydrostatischen Druck im Bereich

von 100 ... 250 bar gebracht und beim Spritzen durch eine sehr kleine Hartmetalldüse in der Spritzpistole gedrückt. Die sehr hohe Austrittsgeschwindigkeit aus der Düse und die schlagartige Entspannung zerstäuben den Lack sehr fein (Abb. 5.28). Vorteile gegenüber dem Druckluftspritzen sind:

• geringerer Lackverbrauch, da kein Luftrückprall am Werkstück entsteht (Abb. 5.29),

• große Mengenleistung der Geräte,

• gleichmäßiger Lackfilm über die Spritzbahnbreite,

• es kann direkt aus dem Lackgebinde Lack angesaugt werden.

Dem stehen folgende Nachteile gegenüber:

• der scharf abgegrenzte Rand des Spritzstrahls erfordert vom Spritzer genaueres Arbeiten,

• besonders bei Pigmentlacken hoher Düsenverschleiß,

• während des Spritzens keine Mengenregulierung möglich,

• ein Abblasen der Werkstücke vor dem Spritzen ist mit der Airless-Pistole nicht möglich.

Wie in Abb. 5.30 dargestellt, werden die pneumatischen Lackpumpen, meist selbstansaugende, doppelt wirkende Differentialkolbenpumpen, mit Druckluft von 6 ... 10 bar und einem Druckübersetzungsverhältnis von 1:10 bis 1:60 betrieben. Für kleine Lackmengen eignen sich Membranpumpen.

Die Spritzstrahlbreiten sind vom Druck und der Düsengeometrie abhängig. Die beste Zerstäubung wird bei hohem Druck und geringer Durchflußmenge erreicht, jedoch ist dabei der Düsenverschleiß am höchsten.

Der scharf begrenzte Airless-Spritzstrahl ist besonders von Vorteil, wenn im Durchlaufverfahren Kanten oder Profile gespritzt werden sollen. Dadurch werden Overspray, Verschmutzung der angrenzenden Flächen und die erforderliche Absaugleistung minimiert. Bei automatisch arbeitenden Spritzpistolen werden diese mit Druckluft betätigt. Den Aufbau einer Airless-Spritzeinrichtung zeigt Abb. 5.31.

5.7.3.3 Airless-Spritzen mit Niederdruck

Für dünnflüssige Materialien wie Beizen ist das Airless-Spritzen mit einem hydrostatischen Druck im Bereich von 6 ... 18 bar und sehr feinen Spritzdüsen vorteilhaft. Durch den fehlenden Luftrückprall wird gegenüber dem Druckluftspritzen von geeigneter Beize ein besseres Spritzbild erreicht, wobei auch die Poren gut benetzt sind. Es wird ohne Überschuß gespritzt. Es ist kein manuelles Nachwischen (vertreiben) nötig.

Wichtig ist der Einsatz von Feinfiltern, um Düsenverstopfungen zu verhindern, gleichzeitig wird ein pulsationsfreieres Spritzen möglich.

Das Airless-Spritzen im Niederdruckverfahren wirkt sich wirtschaftlich besonders beim Beizen von Stühlen und Gestellen aus, da hierbei ein Beizen mit Druckluftspritzen wegen des Luftrückpralls ohne Nachwischen nicht möglich ist.

5.7.3.4 Air-mix-Spritzen

Beim Air-mix-Spritzen (Spray-mix, Airless-plus) wird die hydraulische Zerstäubung des Beschichtungsmaterials zusätzlich durch Druckluft unterstützt (Abb. 5.32). Hierbei sollen die Vorteile des Airless-Spritzens (hohe Materialförderung, optimale Spritzgutausbeute) mit den Vorteilen der Luftzerstäubung (Feinheit der Zerstäubung, hohe Oberflächenqualität) kombiniert werden. Die Vorteile des Air-mix-Spritzens sind:

- geringere hydrostatische Drücke im Bereich von 20 ... 60 bar, dadurch auch geringerer Düsenverschleiß,
- geringere Luftmenge als beim reinen Druckluftspritzen, da nur Drücke von 1 ... 1,5 bar erforderlich sind; damit ist der Lackverlust gering,
- weniger scharf abgegrenzter, weicher Spritzstrahl als beim reinen Airless-Spritzen.

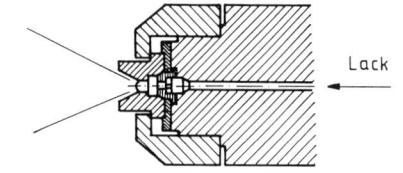

Abb. 5.28   Schema einer Airless-Spritzdüse

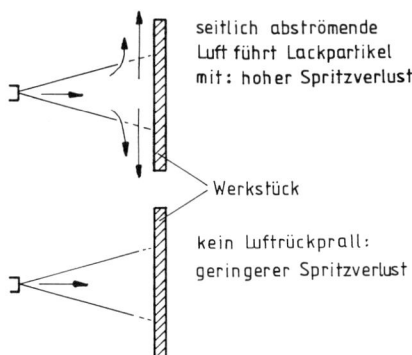

Abb. 5.29   Schema: oben Druckluft-Spritzen mit Rückprall, unten Airless-Spritzen ohne Rückprall

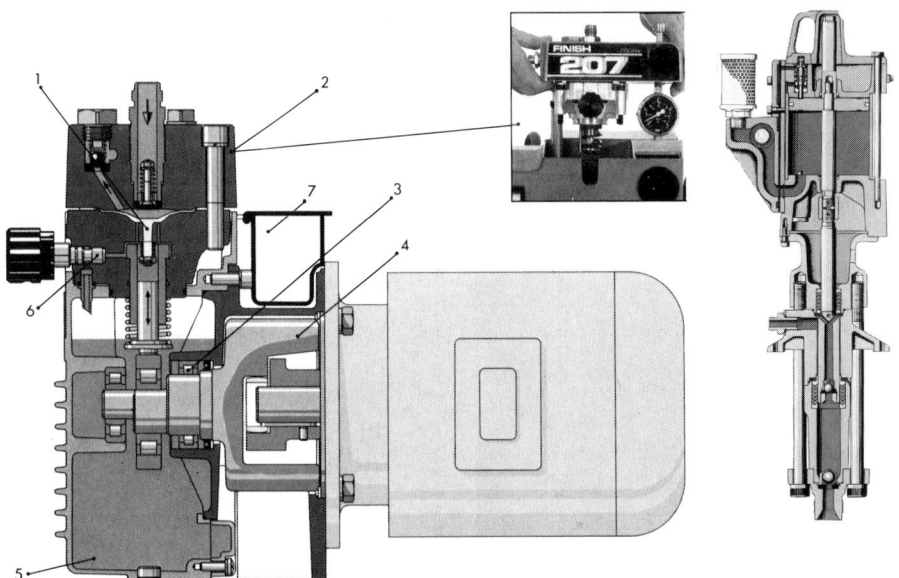

Abb. 5.30a + 5.30b   Schemadarstellung einer Kolben- und einer Membranpumpe zur Herstellung des hohen Lackdrucks beim Airless-Spritzen (Werkzeichnungen Wagner). 1 In langjähriger Erfahrung erarbeitete Membrane, mit höchster Lebensdauer. 2 Gesamter Pumpenkopf leicht abnehmbar. 3 Stabile, robuste Lagerung der Kurbelwelle. 4 Großzügig dimensionierte Schwungmasse schont den Motor und ergibt Laufruhe. 5 Großes Ölvolumen abgestimmt auf die Regelungsbedingungen bei geschlossener Pistole, hierdurch kaum Energieverlust. 6 Alle durch Flüssigkeitsströme beanspruchten Hochdruckventile in Präzisions-Sinterhartmetall. 7 Werkzeug-Box für die wichtigsten Werkzeuge

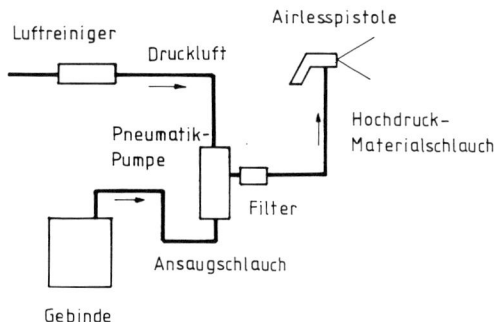

Abb. 5.31 Installationsschema einer Airless-Spritz-einrichtung

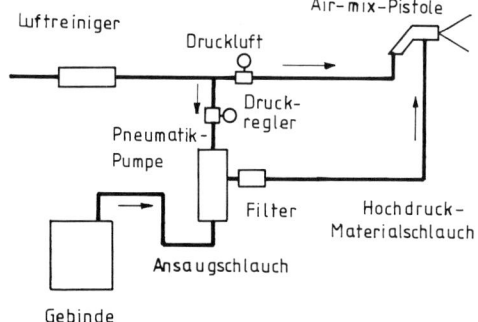

Abb. 5.33 Anlagenaufbau beim Air-mix-Spritzen

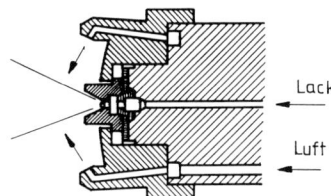

Abb. 5.32 Querschnitt einer Air-mix-Zerstäuberdüse

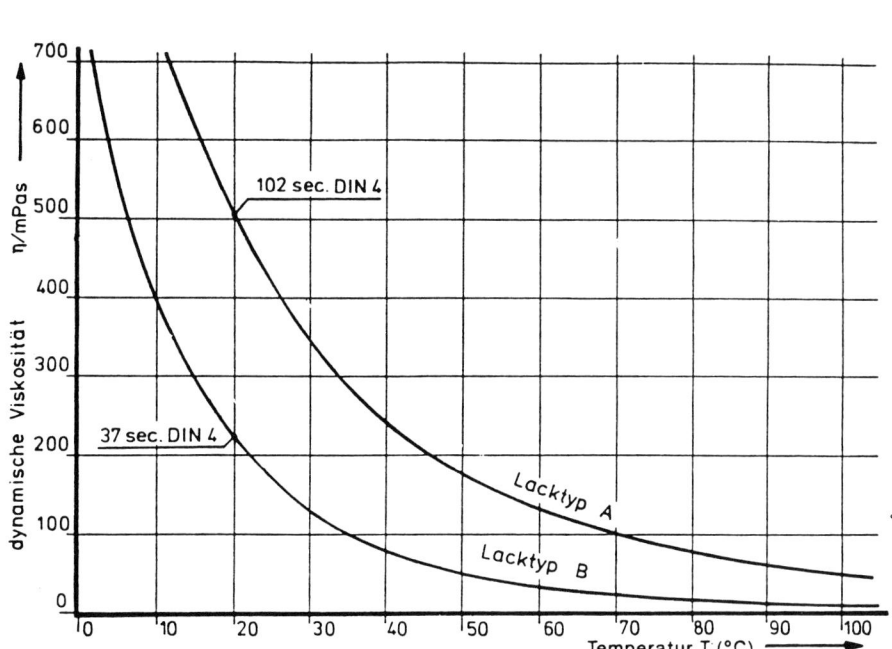

Diagramm 5.1 Viskositätsverlauf bei Lacken in Abhängigkeit von der Temperatur (Glasurit-Handbuch, 1984)

Nachteile sind:
- beim Spritzen von Hand sind 2 Schläuche zu bewegen, was zu schnellerer Ermüdung führt (Abb. 5.33),
- größerer Einrichtungsaufwand.

Air-mix-Spritzen ist bei geringerer Spritz-nebelbildung grundsätzlich universell einsetzbar, auch für dünnflüssigere Materialien wie Beize und Lasur. Wegen der aufwendigen Anlage und der ermüdenden Arbeit wird Air-mix-Spritzen jedoch vorzugsweise in automatischen Spritzanlagen (Durchlauf-Spritzmaschinen) angewendet.

5.7.3.5 Heißspritzen

Ursprünglich wurde das Heißspritzen durch das Arbeiten mit geringerem Luftdruck und deshalb weniger Overspray zur Lackeinsparung entwickelt.
Heute ist das Warm- (30 ... 40 °C) oder das Heißspritzen (60 ... 80 °C) eine zusätzliche Möglichkeit, den Forderungen der TA Luft nach einer Reduzierung der Emission an organischen Lösemitteln nachzukommen.
Die Viskosität eines Lacks hängt wesentlich von der Temperatur ab (Diagramm 5.1). Beim Heißspritzen wird der Lack statt durch Zugabe von Verdünnungsmittel durch Erwärmung auf Verarbeitungsviskosität gebracht.
Grundsätzlich können alle üblichen Lacke heiß gespritzt werden, jedoch ist die Lösemittelformulierung auf das Heißspritzen auszurichten (weniger leichtflüchtige Anteile). Wegen der Schwierigkeit des Mischens werden 2K-Lacke nicht heißgespritzt. Ein 2K-Druckluftspritzen mit erwärmter Luft (Hot-air) wäre möglich.
Mit festkörperreichen Lacken können beim Heißspritzen höhere Schichtdicken

bei geringerer Läuferbildung erzielt werden. Der Verlauf des Lacks wird unterstützt, was eine höhere Oberflächenqualität ergibt, und die Trocknung wird verkürzt. Nachteilig ist der hohe apparative Aufwand.

Durch die Zufuhr vorgewärmter Luft beim Druckluftspritzen oder mit der Kombination Airless-Druckluft werden obige Vorteile noch verstärkt (Hot-air-Verfahren).

Der Lack wird im elektrisch beheizten, thermostatgeregelten Durchlauferhitzer mit Wasserbad erwärmt, um eine gleichmäßige Lacktemperatur zu erzielen und Überhitzungen zu vermeiden (Abb. 5.34). Die Zufuhr des erwärmten Lacks zur Spritzpistole geschieht durch Dauerzirkulation, was Vor- und Rücklaufleitungen erfordert. Heißspritzen kann prinzipiell bei jedem Spritzverfahren angewendet werden (Druckluft-, Airless-, kombiniertes und elektrostatisches Spritzen).

5.7.3.6 Spritzen von Zwei-Komponenten-Lacken

Neben den Einkomponentenformulierungen mit integriertem Härter oder strahlenvernetzbaren Systemen sind in der Holzoberflächenbehandlung SH-, UP- und PUR-Materialien wegen der höheren Beanspruchbarkeit der Lackfilme als Zwei-Komponenten-Lacke (2K-Lacke) eingesetzt. Außerdem ist der meist geringere Anteil an organischen Lösemitteln (Highsolid-Lacke) im Hinblick auf die Forderungen der TA Luft in 2K-Lacken wichtig. Bei der Verarbeitung von 2K-Lacken sind besonders zu beachten:

- die Topfzeit (Pot-life) des gemischten Lacks, d. h. die Zeit, solange die Mischung verarbeitbar ist,
- die exakte Dosierung der beiden Komponenten Härter und Lack, deren Mischungsverhältnis im Bereich von 1:20 bis 1:1 liegt,
- die Art des Dosierens und Mischens (manuell, maschinell),
- die sorgfältige Reinigung (Spülung) der Geräte vor Ende der Topfzeit beim manuellen Mischen oder beim Lackwechsel.

Zur Dosierung und Mischung werden folgende Verfahren angewendet:

1. Dosierung und Mischung der beiden Lackkomponenten außerhalb des Verarbeitungssystems (Vormischung):

- manuelles Dosieren und Mischen durch Wiegen oder Messen im Meßbecher und Anrühren,
- Mischung mit dosiert angelieferten Gebinden;

2. Dosierung und Mischung innerhalb des Verarbeitungssystems (Innenmischung):

- Dosier- und Mischeinrichtung in einem Gerät mit direkter Lackzufuhr zur Spritzeinrichtung,

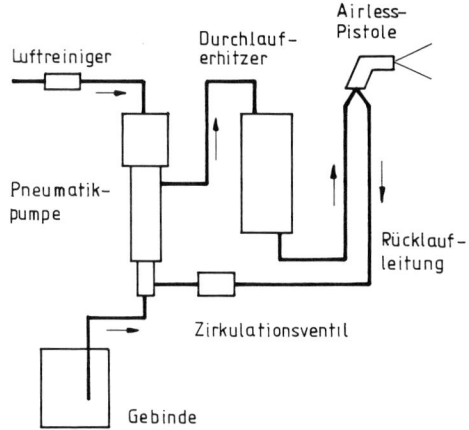

Abb. 5.34 Schema einer Heißspritzeinrichtung mit dem Airlessverfahren

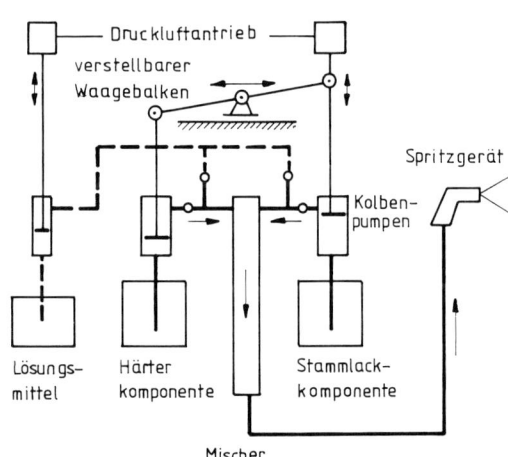

Abb. 5.35 Installationsschema einer 2-Komponenten-Spritzeinrichtung mit mechanischer Dosierung für variable Mischungsverhältnisse

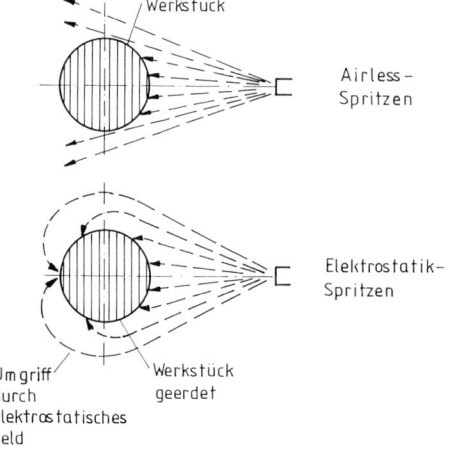

Abb. 5.36 Prinzip des elektrostatischen Beschichtens

- Dosierung in einer Dosieranlage, Mischung im Spritzgerät;
3. Dosierung in einer Dosieranlage, Mischung im Spritzstrahl durch:
- Zerstäuberkopf mit getrennten Kanälen für Stammlack und Härter,
- Austrag durch getrennte Düsen.

Für die Dosierung der Komponenten gibt es verschiedene Möglichkeiten:
1. mechanische Dosierung (volumetrisch) mit
- Kolbenpumpen mit festem oder variablem Mischungsverhältnis, Abb. 5.35,
- Zahnradpumpen mit stufenlos einstellbaren Getrieben;
2. elektronisch geregelte Dosierung mit Hilfe eines Rechners:
- Härter-Zudosierung, wobei der Stammlackdurchfluß gemessen und der Härterzusatz vom Rechner ermittelt und über eine Zahnradpumpe zudosiert wird,
- Stammlack und Härter werden über elektronisch geregelte Zahnradpumpen dosiert.

Die Mischung der beiden Komponenten erfolgt im statischen Mischrohr; zur Vermeidung von Lackverlusten beim Lackwechsel soll es möglichst nahe am Spritzgerät sein. Das Mischen im Spritzgerät bereitet wegen der Spritzgeometrie noch Probleme. Mischung im Spritzstrahl wird bei extrem kurzen Topfzeiten eingesetzt (Minutenbereich).

Ob manuell dosiert und gemischt oder ob ein Gerät dafür wirtschaftlich eingesetzt werden kann, hängt von den Gegebenheiten der Fertigung ab. Die Wirtschaftlichkeit des Einsatzes eines 2K-Gerätes wird bestimmt:
- von der Topfzeit des 2K-Lacks und damit der Häufigkeit des Spülens und Neuansatzes beim manuellen Mischen,
- von den eingesparten Zeiten für das Spülen und den Lackneuansatz,
- vom Lackverlust und vom Spülmittelverbrauch bei jedem Lackwechsel oder Neuansatz,
- von der Menge des zu verarbeitenden 2K-Lacks.

PUR-Lacke haben üblicherweise Topfzeiten im Bereich von 6 Std. bis zu mehreren Tagen; die Viskosität steigt innerhalb der langen Topfzeit an.
Wegen der langen Topfzeit, der immer mehr kommissionsweisen Fertigung und den häufigen Lackwechseln wird PUR-Lack meist manuell dosiert und gemischt. Geeignete Spüleinrichtungen erlauben auch bei häufigem Lackwechsel das problemlose Verarbeiten von 2K-Lacken mit manuellem Mischen in Durchlauf-Spritzmaschinen. Minimale Verluste an Lackmischung und Spülmittel beim Lackwechsel erhält man an Line-

arläufer-Spritzmaschinen (s. Absatz 5.7.3.10), da hierbei gegenüber den Ovalläufermaschinen die wenigen Spritzpistolen mit sehr kurzen Zuleitungen ausgerüstet sein können.
Eine automatische Zufuhr von Lack, Härter und Spülmittel zur Maschine in einer 2K-Anlage ist nur dann wirtschaftlich, wenn große Lackmengen verarbeitet werden, da für jede Lackfarbe und Härter ein eigener Kreislauf mit kompletter Einrichtung wie Hochdruckpumpe, Dosierung, Umlaufanlage und Steuerung vorhanden sein muß.
Polyester, z. B. Paraffin-Polyester für Hochglanzoberflächen, hat eine Topfzeit von rd. 10 ... 20 min. Beim manuellen Mischen darf nur so viel Lack gemischt werden, wie innerhalb der Topfzeit gespritzt werden kann. Nach einer sorgfältigen Reinigung aller Geräte ist wieder neu zu mischen.
Dieses umständliche Verfahren lohnt sich nur bei kleinen Verbrauchsmengen (Handwerk) oder nur gelegentlicher Verarbeitung von 2K-Lack. Sind große Mengen von Polyester mit kurzer Topfzeit zu spritzen, ist ein 2K-Gerät wirtschaftlich.
Bei der Verarbeitung von 2K-Lacken ist das fertige Gemisch prinzipiell mit allen Zerstäubungsarten zu spritzen.

5.7.3.7 Elektrostatisches Spritzen

Das elektrostatische Beschichten ist ein Verfahren, das durch die Verbesserung der Lackausbeute beim Auftragen bzw. durch die Verringerung des Oversprays die Umweltbelastung beim Spritzen erheblich reduziert.
Das Prinzip, dargestellt in Abb. 5.36, beruht darauf, daß zwischen dem Spritzgerät und dem geerdeten Werkstück ein elektrisches Feld hoher Spannung aufgebaut wird. Die zerstäubten aufgeladenen Lackpartikel folgen den Feldlinien, so daß auch vorbeigespritzte Partikel eingefangen werden und auf dem Werkstück zur Beschichtung beitragen. Durch den elektrostatischen Umgriff werden auch die dem Spritzgerät abgewandten Seiten der Werkstücke beschichtet. Dadurch ergibt sich beim elektrostatischen Spritzen eine höhere Lackausbeute.
Wieviel Lack gegenüber nichtelektrostatischen Spritzverfahren eingespart wird, hängt von der Art der Zerstäubung und hauptsächlich von der Werkstücksform ab. Zum Vergleich sind in Tabelle 5.5 zu verschiedenen Applikationsmethoden die Auftragwirkungsgrade und die Lösemittelemissionen angegeben.
Nachteilig ist beim elektrostatischen Lackieren von Holzteilen, daß trockenes Holz ein schlechter elektrischer Leiter ist, so daß die vom Lack übertragene elektrische Ladung schlecht abgeleitet wird. Je höher die zulässige Holzfeuchte sein

darf, desto besser ist dies für die elektrostatische Lackierung. Bei bestimmter Umgebungsfeuchte ist ein elektrostatisches Lackieren bei Holzfeuchten von 8 ... 10 % möglich.
Weiterhin ist zu beachten, daß durch den Faraday-Effekt Vertiefungen oder Hinterschneidungen am Werkstück nicht oder nur schlecht lackiert werden, da die elektrischen Feldlinien darüber hinweggehen. Die zu beschichtenden Werkstücke, z. B. Stühle, sollen daher schon elektrostatik-gerecht konstruiert sein.
Viele konventionelle Lacke sind in ihrer Leitfähigkeit so einzustellen, daß sie elektrostatisch aufgetragen werden können. Durch sicherheitstechnische Neukonstruktionen sind auch wasserhaltige Lacke elektrostatisch verarbeitbar.
Für das elektrostatische Beschichten können folgende Verfahren angewendet werden (auch Tabelle 5.5):
1. konventionelle Zerstäubung durch Druckluft- (Abb. 5.37), Airless- oder kombinierte Spritzpistolen, elektrostatisch unterstützt, für
- Handauftrag (Abb. 5.38 Installationsschema einer elektrostatischen Heißspritzanlage) oder
- Auftrag mit Bewegungsautomaten;
2. Hochrotationszerstäubung für automatische Anlagen mit mechanischer Zerstäubung, elektrostatisch unterstützt, ausgeführt als
- Hochrotations-Scheibensprühsystem (Abb. 5.39) oder
- Hochrotations-Glockensprühsystem;
3. rein elektrostatisches Versprühen mit Zerstäubung, Ladung und Lacktransport allein durch die Kräfte des elektrischen Feldes mit Geräten wie
- Sprühspalt,
- rein elektrostatische Scheiben oder Glocken.

1. Konventionelles Elektrostatikspritzen
Beim weitverbreiteten elektrostatischen Spritzen mit konventioneller Zerstäubung wird in einem Gleichrichter und einem Trafo eine Gleichspannung im Bereich von etwa 50 ... 150 kV erzeugt. Die Erzeugung der Hochspannung kann
- extern in einem eigenen Gerät erfolgen, wobei die Spritzpistolen durch ein isoliertes, relativ steifes Hochspannungskabel mit dem Trafo verbunden sind, oder
- der Hochspannungsteil ist schon in das Spritzpistolengehäuse mit integriert, was nur eine Zuleitung für 220 V erfordert.

Die Handspritzpistolen sind so isoliert, daß kein Umschlagen des elektrischen Feldes gegen das Bedienungspersonal erfolgen kann. Die Stromstärken von wenigen mA sind ungefährlich. Außerdem sind Schutzkleidung und Schutzbrille zu

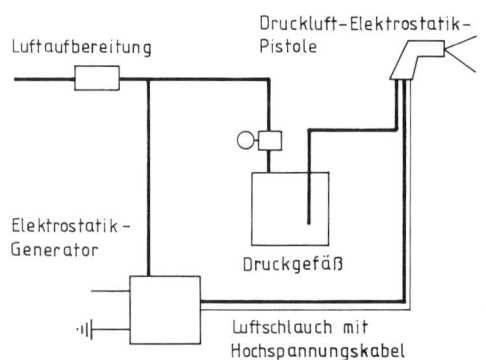

Abb. 5.37 Installationsschema für elektrostatisches Druckluftspritzen von Hand

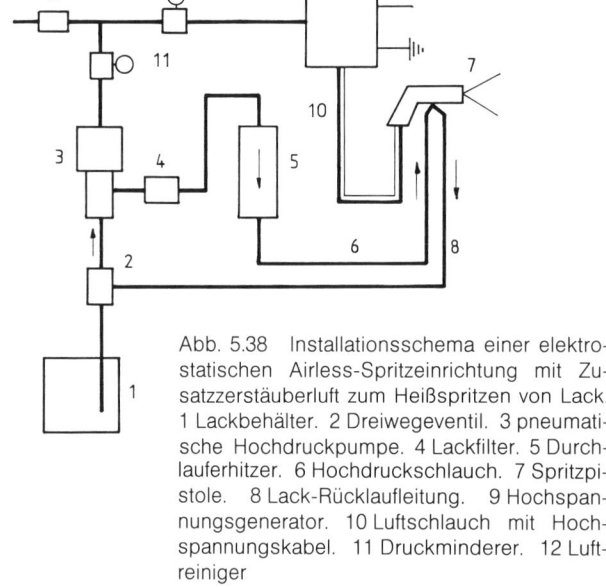

Abb. 5.38 Installationsschema einer elektrostatischen Airless-Spritzeinrichtung mit Zusatzzerstäuberluft zum Heißspritzen von Lack. 1 Lackbehälter. 2 Dreiwegeventil. 3 pneumatische Hochdruckpumpe. 4 Lackfilter. 5 Durchlauferhitzer. 6 Hochdruckschlauch. 7 Spritzpistole. 8 Lack-Rücklaufleitung. 9 Hochspannungsgenerator. 10 Luftschlauch mit Hochspannungskabel. 11 Druckminderer. 12 Luftreiniger

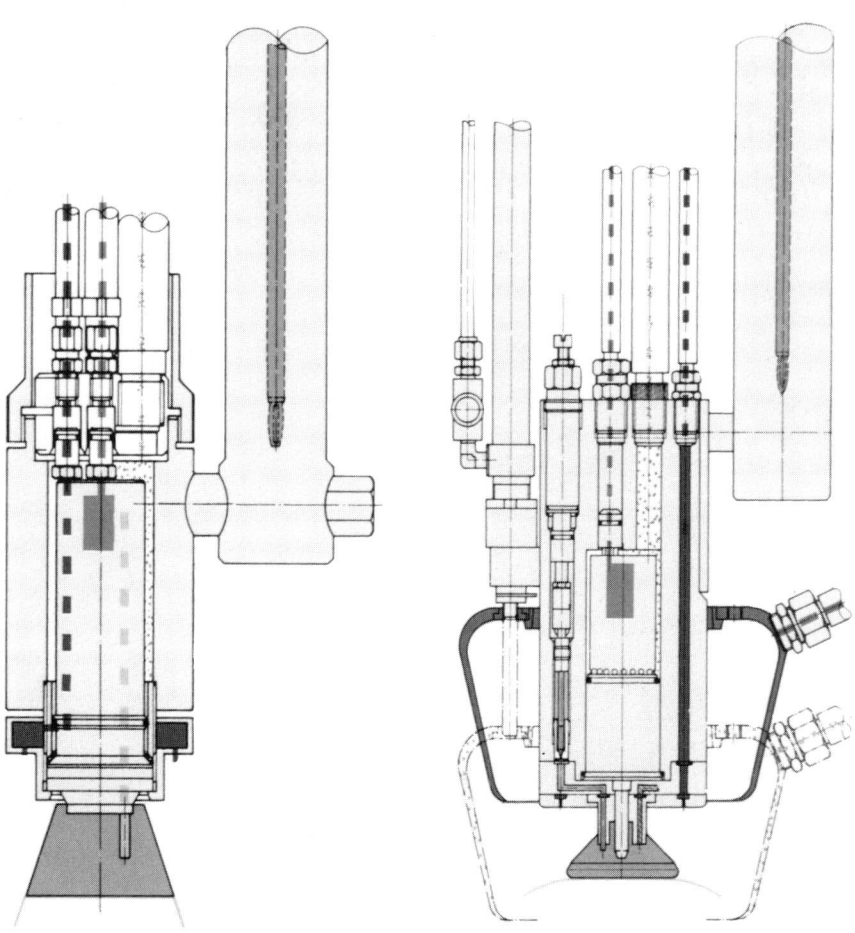

Abb. 5.39 Schemadarstellung von Hochrotations-Sprühsystemen. (Werkbild Kopperschmidt)

tragen. Annäherungsregelungen können eine Funkenentladung bei zu großer Annäherung an das Werkstück verhindern. Besonderer Wert ist auf eine ausreichende Erdung der Werkstücke zu legen, damit die vom Lack übertragene Ladung abfließen kann. Die Werkstückauflagen oder Aufhängungen sind daher immer zu entlacken.

2. Hochrotations-Scheiben und -Glocken

Für große Mengen ähnlicher Teile komplizierter geometrischer Form wie bei einer Stuhlproduktion ist der Einsatz eines Hochrotations-Zerstäubers (mechanisch) mit elektrostatischer Unterstützung möglich.

Wie in Abb. 5.39 dargestellt, dreht sich bei Hochrotationszerstäubung (Glocke oder Scheibe) das Zerstäuberelement mit hoher Drehzahl. Der zentral zugeführte Lack wird durch Zentrifugalkräfte mechanisch zerstäubt und radial abgeschleudert. Durch ringförmig angeordnete Zuluft (Lenkluft) und durch das elektrostatische Feld wird der zerstäubte Lack zum Werkstück transportiert und dort abgeschieden, wobei die Ladung abfließt.

Die Aufladung des Lacks geschieht teils durch Ladungstrennung am Zerstäubungselement, teils durch Koronarentladung bei der Bündelung des elektrischen Feldes an den scharfen Kanten der Scheibe oder Glocke.

Die beiden angewendeten Systeme (Glocke und Scheibe) unterscheiden sich in Durchmesser, Drehzahl und Anwendung:

- elektrostatisches Glockensprühsystem mit Glockendurchmesser von 30...80 mm und einer Drehzahl bis 40 000 U/min,
- elektrostatisches Scheibensprühsystem mit Scheibendurchmesser von 150...250 mm und Drehzahlen bis 20 000 U/min.

Für eine automatische Stuhllackierung, bisher nur in wenigen Anlagen ausgeführt, eignet sich das elektrostatische Hochrotationsscheibensystem.

Die Teile werden, wie Abb. 5.40 und 5.41 zeigen, geerdet an einem Kreisförderer hängend in einer sogenannten Omega-Schleife um eine senkrecht bewegte Hochrotations-Scheibe geführt und selbst auch noch gedreht. Dadurch werden die Teile allseitig beschichtet. Für nicht gut beschichtete Teile am Stuhl kann zum Nachspritzen ein Handspritzstand nachgeschaltet sein.

Bei Stühlen sind trotz elektrostatischer Unterstützung beim Spritzen die Konstruktion, die Holzfeuchte und die Umgebungsbedingungen beim Arbeiten mit Hochrotationsscheiben für die Beschichtungsqualität maßgebend.

Abb. 5.40   Beschichtungsanlage mit Hochrotationsscheibe für Holzbauteile. (Ransburg)

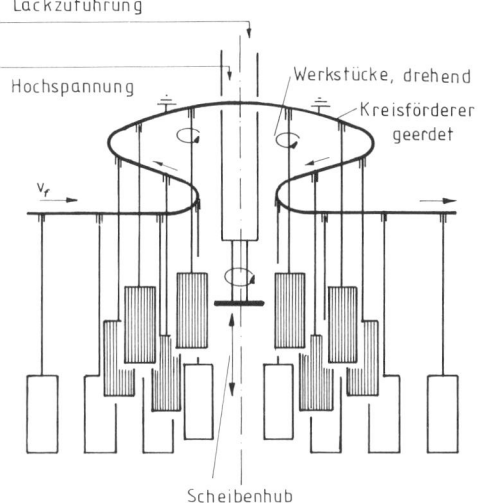

Abb. 5.41   Schema einer Omega-Scheibenanlage

Wie hoch die Lackersparnis gegenüber einer konventionellen Beschichtung ist und ob die Konstruktion der Stühle für eine elektrostatische Beschichtung mit einer Hochrotationsscheibe geeignet ist, läßt sich nur durch Versuche ermitteln (aufgrund der wenigen Anlagen nur beim Anlagenhersteller). Der Vorteil der Omega-Anlage liegt in der automatischen Beschichtung mit hoher Durchsatzleistung und in der hohen Lackausbeute.

Die Spritzzone einer Hochrotationsscheibenanlage ist mit einer entsprechenden Kabine umgeben (Abb. 5.42), um neben der vorgeschriebenen Sicherheit durch eine Belüftung mit klimatisierter Luft von etwa 65 % Luftfeuchte für eine gleichmäßige Beschichtung zu sorgen.

Bei einem Teileabstand von 1,5 m und einem möglichen Vorschub des Förderers von 10 m/min ergibt sich eine erhebliche Mengenleistung.

5.7.3.8 Spritzkabinen

Um die Bildung von explosionsfähiger Atmosphäre zu verhindern und die Beschäftigten vor gesundheitsschädlichen Einflüssen zu schützen sind regelmäßige Spritzarbeiten mit brennbaren und gesundheitsschädlichen Materialien gemäß VBG 23 § 13 nur an Spritzständen durchzuführen, die über Absaugung verfügen. Die Luftmenge ist so zu bemessen, daß keine explosionsfähigen Gemische entstehen, keine Zugluft auftritt und die Arbeitsplätze im Frischluftstrom liegen. Die nötigen Einrichtungen für einen Spritzarbeitsplatz sind in Abb. 5.43 dargestellt.

Die nicht wasserlöslichen bzw. wassermischbaren organischen Lösemittel aus dem abgesaugten Farb- und Lacknebel gehen stark verdünnt mit der Abluft ins Freie. Der Festkörperanteil des Oversprays muß ausgefiltert werden. Hierbei sind die Grenzwerte der TA Luft zu beachten. Nach Punkt 3.3.5.12 der TA Luft dürfen staubförmige Emissionen im Abgas (Lackpartikel) den Grenzwert von 3 mg/m³ nicht überschreiten.

1. Abluft-Reinigungssysteme in der Kabine (Abb. 5.44)
Das Ausfiltern des Festkörperanteils in der Abluft kann durch Trocken- oder Naßabscheider erfolgen:
Trockenabscheider mit Gewebefilter verursachen geringere Investitionskosten, benötigen jedoch einen erheblich höheren Reinigungsaufwand, die Brandgefahr ist größer und der Abscheidegrad ist gegenüber der Naßabscheidung wesentlich geringer. Deshalb wird Trockenabscheidung nur bei geringen Auftragmengen (Abnebeln), gelegentlichem Spritzen (Handwerk) oder beim Beizen (wenig Festkörper) eingesetzt.

Abb. 5.42 Kabine für eine Hochrotations-Scheibenanlage zum Beschichten von Stühlen. (Eisenmann)

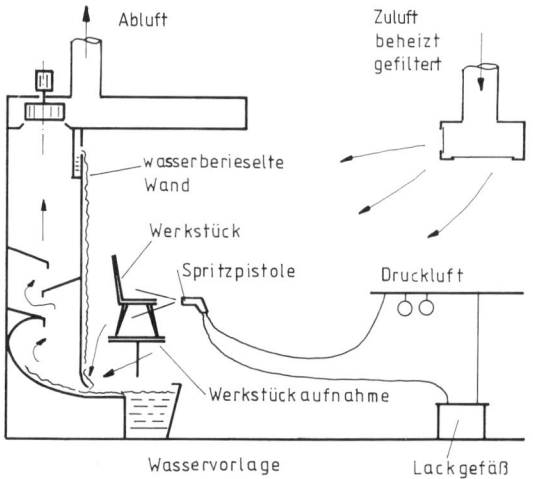

Abb. 5.43 Einrichtungen für einen Arbeitsplatz zum Spritzen von Hand

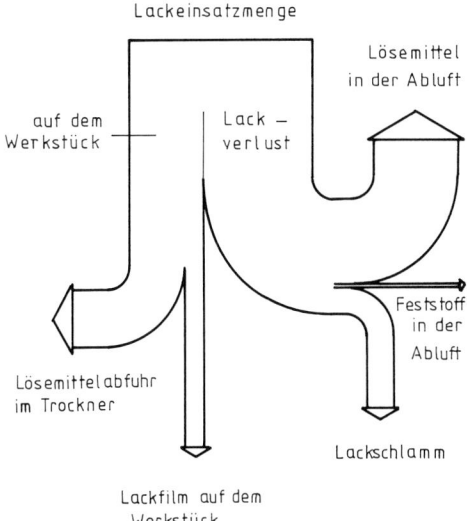

Abb. 5.44 Sankey-Diagramm über die Aufteilung der Lackeinsatzmenge beim Spritzen bei einem Lackfestkörpergehalt von rd. 25% und einem Lackverlust von rd. 60%

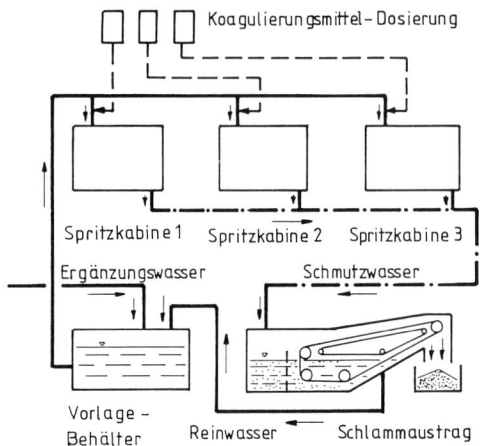

Abb. 5.45 Schema einer zentralen Lackschlammentsorgung für mehrere Spritzkabinen

Naßabscheider bringen die zu reinigende Luft mit dem Wasser sehr innig in Berührung, so daß die Lackpartikel ausgewaschen werden. Dem Wasser wird dazu ein Koagulierungsmittel zur Entklebung der Lackteilchen zugegeben. Koagulierungsmittel sollen Lackharze entkleben und die entklebten Teilchen zu größeren Teilen zusammenbinden (koagulieren). Entkleben ist möglich durch

● chemische Verseifung oder Zerstörung genau auf den Lacktyp eingestellte Stoffe, was vielfach ein Ausprobieren erfordert; dadurch ist das Wasser in der Kabine meist stark alkalisch und muß zur Entsorgung neutralisiert werden;

● einhüllen der klebenden Stoffe (Paniermittel); der Lackschlamm wird vollständig entklebt, Wasser und Lackschlamm sind neutral;

● elektrisches Koagulierrohr (21); ein Wasser-Teilstrom wird durch das an einer Gleichspannung liegende Koagulierrohr geführt und dadurch in die Lage versetzt, bestimmte Lacke zu entkleben.

Der ausgewaschene Lack setzt sich im Wasserbecken ab oder schwimmt auf und muß von Zeit zu Zeit oder laufend entfernt werden, je nach Lackart als Sondermüll.

Das Entsorgen der Spritzkabine von Lackschlamm ist möglich durch

1. Absetzen des Lackschlamms durch Beruhigen (gegebenenfalls neutralisieren)

● in der abgestellten Spritzkabine, bei Einzelanlagen und geringer Auslastung,

● im Absetzbecken, für mehrere Kabinen einsetzbar.

2. Einsatz von Lackaustragvorrichtungen

● an der Einzelkabine,

● mit zentralem Entsorgungssystem für mehrere Kabinen (Abb. 5.45).

Probleme treten zur Zeit bei der Lackschlamm- und Kabinenwasserentsorgung auf, wenn Wasserlacke mit einem Anteil an organischen Lösemitteln verarbeitet werden. Diese wassermischbaren organischen Lösemittel werden zum großen Teil nicht durch die Abluft der Kabine abgeführt, sondern reichern das Kabinenwasser bis zu einem Sättigungsgrad an und werden mit dem Wasser im Lackschlamm ausgetragen.

Der Lackschlamm ist als Sondermüll zu entsorgen, ebenso das verbrauchte Kabinenwasser, da die darin enthaltenen organischen Lösemittel die üblichen Kläranlagen beeinträchtigen.

Der hohe Abscheidegrad der Naßauswaschung von mehr als 99% des anfallenden Lackfestkörpers in der Abluft wird durch die innige Vermischung von zu reinigender Luft mit dem Wasser erzielt.

Dafür gibt es verschiedene Auswaschsysteme, dargestellt in Abb. 5.46. Für Spritzanlagen der Holzoberflächenbehandlung kommen sowohl Düsenauswaschung wie auch Wirbelwäscher und Venturiwäscher zum Einsatz.

Die Düsenauswaschung benötigt im Abluftstrom eine Reihe von Düsen, die Wasser gegen den Abluftstrom zerstäuben. Die Düsenauswaschung ist wartungsintensiver als andere Auswascharten, jedoch ist durch die Anordnung der Wasserdüsen und die Gestaltung der wasserberieselten Wand mit Dreieckschlitzen, eine mehr horizontale, flächige Absaugung möglich, was gute Absaugverhältnisse an der Kabine ergibt.

Beim Wirbelwäscher wird die Luft durch einen Schlitz an der Wasseroberfläche abgesaugt, was zu einer Verwirbelung von Wasser und Luft und damit zu einem hohen Abscheidegrad führt. Wirbelwäscher sind unempfindlich gegen Verschmutzung, haben eine einfache Bauweise und benötigen weder Pumpe noch Wasserrohrleitung. Die Wasserstandsregelung muß genau sein, da hiervon die Funktion abhängt. Außerdem sind Wirbelwäscher erheblich lauter als Düsenwäscher.

247

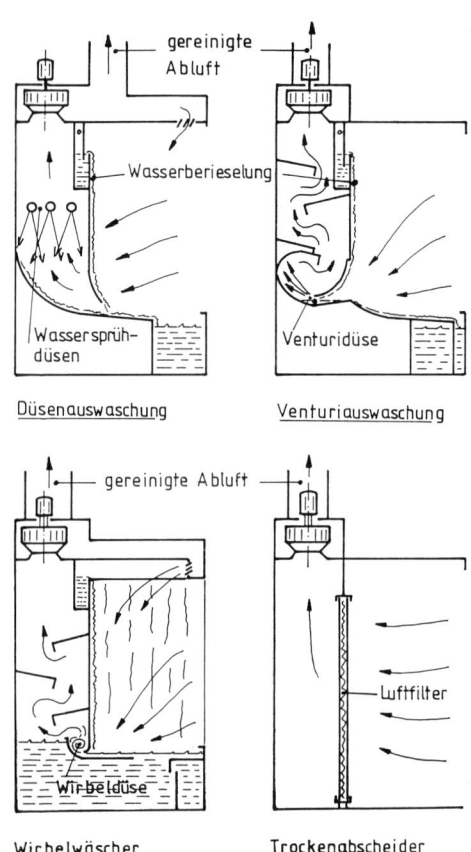

Abb. 5.46 Abscheidesysteme für Lack in der Abluft von Spritzanlagen

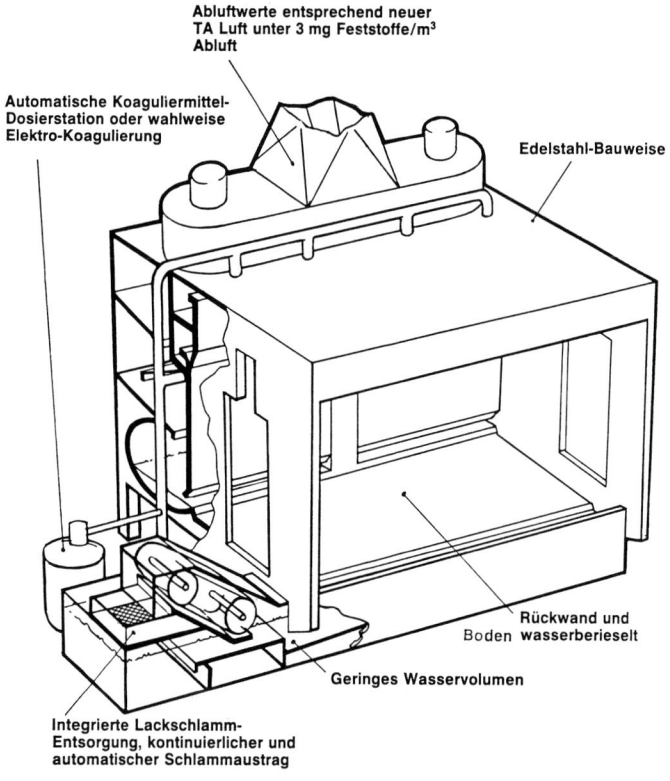

Abluftwerte entsprechend neuer TA Luft unter 3 mg Feststoffe/m³ Abluft

Automatische Koaguliermittel-Dosierstation oder wahlweise Elektro-Koagulierung

Edelstahl-Bauweise

Rückwand und Boden wasserberieselt

Geringes Wasservolumen

Integrierte Lackschlamm-Entsorgung, kontinuierlicher und automatischer Schlammaustrag

Abb. 5.47 Wasserberieselte Spritzkabine. (Werkzeichnung Eisenmann)

Bei der Venturiauswaschung wird an einer düsenförmigen Verengung hohe Luftgeschwindigkeit erzeugt. Der entstehende Unterdruck saugt das zulaufende Wasser in den Luftstrom. Die Entspannung nach der Verengung führt zu einer Zerstäubung des Wassers. Die Lackteilchen werden mit dem Wasser an den Abschlagblechen abgeschieden. Dieses wartungsfreundliche System ergibt sehr hohe Abscheidegrade (Abb. 5.47).

Die abgesaugte Luft kann entweder gar nicht oder bei (entsprechender Anordnung) nur zu einem geringen Teil der Spritzkabine wieder zugeführt werden, so daß das Bedienungspersonal nicht vom mit Lösemittel angereicherten Rückluftstrom berührt wird.

Die große abgesaugte Luftmenge muß dem Spritzraum durch Frischluft wieder zugeführt werden. Entsprechende Frischluftgeräte erfordern im Winter er-

hebliche Wärmemengen. Wärmetauscher zur Erwärmung der Frischluft durch die Abluft sind wegen der geringen Temperaturunterschiede bisher noch nicht wirtschaftlich. Außerdem würden die Wärmetauscher durch Restlackmengen in der Abluft im Wirkungsgrad abfallen. Vorteilhaft ist es, dem Raum etwas mehr Frischluft, z. B. 10 %, zuzuführen als insgesamt abgesaugt wird. Dadurch entsteht im Lackierraum ein geringer Überdruck, der verhindert, daß Staub aus anderen Betriebsbereichen in den Lackierraum angesaugt wird.

2. Bauformen von Spritzanlagen
Für die Ausführung der Spritzanlagen gibt es je nach Werkstückgröße und Luftführung verschiedene Möglichkeiten, dargestellt in Abb. 5.48.
Spritzwände haben keine Seitenwände und eignen sich für große Werkstücke,

z. B. zum Kantenspritzen im Stapel auf vorbeiführenden Rollenbahnen. Die Luftführung wird durch die fehlenden Seitenwände beeinträchtigt.
Spritzstände haben wegen der Seitenwände eine bessere Luftführung als Spritzwände. Diese Seitenwände können auch wasserberieselt sein. Für am Kreisförderer hängende, an der Spritzanlage vorbeigeführte Werkstücke (z. B. Stühle) sind Öffnungen in den Seitenwänden.
Spritzkabinen sind ganz geschlossen und müssen mit einer eigenen Zuluftanlage ausgestattet sein. Diese teure Ausführung ist nötig, wenn in besonders staubfreier Umgebung hochglänzend trocknender Lack gespritzt werden muß.
Bearbeitet man nur kleine Werkstücke, werden die Spritzanlagen auf den Boden gestellt. Die Wasserbecken sind so niedrig angeordnet, daß die Werkstücke in geeigneter Arbeitshöhe liegen.

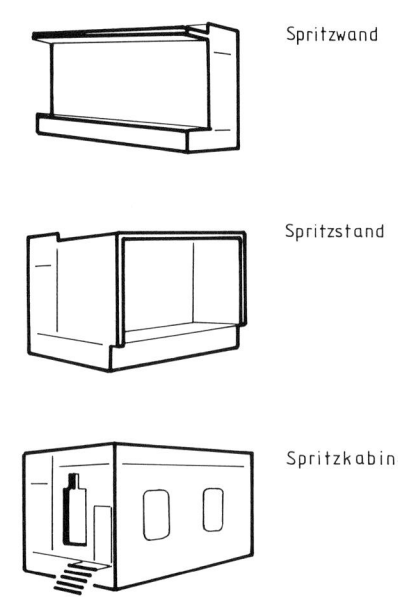

Spritzwand

Spritzstand

Spritzkabine

Abb. 5.48 Bauformen von Spritzanlagen

Bei großen Werkstücken und befahrbaren Spritzanlagen muß eine Bodenwanne vorgesehen werden, so daß die ganze Höhe der Wand zur Absaugung genutzt wird.

5.7.3.9 Reinigungsverfahren für Abluft

Das Ziel der Umweltschutzgesetzgebung und damit auch das Ziel der Entwicklung in Konstruktion und Produktion muß sein:

- möglichst die Umwelt nicht oder nur wenig belastende Stoffe einzusetzen,
- die technisch notwendigen Verluste an Material zurückzugewinnen und wieder einzusetzen,

so daß keine oder nur eine möglichst geringe Umweltbelastung entsteht. Der billigste Umweltschutz ist die Verhinderung von Umweltbelastung, nicht die Beseitigung der Belastung.

Für die trotzdem notwendige Reinigung von Abluft und Abwasser aus Oberflächenbehandlungsanlagen der Holzindustrie sind nachfolgend die zur Zeit möglichen Verfahren dargelegt. Welches Verfahren bei welchem Problem technisch einzusetzen und am wirtschaftlichsten ist – sofern man bei Reinigung überhaupt von Wirtschaftlichkeit sprechen kann –, muß für jeden Einzelfall gesondert ermittelt werden.

Die Reinigung von Abluft aus Spritzanlagen ist dadurch gekennzeichnet, daß die umweltbelastenden Stoffe, die zu entfernen sind, gasförmig sind. Gleichzeitig sind jedoch noch geringe Anteile an Feststoffen (weniger als 3 mg/m³) in der Abluft enthalten, die zur Verschmutzung und damit zur Reduzierung des Wirkungsgrades von Abluftreinigungsanlagen führen können.

1. Absorptions-Verfahren

Bei Reinigungsverfahren durch Absorption wird die Abluft mit einem Trägermedium innig in Kontakt gebracht. Ist das Trägermedium flüssig, so spricht man von einem Wäscher.

Die Schadstoffe werden vom Trägermedium aufgenommen und gebunden. Das Trägermedium reichert sich mit Schadstoffen an und muß entweder wieder gereinigt oder insgesamt entsorgt werden. Es ist zu prüfen, ob nicht nur eine Problemverlagerung vorliegt.

2. Adsorptions-Verfahren

Hierbei benutzt man die Eigenschaft fester Stoffe, Gase oder Dämpfe zu adsorbieren, d. h. sich an der Oberfläche der Feststoffe anzulegen, z. B. wird eine Aktivkohleschüttung von verunreinigter Abluft durchströmt, wobei die organischen Lösemittel sich an der Aktivkohle festlegen.

Die Adsorptionsschüttung wird von der Reinigungszone so lange in Strömungsrichtung durchwandert, bis die Schüttung gesättigt ist. Die Adsorptionsschüttung muß anschließend wieder gereinigt, d. h. desorbiert werden.

3. Kondensationsverfahren

In einem Kälteaggregat wird die mit Schadstoffen belastete Abluft soweit abgekühlt, daß die Schadstoffe mit einem höheren Siedepunkt bei der Abkühlung auskondensieren.

Zur Schadstoffabsenkung wird die Kondensation in einem geschlossenen Kreislauf bei inerter Atmosphäre gefahren. Dadurch ist der Energieaufwand geringer und die Explosionsgefahr ausgeschlossen.

Dieses Verfahren setzt einheitliche Lösemittelzusammensetzung voraus. Die wiedergewonnenen Lösemittel lassen sich als Waschverdünnung einsetzen.

4. Biologische Wäscher

Die mit organischen Lösemitteln belastete Abluft wird in Wasser eingebracht, das mit entsprechenden Bakterien versetzt ist, die speziell auf die vorliegenden Schadstoffe eingestellt sind.

Die Bakterien vertilgen die Schadstoffe. Wichtig dabei ist, daß die Lebensbedingungen der Bakterien kontinuierlich innerhalb bestimmter Grenzen eingehalten werden, um zu überleben. Dies sind vor allem die Temperatur, der pH-Wert, der Salzgehalt und die gleichmäßige Zufuhr von Nährstoffen.

Bei langsamer Reaktion und großer Verweilzeit ist entsprechender Raumbedarf gegeben.

5. Verbrennungsverfahren

Die Verbrennung der brennbaren organischen Schadstoffe ist die derzeit sicherste Methode der Abluftreinigung. Die Abluft wird auf so hohe Temperatur gebracht, daß die Schadstoffe verbrennen. Durch die aus Gründen des Explosionsschutzes sehr stark verdünnten Lösemitteldämpfe sind die Verbrennungstemperaturen sehr hoch. Hierbei muß die gesamte Luftmenge erhitzt werden. Die Wärmemenge in den organischen Lösemitteln der zu reinigenden Abluft trägt bei der Verbrennung zur Temperaturerhöhung bei. Wenn genügend Lösemittel in der Abluft enthalten ist, kann die notwendige Zusatzbrennstoffmenge (Gas, Heizöl) gering gehalten werden oder für den laufenden Betrieb ganz entfallen. Zum Temperaturhalten bei Betriebspausen, wenn nicht gespritzt wird, ist dann doch Zusatzbrennstoff nötig.

Aus diesem Grund ist es sinnvoll, die Abluftmengen möglichst klein zu halten, gerade so, daß noch ausreichend Sicherheit gegenüber den Vorschriften des Explosionsschutzes gewährleistet ist. Dadurch ist eine Aufkonzentration der Abluft mit Lösemitteln gegeben.

Die Aufkonzentration bei automatischen Spritzstraßen kann z. B. dadurch erfolgen, daß die mit organischen Lösemitteln belastete Abluft aus dem Trockner als Teil der Zuluft für die Spritzmaschine eingesetzt wird. In der Spritzmaschine wird ein Teil der Luft als Umluft gefahren, bis eine entsprechende Aufkonzentration vorliegt. Diese höherbelastete Abluft wird dann einem Reinigungssystem zugeführt.

TNV (Thermische Nachverbrennung)
Die zu reinigende Abluft wird in einem Wärmetauscher vorgewärmt und anschließend in der Reaktionskammer durch Zugabe von Brennstoff auf etwa 700...800 °C erwärmt, wodurch die Schadstoffe verbrannt werden. Bei entsprechend hoher Schadstoffbelastung kann der Prozeß durch den Wärmeinhalt der Schadstoffe ohne zusätzlichen Brennstoff ablaufen.

Die enthaltenen Feststoffanteile werden auch mit verbrannt, und deren Asche muß abgezogen werden. Der Einsatz einer TNV bedingt eine Aufkonzentration der Abluft mit Schadstoffen soweit es die Sicherheit zuläßt, um die Abluftströme und damit die Anlagengröße sowie den Zusatzbrennstoffbedarf zu reduzieren.

KNV (Katalytische Nachverbrennung)
Durch den Einsatz eines Katalysators kann die Verbrennungstemperatur auf etwa 300...400 °C gesenkt werden. Der Katalysator ist jedoch empfindlich gegenüber bestimmten Inhaltsstoffen und wird deshalb wenig angewendet.

RNV (Regenerative Nachverbrennung)
Schüttungen aus Steinzeug oder Keramik werden drehend angeordnet und mit der verschmutzten Abluft beaufschlagt. Sofern die zu reinigende Abluft genügend Lösemittel enthält, ist die notwendige Verbrennungstemperatur ohne Zusatzenergie erreichbar.

Die erhitzte Reinluft gibt ihre Wärme wieder an die Steinzeugschüttung ab. Dieser Vorgang ermöglicht auch die Reinigung von Abluft mit Festkörper, da eine Selbstreinigung gegeben ist.

Das Einsatzgebiet der RNV liegt bei sehr großen Abluftströmen mit geringer Schadstoffbelastung und kleinen Feststoffanteilen, wie sie aus Spritzanlagen der Holzindustrie kommen.

5.7.3.10 Spritzmaschinen

Beim automatischen Spritzen bleiben nur Aufgabe- und Abnahmevorgänge, die noch von Hand vorgenommen werden.

Die Wirtschaftlichkeit des Einsatzes von Spritzmaschinen wird wesentlich beeinflußt von
- der verlangten Mengenleistung,
- kurzen Umrüstzeiten bei Werkstück- oder Lackwechsel,
- minimalem Reinigungsaufwand für die Entlackung der Werkstückaufnahmen,
- der Flexibilität der Anlage hinsichtlich unterschiedlicher Werkstücke.

Durch geeignete Elektronik für Produktionssteuerung, Anlagensteuerung und Prozeßsteuerung sind Spritzmaschinen, in Anlagen integriert, nicht nur für Serienproduktion, sondern auch für kommissionsweise Fertigung einsetzbar. Die Elektronik kann unter anderem dabei erfassen
- die Werkstückerkennung, z. B. bei kommissionsweiser Frontenlackierung in Flächenspritzmaschinen,
- das Fördersystem (Vorschubsteuerung),
- die Auftraggerätesteuerung (Folgeschaltung bei Leistenlackierung),
- die Spritzkabine (Klima bei elektrostatischem Spritzen).

Die Anordnung und Ausführung der Spritzmaschinen richten sich nach der Art und Größe der Werkstücke.

Abb. 5.49   Leistenspritzmaschine zum Beizen und Lackieren mit 3 Glättbürsten am Einlauf und 3 Vertreiberbürsten am Auslauf. (Venjakob)

Abb. 5.50   Innenansicht einer Leistenspritzmaschine. (Venjakob)

1. Leistenspritzmaschine (Abb. 5.49)
Leistenförmige Werkstücke von Profilleisten bis hin zu Türfuttern werden im Durchlauf auf 3 Seiten beschichtet. Die Druckluft-, Airless- oder auch kombinierte Spritzpistolen, gegebenenfalls mehrere hintereinander angeordnet, werden durch pneumatische Schaltventile gesteuert.

Zur Materialeinsparung ist eine Folgeschaltung zu empfehlen. Die Absaugung (Größenordnung bis 4 000 m³/Std.) kann trocken (Beize) oder wasserberieselt (Lack) erfolgen. Die Transportrollen sind im Spritzbereich mit abnehmbaren Abdeckungen versehen (Abb. 5.50). Die Vorschubgeschwindigkeit soll stufenlos regelbar auf die Auftragmenge einstellbar sein (bis 100 m/min oder mehr).

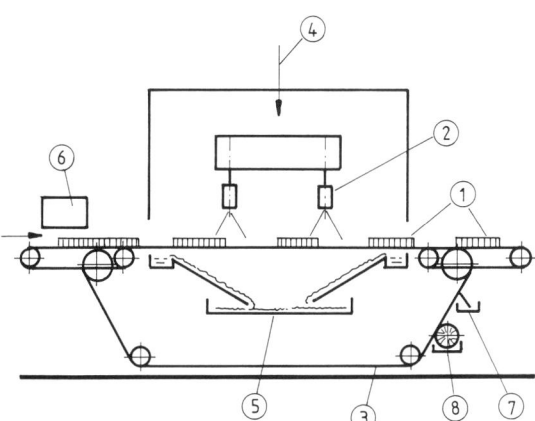

Abb. 5.51 Schematischer Querschnitt einer Flächenspritzmaschine. 1 Werkstück. 2 Spritzgerät. 3 Transportsystem. 4 Zuluft. 5 Naßauswaschung der Abluft. 6 Optisch-elektronische Werkstückvermessung. 7 Rakel zur Transportbandreinigung. 8 Reinigungsbürsten für Transportband

Abb. 5.52 Flächenspritzmaschine mit Stahlbandtransport. (Venjakob)

Abb. 5.54 Innenansicht einer Ovalläufer-Spritzeinrichtung

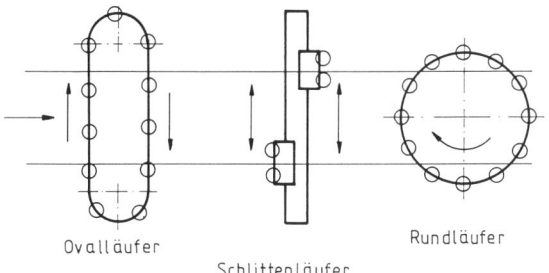

Abb. 5.53 Möglichkeiten zur Spritzpistolenbewegung bei Flächenspritzmaschinen

Vorgeschaltete Reinigungsbürsten entstauben die Werkstücke. Beim Beizen sind Vertreiberbüsten angeordnet.

2. Flächenspritzmaschinen
Profilierte, flächige Teile (Fronten) großer Mengen erfordern Flächenspritzmaschinen (Abb. 5.51). Auch flächige Teile, deren Kantenprofilierung tangential in die Fläche übergeht, können nicht gewalzt oder gegossen, sondern müssen gespritzt werden. Selbst Griffe und Knöpfe lassen sich, auf Unterlagen geklebt, mit der Flächenspritzmaschine beschichten. Wie in Abb. 5.52 dargestellt, werden die Werkstücke auf eine Flächentransporteinrichtung gelegt und unter der Spritzeinrichtung hindurchgeführt.

In Flächenspritzmaschinen können alle mechanischen Zerstäubungsverfahren wie Druckluft-, Airless- und kombinierte Verfahren eingesetzt werden. Wegen der guten Regelbarkeit wird häufig mit dem Airmix-System gearbeitet.

Für die Ausführung der Spritzbewegung sind folgende Möglichkeiten im Einsatz:

Ovalläufer (Abb. 5.53 links und 5.54):
Hierbei sind bis zu 16 Spritzpistolen an einer umlaufenden Kette (im Oval laufend) befestigt, die quer über die Werkstücke führt. Die Geschwindigkeit der umlaufenden Pistolen und deren Vielzahl erlauben Werkstückvorschubgeschwindigkeiten von 4 . . . 8 m/min bei gleichzeitiger ausreichender Beschichtung der Kanten.
Die Lackzufuhr zu den Pistolen geschieht von der Mitte aus durch einen Rundverteiler, der Lackdrücke bis zu 60 bar erlaubt. Dies ist für viele Bereiche ausreichend.
Beim Farbwechsel sind jedoch viele Pistolen und lange Zuleitungsschläuche zu reinigen, was zu erheblichen Farb- und Spülmittelverlusten führt.

Linearläufer (Schlittenläufer) (Abb. 5.53 Mitte):
Auf einem Quersupport sind Schlitten angeordnet, entweder nur einer hin- und herlaufend quer über das Transportband, oder zwei gegenläufig arbeitende Schlitten (daher auch Pendel- oder Schlittenläufer). An den Schlitten sind jeweils 2 oder 4 Spritzpistolen befestigt. Die Pendelbewegung kann durch Umlaufketten oder pneumatisch erfolgen. Dabei ist zu beachten, daß die Spritzbewegung über dem Werkstück gleichmäßig ist, d. h. die Brems- und Beschleunigungsstrecken des Schlittens müssen außerhalb des Arbeitsbereichs liegen.
Die erreichbaren Vorschubgeschwindigkeiten für die Werkstücke liegen im Bereich von 2 . . . 4 m/min, was bei kommis-

sionsweiser Frontenlackierung meist auch ausreicht, da eine exakte Belegung des Transportbands keine höhere Geschwindigkeit zuläßt.

Die Lackversorgung der Pistolen geschieht durch einen feststehenden Verteiler, so daß auch hohe Lackdrücke beim Airless-Spritzen gefahren werden können. Die Verluste bei Farbwechsel sind gegenüber dem Ovalläufer erheblich geringer, zumal Wechseleinheiten direkt an den Pistolenbefestigungen angebracht werden können.

Rundläufer (Abb. 5.53 rechts):
An einem Rad mit einem Durchmesser größer als die Transportbandbreite sind am Umfang die Spritzpistolen angeordnet. Die Spritzbahnen verlaufen kreisförmig über dem Werkstück.

Roboterführungen (Abb. 5.55):
Zum Spritzen von Kanten und Flächen mit nur wenigen Pistolen werden auch Portal-Robotergeräte eingesetzt, die auf die Werkstücksform programmierbar sind. Sie sind geeignet für komplizierte Auftragprobleme, sofern die Programme geschrieben sind, jedoch bei geringer Durchsatzleistung.

Folgende Werkstück-Transportmöglichkeiten werden in Flächenspritzmaschinen eingesetzt:
• Querstabförderer: Nachteilig bei Querstabförderern ist die Verschmutzung der Querstäbe beim Spritzen. Beim Rücklauf trocknet der Lack nicht, so daß nachfolgend aufgelegte Werkstücke auf der Rückseite verschmutzt werden. Besondere Ausführungen erlauben das Drehen der Stäbe bei jedem Durchgang um jeweils 90 Grad. Zur gründlichen Reinigung müssen die Stäbe aus der Transporteinrichtung herausgenommen werden.
• Stahlbänder: Die am häufigsten eingesetzte Transporteinrichtung sind nebeneinander umlaufende Stahlbänder. Die glatten Bänder werden im Rücklauf durch Abrakeln und Abbürsten mit einer im Lösemittelbad laufenden Bürste gereinigt, so daß keine Verschmutzung der Werkstücke auftritt (Abb. 5.56).
• Papierband: Bei entsprechender Luftführung in der Spritzzone besteht die Gefahr, daß bei Querstabförderern oder Stahlbändern die Werkstücke unternebelt werden, d. h. daß sich Lacknebel auf die Werkstückrückseite legen und diese verschmutzen. Um dies zu verhindern, kann ein Transportsystem mit Papierband eingesetzt werden. Das Papierband in Transportbandbreite wird in großen Rollen auf der Beschickungsseite gelagert und von dort abgewickelt (Werkstück-Vorschubgeschwindigkeit). Ein ge-

ringes Vakuum fixiert das Papierband auf dem darunter mitlaufenden Noppenband. Nach dem Spritzen wird das verschmutzte Papier wieder aufgerollt. Das verschmutzte Papier muß entsorgt werden, da Lack- und Lösemittelreste auf dem Papier sind. Wirtschaftlichkeit ist dann gegeben, wenn Papier- und Entsorgungskosten erheblich geringer sind als die Nacharbeit an verschmutzten Werkstückrückseiten.

Werkstückvermessung
Die Werkstücke bedecken nur einen Teil des Transportbandes. Um den Overspray zu minimieren, müssen die Spritzpistolen so gesteuert sein, daß nur gespritzt wird, wenn Werkstücke vorhanden sind. Daher wird vor der Spritzstelle quer über die Transporteinrichtung eine optisch-elektronische Werkstückvermessung angebracht, die die geometrische Form der Teile abtastet und entsprechend der Vorschubgeschwindigkeit zeitverzögert der Spritzpistolensteuerung mitteilt. Trotzdem treten bei kommissionsweiser Lackierung mit Flächen- und Kantenbeschichtung noch Materialverluste von 40 . . . 70 % ein.
Eine erhebliche Reduzierung der Materialverluste und damit auch eine Verringerung der Umweltbelastung kann dadurch erreicht werden, daß wasserverdünnbarer UV-Lack gespritzt wird (Monocure). Dieser Lack enthält keinen Härter. Bei geeigneter Anordnung eines Transportbandes, Auffangblechen und Luftführung läßt sich ein erheblicher Teil des danebengespritzten Lacks (Overspray) auffangen und wieder verwenden, zumindest kann er Grundierungen beigemischt werden.

3. Rundtisch-Spritzautomat
Symmetrische Kleinteile und Drehteile in großen Serien können auf Rundtisch-Spritzmaschinen vorteilhaft beschichtet werden (Abb. 5.57).
Die Teile sind auf rotierende Spindeln aufgesetzt und werden von der Anlage an den Spritzgeräten vorbeigeführt. Durch die Drehung der Teile und die Hubbewegung der Spritzgeräte erfolgt eine allseitige Beschichtung.
Die Teile werden von Hand aufgegeben und abgenommen. Die Taktzeit wird durch den Spritzvorgang festgelegt. Die gespritzten Teile trocknen in Gestellen oder Wagen.
Die Farbnebel werden entweder trocken abgesaugt oder in Naßabscheidern unschädlich gemacht.

4. Spindelketten-Lackieranlage
Eine beliebig lange Transportkette (Kreisförderer) mit sich drehenden Spindeln zur Aufnahme von Werkstücken

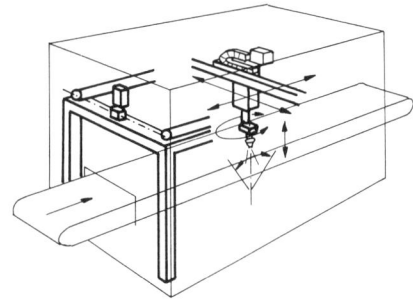
Abb. 5.55 Schematische Darstellung eines Portalroboters zum Spritzen flächiger Teile

Abb. 5.56 Reinigungsaggregat für die Transportbänder im ausgefahrenen Zustand

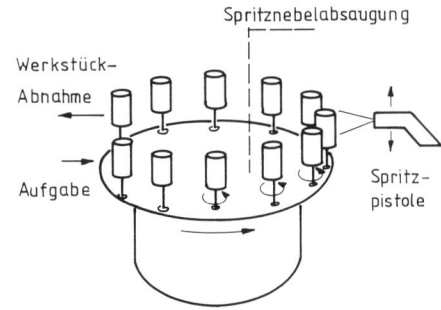
Abb. 5.57 Schema einer Rundtisch-Spritzeinrichtung

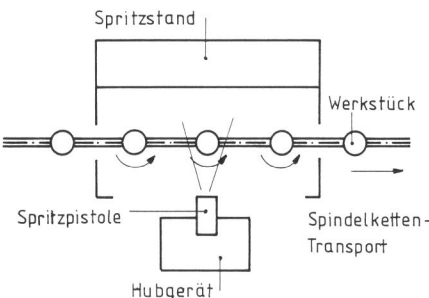

Abb. 5.58 Grundriß einer Spritzanlage mit Spindelkettentransport

führt geradlinig an Spritzgeräten vorbei zur allseitigen Beschichtung der Werkstücke (Abb. 5.58).

Der Vorteil gegenüber einer Rundtisch-Spritzanlage ist, daß die Teile ohne zusätzliche Handhabung direkt durch eine Trocknungsanlage laufen können. Bei langen Trockenzeiten (PUR) und komplizierten Werkstückaufnahmen entstehen hohe Invertitionskosten.

Abb. 5.59 zeigt eine Lackieranlage für Drehteile mit Spindelkettentransport.

Abb. 5.59 Spindelketten-Lackieranlage für Drehteile aus Holz. (Eisenmann)

5. Beschichtung mit Hubgeräten

Flächige Teile, die sich für hängenden Transport an Kreisförderern eignen, können vorteilhaft gleich beidseitig durch Hubgeräte automatisch beschichtet werden.

Wie in Abb. 5.60 dargestellt, werden die hängenden Werkstücke genau wie bei Flächenspritzmaschinen an einer senkrecht angeordneten optisch-elektronischen Teilevermessungseinrichtung vorbeigeführt, deren Meßwerte an die Spritzgeräte zeitverzögert übertragen werden zur Steuerung der Spritzpistolen.

Je nach Werkstückart kann einseitig oder besser beidseitig in einem Durchgang beschichtet werden. Diese Anlagenanordnung eignet sich besonders für den Einsatz von elektrostatisch arbeitenden schnelldrehenden Rotationsglockengeräten zum verlustarmen Beschichten, z. B. für Frontteile, sofern geeignete Lacke eingesetzt werden können.

Zu beachten ist, daß die Gestänge für die Werkstückaufhängung die Elektrostatikfelder beeinträchtigen können, was zur Schichtdickenreduzierung an der Aufhängestelle führt. Außerdem werden die Gehänge teilweise mitlackiert, so daß sie von Zeit zu Zeit entlackt werden müssen.

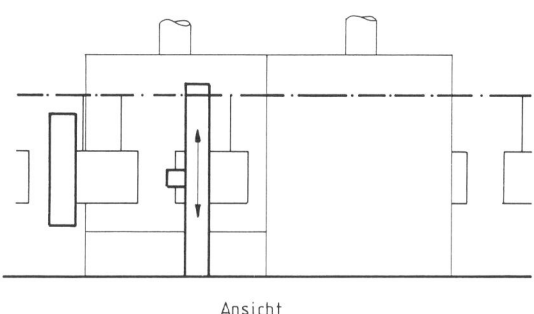

Ansicht

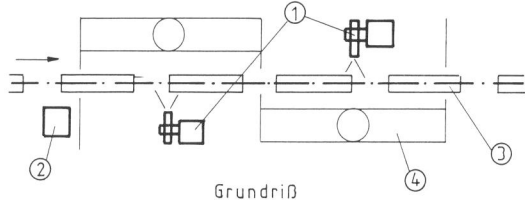

Grundriß

Abb. 5.60 Schematische Darstellung in Grund- und Aufriß einer Spritzeinrichtung für beidseitige Beschichtung hängender Werkstücke mit Hubgeräten. 1 Hub- und Senkstationen mit Spritzeinrichtungen. 2 optisch-elektronische Werkstückvermessung. 3 Werkstücke, am Kreisförderer hängend. 4 Spritzkabinen

6. Spritzroboter

Nach VDI 2860 sind Industrieroboter universell einsetzbare Bewegungsautomaten mit mehreren Achsen, deren Bewegungen hinsichtlich Bewegungsfolge und -wegen bzw. -winkeln frei programmierbar (d. h. ohne mechanischen Eingriff veränderbar) und sensorgeführt sind. Roboter sind daher geeignet, komplizierte räumliche Bewegungen auszuführen, wie sie beim Spritzen z. B. von Stühlen nötig sind. Die Vorteile von Spritzrobotern sind:

- Speicherung von Programmen zum Lackieren für die unterschiedlichsten Werkstücksformen in beliebiger Reihenfolge,
- beliebig häufige Reproduzierbarkeit des Bewegungsablaufs,
- arbeiten auch in umweltfeindlicher Atmosphäre,
- Übernahme von Handlingsarbeit (Aufgeben und Abnehmen).

Trotz dieser Vorteile sind Spritzroboter, die ja für alle Spritzsysteme geeignet sind, bisher in der Holzindustrie zum Lackieren kaum im Einsatz.

Hinsichtlich der Werkstücksform sind vielfach andere Spritzgeräte bzw. -maschinen geeigneter (z. B. Flächenspritzmaschinen) oder billiger. Lediglich bei der Stuhllackierung mit ihren komplizierten Bewegungsabläufen beim Spritzen ist der Einsatz von Robotern denkbar.

Um entscheiden zu können, ob ein Roboter an einem gegebenen Arbeitsplatz zum Spritzen wirtschaftlich ist, sind unter anderem folgende Punkte zu berücksichtigen:

- die Spritz-Zeit eines Roboters ist bei gleicher Beschichtungsqualität nicht wesentlich kürzer als beim Handspritzen;
- es ist geeignetes Personal für die Programmierung nötig;
- die Investitionskosten für Roboter und Peripheriegeräte sind sehr hoch;
- die Werkstücke müssen beim Spritzen gegenüber dem Roboter exakt positioniert sein; beim Transport von Stühlen, an Kreisförderern hängend, ist die erforderliche Positioniergenauigkeit nicht ohne weiteres gegeben.

Der zukünftige wirtschaftliche Robotereinsatz zum Spritzen erfordert:

- geringere Investitionskosten (billigere Roboterkonzepte);
- Möglichkeit des Mehrschichtbetriebs;
- Verbesserung der Überwachung von Teileposition, Verarbeitungsdaten (Lack, Auftragmenge), Lackversorgung, Qualität (On-line-Meßverfahren);
- Entwicklung geeigneter peripherer Technik für Lagerung und Förderung für Mehrschichtbetrieb und kommissionsweise Fertigung, Teileerkennung

und Positionierung, wenig aufwendige, korrigierbare und optimierbare Programmerstellung.

Ein zum Spritzen von Stühlen geeigneter Roboter besteht aus mehreren Teilsystemen:

1. Knickarmgerät (Kinematik), mit ex-geschützten Antrieben, torusförmigem Arbeitsraum außerhalb der Aufstellungsfläche, 6 bis 7 Achsen für translatorische bzw. rotatorische Bewegungen (Abb. 5.61) und geeignetes Bahnverhalten. Die Bahngeschwindigkeit wird dabei von der möglichen Auftraggeschwindigkeit für den Lack bei vorgegebener Qualität bestimmt.

2. Traglasten sind die Spritzgeräte, Farbwechselsysteme, Versorgungsleitungen, und gegebenenfalls Zusatzgeräte wie Greifer und Werkstückgewicht bei zusätzlicher Funktion für Werkstückaufgabe und -abnahme.

3. Steuerung: Zum Spritzen ist eine Punkt-zu-Punkt-Steuerung (PTP) nicht geeignet, sondern es werden Bahnsteuerungen benötigt (CP). Steuerungsintern wird die abzufahrende Bahn durch viele dicht nebeneinanderliegende Punkte dargestellt, deren Koordinaten gemessen und gespeichert sind. Dies kann beim Programmieren durch Führung des Roboterarms mit freigeschalteten Bremsen von Hand entlang der gewünschten Bahn erfolgen.

Bei dieser einfachen und schnellen On-line-Programmierung (auch Play-back-Verfahren genannt) ist die Beschichtungsqualität vom Programmierer bestimmt, jedoch durch den schwergängigen Roboterarm beeinträchtigt. Außerdem sind Programmänderungen nicht ohne weiteres möglich. Es ist ein großer Datenspeicher nötig.

Wirtschaftliche Off-line-Programmierung mit Anbindung an CAD/CAM-Verfahren setzen vor allem eine „robotergerechte" Werkstückkonstruktion voraus.

5.7.4 Gießen

Das Gießen ist für plane bis leicht gewölbte Werkstücke oder auch Leisten ein sehr rationelles, lacksparendes und gleichmäßig auftragendes Beschichtungsverfahren.

Wie in Abb. 5.62 dargestellt, werden die Teile mit Transportbändern durch den von einem Gießkopf über die ganze Arbeitsbreite gebildeten Lackvorhang transportiert. Die Arbeitsbreiten richten sich nach den Werkstücken, bei Leistengießmaschinen etwa 400 mm; die übliche Arbeitsbreite bei der Möbelherstellung ist 1 300 bis 1 500 mm.

Der Lack wird mit einer stufenlos regelbaren Förderpumpe von einem Vorratsbehälter in den Gießkopf gepumpt. Aus

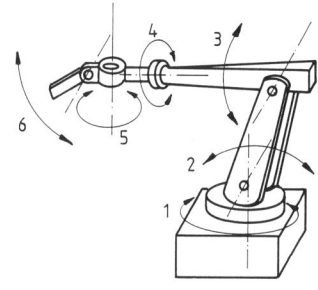

Abb. 5.61 Schema eines Knickarm-Roboters, geeignet zum Beschichten, mit 3 translatorischen (2, 3, 6) und 3 rotatorischen Achsen (1, 4, 5)

dem Gießkopf fließt der Lack durch die Schwerkraft ab und bildet einen Vorhang. Durch Kreislaufführung wird eine hohe Ausbeute des Lacks erzielt. An Verlusten treten nur das Verdunsten von Lösemitteln und die Reinigungsreste auf.

Die Regelung der Auftragmenge geschieht durch die Veränderung des Gießspalts (Gießlippenabstand) und der Durchlaufgeschwindigkeit der Werkstücke.

Um einen stabilen Lackvorhang zu erzielen, muß die Lackviskosität (gemessen in DIN-s, 4 mm) im Bereich von 30...80 s liegen, bei Gießspaltbreiten von rd. 0,6...1,2 mm. Daraus folgt, daß Beize ohne Bindemittel und dickerer Spachtel nicht gegossen werden können.

Der übliche Gießkopf ist offen oder geschlossen und arbeitet bei Umgebungsdruck. Zur Erweiterung des Viskositätsbereichs wird ein geschlossener Gießkopf eingesetzt, der je nach Viskosität des Lacks mit Unter- oder Überdruck gefahren wird.

Die Vorschubgeschwindigkeit ist nach oben begrenzt durch die Handhabung der Werkstücke. Gegossen wird mit einem Vorschub im Bereich von etwa 40...90 m/min. Die erzielbaren Auftragmengen im praktischen Betrieb beginnen bei 40 g/m² und sind nach oben hin nur durch Lackschichtdicken begrenzt, bei denen der Lack vom Werkstück abläuft (300...400 g/m²).

Normalerweise wird die senkrechte Kante am Werkstück durch ein sauberes Abreißen und Einschnüren des Lackvorhangs nicht beschichtet (Abb. 5.63). Je

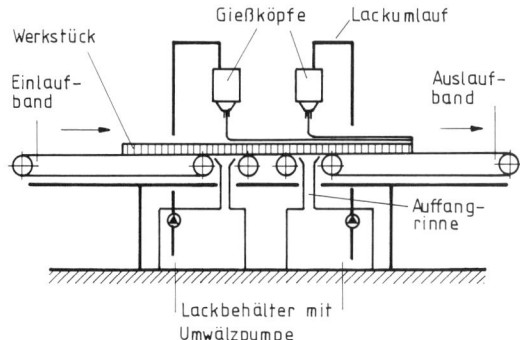

Abb. 5.62   Schema einer Zweikopf-Gießmaschine

nach Lackviskosität, Vorschubgeschwindigkeit und Werkstückdicke kann eine Kantenverschmutzung auftreten oder sogar ausreichend sauber mitlackiert werden. Kantenverschmutzung wird durch die Veränderung obiger Kriterien und schräg zum Gießvorhang einlaufende Werkstücke behoben.

Für 2K-Lacke ist es wegen der offenen Zeit nötig, Zweikopf-Gießmaschinen einzusetzen (Abb. 5.64). Bei Dickschichtpolyester für geschlossenporige Oberflächen wird z. B. im ersten Gießkopf die Hälfte des Stammlacks mit dem Beschleuniger gegossen und im zweiten Gießkopf die zweite Hälfte des Stammlacks mit dem Härter aufgebracht. Bei diesem Naß-in-Naß-Verfahren kann nach einigen Minuten Angelieren eine zweite Schicht gegossen werden (Sandwich-Verfahren).

Bei häufigem Lackwechsel empfiehlt sich eine Gießmaschinenausführung, bei der das gesamte Gießsystem (Gießkopf, Lackbehälter, Umpumpsystem und Auffangrinne) seitlich aus der Straße ausgefahren werden kann. Mit einer zweiten Gießeinrichtung, außerhalb der Maschine gereinigt und neu eingestellt, läßt sich ein Umrüsten auf einen anderen Lack in wenigen Minuten durchführen.

Bei der Maschinenausstattung ist darauf zu achten, daß Transporteinrichtung und Gießkopf gegenüber den eingesetzten Materialien beständig sind (z. B. säurefest). Eine Windschutzeinrichtung ist bei labilem Gießvorgang vorteilhaft. Bei Kleinteilen (Schubkastenvorderstücken) und zur Vermeidung eines übermäßigen Drehens der Werkstücke beim Beschleunigen auf Gießgeschwindigkeit sind angetriebene Kipprollen am Transportbandeinlauf günstig.

Damit die Werkstücke genügend Zeit zum Beschleunigen auf Gießgeschwindigkeit haben, sind die Längen der Ein- und Auslauftransportbänder auf die längsten Werkstücke auszulegen.

Außer Ex-Schutz sind an Sicherheitseinrichtungen Antistatikbänder, Erdungsleitungen und elektrisch leitfähige Keilriemen vorzusehen.

Geeignete leistenförmige Werkstücke wie Profilbretter, Paneele, Türfutter usw. können mit einer Leistenmaschine vorteilhaft und verlustarm beschichtet werden.

Wie in Abb. 5.65 dargestellt, ist es durch eine Schrägstellung der Bandtransporte möglich, zwei Seiten der Werkstücke, z. B. Fläche und eine Kante gleichzeitig zu gießen. Anschließende Transporte wie Rollenbahnen oder Winkelübergaben zur Trocknerbeschickung richten die Werkstücke aus der Schräglage wieder in Horizontallage aus.

Abb. 5.63   Detail am Gießvorhang einer Gießmaschine. (Hymmen)

Abb. 5.65   Leistengießmaschine. (Bürkle)

Abb. 5.64   Zweikopf-Gießmaschine. (Bürkle)

5.7.5 Walzen

Das Walzen ist ein Kontaktauftragverfahren, mit dem plane Werkstücke je nach Maschinenausführung in einem weiten Viskositätsbereich der Beschichtungsmaterialien von Beize bis Spachtel wirtschaftlich einseitig oder auch beidseitig beschichtet werden können. Spezielle Maschinen erlauben auch eine Kantenbeschichtung durch Walzen.

Durch den Zwang zur Verringerung der Lösemittelemissionen hat das Walzen erheblich an Bedeutung gewonnen, da höherviskose, lösemittelarme oder lösemittelfreie Lacke in dünner Schicht aufgetragen werden können. Beim Walzen der Flächen werden die Werkstückkanten nicht verschmutzt.

Die Oberflächenqualität wird bei verringertem oder fehlendem Verlauf des aufgetragenen Lacks durch verbesserte Maschinenausführungen sichergestellt.

1. Prinzip des Walzauftrags

Beim Walzen wird das Beschichtungsmaterial aus einem Vorratsbehälter über eine Umwälzanlage mit Pumpe und Filter in den Spalt zwischen Dosier- und Auftragwalze gefördert und auf die ganze Arbeitsbreite verteilt. Über seitliche Auffangwannen wird das überschüssige Lackmaterial dem Vorratsbehälter wieder zugeführt.

Die erzielbaren Naß-Schichtdicken sind vom Anpreßdruck der Walze auf dem Werkstück abhängig und liegen im weiten Bereich von 5...100 μm bei Viskositäten von 10...250 s nach DIN 4 mm.

Die Auftragwalzen haben je nach Beschichtungsmaterial unterschiedliche Beläge bzw. Oberflächen:

- saugfähiger Moosgummibelag für dünnflüssige Beizen,
- härterer, dünner Gummibelag für Lacke (Normalausführung),
- Rasterung der Stahlwalze für exakt definierte gleichbleibende Auftragmengen, unabhängig vom Anpreßdruck, bei dünnen Schichten.

Je nach Anforderung sind verschiedene Prinzipien in Anwendung (Abb. 5.66).

2. Gleichlaufverfahren

Das Gleichlaufprinzip ist das konventionelle Verfahren, bei dem Werkstück und Auftragwalze sich in gleicher Richtung bewegen; außerdem drehen Auftragwalze und Dosierwalze gleichsinnig. Besonders durch den Abrolleffekt zwischen Dosierwalze, Auftragwalze und Werkstück entsteht auf der Lackoberfläche eine Walzstruktur.

Beizewalzen, Rasterwalzen und Lackwalzen für Grundierung nimmt man im Gleichlauf vor, da beim Lackzwischenschliff die Walzstruktur wieder abgeschliffen wird.

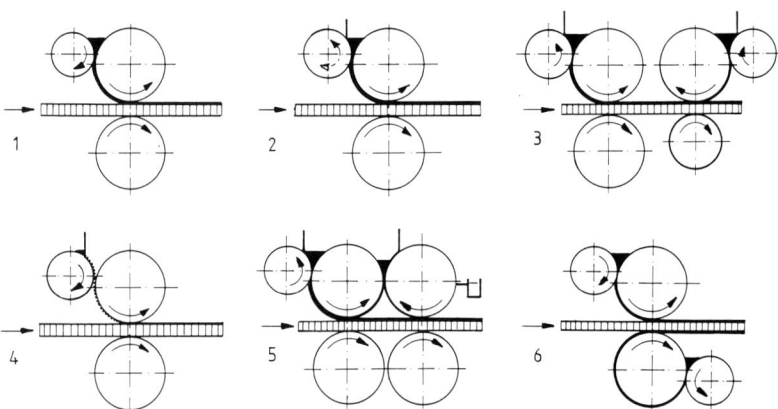

Abb. 5.66 Schema verschiedener Walzenauftragsverfahren. 1 Gleichlaufwalzen. 2 Reverse-Lauf der Dosierwalze für höhere Auftragqualität. 3 Doppelwalzenverfahren: erstes Auftragaggregat mit Gleichlauf, zweites Auftragaggregat mit Reverse-Lauf der Auftragwalze für hohe Auftragsqualität. 4 Rasterwalze für definierte Auftragmengen. 5 Spachtelwalze mit Gleichlauf der Auftragwalze und hochglanzverchromter, befeuchteter Glättwalze. 6 Walzverfahren für beidseitiges Beschichten.

3. Dosierwalzen-Reverse-Lauf

Zur Verringerung des Materialabrisses zwischen den Walzen läuft die stufenlos drehzahlgeregelte Dosierwalze entgegen der Auftragwalze (Reverse-Lauf). Dadurch ist, besonders bei dünnen Lackschichten, eine hohe Auftragqualität ohne Walzstruktur erreichbar, so daß auch Decklack gewalzt werden kann. Eingesetzt wird dieses Prinzip auch bei Mehrfachauftrag im Naß-in-Naß-Verfahren mit Doppelwalzen bei geringen Auftragmengen lösemittelfreier Lacke.

4. Reverse-Verfahren

Beim Reverse-Verfahren läuft die Auftragwalze entgegen der Werkstückdurchlaufrichtung. Dies ermöglicht den Auftrag dicker Schichten wie Spachtel, jedoch sind Werkstücksanfang und -ende nicht exakt beschichtet (für anschließend zu formatierende Teile geeignet).

5. Kombinierte Doppelwalzen-Maschine

Für hohe Auftragqualität (strukturfrei) ist die Maschine mit zwei Walzaggregaten hintereinander ausgestattet, von denen das erste im Gleichlauf, das zweite im Reverse-Lauf arbeitet (Abb. 5.67).

Bei dieser Anordnung wird auch bei geringen Auftragmengen beim Grundieren eine gute Porenbenetzung erreicht. Die Ein- und Auslaufkantenprobleme beim Reverse-Lauf werden durch Walzenversatz gelöst. Es können damit sowohl Grundierungen als auch Decklack aufgetragen werden.

6. Spachtelmaschine

Die Auftragwalze läuft im Gleichlauf, die Dosierwalze im Reverse-Lauf, eine nachgeschaltete, hochglänzende, befeuchtete Glättwalze läuft im Gegenlauf und glättet den porösen Auftrag. Spachtelmaschinen für plane, vollformatige Werkstücke haben durch die Möglichkeit der Filmbeschichtung an Bedeutung verloren.

7. Beidseitiger Walzauftrag

Die Unterseite von Werkstücken kann bei beidseitigem Walzauftrag in geringer Qualität für untergeordnete Zwecke mitlackiert werden, z. B. die nicht sichtbaren Rückseiten von Paneelen. Anschließende Transporteinrichtungen sind mit Noppenbändern ausgestattet, bis der Lack getrocknet ist.

Abb. 5.67   Doppelwalzmaschine. (Bürkle)

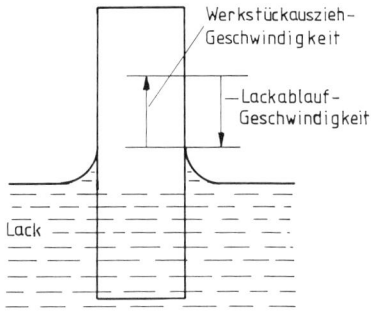

Abb. 5.70   Werkstückauszieh- und Lackablauf-Geschwindigkeit beim Tauchen

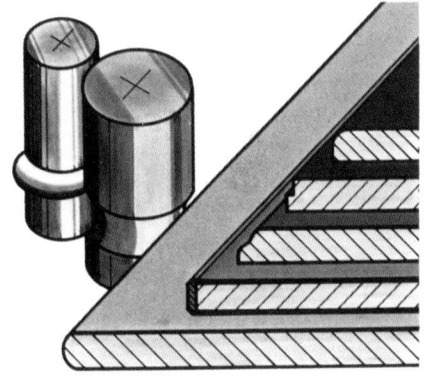

Abb. 5.68   Vorgang beim Kantenwalzen

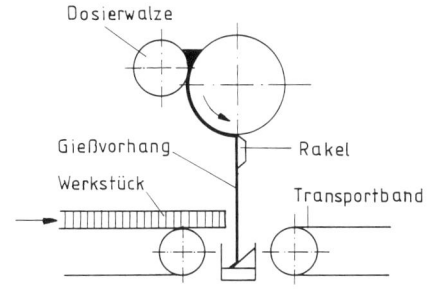

Abb. 5.69   Schema des Walzgießens

8. Kantenwalzen

Bei Kunststoff-Flächen mit Holzkanten bereitet das Lackieren des Holzes ohne Verschmutzung der Flächen Probleme. Das Beschichten durch Spritzen setzt ein Abkleben der Kunststoff-Flächen an der Fuge voraus, was zeitaufwendig ist.
Beim Einsatz einer Kantenwalze ist ein Abkleben nicht erforderlich. Mit Reinigungs-, Glätt- oder Vertreiberbürsten ausgestattet, kann Beize oder Lack aufgetragen werden (Abb. 5.68).
Es muß eine exakte Übereinstimmung von Profil und Gegenprofil gewährleistet sein. Für jedes Kantenprofil ist ein eigenes Auftrag- und Dosierwalzen-Gegenprofil nötig.

Ausstattung von Walzmaschinen

Die Ausstattung moderner Walzmaschinen kann sehr vielseitig sein: getrennte, stufenlos regelbare Antriebe für Auftrag- und Dosierwalze, Dosierwalze mit Drehrichtungsänderung für Gleich- und Reverse-Lauf, walzenschonende oszillierende Rakel, stufenlos regelbare Transportgeschwindigkeit (6 ... 40 m/min), zum schnellen Umrüsten ausfahrbare Walzaggregate, automatische Bandlaufregulierung.

5.7.6 Walzgießen

Mit einer noch wenig eingesetzten Kombination von Walzen und Gießen lassen sich schwer gießbare, lösemittelarme oder lösemittelfreie Lacke, Wasserlacke, Dispersionen und Materialien mit hohem Pigmentgehalt auftragen. Der Walzenteil verteilt das Beschichtungsmaterial über die ganze Arbeitsbreite und gewährleistet eine genaue Dosierung der Auftragmenge durch die Dosierwalze.
Ein Rakel hebt das Beschichtungsmaterial von der Walze ab und bildet einen Vorhang wie beim Gießen und beschichtet kontaktfrei. Dadurch entfällt die Walzstruktur, und die Werkstück-Dickentoleranz bleibt ohne Bedeutung (Abb. 5.69).

5.7.7 Tauchen

Das Tauchen von geeigneten Werkstücken ist ein schnelles Auftragverfahren, mit dem auch kompliziert geformte Teile überall ohne großen Lackverlust beschichtet werden können. An Verlusten treten Lösemittelverdunstung und Abtropfverluste auf, wobei letztere teilweise aufgefangen und wieder verwendet werden. Beim Holzschutz ist damit eine allseitige Behandlung garantiert.
Tauchen kann eingesetzt werden zum Imprägnieren, Beizen (Tauchbeizen), Grundieren und bei Werkstücken mittlerer Qualität auch zum Decklackieren. Getaucht werden billigere Stühle, Gestelle, Spielwaren, Möbelfüße und Massenartikel wie Rundstäbe, Leisten, Kleiderbügel und Sportgeräte (Schlitten).
Die Größe der Teile erfordert entsprechend große Tauchbecken, in denen erhebliche Mengen Lack oder Beschichtungsmaterial enthalten sein können. Da das Beschichtungsmittel sehr lange im Becken ist, kann Tauchen nur mit physikalisch trocknendem Lack durchgeführt werden, der durch Nachfüllen von Lösemitteln auf Tauchviskosität gehalten wird.
Die nötige Viskosität beim Tauchen ist von der verlangten Schichtdicke, der Oberflächenqualität und der Werkstückform abhängig. Imprägnierungen und Grundierungen werden mit 15...30 s nach DIN 4 mm getaucht. Fertiglackierungen mit nur einem Lackauftrag, z. B. bei Möbelfüßen oder Griffen, erfordern eine Viskosität im Bereich von 300...600 s nach DIN 4 mm (dies nur als Anhalt; die Messung mit dem 4-mm-Becher ist nur bis 200 s zugelassen); dadurch wird eine Schichtdicke erreicht, die die Holzrauhigkeit überdeckt.
Zur Vermeidung von Blasenbildung ist es vorteilhaft, die Holzoberfläche vor dem Tauchen anzuwärmen, ebenso ist die Eintauchgeschwindigkeit nicht zu hoch zu wählen (rd. 0,1 ... 1,0 m/min).
Die Austauchgeschwindigkeit beim Fertiglackieren durch Tauchen ist so einzustellen, daß der Lack während des Austauchens ablaufen kann, um Läuferbildung zu vermeiden (rd. 0,1 ... 0,3 m/min). Die Wahl der Eintauch- und Ausziehgeschwindigkeit ist jeweils auf die Art des Beschichtungsmaterials und Werkstücks einzustellen (Abb. 5.70).

Durch geeignete Lage des Werkstücks beim Tauchen kann Lack an unauffälligen Stellen ablaufen. Zu beachten ist, daß keine lackschöpfenden Stellen im Werkstück sind (z. B. Bohrungen), bzw. daß diese auslaufen können.

Kleinteile werden zum Tauchen vorteilhaft auf Nagelbrettern befestigt und bei entsprechenden Mengen mit einem Tauchapparat getaucht, bei dem die Ein- und Austauchgeschwindigkeit eingestellt werden kann. Eine Tauchanlage für Kleinteile ist in Abb. 5.71 im Grundriß dargestellt, aus dem der Arbeitsablauf ersichtlich ist.

Besonders beim Tauchen von Hand ist eine ausreichende Belüftung vorzusehen, damit am Tauchbecken die MAK-Werte nicht überschritten werden.

5.7.8 Fluten

Zur Vermeidung sehr großer Tauchbecken und Lackmengen und um das Aufschwimmen der Holzteile zu umgehen, werden große Werkstücke wie Fenster durch Fluten beschichtet.

Beim Fluten werden die Werkstücke entweder durch Absenken oder eine Horizontalbewegung an Flutdüsen vorbeitransportiert und mit einem groben Flutstrahl besprüht. Das überschüssige Beschichtungsmaterial läuft vom Werkstück ab und wird im Auffangbecken gesammelt, von wo es ein Umwälzsystem dem Sprühkranz wieder zuführt.

Diese Art der Beschichtung wird wegen der nicht ausreichenden Oberflächenqualität für Möbel nicht eingesetzt, sondern nur zum Imprägnieren und Grundieren von Holzfenstern angewendet.

5.7.9 Trommelbeschichten

Kleinteile aus Vollholz wie Spielwaren, Griffe, Knöpfe usw. können in runden, sechs- oder achteckigen Trommeln mit bis zu 1 m Länge und 1 m Durchmesser gleichmäßig gebeizt oder lackiert werden. Je nach Form der Teile lassen sich verschiedene Werkstücke gemischt beschichten. Die Trommeln drehen sich je nach Teileart mit 40...200 U/min. Sie sind dabei nur bis 50 % gefüllt.

Die Lackzugabe erfolgt meist bei stehender Trommel durch Eingießen einer empirisch ermittelten Lackmenge. Die Umwälzung der Teile ergibt eine intensive Lackverteilung.

Eingesetzt werden physikalisch trocknende Lacke oder auch PUR-Lacke mit langer offener Zeit (bis zu einer Woche). Die Trommelzeit kann je nach Lackart wenige Minuten bis zu mehreren Stunden betragen, je nachdem, ob in der Trommel ganz getrocknet wird oder ob noch ein Nachtrocknen außerhalb der Trommel erforderlich ist.

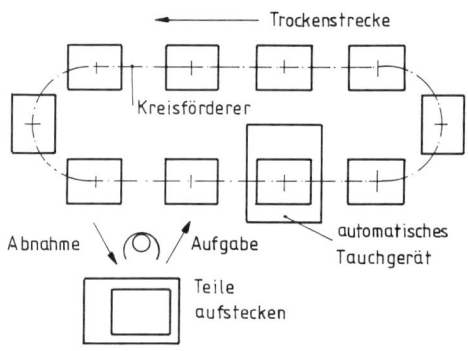

Abb. 5.71 Grundrißschema einer taktweise arbeitenden Kleinteile-Tauchanlage

Zu beachten ist, daß scharfe Ecken und Kanten der Teile schlecht beschichtet werden und bei nicht gereinigten Teilen Staub und Späne an den Teilen haften bleiben.

5.8 Lacktrocknung und Härtung

5.8.1 Trocknungsprinzipien

Nach dem Auftragen des Beschichtungsmaterials auf das Werkstück muß der Lack möglichst rasch, staubfrei, umweltschonend, energiesparend und mit möglichst geringem Kapitalaufwand vom flüssigen in den festen Zustand übergeführt werden. Gemäß DIN 55945 sind zu unterscheiden

● physikalische Trocknung mit Verdunstung von Lösemitteln, z. B. bei Nitrolacken,

● Härtung unter Molekülvergrößerung durch chemische Reaktion und/oder Sauerstoffaufnahme aus der Umgebungsluft, z. B. bei 2K-Lacken oder ölartigen Materialien.

Die praktische Trocknung kann rein physikalisch oder rein chemisch stattfinden, meist aber wird beides geschehen, z. B. muß bei einem wasserverdünnbaren UV-Lack zuerst das Wasser verdunsten, anschließend kann die Beschichtung mit UV-Strahlen gehärtet werden.

5.8.2 Der Aufbau von Trockenanlagen

Die Trocknung bzw. Härtung von Beschichtungsmaterial kann im Raum ohne Hilfsmittel (außer strahlenvernetzbare

Lacke) oder gezielt mit Trocknungsanlagen erfolgen. In einer Trocknanlage wird der flüssigen Lackschicht auf dem Werkstück dosiert Energie in Form von beheizter Luft oder Strahlung zugeführt. Außerdem ist die Luft das Trägermaterial für die bei der Trocknung abzuführenden Stoffe wie Löse- bzw. Verdünnungsmittel oder auch erst entstehende Stoffe wie z. B. Ozon bei UV-Härtungskanälen. Die Bauart von Trocknungsanlagen, die eingestellten Luftmengen, deren Geschwindigkeit und die nötigen Temperaturen sind bestimmt durch

● die Lackart,
● die Auftragmenge,
● die Werkstückart bzw. Konstruktion,
● den geforderten Durchsatz.

Die Länge der Trocknungsanlagen ergibt sich aus dem Durchsatz an Werkstücken und der erforderlichen Trockenzeit.

Der Trockenkanal-Querschnitt muß die größten zu trocknenden Werkstücke passieren lassen. Flächige Teile (Flächen, Rahmen) trocknen in Flachbandanlagen, Korpusse und Gestelle benötigen große Kanalquerschnitte.

Je nach Lackart und deren Zusammensetzung braucht man entweder Luft entsprechender Temperatur oder Strahlung zum Trocknen bzw. Härten. Unter Umständen muß nach dem Trocknen gekühlt werden. Daher sind unter dem Begriff Trockenanlage vielfach drei Anlagenteile zusammengefaßt:

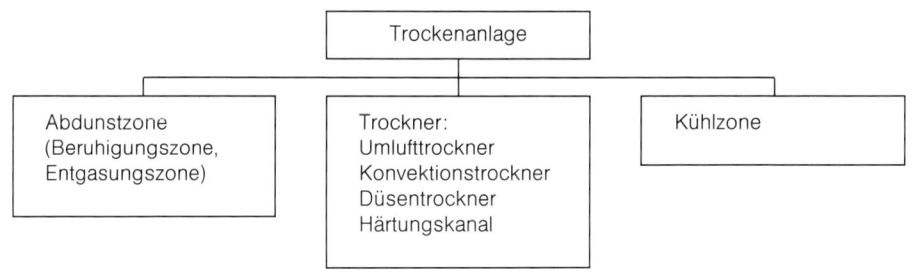

Nicht immer sind alle drei Anlagenteile nötig. Thermoplastische Lacke großer Schichtdicke und mit langer Trockenzeit bei hoher Temperatur brauchen eine intensive Kühlung. UV-härtende Lacke werden normalerweise nicht gekühlt.

In Tabelle 5.6 ist eine Übersicht über die Ausführungs- und Einsatzmöglichkeiten verschiedener Trockneranlagen gegeben; das Schema verdeutlicht dies.

1. Abdunstzone
In der Abdunstzone wird der größte Teil an organischen Löse- bzw. Verdünnungsmitteln entfernt. Gleichzeitig muß die durch das Applikationsverfahren in den Lackfilm eingebrachte Luft entweichen können (Entgasungszone).

Außerdem muß der Lack vor dem endgültigen Verfestigen noch genügend Zeit zum Verlaufen haben, was wesentlich zu einer hohen Oberflächenqualität beiträgt (Beruhigungszone). Ein guter Lackverlauf ist jedoch stark von der Auftragmenge abhängig.

Sehr geringe Schichtdicken, etwa bei lösemittelfreiem gewalztem UV-Lack, benötigen keine Abdunst- und Beruhigungszone. Hier kann gleich nach der Walzmaschine in den UV-Trockner gefahren werden. Auch bei den träge trocknenden Wasserlacken ist keine eigene Abdunstzone nötig.

Zur Entfernung der Lösemittel ist aus Sicherheitsgründen viel Frisch- und Abluft bei entsprechendem Wärmeverlust nötig. Außerdem darf in der Abdunstzone noch nicht so intensiv getrocknet werden, z. B. durch zu hohe Temperatur oder Luftgeschwindigkeit, da sonst an der Lackoberfläche zu schnell eine Haut entsteht: Im weiteren Trocknungsverlauf drängen nämlich die Lösemittel aus tieferen Lackschichten nach oben, und es entsteht die gefürchtete Blasenbildung. (Zu den Luftgeschwindigkeiten und den Temperaturbereichen siehe Tabelle 5.6)

2. Trockenzone
Allgemein gilt, daß die Trocknung bzw. Härtung um so schneller vor sich geht, je mehr Energie zugeführt wird. Dies ist jedoch nur bis zu einer Obergrenze sinnvoll, da sonst der Lack aufkocht bzw. Blasenbildung auftritt. Außerdem vertragen manche Werkstücke keine zu hohen Temperaturen.

In der Trockenzone wird der Rest an Lösemitteln abgeführt und der Lack meist vollständig getrocknet. Ausnahmen hiervon treten auf bei Lacken mit sehr langen Trockenzeiten wie z. B. PUR-Lacke, die im Trockenkanal nur bis zur Staubtrockenheit getrocknet werden. Das Nachtrocknen bzw. Härten (manchmal mehrere Stunden) geschieht im Raum, da höhere Temperaturen das Härten nicht wesentlich beschleunigen.

Die Belüftung bzw. Energiezufuhr erfolgt durch

• Konvektion: Frisch-, Abluft (Abdunstzonen, längsbelüftet), Umluft (längsbelüftet oder düsenbelüftet);
• Strahlung: UV-Strahlung, Infrarotstrahlung (mittelwellig).

3. Kühlzone
Bei großer Auftragdicke und langer Trockenzeit mit höherer Temperatur heizt sich das Werkstück so weit auf, daß thermoplastische Lacke ohne Kühlung nicht weiterbearbeitet werden können. Unter Umständen ist der Lack nicht hart genug

Tabelle 5.6 Übersicht über Ausführungs- und Einsatzmöglichkeiten verschiedener Trockneranlagen

Anlagenteil	Energiezu- bzw. -abfuhr	Luftgeschwindig-keitsbereich m/sec	Lufttemp.-Bereich °C	Ausführungsmöglichkeiten Bemerkungen
Abdunstzone	Frisch-Abluft, evtl. Teilumluft	0,2 . . . 2,0	20 . . . 40	Flachband-, Wagen- und Etagentrockner
Trockenzone mit Umluft (Konvektionstrockner)	Umluft	3 . . . 8	50 . . . 100	Flachband-, Wagen- und Etagentrockner, zur Sicherheit Zu- und Abluft nach Durchsatz
	Umluft-Düsentrockner	12 . . . 25 in der Düse	80 . . . 250	Flachband, Zu- und Abluft nach Lösemitteldurchsatz
Strahlungstrockenzone bzw. Härtungskanal	mittelwellige Infrarotstrahlung λ: 2 – 3 μm	–	–	Flachband, zur Sicherheit Zu- und Abluft dimensioniert nach Lösemitteldurchsatz Leistung im Mittel 12 . . . 15 kW/m² Trocknerfläche
	UV-Strahlung λ: 280–400 μm	–	–	Flachband, Leistung der Quecksilberdampflampen 90 . . . 100 W/cm Bogenlänge, u. U. f. Stühle
	Elektronenstrahlen	–	–	Flachband, in der Holzindustrie bisher nicht von Bedeutung
Kühlzone	Frisch-Abluft	3 . . . 12	Außentemperatur	Flachband-, Wagen- und Etagenkühlzone
	Frisch-Abluft in Düsen	12 . . . 25 in der Düse	Außentemperatur	Flachband

259

zum Lackzwischenschliff, oder es kann nicht abgestapelt werden.

In solchen Fällen ist außer der natürlichen Raumkühlung eine zusätzliche Kanalkühlung nötig. Die Kühlung geschieht ausschließlich durch die Zufuhr von kühler Luft aus dem Freien. Zur intensiven Kühlung sind entsprechende Luftmengen und kühle Außenluft erforderlich.

Die Wirksamkeit der Kühlzone ist abhängig von der zur Verfügung stehenden Kühlzeit (Kanallänge), der eingebrachten Luftmenge, deren Temperatur und der Art der Belüftung (Längs-, Düsenbelüftung). Die Kühlzonen sind daher für den Sommerbetrieb mit hohen Außentemperaturen auszulegen. Der Einsatz von Kühlaggregaten ist unwirtschaftlich, da ein Kühlaggregat nur wenige Wochen pro Jahr benötigt würde.

Im Winterbetrieb ist durch eine Regelung oder Bypass-Schaltung in der Kühlzone die Zulufttemperatur so zu regeln, daß die Werkstücke nicht zu kalt werden oder Kondensat entsteht.

4. Trocknerarten

Die verschiedenen Anforderungen bezüglich Werkstückform, Luftführung und Trocknungsart ergeben sehr unterschiedliche Trocknerbauformen.

Die in den verschiedenen Anlagenbereichen vorliegenden Luftgeschwindigkeiten und Temperaturen sind in Tabelle 5.6 angegeben. Die verschiedenen Möglichkeiten bei der Auswahl von Trocknerarten sind in nebenstehendem Schema dargestellt:

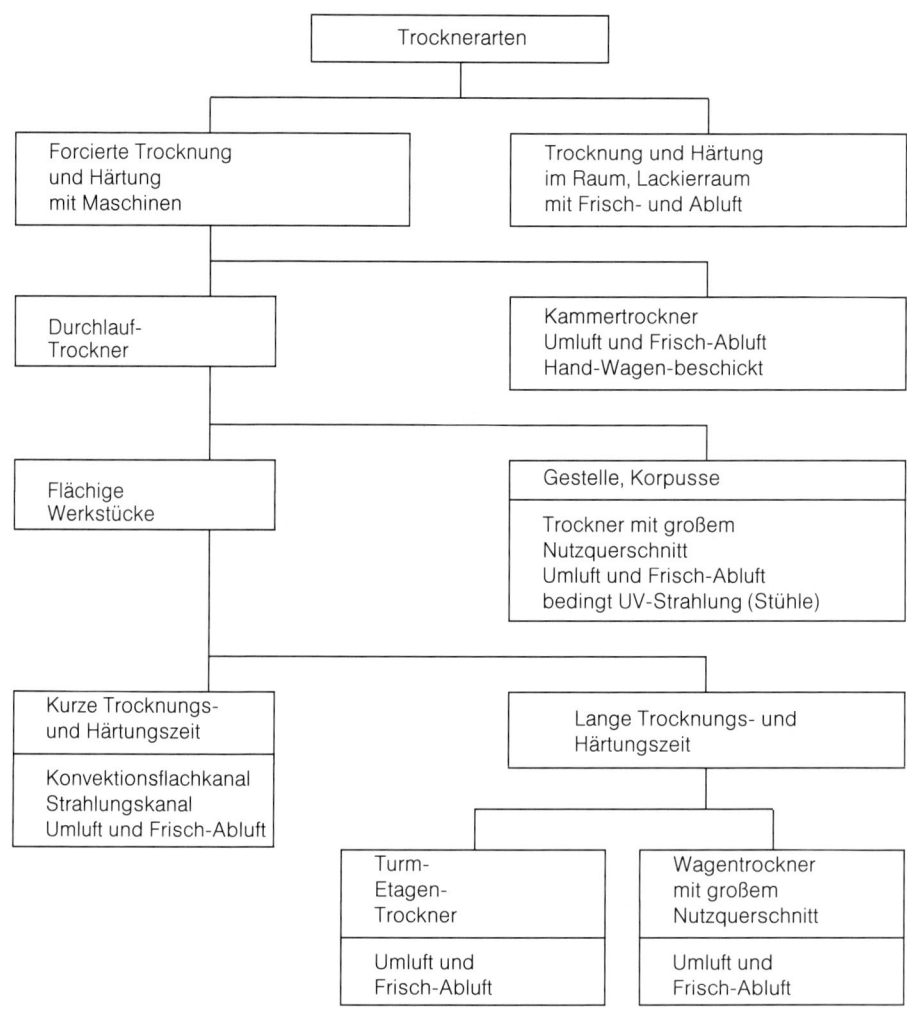

5.8.3 Die Temperatur beim Trocknen

Die Trocknung und viele Härtungsvorgänge werden durch höhere Temperatur beschleunigt, so daß die Trockzeit und damit die Anlagengröße reduziert werden. Vielfach ist mit dem Ablauf der Trocknung und der Verringerung des Lösemittelgehaltes im Lackfilm eine ansteigende Lufttemperatur vorteilhaft. Dies setzt jedoch entsprechende Regelmöglichkeiten voraus.

Die maximal einzustellende Lufttemperatur im Trockner, vom Lackhersteller vorgegeben, ist bestimmt durch die Lackart, die Auftragmenge und die Art der Werkstücke.

Abdunstzonen, wegen des hohen Lösemittelgehaltes im Frisch-/Abluftbetrieb gefahren, werden bei Raumtemperatur oder bis maximal 40 °C Lufttemperatur betrieben. Höhere Temperatur birgt die Gefahr der Blasenbildung in sich. Außerdem steigt mit der Temperatur der Energiebedarf erheblich.

Umlufttrockner werden hinsichtlich der Temperatur nach dem Werkstück und der Lackart ausgelegt. Werkstücke aus Vollholz (z. B. Stühle) vertragen über längere Zeit nur Temperaturen von 40 ... 60 °C, da sonst eine zusätzliche Holztrocknung mit Schwindvorgängen eintritt.

Die Lackauftragmenge begrenzt die Temperatur insofern, als bei großen Auftragdicken wegen möglicher Blasenbildung vorsichtiger getrocknet werden muß. Für Nitrolacke ist in der VBG 24 (Vorschrift der Berufsgenossenschaft für den Bau von Trockenöfen) in § 15 (1990) festgelegt, daß die Temperatur am Trockengut 130 °C nicht überschreiten darf. Die üblichen Temperaturbereiche in den verschiedenen Trocknern sind in Tabelle 5.6 angegeben.

Die Beheizung der Umlufttrockner geschieht üblicherweise mit dem im Betrieb vorhandenen Heißwasser oder Dampf. Elektrische Beheizung oder Wärmeleitöl sind zu teuer und werden nur bei sehr hohen Temperaturen, in Ländern mit niedrigen Strompreisen oder in Gegenden ohne Raumheizung eingesetzt.

Die Regelung der Umlufttemperatur erfolgt mit Temperaturfühler im Umluftstrom und Regelventilen im Heizungskreislauf. Zu beachten ist, daß die Temperaturregelung von Umlufttrocknern recht träge ist.

Bei im Trocknungsverlauf steigenden Temperaturen ist der Trockner in verschiedene Lüftungskreisläufe zu unterteilen, in denen jeweils eine annähernd konstante Temperatur herrscht, so daß eine stufenweise Temperatursteigerung vorliegt.

Bei Strahlungstrocknern bringen Infrarot-Strahler-Elemente mit rd. 800 °C Oberflächentemperatur auf flächigen Teilen eine sehr intensive Wärmezufuhr. Dabei wird keine Trocknertemperatur angegeben, sondern die nötige Heizleistung je m² Trocknerfläche (Flachkanal 6 ... 20 kW/m²).

In UV-Trocknern werden die Werkstücke kaum erwärmt und brauchen normalerweise anschließend auch nicht gekühlt zu werden.

5.8.4 Konvektions-Trockneranlagen

Konvektionstrockner (Umlufttrockner) sind wegen ihrer universellen Anwendbarkeit die zur Zeit am häufigsten eingesetzten Trockner. Außer den rein strahlenvernetzbaren Lacken können alle Beizen, Pigment- und Klarlacke damit getrocknet werden. Die Luft im Trockner dient dazu,

- dem Werkstück die nötige Wärme zur Verdunstung der Löse- und Verdünnungsmittel zuzuführen,
- bei Reaktionslacken Wärme zur Beschleunigung der Härtung bereitzustellen,
- die verdunsteten Löse- und Verdünnungsmittel abzuführen.

Die Zuluft kann aus dem Raum oder direkt aus dem Freien angesaugt werden. Wegen der größeren Reinheit und Menge ist es zumindest bei Abdunstzonen besser, die Zuluft aus dem Freien zu holen. Die Luft in der Abdunstzone wird auf die ganz frische Lackoberfläche geführt und muß deshalb unbedingt staubfrei sein.

Die mit Lösemittel angereicherte Abluft geht direkt ins Freie. Hier sind die Emissionsgrenzen der TA-Luft zu beachten. Wegen des Wärmeverlustes sind die Abluftmengen möglichst gering zu halten. Beim Einsatz von Luft-Reinigungsanlagen wird die Abluft direkt oder indirekt diesen Geräten zugeführt.

Bei brennbaren Lösemitteln ist jedoch in der VBG 24 (Unfallverhütungsvorschriften) vorgeschrieben, daß die höchstzulässige Lösemitteldampf-Luft-Konzentration in den Trockenanlagen betriebsmäßig einem Grenzwert von 50 % der unteren Explosionsgrenze (UEG) des verwendeten Lösemittels oder 20 g/m³ (bei 20 °C), wenn die UEG des Lösemittels nicht bekannt ist. Damit ist die Menge der erforderlichen Zu- und Abluft festgelegt.

In Abhängigkeit von der Werkstückform und der nötigen Trockenzeit werden Trockenanlagen unterschieden in
- Flachkanalanlagen,
- Trockenanlagen mit großem Nutzquerschnitt,
- Etagentrockner (Turmtrockner).

Eine Übersicht, welche Trocknerart für welche Werkstücke eingesetzt werden kann, ist im Schema auf der gegenüberliegenden Seite gegeben.

5.8.4.1 Flachkanalanlagen

Flachkanal-Trockenanlagen sind zum Trocknen flächiger Teile wie Fronten, Seiten, Böden, Rahmen usw. bei kurzen Lacktrockenzeiten im Bereich von Minuten geeignet, da bei langer Trockenzeit die Trockner zu lang werden und zu viel Platz benötigen. Zum Beispiel würde bei 10 m/min Vorschub und 5 min Trockenzeit ein Trockner 50 m lang.

Wie in Abb. 5.72 zu sehen, verläuft bei Flachkanaltrocknern die Luftführung parallel zum Werkstücktransport. Die Luftgeschwindigkeit bei Längsbelüftung beträgt, durchschnittlich über den Kanalquerschnitt gerechnet, maximal etwa 12 m/min. Sie ist nach oben begrenzt durch

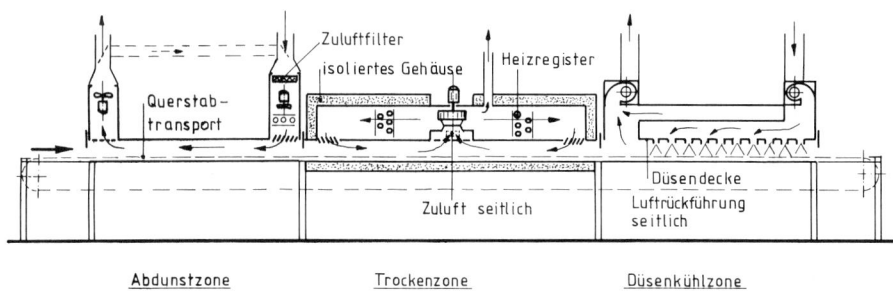

Abb. 5.72 Querschnittsschema einer Flachkanal-Trockenanlage mit Abdunstzone (Frisch-/Abluft), Trockenzone (Umluft) und Kühlzone (Frisch-/Abluft)

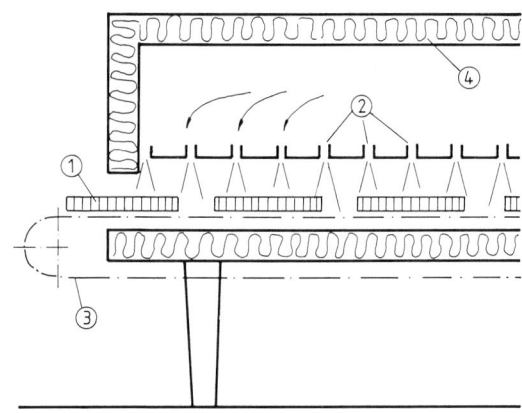

Abb. 5.73 Prinzip der Düsenbelüftung beim Flachbandtrockner. 1 Werkstücke. 2 Schlitzdüsen quer über die Transportbandbreite. 3 Querstabtransport. 4 wärmeisoliertes Gehäuse

- die Werkstückgröße: leichte Werkstücke wie Schubkastenböden können durch zu hohe Luftgeschwindigkeit abgehoben werden,
- die Trocknungsintensität: Gefahr der Blasenbildung,
- die Auftragmenge: frischer Lack in großer Menge kann durch zu hohe Luftgeschwindigkeit verblasen werden.

Die Abdunstzone, meist nicht wärmegedämmt, mit Frisch-/Abluftbetrieb, kann zur Wärmeeinsparung mit einem Teilumluftstrom ausgelegt sein, wenn die verbleibende Abluftmenge der VBG 24 entspricht. Bei Trockenzonen mit wärmegedämmtem Gehäuse wird die Luft im Kreis über Werkstück und geregeltem Heizregister geführt, was die Temperatur konstant hält (Abb. 5.72). Zur Abfuhr der noch anfallenden Lösemittel und zur Vermeidung zündfähiger Lösemittelkonzen-

trationen im Trockner ist ebenfalls ein Frischluft-Abluft-Teilstrom vorgesehen. Längsbelüftete Kühlzonen sind wie Abdunstzonen aufgebaut, jedoch mit erheblich mehr Luftleistung ausgestattet. Wesentlich intensiver kühlen allerdings Düsenkühlzonen.

1. Umluft-Düsentrockner

Ein besonders intensiver Wärmeübergang von der Luft auf das Werkstück wird mit der Düsenbelüftung erreicht (Abb. 5.73).

Die Umluft wird dabei aus Düsen, die auf der ganzen Trocknerfläche angeordnet sind, senkrecht auf das Werkstück geblasen. Düsentrockner sind mit einer rechnerischen Luftgeschwindigkeit in der Düse von etwa 12 ... 25 m/min ausgelegt. Durch die intensive Beaufschlagung der Werkstücke mit Luft werden Umluft-Düsentrockner in Flachkanalanlagen mit hoher Temperatur als zweite oder dritte Trockenzone eingesetzt, da dann der Lack bereits geliert ist und durch die Luft nicht mehr beeinträchtigt werden kann. Die Trockenzeit bei Düsentrocknern ist gegenüber längsbelüfteten Trocknern erheblich reduziert.

Beim Trocknen von wasserverdünnbaren Materialien wie Wasserbeizen und Wasserlacken werden zur Erzielung kürzerer Trockenzeiten vorteilhaft Düsentrockner eingesetzt. Wegen der trägen Verdunstung von Wasser ist hierbei keine eigene Abdunstzone notwendig.

Beim Einsatz wasserverdünnbarer UV-Lacke wird nach dem Auftragen zunächst das Wasser mit Düsentrocknern entfernt und anschließend in einem UV-Kanal durchgehärtet. Dabei ist zu beachten, daß alles Wasser aus dem Lackfilm entfernt ist, bevor die Aushärtung im UV-Kanal stattfindet, da sonst Restwasser in den Lackfilm eingeschlossen wird, was helle Stellen im Lackfilm und unbrauchbare Oberflächen ergibt.

Wegen der intensiven Werkstückaufheizung werden Düsentrockner auch als Werkstück-Vorwärmezonen eingesetzt.

Abb. 5.74 Kombinierte Band-Hordenwagenanlage. (Eisenmann)

2. Düsenkühlzone

Genauso wie beim Düsentrockner wird die Frischluft aus Düsen senkrecht gegen das Werkstück geblasen, wodurch eine intensive Kühlwirkung entsteht. Die erheblichen Zu- und Abluftmengen bei Düsenkühlzonen ergeben große und teure Konstruktionen, die nur eingesetzt werden sollten, wenn eine sehr intensive Kühlung nötig ist.

5.8.4.2 Trockenanlagen mit großem Nutzquerschnitt

Trockenanlagen mit großem Nutzquerschnitt werden eingesetzt

• als Hordenwagentrockner für flächige Teile, wenn lange Trockenzeiten erforderlich sind, z. B. bei PUR-, Polyester- oder auch Wasserlacken, da reine Flachkanaltrockner zu lang würden

• bei Stühlen, Gestellen, Tischen oder Korpussen, die auf Palettenwagen mit Schleppförderern, Rollenbahnen oder auch an Kreisförderern hängend durch die Trockenanlage transportiert werden.

Abb. 5.74 zeigt eine kombinierte Band-Hordenwagen-Anlage für ebene Teile, bei der der Grund gewalzt und im Flachkanal getrocknet wird, während der Decklack wegen des besseren Verlaufs gegossen wird. Die lange Trockenzeit, z. B. auch bei Wasserlack, wird durch den Hordenwagentrockner kompensiert. Durch die in einem Hordenwagentrockner erzielbaren langen Trockenzeiten gegenüber dem Flachkanaltrockner ist ein

sehr flexibler Einsatz für alle Lackarten außer strahlenvernetzbaren Lacken möglich, ohne zu sehr an exakte Trockenzeiten gebunden zu sein.

Nachteilig bei Hordenwagenanlagen ist das zusätzliche Einstapeln der Teile nach dem Lackauftrag in die Wagen. Einstapelautomaten sind für Möbelteile nicht geeignet und zu teuer. Bei den alternativ einzusetzenden Senkrechttrocknern müssen die Teile jedoch pulkweise aufgegeben werden (siehe Abschnitt 5.8.4.5).

Je nach Trocknungstemperatur führen die langen Trockenzeiten in Hordenwagentrocknern zu einer weitgehenden Durchwärmung der Werkstücke. Dadurch ist nach dem Trockner vielfach eine Kühlstrecke erforderlich.

Wie in Abb. 5.74 ersichtlich, ist bei der Verwendung von Lacken mit organischen Lösemitteln nach dem Lackauftrag an der Stapelstelle zunächst eine Absaugwand angeordnet. Diese Absaugwand entfernt alle Lösemittel, die an der Gießmaschine und aus den frisch beschichteten Werkstücken entweichen, so daß die erforderlichen MAK-Werte an der Stapelstelle nicht überschritten werden. Die abgesaugte Luft aus dem Raum muß jedoch sauber genug sein.

Bei sehr staubempfindlicher Farblackierung kann die Stapelstelle ganz in eine Kabine verlegt werden, um mit separater, gefilterter Zuluft für weitgehende Staubfreiheit zu sorgen (Abb. 5.75).

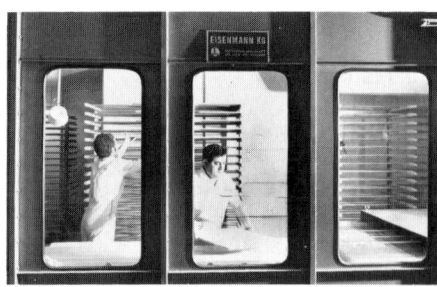

Abb. 5.75 Abnahme von der Gießmaschine und Einstapeln in Hordenwagen in einer staubarmen Kabine. (Eisenmann)

Abb. 5.76 Transport von Stühlen auf Paletten, die am Kreisförderer hängen. (Eisenmann)

Die taktweise weitertransportierten Wagen fahren anschließend in die Abdunstzone, die mit Frisch-/Abluft betrieben wird. Die folgende Trockenzone mit wärmegedämmtem Gehäuse arbeitet mit höherer Temperatur und kann in Zonen verschiedener Temperaturhöhe eingeteilt sein.

Kühlzonen mit großem Nutzquerschnitt arbeiten mit geringer Luftgeschwindigkeit und deshalb nicht besonders effektiv. Vielfach werden daher statt einer Kühlzone nur einige Wagentakte Kühlung im Raum vorgesehen.

Durch die für die Abdunstzonen und Trockner aus dem Raum abgesaugten Luftmengen müssen im Winter durch aufzuheizende Frischluft aus dem Freien ersetzt werden; dies erfordert erhebliche Wärmemengen, die bei der Auslegung der Anlagen zu berücksichtigen sind.

Abb. 5.76 zeigt auf Paletten gestellte Stühle, die mit einem Kreisförderer durch einen Trockner mit großem Nutzquerschnitt transportiert werden. Diese Stuhlplazierung erfordert ein Abnehmen der Stühle beim Spritzen.

In Abb. 5.77 sind die Stühle einzeln an Drehgehängen aufgehängt. Die Stühle können hier beim Spritzen am Gehänge bleiben und so durch den Trockner fahren. Dies erspart Arbeit, jedoch ist der Querschnitt des Trockners nicht optimal ausgenutzt.

Abb. 5.78 zeigt Stühle, die auf einem Holzplattentransport durch den Trockner transportiert werden. Stühle, Gestelle oder Korpusse erfordern sehr unterschiedliche Arbeitsfolgen bei der Oberflächenbehandlung, so daß das Transportsystem und die Trockneranordnung in vielfältiger Weise an die Erfordernisse des Arbeitsablaufs angepaßt werden müssen; dies vor allem dann, wenn kommissionsweise und in flexiblen Arbeitszeiten an den einzelnen Arbeitsstellen gearbeitet werden muß.

Abb. 5.77 Stuhltransport einzeln an Drehgehängen am Kreisförderer. (Eisenmann)

Abb. 5.78 Holzplattentransport von Stühlen durch eine Trockenanlage. (Eisenmann)

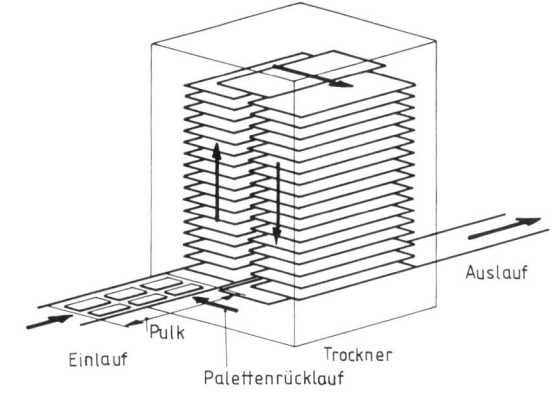

Abb. 5.79 Schema eines Etagentrockners (Senkrecht-, Turmtrockner)

5.8.4.3 Etagentrockenanlagen (Turmtrockner, Senkrechttrockner)

Wenn beschichtete flächige Teile oder Rahmen eine längere Trocknungszeit benötigen, werden in Abhängigkeit von der Vorschubgeschwindigkeit Flachbandanlagen zu lang und brauchen zu viel Platz. Hordenwagen aber erfordern zusätzliche Handarbeit zum Einstapeln der Teile in die Wagen.

Wenn die Art der Fertigung es erlaubt, die Werkstücke pulkweise zur Beschichtung aufzulegen, kann eine Turmtrockenanlage eingesetzt werden. Turmtrockner sind in Abdunstzone (Frisch-/Abluft), Trockenzone (Umluft) und gegebenenfalls Kühlzone (Frisch-/Abluft) unterteilt. Sie lassen sich für alle lufttrocknenden Lacke anwenden.

Wie in Abb. 5.79 dargestellt, laufen die Teilepulks am Trocknereinlauf auf Paletten, die taktweise an Senkrechtförderern (Ketten) nach oben befördert werden. Eine Querverschiebung am oberen Anlagen-Ende führt die Paletten zum Transport nach unten, wo die Teile den Trockner auf Arbeitshöhe wieder verlassen oder einer weiteren Turmtrockenzone zugeführt werden. Dadurch sind lange Trockzeiten (bis zu einer Stunde und mehr) möglich.

Die Trocknerlänge entspricht der Werkstückpulk- bzw. Palettenlänge oder ein Mehrfaches davon. Die zu lackierenden Werkstückpulks je Zeiteinheit und die nötige Trockzeit ergeben die Anzahl an Paletten im Trockner und damit dessen erforderliche Höhe.

Die Trocknerhöhe muß in die zur Verfügung stehende Raumhöhe passen. Ist diese nicht ausreichend, sind Mehrfachanordnungen von Anlagenteilen neben- oder hintereinander möglich (Abb. 5.80).

Hohe Trocknertemperatur kann sich nachteilig auswirken, da dadurch das Temperaturgefälle im Trockner von oben nach unten zu groß ist. Dies ist der Fall, wenn die Abdunstzone nach oben geht, die anschließende Trockenzone von oben nach unten. Hier sollte gerade umgekehrt die Trocknungstemperatur mit dem Trocknungsfortschritt ansteigen.

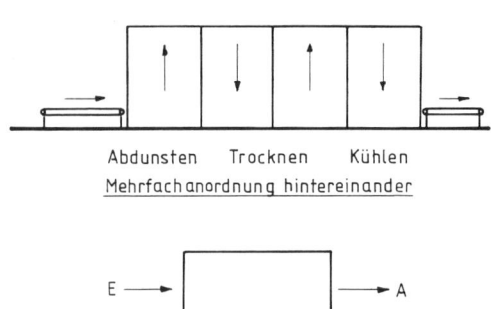

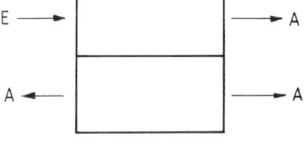

E : Einlauf
A : Auslaufmöglichkeiten (Grundriß)

Abb. 5.80 Anpassungsmöglichkeiten von Ein-
und Auslaufanordnung bei Senkrechttrocknern

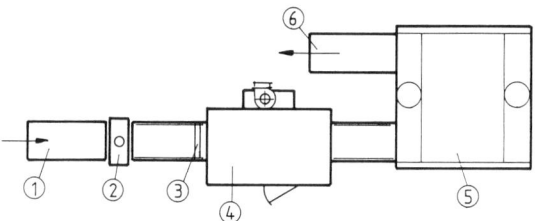

Abb. 5.82 Lackieranlage zum Spritzen flächiger Werkstücke mit PUR-Lacken, Trocknung im Senkrechttrockner. 1 pulkweise Belegung des Transportbandes.
2 Bürstmaschine zum Reinigen. 3 optisch-elektronische
Werkstückvermessung.   4 Flächenspritzmaschine.
5 Senkrechttrockner mit Abdunst- und Trockenzone.
6 Werkstückabnahme

Abb. 5.81 Senkrechttrockner in eine Flach-
bandstraße integriert. (Hackemack)

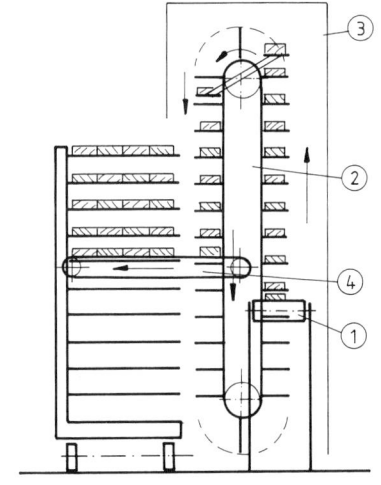

Abb. 5.83 Schematischer Querschnitt eines
Paternostertrockners für schmale, lange Teile,
z. B. Profilbretter, mit anschließender automatischer Beschickung eines Hordenwagens.
1 Zuführrollenbahn. 2 Senkrechtförderer. 3 Be-
lüftetes Gehäuse. 4 Horizontaltransport zum
Belegen des Hordenwagens

Die Ausführung der Paletten als angetriebene Transportbänder erlaubt das Trocknen auch kleiner Werkstücke ohne Verrutschen der Teile und ohne daß herab-
fallende Teilchen die unteren frischen
Teile beeinträchtigen. Außerdem ist eine
exaktere Luftführung möglich.
Der erhebliche apparative Aufwand für eine Turmtrockenanlage und der Zwang
zur pulkweisen Beschickung kann durch
die Einsparung an Platz ausgeglichen
werden. Abb. 5.81 zeigt einen Etagentrockner mit gerade einlaufendem Teile-
pulk.
In Abb. 5.82 ist eine Lackieranlage zum
Spritzen flächiger Werkstücke mit PUR-
Lacken im Grundriß dargestellt. Die lange Trockenzeit der PUR-Lacke wird in einem Hochtrockner erzielt.

5.8.4.4 Sonderbauarten
von Konvektionstrocknern
Speziell für Leisten oder auch bei Profilbrettern läßt sich bei relativ kurzen Trocknungszeiten ein Paternostertrockner einsetzen, der platzsparend senkrecht
transportiert. Als reines Transportgerät
kann ein Paternostertrockner für Trocknung im Raum verwendet werden; mit einem Gehäuse versehen, kann im Umluftbetrieb getrocknet werden (Abb. 5.83).
Eine weitere Ausführung für Profilbretter
bei langen Trockenzeiten (z. B. bei Wasserlacken) ist die Trockneranordnung als
Flachkanal geeignet, bei der die langen
Teile quer durch den Trockner transportiert werden.

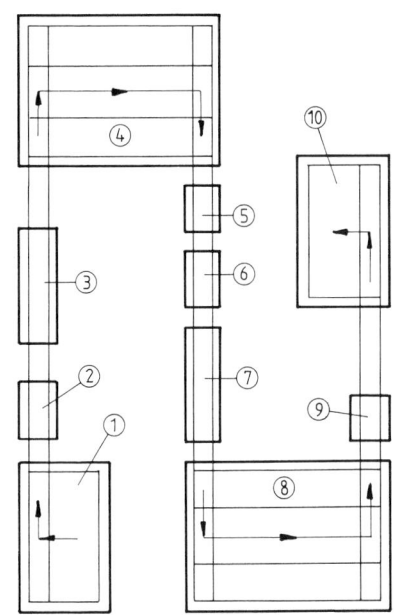

Abb. 5.84 Grundrißschema einer Lackieranlage für lange schmale Teile (Profilbretter) für wasserverdünnbare UV-Lacke. 1 automatische Beschickung. 2 Reinigen der Teile. 3 Grundlack auftragen. 4 Quertrockner für Wassertrocknung. 5 UV-Härtung. 6 Glätten. 7 Decklack auftragen. 8 Quertrockner für Wassertrocknung. 9 UV-Härtung. 10 automatisch stapeln

Diese Trocknerbauart läßt auch Strahlungstrocknung zu. Deshalb ist eine solche Anordnung bei der Lackierung von Profilbrettern mit wasserverdünnbaren UV-Lacken vorteilhaft. Im ersten Trocknerteil wird mit Konvektion das Wasser abgetrocknet, während im letzten Anlagenteil UV-Strahler den Lackfilm vernetzen (Abb. 5.84).

5.8.5 Strahlungshärtung
Durch die Forderung nach einer Reduzierung der Emission organischer Lösemittel gewinnt der Einsatz strahlenvernetzbarer Lacksysteme erheblich an Bedeutung, da solche Materialien unter bestimmten Voraussetzungen eine lösemittelfreie Verarbeitung ermöglichen.

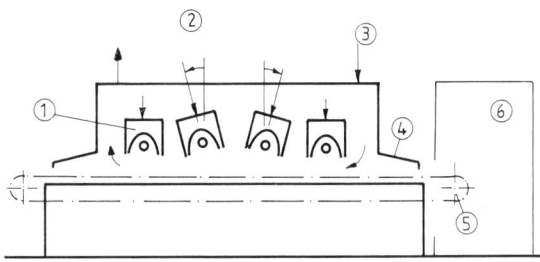

Abb. 5.85 Schema eines UV-Härtungskanals. 1 Strahlerelemente, höhenverstellbar. 2 kippbare oder drehbare Strahlerelemente zur Kantenhärtung. 3 Belüftung zur Strahlerkühlung und Ozonabfuhr. 4 Strahlenschutzblenden. 5 Transportsystem. 6 Schalt- und Steuerschrank

5.8.5.1 UV-Härtung
Die Härtung von Lack mit UV-Licht basiert auf einer rein chemischen Reaktion besonderer Lackformulierungen, vor allem auf Polyester- und Acrylatbasis, die durch die Bestrahlung mit UV-Licht ausgelöst wird.

Der Härtungsreaktion liegt eine Radikalketten-Polymerisation zugrunde, ausgelöst durch Photoinitiatoren, die Lichtenergie im UV-Bereich absorbieren und durch Zerfall in hochreaktive Spaltprodukte eine Kettenreaktion auslösen.

Die reine UV-Härtung ist ein praktisch emissionsfreies Verfahren, da alle beteiligten Materialien in den Film eingebunden sind. Die Reaktionszeiten liegen je nach Lackauftragmenge und Material im Bereich von 5 . . . 15 s.

Die Vorteile von UV-Lacken sind:
- lösemittelfreie Verarbeitung bei planen Teilen,
- sehr kurze, platzsparende Härtungsanlagen,
- bei lösemittelfreiem Einsatz keine Abdunstzone,
- hochwertige Beschichtung bei UV-Lack.

Nachteilig sind folgende Eigenschaften:
- lösemittelfreier UV-Lack kann vorerst wegen der hohen Viskosität nur durch Walzen auf plane Teile aufgetragen werden,
- bei zu spritzenden Teilen ist eine Verdünnung nötig, die vor der Härtung getrocknet werden muß (z. B. wasserverdünnbarer UV-Lack),

- nicht alle Beizen sind UV-Lack-verträglich,
- es besteht die Gefahr von Verfärbungen an Beizen und Holzoberflächen,
- Farblacke benötigen besondere Härtungsanlagen,
- gestellartige Werkstücke lassen sich nach der UV-Lackbeschichtung nur anhärten, die Restaushärtung an den Stellen ungenügender UV-Strahlungsdosis-Beaufschlagung muß mit Härter erfolgen (Doublecure-System).

Der Aufbau eines UV-Härtungskanals ist schematisch in Abb. 5.85 dargestellt. Die Strahlerelemente bestehen aus Strahlenquelle, Hochspannungsversorgung, Reflektorsystem und Lampenkühleinrichtung.

Wegen des möglicherweise entstehenden Ozons ist eine Abluftableitung ins Freie notwendig. Außerdem ist durch Schutzvorrichtungen zu gewährleisten, daß das Bedienungspersonal nicht durch aus dem Kanal austretende UV-Strahlung geschädigt wird.

Die Strahlerreflektoren sind je nach Einsatzzweck recht unterschiedlich gestaltet. Elliptisch geformte Reflektorquerschnitte geben einen fokussierten Strahl für einen konstanten Objektabstand (Abb. 5.86), während parabelähnliche Reflektoren für wechselnde Objektabstände geeigneter sind.

Die Strahler haben je nach Betriebsweise (Anzahl der Ein- und Ausschaltungen) eine Lebensdauer von etwa

1 500 . . . 3 000 Betriebsstunden. Der Leistungsabfall der Lampen erfordert dann einen Austausch.

Die eingesetzten Strahlenquellen sind nach der Art des Lacksystems, der Lackauftragdicke und der Bandgeschwindigkeit auszulegen. Transparentlacke werden mit Quecksilber-Hochdruckstrahlern ausgehärtet, deren Emissionsmaxima im Bereich von 300 . . . 350 nm Wellenlänge liegen (Abb. 5.87). Sie werden mit einer Leistung von 80 . . . 120 W/cm Bogenlänge verwendet. Die Leistung der Lampen wird zunehmend auch in Bandgeschwindigkeit m/min je Strahler angegeben. Sie liegt je nach Schichtdicke und Lackart bei etwa 1,5 . . . 4,5 m/min je Lampe.

Farblacke enthalten Pigmente, die die UV-Strahlung im Bereich nahe 400 nm Wellenlänge absorbieren oder reflektieren. Deshalb erfordern UV-härtende Farblacke

- „UV-Licht-durchlässige" Pigmente, z. B. wie bei Titandioxid, das bei Wellenlängen nahe bei 400 nm bis in den Bereich des sichtbaren Lichtes „optische Fenster" aufweist;
- den Einsatz von Photoinitiatoren mit geeigneten Absorptionseigenschaften;
- Strahlerelemente, deren UV-Licht-Emissionsmaxima nahe bei 400 nm bzw. schon im Bereich des sichtbaren Lichts liegen.

Bei großen Lackschichtdicken ist es vorteilhaft, die erste Lackschicht wegen der schlechten Haftung für die nachfolgende Schicht nicht durchzuhärten sondern nur anzugelieren, was mit herkömmlichen langwelligen Leuchtstofflampen möglich ist. Die nötige Vorgelierzeit liegt im Bereich von 5 min.

IST-Strahler sind UV-Strahler, die bei normaler Frequenz durch eine eigene Schaltung besonders hohe Strahlungsimpulse abgeben, welche die Radikalbildung intensivieren und zu noch kürzeren Härtungszeiten führen (Abb. 5.88).

Bei Betriebsstörungen ist zu beachten, daß z. B. Quecksilber-Hochdrucklampen nach dem Abschalten nicht sofort wieder gezündet werden können. Zur Vermeidung kurzfristiger Abschaltungen bei Betriebsunterbrechungen können Blenden (Shutter), Ausschwenken der Lampen oder Halblastschaltungen eingesetzt werden.

Je nach aufgetragener Lackschichtdicke ist eine entsprechende gleichmäßige Strahlungsintensität auf der Lackoberfläche zur Härtung nötig. Der Lampenabstand zum Werkstück soll daher auf das Reaktionsverhalten des Lackes einstellbar sein.

Zur Härtung von mit UV-Lack beschichteten Rahmen, stark profilierten Teilen oder Gestellen (Stühle) ist die UV-Strahlung wegen des stark wechselnden Abstands

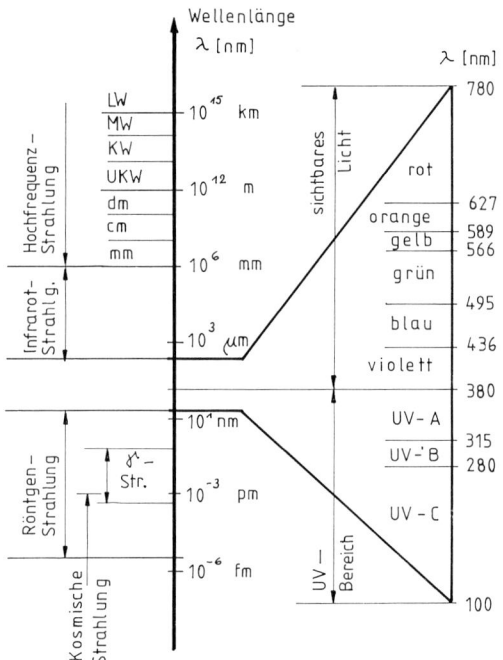

Abb. 5.86   Optischer Strahlungsbereich nach DIN 5031

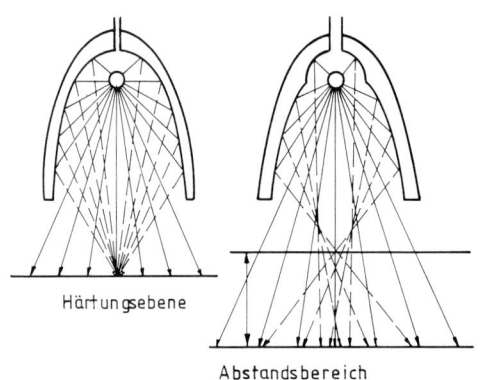

Abb. 5.87   Reflektor-Profile und ihre Wirkung auf die Entfernung der UV-Strahler zum Werkstück

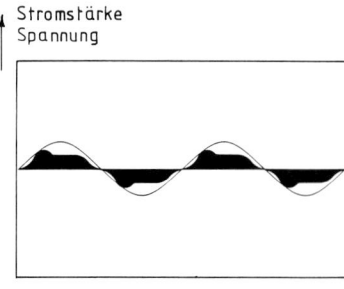

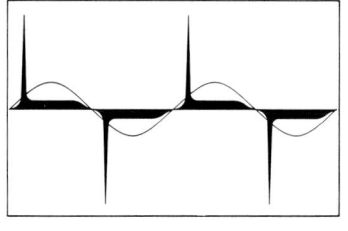

Abb. 5.88   Spannung und Stromstärke einer normalen Quecksilberdampf-Hochdrucklampe und eines IST-Strahlers

Abb. 5.89 UV-Härtungsanlage für Stühle.
(Eisenmann)

Abb. 5.90 UV-Kanal in einer Flächenlackieranlage. (Hackemack)

der Werkstückoberflächen zum Strahler nicht ausreichend (Abb. 5.89). Deshalb werden dem UV-Lack Härteranteile (z. B. Isocyanate) beigegeben, die dann die Endaushärtung ermöglichen (Doublecure-System). Dabei ist zu beachten, daß durch die Härterbeimischung ein 2K-Lacksystem vorliegt, bei dem die offene Zeit zu berücksichtigen ist.

Plane Teile (Türen, Paneele) können mit lösemittelfreien UV-Lacken durch Walzen mit sehr dünnen Schichten beschichtet werden. Diese dünnen Schichten verlaufen nicht, was die Gefahr der Abzeichnung von Walzstruktur auf der Oberfläche mit sich bringt; dies ist vor allem bei Decklackaufträgen von Bedeutung. Die Anlagen werden durch nicht benötigte Abdunstzonen und kurze Härtungskanäle sehr kurz und platzsparend (Abb. 5.90). Zum Spritzen von Profilen oder zur Erzielung eines guten Verlaufs bei dickeren Lackschichten muß entweder zusätzlich organisches Lösemittel zugesetzt oder ein wasserverdünnbares UV-Lacksystem eingesetzt werden.

Wasserverdünnbare UV-Lacksysteme sind umweltfreundlich, nicht brennbar und erfordern bei der Verarbeitung keinen Ex-Schutz. Probleme können Koagulierung und die, wenn auch geringen, Anteile an organischen Lösemittel im Ab-

wasser von Spritzkabinen ergeben. Zu beachten ist, daß bei verdünnten UV-Lacken zuerst das Löse- bzw. Verdünnungsmittel vollständig getrocknet werden muß, bevor die UV-Härtung vor sich gehen kann. Bei wasserverdünnbaren UV-Lacken benötigt man aufwendige, lange Trockner (Düsentrockner). Die mit wasserverdünnbaren UV-Lacken erzielbare Oberflächenqualität ist für viele Möbel völlig ausreichend.

Wasserverdünnbare Monocure-UV-Lacke (ohne Härter) zum Spritzen bieten die Möglichkeit, den Overspray aufzufangen und wieder zu verwenden, da der Lack ohne Härter und ohne UV-Strahlung nicht aushärtet. Dies ergibt eine Reduzierung der Lackkosten und der Umweltbelastung. Voraussetzung dazu sind geeignete Spritzeinrichtungen, die ein Auffangen des Oversprays ermöglichen.

5.8.5.2 Infrarot-Trocknung

Bei der Infrarot-Trocknung bzw. Härtung wird die Wärme sehr intensiv durch Strahlung auf flächige Werkstücke übertragen. Grundsätzlich können IR-Trockner für alle durch Wärme trocknende bzw. härtende Lacksysteme eingesetzt werden. Die Wirksamkeit der Wärmeübertragung ist davon abhängig, wieviel Anteile der Strahlung von der zu trock-

nenden Lackschicht reflektiert oder absorbiert wird.

Der absorbierte Strahlungsanteil wird in wirksame Wärme umgewandelt. Die Wellenlänge des Strahlenmaximums des Infrarotstrahlers muß daher im Absorptionsmaximum des eingesetzten Lacks liegen. Bei den in der Holzindustrie eingesetzten Lacken ist dies bei der mittelwelligen Infrarotstrahlung (IRM) im Wellenlängenbereich von 2 300 . . . 2 700 nm, was einer Strahlertemperatur von 800 °C entspricht (s. auch Abb. 5.86).

Durch die Höhenverstellung und die Zu- und Abschaltung einzelner Strahlerelemente ist die Strahlerleistung, im Mittel bei etwa 15 kW/m² Strahlerfläche, an die Erfordernisse der Trocknung gut anzupassen.

Nachteilig ist, wie bei allen Strahlungstrocknern, daß beschichtete Kanten durch die Strahlung nur schlecht erreicht werden und durch Konvektion trocknen müssen. IR-Trockner brauchen wie alle Trockner zur Abführung der Lösemittel entsprechende Frisch- und Abluft, wodurch Temperaturspitzen abgebaut werden und gleichzeitig eine gewisse Konvektionstrocknung gegeben ist (Abb. 5.91).

Die Beheizung von IRM-Trocknern geschieht wegen der hohen Strahlertempe-

Abb. 5.91 Infrarot-Trockner, seitlich geöffnet. (Eisenmann)

Abb. 5.92 Infrarot-Strahler-Elemente. (Eisenmann)

steht durch den Elektronenstrahl sekundäre Röntgenstrahlung, was einen erheblichen Aufwand an Abschirmung erfordert.

Elektronenbeschleuniger, Inertgasanlage, Strahlenabschirmung und Steuerung ergeben Investitionen, die für einen Einsatz zum Lackieren in der Möbelindustrie nicht wirtschaftlich sind.

5.8.6 Trocknung bei Raumtemperatur

In vielen kleinen Betrieben, auf Baustellen und bei sehr sperrigen Teilen im Innenausbau ist eine Lacktrocknung in einem Kanal nicht möglich; die Beschichtung trocknet bei Umgebungstemperatur im Lackierraum. Auch bei industrieller Fertigung kann Trocknung im Raum sinnvoll sein, z. B. bei der Trocknung von Beize oder lackierten Kanten von im Stapel gespritzten Werkstücken.

Die Trocknung im Raum dauert lange, was aber z. B. bei Handwerksbetrieben nicht von Bedeutung ist, da deren Lackierräume meist nicht voll ausgelastet sind und zum Trocknen zur Verfügung stehen.

Für die zum Trocknen abgestellten Teile besteht, zumindest am Anfang der Trocknung, die Gefahr, daß Staub auf die Oberfläche kommt. Diese Gefahr besteht nicht mehr, wenn z. B. PUR-beschichtete Teile im Kanal abdunsten und vortrocknen bis zur Staubtrockenheit und anschließend im Raum mehrere Stunden nachhärten.

Zu beachten ist, daß die trocknenden Werkstücke die Lösemittel in den Raum abgeben. Nach der VBG 23 (Verarbeiten von Beschichtungsstoffen) ist bei begehbaren Trockenräumen durch geeignete Lüftungseinrichtungen zu verhindern, daß explosionsfähige Lösemitteldampf-Luft-Gemische entstehen und keine gesundheitsgefährdenden Konzentrationen vorhanden sind. Vielfach wird dies durch das Weiterlaufenlassen der Spritzkabine nach dem Spritzen bewerkstelligt, was jedoch im Winter einen erheblichen Wärmeverlust bedeutet.

Besser ist der Einsatz von Absaugewänden oder Absauggeräten, deren Abluftmengen auf die Lösemittelmengen abgestimmt sind. Gleichzeitig sollte aber immer ein beheizbares Zuluftgerät vorhanden sein, das die abgesaugte Luft durch gefilterte Frischluft ersetzt.

raturen ausschließlich elektrisch (Abb. 5.92). Deshalb sind IRM-Trockner vorzugsweise in Ländern mit niedrigen Preisen für elektrische Energie wie Skandinavien im Einsatz.

Holzbetriebe haben vielfach einen Wärmeüberschuß durch Restholzverbrennung, der sich besser für die Beheizung von Umlufttrocknern verwenden läßt. Deshalb sind IRM-Trockner bei uns höchstens als Vorwärmer oder zur Erzeugung eines Wärmeschocks am Ende konventioneller Flachband-Umlufttrockner angeordnet.

Die kurzen Einwirkzeiten bei Infrarot-Trocknern ergeben nur an der Oberfläche eine intensive Erwärmung, ohne daß die Werkstücke im Inneren aufgeheizt werden, für mit Schmelzkleber angeleimte Kanten besteht keine Gefahr der Ablösung.

5.8.5.3 Elektronenstrahlhärtung

Strahlenvernetzbare Lacksysteme können ohne Photoinitiatoren direkt durch die Beaufschlagung von Elektronenstrahlung entsprechender Leistung ausgehärtet werden (ESH-Härtung). Dies geht bei flächigen Teilen (Türen) sowohl mit Klar- als auch mit Pigmentlack, wobei sehr widerstandfähige Beschichtungen entstehen. Die Härtung dauert nur Bruchteile von Sekunden.

Die Reaktion muß unter Ausschluß von Luftsauerstoff erfolgen, d. h. an der Härtungsstelle muß Inertgas- oder Stickstoffatmosphäre vorliegen. Außerdem ent-

5.9 Lackschleifen als Zwischen- und Endbehandlung

Lackschleifen ist ein wesentlicher Zwischen- oder Endbehandlungsarbeitsgang, der zur Erzielung einer hohen Oberflächenqualität bis auf wenige Ausnahmen bei jeder Oberflächenbehandlung nötig ist.

Die Schleifprinzipien, Schleifmittel und -verfahren sind allgemein in Abschnitt 4.3 dargestellt. Hier soll auf die speziellen Eigenheiten beim Lackschleifen hingewiesen werden.

5.9.1 Schleifen und Glätten

In der Praxis wird vielfach recht ungenau zwischen Schleifen und Glätten unterschieden (z. B. Schleif- und Glättmaschine), wobei das Schleifen immer auch ein Glätten der Oberfläche bedeutet. Der Unterschied ist im Schleifverfahren zu sehen. Beim Schleifen werden je nach Kontaktelement, Höhe des Anpreßdrucks und der Nachgiebigkeit der Schleifunterlagen zwei Extremfälle unterschieden:

- Kalibrierschliff,
- Oberflächenschliff.

Dazwischen sind alle möglichen Abstufungen denkbar.

Grundsätzlich ist beim Lackschleifen zum Glätten der Flächen, großflächig betrachtet, ein Oberflächenschliff erforderlich, der jedoch durch die Gestaltung des Kontaktelements kleine Erhöhungen kalibriert (z. B. bei Breitbandschleifmaschinen das Kontaktelement, oder der Schleifschuh von Langbandschleifmaschinen). Damit wird beim Spachtelschliff eine „Fläche" geschliffen, d. h. ein Abschleifen aller Unebenheiten durch den Auftrag. Beim Schleifen von Grundierungen werden kleine Unebenheiten z. B. durch überlackierte Staubkörner abgeschliffen. Hier spricht man also von Schleifen.

Beim Glätten oder Glättschliff wird mit einem weichen Kontaktelement gearbeitet, meist mit einer Bürste mit schleifenden Borsten, die sehr wenig abschleifen. Rauhigkeiten durch aufstehende Holzfasern werden geglättet, aber Unebenheiten nicht abgeschliffen, da die Borsten darüber hinweggleiten.

Deshalb sind viele Lackschleifmaschinen mit einem Schleifaggregat mit Kontaktelement und einer Glättbürste ausgestattet.

5.9.2 Lackzwischenschliff

Beim Lackzwischenschliff sind verschiedene Zielsetzungen zu unterscheiden.

1. Lackzwischenschliff bei offenporiger transparenter Lackierung von Vollholzteilen oder furnierten Flächen

Nach dem Grundieren muß die entstandene Rauhigkeit durch aufstehende Holzfasern abgeschliffen werden (glätten). Dabei wird sehr wenig Lack abgetragen (im Bereich von 3 . . . 10 µm). Außerdem ergibt die geschliffene Fläche (vor allem bei Grundierungen, die durch die Lösemittel des nachfolgenden Decklackes nicht mehr angelöst werden, z. B. UV-Lack) eine bessere Haftung.

Der Lackzwischenschliff bei offenporiger transparenter Lackierung wird meist im Längsschliff mit Körnungen von 280 . . . 320 durchgeführt, je nach Porigkeit des Holzes.

Quer zur Holzfaserrichtung schleift man manchmal bei zusammengesetzten Furnierbildern oder furnierten Rahmen. Hierbei muß etwas aufwendiger mit feineren Körnungen geschliffen werden, damit nach dem Decklackieren die Querschleifriefen nicht sichtbar sind. Dies kann Probleme bei bestimmten dunklen Beiztönen geben, wo dann Körnungen von 400 oder mehr nötig sind, oder es wird von Hand längs nachgeschliffen.

Schleifmaschinen mit gesteuerten Längs- und Querschleifaggregaten für das Rahmenschleifen lohnen sich nur zum Schleifen entsprechend großer Stückzahlen gleicher Größe.

2. Schleifen gespachtelter oder porengefüllter Flächen

Beim Spachteln oder Porenfüllen wird viel Material aufgetragen, um unter anderem die Unebenheiten des Trägermaterials (FPY, MDF, Vollholz) auszugleichen. Dadurch wird die gespachtelte oder gefüllte Fläche auch uneben. Dies erfordert ein kräftiges Schleifen, bis eine „Fläche" angeschliffen ist, d. h. alle Unebenheiten sind herausgeschliffen.

Geschliffen wird in mehreren Stufen, maschinell wirtschaftlich meist im Kreuzschliff (hier auf die Vorschubrichtung der Werkstücke bezogen) und mit Körnungen, je nach Trägermaterial bei 220 beginnend und bis 360 oder mehr ansteigend, je nach Menge und Verlaufseigenschaften des nachfolgend aufzutragenden Decklacks.

5.9.3 Lackschleifen, Schwabbeln und Polieren

5.9.3.1 Schleifen von Polyester

Zur Herstellung geschlossenporiger hochglänzender oder auch matter Flächen mit Polyester wird sehr viel Lack aufgetragen (400 . . . 600 g/m²). Dadurch braucht nicht porengefüllt zu werden.

Als erster Arbeitsgang beim abbauenden Polierverfahren (s. Abschnitt 5.6.7.2) müssen alle Unebenheiten, bedingt durch das Trägermaterial sowie durch nachgefallenen Lack, herausgeschliffen werden

(sogenanntes „Fläche"-schleifen). Bei Paraffinpolyester wird gleichzeitig das Paraffin entfernt.

Beim maschinellen Schleifen der Flächen wird im Kreuzschliff in Körnungsstufen z. B. wie folgt gearbeitet:

- 280 – 320 – 360 – 400 oder auch
- 320 – 360 – 400 – 500,

so fein jedenfalls, daß durch das anschließende Schwabbeln alle Schleifriefen entfernt werden können.

Profile, Kanten und Rundungen müssen sehr aufwendig von Hand geschliffen werden, vor allem, wenn kommissionsweise in kleinen Stückzahlen gefertigt wird.

Das früher viel angewendete Naßschleifen zur Kühlung der Lackoberfläche wird kaum noch eingesetzt, da die Lackformulierungen und die Gestaltung der Schleifmaschinen den einfacheren Trockenschliff ermöglichen.

5.9.3.2 Schwabbeln und Polieren

Beim Schwabbeln und Polieren wird anschließend an das Schleifen mit immer feiner werdenden Körnungen soweit geschliffen, bis eine hochglänzende Oberfläche entstanden ist.

Das Schwabbeln ist eine geläufige Bezeichnung für das maschinelle Polieren mit Scheiben, Walzen oder Bändern aus Filz, Leinen oder Baumwolle und pastösen Schleifmitteln.

Das Schwabbeln und Polieren geschieht in mehreren Stufen mit immer feiner werdenden Schleifmitteln und wechselnden Bearbeitungsrichtungen:

- Vorschwabbeln mit Schwabbelpaste oder Schwabbelwachs,
- Nachschwabbeln mit Polierpaste und
- Abpolieren mit Abpolierwasser oder Polish.

Beim letzten Arbeitsgang, dem Abpolieren, wird Polierwasser oder Polish verwendet, meist eine Emulsion mit geringen Zusätzen feinster Schleifmittel zum Entfernen von Polierpasten- oder Schwabbelwachsresten. Mit Moltonscheiben oder Polierschwamm aufgetragen und nachgearbeitet, entsteht höchster Oberflächenglanz.

5.9.3.3 Mattschliff

Eine geschlossenporige Oberfläche, z. B. mit Polyester aufgebaut, kann auch matt verlangt werden.

Die mit Körnung 320 geschliffene Polyesterfläche wird manuell mit Stahlwolle 000 oder maschinell mit Stahlwollescheiben oder -bändern oder auch Kunststoffvliesen mit Feinschleifmitteln in Holzfaserrichtung geschliffen.

Dabei wird fein schleifende Mattpaste verwendet, nach deren Entfernung eine Fläche mit seidenmattem Effekt entsteht.

Abb. 5.93 Werkstückteile, die für eine hohe Oberflächenqualität von Hand geschliffen werden müssen

Abb. 5.94 Lackzwischenschliff an Schleiftischen mit Absaugung. (Hackemack)

5.9.4 Manuelles Schleifen

Trotz laufend verbesserter Maschinentechnik muß beim Lackschleifen immer noch sehr viel manuell gearbeitet werden. Dies ist bedingt durch immer mehr profilierte Teile und die kleinen Stückzahlen der kommissionsweisen Fertigung.

Dadurch sind Maschinen nicht immer oder nur für bestimmte Teilbereiche wirtschaftlich einsetzbar.

Beim Lackschliff ist gegenüber dem Holzschliff zu berücksichtigen, daß die Schichtdicken viel dünner sind, so daß die Gefahr des Durchschleifens größer ist.

Wie in Abb. 5.93 dargestellt, ist der Lackschliff an bestimmten Werkstückflächen bisher nur von Hand durchführbar, wenn eine hohe Oberflächenqualität verlangt wird. Dies gilt sowohl für das Schleifen grundierter furnierter Teile als auch für das Schleifen von Füllern bei farbiger Lackierung, etwa fertigmontierte Rahmen mit Füllungen, z. B. bei Fronten für Küchenmöbel. Hierbei wird die plane Fläche der Rahmenfriese mit der Maschine geschliffen, die Profilierung und die Füllung sind von Hand nachzuschleifen. Dabei ist zu beachten, daß die Teile da-

durch zweimal in die Hand genommen werden müssen.

Wenn berücksichtigt wird, daß bei zusammenbleibenden Kommissionen unterschiedlich dicke Teile, z. B. Kranzprofile, zu schleifen sind, so daß die Schleifmaschine laufend auf die Werkstückdikke einzustellen ist, wird das maschinelle Schleifen solcher Teile wirtschaftlich schwer zu erreichen sein. Probleme bereitet auch ein sauberer Übergang von einer Fläche tangential in eine große Rundung, da bei einer farbigen Mattlackierung jeder kleinste Knick sichtbar ist. Die Fläche wird zunächst mit der Maschine geschliffen (Füller). Der entstehende Knick und die Rundung lassen sich maschinell mit Scheiben und Bändern so schleifen, daß das Profil tangential in die Fläche übergeht, aber die Werkstückecke muß trotzdem von Hand nachgeschliffen werden.

Beim Schleifen von Hand wird an möglichst abgesaugten Schleiftischen mit Filzunterlage gearbeitet (Abb. 5.94). Geschliffen wird mit Schleifpapier, Schleifklötzen mit eingebetteten Schleifmitteln, Stahlwolle, ferner mit Hilfe von Vibrations-Handschleifmaschinen.

Abb. 5.95 Glätten von profilierten Kanten im Werkstückstapel mit dem Hand-Fladdergerät. (Hansen & Hundebøl)

Die Feinheit des Handschliffs muß der der maschinell geschliffenen Flächen angepaßt sein, so daß nach dem Decklackieren kein Unterschied erkennbar ist.

Wichtig ist, daß ausreichend und an allen Stellen geschliffen ist, was besonders bei dünnen Lackschichten immer die Gefahr des Durchschleifens mit sich bringt. Abb. 5.95 zeigt das Glätten mit einem sogenannten Fladdergerät: Die umlaufenden Schleifstreifen ermöglichen das Glätten von profilierten Kanten im Werkstückstapel.

5.9.5 Flächenschleifmaschinen für den Lackschliff

Beim maschinellen Schleifen von Lacken werden grundsätzlich die gleichen Grundmaschinen und Schleifelemente wie beim Holzschliff eingesetzt, jedoch sind die Eigenheiten des Lackschliffs zu berücksichtigen. Besonders die Schnittgeschwindigkeit ist erheblich geringer als beim Holzschliff.

Sehr dünne Grundierungen werden ab 2 m/s Schleifbandgeschwindigkeit geschliffen. Größere Schichtdicken, Spachtel oder Füller werden je nach Materialart und Werkstückvorschub bis rd. 15 m/s Schleifbandgeschwindigkeit bearbeitet. Die Maschinen sind meist mit in mehrere Stufen umschaltbaren Schleifbandgeschwindigkeiten ausgestattet, im unteren Bereich auch stufenlos regelbar.

Wesentlich sind die Gestaltung der Schleifband-Andruckelemente und die Höhe des Anpreßdrucks, der besonders bei geringen Lackschichtdicken eine sehr feinfühlige Regelung erfordert. Dies wird für den Lackschliff am besten durch elastische Druckbalken erreicht, die sowohl für Langband- als auch für Breitbandaggregate eingesetzt werden.

Der Druckbalken kann für mehrstrangigen Betrieb vieler gleicher Werkstücke eingerichtet sein. Für eine freie Beschikkung der Maschine mit Teilen unterschiedlicher Werkstückgrößen aber gleicher Dicke ist eine feingliedrige Werkstückabtastung nötig, die die Andruckfläche des Druckbalkens steuert.

Eine elektronische Steuerung des Druckbalkens für die Schleifintensität im Kantenbereich ergibt ein sauberes Ausschleifen bis zum Rand der Fläche ohne den Lack durchzuschleifen. Außerdem können Werkstücktoleranzen bis 2 mm automatisch ausgeglichen werden.

Für kurze oder sehr dünne Teile (Rückwände) ist eine automatische Saugspannung (Vakuumsaugspannung) im Transportbett der Maschine sehr vorteilhaft, da dann die Teile nicht verrutschen und fest aufliegen.

Für den Einsatz in Lackierstraßen muß die Arbeitshöhe konstant sein. Die Dikkeneinstellung ist durch die Höhenver-

stellbarkeit der von oben schleifenden Aggregate gegeben.

Bei kleineren Lackierstraßen kann am Beginn eine Schleif- und Glättmaschine sowohl für den Holzglättschliff als auch für den Lackzwischenschliff eingesetzt sein. Die Maschine muß dann jeweils umgerüstet werden (Schleifbandwechsel, Schleifgeschwindigkeit). In Lackierstraßen ist je nach Einsatzort und Lackart meist eine ex-geschützte Ausführung der Maschine nötig. Der Schaltschrank wird dann im Nicht-ex-Bereich aufgestellt.

Nach dem Lackschleifen muß intensiv entstaubt werden. In den Maschinen ist deshalb mindestens eine Reinigungsbürste vorzusehen. Vor allem bei starker elektrostatischer Haftung des Staubes kann zusätzlich eine Abblaseinrichtung, die von oben und von unten bläst, die Entstaubung verbessern. Diese Vorrichtung wird nicht mit teurer Druckluft aus dem Netz betrieben, sondern ist mit Hochdruckventilatoren ausgestattet und arbeitet mit Feinstfiltern im Umluftprinzip. Zur Ableitung der elektrostatischen Aufladung lann ein Ionisierungsgerät zugeordnet sein (Abschnitt 5.2.7).

Die Gestaltung von Lackschleifmaschinen für flächige Teile ist je nach Einsatzzweck recht vielfältig.

Abb. 5.96   Vollautomatische Langbandschleifmaschine für Querschliff mit konstanter Arbeitshöhe für den Einsatz in Lackierstraßen. (Heesemann)

5.9.5.1 Langbandschleifmaschinen

Universal-Bandschleifmaschinen für Handbedienung sind bei kleineren Mengenleistungen oder zum Nachschleifen von unsauberen Stellen geeignet. Mit Benetzungsanlagen ausgestattet, sind diese Maschinen auch zum Naß-Schleifen oder zum Schwabbeln einsetzbar.

Bei halbautomatischen Langbandschleifmaschinen in Einzelaufstellung übernimmt ein automatisch arbeitendes Druckbalken-Schleifaggregat das Andrücken des Schleifbandes. Eine motorische Tischbewegung vor und zurück gestattet auch das Schwabbeln mit vorgewählter Anzahl von Schwabbelgängen. Doppelbandmaschinen erlauben den gleichzeitigen Einsatz von zwei Schleifbändern in unterschiedlicher Körnung (Vor- und Nachschliff).

Vollautomatische Langbandschleifmaschinen mit einem oder zwei Bändern und automatischem Vorschub werden in Lackierstraßen integriert. Bei der üblichen Längsbeschickung entsteht ein Querschliff (Abb. 5.96).

5.9.5.2 Breitbandschleifmaschinen

Bei transparenter Lackierung furnierter Teile ist ein Längsschliff nötig, der durch den Einsatz von Breitbandschleifmaschinen erreicht wird. Für größeren Lackabtrag oder hohen Werkstückvorschub in Lackierstraßen sind mehrere Aggregate hintereinander mit unterschiedlicher Kör-

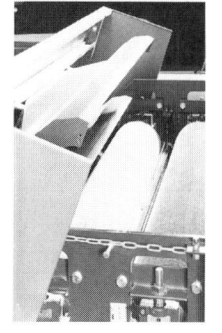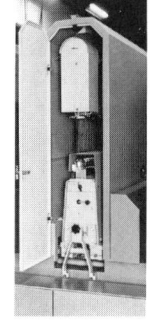

Abb. 5.97   Breitbandschleifmaschine für Längsschliff mit 2 Glättwalzen in Ansicht und Schleifschema. (Ernst)

nung angeordnet. Schleifbandoszillation und Schleifbandreinigung durch Druckluftdüsen ergeben ein sauberes Schleifbild bei entsprechender Standzeit der Schleifbänder (Abb. 5.97).

5.9.5.3 Kreuzschliffmaschinen

Die Kombination von Langband- und Breitband-Schleifaggregaten in einer Maschine ergibt ein kreuzweises Schleifen der Flächen, wobei das Längsschleifaggregat (Breitbandteil) bei furnierten Flächen als letztes Aggregat angeordnet ist. Dabei können im Baukastenprinzip, je nach Anforderung, mehrere verschiedene Aggregate hintereinandergeschaltet sein (Abb. 5.98).

Gesteuerte Druckbalken für unregelmäßige Werkstückgrößen sind für den Einsatz in Lackierstraßen bei kommissionsweiser Fertigung besonders wichtig (Abb. 5.99).

Zum automatischen Längsschleifen von Rahmen sind Rahmenschleifprogramme einsetzbar, mit denen für Längs- und Querfriese, mit dem jeweiligen Schleifaggregat angesteuert, ein Längsschliff in Faserrichtung erzielbar ist.

5.9.5.4 Walzenschleifmaschinen

Kalibrierende Zylinderschleifaggregate sind normalerweise für den Lackschliff nicht geeignet. Durch elastische Gestaltung des Zylinders mit einem dicken, weichen Gummibelag ist ein Lackschliff – vor allem bei geringerem Lackabtrag beim Glätten furnierter Flächen – mit hoher Qualität trotzdem erreichbar.

Eine Werkstücksdickentoleranz von 0,5 mm wird dabei vom elastischen Belag ausgeglichen, ohne daß die Werkstückkanten durchgeschliffen werden. Druckluftdüsen reinigen das Schleifband ständig.

5.9.5.5 Bürstmaschinen

Bürstmaschinen glätten die Oberfläche, schleifen aber größere Unebenheiten nicht ab. Diagonal angeordnete Bürstaggregate mit schleifenden Borsten werden zum Glätten von in der Fläche profilierten Teilen eingesetzt. Jedoch ist dabei zu beachten, daß bei Rahmen und Füllungen, je nach Profilgestaltung, die Rahmenecken durch die Borsten nicht besonders gut erreicht werden. Ein stärkeres Andrücken der langen Borsten beschädigt dann unter Umständen scharfkantige Profile (Abb. 5.100).

Ein gutes Ergebnis wird bei weicher Profilierung mit sanften Übergängen erzielt. Bei Schleif- und Glättmaschinen, bei denen mehrere Schleifelemente mit Schleifstraßen rotierend an einem Drehkreuz umlaufen, treten die gleichen Probleme auf (Abb. 5.101). Genau wie beim Bürsten sind scharfkantige Profilecken in Gefahr,

Abb. 5.98 Breitbandschleifmaschine. (Heesemann)

Abb. 5.100 Glättmaschine mit schräggestellten Bürstaggregaten. (Venjakob)

Abb. 5.99 Elektronische Druckbalkensteuerung. (Heesemann)

Abb. 5.101 Schleif- und Glättmaschine mit rotierend angeordneten Schleifelementen aus Schleifstreifen. (Quickwood)

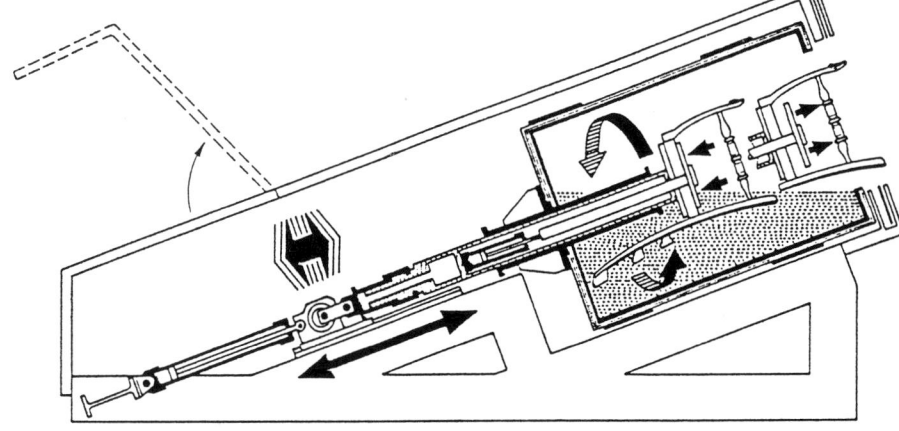

Abb. 5.102 Glättschleifen von Stühlen mit schleifenden Kugeln. (Cattinair)

durchgeschliffen zu werden. Das gleichzeitige Mitschleifen bzw. Glätten von
senkrechten Kanten der Werkstücke ist
nicht gewährleistet.
Wichtig ist für eine ausreichende Qualität
des Glättens mit Bürstmaschinen die
richtige Auslegung von Borstenlänge
und Andruck, abgestimmt auf die Profilierung der Werkstücke.

5.9.5.6 Schleifen und Glätten
mit losen Schleifelementen

Wie in Abb. 5.102 dargestellt, lassen sich
kompliziert geformte Teile wie Stuhlge-
stelle in einem Kugelbad schleifen und
glätten. Der an einer Einziehvorrichtung
festgeklemmte Stuhl wird in eine drehbare Trommel mit schleifenden Kugeln gezogen. Während des Schleifvorgangs
wird der Stuhl in Vibration versetzt. Für
das Schleifen und Glätten eines Stuhls
wird etwa 1 min benötigt.

5.9.6 Kanten- und Profilschleif-
maschinen für den Lackschliff

Durchlaufmaschinen zum Lackschleifen
von Kanten und Profilen sind nur für größere Möbelhersteller wirtschaftlich einsetzbar, da meist die Produkte zu vielfältig sind; die Kommissionen haben zu
kleine Stückzahlen (Werkstücke) und damit fällt zuviel Rüstzeit an.
Ein maschinelles Lackschleifen von Profilen setzt ein exaktes Profilfräsen voraus,
da sonst der Ausschuß an durchgeschlif-
fenen Teilen zu groß wird.
Interessant ist der Einsatz von Profilschleifmaschinen für Lack bei der Fertigung von Profilleisten (z. B. furnierum-
mantelt, lackierte Profile) bei entsprechender Mengenleistung einer Einstellung und auch bei großer Abschliffleis-
tung gespachtelter oder porengefüllter
Profile.
Zum Schleifen von Profilen sind verschiedene Schleifaggregate vielfach auf einseitigen, selten auf doppelseitigen Maschinen im Baukastenprinzip hintereinander angeordnet (Abb. 5.103):

1. Bandschleifaggregate: Bandschleifaggregate (Abb. 5.104) sind für einen hohen
Abtrag, jedoch nur für Profile mit weicher,
flächiger Kontur geeignet. Als Andruck-
element wird Filz entsprechender Profilierung verwendet. Ein Wechselmagazin
für verschiedene Profilierungen erleichtert das Umrüsten (Abb. 5.105).

2. Lackschleifscheiben: Für kantige, eckige Profile oder Profilteile sind Schleifscheiben vorteilhaft (Abb. 5.106). Diese
Schleifscheiben enthalten Schleifmittel
eingebettet und bestehen aus nachgiebi-
gen Materialien (z. B. Scotch-Brit). Sie
setzen ein schlagfrei gefrästes Profil voraus.

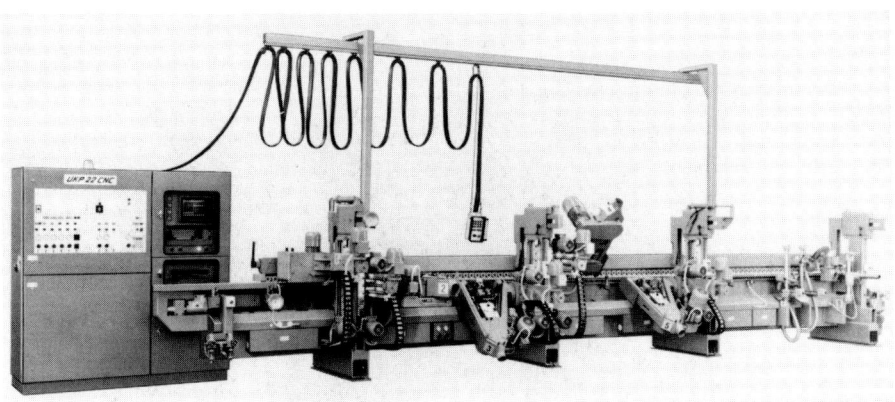

Abb. 5.103 Universal-Kanten- und Profilschleifmaschine, CNC-gesteuert für Holz- und Lackschliff. (Heesemann)

Abb. 5.104 Bandschleifaggregat für Kantenschliff. (Heesemann)

Abb. 5.105 Bandschleifaggregat mit Wechselmagazin für verschiedene Andrückelemen-
te. (Heesemann)

Abb. 5.106 Aggregat für Schleifscheiben. (Heesemann)

Abb. 5.107 Linearschleifgerät. (Heesemann)

Die Rohschleifscheiben werden dem zu schleifenden Profil angepaßt. An einem Mutterprofil läßt sich die Scheibe nachschärfen, so daß Standwege von 10 000 ... 20 000 lfd. m erzielbar sind.

3. *Linearschleifaggregate:* Ein in Durchlaufrichtung hin- und herschwingender Schleifklotz mit Konterprofil gewährleistet ein exaktes Schleifen, bringt aber eine geringe Leistung und Probleme bei der Staubabfuhr. Linearschleifaggregate werden daher nur zum Glätten bei geringer Materialabnahme eingesetzt (Abb. 5.107).

4. *Kantenbürsten:* Kantenbürsten mit schleifenden Borsten oder Scheiben mit Schleifpapierstreifen bergen die Gefahr des Durchschleifens. Sie werden vor allem zum Kantenbrechen bei Polyesterbeschichtung verwendet.

Die Aggregate sind um eine horizontale Achse verstellbar, um sie jedem Profil anpassen zu können. Andruckelemente können mit ihrem Einsatz an den Vorschub der Werkstücke gekoppelt sein, d. h. das Ansetzen und Abheben ändert sich mit der Vorschubgeschwindigkeit und geschieht jeweils im günstigsten Zeitpunkt.

5.10 Lackierräume

Die Sicherheit am Arbeitsplatz ist gekennzeichnet durch Maßnahmen zum Brand- und Explosionsschutz und zum Arbeitsschutz bei Arbeiten mit gesundheitsgefährdenden Stoffen. Eine Reihe von Vorschriften regeln die Gestaltung und den Betrieb im Lackier-Arbeitsbereich, zum Beispiel:

- Unfallverhütungsvorschriften, insbesondere VBG 23 und VBG 24,
- Verordnung über brennbare Flüssigkeiten (VbF),
- Technische Regeln für brennbare Flüssigkeiten (TRbF),
- Verordnung über gefährliche Arbeitsstoffe (Gefahrstoffverordnung – GefStoffV),
- Arbeitsstätten-Richtlinien (ASR),
- Ex-Schutz-Vorschriften (ExVo),
- VDE-Vorschriften,
- Gerätesicherheitsgesetz.

In Kapitel 5.12 sind die wichtigsten Vorschriften zur Verarbeitung von flüssigen Beschichtungsstoffen zusammengestellt. Besonders in der VBG 23 sind der Bau und der Betrieb von Lackierräumen festgelegt. Sie gilt für das Verarbeiten von flüssigen Beschichtungsstoffen, die Gefahrstoffe enthalten, sowie für die dafür eingesetzten Einrichtungen.

Über den Gehalt an Gefahrstoffen in Beschichtungsstoffen geben die Sicher-heitsdatenblätter (DIN 52 900) der Lackhersteller Auskunft.

Die VBG 23 gilt nicht

- wenn in einem Raum von mehr als 30 m³ und einer Grundfläche von mehr als 10 m² weniger als 20 ml Beschichtungsstoff je m³ Rauminhalt in der Stunde und gleichzeitig weniger als 5 l je Arbeitsschicht und Raum verarbeitet werden;
- beim Verarbeiten im Freien, auf Baustellen und in Trockenanlagen; Trockenanlagen sind in VBG 24 behandelt.

Unter der Verarbeitung von Beschichtungsstoffen ist das Bereitstellen, Zubereiten, Auftragen und Trocknen (nicht in Anlagen) zu verstehen.

5.10.1 Bau und Ausrüstung

Lackierräume sind von anderen Gebäuden und Räumen feuerbeständig zu trennen, möglichst in eingeschossigen Bauten unterzubringen. Bei Mehrgeschoßbauten ist der Lackierraum im obersten Stockwerk unterzubringen.

Die VBG 23 schreibt für das Verarbeiten von leicht entzündlichen oder entzündlichen Beschichtungsstoffen gesonderte Räume vor. Soweit dies aus betriebstechnischen Gründen nicht möglich ist, z. B. bei verketteten Anlagen, sind dafür gesonderte Bereiche von 5 m um die Verarbeitungsstelle vorzusehen. Für diese Bereiche gelten die Rechtsvorschriften und Anforderungen über feuergefährdete Räume. Sie müssen gekennzeichnet sein mit den Verbotszeichen „Feuer, offenes Licht und Rauchen verboten" (VBG 125). Außerdem sind zum Löschen von Kleiderbränden ausreichend geeignete Feuerlöscheinrichtungen bereitzustellen und gebrauchsfähig zu halten.

In feuergefährdeten Räumen, in feuer- und explosionsgefährdeten Bereichen sowie im Inneren der Absaugeinrichtungen dürfen keine Zündquellen vorhanden sein. Dies gilt nicht, wenn Schutzmaßnahmen gegen Zündgefahren getroffen sind, die dem Grad der Brand- oder Explosionsgefahr entsprechen. Dies wird dadurch erreicht, daß nach den Explosionsschutz-Richtlinien (ZH 1/10) explosionsgefährdete Bereiche nach dem Grad der Gefährdung in Zonen eingeteilt sind:

Zone 0 umfaßt Bereiche, in denen gefährliche explosionsfähige Atmosphäre durch Gase, Dämpfe oder Nebel ständig oder langzeitig vorhanden ist.

Zone 1 umfaßt Bereiche, in denen damit zu rechnen ist, daß gefährliche explosionsfähige Atmosphäre durch Gase, Dämpfe oder Nebel gelegentlich auftritt.

Zone 2 umfaßt Bereiche, in denen zu rechnen ist, daß gefährliche explosionsfähige Atmosphäre durch Gase, Dämpfe oder Nebel nur selten und dann auch nur kurzzeitig auftritt.

Zu beachten ist, daß wasserverdünnbare Beschichtungsstoffe (Wasserlacke) organische Lösemittel enthalten können und damit leichtentzündlich oder entzündlich sind. Außerdem können sie gesundheitsschädliche Stoffe enthalten.

Die Räume und Bereiche für das Verarbeiten von Beschichtungsstoffen müssen so belüftet sein, daß

- die Bildung von gefährlicher explosionsfähiger Atmosphäre verhindert wird und
- sicherzustellen, soweit dies nach dem Stand der Technik möglich ist, daß Beschäftigte Gase, Dämpfe und Nebel in gesundheitsgefährlicher Konzentration nicht ausgesetzt sind (MAK-Werte).

Dies wird dadurch erreicht, daß beim manuellen Spritzen im Arbeitsbereich an der Eintrittsöffnung des Spritzstandes eine ausreichend hohe Luftgeschwindigkeit in Richtung des Spritzstrahls vorhanden ist. Die nötige Luftgeschwindigkeit richtet sich nach dem Spritzverfahren, den Abmessungen der Werkstücke und den örtlichen Gegebenheiten.

Die Lüftung hat die ganzen Räume zu erfassen, zweckmäßigerweise von oben nach unten. Zu diesen Räumen zählen auch Trockenräume und Abdunstplätze. Trockenräume sind keine Trockner (nach VBG 24), wenn deren Raumtemperatur unter 100 °C liegt und deren Heizflächentemperatur 170 °C nicht übersteigt.

Spritzstände und Kabinen zum Verarbeiten brennbarer Beschichtungsstoffe sowie die dazugehörigen Absaugeinrichtungen müssen aus nichtbrennbaren Baustoffen bestehen. Den Absaugeinrichtungen müssen Lacknebelabscheider vorgeschaltet sein.

Trockenabscheider müssen leicht austauschbar sein. Holzwollefilter dürfen nur eingesetzt werden, wenn sie ständig unter Wasser liegen (Durchführungsanweisung zur VBG 23 § 7).

Die Raumbeleuchtung sowie Signal-, Warn- und Sicherheitsanlagen müssen im Brandfall betriebsfähig bleiben und dürfen nicht in die Notabschaltung einbezogen sein.

Die Beleuchtung im Spritzbereich ist exgeschützt auszuführen.

In feuergefährdeten Räumen ist kein Ex-Schutz nötig. Motoren sind in der Schutzart IP 44, Leuchten in IP 54 auszulegen.

Bei elektrostatischer Beschichtung sind weitergehende Vorschriften nach den „Richtlinien für elektrostatisches Versprühen von flüssigen Anstrichstoffen (ZH 1/205)" zu beachten. Für die Einrichtung von Elektrostatik-Sprühplätzen für Hand-

beschichtung ist wichtig, daß der Fußboden in Sprühkabinen bzw. im Umkreis von 5 m um die Öffnung von Handsprühständen elektrostatisch leitfähig sein muß. Fußbekleidung und Handschuhe müssen ebenfalls leitfähig sein. Alle im Arbeitsbereich befindlichen Teile wie Werkstücke, Handgriffe, Sprühpistolen, Erdungsklemmen der Hochspannungserzeuger und Transport- und Lagergeräte sind zu erden.

5.10.2 Betrieb

Beim Betrieb von Lackierräumen ist in erster Linie der Personenschutz vorrangig. Wichtig ist dabei, daß für den Feuer- oder Explosionsfall von jedem Arbeitsplatz zwei Fluchtwege in verschiedenen Richtungen vorhanden sind, die leicht erreichbar sind. Türen müssen nach außen aufgehen und selbstschließend sein.

Für den Betrieb von Lackierräumen sind in der VBG 23 eine Reihe von Vorschriften aufgeführt, von denen die wichtigsten nachfolgend aufgeführt sind:

Es ist eine Betriebsanweisung zu erstellen und bekanntzumachen, in der Hinweise zu geben sind unter anderem über

- den Umgang mit den eingesetzten Stoffen, die dabei auftretenden Gefahren,
- Verhaltensmaßregeln bei Betriebsstörungen, Erste-Hilfe-Maßnahmen und Instandsetzungsarbeiten,
- Prüfung auf Sicherheit,
- Reinigungsintervalle,
- Betriebsdaten,
- Abluft- und Abwasserbehandlung.

In feuergefährdeten Räumen und in feuer- und explosionsgefährdeten Bereichen darf nur soviel brennbarer Beschichtungsstoff vorhanden sein, wie für den Fortgang der Arbeiten notwendig ist. Dies ist im allgemeinen höchstens der Bedarf einer Arbeitsschicht.

Gefäße und Gebinde sind zu kennzeichnen nach den Technischen Regeln für brennbare Flüssigkeit TRbF 143, „ortsbewegliche Gefäße". Die Gefäße müssen bruchsicher und verschließbar sein. Entleerte Gefäße sind täglich aus den Arbeitsräumen zu entfernen.

Gegenstände, die sich elektrostatisch aufladen können, sind zu erden.

Beim wechselweisen Verarbeiten von Beschichtungsstoffen, die bei der Trocknung Wärme entwickeln oder die bei Ablagerungen leicht entzündlich sind: Bei Verwendung in der selben Anlage oder Absauganlage muß die gesamte Anlage gründlich gereinigt werden.

Durch Reinigung von Ständen, Kabinen, Absaugungen und Umgebung ist sicherzustellen, daß sich keine Ablagerungen von Beschichtungsstoffen bilden. Außerdem dürfen beim Reinigen keine Wärme- oder Zündquellen entstehen.

Der Unternehmer hat entsprechende Schutzkleidung, beim Auftreten gesundheitsgefährlicher Konzentrationen Atemschutzgeräte sowie Hautreinigungs- und -pflegemittel zur Verfügung zu stellen.

5.10.3 Brandschutz

Der Brandschutz im Betrieb umfaßt die Bereiche Brandverhütung und Brandbekämpfung.

Zur Verhütung von Bränden in Lackierräumen, in denen brennbare Materialien verarbeitet werden, sind besonders die Vorschriften nach der VBG 23 zu beachten. Die Maßnahmen umfassen die bauliche Anordnung und Ausführung von Lackierräumen, die Gestaltung der Einrichtungen mit der Verhinderung des Auftretens von Zündquellen, den Umgang mit brennbaren Materialien im Betrieb und bei der Wartung und Reinigung, damit eine Brandbekämpfung nicht notwendig wird.

Brände oder Explosionen entstehen beim Vorhandensein von Zündquellen, z. B. Zündfunken, heiße Gegenstände oder offene Flammen, oder durch Selbstentzündung, z. B. durch verschmutzte Putzlappen, Rückstände von trocknenden Ölen, Alkydharzen oder ungesättigten Polyester, bedingt durch das Nichteinhalten von Vorschriften oder durch Fahrlässigkeit.

Zur Bekämpfung von Bränden sind sowohl entsprechende Baumaßnahmen als auch Feuerlöscheinrichtungen erforderlich. Zu den Baumaßnahmen zählen sowohl geeignete Zufahrmöglichkeiten für die Feuerwehr als auch das feuerhemmende Abtrennen der Lackierräume, in denen brennbare Materialien verarbeitet werden, von den anderen Betriebsräumen.

Feuerlöscheinrichtungen sind handbediente bewegliche Löschgeräte (Hand-Feuerlöscher) oder fest installierte Löschanlagen, die im Brandfall automatisch Löschmittel auf den Brandherd geben.

Die Arbeitsstätten-Verordnung ZH 1/525 gibt Auskunft über das Vorhandensein und die Art der Feuerlöscheinrichtungen. In den Sicherheitsregeln für die Ausrüstung von Arbeitsstätten mit Feuerlöschern ZH 1/201 ist die Geräteausstattung festgelegt.

Die Auswahl und die Anzahl der Hand-Feuerlöschgeräte richtet sich nach den Brandklassen (DIN EN 2) und der Raumgröße. Die Brandklassen teilen Brände in 4 Arten:

- Klasse A: Brände fester, glutbildender Stoffe,
- Klasse B: Brände flüssiger oder flüssigwerdender Stoffe,
- Klasse C: Brände gasförmiger Stoffe,
- Klasse D: Brände brennbarer Metalle.

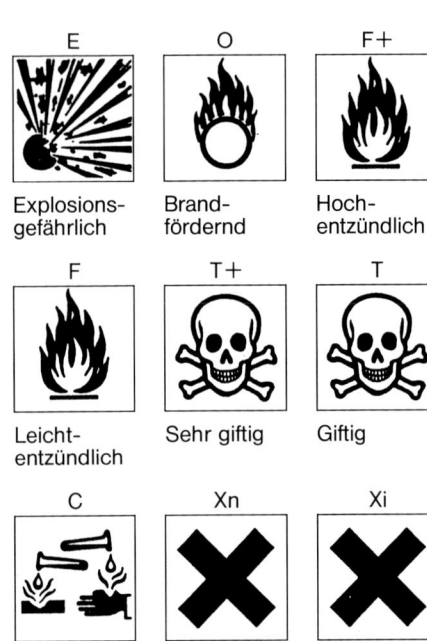

E	O	F+
Explosions-gefährlich	Brand-fördernd	Hoch-entzündlich
F	T+	T
Leicht-entzündlich	Sehr giftig	Giftig
C	Xn	Xi
Ätzend	Mindergiftig	Reizend

Abb. 5.108

In Lackierräumen sind Hand-Feuerlöscher nach den Brandklassen A, B und C auszuwählen. Die Feuerlöscher sind mit Hinweisschildern zu versehen mit Angaben über Bauart und Brandklasse.

Löschanlagen sind einzusetzen bei besonders gefährdeten Objekten (Objektschutz) und bei automatischen Elektrostatik-Anlagen. Hierbei gelten die Sicherheitsregeln ZH 1/206 und ZH 1/208. Als Löschmittel wird Wasser, Halon oder CO_2 eingesetzt.

Brennende Kleidung von Personal wird wegen der Gefahr von Erstickung und Erfrierungen nicht mit Feuerlöschern, sondern mit Löschdecken gelöscht.

Die ständige Einsatzbereitschaft der Feuerlöscheinrichtungen ist dadurch zu gewährleisten, daß die Geräte überprüft und eine ausreichende Zahl von Betriebsangehörigen in der Handhabung unterwiesen werden. Hand-Feuerlöscher sind alle zwei Jahre auf Funktionstüchtigkeit zu überprüfen und die Prüfung zu dokumentieren. Dies geschieht am besten bei den regelmäßig abzuhaltenden Feuerschutzübungen.

5.10.4 Sicherheit im Umgang mit Gefahrstoffen

Maßgebend für den Umgang mit gefährlichen Stoffen, deren Zahl außerordentlich zugenommen hat, ist die Verordnung über gefährliche Stoffe (Gefahrstoffverordnung-GefStoffV).

Gefahrstoffe sind alle Stoffe, die für den Menschen gefährlich sind. Diese Stoffe können sehr giftig, giftig, mindergiftig, ätzend, reizend, explosionsgefährlich, brandfördernd, hochentzündlich, leicht entzündlich, entzündlich, krebserzeugend, fruchtschädigend, erbgutverändernd, auf sonstige Weise schädigend für Mensch und Umwelt sein. Die als gefährlich eingestuften Stoffe oder Zubereitungen sind im Anhang VI der GefStoffV aufgeführt.

Zubereitungen sind aus verschiedenen Stoffen zusammengesetzt und müssen ebenfalls gekennzeichnet sein wie z. B. Lacke, die gesundheitsschädliche Lösemittel enthalten.

Gefahrstoffe müssen besonders verpackt und gekennzeichnet sein. Die Kennzeichnung enthält:
- Bezeichung des Stoffs (z. B. Xylol),
- Name und Anschrift des Herstellers oder Lieferers,
- Gefahrensymbol,
- Gefahrenbezeichnung (z. B. ätzend),
- Hinweise auf besondere Gefahren (R-Sätze),
- Sicherheitsratschläge (S-Sätze).

Die Gefahrensymbole und Gefahrenbezeichnungen sind in Abb. 5.108 gemäß der GefStoffV, Anhang I, Nr. 1.2 dargestellt.

Die Hinweise auf besondere Gefahren (R-Sätze) und die Sicherheitsratschläge (S-Sätze) beim Umgang mit Gefahrstoffen sind im Anhang I, Nr. 1.3 der GefStoffV aufgeführt.

Der Arbeitgeber hat sich zu vergewissern, ob ein Stoff ein Gefahrstoff ist (Ermittlungpflicht) und die geltenden Arbeitsschutzvorschriften sowie die sicherheitstechnischen, arbeitsmedizinischen und hygienischen Regeln zu beachten.

Die Einhaltung der Grenzwerte ist zu kontrollieren (Überwachungspflicht).

Die Sicherheitskennzeichnung am Arbeitsplatz muß jedem Mitarbeiter bekannt sein. Der Arbeitgeber muß durch Betriebsanweisungen in Form von Aushängen auf die Gefahren hinweisen, Schutzmaßnahmen beschreiben, geeignete persönliche Schutzausrüstungen zur Verfügung stellen und die Arbeitnehmer mindestens einmal jährlich mündlich und arbeitsplatzbezogen über die Gefahren unterweisen.

In § 12 der GefStoffV ist die Abgabe (Inverkehrbringen) geregelt. Die Stoffe, für deren Abgabe Sachkenntnisse erforderlich sind, sind im Anhang VI, Spalte 9, angegeben.

Gefährliche Stoffe dürfen nur von einer im Betrieb beschäftigten Person, die ihre Sachkenntnis nachgewiesen hat, oder von dem eigens für diese Tätigkeit Beauftragten abgegeben werden.

Beauftragte müssen zuverlässig sein, das 18. Lebensjahr vollendet haben und sind mindestens einmal jährlich über die zu beachtenden Vorschriften zu belehren. Die Belehrung ist schriftlich zu bestätigen.

Jugendliche dürfen nur unter Aufsicht eines Fachkundigen mit leicht entzündlichen oder brandfördernden Stoffen umgehen.

5.11 Lacklagerung

Nach der VBG 23 dürfen an Lackierarbeitsplätzen brennbare Lacke und Lösemittel nur bis zum Bedarf einer Arbeitsschicht in bruchsicheren geschlossenen Behältern aufbewahrt werden.

Deshalb ist es notwendig, in Lackierraumnähe ein Lacklager zum Aufbewahren, Umfüllen und Mischen von brennbaren Lacken und Lösemitteln einzurichten. Für die Lagerung brennbarer Flüssigkeiten gelten die VbF (Verordnung über Anlagen zur Lagerung, Abfüllung und Beförderung brennbarer Flüssigkeiten) und die zugehörigen Technischen Regeln für brennbare Flüssigkeiten (TRbF). Darin ist festgelegt, wo und wieviel gelagert werden darf, in Abhängigkeit vom Flammpunkt der brennbaren Flüssigkeiten.

Tabelle 5.7 Lagerungs-Höchstmengen nach der Verordnung über Anlagen zur Lagerung, Abfüllung und Beförderung brennbarer Flüssigkeiten zu Lande (VbF) von 1980

		A	B	C	D	E	F
Welches Verfahren ist erforderlich?		keines	Anzeige	Erlaubnis	keines	Anzeige	Erlaubnis
Gefahrensklasse und Lagermenge in Litern		A I max.	A I über ... ... bis	A I >	A II/B max.	A II/B über ... ... bis	A II/B >
Ort der Lagerung	**Art der Behälter**						
Wohnungen und Räume, die mit Wohnungen in unmittelbarer, nicht feuerbeständig abschließbarer Verbindung stehen	zerbrechliche Gefäße	1	–	–	5	–	–
	sonstige Gefäße	1	–	–	5	–	–
Keller von Wohnhäusern (Gesamtkeller)	zerbrechliche Gefäße	1	–	–	5	–	–
	sonstige Gefäße	20	–	–	20	–	–
Verkaufs- und Vorratsräume des Einzelhandels mit einer Grundfläche:							
bis 60 m²	zerbrechliche Gefäße	5	–	–	10	–	–
	sonstige Gefäße	60	–	–	120	–	–
> 60 m² bis 500 m²	zerbrechliche Gefäße	20	–	–	40	–	–
	sonstige Gefäße	200	–	–	400	–	–
über 500 m²	zerbrechliche Gefäße	30	–	–	60	–	–
	sonstige Gefäße	300	–	–	600	–	–
Lagerräume über und unter Erdgleiche	zerbrechliche Gefäße	60	60 – 200	200	200	200 – 1 000	1 000
	sonstige Gefäße	450	450 – 1 000	1 000	3 000		
Lager für oberirdische Behälter im Freien	zerbrechliche Gefäße	–	–	–	25	25 – 100	100
	sonstige Gefäße	450	450 – 1 000	1 000	3 000	3 000 – 5 000	5 000
Lager für unterirdische Tanks mit < 0,8 m Erddeckung	–		–	0 – 1 000	1 000	–	0 – 5 000	5 000
Lager für unterirdische Tanks mit > 0,8 m Erddeckung	–		–	0–10 000	10 000	–	0–30 000	30 000
Tankstellen		erlaubnisbedürftig (ausgenommen reine A III Tankstellen)					

- Unzulässig ist die Lagerung (§ 11 der VbF) brennbarer Flüssigkeiten unter anderem in Durchgängen und Durchfahrten, in Treppenhäusern, in allgemein zugänglichen Fluren, auf Dächern von Wohnhäusern und Bürohäusern und in Arbeitsräumen.
- Anzeige- und erlaubnisfrei ist die Lagerung brennbarer Flüssigkeiten bei den in Tabelle 5.7 genannten Aufbewahrungsorten und unterhalb der dort angegebenen maximalen Lagermengen.
- Eine anzeigebedürftige Lagerung liegt vor, wenn brennbare Flüssigkeiten an den in Tabelle 5.7 angegebenen Orten und in den angegebenen Mengen gelagert werden (§ 9 der VbF).

Bei brennbaren Flüssigkeiten verschiedener Gefahrenklasse im Lager entspricht:
1 Liter A I = 5 Liter A II
oder B oder 200 Liter A III

Vor Inbetriebnahme sind Gefahrenklasse, Lagermengen, Ort und Art der Lagerung dem zuständigen Gewerbeaufsichtsamt anzugeben.
- Erlaubnisbedürftig ist die Lagerung brennbarer Flüssigkeiten an Orten und in Mengen wie in Tabelle 5.7 angegeben.

Entleerte Behälter dürfen nicht an allgemein zugänglichen Orten gelagert werden, da Rückstände von Lösemitteldampf eine Explosionsgefahr darstellen. An die Lagerräume Tabelle 5.7 Zeilen 1 und 2 werden keine besonderen Anforderungen gestellt. Alle anderen Lagerräume (Zeile 3) und für Orte der Tabelle 5.7 bei Unterschreitung der unteren Lagermengen sind gegenüber angrenzenden Räumen feuerbeständig abzutrennen.
Diese Räume gelten als explosionsgefährdeter Bereich Zone 2, wenn nicht oder nur gelegentlich abgefüllt wird. Bei ständigem Abfüllen brennbarer Flüssigkeiten ist der Lagerraum explosionsgefährdeter Bereich Zone 1.
Die Lagerräume dürfen für den allgemeinen Verkehr nicht zugänglich sein.
Anzeige- und erlaubnisbedürftige Lager müssen aus nicht brennbaren Baustoffen bestehen, mindestens feuerhemmend (DIN 4102-F30) sein, sind von anderen Räumen feuerbeständig abzutrennen, dürfen nicht an Wohnräume grenzen. Türen müssen in Fluchtrichtung zu öffnen sein und selbsttätig schließen.
Fußböden müssen für die gelagerten brennbaren Flüssigkeiten undurchlässig und nicht brennbar sein.
Für eine ausreichende Belüftung in Bodennähe mit mindestens fünffachem Luftwechsel pro Stunde ist zu sorgen. Ebenso ist eine ausreichende Beleuchtung vorzusehen.

Querschnitte

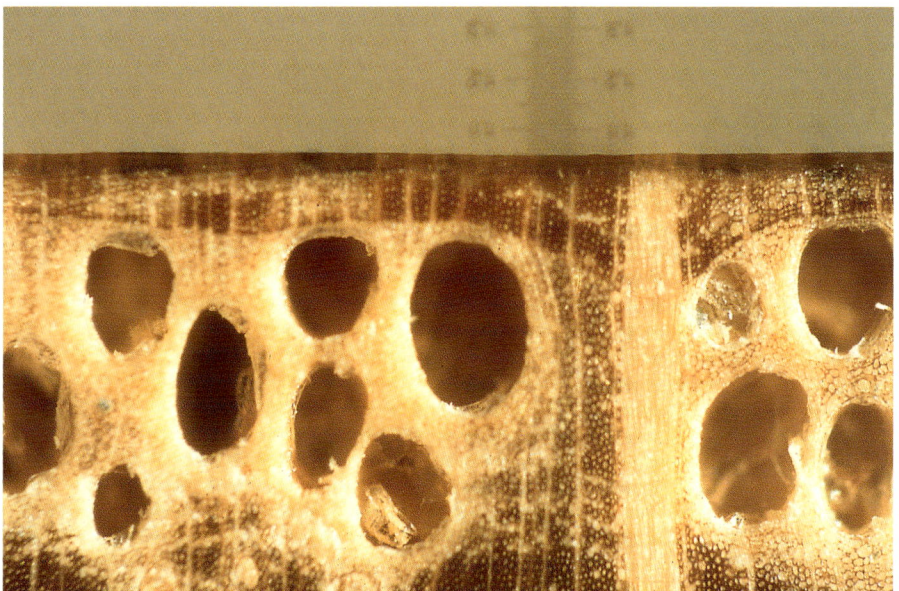

Nitrolackierung,
Schichtdicke 20 . . . 25 μm

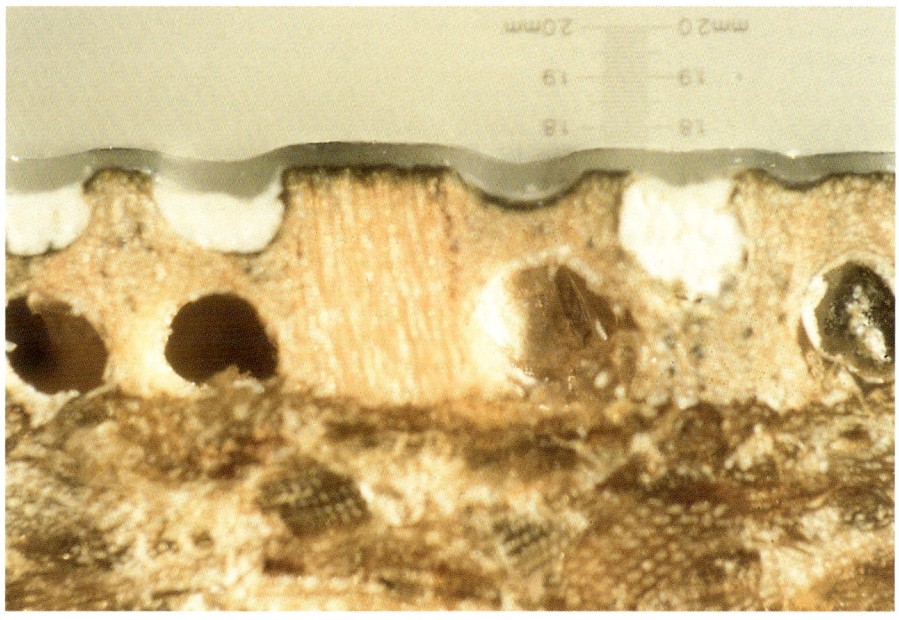

Offenporige PU-Lackierung,
Schichtdicke rd. 50 μm

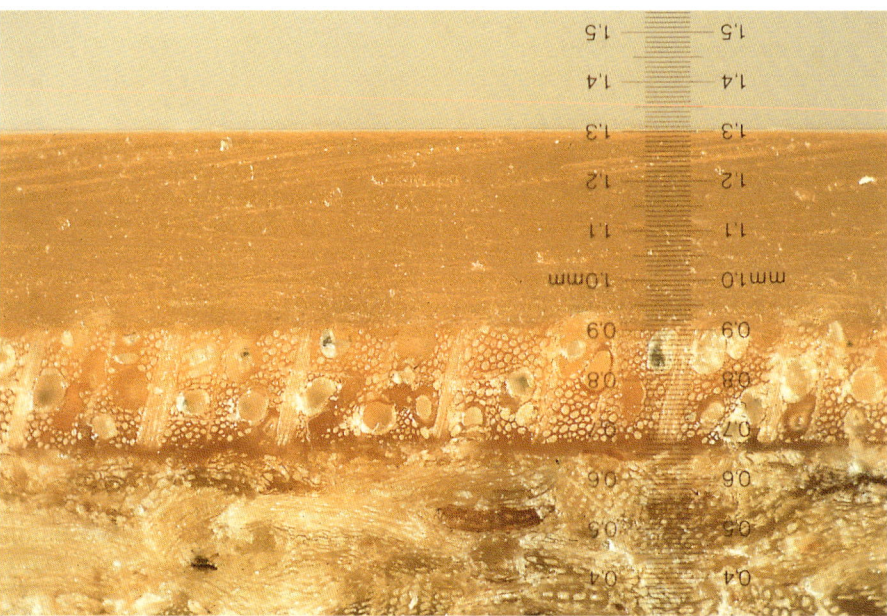

Polyesterlack,
Schichtdicke rd. 400 μm

Möbelfrontteil, gebürstet, gekalkt

Fichtenholzfläche
quergebürstet
1 rohes Holz
2 quergebürstet
3 positiv gebeizt
4 grundiert
5 decklackiert –
   fertige Oberfläche

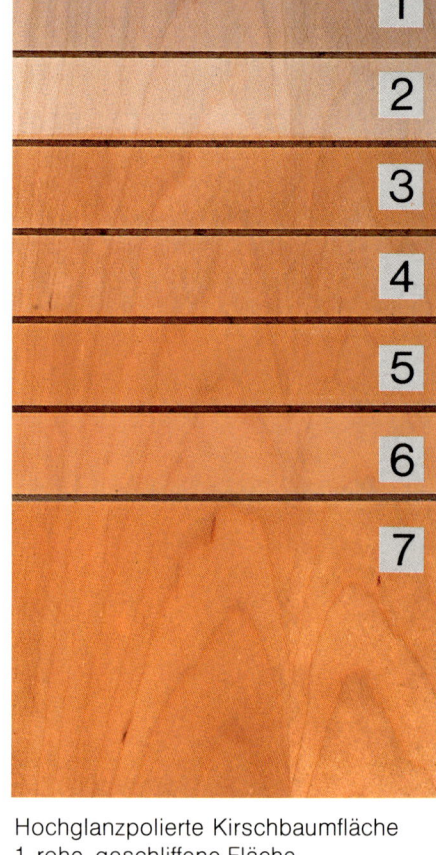

Fichtenholzfläche
1 rohe, geschliffene Fläche
2 entharzt
3 geschliffen
4 gebeizt mit Positivbeize
5 fertige Fläche

Eiche, gebeizt, gekalkt
1 rohe, geschliffene Fläche
2 gebeizt
3 grundiert
4 geglättet
5 gekalkt
6 zweite Grundierung
7 Lack zwischengeschliffen
8 fertige Oberfläche

Hochglanzpolierte Kirschbaumfläche
1 rohe, geschliffene Fläche
2 gebleicht
3 grundiert mit Startgrund
  (enthält Härter)
4 zwischengeschliffen
5 beschichtet mit Polyester
6 Polyester geschliffen
7 hochglanzpolierte fertige
  Oberfläche

Nadelholz
mit Wasserbeize behandelt
von oben:
roh
gewässert
gebeizt mit Wasserbeize
grundiert
geschliffen
decklackiert

Fichte, quergebürstet
von oben:
roh
quergebürstet
gebeizt mit Positivbeize
grundiert
fertiglackiert

Nadelholz mit Spritzwachs;
wenig anfeuernde Wirkung
von oben:
roh
grundiert, farblos
Spezialbeize, leicht egalisiert
grundiert
geschliffen
decklackiert

Querschnitte durch Eiche

rohes, geschliffenes Holz

gebeizt

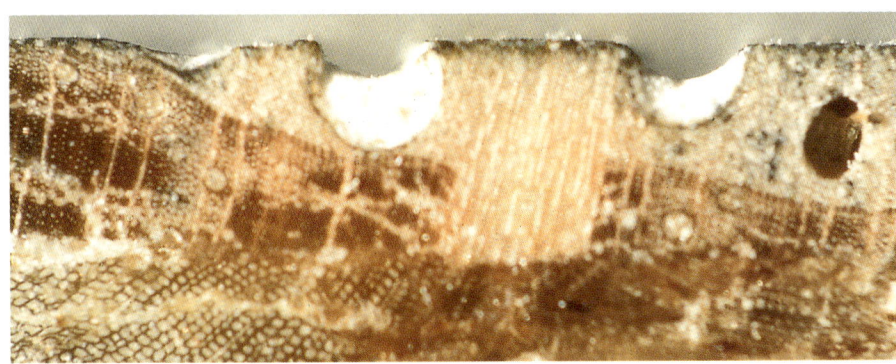

gekalkt

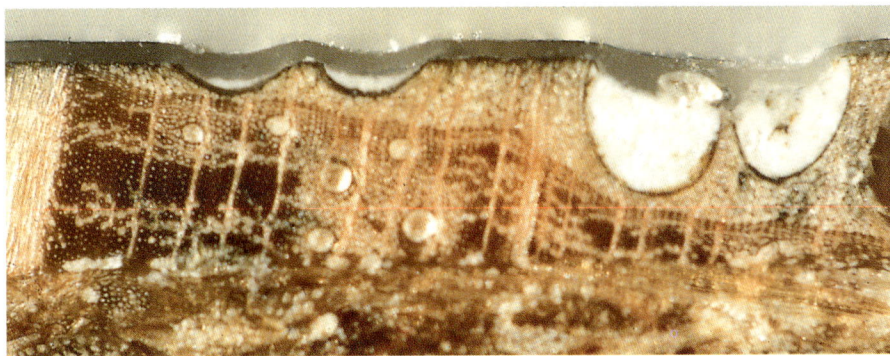

grundiert

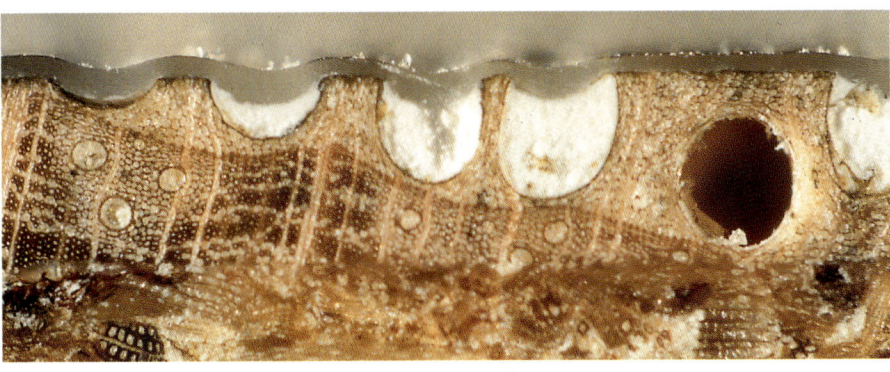

decklackiert

Querschnitte durch Kirschbaum

mit Startgrund beschichtet

Lackschichtdicke

mit Polyester beschichtet,
ungeschliffen

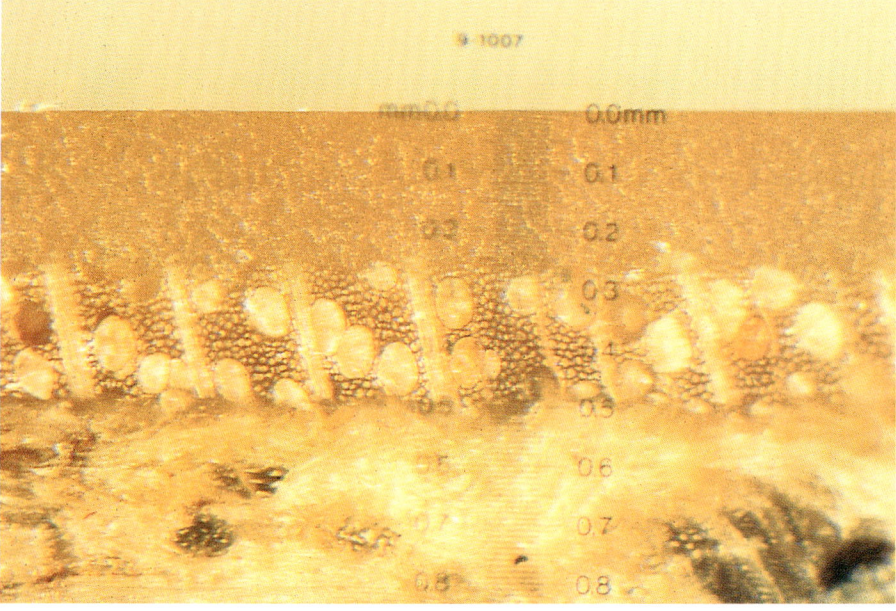

Lackschichtdicke

fertige Oberfläche,
geschliffen, hochglänzend

Mit zwei verschiedenen Lacksystemen lackierte Eicheflächen
(A) lösemittelhaltiges Lacksystem
(B) Polyurethan-Lacksystem mit deutlich verringerter Auftragsmenge

Lacksystem A (lösemittelhaltiger Lack) nach Klima-Wechseltest −20°C bis +60°C, 95% rel. Luftfeuchtigkeit und 25 Zyklen. Deutlich sichtbar sind die hierdurch entstandenen Längsrisse

Lacksystem B (Polyurethan) nach Klima-wechseltest −20°C bis +60°C, 95% rel. Luftfeuchtigkeit und 25 Zyklen. Die Oberfläche ist danach einwandfrei

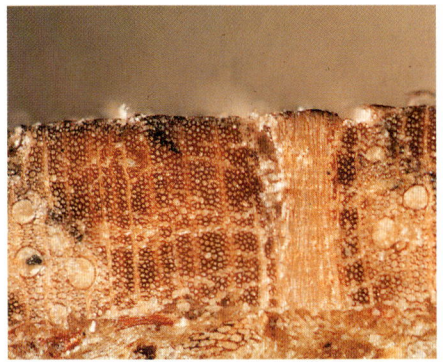

Querschnitt durch die klimawechselbean-spruchte Probe mit Lacksystem A. Die nach dem Beizen sichtbar gewordenen Risse haben sich geweitet und den Lack in Längs-richtung zum Holz zum Reißen gebracht

Nach dem Beizen des furnierten und zu lak-kierenden Teils zeigen sich hier an verschie-denen Stellen Risse im Furnier

Querschnitte durch die klimabeanspruchte Probe mit Lacksystem B. Trotz der Risse im Furnier und der „Verpreßstelle" (rechte untere Bildhälfte) gewährleistet die Lackschicht eine einwandfreie Haltbarkeit

Längsrisse im Lack
der Sperrholzoberfläche

Querschnitt des Werkstücks

Ausschnittvergrößerung:
der Lackriß ist hervorgerufen
durch den deutlich sichtbaren
Furnierriß

5.12 Zusammenstellung wichtiger Vorschriften

5.12.1 Gesetze, Verordnungen

Bundesimmissionsschutzgesetz	3/74	
(BImSchG)	zuletzt geändert 5/88	
2. Verordnung zur Emissionsbegrenzung von leichtflüchtigen Halogenkohlenwasserstoffen (2. BImSchV)	4/86	
4. Verordnung über genehmigungspflichtige Anlagen (4. BImSchV)	7/85	
5. Verordnung über Immissionsschutzbeauftragte (5. BImSchV)	6/83	
Technische Anleitung zur Reinhaltung der Luft (TA Luft)	3/86	
Technische Anleitung zum Schutz gegen Lärm (TA Lärm)	7/68	
Gesetz zum Schutz vor gefährlichen Stoffen (Chemikaliengesetz – ChemG)	9/80	
Wasserhaushaltsgesetz (WHG)	9/86	
Abwasserabgabengesetz (AbwAG)	9/76 + 12/84 + 12/86	
Gesetz über die Vermeidung und Entsorgung von Abfällen (Abfallgesetz – AbfG)	8/86	
Abfallnachweisverordnung (AbfNachwV)	6/78*	
Abfallbestimmungsverordnung	5/77*	

erscheinen voraussichtlich 1990 neu
Bezugsquellen:
Bundesgesetzblatt, Postfach 13 20, 5300 Bonn 1
Bundesanzeiger-Verlagsges., Postfach 10 80 06, 5000 Köln 1

5.12.2 Abwasser-Verwaltungsvorschriften

Veröffentlichung bei Inkrafttreten im Gemeinsamen Ministerialblatt (GMBl), herausgegeben vom Bundesminister des Inneren

Bezugsquelle:
Carl Heymanns Verlag KG,
Luxemburger Straße 449, 5000 Köln 41

5.12.3 Verordnungen, Technische Regeln der Berufsgenossenschaften (ZH)

ZH 1/10	Richtlinien für die Vermeidung der Gefahren durch explosionsfähige Atmosphäre mit Beispielsammlung (Explosionsschutz-Richtlinien – EX-RL)	3/85 9/86
ZH 1/75.1	Verordnung über Anlagen zur Lagerung, Abfüllung und Beförderung brennbarer Flüssigkeiten zu Lande (Verordnung über brennbare Flüssigkeiten – VbF)	1980/ 1982 Neufass. in Vorbereit.
ZH 1/81	Merkblatt für gefährliche chemische Stoffe	4/86
ZH 1/103.2	Sicherheitslehrbrief für Spritzlackierer	1982
ZH 1/116	Merkblatt: Brandschutz	1/85
ZH 1/118	Umgang mit gesundheitsgefährlichen Stoffen (für den Beschäftigten)	3/87
ZH 1/142	Erste Hilfe im Betrieb	4/88
ZH 1/152	Merkblatt: Lackierräume	3/87
ZH 1/200	Richtlinien zur Vermeidung von Zündgefahren infolge elektrostatischer Aufladungen (Richtlinien „Statische Elektrizität)	4/80
ZH 1/201	Sicherheitsregeln für die Ausrüstung von Arbeitsstätten mit Feuerlöschern	1/78
ZH 1/205	Richtlinien für elektrostatisches Versprühen von flüssigen Anstrichstoffen (Elektrostat. Lackieren)	10/79
ZH 1/206	Sicherheitsregeln für CO_2-Feuerlöschanlagen	4/88
ZH 1/208	Sicherheitsregeln für Halon-Feuerlöschanlagen	4/85
ZH 1/220	Verordnung über gefährliche Stoffe (Gefahrstoffverordnung – GefStoffV)	8/86 mit Änd. 12/87
ZH 1/309	Verordnung über elektrische Anlagen in explosionsgefährdeten Räumen (ElexV)	2/80
ZH 1/319	Merkblatt: Lösemittel	8/87
ZH 1/399	Gesetz über technische Arbeitsmittel – Gerätesicherheitsgesetz	1968/79 mit lfd. Ergänz.
ZH 1/401	MAK-Werte-Liste (TRGS 900)	jährlich neu
ZH 1/406	Richtlinien für Flüssigkeitsstrahler (Spritzgeräte)	10/87
ZH 1/409	Merkblatt für den Umgang mit Fluorkohlenwasserstoffen – FKW-Merkblatt	9/78
ZH 1/444.1	. . . mit Handsprüheinrichtungen	
ZH 1/444.2	. . . mit ortsfesten Elektrostatikanlagen	
ZH 1/487	Einrichtungen zum Abscheiden gesundheitsgefährlicher Stäube mit Rückführung der Reinluft in die Arbeitsräume (Kleinentstauber – Industriestaubsauger – Kehrsaugmaschinen) – Anforderungen an die Wirksamkeit	6/73
ZH 1/525	Verordnung über Arbeitsstätten (Arbeitsstättenverordnung – ArbStättV)	1975/83
ZH 1/562	Richtlinien für Anlagen zum Reinigen von Werkstücken mit Lösemitteln (Lösemittel-Reinigungsanlagen)	4/86

Bezugsquelle:
Carl Heymanns Verlag KG,
Luxemburger Straße 449, 5000 Köln 41

5.12.4 Technische Regelwerke

Arbeitsstätten-Richtlinien (ASR)
Technische Regeln für Gefahrstoffe (TRGS)
Technische Regeln für brennbare Flüssigkeiten (TRbF)

5.12.5 Unfallverhütungsvorschriften (UVV) der Berufsgenossenschaften

VBG 1	Allgemeine Vorschriften mit Durchführungsanweisung	
	DA	4/87
VBG 4	Elektrische Anlagen und Betriebsmittel	4/79
	DA	4/86
VBG 10	Stetigförderer	4/77
	DA	12/78
VBG 23	Verarbeiten von Beschichtungsstoffen	4/88
	DA	4/88
VBG 24	Trockner für Beschichtungsstoffe	
	DA	4/90
VBG 109	Erste Hilfe	4/79
	DA	4/80
VBG 121	Lärm	12/74 + 10/84
	DA	10/84
VBG 125	Sicherheitskennzeichnung am Arbeitsplatz	4/89
	DA	4/89

Bezugsquelle:
Carl Heymanns Verlag KG,
Luxemburger Straße 449, 5000 Köln 41

5.12.6 VDE-Bestimmungen

DIN VDE 0100	Errichten von Starkstromanlagen mit Nennspannungen bis 1 000 V	5/73*
DIN VDE 0105	Betrieb von Starkstromanlagen	
– Teil 1	Allgemeine Festlegungen	7/83
– Teil 4	Zusatzfestlegungen für ortsfeste elektrostatische Sprühanlagen	5/81
– Teil 9	Zusatzfestlegungen für explosionsgefährdete Bereiche	5/86
DIN VDE 0113	Elektrische Ausrüstung von Industriemaschinen	
– Teil 1	Allgemeine Festlegungen	2/86
VDE 0132	Merkblatt für die Bekämpfung von Bränden in elektrischen Anlagen und in deren Nähe	2/79
VDE 0134	Anleitung zur Ersten Hilfe bei Unfällen	7/71
DIN VDE 0147	Errichten ortsfester elektrostatischer Sprühanlagen	
– Teil 1	Allgemeine Festlegungen	9/83
DIN VDE 0160	Ausrüstung von Starkstromanlagen mit elektronischen Betriebsmitteln	1/86
DIN VDE 0165	Errichten elektrischer Anlagen in explosionsgefährdeten Bereichen	9/83
DIN VDE 0745	Elektrostatische Handsprüheinrichtungen	1/87
– Teil 100 (EN 50 050)	Bestimmung für die Auswahl, Errichtung und Anwendung elektrostatischer Sprühanlagen für brennbare Sprühstoffe	

– Teil 101 (EN 50053 Teil 1)	Elektrostatische Handsprüheinrichtungen für flüssige Sprühstoffe mit einer Energiegrenze von 0,24 mJ sowie Zubehör	12/87
E – Teil 102 (pr EN 50053 Teil 2)	Elektrostatische Handsprüheinrichtungen für Pulver mit einer Energiegrenze von 5 mJ sowie Zubehör	
– Teil 200 (En 50059)	Elektrostatische Handsprüheinrichtungen für nicht brennbare Flüssige Sprühstoffe für Lacküberzüge	

Bezugsquelle:
VDE-Verlag GmbH, Bismarckstraße 33,
1000 Berlin 12

5.12.7 DIN-Normen

DIN 4102 Teil 1–7	„Brandverhalten von Baustoffen und -teilen"
DIN 18230	„Baulicher Brandschutz im Industriebau"
DIN 40012 Teil 3	„Elektrotechnik; Schlagwetterschutz, Explosionsschutz, Kennzeichnung an Betriebsmitteln, Schilder"
DIN 40050	„IP-Schutzarten, Berührungs-, Fremdkörper- und Wasserschutz für elektrische Betriebsmittel"
DIN 53438 Teil 1, 2, 3	„Prüfung von Werkstoffen; Verhalten beim Beflammen mit einem Brenner"
VDMA 24381	„Richtlinien für Spritzkabinen und kombinierte Spritz- und Trocknungskabinen"
VDMA 24169	„Bauliche Explosionsschutzmaßnahmen an Ventilatoren; Richtlinien für Ventilatoren zur Abführung von brennbare Gase, Dämpfe oder Nebel enthaltender Atmosphäre"

Bezugsquelle:
Beuth Verlag GmbH, Burggrafenstraße 4–10,
1000 Berlin 30

5.12.8 VDI-Richtlinien

2280	Auswurfbegrenzung: Organische Verbindungen, insbesondere Lösemittel	8/77
2280 E	Emissionsminderung: Flüchtige organische Verbindungen, insbesondere Lösemittel	3/85

Bezugsquelle:
Beuth Verlag GmbH, Burggrafenstraße 4–10,
1000 Berlin 30

5.12.9 ATV-Regelwerk Abwasser

A 102	Industrie- und Gewerbebetriebe, Allgemeinplanung einer Abwasserableitung und Abwasserbehandlung – Grundlagen und Hinweise
A 115	Hinweise für das Einleiten von Abwasser aus gewerblichen und industriellen Betrieben in eine öffentliche Abwasseranlage

Bezugsquelle:
Gesellschaft zur Förderung der Abwassertechnik e.V., Markt 1 (Stadthaus),
5205 St. Augustin

5.12.10 VDMA-Einheitsblätter

24367	Maschinen und Anlagen für die Oberflächentechnik: Aufbau, Begriffe	9/74
24381	Richtlinien für Spritzkabinen und kombinierte Spritz- und Trocknungskabinen	2/81 (in Überarb.)
24384	Lacktrockner, Ausführungsbeispiele in schematischer Darstellung	3/87

Bezugsquelle:
Beuth Verlag GmbH, Burggrafenstraße 4–10,
1000 Berlin 30

5.12.11 Merkblatt zur TA Luft

Koordinierung der Beantwortung von Fragen zur Reinhaltung der Luft im Zusammenhang mit der Verarbeitung von Lacken	5. Aufl. 7/86

Bezugsquelle:
Verband der Lackindustrie e.V., Karlstraße 21,
6000 Frankfurt a. M.

Schrifttum

Anonymus (1974): Effektvoll wie die alte Tante Schleiflack; BM 2/1974

Anonymus (1984): Luftschleuse mit Ionisierung zur Entstaubung; BM 4/1984

Anonymus (1984): Ansprechendes Make-up durch elektrostatisches Lackieren; HOB 6/1984

Anonymus (1985): Ansprechendes Make-up für Polstermöbelgestelle durch Airless-Niederdruck-Spritzbeizen; HOB 1/2 1985

Anonymus (1986): Sigma-Coatings GmbH, Wasserlackierung; BM 10/1986

Berger, E. (1987): Emissionsarme Lackieralternativen für Wohn- und Schlafzimmermöbel; Industrie-Lackierbetrieb 8/1987

Gringeri, F. (1990): Anlagenkonzepte für pigmentierte UV-härtende Lacke; HK 5/90

Haltiner, E. W. (1986): Lackkoagulierung durch Elektrostatik; Industrie-Lackierbetrieb 2/1986

Hansemann, W. (1985): Umweltfreundliche Lacke und Lacksysteme für holzverarbeitende Betriebe; Holz-Zentralbl. 29/1985

Hasenpflug, K. (1984): Heißspritzen als Verarbeitungsverfahren, das Viskositäten und Kosten senkt; Industrie-Lackierbetrieb 1/1984

Heberlein, K. (1987): Das Phänomen des elektrostatischen Lackierens; Industrie-Lackierbetrieb 1/1987

Jung, I. (1986): UV-Anlagen für den Bereich der Holzoberfläche; Industrie-Lackierbetrieb 8/1986

Kittel, H. (1976): Lehrbuch der Lacke und Beschichtungen, Band III

Kremer, W. (1988): UV-härtende, deckend pigmentierte Lacke für Holz und Holzwerkstoffe; Industrie-Lackierbetrieb 10/88

Lattewitz, D. (1986): Wasserlacke – systematische Einführung in Begriffe und Bezeichnungen, Abgrenzung zu anderen Lacksystemen; Industrie-Lackierbetrieb, 1/1986

Lehnert, W. (1986): Elektrostatisch entladen; BM 7/1986

Maier, G. (1987): Holzbearbeitungsmaschinen; DRW-Verlag, Stuttgart

Ondratschek, H.: 2K-Spritzlackiertechnik; Taschenbuch für Lackierbetriebe, 43. Jahrgang

Reinhold, H. (1981): UV-Strahlungsquellen für die Lackhärtung; HK 1/1981

Ruß, W., und Zumpe, W. (1974): Zur Bewertung der Oberflächengüte von Möbeln; Holztechnologie 15/1974

Scheimpflug, G. E. (1985): Einführung in die Industrierobotertechnik; BM 4/1985 und 5/1985

Schene, H. (1986): Problemlösungen durch verlustarme Applikationstechniken; Verband der Lackindustrie, Deutsches Lackinstitut GmbH

Schraft, R. D., und Schiele, G. (1982): Industrieroboter zum Lackieren; Industrie-Lackierbetrieb 2/1982

Sieminski, H. (1970): Verfahren zur Beurteilung von Lacküberzügen auf Holzerzeugnissen; Die Holzbearbeitung 3/1970

DIN 55945: Lacke, Anstrichstoffe und ähnliche Beschichtungsstoffe, Begriffe; Ausgabe 8/1983

Erste Allgemeine Verwaltungsvorschrift zum Bundes-Immissions-Gesetz (Technische Anleitung zur Reinhaltung der Luft – TA Luft); Gemeinsames Ministerialblatt vom 28. 2. 1987, Ausgabe A

Unfallverhütungsvorschriften des Hauptverbandes der gewerblichen Berufsgenossenschaften, Ausgabe 1972 (wird z. Z. überarbeitet); VBG-Nr. 23 Farbspritzen, Tauchen und Anstricharbeiten

6 Möbelprüfung

Von Rüdiger Albin

6.1 Zweck der Möbelprüfung

Der Möbelmarkt ist durch ein vielfältiges Angebot gekennzeichnet, das den Kunden in erster Linie über den Preis und meistens erst nachgeordnet über den Wert des Produkts informiert. Möbel sind jedoch Gebrauchsgüter, an die bestimmte Erwartungen hinsichtlich einer dauerhaften Funktionsfähigkeit und allgemeinen Güte gestellt werden müssen, und zwar unabhängig vom Preis.

Möbelindustrie und Möbelhandel sehen sich heute einer sehr kritischen Kundschaft gegenüber, die ein angemessenes Preis-Wert-Verhältnis fordert. Die Verbraucherverbände unterstützen diese kritische Haltung. Sie fordern Richtlinien, um die Qualität von Möbeln vergleichbar zu machen. Das gilt insbesondere für den internationalen Handel mit Möbeln. Möbelqualität ist nicht ohne weiteres erkennbar, sondern macht sich erst im Laufe der Gebrauchsdauer bemerkbar. Daher sind Verfahren erforderlich, mit denen das Gebrauchsverhalten in kurzer Zeit simuliert werden kann.

Für den Anbieter von Möbeln sind Qualitätsprüfungen, die nach allgemein verbindlichen Richtlinien erfolgen, ein Instrument zur Unterstreichung der eigenen Leistungsfähigkeit und zur Absicherung gegenüber ungerechtfertigten Forderungen. Ein weiteres Argument für die Notwendigkeit geprüfter Qualität nach verbindlichen Richtlinien ergibt sich aus dem Gesetz über die Haftung für fehlerhafte Produkte (Produkthaftungsgesetz), das seit Mitte 1988 in verschärfter Form in den EG-Ländern gilt.

Darüber hinaus dient die Möbelprüfung der Erarbeitung von Richtlinien für nationale (DIN) und internationale (EN, ISO) Normen. Diese sind für den internationalen Warenaustausch von zunehmender Bedeutung.

Zusammenfassend läßt sich feststellen: Die Möbelprüfung dient

- dem Verbraucher zum Zweck des Wertvergleichs,
- dem Anbieter als Leistungsnachweis und zur Abwehr unangemessener Forderungen,
- dem internationalen Warenaustausch,
- der internationalen Normung.

6.2 Ziel der Möbelprüfung

Die Möbelprüfung hat zum Ziel, Qualität meßbar zu machen. Möbel sind jedoch Produkte, in denen objektive und subjektive Güte miteinander verbunden sind. Nur erstere ist nach anerkannten Richtlinien meßbar.

1. *Die objektive Qualität* (oder auch technische Qualität) umfaßt Eigenschaften wie: Belastbarkeit, Formstabilität, dauerhafte Funktionsfähigkeit, Verschleißfestigkeit, Oberflächenbeständigkeit, bequeme Handhabung, Sicherheit im Gebrauch ohne Verletzungsgefahr und andere, nicht vom individuellen Empfinden der beurteilenden Person abhängige Kriterien.

2. *Die subjektive Qualität* (oder ästhetische Qualität) äußert sich durch Form und Gestaltung, durch die Materialauswahl, durch die Oberflächenbehandlung und durch die Gesamtwirkung des Möbels. Sie wird individuell unterschiedlich empfunden und kann allgemeinen Prüfkriterien nicht unterzogen werden.

6.3 Möbelprüfung und Qualitätssicherung

Die Möbelprüfung ist ein relativ neues System der Gütesicherung in der Möbelindustrie. Die Prüfgrundlagen sollen praxisnah und möglichst allgemein verbindlich sein. Daher sind an ihrer Ausarbeitung Fachgremien beteiligt, die sich aus Vertretern der Hersteller, der Zulieferer, des Handels, der Verbraucher und, soweit Sicherheitsaspekte betroffen sind, den überwachenden Behörden zusammensetzen. Die Möbelprüfung ist noch kein abgeschlossenes, homogenes Regelwerk, sondern wird laufend ergänzt und vertieft, um dem jeweils neuesten Stand der Technik Rechnung zu tragen. Möbelprüfung soll der Qualitätssicherung beim Hersteller und der neutralen Information über die Produktqualität dienen.

Die Qualitätssicherung durch Möbelprüfung kann in folgenden Schritten beschrieben werden:

1. *Güterichtlinien* formulieren: „Was soll erreicht werden?"
Beschreibung der allgemeinen Anforderungen an die Qualität von Möbeln und ihren Bauteilen.

2. *Prüfobjekte und Prüfverfahren* bestimmen: „Welche Eigenschaften von welchen Möbeln und Bauteilen sollen geprüft werden?"
Beschreibung der Prüfverfahren, die zur Simulation des Gebrauchs der Möbel und ihrer Teile geeignet sind.

3. *Prüfbestimmungen* festlegen: „Was soll unter welchen technischen Bedingungen geprüft werden?"
Beschreibung der Art und Weise des Prüfablaufs in den Einzelheiten.

4. *Güteanforderungen* formulieren: „Welches Prüfergebnis ist als Qualitätsmerkmal akzeptabel?"
Beschreibung der Mindesterfordernisse für eine definierte Gebrauchstauglichkeit.

5. *Auswertung der Prüfergebnisse:* „Wie sind die Prüfergebnisse für die Qualitätssicherung und für Zwecke der Produktinformation zu interpretieren?"

6.3.1 Güterichtlinien

Die Gütegemeinschaft Deutsche Möbel e.V., Nürnberg, in der ein Teil der deutschen Möbelindustrie freiwillig zusammengeschlossen ist, hat für folgende Möbelarten Gütebedingungen formuliert: Kastenmöbel, Ein- und Anbauküchen, Polstermöbel, Tische und Büromöbel.

Diese Gütebedingungen enthalten allgemeine Anforderungen an Werkstoffe, Konstruktionen und Verarbeitung. Für die Erfüllung der Gütebedingungen und die Berechtigung zur Verwendung des Gütezeichens sind die auf jeden Möbeltyp abgestimmten Prüfbestimmungen mit den darin enthaltenen Anforderungen maßgebend.

Die folgenden Beispiele nennen die Bestandteile und Eigenschaften von Möbeln, über deren Güte Ausführungen gemacht werden:

1. *Kastenmöbel*
- Bestandteile: Massivholz, Holzwerkstoffe, Furniere, Beschläge;
- Verarbeitung: Auswahl der Materialien, Holzverbindungen, Verleimungen, Kanten, Türen, Schubkasten, Klappen, Schiebetüren, Gläser, Rückwände, Füße, Sockelrahmen, Fußgestelle, Furniere, Außenflächen, Oberflächenbehandlung, Beschläge;
- Sonderbestimmungen: Bezeichnung, Gesamtaufbau;
- ergonomische Gestaltung;
- Kunststoffe;
- Wohnhygiene und Umweltfreundlichkeit.

2. *Ein- und Anbauküchen*
- Bestandteile: Massivholz, Holzwerkstoffe, Kunststoff-Materialien, Formteile;
- Verarbeitung: Verbindungen, Kanten, Arbeitsplatten, Rückwände, Sockel;

- äußere Gütemerkmale: Frontflächen, Kunststoff- und Holzmaterialien, Arbeitsplatten, Einbau von Spülen, Kochmulden und anderen Einbauteilen, Verbindung von Schrankelementen, gesundheitliche Unbedenklichkeit und Umweltfreundlichkeit.

3. Polstermöbel

Grundlage der Gütebedingungen sind die Richtlinien RAL – RG 439 für Polstermöbel, ergänzt durch Zusatzbedingungen der Gütegemeinschaft Deutsche Möbel e.V. Die sehr ausführlichen und umfangreichen Gütebedingungen sind in folgende Punkte unterteilt:

- Begriffe;
- Werkstoffe: Gestell, Federboden, Federung, Polsterträger, Polsterwerkstoffe, Polstermöbelbezüge, Polstergewebe, Zutaten und Hilfsmittel;
- Mindestanforderungen an die Werkstoffe: Gestellaufbau aus Holz, Gestellaufbau aus Metall, Gestellaufbau aus Kunststoffen, Federboden, Federung, Polsterträger, Polstergewebe, Schaumstoffpolster, Polstermöbelbezüge;
- Verarbeitung: allgemeine Grundsätze, Federungen, Polsterträger, Polsterung, Beziehen;
- Kennzeichnung der Erzeugnisse.

4. Tische

- Bestandteile: Massivholz, Glas, Marmor, Kunststoff;
- Verarbeitung: Fuß- und Sockelgestelle, Furniere, Oberflächen, Sonderbestimmungen, ergonomische Gestaltung.

6.3.2 Prüfobjekte und Prüfverfahren

Prüfungen können am kompletten Möbel oder an seinen Bauteilen durchgeführt werden. Zuerst sind die Komponenten mit der erfahrungsgemäß größten Gebrauchsbeanspruchung zu bestimmen. Dann sind die Prüfverfahren festzulegen, die zur Simulierung des Gebrauchs der Möbel während der Nutzungsdauer am besten geeignet sind. Es ist zu entscheiden, ob das Erzeugnis bei der Entwicklung als Prototyp geprüft werden soll oder ob Stücke aus der laufenden Produktion zu entnehmen sind. Am häufigsten ist die Prüfung von Prototypen im Rahmen der Produktentwicklung.

Prüfobjekte sind ganze Möbel, Baugruppen oder Einzelteile. Bei der *direkten* Prüfung wird das fertige Möbel als Ganzes und in seinen Teilen geprüft. Bei der *indirekten* Prüfung werden die Werk- und Hilfsstoffe sowie vorgefertigte und zugelieferte Teile bereits vor der Verarbeitung im Möbel daraufhin geprüft, ob sie den festgelegten Gütebedingungen entsprechen.

In den Abschnitten 6.4.1 bis 6.5.8 sind einige der am häufigsten geprüften Möbelarten und Möbelteile aufgeführt.

Bei den *Prüfverfahren* ist zu beachten, daß ihre Entwicklung und Anwendung vom Stand der Technik und neuen Erfordernissen abhängt. Allgemein verbindliche Prüfverfahren sind noch nicht für alle Bereiche der Möbelprüfung vorhanden. Daher können nachfolgend nur Beispiele genannt werden.

Grundsätzlich muß zwischen *statischen und dynamischen* Prüfungen unterschieden werden. Einzelprüfverfahren dienen dazu, bestimmte Produkteigenschaften festzustellen, wie

- gebrauchsfreundliche Gestaltung,
- ergonomische Funktionsmaße,
- mechanische Sicherheit,
- Formstabilität bei mechanischen und klimatischen Belastungen,
- Festigkeit und Steifigkeit von Verbindungen,
- Verschleißfestigkeit beweglicher Teile,
- Funktionsfähigkeit in geplanter Nutzungsdauer,
- Oberflächenbeständigkeit gegenüber üblichen Gebrauchsbelastungen,
- Unempfindlichkeit gegenüber gebrauchsüblichen Temperatur- und Feuchtigkeitseinflüssen,
- Korrosionsbeständigkeit,
- elektrische Sicherheit.

Da nicht alle eventuell auftretenden Gebrauchsbelastungen mit einem eigenen speziellen Prüfverfahren abgedeckt werden können, muß auch Spielraum für zweckmäßige Abweichungen von standardisierten Prüfverfahren gegeben sein. Wichtig ist, daß die Einzelbedingungen nachvollziehbar sind und entsprechend dokumentiert werden.

6.3.3 Prüfbestimmungen

Die Prüfbestimmungen umfassen die Einzelbedingungen, unter denen eine Prüfung erfolgen muß, um die Gebrauchsbelastungen in geraffter Zeit möglichst realitätsnah zu simulieren. Prüfbestimmungen und Güteanforderungen hängen voneinander ab. Da es bisher keine einheitlichen Güteanforderungen gibt, weichen auch die Prüfbestimmungen in Einzelheiten voneinander ab, je nachdem, ob nach DIN-Normen, nach Standards der Landesgewerbeanstalt Nürnberg (LGA) oder nach den Standards der Gütegemeinschaft Deutsche Möbel (GDM) geprüft wird. Letztere stellen den aktuellen Stand strenger Gebrauchsanforderungen dar, während die DIN-Normen Mindestanforderungen festlegen. Im Interesse einheitlicher Güterichtlinien für Möbel und einheitlicher Warenkennzeichnung ist die Vereinheitlichung der Anforderungen und Prüfbestimmungen wünschenswert.

Von den sehr zahlreichen und differenzierten Prüfbestimmungen können im folgenden nur einige wichtige beispielhaft genannt werden:

- Prüfung von Bauteilen im oder am Möbel oder separat;
- Prüfung bei statischer oder dynamischer Belastung;
- Größe und Aufbringung von Prüflasten zur Simulierung von Nutzlasten;
- Art, Größe und Anbringung von Zusatzlasten zur Simulierung von Handhabungskräften;
- Wechsellasten oder Dauerlasten;
- Anzahl der Lastwechsel;
- Dauer von Lastaufbringungen;
- Intervalle zwischen Bewegungsabläufen;
- lineare oder sinusförmige Bewegungsabläufe;
- zeitlicher Verlauf von Prüfvorgängen;
- Gesamtdauer von Prüfvorgängen;
- Umgebungsbedingungen während der Prüfung (Temperatur, Feuchtigkeit);
- Reihenfolge von aufeinanderfolgenden Einzelprüfungen.

Die Beispiele zeigen die Vielfalt von Einflüssen auf die Versuchsdurchführung. Dabei ist es wichtig, die Praxisnähe in den Vordergrund zu stellen, damit Prüfungen auch in den Betrieben mit üblichen Laborgeräten durchgeführt werden können. Aufwand und Nutzen müssen in einem vernünftigen Verhältnis zueinander bleiben.

6.3.4 Güteanforderungen

Die Güteanforderungen ergeben sich aus den Prüfmöglichkeiten einerseits, andererseits beeinflussen sie die Prüfbestimmungen. Die Strenge der Anforderungen hängt davon ab, ob es sich bei der Prüfung um firmeninterne Anforderungen in der Produktentwicklung handelt, um allgemeine Mindestanforderungen nach Norm, um Anforderungen der Verbraucherorganisationen für vergleichende Warentests, oder um selbstauferlegte Qualitätsanforderungen einer Branchenorganisation. Wegen der großen Vielfalt können auch hier nur beispielhaft einige Kriterien genannt werden:

1. Konstruktionsteile:

- Zuhaltekraft, Öffnungskraft, Schließkraft von Funktionsteilen,
- Absenkung oder Auslenkung von Funktionsteilen,
- Funktionsfähigkeit nach der Prüfung,
- Funktionssicherheit nach der Prüfung,
- Formkonstanz nach der Prüfung,
- Schadensfreiheit nach der Prüfung,
- Lockern von Befestigungsteilen,
- Durchbiegungsgrad,
- Verschleißgrad, Abriebfestigkeit,
- Gebrauchstauglichkeit nach der Prüfung.

2. Oberflächen:
- chemisches Verhalten,
- Abriebverhalten,
- Wischverhalten,
- Kratzverhalten,
- Stoßverhalten,
- Verhalten gegenüber trockener Hitze/ feuchter Hitze,
- Korrosionsverhalten,
- Lichtbeständigkeit.

3. Polstermaterial:
- Bruchdehnung,
- Zugfestigkeit,
- Verformungsfestigkeit,
- Härtezahl,
- Rückstellverhalten,

4. Möbelbezüge:
- Lichtechtheit,
- Nahtfestigkeit,
- Berstkraft,
- Reibverhalten,
- Schweißechtheit,
- Waschechtheit,
- Maßänderungen beim Waschen,
- Weiterreißfestigkeit.

6.3.5 Auswertung von Prüfergebnissen

Im einfachsten Fall handelt es sich um einen Ja/Nein Vergleich zwischen Anforderungen und Prüfergebnissen. Er wird dann angewandt, wenn Mindestanforderungen an die Gebrauchstauglichkeit oder Sicherheit zu erfüllen sind. Im Rahmen der Produktentwicklung ist man daran interessiert, die Leistungsgrenzen von Funktionsteilen oder die Belastungsgrenze von Materialien oder ganzer Produkte zu erkennen. In diesem Fall werden die Prüfergebnisse nach statistischen Gesetzmäßigkeiten mit den Anforderungen verglichen.

Verbraucherzeitschriften stellen die von ihnen in Auftrag gegebenen Prüfergebnisse in Listen mit Qualitätsurteilen in vier Abstufungen von „sehr gut", „gut", „zufriedenstellend", „mangelhaft" dar. Die Auswertung und Interpretation von Prüfergebnissen wird also davon beeinflußt, für welchen Zweck sie dienen soll. Der Aussagegehalt wird bei firmeninterner Qualitätssicherung ein anderer sein als bei vergleichenden Warentests für die Verbraucher.

6.3.6 Produktinformation

In der Bundesrepublik Deutschland hat sich bisher keine einheitliche Produktinformation für Möbel durchsetzen können. Hersteller- und Handelsverbände haben unterschiedliche Interessen bezüglich des Informationsinhalts von Möbelkennzeichnungen.

Einig ist man sich darin, daß eine Beschreibung der technischen Qualität von Möbeln sinnvoll ist. Umstritten sind Hin-

Abb. 6.1 Beispiel für einen Firmen-Gütepaß

Abb. 6.2 Beispiel für freiwillige Produktinformation

Abb. 6.3 Gütezeichen RAL Deutsche Möbel

Abb. 6.4 GS-Zeichen, Geprüfte Sicherheit

weise auf den Hersteller oder das Herstellungsland. Eine gesetzliche Verpflichtung zu einer allgemeinen Qualitätskennzeichnung, die für den Laien verständlich ist, gibt es bisher nicht. Einige größere Möbelhersteller werben mit eigenen Gütepässen. Übergeordnete Bedeutung haben das „RAL-Gütezeichen Deutsche Möbel" sowie das „GS-Zeichen" für geprüfte Sicherheit.

1. Firmen-Gütepässe

Firmen-Gütepässe geben mangels einer allgemeinen Richtlinie Auskunft über die herstellerspezifische technische Qualität eines Möbels (Beispiel: Abb. 6.1 und 6.2). Der Inhalt ist darauf abgestimmt, dem Käufer die wichtigsten Informationen über die verwendeten Materialien, die Ausführung und zuweilen die richtige Pflege des Möbels in allgemeinverständlicher Form zu geben. Oft sind Hinweise auf Prüfungen im firmeneigenen Labor oder in einem neutralen Prüfinstitut enthalten. Solche Produktinformationen sind besonders bei Polstermöbeln und furnierten Möbeln wertvoll, da die „eingebaute" Qualität nicht ohne weiteres erkennbar ist.

2. RAL-Gütezeichen

RAL[1] ist ein staatlich anerkanntes Gütezeichen für ständig neutral überwachte Produktqualität. Das Gütezeichen wird nicht für Einzelfirmen oder Einzelerzeugnisse, sondern als branchen-orientiertes Gemeinschaftszeichen vergeben.
Das Gütezeichen RAL Deutsche Möbel ist in der Bundesrepublik für die Warengruppe Möbel das alleinige anerkannte Gütezeichen. Die Verwaltung obliegt der Gütegemeinschaft, der einzelne Firmen als Mitglieder freiwillig beitreten können. Die Gütegemeinschaft Deutsche Möbel e.V. hat ihren Sitz in Nürnberg. Sie erläßt Richtlinien für Möbel (vergl. Abschnitt 6.3.1) und erlaubt ordentlichen Mitgliedern nach erfolgter Verleihung, das Gütezeichen für Erzeugnisse zu führen, die den Gütebedingungen entsprechen (Abb. 6.3).

3. GS-Zeichen

Das GS-Zeichen für Geprüfte Sicherheit soll auf einfache und einprägsame Weise dem Verbraucher die Auswahl sicherer Erzeugnisse erleichtern. Die Vergabe des bundeseinheitlichen Sicherheitszeichens (Abb. 6.4) erfolgt durch Prüfstellen,

[1] RAL = Reichsausschuß für Lieferbedingungen und Gütesicherung, heute: Deutsches Institut für Gütesicherung und Kennzeichnung e.V. Grundsätze für Gütezeichen RAL – Gz 1/1973, Druckschrift, Beuth Verlag GmbH, Postfach, 1000 Berlin 30

die vom Bundesminister für Arbeit und Sozialordnung hierzu bevollmächtigt werden. Der Vergabe des GS-Zeichens liegt das Gerätesicherheitsgesetz (GSG) zugrunde (letzte Fassung vom Juli 1984). Die Prüfstellen müssen die Maßgaben, Richtlinien und Hinweise nach § 3, Abs. 4 des Gesetzes über technische Arbeitsmittel befolgen. Die Kriterien und Anforderungen für die Prüfung eines bestimmten Erzeugnisses müssen dem Bundesministerium für Arbeit und Sozialordnung sowie auf Anforderung den obersten Arbeitsschutzbehörden der Länder vorgelegt werden.
Bestimmte Möbelarten unterliegen den Forderungen des Gerätesicherheitsgesetzes. Dazu gehören:
● Büro-, Objekt- und Arbeitsmöbel aller Art,
● Klappbetten,
● Küchen- und Badmöbel,
● Kinder- und Jugendmöbel (Kinderbetten, Etagenbetten, Laufställe, Kinderhochstühle, Drehstühle, Regale).
Die Ausführung dieser Möbel muß, soweit sicherheitstechnische Aspekte betroffen sind, den gesetzlichen Bestimmungen entsprechen, wenn sie in der Bundesrepublik in den Verkehr gebracht werden (betrifft also auch importierte Möbel). Die gesetzlichen Anforderungen beziehen sich beispielsweise auf die Maßgestaltung (Ergonomie), Formgestaltung, Ecken-, Kanten- und Oberflächenausführung, Funktionssicherheit, Standsicherheit, elektrische Sicherheit. Bestehende DIN-Normen und Sicherheitsregeln werden herangezogen.
Für die Vergabe des GS-Zeichens für Arbeitsmöbel sind Richtlinien des Fachausschusses „Verwaltung" der Verwaltungsberufsgenossenschaft, Hamburg, zu beachten.
Das Bundesministerium gibt Listen der Prüfstellen und ihrer Aufgaben heraus. Zur Vergabe von GS-Zeichen für Möbel sind das Möbelprüfinstitut der Landesgewerbeanstalt (LGA) in Nürnberg sowie für einige Möbelarten das Nordwestdeutsche Institut für Möbel- und Materialprüfung (NIMM) in Detmold berechtigt. Die Prüftätigkeit des Deutschen Instituts für Möbeltechnik (DMT) in Rosenheim wird seit 1986 von der LGA Nürnberg wahrgenommen. Auch die Technischen Überwachungsvereine der Bundesländer (TÜV) befassen sich in zunehmendem Maß mit Sicherheitsprüfungen von Möbeln.

4. Internationale Kennzeichnung von Möbeln

Der europäische Markt wächst auch auf dem Sektor Möbel immer enger zusammen. Für den grenzüberschreitenden Warenverkehr sind Normen und Richtlinien der Verbraucherländer zu beachten,

soweit nicht internationale Normen den Produkten zugrunde liegen.
Die wichtigsten westeuropäischen Möbelprüfinstitute befinden sich in:
● Stevenage, England (FIRA),
● Paris, Frankreich (CTB),
● Delft, Holland (TNO),
● Taastrup, Dänemark (TI),
● Stockholm, Schweden (MI),
● Wien, Österreich (HFI),
● Valencia, Spanien (AIDIMA).
Auch in den Staaten des östlichen Wirtschaftssystems gibt es rege Aktivitäten in der Möbelprüfung, da man daran interessiert ist, nach den in Westeuropa verlangten Standards in diesen attraktiven Markt zu liefern.
Einheitliche Kennzeichnungen geprüfter Möbel gibt es bisher in Skandinavien (Møbelfakta), Holland (Garantiebewijs) und Österreich (Möbelpass). In Großbritannien und Frankreich werden die nationalen Normen (BS und NF) zur Kennzeichnung geprüfter Möbel herangezogen.
Alle wichtigen europäischen Länder arbeiten in den Ausschüssen für die europäische Normung (EN) und die internationale Normung (ISO) auf den Gebieten der Möbel und des Möbelzubehörs mit.

6.4 Spezielle Anforderungen an Bau- und Funktionsteile von Korpusmöbeln

Vorbemerkung: Die kompletten Einzelanforderungen für die verschiedenen Prüfungen sind im Rahmen dieses Kapitels nicht darstellbar. Es können nur die wichtigsten Prüfkriterien und Anforderungen so weit genannt werden, daß ein Überblick über Prüfungsart und -umfang ermöglicht wird. Einschlägige Normen oder Standards werden genannt, so daß weitere Einzelheiten aus den Normblättern oder der am Schluß angegebenen Literatur entnommen werden können. Wegen häufiger Wiederholungen soll eine stichwortartige Nennung genügen.
Korpusmöbel weisen eine Reihe von Bau- und Funktionsteilen auf, für die spezielle Anforderungen und Prüfungen existieren. Sie sollen im folgenden zuerst genannt werden. Die Korpusmöbel mit speziellen Anforderungen können dem Bereich Wohnen/Bad, dem Bereich Küche und dem Bereich Büro zugeordnet werden. Für diese gibt es zusammenfassende Normen, in denen einzelne Bau- und Funktionsteile erwähnt werden:
● Kleiderschränke im Wohnbereich, DIN 68 890 V, 2/1985,

6.4.1 Korpuseckverbindungen

Bisher keine genormten Anforderungen vorhanden. In der Prüfpraxis werden Festigkeitsuntersuchungen an Probewinkeln bei statischer Biegebeanspruchung bis zum Bruch durchgeführt (vergl. Abschnitt 2.6.5). Die Wechselfestigkeit kann nach LGA-Standard mit 100 Zyklen bei Krafteinwirkung auf einen freien Schenkel einer Winkelprobe ermittelt werden. Gemessen wird die Winkelveränderung unter Prüflast.

6.4.2 Drehtüren

Für die Bauteile Topfscharniere und deren Montageplatten gilt Entwurf DIN 68857, 7/1980. Geprüft werden: Ausziehwiderstand, Zuhaltekraft, Türabsenkung, Überziehbarkeit, Korrosionsbeständigkeit. Dauerprüfung der Scharniere mit 30000 und 40000 LW.

Die Gebrauchstauglichkeit muß nach allen Einzelprüfungen erhalten bleiben.

Für Anforderungen an Drehtüren im eingebauten Zustand gelten die Normen DIN 68890 V, 2/1985 Wohnbereich, DIN 68930 E, 12/1986 Küche, DIN 4554, 12/1986 Büromöbel.

Dauerprüfungen: Wohnbereich 10000 LW; Küche 20000 LW; Büro: Bezug auf DIN 68857.

Nach LGA: Anschlags-, Absenkungs-, Überdehnungsprüfung, Dauerprüfung: Wohnbereich 10000 LW; Küche 20000 LW; Büro 30000 LW.

Nach GDM: Verschleißprüfung, Vertikalbelastungs- und Überziehbarkeitsprüfung für eingebaute Drehtüren mit strengeren als Normanforderungen, Dauerprüfung: Wohnbereich 20000 LW; Küche 60000 LW; Büro 60000 LW.

6.4.3 Schiebetüren und Rolläden

Für das Bauteil „Rollenbeschläge für hängende Schiebetüren in Möbeln" gilt DIN 68859, 8/1983. Anforderungen: Öffnungs- und Schließwiderstand, Belastbarkeit, Herausfallsicherheit als dynamische Prüfungen. Dauerprüfung 15000 LW bei mittlerer Bewegungsgeschwindigkeit 0,25 m/s, sinusförmig. Für Schiebetüren im Möbel gilt DIN 68890 V, 2/1985.

Nach LGA: Verschleißprüfung mit sinusförmiger Bewegung, Dauerprüfung: 5000 LW Wohn-, Schlaf-, Eßzimmerbereich; 10000 LW alle übrigen Möbel. Anschlagsprüfungen differenzierte Anforderungen für Türgewichte bis 25 kg und über 25 kg.

Nach GDM: Bezug auf DIN 68859 und 68890, strengere Einzelanforderungen. Prüfung des Öffnungs- und Schließwiderstandes, Verschleißprüfung, Anschlagtest, Herausfallsicherheit. Dauerprüfung 15000 LW.

Rolläden: Dauerprüfung 10000 LW, Anschlagprüfung.

6.4.4 Klappen

Für das Bauteil „Klappenhalter" gilt DIN 68841 E, 10/1984. Anforderungen: Zuhaltekraft, Bremswirkung, statische und dynamische Belastung, Funktionstauglichkeit. Dauerprüfung mit 5000 LW, Frequenz abhängig von Klappenbreite, Zusatzlast von 40 N im Klappenschwerpunkt.

Nach LGA: Verschleißprüfung mit sinusförmiger Bewegung, für Büro- und Objektmöbel mit 10000 LW, sonstige Möbel 5000 LW. Öffnungs- und Schließkraft max. 50 N. Statische Belastungsprüfung mit Prüflasten in Abhängigkeit von der Klappenbreite zwischen 100 und 300 N, dynamische Anschlagfestigkeit mit 10 Wiederholungen.

Nach GDM: Bezug auf DIN 68841, Verschleißprüfung, statische Belastungsprüfung, dynamische Anschlagfestigkeit, Dauerprüfung: 10000 LW Wohnbereich, 15000 LW Küche.

6.4.5 Schubladen und Auszüge

Für das Bauteil „Auszugführungen" gilt DIN 68858, 5/1982. Anforderungen: Belastbarkeit, Auszug- und Einschubkraft, Absenkung, Dauerbeanspruchung, Herausziehsicherheit. Dauerprüfung: 50000 LW Büromöbel; 30000 LW sonstige Möbel; sinusförmige Bewegung, v_m = 0,25 m/s. Auszug- und Einschubkraft max. 50 N für Büromöbel, 85 N für sonstige Möbel, bei bis zu 400 N Prüflast.

Für das Funktionsteil „Möbel-Schubkästen" gilt DIN 68889 E, 10/1986. Anforderungen:

- Funktion: Bei potentieller Energie (Nennkraft × Fallhöhe) > 60 Nm ist Ausziehsicherung erforderlich.
- Ergonomie: Betätigungskräfte max. 85 N, Auszugsverlust höchstens 30 %.
- Festigkeit: Bodendurchbiegung, Absenkung der belasteten Schublade, bleibende Verformung von Vorder- und Hinterstück, Formstabilität nach Anschlagprüfung, Funktionsfähigkeit nach Dauerprüfung.

Dazu Prüfungen von: Verschleiß, statischer Belastbarkeit, Belastbarkeit von Vorder- und Hinterstücken bei Zargenschubkästen, statische Belastung der Schubkastenführungen, dynamische Belastung der Endanschläge. Verschleißprüfungen mit sinusförmiger Bewegung, v_m = 0,25 m/s, max. 15 Zyklen/min; 20000 LW Küche; 10000 LW sonstige Möbel.

Nach LGA:

- Belastung des Schubkastenbodens,
- Belastung der Vorder- und Hinterstücke,
- Belastung der Schubkastenführungen,
- Prüfung der Seitenstabilität,
- dynamische Belastung der Blende und Endanschläge,
- Verschleißprüfung für rollende bzw. gleitende Bauteile.

Die Prüflasten für Verschleißprüfungen sind abhängig vom Anwendungsbereich zwischen 60 N und 650 N und von der möglichen Stapelhöhe in der Schublade von kleiner 110 mm oder größer 110 mm. Dauerprüfung: 30000 LW Büro- und Objektbereich; 20000 LW Küchen; 10000 LW Wohn- und Badmöbel.

Nach GDM: Prüfumfang wie LGA, strengere Anforderungen an Einzelergebnisse als LGA und DIN. Dauerprüfung: 20000 LW Wohnbereich/Bad; 60000 LW Küchen.

6.4.6 Böden und Bodenträger

Für die Bauteile „Möbel-Einlegeböden und -Bodenträger" gilt DIN 68874, 1/1985, Teil 1.

Anforderungen: Durchbiegung der Einlegeböden, Festigkeit der Bodenträger (Absenkung). Festlegung von Beanspruchungsgruppen (L) von 25, 50, 75, 125 kg/m² Nutzlast bei maximal zulässiger Durchbiegung von 1/200 der Bodenlänge.

Gefordert sind Durchbiegungsprüfungen mit 28 Tagen statischer Belastung für Böden (Einzelheiten siehe Abschnitt 2.6.8) und Stoßprüfungen (dynamische Belastung) der Bodenträger, maximal zulässige Absenkung 2 mm.

Nach LGA: Anforderungen und Prüfungen wie DIN 68874.

Nach GDM: Anforderungen und Prüfungen wie DIN 68874, Zuordnung der Belastungsgruppen: Badmöbel = L 25, Wohnmöbel = L 50, Küchenmöbel = L 50.

6.4.7 Kleiderstangen

Für das Bauteil Kleiderstange „Kleiderbügelträger" gilt Punkt 3.2 der DIN 68890 V, 2/1985 „Kleiderschränke im Wohnbereich". Die Stange darf sich nicht mehr als 1/100 der Stützweite durchbiegen, die Prüflast beträgt 400 N/m, gleichmäßig verteilt, Belastungsdauer 7 Tage. Prüfung der Festigkeit der Auflager nach 28 Tagen statischer Belastung von 400 N/m.

Nach LGA: Statische Prüfung mit Prüflast 400 N/m, Belastungsdauer 1 h, zulässige Durchbiegung 1/100 Stützweite. Festigkeit der Auflager in statischer Prüfung wie DIN 68890, dynamische Prüfung in Erprobung.

Nach GDM: Statische Prüflast von 600 N/m, Belastungsdauer 1 h bei Auflager aus Metall, 28 Tage bei Auflager aus Kunststoff. Dynamische Prüfung der Auflager mit 400 N statischer Vorlast, 50 N Prüflast (Fallgewicht), Fallhöhe 50 mm, LW 10, maximal zulässige Absenkung 2 mm.

6.4.8 Möbelschlösser

Für das Bauteil „Möbelschlösser" gilt DIN 68852, 7/1981.
Anforderungen: Auszugwiderstand, Verschleiß, Drehmoment, Schließwiderstand.
Verschleißprüfung: 20000 Betätigungen (15 × je Minute) 5000 Betätigungen mit Prüflast von 10, 15, 20 N.

Nach LGA: Prüfung in Anlehnung an DIN 68852, Auszugwiderstand, Überdrehungswiderstand, Verschleiß (modifizierte Prüfung) 8000 + 1000 + 1000 Betätigungen.
Nach GDM: Grundlage ist DIN 68852, Auszugwiderstand mit erhöhter Prüflast, Verschleiß wie DIN, Drehmoment mit strengerer Anforderung.

6.4.9 Schrankaufhänger

Für das Bauteil „Schrankaufhänger gilt DIN 68840, 1/1984.
Anforderungen an Festigkeit bei statischer Belastungsprüfung und dynamischer Stoßprüfung. Prüflast je Schrankaufhängerpaar = 4 × Nennlast je Schrankaufhänger. Stoßprüfung nach DIN 68874.

Nach LGA: Statische und dynamische Vertikalbelastung in Übereinstimmung mit DIN. Horizontale Belastbarkeit mit Nutzlast auf Böden und zusätzlicher Last von 200 N an 90°-geöffneter Tür.
Nach GDM: Statische und dynamische Vertikalbelastung in Übereinstimmung mit DIN 68840, Beanspruchungsgruppe L 50 für statische Belastung. Dynamische Stoßbelastung nach DIN 68874. Horizontale Belastbarkeit wie LGA Standard.

6.4.10 Möbelrollen

Für das Bauteil „Rollen für Drehstühle und Drehsessel" gilt DIN 68131, 3/1975.
Anforderungen: Zulässiger Flächendruck, Typ W für Holz-, Kunststoff- und Steinfußboden max. 3 N/mm², Typ H für Teppichboden max. 12 N/mm², Gängigkeit der Rollen, Beschaffenheit der Lauffläche, sichtbare Verformung, Beschaffenheit des Gehäuses.

Nach LGA: Bauteilprüfung in Anlehnung an DIN 68131, Zeitstandfestigkeit: Prüflast Herstellerangabe + 100%, Dauer 100 h.
Dauerprüfung: Umschwenken der Rolle unter Prüflast, 100000 mal hin/her. Dyna-

mische Stoßbeanspruchung durch Fallgewicht. Dauerprüfung der Feststeller.
Nach GDM: keine Angaben

6.5 Spezielle Anforderungen an Komplettmöbel

Die Normung zielt mehr und mehr dahin, Anforderungen für Komplettmöbel festzulegen, in denen viele der im Abschnitt 6.4 beschriebenen Einzelanforderungen an Bau- und Funktionsteile enthalten sind. Dazu gehören:
- Kleiderschränke im Wohnbereich DIN 68890 V, 2/1985
- Tische für den Wohnbereich DIN 68885 V, 8/1981
- Stühle für den Wohnbereich DIN 68878 V, 9/1981
- Etagenbetten DIN 68879, 8/1981
- Klappbetten DIN 68873, 7/1983
- Kinderbetten DIN 68078, 2/1982
- Küchenmöbel DIN 68930 E, 12/1986
- Hausarbeitsdrehstühle DIN 68876, 10/1980
- Arbeitsdrehstühle DIN 68877, 7/1981
- Büromöbel DIN 4554, 12/1986
- Bürodrehstühle DIN 4551, 10/1975
- Schreibtische, Büromaschinentische und Bildschirmarbeitstische (Maße) DIN 4549, 11/1982
- Registratur- und Karteischränke auf Sockel (Außenmaße) DIN 4545, 2/1983

Hinsichtlich der Vergleichbarkeit der Prüfanforderungen für ganze Möbel zwischen DIN, LGA und GDM gilt das gleiche wie für die Bau- und Funktionsteilprüfung: Es bestehen Unterschiede in einigen Einzelheiten, wobei die GDM-Anforderungen meist strenger als die DIN-Anforderungen sind, während sich die LGA-Anforderungen weitgehend mit DIN decken. Wenn DIN-Anforderungen fehlen, prüft die LGA nach eigenen Kriterien, die als LGA-Richtlinien kenntlich gemacht sind, z. B. im Bereich Polstermöbel und Sitzmöbel.
Ein Beispiel für den Vergleich der Prüfanforderungen nach DIN und GDM ist im Abschnitt 6.5.2 in einer Übersicht für Küchenmöbel zu finden.

6.5.1 Kleiderschränke im Wohnbereich

Für das Komplettmöbel „Kleiderschrank im Wohnbereich" gilt DIN 68890 V, 2/1985. Hierbei handelt es sich um eine sehr umfangreiche Darstellung der Funktionsmaße, Anforderungen und Prüfung.

Viele der im Abschnitt 6.4 dargestellten Anforderungen an Bau- und Funktionsteile, sowie deren Prüfung, sind in der Norm enthalten. Sie gilt für Schränke im Wohnbereich zur Aufbewahrung von Kleidung, sie gilt nicht für Schränke in Kinderzimmern.
Funktionsmaße beziehen sich auf die lichte Tiefe: min. 540 mm bei Drehtüren, 560 mm bei Schiebetüren; lichte Höhe bis Oberkante Kleiderbügelträger: min. 1500 mm für lange Kleidung, 900 mm für kurze Kleidung, min. 32 mm Abstand über Kleiderbügelträger.
Anforderungen betreffend Böden und Bodenträger, Kleiderbügelträger, Türen (Dreh- und Schiebetüren), Schubkasten, Korpusfestigkeit, Montage, Schlösser und Beschläge, Oberflächen, Verarbeitung, Kippsicherheit, Formaldehydabgabe.
Prüfung richtet sich nach den genormten Bau- und Funktionsteilprüfungen (Abschnitt 6.4). Wichtig ist die Einhaltung der vorgegebenen Reihenfolge der insgesamt 11 Einzelprüfungen. Besondere Beachtung verdient die Festigkeitsprüfung des Korpus und Rahmens, die sonst bei keinem anderen Korpusmöbel vorgeschrieben ist: Zwei Kräfte von je 450 N greifen abwechselnd mit 2 LW/min (1 LW = 15 s Beanspruchung und 15 s Pause) jeweils 10mal in einem Abstand von 50 mm von einer Ecke in 1600 mm Höhe über der Stellfläche von vorn und von der Seite am Schrank gegenüber der Blockierung an. Die Funktionsfähigkeit nach der Prüfung muß uneingeschränkt gegeben sein.

Nach LGA werden Kleiderschränke als Komplettmöbel hinsichtlich der Kriterien: äußere Gestaltung und ergonomische Gestaltung gesondert behandelt. Die sonstigen Prüfungen erfolgen nach den Richtlinien der Bau- und Funktionsteilprüfungen.
Nach GDM werden Kleiderschränke nicht besonders aus den Prüfbestimmungen für Wohnraummöbel herausgehoben.

6.5.2 Küchenmöbel

Die Neufassung der Norm DIN 68930, 12/86 enthält neben sicherheitstechnischen Festlegungen im Sinne des Gesetzes über technische Arbeitsmittel (Gerätesicherheitsgesetz, vgl. Abschnitt 6.3.6, Punkt 3) auch Richtlinien zur Qualität. Im einzelnen sind Anforderungen und deren Prüfung für folgende Kriterien festgelegt: Funktionsmaße, Schubkästen und Auszüge, Oberflächenbeschaffenheit, Beschläge, Durchbiegung von Korpus- und Einlegeböden sowie von Arbeitsplatten, Feuchte- und Temperaturanforderungen und Korrosionsschutz. Die

Tabelle 6.1   Vergleich der Prüfanforderungen an Küchenmöbel

Anforderungen an Bauteile und Baugruppen	Einzelkriterien oder Bezug auf andere Grundlagen	DIN 68930, E 12/86	LGA	GDM (nur von DIN 68930 abweichende Kriterien)
äußere Gestaltung				
Korpusecken, -kanten	Rundungsradius (Fase)	R ≥ 0,4 mm (0,4 mm)		
Arbeitsplatten		R ≥ 1 mm		
Funktionsmaße	DIN 68901			
Schubkasten und Auszüge	DIN 68889			
Ausziehsicherung	ab einer potentiellen Energie	≥ 60 Nm		
Betätigungskraft		max. 85 N		
Verschleißprüfung	spezielle Prüfkraft bei:			
	Stapelhöhe < 110 mm	3,5 N/dm³		4,0 N/dm³
	Stapelhöhe > 110 mm	2,0 N/dm³		2,5 N/dm³
	Lastwechsel	20 000	wie	
Stat. Belastungsprüfung Boden	Lastdauer	15 min	DIN 68930	
Stat. Belastungsprüfung V-H-Stücke	Häufigkeit	10 × 15 s	bzw.	
Verformung bleibend	Vorder-Hinter-Stücke	max. 1 mm	DIN 68889	
Stat. Belastungspr. Sch.-führung	Kraftgröße	75 bis 160 N		
	Häufigkeit	10 × 15 s		
Bodendurchbiegung	f des kürzesten Bodenmaßes	max. ¹⁄₅₀		max. ¹⁄₇₅
Dynam. Prüfung Endanschlag	Häufigkeit	25 × auf/zu		50 × auf/zu
	Bewegungsgeschwindigkeit	0,30 . . . 0,65 m/s		
Drehtüren				
Scharniere:	Zuhaltekraft	min. 1,0 N		min. 1,2 N
horizontale Bewegung	Öffnungskraft	max. 30 N		max. 20 N
	Schließkraft	max. 20 N		max. 10 N
	Absenkung	max. 2 mm (120°)		max. 0,3 %
	Zusatzlast	2,5 kg		Türbreite
	Prüffrequenz	12 pro min (120°)	wie	
		8 pro min (> 120°)	DIN 68930	
	Lastwechsel	20 000		60 000
vertikale Belastung	Zusatzlast	10 kg		15 kg
Überziehbarkeit (120°)	Lastwechsel	10 Betät. auf/zu		
	Prüfkraft	40 N		60 N
	Lastwechsel, Frequenz	5, 1 pro s		
Klappen, Klappenhalter, -bremsen	DIN 68841			
Statische Prüfung	Last	10 kg		
Verschleißprüfung	Lastwechsel	–		15 000
Eck-Karussell	Bewegungskraft	max. 30 N		20 N
	Öffn.-Schließkraft	max. 50 N	wie	40 N
	Prüfkraft	2,5 N/dm³ Rauminhalt	DIN 68930	
	Prüffrequenz	2 pro min (45°)		
	Lastwechsel	10 000		20 000
Böden, Einlegeböden	DIN 68874			
Statische Belastung	zulässige Durchbiegung	max. ¹⁄₂₀₀ Länge		
	Nutzlast	bis 50 kg/m²		
Dynamische Belastung:				
Festigkeit Bodenträger	DIN 68874			
	Absenkung	max. 2 mm		
Schrankaufhänger				
Statische vertikale Belastung	DIN 68840, 68874			
	Bodenlast je Boden	max. 50 kg/m²		
Dynamische vertikale Belastung	Prüfgewicht	0,75 kg		
	Lastwechsel	10 je Aufhänger	wie	
Statische horizontale Belastung	Bodenlast je Boden	50 kg/m²	DIN 68930	
	Zusatzlast	20 kg		
	Lastwechsel	10 × je Tür, 10 s		
Sicherheitstechn. Anforderungen				
Funktionssicherheit	Abstände beweglicher Teile	mind. 8 mm		
	Finger-Griffteile	mind. 25 mm	wie	
	Sockelhöhen (Füße)	mind. 100 mm	DIN 68930	
Standsicherheit	DIN 68890, Mindestkippmoment	200 Nm		
Oberflächen	DIN 68861 Teil 1, 2, 4, 7, 8			

sicherheitstechnischen Anforderungen umfassen im einzelnen: funktionelle Sicherheit (Mindestabstände zur Vermeidung von Quetsch- und Klemmgefährdung), Herauszieh-Sicherung von Auszügen, Platten, Einlegeböden und Schubkasten; Standsicherheit, elektrische Sicherheit, äußere Gestaltung (z. B. Kantenradien).

Weitere Punkte der Norm betreffen die Formaldehydabgabe, Montageanleitung, Gebrauchs- und Pflegeanleitung sowie das Verhalten der Oberflächen im Gebrauch. Letzter Punkt wird sehr ausführlich behandelt auf der Grundlage von DIN 68861, Teile 1, 2, 4, 7 und 8.

Küchenmöbel unterliegen dem Gerätesicherheitsgesetz. Für Küchenmöbel kann das GS-Zeichen vergeben werden, wenn die Prüfergebnisse mindestens die Anforderungen der DIN erfüllen. Die Anforderungen der Gütegemeinschaft Deutsche Möbel sind etwas strenger gefaßt. Die Tabelle 6.1 zeigt im Vergleich die Prüfanforderungen nach DIN und nach GDM. Die Anforderungen der LGA decken sich mit denen nach DIN.

6.5.3 Tische für den Wohnbereich

Der Begriff umfaßt Eßtische, Ausziehtische, Klapptische, Kulissentische, Couchtische und ähnliche. Die Form ist beliebig. Für diese Tische gilt DIN 68885 V, 8/81. Die Normung gilt nicht für Tische im Objektbereich wie Schreib-, Labor-, Schultische oder aus Möbeln auszieh- oder ausklappbare Tische.

Funktionsmaße beziehen sich auf die Tätigkeit (Schreiben, Sitzen) mit Höhen von 720 bis 760 mm; der freie Beinraum muß mindestens 620 mm betragen, bei Küchen- und Eßtischen mindestens 650 mm. Die Platten müssen mindestens 600 mm Kantenlänge pro Person aufweisen, z. B. ein 4-Personen-Tisch 800 × 1 200 mm.

Anforderungen betreffen Verformungen der Tischplatte, Absenkung herausgezogener Platten, Korrosionsbeständigkeit von Metallteilen, Holzbeschaffenheit. Sicherheitstechnische Anforderungen sind Standsicherheit, Festigkeit, Kantenbeschaffenheit.

Prüfung betrifft die Funktionsmaße und Verarbeitung, sowie die folgenden Einzelprüfungen: Standsicherheit in ungünstigster Stellung mit 400 N senkrecht wirkender Kraft (Ausziehtische 200 N) in 50 mm Abstand vom Plattenrand. Dynamische Prüfung nach Standsicherheitsprüfung durch horizontal zur Platte angreifende Kraft von 400 N in Längs- und Querrichtung des Tisches mit jeweils 10 000 LW (10 LW/min). Statische Prüfung nach dynamischer Prüfung mit Last von 100 kg (Bleischrotsack) in Plattenmitte, bei Kulissentischen 85 kg im ausgezogenen Zustand, Belastungsdauer 10 min.

Tische unterliegen dem Gerätesicherheitsgesetz. Bei Erfüllung der Prüfanforderungen kann das GS-Zeichen vergeben werden.

6.5.4 Sitzmöbel

Der Sammelbegriff „Sitzmöbel" umfaßt die Einzelprodukte Stuhl, Sessel, Sofa, Bank und Hocker.

Sitzmöbel bilden eine große Produktgruppe, in der sehr unterschiedliche Materialien wie Holz, Metall, Kunststoff, Polstermaterial, Textilien, Leder und Naturfasern zur Verwendung kommen.

Neben den Stühlen für den Wohnbereich sind viele andere Sitzmöbel prüfbedürftig. Insbesondere im Büro- und Objektbereich werden strenge Anforderungen an die Dauerhaftigkeit und Sicherheit gestellt. Mitunter ist es schwierig, die erforderliche Stabilität von Sitzmöbeln vorauszubestimmen, handelt es sich doch im normalen Gebrauch wie im üblichen Mißbrauch meist um dynamische Belastungen mit Überlagerungen von mehreren Kräften, die nur schwer zu simulieren sind. Daher bestehen noch nicht für alle Sitzmöbel Normen.

Polstermöbel werden weitgehend in Anlehnung an Methoden der Drehstuhlprüfung in modifizierter Form getestet. Eigene Normen für Polstermöbel sind in Vorbereitung.

Für Sitzmöbel gelten die Normen

DIN 4551	Drehstühle und Drehsessel im Bürobereich,
DIN 68707	Sperrholzformteile für Sitzmöbel,
DIN 68872	Kunststoff-Sitzschalen für Innenräume,
DIN 68876	Hausarbeitsdrehstuhl, höhenverstellbar,
DIN 68877	Arbeitsdrehstuhl,
DIN 68878	Stühle für den Wohnbereich,
ISO 5970	Stühle für Schulen.

In Ermangelung von Prüfnormen für Polstermöbel hat das Möbelprüfinstitut der LGA teilweise eigene Prüfrichtlinien erarbeitet, denen die Gütegemeinschaft Deutsche Möbel weitgehend folgt. Im einzelnen sind dies:

- Schwellbelastung mit Fallgewicht für Polstersitze,
- Schwellbelastung von Armstützen,
- Schwellbelastung von Rückenlehnen.

Ansonsten folgen sowohl LGA als auch GDM den DIN-Normen für Sitzmöbel. Ergänzt werden diese durch eine Reihe von genormten Einzelprüfungen für Polsterwerkstoffe und Polsterbezüge aus Textilien, Leder und Kunststoff. Tragende Kunststoffteile werden bei der LGA nach BIFMA-Standards geprüft.

6.5.5 Stühle für den Wohnbereich

Die Norm DIN 68878 V, 9/81 gilt nicht für Kinderhochstühle, Klappstühle, Hocker und mit dem Boden fest verbundene Stühle. Für Kunststoff-Sitzschalen und höhenverstellbare Hausarbeits-Drehstühle gelten eigene Normen.

Funktionsmaße: Sitzhöhe zwischen 380 bis 480 mm (günstigster Abstand zwischen Sitzhöhe und Tischhöhe 270 bis 310 mm), Sitztiefe mindestens 360 mm, Sitzbreite mindestens 360 mm, Rückenlehnenhöhe mindestens 300 mm, Abstand zwischen Armstützen mindestens 460 mm.

Anforderungen an allgemeine Ausführung und Sicherheit: Standsicherheit, Festigkeit, Kantenbeschaffenheit.

Prüfung der Verarbeitung und Funktionsmaße. Standsicherheitsprüfung nach Sicherung gegen Wegrutschen mit speziellem Belastungskörper mit 75 kg nach hinten, 25 kg nach vorne, genaue geometrische Anordnung nach DIN. Die Festigkeit wird in einer dynamischen (Kipp-Fall-)Prüfung und einer statischen Prüfung ermittelt. Bei der Kipp-Fall-Prüfung wird der Stuhl nach Belastung mit 85 kg nach vorne und hinten, mit 42,5 kg nach den Seiten gekippt, bis die zwei freien Beine 30 mm abgehoben haben. Anschließend fällt der Stuhl frei auf die Prüfplatte zurück. Dieser Vorgang wird in jeder Richtung 6 000mal wiederholt (insgesamt also 24 000 LW) bei 10 LW/min. Armstützen werden aus einem Winkel von 10° zur Senkrechten nach außen mit je 375 N im Abstand von 250 mm von der Sitzvorderkante 10 000mal belastet, bei 10 LW/min. Die statische Prüfung erfolgt nach der dynamischen. Der mit 85 kg belastete Stuhl wird auf der Rückenlehne mit einer Kraft von 750 N 10 min lang im Winkel von 90° statisch belastet. Vorhandene Armstützen werden 10mal mit einer Kraft von 750 N beansprucht, Geometrie der Prüfanordnung nach DIN.

Die Prüfung nach *GDM* weicht in einigen Punkten von der DIN-Prüfung ab. So ist die dynamische Prüfung der Armstützen auf 25 000 LW erhöht. Bei der Standsicherheit wird die Kippkraft (mindestens 250 N), nicht das Kippmoment wie bei DIN ermittelt.

6.5.6 Etagenbetten

Der Begriff gilt für Betten, deren Bodenoberseite mindestens 900 mm über der Stellfläche liegt. Die sicherheitstechnischen Anforderungen und deren Prüfung sind in DIN 68879, 8/81 festgelegt. Die Werkstoffe müssen speichel- und schweißecht nach DIN 53160 und korrosionsbeständig (Metalle) sein. Zugängliche Kanten, Ecken und vorstehende Teile müssen gratfrei und gebrochen oder gerundet sein, nach GUV[1]) mindestens mit R 2 oder entsprechender Fase. Besondere Beachtung finden Konstruktionsdetails wie Absturzsicherung, Bettpfosten, Bettboden, Aufstiegselemente, Auftritte, Verbindungen, Standsicherheit und Befestigung zwischen Hochbett und Unterbett.

Die Prüfung umfaßt dynamische und statische Beanspruchungen, insbesondere des Bettbodens und der Aufstiegselemente. Einzelheiten sind der Norm zu entnehmen.

Die *LGA* prüft Etagenbetten in Anlehnung an DIN 68879, in zum Teil modifizierter Weise, um den derzeitigen aktuellen Stand der Technik und der Erfahrungen zu berücksichtigen, wobei die DIN-Anforderungen voll abgedeckt sind. Etagenbetten unterliegen dem Gerätesicherheitsgesetz. Bei erfolgreicher Prüfung der Anforderungen kann das GS-Zeichen vergeben werden.

6.5.7 Kinderbetten (Laufställe, Türgitter)

Der Begriff gilt für Schlafmöbel ab 900 mm Liegelänge, in denen Kleinkinder durch seitliche Begrenzung vor dem Herausfallen geschützt sind. Für Kinderbetten gilt DIN 66078, 2/82 für Laufställe und Türgitter DIN 66076.

Besondere Bedeutung haben sicherheitstechnische Anforderungen: Die Werkstoffe müssen speichel- und schweißecht, Metalle korrosionsbeständig sein. Bespannungsmaterialien müssen schwerentflammbar sein nach DIN 51961, 3/63, Versuch A. Kanten, Ecken und hervorstehende Teile müssen gratfrei und gebrochen oder gerundet sein, Angaben für den mindestens geforderten Rundungsradius fehlen, in Analogie zu Etagenbetten sollten mindestens R 2 eingehalten werden. Weitere Anforderungen betreffen Konstruktionsdetails wie Bettboden, seitliche Begrenzung, Bettpfostenausführung, Verbindungen, Verschlüsse und Einstellelemente sowie das Kippverhalten. Wichtige Maße sind die Höhe der seitlichen Begrenzung (300 . . . 600 mm, je nach Stellung des Bettbodens), sowie der lichte Abstand zwischen eventuell vorhandenen Gitterstäben (mindestens 60, max. 75 mm). Kinderbetten unterliegen dem Gerätesicherheitsgesetz. Bei erfolgreicher Prüfung der Anforderungen kann das GS-Zeichen vergeben werden.

[1]) GUV-Regelwerk: Bundesverband der Unfallversicherungsträger der öffentl. Hand e. V., Postfach 200124, 8000 München 2

6.5.8 Büromöbel

Die Norm DIN 4554, 12/86 umfaßt die ganze Produktgruppe Büromöbel, außer Bürositzmöbel. Sie enthält auch die „Mindestanforderungen für Büromöbel", die für den gesamten Bereich der Bundesverwaltung als verbindlich eingeführt sind. Büromöbel sind Arbeitsgeräte, die hohen Gebrauchsbeanspruchungen unterliegen. Außerdem umfaßt der Begriff Büromöbel (DIN 4553, 11/86) verschiedene Tisch- und Schrankarten sowie weitere Einrichtungsgegenstände. Entsprechend umfangreich ist die Norm, die ihrerseits auf vielen Einzelnormen für Bau- und Funktionsteilprüfungen aufbaut. Insgesamt werden rund 40 Normen zitiert. *Anforderungen* beziehen sich zuerst auf die Werkstoffe und deren Prüfung: Vollholz, Holzwerkstoffe, Kunststoffe, Metalle. Außenmaße, sicherheitstechnische und ergonomische Maße sind in DIN 4545 und 4549 festgelegt. Für Büroschreibtische gilt seit 1987 die Europa-Norm mit 720 mm Höhe, für Büromaschinentische mit 650 mm Höhe. Die Außengestaltung verlangt Rundungsradien der Kanten und Ecken von Tischplattenoberseiten von mindestens 3 mm, andere Kanten und Ecken von Teilen, mit denen der Benutzer in Berührung kommt, müssen mindestens 2 mm aufweisen. Für elektrische Einrichtungen muß DIN VDE 0100 Teil 724 beachtet werden. Besondere Aufmerksamkeit ist den Außenflächen, deren Oberflächenglanz, -helligkeit und -güte auf der Basis bestehender Normen (vgl. Abschnitt 6.6) zu widmen. Einzelanforderungen an Verbindungen, Schlösser und Beschläge, Türen, Rolläden, Schubladen und Inneneinrichtung sind aufgeführt.

Besondere Anforderungen gelten für den Ausgleich von Bodenunebenheiten bei Tischen und Schränken, für die Belastbarkeit von Tischen, Schränken und Regalen, für Auszüge und deren Auszugsart, für die Ausziehsicherheit von Schubladen und Auszügen, für die Schwingungsfreiheit von Tischen, für die Belastung des Fußbodens, die Standsicherheit und das Verhalten gegen Kippfallen.

Die Prüfanforderungen der *LGA* decken sich weitgehend mit den DIN-Anforderungen. Die *GDM* hat im Mai 1988 Entwürfe der Prüfbedingungen für Bürokastenmöbel und Bürositzmöbel herausgebracht. In der Tendenz sind die Prüfbedingungen der GDM für Büromöbel, wie schon bei Wohnmöbeln, strenger als die allgemeinen DIN-Prüfungen.

Büromöbel gehören im Sinne des Gesetzes zu den technischen Arbeitsmitteln und unterliegen dem Gerätesicherheitsgesetz. Bei erfolgreicher Prüfung der Anforderungen kann das GS-Zeichen vergeben werden.

Sicherheitstechnische und ergonomisch relevante Details werden auch vom Fachausschuß Verwaltung der Zentralstelle für Unfallverhütung und Arbeitsmedizin des Hauptverbandes der gewerblichen Berufsgenossenschaften e. V., Sachgebiet 6 „Büro-Arbeitsplatzgestaltung" in Bielefeld geprüft.

6.6 Anforderungen an die Oberflächeneigenschaften

6.6.1 Allgemeine Anforderungen

Möbeloberflächen sind mechanischen, chemischen und manchmal auch klimatischen Beanspruchungen ausgesetzt. Der Grad der Beanspruchung hängt vom Gebrauchszweck des Möbels und der Intensität seiner Nutzung ab. Die Normung nennt nur den Begriff „Möbeloberflächen", unterscheidet jedoch nach verschiedenen Beanspruchungsgruppen, ohne diese einem bestimmten Möbeltyp zuzuweisen.

Diese Zuordnung kann durch den einzelnen Möbelhersteller oder durch Gütegemeinschaften erfolgen, die auf diese Weise ihren Produkten eine bestimmte Güteanforderung auferlegen.

Die Anforderungen an die Möbeloberflächen sind in DIN 68861, 12/81, Teil 1 bis 8 festgelegt. Sie gilt nicht für Gartenmöbel und nicht für Oberflächen aus Leder, Kunstleder, Textilien oder textile Flächen aus Kunststoff. Kunststoff-Schichtstoffplatten (HPL) werden nach DIN 53799, 8/82 geprüft und nach DIN 16926, 10/87 bezeichnet. In den Normen werden genaue Anweisungen über die Anforderungen, die Prüfdurchführung, die Bewertung der Ergebnisse und die zulässige Bezeichnung einer Möbeloberfläche nach erfolgreicher Prüfung gemacht.

Ein Hersteller kann als Warenkennzeichnung den Verbraucher auf die gewährleisteten Eigenschaften der Oberfläche hinweisen, eine Verpflichtung dazu besteht jedoch bisher nicht.

6.6.2 Einzelanforderungen

DIN 68861 Möbeloberflächen umfaßt 8 einzelne Teile:

Teil 1: Verhalten bei chemischer Beanspruchung

Teil 2: Verhalten bei Abriebbeanspruchungen

Teil 3: Wischverhalten

Teil 4: Verhalten bei Kratzbeanspruchungen

Teil 5: Verhalten bei Stoßbeanspruchungen (in Vorbereitung)

Teil 6: Verhalten bei Zigarettenglut

Teil 7: Verhalten bei trockener Hitze

Teil 8: Verhalten bei feuchter Hitze

Jede dieser Beanspruchungsarten wird in Beanspruchungsgruppen unterteilt, die von A bis F die höchste bis geringste Beanspruchungsfähigkeit kennzeichnen. So bedeuten beispielsweise:

- bei Einwirkung von Wasser auf einer Oberfläche, die Bezeichnungen
  1 A = Teil 1 der Norm, Verhalten bei chemischer Beanspruchung, Beanspruchungsgruppe A = 16 Stunden Einwirkzeit ohne sichtbare Veränderung;
  1 D = 10 min Einwirkzeit ohne sichtbare Veränderung;
- bei Verglühen einer Zigarette auf einer Oberfläche, die Bezeichnungen
  6 A = Verglühen ohne sichtbare Spuren;
  6 D = deutliche Verfärbung.

6.6.3 Prüfungen

Die *LGA* führt Oberflächenprüfungen nach DIN-Normen und, soweit sinnvoll oder wegen fehlender DIN-Normen, nach internationalen Normen durch. Die Prüfungen umfassen: chemische Beanspruchung, Abriebbeanspruchung, Wischverhalten, Kratzbeanspruchung mit unterschiedlichen Methoden für melaminbeschichtete Platten und HPL-Platten gegenüber Furnieroberflächen, Verhalten bei Zigarettenglut, Verhalten bei trockener Hitze, Verhalten bei Stoßbeanspruchung, Haftfestigkeit (Gitterschnittprüfung), Kugelstrahlversuch (Schlagfestigkeit lackierter Metalloberflächen), Korrosionsbeständigkeit (Beschläge und andere Bauteile).

Nach *GDM*-Richtlinien werden Anforderungen an Möbeloberflächen für die Produktgruppen Wohnraummöbel/Bad, Küchenmöbel sowie Stühle, Eckbänke, Tische unterschieden (Tabelle 6.2). Die Differenzierungen hinsichtlich der Produktgruppen und der Anwendung der verschiedenen Prüfarten nach den GDM-Richtlinien tragen der Tatsache Rechnung, daß an Möbeloberflächen von stark beanspruchten Teilen, wie beispielsweise Arbeitsplatten oder Tischplatten, andere Anforderungen zu stellen sind als an Fronten, die aber dafür ästhetisch sensibler sind. Weitere Unterscheidungen ergeben sich aus der Art der Oberfläche, beispielsweise für DKS/HPL (Kunststoff-Schichtstoffplatten), KF (melaminbeschichtete Flachpreßspanplatten), Holz und Holzwerkstoffe lackiert.

6.7 Temperatur- und Feuchtebeständigkeit

Temperatur- und Feuchtebeständigkeit sind bei einigen Möbelarten besonders zu beachten, beispielsweise bei Küchen- und Badmöbeln sowie bei Gartenmö-

Tabelle 6.2 Anforderungskriterien an Oberflächen bei Herstellerangaben nach GDM-Richtlinien

GDM-Anforderung	DIN-Norm	Möbelart		
		Wohnmöbel Bad	Küche	Stühle Tische Eckbank
Chemische Beanspruchung	68861, Teil 1	X	X	X
Abriebbeanspruchung	68861, Teil 2	X	X	X
Wischverhalten	68861, Teil 3	X	X	X
Kratzbeanspruchung	68861, Teil 4	X	X	X
Stoßbeanspruchung	68861, Teil 5	–	–	X
Verhalten bei Zigarettenglut	68861, Teil 6	–	–	X
Verhalten bei trockener Hitze	68861, Teil 7	X	X	–
Verhalten bei feuchter Hitze	68861, Teil 8	X	X	–
Korrosionsbeständigkeit	50017	X	X	X
Temperatur- und Feuchtebeständigkeit	50016	X	X	–

Tabelle 6.3 Allgemeine Prüfbedingungen für Küchen- und Badmöbel

Kriterien	DIN 68930			LGA			GDM		
Zyklen	1			1			1		
Dauer (h)	5	14	24	5	14	5	5	14	24
Temperatur (°C)	23	40	23	23	40	23	23	40	23
rel. Luftfeuchte (%)	83	92	50	83	92	83	83	92	50

beln. Als einzelne Einflußfaktoren auf die Möbeloberflächen und die Bauteile samt ihren Verbindungen lassen sich nennen:

- freies Wasser
- Wasserdampf
- Luftfeuchte
- Sonneneinstrahlung
- Hitze durch Elektrogeräte.

Besonders nachteilige Einflüsse ergeben sich aus rasch folgenden Wechseln zwischen unterschiedlichen Temperatur- und Feuchtigkeitsbereichen. Kondenswasser und intensive Sonneneinstrahlung können an Möbeln Schäden hervorrufen.

Die Anforderungen an Möbel als Fertigerzeugnis sind bisher nur ansatzweise in der Normung zu finden. Meistens muß auf die Werkstoffprüfung zurückgegangen werden. Für Küchenmöbel sind in DIN 68930 Prüfbestimmungen enthalten, die sich an die allgemeine Norm DIN 50016, Werkstoffbeanspruchung im Feuchtewechselklima, anlehnen.

Die Prüfbedingungen für Küchen- und Badmöbel nach *LGA* und *GDM* sind etwas unterschiedlich, wie obenstehende Tabelle 6.3 zeigt.

Darüber hinaus prüft die LGA Spülenunterschränke und Badmöbel nach eigenen, verschärften Bedingungen. Für mögliche Schadenseinflüsse durch die Temperatur von Elektro-Einbaugeräten und durch den Wasserdampf von Küchengeräten wie Geschirrspüler, Kaffeemaschinen und ähnliche gibt es bisher keine verbindlichen Prüfbestimmungen.

Gartenmöbel werden bei der LGA nach eigenen Standards hinsichtlich der Belastung durch Wechselklima, Wasserkontakt und Sonnenstrahlungseinflüsse geprüft.

6.8 Anforderungen an Elektroinstallationen in Möbeln

Elektroinstallationen sind in Möbeln in vielfältiger Weise und zunehmendem Maße als Beleuchtung und Unterhaltungselektronik im Wohnbereich, als Haushaltsmaschine im Küchenbereich, als Arbeitsmittel im Bürobereich und als allgemeine Funktionsbauteile in Möbeln zu finden.

Vorschriften zur Auswahl, zum Einbau und zur Prüfung sind vom VDE und der Deutschen Elektrotechnischen Kommission im DIN erlassen worden. Normen aus dem Möbelbereich über Elektroinstallationen existieren bisher nur ansatzweise. Wichtige Einzelheiten enthält DIN 57710, Teil 14, zugleich VDE-Bestimmung 0710 „Leuchten mit Betriebsspannungen unter 1 000 V, Leuchten zum Einbau in Möbeln". Sie behandelt Anwendungsbereiche und Zweck der Norm, Begriffe, Aufschriften und Bezeichnungen, Anschluß an das Installationsnetz, Einzelteile, Erwärmung und Korrosionsbeständigkeit.

Weitere Informationen enthält DIN 57100, Teil 724, zugleich VDE-Bestimmung 0100, Teil 724, „Errichten von Starkstromanlagen mit Nennspannungen bis 1 000 V, elektrische Anlagen in Möbeln und ähnlichen Einrichtungsgegenständen, z. B. Gardinenleisten, Dekorationsverkleidungen". Sie behandelt Geltungsbereich, mitgeltende Normen, Leitungen, Leiterquerschnitte, Leitungsverlegung, Netzanschluß und Betriebsmittel.

Nach den Bestimmungen des Gerätesicherheitsgesetzes sind die gültigen VDE-Bestimmungen einzuhalten. Im konkreten Fall gelten die Einbauvorschriften der Hersteller und Anbieter von Elektrogeräten. Da der Benutzer der Möbel diese meistens nicht kennt, kann es bei der Installation von Geräten der Heimelektronik zu Fehlern kommen. Deshalb sind einige Möbelhersteller dazu übergegangen, Systeme für die Elektroinstallation in den Möbeln zusammen mit den Herstellern der Geräte zu planen und zu realisieren. Das gilt besonders für den Wohnbereich. In den Bereichen Küche und Büro existieren bereits Einbau-Richtlinien, die von den jeweiligen Fachverbänden erarbeitet und koordiniert werden.

Die Anforderungen an die Sicherheit nach DIN/VDE 0100 umfassen im wesentlichen:

- Kennzeichnung der Geräte,
- Nenngrößenangaben auf dem Betriebsmittel,
- Grenztemperaturen,
- Schutzklassenzuordnung,
- Befestigungsvorschriften hinsichtlich der Isolierung,
- Zugänglichkeit,
- Montageanleitung,
- Funkenentstörung,
- Wärmeentwicklung,
- zwangsweises Ausschalten beim Schließen von Funktionsteilen (Schreibklappe, Barfach usw.),
- Leitungsverlegung, Mindestquerschnitte, mechanischer Schutz vor Beschädigungen und Quetschungen,
- Zug- und Schubentlastung bei fester Verlegung im Möbel.

Es ist damit zu rechnen, daß zukünftig weitere Normen über die Anforderungen an Elektroinstallationen in Möbeln hinsichtlich Konstruktion, Bedienung und Funktion erscheinen werden.

6.9 Anforderungen an die Gesundheits- und Umweltverträglichkeit

Das gesteigerte Bedürfnis der Menschen nach Schutz vor Stoffen, die Gesundheit und Umwelt gefährden können, hat auch zu kritischer Einstellung gegenüber der Verwendung von einigen Kunststoffen und Chemikalien in der Möbelproduktion geführt. Die Aufmerksamkeit konzentrierte sich in letzter Zeit besonders auf *Formaldehyd,* das in Leimen, Lacken und Beschichtungsmaterialien vorhanden sein kann. Spanplatten, die mit Harnstoff-Formaldehydharzen hergestellt werden und aus denen freies Formaldehyd entweichen kann, sind besonderer Anlaß zur Kritik geworden.

Inzwischen sind Richtlinien zur Begrenzung der maximal zulässigen Konzentration in Innenräumen vom Bundesgesundheitsamt (BGA) festgelegt worden. Sie beträgt für Formaldehyd 0,1 ppm (parts per million), entsprechend 0,12 mg/m³. Nach der Gefahrstoff-Verordnung vom Oktober 1986 dürfen Möbel nicht in den Verkehr gebracht werden, wenn sie Holzwerkstoffe (Spanplatten, beschichtete Platten, Tischlerplatten, Furnierplatten und Faserplatten) enthalten, die mehr als 0,1 ppm Formaldehyd unter Prüfbedingungen zur Innenraumbelastung beitragen.

Der Anteil anderer Materialien zur Möbelherstellung, z. B. Leime, Lacke sowie Beschichtungen, wird hierbei nicht berücksichtigt. Da auch andere Erzeugnisse in einem Raum zur Formaldehydbelastung beitragen können, z. B. Parkettversiegelungen, Tapeten, Kleber, Teppiche oder Gardinen, sollte eine einzelne Produktgruppe nur einen Teil des Gesamtemissionswertes in Anspruch nehmen.

Für Möbel dürfen nur noch Spanplatten der Emisssionsklasse E1 (höchstens 0,1 ppm Formaldehydfreisetzung) oder formaldehydfreie Platten eingesetzt werden. Das gilt auch für importierte Möbel. Die Jury Umweltzeichen vergibt seit 1986 das Umweltzeichen „Blauer Engel" für formaldehydarme Produkte aus Holz oder Holzwerkstoffen nach den Vergaberichtlinien RAL – UZ 38. Danach dürfen die Produkte eine Konzentration von 0,05 ppm, beziehungsweise einen Mittelwert von 2,0 mg/m²h Formaldehyd nach dem Gasanalyseverfahren gemäß den in RAL – UZ 38 festgelegten Prüfbedingungen nicht überschreiten. Die Prüfungen erfolgen in Kammern von 1 m³ bis 40 m³ Inhalt, die mit den entsprechenden Gasanalyse-Einrichtungen versehen sind. Derartige Kammern sind in den letzten Jahren in einigen Materialprüfungsinstituten installiert worden. Die Prüfungen er-

fordern einen gewissen methodischen Aufwand und relativ viel Zeit.

Weitere Teilgebiete der Möbelherstellung, die Gesundheits- und Umweltprobleme mit sich bringen können, sind:

- *Staubentwicklung* bei der Bearbeitung von Massivholz, wobei neuerdings den Stäuben von Eichen- und Buchenholz eine mögliche krebserzeugende Wirkung unterstellt wird; von einigen tropischen Holzarten sind hautreizende und allergische Wirkungen bekannt;
- *Lackierung* unter Verwendung von Lösemitteln;
- Verwendung von *Ortschäumen* bei der Montage, die Harnstoff-Formaldehyd enthalten.

Zukünftig wird der Vermeidung von möglichen negativen Auswirkungen durch die Verarbeitung und den Gebrauch von solchen Materialien vermehrte Aufmerksamkeit zu widmen sein.

Im Handbuch „Umweltfreundliche Beschaffung", herausgegeben vom Umweltbundesamt, werden Informationen über den gegenwärtigen Stand der Kenntnisse von umweltschädlichen Stoffen in Produkten gegeben, die von öffentlichen Verwaltungen beschafft werden. Sinngemäß lassen sich die Empfehlungen auch auf private Haushalte übertragen. Spezielle Ausführungen werden u. a. über Möbel, Spanplatten, Lacke, Klebstoffe für den Bausektor, Abbeizmittel und Holzschutzmittel gemacht.

6.10 Hinweise zur praktischen Durchführung von Möbelprüfungen

Die Möbelprüfung ist ein neues Gebiet der Qualitätssicherung zum Nutzen für Hersteller und Verbraucher von Möbeln. Die folgenden Ausführungen sollen die wesentlichen Punkte des Ablaufs von Möbelprüfungen zusammenfassen und Hinweise für das praktische Vorgehen geben.

1. Was ist Möbelprüfung?
Möbelprüfung ist ein System zur Messung der objektiven oder technischen Qualität von Möbelbauteilen und von ganzen Möbeln.

2. Was wird geprüft?
Geprüft werden die meßbaren Eigenschaften von

- Material (Holz, Holzwerkstoffe, Hilfsstoffe),
- Bauteilen (Teile, die eine tragende oder aussteifende Funktion haben, vor dem Zusammenbau oder vor dem Einbau),
- Funktionsteilen (Teile, die beweglich sind oder Bewegungen unterstützen),

- fertigen Erzeugnissen (ganze Möbel), deren meßbare Eigenschaften sein können: Belastbarkeit, Formstabilität, Dauerfunktionsfähigkeit, Verschleißfestigkeit, Oberflächenbeständigkeit und Sicherheit in der Handhabung.

3. Voraussetzungen für Prüfungen
- Methode = Art der prüfbaren Eigenschaften und Art und Weise des Prüfablaufs,
- Güteanforderungen = Mindestanforderungen für eine definierte Gebrauchstauglichkeit.

4. Methodische Grundlagen der Möbelprüfung
Allgemein
- DIN, Deutsches Institut für Normung e.V., Normen Möbel, z.B. in Taschenbuch 66
Spezifisch
- GDM, Gütegemeinschaft Deutsche Möbel e.V., Bayreuther Str. 6, 8500 Nürnberg
Gütebedingungen für Möbel
- LGA, Landesgewerbeanstalt Bayern Möbelprüfinstitut, Gewerbemuseumsplatz 2, 8500 Nürnberg 1
- DMT, Deutsches Institut für Möbeltechnik e.V., Schalterfach, 8200 Rosenheim
- Fachausschuß Verwaltung, Verwaltungsberufsgenossenschaft, Sachgebiet 6, Büro-Arbeitsplatzgestaltung (Büromöbel), Niederwall 37, 4800 Bielefeld 1

5. Wer führt Möbelprüfungen durch?
Grundsätzlich können Prüfungen überall dort durchgeführt werden, wo die technischen Einrichtungen zur Prüfung, zur Messung und zur Auswertung der Messungen vorhanden sind. Das kann im firmeneigenen Labor sein, in Instituten von Einkaufsverbänden und Gütegemeinschaften, oder in neutralen Prüfinstituten.

Beispiele:
Einkaufs- oder Gütegemeinschaften
- Musterring-Testinstitut, Musterring International, Hauptstraße 134–140, 4840 Rheda-Wiedenbrück
- Quelle-Institut für Warenprüfung, Wittekindstraße 26, 8500 Nürnberg
- Stiftung Warentest, Lützowplatz 11–13, 1000 Berlin 30
Neutrale Prüfinstitute
- Möbelprüfinstitut der Landesgewerbeanstalt Bayern, Gewerbemuseumsplatz 2, 8500 Nürnberg 1

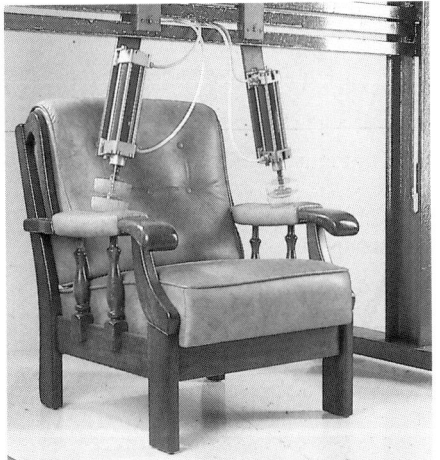
Abb. 6.5   Teilansicht Prüfung von Armstützen (Foto: DMT)

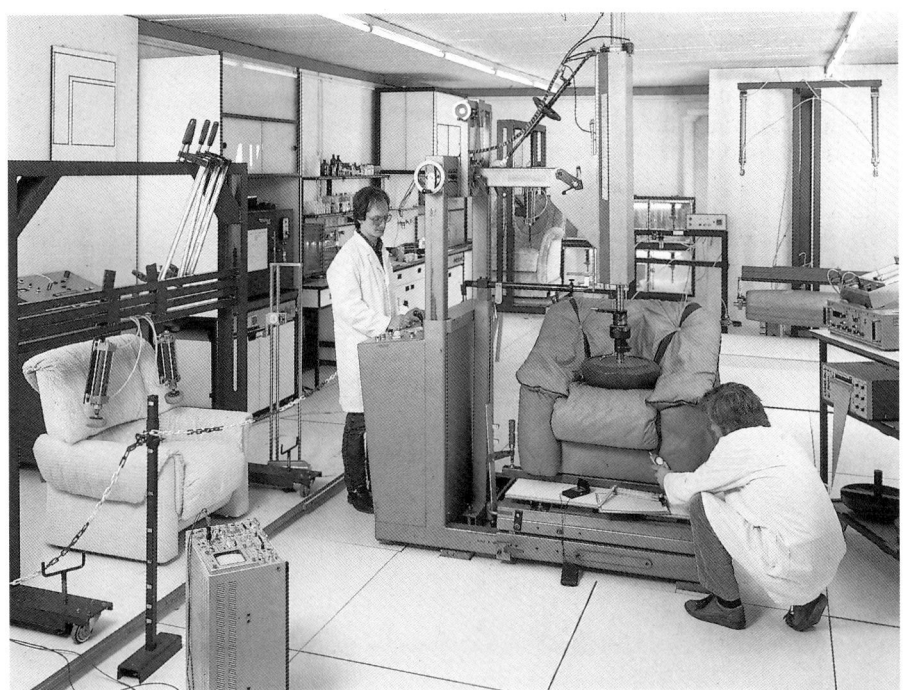
Abb. 6.6   Blick in ein modernes Prüflabor für Möbel (Foto: DMT/Segmüller)

- Nordwestdeutsches Institut für Möbel- und Materialprüfung,
  Paderborner Straße 133, 4930 Detmold
- Labor für Möbeltechnik, Fachhochschule Rosenheim, Marienberger Str. 26, 8200 Rosenheim
- Wissenschaftlich-Technisches Zentrum der holzverarbeitenden Industrie, Zellescher Weg 24, O-8020 Dresden

6. Kennzeichnung geprüfter Möbel
In der Bundesrepublik gibt es bisher keine Kennzeichnungspflicht für *Qualitätseigenschaften*. Firmen und Verbände praktizieren teilweise die freiwillige Kennzeichnung geprüfter Möbel durch einen „Gütepaß" oder „Möbelpaß", durch das RAL-Gütezeichen oder ein „Gütezertifikat". Das RAL-Gütezeichen kann nur für neutral überwachte Produktqualität verwendet werden.

Sicherheitsprüfungen sind für Möbel vorgeschrieben, die den Forderungen des Gerätesicherheitsgesetzes unterliegen. Das einheitliche GS-Zeichen für geprüfte Sicherheit darf nur von staatlich autorisierten Prüfstellen vergeben werden.
Das folgende Schema zeigt den Ablauf von Möbelprüfungen:

Ablaufschema Möbelprüfung

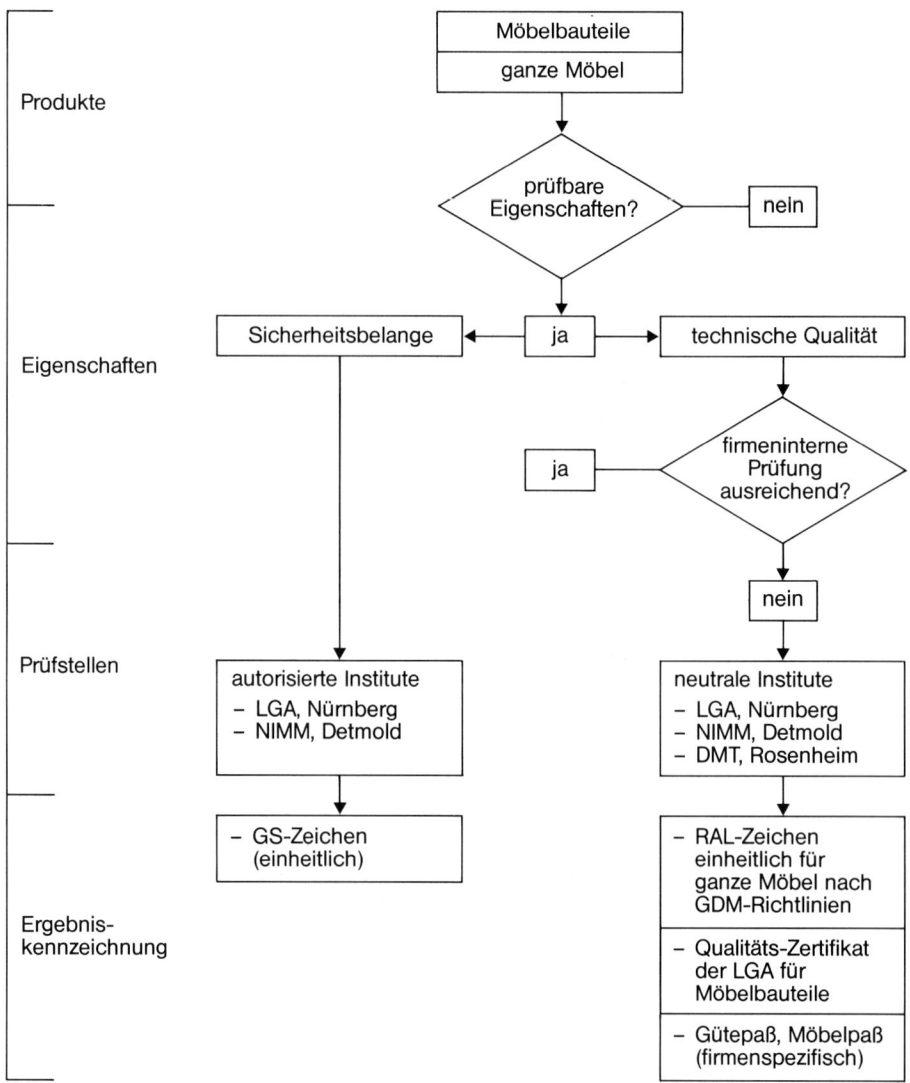

6.11 Verzeichnis der Normen

DIN	Ausgabe	Kurzbezeichnung
4545	2/1983	Registratur- und Karteischränke auf Sockel (Außenmaße)
4549	11/1982	Schreibtische, Büromaschinentische und Bildschirmarbeitstische (Maße)
4551	10/1975	Bürodrehstühle
4553, V	3/1976	Büromöbel, Begriffe
4554	12/1986	Büromöbel
16926	10/1987	Dekorative Hochdruck-Schichtpreßstoffplatten (HPL)
50016		Werkstoff-, Bauelemente- und Geräteprüfung Beanspruchung im Feuchtwechselklima
50017		Klimate und ihre technische Anwendung
51961	3/1963	Prüfung von Kunststoff-Oberflächen, Verhalten gegen Zigarettenglut
53799	8/1982	Kunststoff-Schichtstoffplatten
66076		Kinderlaufställe, Kinderschutzgitter
66078	2/1982	Kinderbetten
68131	3/1975	Rollen für Drehstühle und Drehsessel
68707	9/1964	Sperrholzformteile für Sitzmöbel
68840	1/1984	Schrankaufhänger
68841, E	10/1984	Klappenhalter
68852	7/1981	Möbelschlösser
68857, E	7/1980	Topfscharniere
68858	5/1982	Auszugführungen
68859	8/1983	Rollenbeschläge für hängende Schiebetüren in Möbeln
68861	12/1981	Möbeloberflächen
68872	1/1976	Kunststoff-Sitzschalen für Innenräume
68873	7/1983	Klappbetten
68874	1/1985	Möbel-Einlegeböden und -Bodenträger
68876	10/1980	Hausarbeitsdrehstühle
68877	7/1981	Arbeitsdrehstühle
68878, V	9/1981	Stühle für den Wohnbereich
68879	8/1981	Etagenbetten
68885, V	8/1981	Tische für den Wohnbereich
68889, E	10/1986	Möbel-Schubkästen
68890, V	2/1985	Kleiderschränke im Wohnbereich
68930, E	12/1986	Küchenmöbel
57710, Teil 14		zugleich VDE-Bestimmung 0710 Leuchten mit Betriebsspannungen unter 1000 V Leuchten zum Einbau in Möbeln
Teil 724		zugleich VDE-Bestimmung 0100 Errichten von Starkstromanlagen mit Nennspannungen bis 1000 V, elektrische Anlagen in Möbeln und ähnlichen Einrichtungsgegenständen

E = Normentwurf
V = Vornorm

Hinweis: Viele der hier angeführten Normen sind im DIN-Taschenbuch Nr. 66 Möbel, Beuth Verlag GmbH, Postfach 1145, 1000 Berlin 30, enthalten

Schrifttum

Bundesminister für Arbeit und Sozialordnung (Herausgeber): Prüfstellenverzeichnis, erhältlich bei der Bundesanstalt für Arbeitsschutz, Postfach 170202, 4600 Dortmund 1

Kossatz, G.; Ranta, L.; Ziesel, J.: Qualitätsprüfung von Möbeln, Internationale Umschau und nationaler Ausblick; Holz als Roh- und Werkstoff 35 (1977) 5–18

Landesgewerbeanstalt Bayern (LGA): Möbelprüfung, Methoden, Kenndaten, Qualitätsmerkmale; Herausgeber: Möbelprüfinstitut der LGA (1986), Gewerbemuseumsplatz 2, 8500 Nürnberg 1

Staatliche Akademie der bildenden Künste, Stuttgart (Herausgeber): Stand der Möbelprüfmethoden und Testverfahren; Institut für Innenarchitektur und Möbeldesign, Stuttgart (1981)

Umweltbundesamt (Herausgeber): Umweltfreundliche Beschaffung, Handbuch zur Berücksichtigung des Umweltschutzes in der öffentlichen Verwaltung und im Einkauf; Bauverlag GmbH, Wiesbaden und Berlin (1986)

Verband der Deutschen Holzwerkstoffindustrie: Spanplatten und Formaldehyd, Anwendungstechnische Empfehlungen; Postfach 6530, 6300 Gießen

Stichwortverzeichnis

ISBN 3-87181-330-3

Satz und Druck:
Karl Weinbrenner & Söhne GmbH & Co.
Leinfelden-Echterdingen
Bindearbeiten:
Ernst Riethmüller, Stuttgart

Bestellnummer: 330